초등체육 교과교육론

개정판

안양옥 저

개정판

초등체육 교과교육론

초 판 발행 : 2006년 3월 10일
개정판 발행 : 2010년 2월 26일

저 자 : 안 양 옥

발행인 : 민 선 홍
발행처 : 도서출판 레인보우북스
　　　　출판등록　제 15-404호
　　　　주소　서울 관악구 대학동 237-26
　　　　전화　02) 872-8151~2, 872-8154
　　　　Fax　02) 871-0935
　　　　E-mail　min6301@yahoo.co.kr
　　　　Homepage　www.rainbowbook.co.kr

ISBN 978-89-6206-084-3 93690

값 : 18,000원

*잘못된 책은 구입하신 곳에서 교환해 드립니다.

저자서문

초등 체육을 가르친다는 것.....

초등학교에서 체육을 가르친다는 것은 현직에 있는 초등 교사나 예비 초등 교사들에게 여타의 체육교육과는 차별화 된 그 무엇이 요구된다고 하겠다. 추구하는 교육의 궁극적 목표에 차별화가 있을 수 있고, 지도하는 가치관 및 방법과 내용상의 구분이 요구될 수 있다. 또한 지도를 담당하는 교사들이 초등 교사로 성장하기까지의 사회화 과정이 독특할 뿐만 아니라 현직 교사로 발전해 나가는 과정의 차별성도 무시할 수 없는 조건일 것이다.

하지만, 이러한 차별성에 대해 그동안 우리는 그다지 주의를 기울이지 않았고 주로 중등 체육에 해당되는 체육교육의 트랜드를 단순히 물리적으로 또는 외관상으로만 초등 체육에 접목하려는 과오를 범하고 말았다. 그러기에 오늘날 초등 체육의 현 주소는 그 고유한 성격을 고려한 주체적인 교수-학습에 관한 이론 체계조차 구축하지 못하는 실정에 있다고 본다.

초등 체육과의 만남, 그리고 시행착오의 시간들

사실 필자 또한 사범대를 졸업하여 중등학교에 재직하다 대학으로 왔기에 초등학교 현장에 대한 경험이 전무한 상황에서 '초등 체육을 진정으로 이해하고 초등 체육의 이론을 정립하여 현장과의 거리감을 좁혀 가는 것'이 그리 쉽지는 않았다.

강의를 거듭해 나가면서 겪어가는 수많은 시행착오와 번민의 순간 속에서 앞으로 '초등 체육'을 지도해 나가야 하는 예비교사들에게 진정으로 필요한 것이 무엇인가를 파악하는 것이 그 무엇보다도 필요했고 소중한 일이었다.

교육대학에 부임한 초기, 필자는 유독 체육 기능에 대한 애착과 관심이 높았었다. 당시 필자는 '신체를 통해 '체득(體得)'되어 나타나는 산물이 체육 교과의 생명의 원천이지 그 외의 것은 하등에 쓸 데 없고 부질없는 것' 이라는 매우 극단적인 생각에 치우쳤고, 그러한 가치관에 따라서 강의도 체육 기능 중심으로 나갔다. 수영을 하든, 구기를 하든지 간에 필자의 수업을 듣는 학생들은 일정 수준 이상의 신체기능을 요구받았고, 이에 부응하지 못하는 학생들은 낙오되었다. 바로 이러한 강인한 신체단련과 수련을 통해 일정한 고비를 극복하였을 때 스스로가 깨닫게 되는 단계에 도달하기를 간절히 바랐던 것이다.

그러나 필자의 이러한 시도는 번번히 여러 가지 부작용을 낳았으니, 향후 초등학교 현장에 나가서 체육을 지도할 예비 교사들에게 체육에 대한 긍정적 가치관 보다는 부담스럽고 어려운 과목이라는 선입견을 심어주는 오류를 범하고 만 것이다. 결국, 체육을 통해 득도(?)하기를 바랐던 본인의 순수한 의지가 무너져 버린 첫 번째 순간이었다.

그 후로 필자의 교수 가치관에 절대적인 변화가 생겼던 것은 바로 초등 게임 활동에 대한 연구를 진행하고 있던 때였다. 당시 초등 체육에서 게임 활동은 구기 영역에 포함되어 있던 극히 미미한 분야였고, 그 내용 역시 중등 체육의 그것을 차용하여 적당히 수준만을 하향 조정한 것에 불과하였었다. 당연 중등체육 지도와 다를 것이 없었고 실기 능력이 부족한 예비 초등 교사들에겐 상당히 부담스럽고 어려운 영역일 수밖에 없었다.

이에 필자가 생각한 것은 초등 교사들이 체육을 지도함에 있어 가장 중요한 것은 그 운동에 대한 기능 보다는 활동 내용을 갖가지 상황에 맞춰 변용(變容)해 가며 수업을 매끄럽게 이끌어 갈 수 있는 창조적 능력이라는 결론에 이르게 되었다. 그러나 이 역시도 현장의 목소리를 귀담아 듣지 않고 연구실 안에서의 독자적 고뇌와 지적 상상 속에서 찾아낸 이상적(理想的) 내용이었기에 학교 현장의 냉엄한 현실 앞에서 펼쳐 보이기엔 너무나 미흡하고 부족한 것이 많았다.

초등체육의 해석학적 접근을 꿈꾸며

결국, 대학에서 가르치는 이론과 현장에서의 실천 사이의 괴리를 최대한으로 좁혀나 갈 수 있고 진정 학교현장에서 초등체육을 지도해 나가야 할 예비교사들에게 필요한 핵심적인 요인들을 구분해 내는 그 무엇인가가 필요했고, 이것에 가장 근접 할 수 있도록 했던 것이 바로 초등체육의 해석학적 접근이라는 새로운 시도였다.

서두에서도 밝혔듯이, 초등 체육을 지도하는 교사들은 교사가 되는 사회화 과정부터 중등 교사와는 크나 큰 차별성을 지니고 있다. 그들은 체육전공자들이 아니며 또한 현장에 나와서도 체육뿐만 아니라 전 교과를 지도해 내야 한다. 진정으로 슈퍼맨이 아닌 이상 모든 초등 교사들이 주지교과에 대한 학문적 지식뿐만 아니라 체육, 음악, 미술과 같은 수행중심 교과에 대한 탁월한 기능을 보유한다는 것은 사실상 불가능에 가까운 것이다. 하지만 교육대학교에서 오랜 기간 예비교사를 가르치면서 '초등 교사들에겐 주어진 상황과 조건을 변형할 수 있는 매우 뛰어난 창조적 능력을 발휘할 수 있는 가능성이 있다는 것'을 확신하게 되었다. 주어진 상황을 수동적이고 체념적으로 수용하는 것이 아니라 스스로 주체가 되어 능동적으로 변혁시켜 나갈 수 있는 역동적 능력이 있다는 것이다. 때문에 이들에게 기능수준의 높고 낮음은 체육을 지도함에 있어 그리 중요한 문제는 아니다. 오히려 수업의 전반적인 상황과 조건을 통찰하고 변형 시켜 나갈 수 있는 뛰어난 순발력과 변형 능력이 우선시 되는 것이다.

또한 초등 체육을 지도함에 있어 지나친 이론적 접근을 경계해야 한다고 본다. 사실 교육대학의 커리큘럼 내에서도 이러한 점은 지금까지 꾸준히 쟁점이 되어 오고 있기도 한데, 대학이라는 점에서 볼 때 학문성을 완전히 무시 할 수 없는 것이며 또한 교육대학이라는 곳이 초등 교사를 양성하는 특수목적 대학이라는 점을 감안할 때 전문성을 포기할 수도 없는 것이다. 따라서 이러한 대학의 학문적 이론과 현장의 전문성을 두루 두루 포괄할 수 있는 지도방안이 모색되어야 하는 것이다. 이에 필자는 지금까지 기술했던 요건을 모두 충족시킬 수 있는 구체적 방안으로 초등체육의 해석학적 접근을 주장하는 바이며, 바로 그러한 필자의 집필 의도가 본서의 각 장과 절을 통해 확인될 수 있도록 하였다.

초등체육의 개척자가 되길 기대하며

본서는 지금까지 필자가 행해왔던 시행착오를 최대한으로 줄이고자 노력했던 노력의 작은 산물이다. 따라서 기존 체육교육 개론서가 지녀왔던 개념 기술 및 내용구성 체제에서 과감히 탈피하여 단순히 학문적 이론중심이 아닌 현장의 살아 숨쉬는 소리와 모습을 전달하고자 힘을 기울였다. 각 장과 절마다 초등학교 현장에서 발생하는 사례들을 가상적으로 설정하여 이에 대해 고민하고 사고해 나가는 가운데 간접적 현장체험의 전이를 가져올 수 있도록 하였고, 이에 덧붙여 초등 체육교육의 학문적 특성을 고려하여 가장 기본적이고 필수적인 개념을 중심으로 내용을 기술하되 초등 체육의 차별성 및 특수성을 부각시키는 개념들을 중심으로 전체를 구성하였다.

이 책에 실린 부분은 크게 초등 체육교육의 역사·철학적 이해, 초등 체육을 가르치는 자와 배우는 자, 초등 체육의 내용과 방법, 초등 체육의 이슈 등 4개 부분으로 나누어져 있고 그 아래 각각 세분화된 주제와 목차로 초등 체육교육을 위한 이론적·실제적 내용을 기술하고 있으며 각 장과 절 안에는 관련성 있는 초등 체육 이슈와 주제를 중심으로 토픽 형식의 중·단문을 삽입하고 있다. 필자는, 외람되지만, 이 책이 교사교육 단계에 있는 초등 예비 교사들을 위한 수업 교재로서, 현직에 있는 초등 교사 또는 체육교육을 전공하고자 하는 대학원생들에게 이론과 실제를 함께 고민해 볼 수 있도록 단초를 제공하는 기초 자료로 활용될 수 있을 것으로 기대한다.

세상에 완전한 것은 아무것도 없다. 본서 역시 저자가 비교적 심혈을 기울여 분석하고 기술한 문장들을 기본으로 나름대로 짜임새를 갖추도록 노력한 것이지만 생각지 못한 곳에서 일반적인 오류나 논리의 비약이 발견될 수 있음이 사실이기에 본 교재를 통해 강의를 거듭해 나가면서 꾸준한 수정과 보완해 나갈 것을 약속하는 바이다. 부디 이 강의를 수강하는 동안 차가운 머리만이 아닌 뜨거운 가슴을 통해 초등체육교육을 이해하고 받아들이는 가운데 초등 체육을 개척하고 이끌어 갈 수 있는 프론티어의 정신과 능력을 형성할 수 있기를 바라며 그것만이 저자가 가지는 나름대로의 소박하고 유일한 희망이자 강의 목표이다.

끝으로 이 책의 편집과 구성을 위해 오랜 시간동안 커다란 희생정신으로 수고해준 김기철·신기철·박상봉 선생님, 그리고 이 책자의 출판을 흔쾌히 허락해주시고 지원을 아끼지 않으신 도서출판 무지개사 민선홍 사장님께 깊은 감사의 마음을 전하고 싶다.

2006년 2월
서초동 연구실에서

개정판 저자서문

미래 초등체육교육의 변혁을 기대하며....

이 책이 나온 지도 벌써 4년여가 지나가고 있다. 애초에 교육대학에서의 강의 자료 및 경험을 바탕으로 초등체육교육의 이론과 실천을 접목할 수 있는 교재를 집필하고자 목표했었던 본인의 소박한 희망은 국내 최초의 초등체육교육 관련 개론서를 탄생시켰고, 솔직히 그동안 부족한 점이 많았음에도 불구하고 전국의 초등체육교육과 관련된 유수한 강좌와 학계 연구에서 중요한 참고자료로 활용될 수 있게 되었다.

저자 본인으로서는 무척이나 감사한 일이기도 하지만, 또한 이렇듯 부족한 졸저(拙著)가 생각보다 많은 곳에서 활용될 수 있었음이 부끄럽고 그저 다행스러울 따름이다.

그러나, 본 교재가 첫 출판되었던 때와 지금의 상황을 비교해 보면 불과 4년여에 불과한 시간동안 초등체육교육에 관련된 참으로 다양한 상황과 내용적 변화가 발생하였던 것이 사실이다. 2007년에 개정된 체육과 교육과정으로 인해 기능위주 또는 종목중심의 체육수업이 체육의 다양한 가치를 중시하는 가치중심 교육과정으로 변화하게 된 것 뿐만 아니라, 새로운 체력검정시스템인 PAPS의 도입 및 스포츠강사 제도를 통한 체육수업의 실질적 지원 세력의 형성은 모두 '미래의 초등체육교육의 변혁을 준비하는 과정이었다'라고 설명할 수 있다. 이에 본 교재도 이러한 초등체육교육의 시대적 흐름과 변혁의 내용을 이번 개정판을 통해 성실히 담아내고 제시함으로써 본 교재를 참고하는 독자들의 기대에 부응하고자 하였다.

이러한 본인의 시도는 어찌보면 모든 교재 집필자와 연구자들이 감당해야하는 지당한 소명이라고 볼 수 있으므로 본인 또한 시간과 여건이 허락하는 한 본 교재의 내용과 체제를 지속적으로 다듬고 고쳐나갈 것을 다짐해 본다.
 끝으로 본 교재를 참고하는 모든 이들이 이 교재를 통한 초등체육의 변혁을 주도하는 초등체육교육의 개척자로 세워지기를 소망하는 바이다.

2010년 2월
서초동에서

목 차

제1부 초등체육의 역사·철학적 이해 ········· 3

1장. 체육교육의 태동, 발전 그리고 위기 / 5
1. 팔레스트라(Palestra)와 김나지움(Gymnasium) / 5
2. 학교체육의 위기와 극복 / 7
3. 생활체육의 등장과 학교체육의 위기 / 11
4. 학교체육의 위기 : 3가지 사례 검토 / 13
   - 생각해 볼 문제 〈제 1부 1장〉 / 21

2장 초등체육을 가르치는 이유 / 22
1. 초등체육의 재발견 / 22
2. 기능중심교과와 수행중심교과 / 33
3. 초등체육의 교육적 가치 / 36
   - 생각해 볼 문제 〈제 1부 2장〉 / 39

3장. 초등체육의 현실과 대안 / 41
1. 위기의 초등체육 / 41
2. '몸 바로 세우기(體操)'를 통한 위기 극복 / 44
   - 생각해 볼 문제 〈제 1부 3장〉 / 52

❋ 연 구 문 제 ❋ / 53

제2부 초등체육을 가르치는 자와 배우는 자 ………… 55

1장. 초등교사의 체육지도 전문성 개발 / 57
1. 초등교사의 양성과 전문성 / 57
2. 학급담임교사와 교과전담교사 / 61
3. 초등학교 스포츠강사 제도 / 63
- 생각해 볼 문제 〈제 2부 1장〉 / 68

2장. 초등교사의 체육지도에로의 사회화 / 69
1. 관찰견습(Apprenticeship of Observation) / 69
2. 교사교육(Teacher Education) / 72
3. 전문적 사회화(Occupational Socialization) / 73
4. 체육 수업지식과 개념적 지식 / 75
- 생각해 볼 문제 〈제 2부 2장〉 / 77

3장. 초등교사로 계속적인 발전하기 / 78
1. 반성(Reflextion, 反省)하는 삶 / 78
2. 수업개선을 위한 동료장학 / 80
3. 연구자로서의 초등교사 / 84
- 생각해 볼 문제 〈제 2부 3장〉 / 86

4장. 초등학생의 운동발달 / 87
1. 아동 운동발달의 개념과 의의 / 87
2. 아동 운동발달과 기타 발달 영역과의 관련성 / 90
3. 아동 운동발달을 위한 발달과제 / 99
- 생각해 볼 문제 〈제 2부 4장〉 / 100

5장. 초등학생의 체육수업 참여와 부적응 / 101

1. 체육수업에서의 또래 갈등 / 101
2. 학생소외(Alienation) / 104
3. 학습된 무기력(learned helplessness) / 107
   생각해 볼 문제 〈제 2부 5장〉 / 111
   ✽ 연 구 문 제 ✽ / 112

제 3 부 초등체육의 내용과 방법 ········· 115

1장. 초등체육 교육과정의 변천과 발전 / 117

1. 체육교육과정의 정당화 / 117
2. 체육교육과정의 정의 / 125
3. 초등체육의 정체성과 체육교육과정 / 127
4. 초등체육교육과정의 가치정향 / 129
5. 초등체육 교육과정의 이론적 모형 / 135
6. 우리나라 초등 체육교육과정의 변천 / 156
7. 초등체육교육과정 변천에 관한 해석적 분석 / 182
8. 신체활동 가치 중심 체육교육과정에 대한 소고 / 184
9. 체육교과서의 현실과 이상 / 189
   생각해 볼 문제 〈제 3부 1장〉 / 196

2장. 초등 체육수업의 변천과 발전 / 197

1. 효율적 체육수업에서 반성적 체육수업으로의 전환 / 197
2. 체육지도 방법에서 체육수업 모형으로의 전환 / 200
3. 체육에서의 좋은 수업 / 207
   생각해 볼 문제 〈제 3부 2장〉 / 211

3장. 초등체육의 전략 / 212

1. 반성적 수업계획 / 212
2. 수업분위기 형성하기 / 215
3. 비과제 행동의 최소화 / 217
4. 체육수업에서의 규율 / 221
5. 동기유발 / 223
6. 지도와 시범 / 227
7. 수업의 변용(變容) / 232
8. 초등체육에서의 자료의 활용 / 235

  생각해 볼 문제 〈제 3부 3장〉 / 249

4장. 초등 체육수업의 평가 / 250

1. 교육과정 수준에서의 평가 / 250
2. 수업수준에서의 평가 / 257

  생각해 볼 문제 〈제 3부 4장〉 / 268

5장. 초등 체육수업의 설계와 적용 / 269

1. 초등체육 교과서 및 교사용지도서의 이해와 활용 / 269
2. 초등체육 교육과정의 분석과 연간계획서 작성 / 278
3. 단원분석과 수업계획서 작성 / 286
4. 모의 수업 실습과 교수평가 / 306

  ♠ 실습과제 1 ♠ / 309

  생각해 볼 문제 〈제 3부 5장〉 / 321

  ✻ 연 구 문 제 ✻ / 322

제 4 부 초등체육의 이슈 327

1장. 초등체육 수업의 이슈 / 329
1. 초등체육교육에서의 이해중심 게임수업의 실천 / 329
2. 초등체육교육에서의 협동학습 수업모형의 실천 / 342
3. 초등체육에서의 수준별 수업 / 350
  생각해 볼 문제 〈제 4부 1장〉 / 358

2장. 초등체육의 통합교육 관련 이슈 / 359
1. 초등체육에서의 통합 교육과정의 실천 / 359
2. 즐거운 생활의 통합교과적 정당성 탐색 / 364
3. 초·중등 체육수업의 연계통합의 의미 / 379
  생각해 볼 문제 〈제 4부 2장〉 / 388

3장. 초등 체육의 역할과 사명 / 389
1. 초등체육의 知 와 行 / 389
2. 한국체육의 지향과 초등체육의 역할 / 400
  생각해 볼 문제 〈제 4부 3장〉 / 416
  ❋ 연 구 문 제 ❋ / 416

참고문헌 / 418
찾아보기 / 426

에필로그 429

반성적 골프 입문기 <부제 : 늦깎이 골퍼의 도전과 성장 이야기>

제 1부
초등체육의 역사·철학적 이해

1장. 체육교육의 태동, 발전 그리고 위기 / 5
2장. 초등체육을 가르치는 이유 / 22
3장. 초등체육의 현실과 대안 / 41

1장. 체육교육의 태동, 발전 그리고 위기

> **공 부 할 문 제**
>
> 1. 학교교육의 태동과 초등체육교육과의 관계를 파악한다.
> 2. 생활체육의 등장에 의한 학교체육의 위기현상을 역사적 관점에서 이해한다.

1. 팔레스트라(Palestra)와 김나지움(Gymnasium)[1]

팔레스트라(Palestra)와 김나지움(Gymnasium)은 고대 희랍의 초기학교 형태로 이 둘은 서양교육의 효시로 널리 알려져 있다. 체육활동에 대한 교육적 가치를 매우 중시 여겼던 당시의 국가·사회적 풍토를 반영하듯이 '팔레스트라와 김나지움의 교육내용 중 상당부분이 다양한 체육활동으로 구성됐었다'라는 사실은 주지주의 풍토가 지극히 만연되어 있는 오늘날의 교육풍토와 사뭇 극적인 차이를 보인다고 할 수 있다. 그런데, 이중 중등교육 기관을 지칭하는 '김나지움'(Gymnasium)은 웬만한 시사상식을 구비한 사람이라면 누구나 한

---

[1] 기원전 7세기 초 고대 희랍 아테네에는 그 이전의 호메로스 시대에도 없었고 스파르타에도 없었던 '學校'라는 것이 있었다는 것을 말해준다. 아테네의 학교가 東方 어디인가의 학교를 본따서 세운 것인지, 아니면 희랍 생활의 자생적 산문인지는 확실히 말할 순 없지만, 후자일 가능성이 전연 없는 것은 아니다…(중략) '舊敎育'이라는 이름으로 불리는 이 시기의 학교에서는 체육교육이 더 중요한 부분이었고 또 국가가 관심을 가지는 유일한 부분이었다. 이 방면의 훈련을 받기 위하여 소년들은 사설의 '소년체육관(Palestra) 또는 씨름학교'에 다녔으며 소년기를 갓 벗어난 청년들은 '공공체육관(Gymnasium)에 다녔다. 이제 막 교육을 받기 시작하는 일곱 살 짜리 소년들은 신체적인 조건이 보통의 운동에는 적합하지 않기 때문에 올바른 자세와 가벼운 신체적 동작을 배우면서 공놀이나 그밖에 아이들이라면 누구나 좋아하는 여러 가지 놀이를 하였다. 본격적인 체육훈련은 그 효과가 충분히 나타날 수 있는 열 두세 살 때가 되어서 비로소 시작되었다.

번쯤 들어봤을 법한 낯익은 명칭으로 통용되고 있는 것이 사실이나, 초등교육기관을 지칭하는 '팔레스트라'(Palestra)라는 말에는 다소 생소한 면이 없지 않다. 동시대적인 탄생배경과 역사적 흐름을 공유했던 두 교육기관 중 유독 중등교육기관인 '김나지움'의 명칭만이 오늘날 더욱 더 강하게 우리에게 기억되는 이유는 무엇일까? 이 질문에 대한 대답을 얻기 위해 나름대로 여러 각도로 고민하면서 제시되었던 의견들을 종합해 보면 다음과 같은 결론에 도달하게 된다. 즉, 고대로부터 오늘날에 이르기까지 초등교육은 중등교육에 비해 상대적으로 경시되어왔으며 그로 인해 그 교육적 역할과 활동내용에 대해 일반인들에게 각인 되었던 사항이 미미하다는 것이다. 실제로 오늘날에 만연되어 있는 중등위주, 좀 더 엄밀히 이야기하자면 입시위주의 교육풍토 속에서, 또한 그것을 적극적으로 도모하기 위한 주지교과 위주의 교육풍토 속에서 살고 있는 우리의 모습을 떠 올려 볼 때 그리 어려운 추측만은 아니라고 할 수 있다.

어찌되었든, 이 둘 중 '김나지움'(Gymnasium)은 오늘날에도 독일에서는 중등교육기관을 지칭하는 말로 사용될 뿐만 아니라 영어권 국가에서는 '체육관'이라는 명칭으로도 사용되고 있다. 학교를 지칭하는 말이 오늘날 체육시설의 명칭으로 변모하였다는 사실이 다소 이채롭긴 하나 우리는 여기서 또 한가지의 교육사적 통찰을 시도해 볼 필요가 있다. 즉, 그 당시의 교육기관이 지금 체육관의 의미로 사용된다함은 그 당시의 교육이 체육교육으로부터 시작되었음을 의미한다고 볼 수 있다는 것이다. 물론, 여기에는 이를 뒷받침 할만한 여러 가지 교육사적 연구와 검증절차가 요구되어야 하는 것은 사실이나, '모든 언어에는 그 시대와 사회의 문화가 반영된다'는 엄연한 진리를 전제 해 보건대 본인의 이와 같은 교육사적 유추는 결코 무리가 아니라는 것을 거듭 강조하고 싶다.

> **요점 확인**
>
> 서양 초등교육의 효시였던 팔레스트라(Palestra)가 중등교육의 효시였던 김나지움(Gymnasium)보다 오늘날 우리에게 생소한 까닭을 설명해 보시오

중등교육기관으로 시작한 김나지움(Gymnasium)이란 말이 오늘날 체육관을 지칭하는 말로 사용된다는 것은 '학교교육이 체육교육에서 시작되었다'라는 사실을 반증하는 것이라 볼 수 있다.

2. 학교체육의 위기와 극복

 교육의 역사는 실제적(real) 교육을 이념적(ideal) 교육에 근접하고자 하는 노력의 연속이라고 한다면 교사를 비롯한 교육전문가들이 교육 현실에 대하여 나소의 불만을 가지는 것은 자연스럽다. 또한 교육 현실에 만족하는 교사에 대하여 참 교육(이념적 교육)의 열정이 부족하다는 비난은 크게 잘못된 일은 아닐 것이다. 마찬가지로 지금의 학교체육이 무언가 만족스럽지 않다는 불평의 목소리는 지극히 당연하다고 하겠다. 학교체육에 대한 이러한 불만의 목소리는 어제 오늘의 것이 아니며 오히려 상존하는 것이었다고 볼 수 있다. 학교체육의 틀을 제어하는 교육과정의 개편이 있은 때마다 체육전문가들은 이구동성으로 체육교과의 수업시간 수 감소를 우려하면서 '학교체육의 위기'라는 매우 자극적인 표현의 사용을 주저하지 않았다.

 이제 체육전문가 사이에서는 그 누가 굳이 말하지 않아도 학교체육을 생각할 때면 '위기'라는 단어는 늘 떠올리는 것이 당연한 듯 여겨진다. 많은 체육전문가들은 학교체육 위기의 근원을 주지교과 편향의 입시중심 교육풍토와 지고한 체육의 가치를 외면하는 교육행정가의 편향된 시각에서 찾고자 한다.[2] 그리고 학교체육의 위기 극복을 위해서는 입시

위주 주지교육 편향의 교육풍토를 해소해야 하며 그 일환으로서 체육의 가치를 바르게 인식시키기 위한 노력이 요구된다고 주장한다. 그럼에도 불구하고 학교체육이 위기라는 진단과 주지교육 편향의 교육 풍토 개선 및 체육의 가치 인식 제고라는 처방이 누차 강조되어왔음에도 불구하고 학교체육의 위기는 해결의 기미를 보이지 않고 오히려 위기의 목소리만 널리 퍼지고 있다. 최근에는 사교육비 문제와 평가 방식의 문제가 악성 시너지 효과를 발생시키면서 급기야는 학교체육의 근간이 흔들리는 상황이 벌어지고 있기도 하다.

그렇다면 과연 그간의 진단과 처방이 실효를 보여주지 못하고 오히려 학교체육의 처지가 악화되고 있는 이유는 무엇인가. 현 상황에서 그간의 진단과 처방이 잘된 것은 아니었다는 평가는 크게 잘못된 것은 아닐 것이다. 그러하기 때문에 실질적인 개선의 효과를 보여주지 못한 것이 아닌가. 혹자는 이에 대하여 학교체육은 체육계의 목소리와 실천이 그 효과를 발생시킬 수 없을 정도의 거대한 힘의 작용에 휩싸여 있으며 그 거대한 힘은 바로 입시위주 주지교육 편향의 교육풍토라고 항변할지도 모르겠다. 그러나 그와 같은 방식의 진단과 처방은 두 가지 측면에서 한계를 안고 있다. 첫째, 기존의 방식은 학교체육의 위기를 교육풍토라고 하는 체육영역 외부의 사회적 조건에서 원인을 구한다는 점에서 제한적이다. 현행 학교체육의 위기는 체육영역의 외부보다는 내부에서 그 근원을 찾고자 하는 노력이 뒷받침되어야 실질적인 진단과 처방이 내려질 수 있다. 둘째, 현행 학교체육의 위기를 입시위주 주지교육 편향의 교육풍토와 연관시키는 시각은 지극히 '한국적' 상황에 한정된다는 점에서 제한적이다. 학교체육의 위기는 단순히 '한국적'인 상황만은 아니며 한국을 비롯한 영미 계열의 학교체육 시스템을 유지하고 있는 국가 전반의 보편적 현상이다.

위와 같은 관점에서 저자 본인은 학교체육 위기의 양상 및 성격을 단순히 입시위주 주지교육 편향의 '한국적' 교육풍토와 연관시켜 제한하기보다는 세계 보편의 맥락에서 원인을 진단하고 대안을 탐색하고자 한다. 이러한 접근은 학교체육의 위기와 그 원인을 보다 멀리, 깊게 보는 의식을 요구한다. 혹 이러한 접근이 생경하게 느껴질 수도 있을 것이다. 그러나 그 느낌은 학교체육의 위기가 매우 긴 역사적 배경을 가지고 있으며 체육영역 내부와 깊은 연관을 가지고 있음에도 단기적으로 가시화 될 수 있는 진단 및 처방에 대한 기대와 밀접한 관련이 있다고 본다. 따라서 본 절에서는 과거, 현재로 이어지는 체육 전반의 변화 양상과 연관시켜서 학교체육의 위기를 조망하고 극복 가능성을 탐색하고자 한다.

---

2) 이러한 시각은 최근 교육인적자원부의 예체능사교육비 경감 방안이 발표되면서, 체육교사를 비롯한 학교체육 전문가의 대응 논리가 '전인교육'에 있어 체육교과의 기여를 강조하는 기존의 논리를 반복하고 있는 것에서 잘 드러난다.

일정한 사회적 덕목(virtue)을 지향하는 신체활동이라고 할 수 있는 체육은 교육, 즉 학교체육과 불가분의 관계 속에서 성장하여 왔다. 서구의 경우 이미 고대 그리스에는 '마음의 교육'과 함께 교육의 또 다른 축을 이루는 '신체의 교육'이 존재하였다. 물론 원시 시대 이후 지금까지 아이들의 놀이 활동과 같이 사회적 목적의식 또는 실용성이 뚜렷하지 않은 유희적 신체활동 역시 인류의 역사를 장식하고 있다. 진지한(serious) 목적의식을 바탕으로 하는 학교체육이 가벼운(non-serious) 유희의식을 바탕으로 하는 신체활동을 전혀 도안시한 것은 아니다. 오히려 학교체육은 유희적 신체활동에 함의되어 있는 교육적 측면을 포착하여 학교체육의 장으로 도입하고자 하였으며 학교체육의 장에 정착한 유희적 신체활동은 빠르게 확대 재생산될 수 있었다. 이러한 역사적 경향의 대표적 사례를 가벼운 유희의식의 발로인 스포츠활동이 학교를 통하여 급속하게 성장한 근대 영국에서 찾을 수 있다.

19세기 영국의 명문사립을 통칭하는 퍼블릭스쿨(public school)은 새로이 형성된 중산계급의 교육적 요구와 시대적 현실에 따라 변화와 개혁을 피할 수 없었다. 과학·예술 등 현대적 교과목을 교육 체계 속에 수용하려는 의지와 생활 지도의 한계는 각종 게임들도 교육 체계 속에 편성될 수 있는 길을 열었다. 19세기 초까지의 전반적인 상황은 게임의 가치에 대한 찬반론 속에서 교사들은 과외활동으로 행하여지는 것을 묵인하는 정도였다. 19세기 중반으로 접어들면서 게임은 여타의 퍼블릭스쿨로 확산되기 시작했는데, 이러한 변화의 직접적 동기는 게임의 참여가 학생들의 정서 순화에 도움이 되리라는 인식에서 비롯된 것이었다. 이러한 퍼블릭스쿨의 스포츠열풍은 상급 교육기관인 옥스퍼드대학과 캠브리지대학으로 이어졌다. 이 두 대학에 진학생들이 대부분 퍼블릭스쿨의 졸업생이라는 점에서 스포츠열풍의 확산은 자연스러운 것이었다. 옥스퍼드대학과 캠브리지대학의 졸업생 중 일부는 다시 자신의 본교인 각 지역의 퍼블릭스쿨에서 교편을 잡았으며 동시에 스포츠 활동의 지도자 역할을 수행하였다. 이것이 바로 1850년대를 전후로 하는 스포츠혁명의 원동력이었다. 즉 퍼블릭스쿨과 옥스퍼드—캠브리지대학(oxbridge)의 순환적 인과관계 속에서 전통의 민속경기(folk game)는 지역 특수의 틀을 깨고 전국 보편의 근대스포츠(modern sport)로 다시 태어날 수 있었던 것이다. 이러한 사실에서 보면 근대스포츠의 성장은 학교(체육)를 통하여 가능하였다고 할 수 있다.

학교체육을 통하여 성장한 근대 스포츠는 19세기의 영국과 20세기의 미국을 거쳐 전세계적으로 대중화되었다. 19세기 영국은 스포츠 혁명(sport revolution)이라고 불려지는 스포츠 보편화 즉 스포츠 규칙의 통일을 가져왔다. 그 이후 대영제국의 식민통치를 통하여 영

19세기 영국의 퍼블릭 스쿨(Public school)을 중심으로 한 학교체육은 근대스포츠 발달의 핵심적 모체가 되었다.

국에 한정되었던 근대스포츠를 세계화시킬 수 있었다. 또한 20세기 미국은 근대 스포츠의 산업화에 성공함으로써 일약 세계 스포츠의 메카로 자리 잡았다. 이러한 19세기의 영국과 20세기의 미국을 중심으로 하여 근대 스포츠는 대중의 일상이 되었다. 이러한 체육 영역의 양적 확대와 질적 심화의 과정은 과거 인류의 역사에서 확인할 수 있는 체육 영역의 변화 양상을 모두 합친 것과 비교할 수 없을 정도로 능가하는 것이었다. 이제 대중의 삶, 대중의 여가를 논함에 있어 체육 영역은 제외할 수 없을 정도가 되었다. 이러한 맥락에서 많은 사람들은 20세기를 체육 또는 스포츠의 시대로 규정하는데 주저하지 않는다.

20세기의 학교체육은 스포츠 대중화라는 사회적 현실에 대한 전향적 수용이 이루어 졌으며 이로 인하여 전통적 신체단련활동(physical culture)과 더불어 스포츠활동 영역의 대폭적 확장이 이루어져 왔다. 이러한 스포츠활동 영역 확장의 동인은 스포츠활동의 교육적 가치 인식이 확장 조정된 결과이다. 즉, 20세기 초반 스포츠활동이 학교체육 영역에 자리를 잡고 꾸준히 확대된 원동력은 스포츠활동이 유희성과 실용성을 충족시킬 수 있는 자체의 가능성이었다. 1890년대 미국의 대학에서 스포츠활동 프로그램 도입의 바탕에는 스포츠활동이 인간의 유희 욕구를 충족시킬 뿐만 아니라 사회적 요구에도 부합할 수 있다는 인식이 깔려 있었다. 즉 당시 스포츠활동 프로그램 도입의 주도자들은 스포츠활동에서 위생학적 효과(hygienic effect)와 사회성 발달(social development)을 기대할 수 있다는 점에 주목하였다. 이후 학교체육에서 스포츠활동의 위상은 꾸준히 확대되었으며, 1960~70년대 이후 또 한번의 급격한 확대 전환기를 맞이한다. 1960~70년대 이후 사회복지 이념의 확장 속에서 'sports for all'이라는 표어로 세계적인 붐을 조성한 생활체육의 성장은 학교체육에서 스포츠활동 영역의 팽창을 가속화하였다. 사회적 변화를 능동적으로 반영해야 한다는 교육관은 학교체육에 있어서도 급속하게 확대하고 있는 생활체육의 양상을 적극적으로 반영하도록 요구하였다. 그 결과 학교체육에서 스포츠활동의 비중은 꾸준히 확대 강화되었다.

> **요점 확인**
> 1800년대 근대 스포츠의 급속한 발달과정에서 '퍼블릭스쿨'의 주요한 역할은 무엇이었으며, 또한 이 시기에 있었던 '근대스포츠의 개념적 정형화'는 어떠한 것인가를 설명해 보시오

3. 생활체육의 등장과 학교체육의 위기

위와 같은 학교체육에서 스포츠활동 영역의 성장은 단지 학교체육 내용의 확대 또는 조정에 머물지 않았다. 그것은 학교체육의 존립 이유, 학교체육의 지향을 생활체육으로 경도시키고 결과적으로는 학교체육과 생활체육의 위상을 과거와는 정반대로 뒤바꾸는 것이었다. 스포츠활동은 경쟁을 전제로 하여 성립하는 것으로, 경쟁의 과정 속에서 신체적 능력의 향상은 물론 정신력 및 사회성의 함양을 동반한다. 앞에서 언급한 바와 같이 19세기 말엽에서 20세기 초반에 학교에서 스포츠활동을 적극 도입한 배경에는 경쟁적 신체활동에서 기대할 수 있는 교육적 효과를 주목하였기 때문이었다. 그러나 1960년대 이후, 급속하게 확대된 생활체육과 학교체육의 관계는 새로운 의식의 등장과 밀접한 관련이 있다. '스포츠 포올(sports for all)'을 표방하는 생활체육에서의 스포츠활동의 지향은 경쟁성보다는 유희성이라고 할 수 있다. 즉 생활체육에서의 스포츠활동은 신체적, 정신적, 정서적 성장보다는 경쟁을 수반하는 다양한 경험을 통한 즐거움의

스포츠의 '유희성'을 강조하며 등장한 생활체육은 20세기 중반부터 빠르게 성장을 거듭한 결과 학교체육의 위치와 역할을 위협하는 수준에 까지 이르렀다

충족, 스트레스 해소와 같은 일상 또는 노동의 보완을 지향한다. 이와 같은 생활체육 영역의 확장은 전반적인 체육영역의 발전으로 기록될 수 있지만 학교체육의 측면에서 보면 매우 비극적이다. 왜냐하면 학교체육은 생활체육에 대한 요구 확대라는 시대 변화의 수용 속에서 스포츠 활동의 도입에 깔린 능동적인 목적의식을 상실하고 수동적인 수단의식으로 변질되었기 때문이다. 즉 학교체육은 스포츠의 실용성(위생학적 효과와 사회성 발달)을 지

향하였던 당초의 목적의식은 약화된 반면 유희성을 지향하는(생활체육이라는 사회적 변화를 반영하는 스포츠활동 종목의 확대) 수단의식이 강화된 것이다. 즉 20세기 후반기의 체육은 생활체육의 성공과 학교체육의 위기라는 아이러니를 보여주고 있으며 이는 학교체육과 생활체육의 위상 역전을 의미한다. 이러한 위상 역전문제의 심각성은 단지 학교체육에서 차지하는 스포츠활동 영역의 확대에 머물지 않고 학교체육의 지향을 왜곡시킬 가능성이 높다는 점에 있다. 이러한 맥락에서 학교체육의 위기는 학교체육 수업시간 수의 축소나 체육교과의 선택교과목화와 같이 요즘 우리가 생각하는 매우 직접적이고 현실적인 문제의 범위를 넘는다. 즉 학교체육은 과거 학교체육의 담당하였던 역할과 위상이 생활체육의 확대 속에서 축소 조정되는 수준이 아니라 본연의 역할이 뒤 바뀌어 변질되고 있다는 점에서 위기에 놓여있다고 하겠다.

  이와 같은 생활체육과 학교체육의 위상 역전으로 인하여 20세기 후반의 학교체육은 전통적인 단련·수련활동은 물론 스포츠활동을 통하여 궁극적으로 지향하였던 신체적, 정신적, 사회적 가치에 대한 인식은 오히려 약화되고 오히려 유희성에 대한 인식이 강화되면서 즐거움의 경험만이 성공한 학교체육, 좋은 체육수업으로 인식되는 풍조가 당연한 듯 여겨지게 된 것이다. 이미 학교체육에서의 스포츠활동은 당초의 실용의식은 약화되고 유희의식을 강조하는 방향으로 전개되고 있다. 이는 스포츠활동 전개에 있어 참가자 개인의 사적(私的) 체험만을 강조하는 경향에서 확인할 수 있다. 학교체육에서의 스포츠활동은 스트레스를 해소하고 즐거움을 체험할 수 있는 '가벼운 것'이 되어야 한다는 것이다. 이와 같은 학교체육의 변질은 교육내용의 변화와 교육관의 변화 등이 복합적으로 결부되어 나타난 결과라고 할 수 있는 것이다.

요점 확인

학교체육과의 역할경쟁에서 우위를 점령한 생활체육이 지닌 가장 큰 특징을 자기 자신의 주변의 사례를 들어 설명하시오

4. 학교체육의 위기 : 3가지 사례 검토

앞에서 논한 바와 같이 학교체육의 위기는 학교체육과 생활체육의 위상 역전 양상의 심화 속에서 종국적으로는 학교체육의 변질로 이어지고 있다. 학교체육의 위기 양상은 학교체육 안팎에서 나타나고 있는데 그 중에서도 체육행정조직의 변천, 체육과교육과정 변천 그리고 체육교사를 비롯한 체육전문가의 인식 및 태도의 변화에서 어렵지 않게 확인할 수 있다.

사례 하나 : 체육관련 정부행정조직의 변천

정부행정조직은 국가수준에서의 실천적 지향을 집약한다는 점을 고려하면 체육관련 정부행정조직의 변천 양상은 체육영역 관련 국가 사회의 실천적 지향을 반영하는 지표라고 할 수 있다. 체육관련 정부행정조직의 변천은 1945년 미(美) 군정청의 설립과 1948년 정부수립, 1982년 체육부의 신설 그리고 지금까지 매우 극적인 양상을 보여준다. 지금까지의 체육관련 정부행정조직의 변천은 체육행정이라는 큰 테두리에서 보면 부침의 역사였으며, 학교체육으로 좁혀서 보면 지속적인 축소의 역사였다고 할 수 있다.

1945년 미군정청 이후 1982년 체육부의 신설까지 체육관련 정부행정조직은 꾸준히 확대되었다. 1945년 미군정청 시절 문교부 문화국에서 담당하던 체육관련 행정은 1960년대 문교부 산하의 체육국, 문예체육국, 사회교육국 등으로 확대 개편을 거듭하였으며, 이때의 체육행정은 학교체육이 절대적 비중을 차지하였다고 할 수 있다. 1970년대에는 '체육입국'(體育立國)이라는 표어아래 체육행정은 기존의 학교체육의 범위를 넘어 국민체육 또는 생활체육으로 확장되기 시작하였다. 1980년대에 이르러 체육행정은 극적인 도약을 경험하게 되는데 1981년 문교부 체육국이 체육국제국으로 개편되면서 국제체육교류에 대한 정책적 관심이 확대되기 시작한다. 이는 매우 민감하고 즉시적인 정치·사회적 요구의 산물이었다. 즉 그와 같은 변화는 1986년 아시안게임과 1988년 서울올림픽게임을 대비하기 위한 것이었으며 1982년 체육부의 신설로 절정을 이루었다.

표. 체육관련 정부행정 조직의 변천

연도	체육 행정 조직
1945년	문교부 문화국
1948년	문교부 체육국
1961년	문교부 체육국
1963년	문교부 문예체육국
1968년	문교부 사회교육국
1970년	문교부 체육국(국민체육과, 생활체육과 신설)
1979년	문교부 체육국(체육과, 학교보건과, 학교체육과 신설/국민체육과 폐지)
1981년	문교부 체육국제국(학교체육과, 국민체육과, 국제경기과)
1982년	문교부 체육국제국 폐지 / 체육부 신설
1990년	체육청소년부
1993년	문화체육부
1998년	문화관광부
2008년	문화체육관광부

1982년 체육부의 신설은 체육과 관련된 국가 사회의 지향이 학교체육에서 생활체육으로, 국내체육에서 국제체육으로 급격하게 확장되었음을 반영한다. 그러나 이러한 추세는 1990년대를 기점으로 하여 반전된다. 체육관련 정부행정조직은 1990년 체육청소년부, 1993년 문화체육부, 1998년 문화관광부, 2008년 문화체육관광부 등으로 이어지면서 종국으로는 체육관련 정부행정조직의 축소를 거듭한 것이다.

위와 같이 체육영역에 관한 국가 사회의 지향을 대변하는 정부행정조직의 변천 과정은 1982년을 기준으로 하여 이전의 급속한 팽창과 이후의 지속적 축소로 정리할 수 있겠다. 이러한 양상은 20세기 체육영역의 확장 추세와 함께 체육영역이 정치적 목적의 수단으로 활용된 대표적 사례를 보여주는 '한국적 상황'의 반영이라고 할 수 있다. 1986년 아시안게임과 1988년 서울올림픽게임을 전후로 하여 체육영역에 관한 정치적 목적의식의 변화에 따라 체육관련 정부행정조직의 관심은 학교체육에서 전문체육과 생활체육으로 전환되었던 것이다. 특히 그와 같은 양상 속에서 학교체육 관련 정부행정조직이 체육관련 정부행정조직의 독립이라는 명분하에서 극소화되는 결과를 가져왔음은 너무나도 명백하다.

지난 반세기 동안의 체육관련 정부행정조직의 변천 양상은 지극히 '한국적 상황'의 극명한 반영이라는 점에서 상당히 자연스러운 귀결이라고 할 수 있다. 그러나 학교체육의 관점에서 보면 지난 반세기의 경험은 매우 비극적인 것이었다. 체육행정조직의 변화는 결과적으로 학교체육관련 행정조직의 공동화를 가져왔다. 체육행정은 생활체육 또는 전문체육을 극대화하는 것이었으며 그 와중에서 학교체육은 논외의 대상이 되어버렸다. 급기야 문화관광부는 물론 교육인적자원부와 교육청의 학교체육 담당 부서는 엘리트스포츠 전담 부서로 전락하였다. 체육관련 정부조직의 개편이 있을 때마다 학교체육 관장 부서의 부활 또는 강화를 요구하는 목소리가 없었던 것은 아니었지만 실천적 메아리는 들리지 않았다.

결국 교육관련 행정부서와 체육관련 행정부서의 대립적 책임회피와 체육관련 행정부서의 생활체육, 전문체육 편향은 종국적으로 학교체육의 공동화를 고착화시켰던 것이다. 위와 같이 당초 학교체육에서 출발하였던 체육관련 정부행정조직은 반세기 동안 생활체육, 전문체육의 확장 속에서 그 존립 기반을 상실한 채 표류하고 있는 것이 지금의 실정이라고 할 수 있겠다. 즉 전인육성이라는 교육 목적의 구현에 있어 핵심 영역이면서 생활체육의 토대로 여겨졌던 학교체육은 생활체육과의 위상 반전 속에서 당초의 교육적 목적에 가까이 가기에는 너무나 멀리 떨어져 버린 것이다. 이러한 점에서 지난 반세기의 체육관련 행정조직의 변천 양상은 학교체육의 위기를 야기하고 확대·고착화 하는 것이었다고 하겠다.

사례 둘 : 체육과교육과정의 변천

체육과교육과정의 변천 양상은 앞의 체육관련 정부행정조직의 변천과 성격을 달리하면서도 더욱 심각한 문제점을 안고 있다고 할 수 있다. 체육관련 정부행정조직의 변천은 상당 부분 체육의 사회적 존립 기반의 변화라는 외적 요인에서 기인한 결과라고 할 수 있다. 즉 그것이 정치적 의도에서 이건 또는 다수 대중의 요구에 의한 것이건 간에 그것은 체육의 사회적 존립 기반을 구성하는 것으로 체육 전반에 대한 영향은 불가피한 것이었다. 이에 비하여 체육과교육과정의 변천은 체육 내적 요인과 더욱 밀접한 관련이 있다는 점에서 문제의 심각성이 있다고 하겠다. 물론 체육과교육과정 역시 사회 전반의 변화 양상과 분리된 것이 아니면 시대를 관류하는 보편적 교육 목적과 함께 시대적 요구를 반영해야 하기 때문에 사회 전반이 생활체육을 강력하게 요구하고 있다면 체육과교육과정 역시 그 요구에서 완전히 자유로울 수는 없다.

그럼에도 불구하고 체육과교육과정을 문제 삼는 이유는 교육과정의 개발은 시대 사회적 요구를 회피할 수 없지만 그 근간에는 특수성과 보편성을 조화시키는 균형 감각이 자리하고 있어야 했다는 아쉬움이 있기 때문이다. 체육과교육과정의 개발은 전통적인 체육의 교육적 지향을 근간으로 하면서 시대 사회적 요구를 능동적으로 반영하는 것이어야 한다. 여기서 능동적이라는 말은 단순히 생활체육의 요구를 적극적으로 수용하는 것이 아니라 교육적 목적과의 철저한 연관 속에서 시대 사회의 요구를 검토하여 반영의 폭과 깊이를 주체적으로 조절해야 한다는 의미이다. 그렇지 않고 전통적인 체육의 교육적 지향과의 연관을 고려하지 않고 오직 시대 사회의 요구라는 점만을 부각시킬 경우 체육은 시대와 사회를 관류하는 보편적인 인간적, 교육적 맥락을 소홀히 할 가능성이 높다고 본다.

위와 같은 문제의식에서 우리의 체육과교육과정 변천을 살펴보면 우려하지 않을 수 없다. 일곱 차례에 걸친 체육과교육과정의 변천 속에서 학교체육에서 차지하는 생활체육의 비중은 지속적으로 확장되었는데 그 중에서도 시대 사회적 요구로 정당화된 유희성 지향의 스포츠 활동 영역의 성장은 괄목할 만 한 것이었다. <표 - 고등학교 체육교육과정 실기편 내용의 변천과정>에서 확인할 수 있는 바와 같이 생활체육 또는 스포츠활동과 관련하여 체육과교육과정의 변천은 크게 두 가지로 나타난다. 첫째 체육과교육과정에서 차지하는 스포츠활동의 비중은 지속적으로 확장되었다. 둘째 스포츠활동 중에서도 '평생스포츠'로 일괄할 수 있는 활동의 비중이 증가되어 왔다. 특히 두 번째 양상과 관련하여 제4차에서부터 이전에 없던 '평생스포츠' 영역이 신설되었으며, 제5차에서 '평생스포츠'의 영역에 포함되는 내용이 다양화되었다. 즉 제4차 교육과정에서 '평생스포츠 및 야외활동'의 내용은 크로스컨트리·등산·캠핑·낚시 등으로 되었으며, 제5차 교육과정의 '평생스포츠'에는 탁구·배드민턴·테니스·사격·궁도·스케이트·볼링 등이 포함되었다. 또한 제6차 교육과정의 '평생스포츠'에는 탁구·배드민턴·테니스·사격·양궁·스케이트·스키·볼링 등이 포함되어 있다.

생활체육의 지속적인 확대에 따른 시대적 요구는 급기야 학교체육 교육과정 또한 유희성에 중심을 둔 '평생스포츠' 중심의 내용으로 변모시키는데 이르렀다.

표. 고등학교 체육교육과정 실기편 내용의 변천과정[1]

구분	영 역	단 위	지 도 내 용
1차	체 조	기계체조	◦ 철봉 · 뜀틀 · 매트 · 평행봉 · 역도
	스포츠	육상경기	◦ 단거리 · 중거리(남) · 장거리 · 장애물 · 이어달리기 ◦ 넓이뛰기 · 높이뛰기 · 세단뛰기(남) · 장대뜀뛰기(남) ◦ 포환던지기 · 원반던지기 · 창던지기 · 혼성경기(남)
		구 기	◦ 남자 : 축구 · 핸드볼 · 배구 · 연식야구 · 스피드볼 · 터치풋볼 · 럭비 ◦ 여자 : 농구 · 핸드볼 · 배구
		헤 엄	◦ 기본동작 · 크롤 · 브레스트 · 모자비헤엄 · 누워헤기
		투 기	◦ 남자 : 유도 · 씨름 · 권투 · 레슬링
2차	체 조	기계체조	◦ 철봉 · 뜀틀 · 매트 · 평행봉 · 역도
	스포츠	육상경기	◦ 단거리 · 중거리(남) · 장거리(남) · 장애물 · 이어달리기 · 오래달리기(여) ◦ 넓이뛰기 · 높이뛰기 · 세단뛰기(남) · 장대뜀뛰기(남) ◦ 포환던지기 · 원반던지기 · 창던지기 · 혼성경기(남)
		구 기	◦ 남자 : 축구 · 핸드볼 · 배구 · 연식야구 · 터치풋볼 · 럭비 ◦ 여자 : 농구 · 핸드볼 · 배구
		헤 엄	◦ 기본동작 · 크롤 · 평영 · 모자비헤엄 · 서서헤기 · 누워헤기
		투 기	◦ 남자 : 유도 · 씨름
	레크리에이션		◦ 캠프 · 배드민턴 · 보트 · 해양훈련 · 스케이트 · 등산 · 스키 등
3차	체조	기계체조	◦ 철봉 · 뜀틀 · 매트 · 평균대(여) · 평행봉(남)
	육상경기	달리기	◦ 단거리 · 중거리 · 장거리 · 장애물 · 이어달리기
		뜀뛰기	◦ 넓이뛰기 · 높이뛰기 · 세단뛰기
		던지기	◦ 포환던지기 · 원반던지기 · 창던지기
	구 기		◦ 농구 · 핸드볼 · 배구 · 축구(남) · 럭비(남) : 개인 · 집단 기능
	투 기		◦ 남자 : 씨름 · 유도 · 태권도 : 기본동작 · 대인기능 등
	계절운동	수 영	◦ 헤기 · 뛰어들기 등
		빙상운동	◦ 스피드 스케이팅 · 피겨 스케이팅

구분	영역	단위	지 도 내 용
4차	육상경기	달리기	◦ 단거리·중거리·장거리·장애물 달리기
		뜀뛰기	◦ 멀리뛰기·높이뛰기·세단뛰기
		던지기	◦ 포환던지기·원반던지기·창던지기
	체 조	기계체조	◦ 매트·뜀틀·철봉(남)·평행봉(남)·평균대(여)
	구 기		◦ 농구·배구·핸드볼·소프트볼·축구(남)·럭비(남)의 운동기능
	평생스포츠/야외활동		◦ 크로스컨트리·등산·캠핑·낚시
	투기(남)		◦ 씨름·태권도·유도·복싱·레슬링의 여러가지 운동기능
	수 영		◦ 여러가지 영법
5차	심동적 영역	육상경기	◦ 달리기·뜀뛰기·던지기 경기
		체 조	◦ 리듬체조 경기 ◦ 마루·철봉·뜀틀·평행봉·평균대 경기
		수 영	◦ 여러가지 영법(배영·자유형·평영·접영)에 의한 경기 ◦ 다이빙·잠영·수중발레
		구 기	◦ 축구·농구·배구·핸드볼·럭비풋볼·야구 경기
		투 기	◦ 씨름·태권도·유도·복싱·레슬링 경기
		평생스포츠	◦ 탁구·배드민턴·테니스·사격·궁도·스케이트·볼링 경기
		야외활동	◦ 등산·캠핑·하이킹·사이클·낚시·보트·수상스키
6차	육 상		◦ 달리기·뜀뛰기·던지기 경기
	체 조		◦ 리듬체조 경기 ◦ 마루·철봉·뜀틀·평행봉·평균대 경기
	수 영		◦ 여러가지 영법(배영·자유형·평영·접영)에 의한 경기
	구 기		◦ 축구·농구·배구·핸드볼·럭비풋볼·야구 경기
	투 기		◦ 씨름·태권도·유도·복싱·레슬링 경기
	평생스포츠		◦ 탁구·배드민턴·테니스·사격·양궁·스케이트·스키·볼링 경기
	야외활동		◦ 등산·캠핑·하이킹·사이클·낚시·보트·수상스키

위와 같은 변화 양상은 일상적으로 즐겁게 참가할 수 있는 '레저스포츠' 활동을 고등학교 취학 시절에 경험할 수 있는 기회의 확대로써 이는 일견 학교체육이 시대 사회적 변화 및 요구에 능동적으로 대처하고 궁극적으로 체육활동의 생활화를 지향하는 것으로 평가할 수 있을 것이다. 그러나 이러한 변화는 단순히 긍정하기 어려운 문제점을 안고 있는데 그것은 다름 아닌 전통적인 학교체육의 목적성 약화를 초래하였다는 것이다. 즉 바람직한 인간상이라는 도덕적 이념을 바탕으로 하는 학교체육의 지향이 시대 사회적 요구로 정당화된 유희적 신체활동으로 변질된 것이다.

학교체육의 변질은 다음에 예시된 〈제7차 체육과교육과정(고등학교)〉에서 더욱 확연하다. 특히 고등학교 2, 3학년을 대상으로 하는 학교체육은 국민공통기본교육과정의 틀 속에서 '체육과 건강'이라는 독립된 교과목을 신설, 유희적 신체활동이 더욱 강화되었다. 이는 학교체육의 면모가 의도적 신체활동을 통하여 전인의 필요조건을 충족시키고자 하였던 전통적 진지함에서 즐거움의 충족, 스트레스 해소와 같은 가벼움으로 변질되고 있음을 보여주는 가시적 사례라고 하겠다.

【제7차 체육과교육과정(고등학교)】
《고등학교 1학년(체육)》
  ○ 체조 : 맨손체조, 기계체조, 리듬체조 등에서 한 가지 종목을 선택
  ○ 육상 : 달리기, 뜀뛰기, 던지기 등에서 한 가지 종목을 선택
  ○ 수영 : 자유형, 배영, 평형, 접영 등에서 한 가지 종목을 선택
  ○ 개인 및 단체 운동 : 개인 운동, 단체 운동 등에서 한 가지 종목을 선택
(무용, 보건, 체력운동, 보건 제외)

《고등학교 2, 3학년(체육과 건강)》
  ○ 개인운동 : 육상, 체조, 수영, 볼링, 탁구, 배드민턴, 테니스, 씨름, 유도, 태권도, 검도, 스케이팅, 승마, 복싱, 레슬링, 궁도, 사격, 골프 등에서 한 가지 이상의 종목을 선택
  ○ 단체운동 : 축구, 농구, 배구, 핸드볼, 럭비, 풋볼, 야구, 소프트볼 등에서 한 가지 종목을 선택
  ○ 야외운동 : 등산, 캠핑, 사이클, 스키, 보트, 수상스키, 윈드서핑 등에서 한 가지 종목을 선택
(체력운동, 무용, 건강과 운동처방 제외)

혹자는 위와 같은 논자의 진단에 대하여 편협한 전통주의자의 사소한 근심이라고 폄하할 수도 있을 것이다. 그러나 학교체육이 즐거움의 충족, 스트레스 해소와 같은 개인의 내

적 체험 지향으로 심화된다면 그것은 학교체육의 존립 근거를 약화시키는 결과를 초래할 가능성이 높다. 즐거움의 충족, 스트레스 해소와 같은 개인의 내적 체험이 학교 밖의 생활체육 또는 레저스포츠를 통해서도 충족될 수 있다고 한다면 그와 동일한 지향의 학교체육은 설 땅이 더욱 취약해질 가능성이 높다. 앞으로 우리의 생활체육 또는 레저스포츠의 여건 및 참여가 말 그대로 생활화의 수준에 이를 경우 굳이 학교체육이 아니어도 즐거움과 내적 체험을 지향하는 신체 활동은 충분히 가능할 것이며, 이러한 가능성은 점차 현실이 되고 있다.

사례 3 : 체육전문가의 의식 및 태도

학교체육과 생활체육의 위상 역전과 학교체육의 존립 기반 약화라는 체육현실은 체육교사를 비롯한 체육전문가의 의식 및 태도에서도 나타난다. 다수의 체육전문가들은 학교체육의 존립 기반을 목적성에 뿌리를 둔 인간의 교육에서 찾기보다는 유희성이라는 사회적 요구에서 찾고 있으며, 이러한 태도는 시대의 흐름에 대한 능동적 대응으로서 궁극적으로는 학교체육의 존립 기반을 강화하는 것으로 여기는 듯하다. 그들은 유희성 지향의 학교체육에 대한 자발적 정당화를 통하여 학교체육과 생활체육의 위상 역전 구조를 재생산하고 있는 것이다.

우리의 학교체육은 흔히 '**아나공 수업**'이라는 냉소적 표현으로 규정된다. 이는 한 때 무능한 체육교사, 결핍된 학교체육 여건을 대변하는 것으로 여겨졌다. 이제는 오히려 적절한 학교체육수업의 모습으로 받아들여지는 듯 하다. 물론 이러한 왜곡은 학교체육의 인적, 물적 여건의 결핍이 개선되지 않고 심화, 고착된 결과이기도 하다. 그러나 그 양상은 생활체육에 의하여 주도되고 있는 학교체육의 현실 속에서 체육교사의 자발적 정당화로 이어지고 있다. 과거 학교체육 여건 부족의 결과로 여겨졌던 '아나공 수업'은 학교체육은 즐거움 충족과 스트레스 해소의 기회를 제공해야 한다는 사고방식의 확장을 통하여 정당화되고 있다. 즉 학교체육은 어떠한 형식과 내용이라 하더라도 그것이 유희성을 보장할 수 있다면 그 역할을 충실하게 이행한 것으로 여기는 것이다. 결국 유희성 강조의 학교체육 현실은 학생들이 즐겁기만 하면 된다는 식의 학교체육관과 밀접한 관련을 맺고 있다고 하겠다.

이제 체육교사의 의식과 태도는 어떠한 형식과 내용이 학생들의 인간 형성에 긍정적인 결과를 가져올 수 있는가의 문제보다는 어떻게 하면 학생들을 즐겁게 '놀게' 할 것인가의 문제에 집중된다. 이와 같은 의식 및 태도의 변화는 체육수업에 있어서 체조, 육상과 같은 신체활동은 '재미없는' 것으로 시대의 요구를 반영하지 못하고 있다고 보고, '재미있는' 스포츠활동을 강조로 나타나고 있다. 그 변화 속에서 스포츠활동이 학교체육의 영역에 뿌리내리는데 있어 근거가 되었던 '위생적 효과'와 '사회적 발달'에 대한 관심은 사소한 것이 되어버렸다. 스포츠활동 도입의 근거가 되었던 '위생적 효과'와 '사회적 발달'은 막연한 전제가 되었으며 오직 즐거움 충족과 스트레스 해소가 목전의 관심거리가 된 것이다.

이상과 같이 체육 전반의 추세는 학교체육 활동을 선택의 문제로 축소시키고자 하는 주장의 근거가 되고 있다. 체육활동은 필수적 학교생활이 아닌 선택적 일상생활의 영역으로 여겨지는 태도가 점차 힘을 얻고 있는 것이다. 이러한 움직임은 학교제도, 교육과정의 개편 과정에서 학교체육이 필수에서 선택으로, 학교에서 사회로 내 몰리는 결과를 초래할 가능성이 매우 높다. 본 발표자는 이러한 양상을 20세기 체육영역의 아이러니라고 규정하고 있는 것이다. 결국 근래 체육영역의 전개는 생활체육 확대와 학교체육 축소라는 모순적 양상의 심화로 왜곡될 가능성이 매우 높다고 할 수 있으며, 그 왜곡의 빌미는 체육과교육과정의 변천과 체육전문가의 의식 및 태도의 변화 등을 통하여 나타나듯이 학교체육 자신이 제공하고 있다고 하겠다.

요점 확인

'학교체육의 위기'의 3가지 사례에 대해 구체적으로 예를 들어 설명해 보시오.

 생각해 볼 문제〈제 1부 1장〉

1. '학교교육은 체육교육에서 시작되었다'라는 명제를 비판하시오

2. 오늘날 학교스포츠의 중심적 역할에 대하여 논하시오

2장 초등체육을 가르치는 이유

> **공 부 할 문 제**
> 1. 초등체육에 대한 전반적인 인식과 이해를 새롭게 검토한다.
> 2. 초등체육 지도의 이유를 다양한 관점에서 검토해 본다
> 2. 수행중심 교과로서의 체육교육의 의미를 재해석 해 본다

1. 초등체육의 재발견

본 절은 초등교육, 초등학교에서 체육을 가르쳐야 하는 이유(理由, WHY), 내용(內容, WHAT), 주체(主體, by WHOM)에 관한 문제를 비롯하여 체육을 가르쳐야 하는 사람이 갖추어야 하는 것에 대한 문제 등에 관련된 것이다. 따라서 본 절은 체육교육에 대한 이해(Verstand, understand)를 교육적 맥락을 포함하여 역사적, 철학적 맥락으로 확장하고 연관시키는 것이 되는데, 그 요체(要諦)는 제목에 나와 있는 '재발견'에 함의(含意)되어 있다. '재발견'이라는 말은 어찌 보면 합당하지 않은 듯하다. '발견'이라는 말은, 국어사전에 따르면, '신대륙의 발견'과 같이 '아무에게도 알려져 있지 않은 것을 맨 먼저 찾아냄'이라는 뜻을 담고 있다. 그리 보면, 재발견, 즉 '아무에게도 알려져 있지 않을 것을 "되풀이하여" 찾아낸다'는 표현은 무의미(Unsinn, nonsense)하게 느껴지기도 한다. 그럼에도 불구하고 '재발견'이라는 말을 강조하여 사용한 것에는, 1) 원래 있었던 것, 또는 알려져 있던 것이면서도 잊혀진 것을 다시 들추어내어 살펴보자는 뜻과 더 나아가 2) 원래 알려진 것과는 사뭇 다르게 고쳐서 생각해보자는 뜻에서 이다. 본 절은 대략 다음과 같은 내용과 순서로 이루어진다. 1) 이미 잘(?) 알려진 초등체육에 대한 이해(통념, 通念)는 무엇이고, 2) 그와

같은 이해가 통념으로 자리하게 된 역사 사회적 배경은 무엇이며, 3) 그와 같은 통념에 대한 불만은 무엇이며, 4) 따라서 체육에 대한 이해를 '새로이 고쳐서' 하면 어떻게 되는 지 등이다.

두 가지의 통념

흔히 초등체육을 포함한 학교체육에 대한 이해, 즉 통념은 다음의 두 가지를 중심으로 하고 있다. 하나는 체육은 학생(아동)의 신체적 발육 발달에 도움이 된다는 것이고, 다른 하나는 체육은 학생(아동)이 학업(!)을 하는데 발생하는 스트레스를 해소하는데 도움이 된다는 것이다. 체육의 존재 이유에 대한 이해에 있어 후자에 비하여 전자는 다소 적극적인 체육의 역할을 염두에 두고 있는 듯하다. 양자와 같은 통념이 뿌리내리게 된 배경과 이유를 완강히 거부하기는 쉽지 않지만, 그렇다고 인정하고, 더군다나 만족하는 것은 더욱 쉽지 않다. 왜냐하면 양자 모두 초등체육의 존재 이유를 매우 편협하게 제한하고 있기 때문이다.

전자의 경우, 초등체육의 역할에 대한 시각을 체력(體力)과 연관되는 '몸 만들기', 또는 체형(體形)과 연관되는 '몸 가꾸기'로 제한해 버린다. 이러한 시각은 흔히 지금 아동의 체력이 예전 아동에 비하여 떨어지며, 비만한 아동이 급격하게 늘어나고 있다는 사실에 근거하고 있다. 전자의 시각이 지금의 사실에 근거하고 있으며 사회 구성원 다수의 체육에 대한 요청을 수용하고 있다는 점에서 상당한 호소력을 가지고 있기는 하지만, 근본적으로 체육의 존재 이유를 오직 겉으로 드러나는 몸의 변화에 한정하고 있다는 점에서 만족스럽지 못하다. 후자의 경우, 체육의 역할을 학업(특히, 주지교과라 일컬어지는)의 스트레스 해소와 연관시키고 있는데, 이는 근본적으로 체육을 '학업'과 별개의 것으로 규정하는 태도를 바탕에 깔고 있다. 물론 학업, 즉 배우는 일이 많은 에너지를 요구하는 것이고 따라서 학업에 요구되는 에너지를 재충전할 필요가 있으며, 그것을 바로 체육이 해 줄 수 있다, 또는 해 주어야 한다는 시각은 가능하다. 그러나 이와 같은 시각을 헤집어 보면, 체육을 학업, 즉 배우는 일과는 근본적으로 거리가 있는, 다시 말해서 (심각한) 배움과 거리가 있다고 여기는 태도를 배경으로 삼고 있다.

체육과 아동의 발육 발달 그리고 스트레스 해소와 연관시키는 통념이 전혀 근거 없는 것은 아니지만, 그렇다고 체육을 제대로 이해하고 있는 것은 아니다. 체육이 과연 그와 같은 역할에 제한될 정도로 가볍고 사소한 것이며, 학업의 줄기에서 벗어난 지엽의 것인지에 대한 의문이 발생하는 것이다. 이러한 의문은 근본적으로 배우는 일의 의미, 다시 말해서 '왜

배워야 하는가' 하는 물음과 학업으로 표현되는 '학교의 생활이 과연 무엇인가' 하는 물음을 담고 있다. 그러나 여전히, 우리 자신과 주변에서 회자되는 체육에 대한 생각이 위와 같다는 것에 대해서는 부인하기 어렵다. 체육에 대한 통념이 그러하다보니 지금의 초등체육은 그저 '활동(activity)', 좀 더 채색하여 '즐거운 활동'으로 여겨지고 있는 것이다. 활동은 활동의 주동(主動)이 되는 몸(의 작용)을 자극하여 결과적으로는 그 작용을 향상시키기 때문에 체육은 활발한 몸의 작용, 다시 말해서 체육은 활발한 (신체적) 활동이면 충분하다고 본다. 이에 덧붙여 체육은 활발한 (신체적) 활동이면서도 스트레스를 해소할 수 있으면 더욱 만족스럽다는 것이다. 스트레스는 고통이고 따라서 고통인 스트레스의 해소를 위해서는 고통에 대립되는 쾌락(즐거움)이 제공되어야 한다고 여긴다. 더 나아가 아동들이 체육수업 시간에 즐거움을 느끼면 그 체육수업은 성공인 반면, 그렇지 못하면 실패라는 것이다. 이제 즐거움은 체육수업의 부분적 요건을 넘어 성패를 가늠할 수 있는 필수적 준거가 된다.

통념 형성의 역사

체육의 존재 이유에 대한 통념의 현실적 양상은 '스포츠' 활동을 중심으로 하는 체육수업으로 나타난다. 체조나 육상과 같은 활동은 따분하고 고통스러우며, 심지어는 교육적 가치가 적은 것으로 여기고, 반면 다양한 스포츠 활동은 배우는 사람의 자연스러운 움직임 욕구를 즐거움 속에서 충족시킬 수 있으며 교육적 가치가 많은 것으로 여기는 듯하다. 초등체육에 있어서도 스포츠 종목을 아동의 수준으로 변용한 여러 가지 '게임(modified sports activity)' 활동을 선호하는 경향이 급속하게 확장되고 있다. 이러한 학교체육의 전개 양상은 '체육(교육)=스포츠교육'이라는 식의 체육관(體育觀)을 체육을 배우는 사람은 물론 체육을 가르치는 사람의 뇌리에 각인시키고 있는 것이다.

위와 같은 현실 양상의 배경에는 체육 바깥의 요인과 체육 내부의 요인이 자리하고 있다. 체육이 교과가 되고 체육교과의 내용에서 스포츠 활동이 차지하는 비중이 커지게 된 변화의 추동(推動)은, 한편으로는 체육의 밖, 즉 사회의 변화와 요구였으며, 다른 한편으로는 체육이 그러한 변화와 요구를 충족시킬 수 있는 가능성을 잠재하고 있음을 간파하고 능동적으로 대응하고자 하였던 체육전문가의 노력이었다. 즉 스포츠 활동에 대한 대중의 관심이 확장되고, 그러한 관심의 충족이 사회적 이익에 부합한다는 의식의 형성과 함께 스포츠가 하나의 문화(a culture)로 인정되면서, 스포츠 활동 참가를 더욱 대중화·일상화 하여야 한다는 사회 곳곳의 목소리는, 순발력 있는 체육전문가에 의하여 학교체육의 메아리로 현실화되었다.

　얼마 전 까지만 하더라도 체육은 전통적으로 단련(鍛鍊, training)을 의미하는 것이었다. 고대 아테네인들이 체육(gymnestikē)을 실시한 것은, 고상하게 말하면 아킬레스와 오디세우스로 상징되는, 그들이 도달하고자 한 인간상을 구현하고자 한 것이었지만, 현실적으로는 강건한 신체적 능력을 바탕으로 하는 군사력의 확보라는 시대적 요구에 충실한 것이었다. 그들의 체육은 스파르타인의 것에 비하여 강도(强度)와 강압(强壓)이 덜 한 것이었지만, 근본에 있어서는 단련을 위한 것이라는 점에서 스파르타인의 것과 다를 게 없었다. 이러한 단련의 의미는 독일의 '투르넨(Turnen) 운동'이나 북유럽의 '체조(Gymnastik)'와 같은, 나폴레옹 전쟁으로 인한 폐허 속에서 등장한 근대 민족국가의 체육에서 더욱 뚜렷하게 나타나고 있음을 확인할 수 있다.

　서구의 역사에 있어 체육, 특히 학교체육에서 스포츠 활동이 포함된 것은 한 세기 남짓에 지나지 않는다. 영국의 경우, 스포츠 활동이 학교의 장으로 유입된 것은 19세기 중엽 이후의 일이다. '도야(陶冶)〔—단련〕'를 목적으로 하는 '자유교양교육(liberal arts)'의 전통이 강하게 작용하던 당시 스포츠 활동이 과외활동으로 허용된 것은 매우 이례적인 것이었지만, 당시 산업혁명의 만개 과정에서 근대적 '여가(leisure)' 의식의 형성과 맞물린 대중의 스포츠에 대한 관심과 대중의 스포츠 활동 참가를 통한 노동생산성 향상의 가능성을 엿본 기업가의 관심은 스포츠 활동을 중심으로 하는 체육교과의 등장을 촉진하였다. 한편, 이러한 변화는 교육 전반의 면모가 도야 중심의 자유교양교육에서 생활 중심의 일반/보통교육(general education)으로 전환되는 것과 맥을 같이 하고 있기도 하다.

　미국에서 스포츠 활동이 학교체육의 장에 등장한 것은 영국보다도 한참 뒤의 일이었다. 미국에서 스포츠 활동이 학교체육의 프로그램으로 수용된 것은 대략 1930년대 전후였다. 이전까지만 하더라도 미국의 체육 전반은 북유럽과 독일에서 이식된 체조, 또는 투르넨 활동이 지배하고 있었다. 물론 19세기 말 다수의 의사에 의하여 스포츠 활동이 생리적 효과(hygienic effect)와 사회성 발달(social development)의 측면에서 긍정적으로 평가되고 권장되었다. 또한, YMCA를 기반으로 하는 새로운 스포츠 활동이 나름의 면모를 마련하고 있기도 하였다. 그러나 스포츠 활동이 체육의 무대에 본격적으로 등장한 것은, 1930년대의 '신교육(new education)' 운동의 일환인 '신체육(new physical education)' 운동으로 말미암았다.

　우리의 경우, 구한말(舊韓末)에 시작된 근대교육은 덕육(德育)·체육(體育)·지육(智育)을 강령(綱領)으로 명시한 고종의 '교육조서(敎育詔書)'를 통하여 제도화되었다. 당시 체육은 체련(體鍊), 체조(體操) 등과 같은 표현을 빌려 실시된 뚜렷한 실용적 목적의 단련 위주의 활동이었으며, 그 흐름은 일제강점기를 통하여 더욱 견고해졌다. 한말이후 일제강점기 동안 스포츠 활동이 공백의 상태에 있었던 것은 아니다. 숭실, 배제, 휘문, 계성, 신흥 등과 같은 기독교계열의 중등학교와 황성기독청년회(YMCA)를 중심으로 하여 축구, 야구, 농구 등과 같은 여러 가지 스포츠 활동이 과외활동으로 활발하게 이루어지고 있었다. 그러나 스포츠 활동이 정규체육교과의 내용으로 정착되는 데에는 좀 더 많은 시간을 필요로 하였다.

스포츠 활동이 체육(교과)의 중심으로 등장하고 그 범위가 확장된 것은 미 군정기의 교수요목(敎授要目)에서 시작하여 7차에 걸친 체육과교육과정 개정 과정을 통하여 구체화되었다. 교수요목을 비롯하여 체육과교육과정의 개정이 거듭될수록 스포츠 활동은 체육의 주변에서 중심으로, 부분에서 전반으로 그 범위가 확장되었다. 이는 스포츠 활동에 대한 국가 사회적 관심의 꾸준한 증가, '신체육'을 표방하는 미국 체육교과 시스템의 도입 등과 밀접한 관련이 있다. 이러한 움직임은 체육교과의 내용을 다양화, 선진화(?) 하고자 하는 의도를 바탕에 두고 있었다. 그런 중에도 체육의 내용은 과거 체조 활동 중심에서 다소 변화된 것이기는 하지만, 여전히 체조와 스포츠를 두 개의 축으로 하는 것이었다. 또한 체육교과의 내용에 스포츠 활동이 상당 부분 포함되기는 하였지만, 단련 지향의 의식을 강하게 유지하고 있었던 체육교사들이 주류를 형성하고 있어, 스포츠 활동은 다소간의 제한 속에 놓여있었다.

체육에 있어 스포츠 활동이 차지하는 위상이 단지 체육과교육과정이라는 '문서(文書)의 의미'가 아니라 체육수업이라는 '실천(實踐)의 의미'로 부각된 것은 최근의 양상이라고 할 수 있다. 체육에서 차지하는 스포츠 활동의 지분이 현실화된 외면의 배경으로는 1986년 서울아시안게임과 1988년 서울올림픽게임을 계기로 하는 '스포츠 대중화(sports for all)' 양상을 꼽을 수 있다. 한편 내면의 배경으로는 체육전문가 사이에서 확산되어 온 스포츠 활동 선호의 태도가 자리하고 있다. 후자의 배경은, 일단 전자와 같은 사회적 변화와 요구를 능동적으로 반영한다는 의미로 이해할 수 있을 것이다. 그러나 그와 같은 반응은 체조 활동과 스포츠 활동을 병치(竝置)시키던 과거와는 달리 체조 활동을 스포츠 활동으로 대치(代置)시키면서 '체육=스포츠교육'이라는 등식(等式)을 '정식(正式)'으로 여기는 풍조의 원인이 된 것이다. 이와 같은 통념이 학교체육 전반의 현실 양상이고 보면, 초등체육 역시 체육과 스포츠교육을 외연(外延)은 물론 내포(內包) 조차도 동일하게 여기는 태도에서 크게 벗어나기 어렵다.

학교체육의 두 측면 : 단련과 유희

'체육=스포츠교육'이라는 등식을 주장하는 입장은 스포츠를 통하여 단련의 목적과 유희의 목적을 동시에 충족시킬 수 있다는 출발점을 가지고 있었다. 즉 다양한 스포츠 활동은 기본적으로 왕성한 신체 활동을 수반하는 것이기에 단련의 목적은 매우 자연스럽게 구현될 수 있으며, 흥미진진한 공방 속에서 발생하는 즐거움은 딱딱한 체조 활동의 가능성을 능가한다는 것이다. 따라서 전통적인 체조 활동 중심의 체육수업보다는 위와 같이 일거양득(一擧兩得)의 스포츠 활동 중심 체육수업을 강조하는 것은 매우 합당하다는 것이다. 결국, 스포츠교육을 강조하는 입장은 스포츠 활동이 체육을 통하여 추구하고자 하는 심동(心動), 정의(情意), 인지(認知) 발달을 동시에 가능하게 하는 것이기 때문에 체육이 스포츠교육으로 대치되어도 하등의 문제가 없으며, 오히려 그렇게 되어야 한다는 태도와 불가분의 연관이 있다. 더 나아가 스포츠교육은 전통적인 체육의 목적과 새로운 시대적 요구를 충족시킬 수 있다고 보고 있는 것이다.

스포츠 활동을 강조하는 현행의 체육수업은 상당한 문제를 드러내고 있다. 즉 스포츠 활동 중심의 현행 체육 수업은 출발점에서 상정한 궤도를 올곧게 가고 있지 못하고 있다. 단련 목적과 유희 목적을 동시에 구현하고자 하였던 당초의 취지는 퇴색하고 유희 일변도로 나아가고 있다. 스포츠 활동은 매우 다양한 종목이 존재하고 있지만, 교육의 관점에서 선별한다면 단체종목이 우선되어야 한다. 단체종목의 스포츠 활동은 개인의 신체적 조화와 함께 다수의 사회적 조화를 요구한다. 그 활동 과정에서 아동(학생)은 자신의 '해낼 수 있는' 가능성과 '함께 할 수 있는' 가능성을 경험함으로써 전인(全人)의 자질을 갖추게 되는 것이다. 그러나 현행 체육수업은 스포츠 활동 중심을 넘어 개인 스포츠 활동을 지향하는 쪽으로 다가가는 경향을 보이고 있다. 그에 따르면, 단체종목의 스포츠 활동은 기능적인 측면은 물론 관계적(전술적)인 측면에서도 매우 복잡하고, 따라서 가르치고 배우는 데 있어 어려움이 많아 아동(학생)의 유희 욕구를 충족시키기에는 지난(至難)하다는 것이다. 따라서 아동(학생)의 유희 욕구를 충실하게 반영하고 실현할 수 있는 경쾌하고, 손쉬운 스포츠 활동을 추구해야 한다는 것이다. 이와 같은 경향의 구체적인 사례는 바로 스포츠 활동 그것도 단체종목이 아닌 개인종목으로 체육교과의 중심이 서서히 이동하고 있는 것에서 확인할 수 있다.

스포츠 활동은 자연스러운 인간의 유희 본능과의 밀접한 연관 속에서 잉태된 것이지만 그것의 단련 효과는 매우 풍부하다. 하나의 스포츠 종목을 익히고 행하기 위해서는 지난하다고 표현할 만큼의 시간과 노력이 요구된다. 생리적 작용 능력을 향상시키고 기능적 조절 능력을 세련시키는 '신체적 단련'과 함께 인내하고 협동하는 '정신적 단련'이 수반될 때 스포츠를 익히고 행할 수 있게 되는 것이다. 그러한 단련이 거듭될수록 실패는 성취로, 고통은 기쁨으로 승화된다. 말 그대로 고진감래(苦盡甘來)의 진수를 경험하게 되는 것이다. 이것이 바로 스포츠 활동의 교육적 가능성이며, 그 가능성을 인식하고 구현하고자 하는 것이 바로 스포츠 교육이라고 하겠다. 다시 말해서 체육수업으로서의 스포츠 활동은 신체적 단련과 정신적 단련을 통하여, 활동 각각에서 움직임 욕구를 충족하고 활동 축적에서 성취의 희열을 담보할 수 있을 때 본연의 의미를 찾을 수 있게 되는 것이다. '단련'을 전제로 하지 않은 스포츠 교육, 체육은 핵심을 놓치게 될 가능성이 높다.

전통적인 체조 활동 중심의 체육은 물론이거니와 스포츠 활동 중심의 체육 역시 그것이 교육의 맥락에 놓일 수 있는 근저에는 바로 위와 같은 '단련'의 교육적 가능성이 놓여있기 때문이다. 여기서 말하는 단련은 그저 생리적 작용과 기능적 조절을 연상하는 신체적 단련이 제한될 수 없으며, 오히려 인내와 협동과 같이 자연적 인간이 사회적 인간으로 다시 태어나는데 있어 필수적으로 갖추어야 하는 덕목을 체득(體得)하게 하는 정신적 단련이 포함하고 있는 것이다. 이러한 신체적 단련과 정신적 단련을 구현할 수 있을 때 '몸을 풍성하게 하는 익힘'이라는 의미의 체육(體育)은 '인간의 근본을 세우는 익힘'이라는 의미의 체육(体育)일 될 수 있게 된다. 이것이 바로 전통적인 체육이 체조(體操)와 같은 의미로 이해되었던 맥락과 상통하는 것이다. 이렇듯 전통적인 체조 활동 중심의 체육과 스포츠 활동 중심의 체육을 관류하는 '단련'의 의미를 간과한 채, 그저 체조는 딱딱한 형식적 신체단련 활동을 여기는 것은 물론 스포츠 활동조차도 유희 일변의 관점에서 이해하고 실천하고자 하는 태도가 현행 학교체육 곳곳에서 그 영향력을 확장되고 있는 것이다.

그 결과, 체육이 학교에서 가르쳐야 하는 이유는 희미해지고 체육수업의 존립 근거는 갈수록 나약해지고 있다. 교육이 근본적으로 '인간의 변화'와 불가분의 관련이 있다는 점에서 체육 역시 그러할 때 교육적 존립 근거를 찾을 수 있을 것이다. 그렇다면, 체육의 교육적 존립 근거, 즉 인간의 변화를 찾을 것인가. 그것은 더 이상 말할 나위 없이 '단련'과의 연관 속에서 찾아야 한다. 즉 신체적 단련과 변화, 정신적 단련과 변화, 그것이 바로 체육이 교육의 장에 자리매김하였고, 앞으로도 그러할 수 있는 근거가 되는 것이다. 이러한 점에서 학교체육이 스트레스의 해소, 움직임 욕구의 충족과 같은 유희 목적에 편향될 경우 근본적인 위험을 배태하고 있다고 하겠다. 학교체육의 의미가 '변화'가 아니라 '발산'에 제한됨으로써 나타날 수 있는 위험은 이미 그 전조(前兆)를 드러내고 있다. 학교체육이 스트레스의 해소, 움직임 욕구의 충족을 지향하는 것이라고 한다면, 뚜렷한 '변화'를 구현하고자 하는 강한 목적의 정과활동이 아니라, 다양한 '발산(發散)'을 추구하는 약한 목적의 과외활동이어도 무방하다는 의식을 형성하고 있는 것이다. 이러한 의식은 체육을 중요한 교육 활동이기보다는 사소한 '교육적' 활동으로 전락시키는 현실로 이어질 가능성이 적지 않다. 특히, 재미있고 손쉬운 게임 중심의 체육수업으로 채워지고 있는 초등체육에 있어 위와 같은 유희 목적 편향의 가능성은 더욱 농후하다고 하겠다.

체육과 초등교육

우리는 여기서 체육은 신체를 풍성하게 하는 '體(骨+豊)育'이 아니라 인간을 바로 세우는 '体(人+本)育'으로 이해할 때 그것의 참된 의미에 다가갈 수 있으며, 체육이 교육의 장에 자리할 수 있는 근거를 뚜렷하게 할 수 있다는 말의 뜻을 초등교육과 연관하여 찬찬히 살펴 볼 필요가 있다. 체육의 교육적 위치, 초등교육의 교육적 위치를 습관(習慣)〔=관습(慣習)―지혜(智慧)〕과 지식(知識)의 틀 속에서 이해할 수 있다. 체육이 습관의 체화(體化)와 지식의 습득 중에서 강조해야 하는 것, 초등교육이 습관의 체화와 지식의 습득 중에서 강조해야 하는 것을 생각해 보자는 것이다. 달리 표현하면, '체육은 다른 여타의 교과와 비교하여 양자 중 어디에 강조를 두어야 하고, 초등교육은 중등 또는 고등의 교육에 비교하여 양자 중 어디에 강조를 두어야 하는 가'의 문제를 앞에서 다룬 '단련'을 바탕으로 하는 '체육(体育)'의 의미와 연관하여 생각해 보자는 것이다. 이러한 문제 제기는 초등교육의 존재 이유를 살핌에 있어 체육(体育)의 의미를 가벼이 할 수 없다는 생각을 전제하고 있다.

교육은 '습관의 체화'와 '지식의 습득'을 두 개의 축으로 하고 있다고 할 수 있다. 이에 대하여 혹자는 심한 반감을 느낄 수도 있을 것이다. 교육을 지식을 거의 일치된 맥락에서 이해하는 입장이 현대 교육의 일반을 이루고 있다는 매우 상식적 현실을 고려하면 그와 같은 반감은 충분한 근거를 가지고 있다. 소크라테스(Socrates)를 비롯하여 교육에 관한 이론적 작업을 최초로 시도한 고대 희랍의 철학자들이 습관을 부정하고 원리(지식)를 추구하였다는 것이 역사적 사실로 받아들여지고 있는 점에서 더욱 그러하다. 그들은 좌충우돌(左衝右突)의 습관에 따르지 말고 일목요연(一目瞭然)한 지식에 따라야 한다고 믿었으며, 그것을 가능하게 하는 것이 바로 교육이어야 한다고 보았다. 더욱이 지식의 생성과 습득을 가능하게 한다는 이성(ration)의 작용을 철저하게 신봉하는 현대 교육의 관점에서 보면 고대 희랍인들의 교육관은 2,500년 동안의 먼지에 싸인 유물이라고 보기는 어렵다.

그러나 '습관의 체화' 또한 역사의 흐름 속에서 면면히 그 생명을 유지하고 있다. 이는 인간의 실존은 추상적(抽象的) 지식과 실제적(實際的) 습관의 혼융(混融)이라는 점에서 그러하다. 인간의 오직 추상적 지식만으로 살아가지 않으며, 거기에 실제적 습관이 더해져 살아가고 있는 것이다. 고대 희랍인들이 습관을 부정하고 지식을 추구한 것은 인간이 습관을 완전히 배제하고 지식만으로 살 수 있다고 확신했다고 보기는 어렵다. 오히려 거부하기 어려운 습관의 위력을 지식으로 통제하고자 한 의도였다고 볼 수 있다. 즉, 좌충우돌의 습관을 일목요연한 지식으로 제어함으로써, 종국적으로는 습관을 정돈시키고자 하였다고 할 수 있는 것이다. 이러한 맥락에서 습관과 지식은 양단될 수 있는 것이 아니며 연결되어 있으며, 습관과 지식은 긴장된 상호작용을 하고 있다고 보아야 한다. 따라서 교육은 지식을 통하여 습관을 통제할 수 있는 능력을 기르는 것이라고 할 수 있다.

그렇다고 지식으로서 습관을 완전히 제압할 수 있는 것은 아니다. 아무리 많은 지식, 아무리 강력한 이성의 힘이라 하더라도 습관을 능수(能手) 능란(能爛)하게 다룰 수는 없다. 이러한 의미에서 습관을 통제할 수 있는 지식의 힘을 기르고자 하는 교육은 제한적일 수밖에 없다. 오히려 습관을 습관의 방식으로 체화시킬 수 있는 노력을 보완(補完) 또는 병행(竝行) 하는 것이 그와 같은 제한을 다소간 해소할 수 있을 것이다. 게다가 교육이 지식의 방식만으로는 여의치 않은 아동의 경우 체화를 통한 습관 형성은 중요한 의미를 담고 있다고 하겠다. 체화를 통한 습관의 형성, 이것이 바로 아동의 교육 즉 초등교육의 강조점이 있다고 하겠다. 바른 생활에 관한 원리(지식)의 습득이 아무런 누수(漏水)나 왜곡(歪曲)이 없이 바른 생활의 습관의 체화로 직결되기는 어렵다. (원리)지식이 습득이 성인, 최소한 청소년과는 다른 아동에 있어 그 어려움은 더욱 가중된다. 그래서 아동의 교육, 즉 초등교육은 체화를 바탕으로 하는 실제교육, 생활교육과 뗄 수 없는 연관을 맺고 있는 것이다. 초등교육은 습관의 체화에 강조점을 두고, 중등교육·고등교육으로 갈수록 지식의 습득에 강조점을 두는 이유가 바로 여기에 있다.

습관의 형성은 바른 자세의 체화에서 시작한다. 바른 자세로 책을 읽고, 글씨를 쓰며, 밥을 먹음으로써 바른 습관의 형성이 시작되는 것이다. 바른 말을 쓰고, 바른 행동을 함으로써 바른 습관의 형성은 이어진다. 바르게 생각하고 바르게 주장함으로써 바른 습관의 형성은 깊이를 더해간다. 물론 앞에서 뒤로 갈수록 이성과 지식의 영향력은 강조될 것이다. 습관 형성의 의미와 과정이 이러하기에 초등교육은 습관의 체화를 강조하고, 습관의 형성을 추상적 지식보다는 실제적 행위를 통하여 구현하고자 하는 것이다. 이러한 맥락에서 초등교사의 삶은 참된 지식의 전달보다는 바른 습관의 모범과 연관되어 있다. 그래서 초등교사는 아동과 생활을 함께 하는 것을 피할 수 없다. 아동과 생활을 함께 하지 않는 초등교사는 진정한 의미의 초등교사이기 어렵다. 이것이 바로 초등교육이 '학급담임교사제'를 근간(根幹)으로 삼아야 하는 확고부동한 이유이며, '교사전담교사제'가 안고 있는 근본적인 난점이기도 한 것이다.

위와 같은 습관의 체화에 강조점이 있는 초등교육의 맥락에서 체육(體育)의 위치와 역할은 더욱 뚜렷해진다. 습관 형성의 요체는 몸이며, 체육은 역시 몸을 요체하고 있다는 점에서 습관의 형성과 체육은 뗄 수 없는 연관을 맺고 있다고 하겠다. 이 같은 관점에 대하여 지나친 형식 논리적 과장(誇張)이며, 초등교육에서 강조하는 습관의 체화에 있어 체육은 기껏해야 바른 몸의 자세와 연관될 뿐이라고 냉소할 수도 있을 것이다. 그러나 논자에 보기에 그와 같은 냉소는 앞에서 이야기한 '단련'과 '체육(體育)'의 의미가 학교체육에서 제대로 구현되고 있지 못한 현실의 소산으로 여겨진다. 오히려 체육(體育)의 의미를 신체적 단련과 정신적 단련을 근간으로 하는 몸 바로 세우기를 이해한다면 습관의 형성에 강조점이 있는 초등교육에 있어 체육(體育)교과의 역할을 간단히 폄하할 수는 없을 것이다.

초등체육이 체육(體育)의 의미에 제한되지 않고 체육(體育)의 의미를 구현할 수 있도록 할 때 초등체육은 물론 초등교육의 참된 의미는 더욱 가시화될 가능성이 높다. 그렇지 않고 체육이 지금과 같이 유희를 목적으로 하는 가벼운 활동으로 점철될 경우 사소한 초등체육의 인상을 벗기 어렵다. 체육이 '단련'의 의미를 제대로 구현하지 못하는 것이, '기능(技能)교과'로 규정되는 오해의 씨앗이 되고 있는 지금의 상황이 지속되는 한, 체육은 습관의 체화와 지식의 습득 모두에서 멀어질 가능성이 높다. 신체적 단련과 정신적 단련의 의미를 간과한 채 오직 겉으로 들어나는 몸의 움직임만을 바라보고 체육을 '기능교과'와 연관시키는 태도는 초등교육을 단지 겉으로 들어나는 지식의 전달로만 바라보는 태도와 맞닿아 있는 것이다. 그것은 오직 기능, 지식 등과 같은 교육의 겉면만을 기준 삼아 초등교육과 중등교육 그리고 고등교육을 서열화 하고자 하는 태도와 다름 아니다. 오히려 체육의 안면인 단련과 교육의 안면인 습관을 중심에 두면 체육(體育)의 의미는 물론이거니와 초등교육의 의미에 대한 이해 역시 지금과는 사뭇 달라질 것이다.

초등体育과 초등教師

　습관과 생활은 밀접한 관련이 있다. 습관은 생활을 통하여 체득되고, 생활은 습관을 형성한다. 따라서 앞에서 언급한 바와 같이 습관 형성을 요체로 하는 초등교육은 생활교육이 아닐 수 없다. 그래서 아동과 생활을 함께 하는 '학급담임교사제'를 근간으로 삼고 있는 것이다. 초등체육이 몸 바로 세우기, 체육(体育)을 구현하기 위해서는 무엇보다도 앞서 교실(classroom)을 물리적 공간 개념, 또는 주지교육 공간 개념으로 이해하는 태도를 극복해야 한다. 학교 전체를 하나의 교실로 여겨야 한다. 그리고 체육 역시 체육수업의 물리적 공간에서 벗어나 학교생활 전반의 의미적 공간으로 이해해야 한다. 체육은 하나의 교과가 아니라 초등교육 전반에 스며들어 습관 형성의 근간이 되어야 하는 것이다. 초등체육은 생리적 작용, 기능적 조절 등과 연관된 '신체의 단련'과 인내, 협동 등과 연관되는 '정신의 단련'을 축으로 하여 몸 바로 세우기, 바른 습관의 형성을 구현해야 한다.

　이와 같이 초등체육의 지향이 '단련'과 '습관' 그리고 '생활'과 연관되어야 하기 때문에, 초등체육은 '체육교과전담교사'라는 별정(別定)의 전문가가 아니라 아동의 습관 형성에 있어 모범이 되고, 아동과 생활을 함께 하는 '학급담임교사'에 의해서 이루어져야 한다. 이와 같은 맥락에서 체육교과를 비롯한 제반의 초등교육이 '교과전담교사제가' 아니라 '학습담임교사제'의 방식으로 운영되어야 하는 당위적 이유가 있으며, 초등교사의 '교육적 전문성'에 대한 이해 또한 지식 전달이 아니라 습관 형성을 토대로 삼아야 하는 이유가 있는 것이다. 이 같이 초등교육의 존재 이유와 존재 양식은 교과와 교과의 '병렬적(並列的) 더함'이 아니라 교과와 교과의 '총체적(總體的) 융합'이며, 그것은 초등학교 전체가 하나의 '생활공동체(生活共同體)'로 일체화하여야 더욱 뚜렷해 질 것이다.

> **요점 확인**
> 초등체육이 '體育'이란 의미에 제한되는 것과 '體育'이란 의미를 구현하는 것과의 차이를 설명하시오

2. 기능중심교과와 수행중심교과

우리 사회의 주지주의적 학습 풍토는 어제오늘의 일이 아니다. 학교교육의 목표가 아동의 전인적 발달임에도 불구하고, 학교 현실은 인지적 측면의 발달만이 전부인양 교육이 이루어지고 있다. 대부분의 학부모는 아동기 때부터 '학업의 기초'를 다진다는 미명하에, 자신의 자녀를 학교 수업 이외에도 다양한 과외 학습을 통하여 주지 교과 학습에 열을 올리고 있다. 이러한 주지주의적 교육 풍토는 학부모 이외에도 초등학교 체육교육 주체인 교육행정가, 학교장, 교사 모두에게 영향을 미쳐 초등학교에서 체육교육의 정상화에 매우 큰 장애가 되고 있다. 실제로, 대다수의 학부모들은 국어나 수학 수업을 소홀히 할 경우에는 학교장 및 교사에게 불만을 토로하는 경우는 있지만, 체육 수업을 빼먹거나 소홀히 했다고 해서 항의를 하는 경우는 거의 없다. 학교장 및 교사 또한 체육은 노는 시간이며, 다른 주지주의 교과 수업을 위한 보조 교과로서 인식하는 경우가 빈번하게 발생한다. 이러한 풍토의 지속은 체육의 '교육적 적합성' 문제를 유발시킬 수 있어, 학교 내 체육교육의 입지가 매우 어려워질 수 있

주지주의 교육풍토는 체육의 교육적 가치와 효용성을 약화하여 학교 내 체육교육의 입지를 어렵게 한다.

다는 점에서 심각한 문제가 아닐 수 없다. 솔직히 본인은 '주지교과'란 말과 그 속에 포함되어지는 교과의 범위는 무엇을 근거로 나뉘는 것이며 누가, 언제, 어떠한 근거로 설정한 것인지에 대한 강한 의구심을 가지고 있다. '왜 과목을 열거할 때 체육, 음악, 미술 같은 순서로 말하지 않고 국어, 영어, 수학, 사회, 과학...같은 식으로 말해야만 하는가?' '과연 체육, 음악, 미술교과는 단순한 기능만을 지도하는 주변교과로 머물 수밖에 없는가?' 우리가 갖고 있는 이와 같은 의구심의 해답은 결국 체육교과에 대한 잘못된 교과적 편견에서 비롯된 것이라는 점을 알 수 있다. 이와 같은 교과적 편견에 기초하여 우리는 흔히 체육, 음악, 미술과 같이 실기를 병행하는 교과를 '기능중심' 교과라는 말로 지칭하여 왔다. 하지만 여기에는 이들 교과가 지니고 있는 교육적 가치와 타당성을 송두리째 무시해 버릴 수 있는 상당한 오류가 들어있음을 인식해야 한다.

기능중심교과(skill-centered subject)라 함은 말 그대로 수업진행과 학습을 위해 특정한 기능을 요구하는 교과를 지칭하는 것으로, 여기에는 학습자의 신체활동을 통한 물리적 행위만을 교육결과의 부산물로 치부하는 분절적 의미를 내포한다고 볼 수 있다. 반면에 수행중심교과(performance-centered subject)는 학습자의 기능과 더불어 이를 수행하는 과정에서 요구되는 인지적, 정의적 측면을 모두 교육과정의 결과로 아우르는 통합적 의미를 지니고 있다고 볼 수 있다. 즉, 기능중심교과에서는 각각의 수업장면과 평가의 과정을 명확히 구분하는 수업체계를 지니고 있지만 수행중심교과에서는 교수활동과 평가를 일련의 연속적인 교육활동으로 인지하는 수업체계를 형성하고 있는 것이다. 굳이 접근방식을 구분하자면, 기능중심교과는 행동주의에 기초한 상향식 접근(bottom-up approach)의 수업설계방식, 즉 부분적인 개별기능을 우선 하여 지도한 후 전체수업을 진행해 나가는 방식의 접근법이라 칭할 수 있는 반면, 수행중심교과는 구성주의 및 인지심리학에 기초한 하향식 접근(top-down approach)의 수업설계방식, 즉 수업전체의 흐름과 맥락을 우선시 하여 지도한 후 부분적인 개별기능을 포괄하는 방식의 접근법을 추구한다고 볼 수 있다. 따라서 체육, 음악, 미술과 같은 예체능 교과를 기능중심교과적 시각으로 접근할 경우 이들 과목의 교육활동을 통하여 단순히 기능인(technician)만을 육성한다는 것을 인정하는 결과가 되므로 해당교과들이 추구하는 진정한 교육목적과 가치를 도외시하게 되는 것이다. 반면 수행중심교과적 시각의 접근방법을 사용할 경우 해당과목들의 기능수행과 이를 통한 인지적 학습 및 정의적 성과를 모두 교육의 성과로 추구함을 내포한다고 볼 수 있으므로 해당 교과들의 참된 교육목표를 온전히 반영할 수 있다고 볼 수 있다. 즉, 우리는 그 동안 체육교과를 기능 중심적 시각으로 바라본 결과 체육교과가 지니고 있는 다양한 교육적 가치와 효용성은 무시한 채 단순히 기능위주의 주변교과로 치부되어 버리는 그릇된 결과를 초래하고 만 것이며, 이것은 오늘날 만연한 주지주의 교육풍토라는 망국병을 부추기는 중요한 요인으로 작용을 하고 있는 것이다.

  결론적으로 그간에 체육을 지칭하는 말로 사용되었던 '기능중심교과'라는 말은 앞으로 '수행중심교과'라는 말로 대체되어야 할 것이며 체육은 더 이상 주변교과가 아니고 학생들의 인지, 정의, 신체적 능력을 골고루 육성할 수 있는 훌륭한 전인교과 이자 주지교과가 될 수 있음을 새롭게 인식하는 계기가 되어야 할 것이다.

신임 교육감의 포부

얼마 전 최초의 민선 교육감으로 선출되었던 K모씨는 당선 직후 밝힌 소감이 적잖은 사회적 이슈가 되었고 파장을 몰고 왔다.

-**기자** : 앞으로의 업무추진 방향을 말씀해 주시죠...

-**교육감** : 최근 초등학생의 학력이 아주 뒤떨어 졌습니다..모두 인성교육 및 특별활동 위주의 교육을 실시한 결과라고 봅니다.. 옛날처럼 수우미양가 의 분명한 학력별 위계가 표시된 성적표가 필요합니다...강력한 경쟁제도를 도입하여 학력을 많이 많이 높이겠습니다...

-**기자** : 지금도 지나친 입시과열로 사교육 광풍과 학생들의 자살율이 증가하고 있는데...과연 이러한 방향이 옳은 걸까요 ?

-**교육감** : 뭐 그리 심각한 문제가 있겠습니까 ?...이런 내용은 아마도 **학부모들도 모두 원하는 것**일 겁니다...

어느 특활부장의 비애

올해 처음으로 특별활동 부장을 맡게 된 김 교사는 의욕적인 마음으로 그의 첫 번째 업무인 '방과 후 특기적성' 부서 조직을 하게 되었다. 체육, 음악, 미술 독서, 영어회화, 과학 등 다양한 분야를 두루 두루 고려하여 부서를 만들고 사전 수요조사를 실시하였다. 대학 때 체육교과를 심화학습 했었던 김교사는 내심 체육관련 부서에 많은 아동이 지원하리라 생각하였다. 왜냐하면, 체육은 아동들이 가장 좋아하는 과목이라는 것에 강한 확신이 있었기 때문이었다.

그러나 결과는 김교사의 예상과는 너무나도 판이했다. 희망서를 제출한 아동 중 체육관련 교과를 희망한 아동들은 전체인원의 2%도 채 되지 않았다. 너무나 당황스러워 자신의 학급 아이들에게 그 이유를 물어보았다...그러자 아이들의 대답은 대부분이 한결 같았다.

"저는 하고 싶은데요....엄마가 공부에 도움이 되는 걸로 하래요..."

그 순간 김교사의 머릿속에는 씁쓸한 생각한가지가 스쳐 지나갔다....

'학부모들 생각엔 체육은 공부도 아니구나.......'

요점 확인

수행중심교과로서 지니는 초등체육의 교육적 특성에 대하여 설명해 보시오

3. 초등체육의 교육적 가치

모든 교과가 학교교육에 편입되기 위해서는 무엇보다도 '교육적 적합성(educational relevance)"을 지녀야 한다. '체육'은 아동이 가장 선호하는 교과 중의 하나로서 아동의 전인적 발달에 매우 중요한 영향을 미치는 초등교육에서 없어서는 안 될 교과라고 할 수 있다. 즉, 초등학교에서 체육교육은 아동에게 가장 효과적인 교육활동이며, 나아가 아동의 삶 전체에 걸쳐 지속적인 영향을 미치기 때문에 계획적이고 의도적인 교육활동으로서 더욱 중요한 가치를 지니고 있다.

먼저 체육활동은 아동의 성장 및 체력 발달을 촉진한다. 체육활동은 신체조직, 근육, 기관, 그리고 뼈의 성장을 자극하며 따라서 최적의 신체 발달에 필수적이다. 아동은 피로 없이 매일의 과제를 수행하고, 여가 활동을 추구하며 긴급한 상황에 직면할 경우를 대비하여 기본적으로 충분한 체력을 지니고 있어야 한다. 이는 아동이 근력, 지구력, 그리고 호흡 순환기의 효율성을 발달시키고 유지해야 함을 의미하며 질병으로부터 자유롭고 장애에 보상·적응하고 최적의 체중을 유지해야 함을 암시한다. 물론 이들 모든 요인은 상호관련이 되어 있으며 모두 충분한 체육활동을 통하여 얻을 수 있는 요인들이다. 체력은 또한 운동기술 습득 능력의 잠재적 요인이기도 하다.

또한 아동은 체육활동을 통해 운동기술을 습득하게 된다. 대부분의 행동이나 움직임은 운동기술에 기초한다. 아동은 태아기 때부터 운동기술을 발달시키기 시작하며 연속적인 기술발달이 이루어진다. 아동은 학교에 들어가기 전에 기본적인 이동 및 비이동 기술의 수행패턴을 습득한다. 이러한 기본기술은 일상의 과제와 아동의 게임기술의 기초를 형성하기 때문에 매우 중요하다. 그리고 아동기 활발한 체육활동은 통한 운동기술 습득은 스포츠 기술은 다양한 기본 움직임의 결합체이기 때문에 스포츠 기술의 효율적 수행을 위해서 필수적이다. 또한 운동기술은 또한 창조적이고 심미적인 표현방법을 제공하며, 아동은 신체 경험을 통한 학습에 의해서 자아 표현 방법을 탐구하게 된다.

둘째로 체육활동은 문화적으로 가치 있는 아동의 사회적 태도, 가치, 행동들을 습득하게 하는 환경을 제공한다. 많은 아동학자들은 아동의 사회화 과정에서 체육활동의 기능을 강조해왔다. 실제로 다양한 체육 활동을 통하여 아동들은 다양한 발달 단계를 거침으로써 사회적 인격체로 성장하게 된다. 또한 체육활동은 타인과의 의사소통 과정을 통해 이루어진다. 이 과정을 통해서 아동은 자기중심적인 경향에서 벗어나 타인과 조화롭게 생활하는 법을 배우게 되며, 타인을 배려하는 마음도 가질 수 있을 것이다.

이와 함께 체육활동은 아동의 민주시민 의식을 고취시키는데 매우 유익한 도구가 된다. 구체적으로 체육활동은 건전한 경쟁과 협동심을 함양하는데 좋은 도구가 될 수 있다. 우선, 체육활동에의 활발한 참가는 선의의 경쟁의식을 자연스럽게 형성하도록 돕는다. 이는 선의의 경쟁을 통하여 주어진 목표를 달성해야 된다는 우리 사회의 궁극적인 목적과 부합된다. 이와 함께 단체 스포츠는 협동심을 향상시키는데도 많은 도움을 준다. 최근 사회의 개인주의화는 아동에게 있어 남과 더불어 살 수 있는 능력의 저하를 초래하고 있다. 따라서 학교에서는 아동에게 민주시민으로서 반드시 요구되는 협동심을 고취시키는데 많은 노력을 기울이고 있으며, 체육활동은 이러한 목적을 달성하는데 매우 유용한 수단이다. 단체 스포츠 게임에서는 한 개인의 역량이 아무리 뛰어나더라도 팀의 승리를 이끌기는 어렵다. 따라서 승리하기 위해서는 팀 동료들과 원만한 상호작용 및 협동이 반드시 필요하게 된다.

한편 과거의 인류는 기본적인 의식주 해결에 모든 관심을 기울여야 했다. 그러나 산업화 및 기계화에 따라 여가 시간이 증대됨에 따라 최근에는 여가 선용이 삶의 질의 척도로 활용되고 있다. 이러한 측면에서 아동기에 다양한 체육활동의 경험은 미래의 여가 활동 참여에 긍정적인 영향을 미칠 수 있다. 성인이 되어 새로운 활동에 입문하는 것은 쉬운 일이 아니다. 많은 사람들이 여가 활동 참가 욕구는 있으나 새로운 활동에 대한 두려움 등으로 인하여 참여하지 못하는 경우가 많다. 따라서 아동기의 다양한 체육활동은 미래의 성인기 여가 활동 참가의 원동력이 될 수 있다. 아동은 다양한 체육활동을 통해 스포츠 기술, 스포츠에 대한 태도 및 가치관을 형성함으로써 미래의 질 높은 여가 활동을 영위할 수 있는 기회를 경험할 수 있다는 것이다.

셋째로 체육은 심리 치료적인 가치를 지니고 있다. 최근 부모의 높은 기대치와 만능적 자질을 요구하는 사회 풍토로 인하여 많은 아동들은 주지 교과뿐만 아니라 예능 분야에서 다양한 과외 학습을 실시하고 있다. 물론 다양한 과외 활동 경험은 아동의 미래 생활을 윤택하게 하는 자원으로 활용될 수 있으나, 아동의 의지와는 관계없이 부모의 기대를 충족시키는 수단으로 이용될 경우에는 아동에게 많은 스트레스로 작용할 수 있으며, 이러한 스트레스가 오랫동안 지속되면 정신 건강에 해로울 수 있다.

체육활동은 이러한 정신적 긴장을 해소하는데 가장 좋은 방법 중의 하나이다. 아동은 신체 활동에 대한 본능적인 욕구를 지니고 있다. 누구나 오랜 시간 동안 활동을 못하게 되면, 자연 속을 거닐어 보고 싶고, 또 운동장에 나가 마음껏 뛰고 싶어진다. 특히 현대 사회에서는 과학 문명의 발달과 도시화로 인하여 아동의 활동 기회가 줄어들고 있는데, 체육활동은 이러한 인간의 신체 활동에 대한 욕구를 건전하고 적극적인 방식으로 해소할 수 있도록 한다.

한편 신체의 건강은 정신의 건강과 밀접한 관련을 갖는다. 즉, 활발한 체육활동 참가를 통한 체력 및 건강이 유지되지 않으면 건강한 정신 상태가 불가능하다는 것이다. 신체가 매우 허약하거나 피로할 경우 매사가 귀찮고 의욕이 저하되는 것을 우리는 종종 경험할 수 있다. 활기차고 밝은 학교 및 일상생활의 영위는 건강한 신체의 바탕 위에 건강한 정신이 조화를 이룰 때 가능하므로 아동들은 다양한 게임 참가 기회를 제공받아야 한다.

넷째로 체육활동은 기본적으로 명예, 정직, 페어플레이, 패배시의 자기통제, 예의범절 등과 같은 운동정신을 강조하며 상대방을 공명정대하지 못한 방법으로 대하는 것을 허용하지 않는다는 점에서 도덕성을 발달시키는데 중요한 역할을 한다. 특히 현대 사회의 도덕 불감증으로 인하여 아동에게서도 도덕성이 약화되고 있는 시점에서 체육 활동의 내면화는 도덕성 회복의 밑거름이 될 수 있다.

페어플레이는 성문화된 규칙뿐만 아니라 불문율적인 관습까지도 엄정하게 지켜야함을 의미한다. 나아가 이는 순수한 게임의 본질이며 게임의 결과를 초월하여 게임을 행하는 가치의 표출이다. 즉, 페어플레이는 게임 참가자의 책임과 의무를 전제한 평등하고 공정한 처사이다. 이와 같은 페어플레이 정신은 지속적인 스포츠 활동 참여를 통하여 형성되는 기본적인 도덕적 성향의 하나로서 정정당당하게 경기하는 태도를 학습하고 승리를 위하여 비열한 행동이나 전략을 배격하며 규칙을 준수함으로써 상대방에게 실력을 유감없이 발휘하여 대등한 조건하에서 경쟁한다는 가치의식 및 태도체계의 함양에 기여한다. 또한 체육활동 참여는 상대방에 대한 예의범절을 갖출 수 있는 유익한 수단이 된다. 체육 활동에서는 상대방, 동료, 심판, 경기규칙, 시설 및 용구, 승패 등과 관련하여 다양한 예절이 있다. 따라서 타인에 대하여 인격체로 구성된 집단 속에서 경기하게 되는 만큼 상대편에게 예절을 지키고 그들의 인격을 존중해주어야 한다.

패배시의 자기 통제도 중요하다. 체육활동에서 승리하는 것이 중요한 목표이기는 하나 승리 여부가 체육활동의 절대 목적이 되어서는 안 된다. 아동은 체육활동에 참가하면서 때로는 패배하게 되는 경험도 겪게 될 것이다. 교사가 아동에게 다양한 체육 활동을 통하여 최종 결과와는 무관하게 게임 자체에 최선을 다하고 승리보다는 최선의 노력 추구에 의의를 두도록 유도함으로써 비록 패배했다 하더라도 패배감이나 허무감, 절망감에 사로잡히지 않고 이를 스스로 통제하고 극복할 수 있는 능력을 갖도록 지도하게 되면, 아동은 한층 인격적인 면에서 성숙할 것이다.

끝으로 우리는 체육활동을 통하여 아동의 지적 발달을 촉진시킬 수 있다. 운동학습 과정은 그 자체가 지적인 과정이다. 성공적인 수행은 기술성분에 대한 지식, 기술이 어떻게 이용되는 지에 대한 이해, 그리고 행동과 결과에 대한 통찰에 좌우된다. 신체가 어떻게 작동하는지 알려주고 좋은 기본 움직임 기술 습득을 강조하고 문제 해결 접근법을 강조하는 체육교육 프로그램에 노출될 때 아동은 자신이 할 수 있는 것이 무엇인지에 대한 지식을 얻는다. 체육활동이 진행되는 동안 피하기, 치기, 던지기 등의 행동들이 일어나게 되는 데, 이러한 일련의 행동들을 통하여 게임의 규칙을 이해할 수 있게 되고 또한, 게임의 목적을 달성하기 위해 적절한 행동과 부적절한 행동을 판단하게 된다는 것이다. 특히 이해중심 수업 방식은 아동의 인지적 능력 발달에 많은 도움을 줄 수 있다. 이해중심 수업방식은 기능보다 전략을 중요시하는 인지적 접근 방법을 채택하고 있기 때문에 다양한 상황에서 개인의 의사결정 능력을 향상시켜주고 어려운 상황에서 최선의 전술 및 전략을 구사함으로써 상황 대처 능력을 향상시킬 수 있다.

또한 아동은 체육 활동을 통해 창의적 능력의 향상을 도모할 수 있다. 예컨대, 게임 지도의 경우, 아동이 기본 게임에 익숙해지면 교사의 조언을 바탕으로 게임의 규칙, 도구, 인원수 등을 변화시킴으로써 아동 스스로 게임을 재구성하는 경험을 가질 수 있다. 아동은 동료와 다양한 상호작용을 통하여 자신들의 수준의 적합한 게임을 만들어봄으로써 창조의 경험을 갖게 되며, 그 과정에서 문제 해결력을 향상시킬 수 있는 것이다.

요점 확인

초등체육의 교육적 가치를 전인적 차원에서 나열하고 구체적인 예를 들어 설명해 보시오

생각해 볼 문제 〈제 1부 2장〉

1. 당신이 생각하고 있는 초등체육지도의 정당성은 무엇이며, 이러한 교과의 정당성을 지속적으로 확보해 나가야 하는 까닭과 그 구체적 방법에 대하여 논해 보시오

2. 흔히 체육교과를 지칭하는 기능교과, 주변교과(비주지교과), 예체능 교과, 도구교과 등의 용어가 지니고 있는 문제의 심각성을 분석하고 차후 이를 극복하기 위한 구체적 대안을 모색하시오

3. 체육교과를 통하여 전인교육이 가능한가에 대한 자신의 의견을 피력하시오

> *** 현장교사에게 물었습니다**
>
> ### 초등체육 지도할 때 가장 중점이 되는 것은 ?
>
> ○ **최교사 (남자, 교육경력 4년, 교육대학 졸업)**
> " '학습자의 흥미와 재미를 고려하는 수업이 중요하다' 라는 말은 대학강의 시간에 많이 배웠던 내용이잖아요 ?...하지만 실제적으로 잘 와닿지 않은 부분이 많았어요...그런데 학교 현장에 나와보니까 조금 알겠더라구요..실제로 아이들과 상대해보니까 진짜로 아이들이 체육시간에 원하는게 바로 재미와 흥미로운 것이라는 것을 알 수 있었습니다"
>
> ○ **이교사 (남자, 교육경력 15년, 교육대학 졸업)**
> " 초등학생들에게 중요한 요소는 우선 재미를 빼 놓을 수 없고...거기다 적당한 수준의 기능적 요소가 결합된다면 더 없이 좋은 수업이 될거야...어떤 사람들은 초등학생들은 기능이 중요하지 않다고들 하는데 내 생각은 조금 달라.. 기초 기능을 배우지 않고서 어느날 갑자기 중학생 고등학생이 되어 수준높은 기능을 수행할 수는 없거든..."
>
> ○ **염교사 (여자, 교육경력 7년, 체육대학 졸업 후 학급담임 발령)**
> "체육전담 시절에는 아무래도 기능 습득을 중시해서 지도했었는데.. 담임이 되보니까...생각이 바뀌더라구요 전담시절엔 기능에 대한 기대수준이 높았었죠...그래서 아이들도 많이 혼내보기도 하고 ...한편으론 참 한심하다는 생각도 많이 들었어요.....그런데 담임을 맡고 보니까 기능이 체육의 전부는 아니더군요. 우선 전부 우리 반 아이들이라는 생각이 드니까...'한명 한명이 더 즐겁고 재미나게 수업에 참여했으면'하는 마음이 간절해지데요...더군다나 체육은 아이들이 가장 좋아하는 과목이고 유일하게 실외활동을 할수 있는 과목이잖아요....교실에서는 '**하지마라', '그러면 안된다...' 전부 이런식이니 얼마나 스트레스를 받겠어요 체육시간 이나마 즐겁게 뛰어놀 수 있어야 한다고 생각을 바꿨어요"

3장. 초등체육의 현실과 대안

> **공 부 할 문 제**
>
> 1. 초등체육이 직면하고 있는 현실적 문제점의 종류와 구체적 원인을 이해한다
> 2. 몸 바로 세우기(體操)를 통한 문제점의 해결과 향후 지속적 발전방향을 모색해 본다

1. 위기의 초등체육

 초등학교체육은 정규 수업시간에 이루어지는 정과체육활동과 쉬는 시간이나 방과 후 시간에 어린이들의 자발적인 활동으로 이루어지는 과외체육활동, 그리고 특정 종목의 운동부원간의 대교(對校)경기활동 등으로 구분할 수 있다. 특히 정과체육 시간에는 단위학교의 대다수의 학생이 일반적으로 참여하게 되는 보편적인 체육교육활동으로 가능하면 어린 초등학생이 평생 동안 즐길 수 있는 기본적 신체활동 종목이 가르쳐 지도록 해야 한다. 그러나 주당 3시간 정도의 시간으로 육상, 체조, 수영, 무용, 게임, 체력운동, 보건 등의 다양한 체육활동을 충분히 지도하여 소기의 성과를 거둘 수 있기에는 여러 가지의 문제점과 어려움이 상존하고 있다. 먼저 일반적인 초등학교의 연간 학교운영계획을 비추어 볼 때 정상적인 교육과정 운영을 침해하는 여러 가지 학교내외의 행사 탓에 계획된 수업 시수에 비해 부족한 수업시수가 발생하게 되고, 이를 끼워 맞추기 위해 과목 간 무리한 시수 조정이 감행될 때 최우선적으로 피해를 보는 과목이 바로 체육이다. 현장학습으로 빠진 시수, 학예회로 빠진 시수, 황사로 빠진 수업 시수 등을 메우기 위해 희생되는 과목이 바로 체육인 것이다. 한편 이러한 정과체육시간의 비정상적 운영은 체육교육과정의 파괴, 또는 붕괴로

까지 이어질 수 있는데, 그 결과 초등현장의 체육교육은 담임교사의 임의적인 내용선택으로 지도되어지는 경우가 허다하다. 체육시간마다 피구, 또는 발야구만을 지도하는 교사가 있는가 하면, 심한 경우 1년 내내 운동장에 나와 보지도 않는 대담한(?) 교사도 있다. 물론 여기에 제시된 예는 지극히 극단적인 사항일 수 있지만, 매년 학기 초 상부 교육기관에서 각 급 학교에 '학교체육 교육과정의 정상적 운영지시'라는 웃지 못 할 공문을 내려 보내는 현실을 감안할 때, 이러한 지적이 결코 근거가 없는 내용은 아닌 듯하다.

둘째로, 과외 자율 체육활동의 문제점이다. 현재 초등학교에서 실시되는 방과 후 과외활동은 학교별로 해당과목의 전문교사를 초빙하여 주당 2-3회 정도의 학습량으로 수업을 진행하고 있는데, 이러한 과외 체육활동 과목구성의 대부분은 인문적 내용, 예를 들면 작문, 영어회화, 한문 등의 내용이나 음악, 미술 위주의 기능중심 과목으로 이뤄지는 것이 사실이다. 이러한 원인은 일정과목의 개설을 위해 교육 전에 실시되는 사전예비 수요조사과정에서 철저하게 수요자 중심의 과목선정을 하다 보니, 학부모들의 희망사항에 체육관련 내용은 거의 희박하고 대부분이 인문중심, 또는 미술, 음악 관련 과목만이 지도과목으로 개설되는 것이다. 물론 최근에는 강남의 부유층을 대상으로 매주 1회 정도의 체육관련 과외활동이 실시되는 경우도 있으나, 이는 대부분 어린이들의 중학교 진학 이후 있을 체육관련 수행평가 내용을 선수 학습하는 것을 주요한 내용으로 하고 있어 본래의 교육적 의미와 참 가치를 무색하게 하고 있는 실정이다.

마지막으로 학교 간 벌어지는 대교(對校) 경기활동에 관한 사항으로, 이 문제를 지적하기 전에 '엘리트 위주의 학교체육정책'의 문제점을 먼저 지적하지 않을 수 없다. 즉, 초등학교에 설치되어 있는 운동부는 '전문체육인의 육성을 위한 기초적인 조력과 자원제공'이라는 본래의 취지가 무색할 정도로 오히려 학교체육의 정상화를 가로막는 역할을 자행하고 있다. 예를 들어 학교에 축구부나 야구부가 있는 경우 일반 학생들은 운동부들의 연습을 위해 방과 후 운동장이나 기타 운동시설을 제대로 사용할 수 없게 된다. 뿐만 아니라 학교 체육예산 사용의 중심에는 늘 운동부가 자리 잡고 있어 일반 학생들의 체육 복지를 위한 시설투자에는 늘 인색하게 된다. 이는 단기적인 투자로 가시적인 교육적 성과를 거둘 수 있는 운동부의 특성상 학교를 운영하는 담당자들이 항상 경험하게 되는 피할 수 없는 유혹과 딜레마이며 또한 해결하기 힘든 난치병적 요인으로 볼 수 있다.

또한 운동부에 속해 있는 학생들은 모든 선수들은 스포츠맨십이나 페어플레이는 아랑곳 없이 수단과 방법을 가리지 않고 승리에만 집착하게 되어 정상적인 수업을 받지 못하고 운동에만 몰두할 수밖에 없는 상황이 조성되고, 대회가 임박해 오면 심지어 몇 날 며칠씩 합숙을 해가며 무리한 단체생활을 요구하는 등의 비교육적 폐단이 흔하게 발생하게 되는 것이다.

또한 초등학교 현장의 체육시설 상황은 이러한 이상적 체육문화가 지닌 청사진과는 상당히 거리가 멀다. 체육관을 비롯하여 초등학교 교육과정에 제시되어 있는 교육내용을 정상적으로 지도하기에는 현장의 체육 시설 및 수업 용기·구 숫자가 절대적으로 부족하고 질적 측면에서 낙후 되어 있는 것이 사실이다.

요즈음에는 100m 직선 코스나 반듯한 축구장 하나를 만들 수 없는 비좁은 운동장을 가진 학교가 많이 있을 정도로 체육시설의 열악성은 심각하다.

우리나라 초등학교에는 비좁은 운동장으로 인해 1시간에 3-4반씩 함께 체육 수업을 진행해야 하고, 운동장과 함께 가장 필수적인 시설인 체육관은 거의 없는 실정이다. 실제로 100m 직선 코스나 반듯한 축구장 하나를 만들 수 없는 학교가 많이 있다. 그나마 운동장도 대부분 소형 운동장이며, 정규 체육관은 2001년 기준 서울의 5.05%(체육과학연구원, 2001)의 초등학교만이 정규 체육관을 구비하고 있는 것으로 밝혀져 시설의 부족이 매우 심각한 상황이다. 실내 수영장은 서울의 경우 1.12%만이 구비하고 있다. 여기에다 반드시 구비해야 하는 농구장의 경우, 중·고등학생들이 사용함으로써 폭력 및 비행의 원인이 된다는 명분 하에 철거하는 경우도 빈번히 발생하고 있다. 이와 함께, 운동부가 있는 학교에서는 방과 후에는 운동부 학생들이 운동장을 독점함으로써 일반 학생들의 활동 기회는 매우 적은 현실이다. 문민정부 시절 정보화시대를 대비해 집중적으로 교실의 정보통신 관련 기자재를 보강한 것에 비해 체육관련 시설 및 용·기구 확보에 관한 투자는 일천하기 짝이 없다. 웬만한 초등학교에서는 아직도 십수 년, 아니 수십 년 전에 구입했을 법한 낡은 뜀틀과 매트, 기타 운동기구들이 일명 '체육창고'라 일컬어지는 어둡고 차가운 공간에서 그들의 끈질긴 생명력(?)을 유지해 나가고 있다. 실제로 초등학교 학생들이 체육시간에 원하는 것은 피구나 발야구 정도가 대부분이다. 변변하게 시설과 용·기구를 활용해 해본 체육활동이 없었기 때문이다. 형편이 좋은 지역에 살고 있는 학생들은 스포츠 센터나 그룹별로 체육종목에 대한 과외활동을 받고 있는 경우가 빈번해 졌다. 이 아이들의 욕구를 학교체육이 해소시켜 주지 못하기 때문인 것이다.

'허 참,,,체력검사를 어떻게 하지 ?....'

내일은 6학년 아이들 체력검사를 하는 날이다. 하루 전날 아이들에게 각 종목의 실시 요령을 교실에서 차분하고 자세히 설명해 주었다. 그러나 정작 아이들을 집으로 돌려보낸 후 담임 선생님의 머릿속은 복잡하다....왜냐하면 학교 운동장의 길이가 대각선으로 해도 50m 정도밖에 나오질 않기 때문이다..

50m 달리기야 가까스로 한다고 치자...하지만 1000m 달리는 어쩌란 말인가?... 체육부장 선생님께 여쭈어 보니..." 작년에는 옆에 학교 운동장 빌려서 했어" 라고 자신(?)있게 말씀하신다...' 아....어쩐다..올해도 옆 학교에게 신세를 져야하는가?.. 아니면 그냥 엉터리로 대충 기록을 꾸며버릴까?...'

요즘 운동장 없는 미니학교가 무슨 유행처럼 번지는 듯 하는 이 상황...말로만 듣다가 처음 겪으니 '정말 못해먹겠다'라는 생각이 불쑥 들었다...

요점 확인
초등체육의 문제점을 학교현장의 인식, 시설 및 용·기구, 교사의 전문성 차원에서 설명하시오

2. '몸 바로 세우기(體操)'를 통한 위기 극복

정과체육활동은 과외 자율체육활동과 더불어 초등체육교육을 구성해가는 중요한 양대 축이라 할 수 있다. 하지만 전통적 교육과정의 내용구성에 있어선 극단적인 정과체육활동 중심의 교육활동을 진행해 나가는 탓에 심각한 '내용적 과부하'가 생성됨은 물론, 교사들의 지도 가능성을 사실상 어렵게 했었다. 학교교육의 과부화로 인한 부작용은 다시금 교육의 본질에 대한 재인식 및 복원에 대한 요구를 자극하고 있다. 그 요구는 전통적인 교육이념을 강조하는 교육 내용의 축소로 이어질 가능성이 높으며, 이미 필수교과목과 선택교

과목이라는 이원적 틀로의 재편에서 그 조짐을 확인할 수 있다. 이러한 전망에 따르면 학교체육 역시 전통적 목적성에 대한 재음미가 요구된다. 최소한 생활체육에 대한 과도한 집착에서 파생되고 있는 학교체육의 왜곡은 극복되어야 한다. 학교체육의 축소를 통한 본질 회복은 유희성 지향의 스포츠활동을 과감하게 정리하고 전통적인 목적성에 바탕을 둔 '몸 바로 세우기', 즉 체조(體操)의 이념을 추구하는 것이다.

체조(체육) 중심의 정과체육

정과체육은 전통적인 체육의 교육적 목적을 강조하도록 한다. 따라서 육상, 체조를 비롯하여 올바른 몸의 성장 및 습관을 형성하는데 적극적인 효과를 기대할 수 있는 활동을 중심으로 구성한다. 기존 정과체육의 큰 부분을 차지하고 있던 스포츠 활동은 필수 종목으로 대폭 축소하도록 한다. 따라서 개인 스포츠 종목을 비롯하여 레저 스포츠 종목은 정과체육의 영역에서 분리하여 클럽스포츠 활동으로 과감하게 이전하도록 한다. 이는 지금의 정과체육이 지속적으로 스포츠 활동 영역을 확장하면서 전통적인 몸 바로 세우기의 맥락이 희석되고 유희성의 과잉을 해소하는 효과를 기대할 수 있을 것이다. 또한 기존의 정과체육은 지나치게 많은 종목의 스포츠 활동을 포섭함으로써 클럽스포츠 활동과 상당한 중복을 피할 수 없었다. 이는 결과적으로는 클럽스포츠에 대한 욕구 및 필요성을 약화시켜 클럽스포츠가 존립 기반을 공고히 하는데 부정적인 영향을 미쳤다고 할 수 있다. 따라서 클럽스포츠의 활성화를 위해서 정과체육은 체조, 육상 활동 등을 중심으로 하는 몸 바로 세우기(building body and mind: 기초 체력, 움직임 습관 등)를 지향하면서 엄선된 필수적 스포츠 종목으로 재구성하고, 정과체육에서 충족되지 않는 스포츠 종목에 대한 참여 욕구는 개인의 특기 및 적성에 따라 조직되어 운영하는 학교 클럽스포츠를 통하여 충족될 수 있도록 하여야 한다. 정과체육에서 필수 스포츠 종목 활동은 신체적 발달과 함께 사회성 함양을 핵심으로 하고 있는 스포츠의 교육적 가치를 구현하는 것으로서, 과외활동으로서 클럽스포츠 활동을 선택하지 않은 초등학생과 중학생이 스포츠 활동에 참여할 수 있는 기회를 제공하게 된다. 필수적 스포츠 종목은 몇 가지 종목을 포함하되 학교 현장에서는 학교별, 또는 학년별로 단일 종목을 선정하여 집중적으로 실시함으로써 다수 종목의 기초 기능에 대한 피상적 습득에 머물러 있는 기존 정과체육의 한계를 벗어나 단일 종목이라 하더라도 경기가 활발하게 이루어질 수 있도록 한다.

클럽스포츠 중심의 과외체육

과외체육으로 이루어지는 클럽스포츠 활동은 정과체육과 활동 내용에 있어 뚜렷하게 구별한다. 즉 정과체육이 몸 바로 세우기를 중심으로 필수 스포츠 종목을 내용으로 하는 데 비해 클럽스포츠 활동은 축구·농구·야구와 같은 인기 단체 스포츠, 개인 스포츠 종목을 중심으로 하는 레저 스포츠, 태권도·유도·검도와 같은 무예 스포츠 등으로 그 내용을 다변화, 체계화시키도록 한다. 특히 무예 스포츠는 체능사교육비, 즉 체능학원비에서 차지하는 비중이 매우 큰 만큼 관련 학교 클럽스포츠의 활동을 집중 육성하도록 한다. 이와 같은 선상에서 전통적인 학교 도장(道場) 문화의 부활 및 확대를 적극 유도하기 위하여 태권도를 중심으로 하는 1교 1도장 만들기 운동을 전개하는 방안도 고려할 수 있을 것이다.

학교 클럽스포츠의 활성화를 위해서는 스포츠클럽의 결성을 적극 지원함은 물론 활동의 공간이 마련되어야 한다. 특히 활동 공간을 확보하는 문제는 학교 클럽스포츠 활동의 지속성 및 자생력을 확보하는 열쇠라고 할 수 있다. 클럽 단위별 훈련의 반복과 그로 인한 참여 동기 상실이라는 기존 학교 클럽스포츠의 현실을 극복하기 위하여 다양한 경기 참여의 기회를 획기적으로 확대할 수 있어야 한다. 이러한 맥락에서 학교 클럽스포츠 활동은 정기적인 클럽 자체 훈련과 함께 여러 형태의 경기를 중심으로 전개되어야 한다. 클럽스포츠의 경기 활동은 정기·비정기의 대내(intramural) 경기와 정기·비정기의 대교(inter-scholastic) 경기 그리고 정기 디비전(divisions) 경기 등을 통하여 이루어진다. 한편 과외체육은 클럽스포츠 활동 이외에도 축제화 된 학교운동회를 경기회의 성격으로 회복하여 클럽스포츠에 참가하지 않는 학생들이 스포츠 경기에 참가할 수 있는 기회를 제공한다.

** 디비전 시스템을 기반으로 하는 클럽스포츠의 정착 **

디비전 시스템은 학교 클럽스포츠의 활성화에 있어 가장 중요한 열쇠라고 할 수 있다. 따라서 학교 클럽스포츠 활성화 방안은 디비전 시스템의 육성 및 정착을 중심으로 모색되어야 한다. 학교 클럽스포츠 활동이 제대로 자리 잡기 위해서는 클럽스포츠 활동에 대한 참여 동기를 제공해야 한다. 그 방안으로써 디비전 시스템을 중심으로 학교 클럽스포츠 활동이 이루어질 수 있도록 하는 정책의 추진이 마련되어야 할 것이다. 특히 디비전 시스템은 다음의 요구를 충실히 반영한 것이어야 할 것이다. 첫째, 디비전은 학교 클럽스포츠의 활동 공간으로서 학생들의 참여 욕구를 충족시킬 수 있을 정도로 확보되어야 한다. 둘째,

디비전은 학교 스포츠클럽 참가 동기의 제고 동인이 되어야 한다. 디비전은 수동적으로 학생들의 클럽스포츠 활동 욕구를 받아들이는 것에 머물러서는 안 되며, 오히려 학생들의 참여 욕구를 적극적으로 자극할 수 있어야 한다. 셋째, 디비전을 통하여 학생들의 스포츠 활동 참여 욕구 및 수행 능력 차이에 따른 수준별 활동 공간을 제공할 수 있어야 할 것이다.

기존의 학교 클럽스포츠 활동은 정기적으로 반복되는 훈련과 자체 경기 프로그램이었다고 할 수 있다. 이를 통하여 개별 스포츠 기능의 습득이나 최소한의 경기 참여 욕구를 해소할 수 있었다고 할 수 있으나 다른 학교, 다른 지역의 팀과 경쟁을 통하여 발생할 수 있는 강한 참여 욕구와 결속력을 자극하지 못하였다고 할 수 있다. 이러한 기존의 학교 클럽스포츠 활동이 뿌리를 내리고 확대되지 못한 결정적 원인이며, 그 원인의 핵심에는 디비전과 같은 시스템을 통하여 학교간 경기가 활발하게 이루어지 못한 점이 자리하고 있는 것이다. 이러한 점에서 학교 클럽스포츠의 활성화는 디비전 제도의 정착에 따라 성패가 결정된다고 하여도 과언은 아니다. 따라서 참여 욕구가 낮고 단기적이며 수행 능력이 낮은 학생들이 참가할 수 있는 디비전에서부터 참여 욕구가 높고 장기적이며 수행 능력이 좋은 학생들이 참가할 수 있는 디비전까지 마련되어야 한다. 그럼으로써 종국적으로는 여러 가지 병폐를 드러내며 고립화되고 있는 학교운동부까지도 디비전 시스템에서 수용할 수 있을 것이다.

학교 클럽스포츠의 디비전 시스템은 유럽의 클럽들이 시행하는 것처럼 수준별, 연령별 리그로 운영되도록 한다. 즉, 초등부(저학년부, 고학년부), 중등부, 고등부, 대학부로 구분하고, 먼저 교내 대회를 통하여 학교 클럽 대표를 선발하고, 클럽 대표들이 지구별 리그에 참가한다. 그래서 지구별 대회에서 우수한 성적을 거둔 팀들을 중심으로 다시 구청별 대회를 실시하고, 결국 시도 대회까지 연결될 수 있을 것이다. 그래서 시도대회에서 우수한 성적을 거둔 팀들을 대상으로 1부 리그를, 군·구 대회에서 우수한 성적을 거둔 팀을 2부 리그, 지구 대회에서 우수한 성적을 거둔 팀을 3부 리그, 그리고 나머지 팀을 4부 리그에 포함시켜서 그 해에 리그를 진행한다.

일단 이러한 방식에 따라 수준이 결정되면, 주말이나 방학을 이용하여 지속적으로 리그를 실시하고, 이듬해에는 하위 리그에서 우수한 성적을 거둔 팀과 상위 리그에서 저조한 성적을 거둔 팀을 교체함으로써 각 팀의 경기력 향상을 도모한다. 학교운동부는 당분간은 지속적으로 운영하고 학교 클럽 스포츠가 안정기에 접어들면 학교운동부 또한 학교 클럽 스포츠에 편입시킬 수 있을 것이다. 그래서 종국적으로는 가장 높은 수준의 선수들이 지금의 학교 운동부 선수들과 동일한 역할을 담당하게 될 것이다.

** 학교 클럽스포츠와 학교 운동부의 통합 **

학교운동부로 이루어지는 엘리트스포츠와 학교 클럽스포츠는 디비전 제도를 통하여 일원화되어야 한다. 현재와 같은 엘리트스포츠의 축소판인 학교운동부는 여러 가지 병폐 속에서 한계를 드러내고 있다. 즉 학교운동부가 학교라는 당초의 교육적 바탕을 회복하고 존립 기반을 확장해야 함을 의미한다고 하겠다. 따라서 앞으로 학교운동부는 학교 클럽스포츠라는 존립 기반 위에서 스포츠 활동에서 탁월한 자질과 능력을 보여주는 경쟁 스포츠의 정점으로 그 위상을 재정립해야 한다. 이는 학교운동부와 학교 클럽스포츠가 하나의 틀 속에서 유기적으로 연계되는 학교스포츠시스템을 전제로 한다. 과외자율스포츠 활동인 클럽스포츠에서부터 전문스포츠 활동인 학교운동부까지 위계적으로 연결된 경기대회 시스템으로서 디비전 제도를 적극 활용하는 방안이 요구된다.

경기대회 참여 지역과 경기 수준에 따라 다층화 된 디비전을 운영함으로써 학교 클럽스포츠의 활동 공간을 확충하고 학교운동부의 폐쇄성을 해소할 수 있을 것이다. 이와 같은 통합된 디비전 제도는 현행 특기자제도의 단선적 폐쇄성을 해소하는 데에도 기여할 수 있을 것이다. 다층화 된 디비전의 경기대회는 경기 실적의 다층화 및 다양화를 의미하며 각종 경기 실적은 상급학교의 성격에 따라 요구 실적 수준을 탄력적으로 적용할 수 있을 것이다. 즉 최상위의 수준을 요구하는 상급학교는 현행 학교운동부 수준의 최상위 디비전에서의 실적을 선발의 기준으로 삼고, 그렇지 않은 상급학교는 최상위 이하의 디비전에서의 실적을 선발의 기준으로 삼을 수 있을 것이다. 이와 같은 학교운동부와 학교 클럽스포츠가 통합 위계화 된 디비전제도의 도입은 청소년이 스포츠 경기에 참여할 수 있는 외연을 넓히는 동시에 체육특기자제도가 스포츠에 특기와 자질을 가지고 있는 청소년의 유일한 상급학교 진학 통로가 됨으로써 발생하는 과열과 폐해를 개선할 수 있을 것이다.

** 학교 클럽스포츠 육성 및 관리 체제의 효율화 **

대한체육회와 가맹 경기단체는 학교 클럽스포츠 육성의 핵심 주체가 되어야 한다. 학교 클럽스포츠의 육성을 위해서는 운영 및 지원을 주도할 수 있는 조직이 필요하다. 학교 클럽스포츠 육성에 있어 핵심 조직은 앞서 제시한 기존의 학교운동부를 포함하는 학생스포츠 디비전을 통합 관리할 수 있어야 하는데 그 역할은 대한체육회와 가맹 경기단체가 담당하는 것이 실효성이 있을 것이다. 대한체육회와 가맹 경기단체는 지금과 같이 오직 엘리트스포츠에 제한된 역할 범위를 넓혀 학교 클럽스포츠 영역까지도 관리 지원하는 것이 필요하다. 이는 학교운동부를 포함한 학교 클럽스포츠가 공간에 있어 지역—광역—전국, 수준에 있어 디비전Ⅰ—디비전Ⅱ—디비전Ⅲ와 같은 방식으로 위계화 되는 각종 경기대회를 개최·운영할 수 있는 경험과 역량을 가진 조직으로 대한체육회와 가맹 경기단체를 감안하지 않을 수 없기 때문이다.

정과체육은 교육인적자원부를 비롯하여 시도교육청이 담당함으로써 지금과 같이 시도교육청의 학교체육담당부서의 역할이 소년체전이나 전국체전을 지향하는 학교운동부 전담기구화를 해소해야 할 것이다. 결국 교육인적자원부와 시도교육청은 정과체육의 목적성 제고를 통하여 학교체육의 정상화에 집중하고, 문화관광부와 대한체육회 그리고 가맹 경기단체는 엘리트스포츠—생활스포츠—학교스포츠를 연계 관장하는 기조 위에서 학교운동부를 포함하는 학교 클럽스포츠의 육성을 주도해야 한다. 그래야 경쟁 스포츠의 교육적 진가를 구현하면서 엘리트스포츠와 학교스포츠 그리고 생활스포츠를 연계시킬 수 있는 학교스포츠시스템을 구축할 수 있을 것이다.

체육교사 및 지도자의 양성 및 배치

학교 클럽스포츠 활동을 지도하고 관리할 수 있는 인적 자원의 확보 및 배치가 이루어져야 한다. 학교 클럽스포츠는 초등교사, 중등 체육교사, 전문스포츠 지도자 등에 의하여 지도 및 관리가 이루어지도록 한다. 이를 위해서 학교급별 정과체육과 과외체육(클럽스포츠 활동)의 특성을 고려한 교사의 양성이 요구된다. 초등학교의 교사는 정과체육 수업의 담당자 및 학교 클럽스포츠 지도자를 겸할 수 있도록 한다. 모든 교사는 1종목의 특화된 스포츠활동 지도능력을 갖추도록 한다. 중학교 체육교사는 정과체육 수업의 담당자, 학교 클럽스포츠 지도자 및 관리자의 역할을 수행할 수 있도록 한다. 고등학교 체육교사는 학교 클럽스포츠 활동 관리를 중심으로 지도자의 역할을 겸할 수 있도록 한다. 클럽스포츠 지도자는 학생의 활동에 직접 참여하여 훈련과 경기에 있어 코치 및 감독의 역할을 담당하며, 관리자는 학생의 클럽스포츠 활동 참가의사를 반영하여 전문 스포츠 지도자를 확보하며 클럽스포츠 활동의 장소 및 훈련, 경기 등 전반을 통합 관리하는 역할을 담당한다.

이를 위하여 중학교와 고등학교 체육교사를 비롯하여 초등학교 교사는 양성 과정에서 필수적으로 과외 활동으로서 클럽스포츠 활동에 참가함으로써 클럽스포츠 활동의 경험은 물론 관리 및 지도의 능력을 갖출 수 있도록 하는 제도적 장치를 마련한다. 교사를 제외한 전문 스포츠 지도자 양성 및 교육은 대한체육회에서 담당하고, 각 지구에 학교 클럽 스포츠 담당자를 배치해야 한다. 그리고 실제적으로 운영하는 데 있어서는 체육과 관련 대학생들의 자원봉사를 적극적으로 활용할 필요가 있을 것이다.

** 체육성적 평가 시스템의 개선 **

학교 클럽스포츠 활동의 성적 반영 또는 최소한 생활기록부에 기입하는 방안이 마련되어야 한다. 이는 체능을 비롯한 과외활동의 성적 반영 또는 생활기록부 기입을 제도화하는 장치의 마련을 전제하는 것이지만, 학교 클럽스포츠에 참여 동기를 자극하는 방안이 될 것이다. 학교 클럽스포츠 활동의 성적 반영은 참가 시간, 참가 경기(또는 디비전), 경기 성적 등을 종합적으로 고려하도록 한다. 이를 통하여 기존의 체육성적 평가가 안고 있는 기능중심의 단편적 평가의 한계를 극복하고 평가의 다양화 및 신뢰 회복 등의 효과를 기대할 수 있을 것이다.

우리는 학교 클럽스포츠의 육성 방안을 모색함에 있어 다시 한 번 학교 클럽스포츠를 보는 시각과 연관된 학교 클럽스포츠의 성격 규정에 대하여 심각하게 고민하지 않으면 안 될 것이다. 학교 클럽스포츠를 단순히 학교운동부라는 엘리트스포츠 영역의 한계를 극복하고자 하는 방편으로 보아서는 안된다. 오히려 학교 클럽스포츠의 육성은 학교스포츠시스템을 정상화하는데 있어 핵심 과제라는 점을 바르게 인식해야 할 것이다. 즉 학교 클럽스포츠의 육성은 경쟁 스포츠의 교육적 진가를 구현하지 못하고 유희적 스포츠 기능 습득 프로그램으로 전락한 정과체육 본연의 목적성을 회복해야 하는 과제, 승리지상주의와 경제논리가 지배하는 엘리트스포츠의 영향에 휩쓸려 파행적으로 운영되고 있는 학교운동부의 폐쇄적 한계를 해소해야 하는 과제, 제자리를 찾지 못하여 방황하고 있는 과외자율체육활동과 특기적성활동의 길을 바로 잡아야 하는 과제 등과 불가분의 관계에 있을 뿐 아니라 핵심에 있음을 다시 한 번 심각하게 생각해야 할 것이다.

끝으로 교육 재정의 확충을 바탕으로 절대적으로 부족한 학교의 체육 시설을 확충하는 일이 초등체육교육 정상화에 반드시 필요하다. 그러나 이는 말 그대로 이상일 뿐 그렇게 쉽게 이루어질 수 있는 일이 아니다. 따라서 우리나라 체육재정을 관할하고 지원하는 '국민체육진흥공단'의 기금확충과 지방자치단체의 예산 및 민간자본의 지원을 통하여 낙후된 초등학교 체육시설의 도모가 필요하다. 실제로 '국민체육진흥공단'이 발표한 학교체육 지원사업에도 '학교운동장 잔디화 및 우레탄트랙 설치'라는 내용이 포함되어 진행되고 있으나, 그 추진속도가 매우 미진한 것이 사실이며 업무를 추진하는 부서자체가 학교체육을 전담할 수 있는 전문성을 구비하지 못하고 있다는 것이 못내 아쉬운 점이라 볼 수 있다. 따라서 향후에는 이러한 학교체육을 위한 재정지원 창구를 교육부내의 학교체육전담부서로 일원화하여 정책업무의 계획과 추진의 효율성과 전문성을 높여야 할 것이다.

이를 통해 '1개교 1체육관', '학교 내 간이 스포츠 센터' 건립 등의 사업을 추진할 수 있을 것이며 그 결과 창출되어질 교육적 부가 가치와 성장은 실로 투자비용의 수천 배를 능가할 수 있으리라 여겨진다.

또 한 가지 현실적인 차원에서 초등체육 시설의 확충하는 방법은 지방자치 단체와 긴밀한 협력 관계를 형성하는 것이다. 생활 체육 시설 부지가 절대적으로 부족한 우리나라의 경우 학교는 상대적으로 넓은 부지를 확보하고 있는 편이다. 따라서 중앙 정부 및 지방 자치 단체의 재원을 이용하여 지역사회 주민 및 학생들이 원하는 체육 시설을 학교에 설치함으로써 일과 중에는 학생의 정규 수업을 위해 활용하고, 일과 후에는 학생 및 지역 주민이 생활 체육 시설로 이용하게 되면, 학교체육의 정상화는 물론, 생활 체육의 활성화에도 큰 기여를 할 것으로 보인다.

교육재정 확보를 통한 체육시설의 확충은 초등체육 발전을 위해 무엇보다도 시급하면서도 요원한 일이다

실제로 일부 학교에서는 실내체육관 및 수영장 등을 활용하여 일과 후에 지역 주민에게 개방함으로써 학교 운영에 재정적인 도움을 받을 뿐만 아니라 지역 주민의 생활 체육 시설로써 이용되고 있다. 특히 일선 학교에서 체육관이나 수영장 시설의 절대적 부족으로 인하여 다양한 실내 스포츠 및 수영 등의 활동을 실시하는데 매우 어려움을 겪고 있는 현실을 감안할 때, 지방자치 단체를 활용한 학교체육 시설의 확충은 정상적인 체육 수업 운영에 매우 큰 기여를 할 것이며, 지역 주민들은 학교와의 거리감 해소를 통하여 학교에 대한 이해를 증진시킬 수 있어 일석이조의 효과를 거둘 수 있다.

한편, 초등학교 마다 체육수업 준비를 위한 '용·기구실'을 마련하여 체육기자재 관리와 활용의 극대화를 추구해야 할 것이다. 이는 기존의 '체육창고' 개념의 폐쇄성과 낙후성을 의미하는 것이 아니라 과학실 관리 및 실험준비와 같은 전문성을 강조하여 체육수업 자료의 능동적 준비와 적절한 활동을 지원하기 위한 개방적이고 발전된 의미의 '체육준비실'을 의미하는 것이라 할 수 있다.

> **요점 확인**
> 초등체육의 위기를 극복하기 위한 '몸 바로 세우기(體操)'는 구체적으로 어떠한 내용인지 설명하시오

생각해 볼 문제 〈제 1부 3장〉

1. 초등학교 현장에서 발생하고 있는 체육수업 기피 현상의 주요한 원인에 대한 나름대로의 분석을 시도해보고 그에 대한 현실적이고 실현 가능한 대안을 제시해 보시오

2. 학교 안에서 실시되는 클럽스포츠가 정과체육 및 엘리트 스포츠를 동시에 회복시킬 수 있는 지 여부에 대한 자신의 의견을 피력하시오

3. 부실하고 열악한 학교체육 시설을 보완(상충)할 수 있는 현실적인 대안을 마련해 보시오

❋ 연 구 문 제 ❋

♣ 다음 글을 읽고 현재 초등학교 <u>정과체육의 현실적 문제점</u>을 유추해 봅시다.

* 에피소드 하나 : 공문을 읽어보니....

　체육부장으로 부임한 박 교사는 올 초 조금은 황당한 공문을 받았다. 공문의 내용은 아래와 같았다
　- " 현재 각 초등학교의 체육교과에 관한 교육과정의 운영이 매우 파행적으로 운행되고 있는바, 필히 정상적인 내용의 교육과정을 운영하여 수업에 차질이 없게 하기를 바랍니다 " -
　현장교사들을 못 믿는 듯한 교육청 전문직들의 태도가 약간은 못 마땅했지만 더욱더 심기를 거슬린 것은 현장의 현실을 너무나 도외시한 그들의 표현이었다. '교육과정을 정상적으로 운영하라고 ??...' '그럼, 수영, 스키는 어떻게 하지?..' '무슨 놈의 필수 활동이 이렇게 많나?' '체육관도 없는데 무용은 어디서 하나?...그냥 흙바닥에서 먼지 마시면서 하라고?....'
　교육과정을 정상적으로 운영하지 못한다는 것은 인정하면서도...박교사는 오늘따라 왠지 모를 짜증이 생겨나고 있었다....

* 에피소드 둘 :
　　피구사랑 발야구 사랑 = 우리의 모습 (?)

<200*년　5학년○반 체육교과 교육과정>

-**기간** :200*년 3월부터 12월까지 체육시간
-**대상** : 5학년○반 3*명 (남 **, 여**)
-**내용** : 발야구(남), 피구(여) 또는 전원 발야구, 피구
-**방법** : 물주전자로 경기장을 그려준 다음 아이들 끼리 편을 나눠서 시합을 시킨다. 진 팀이 그날 청소를 하게 하면 정말 열심히(?)참여한다
-**준비물** : 축구공 1개, 배구공 1개, 물주전자
　　　1개 (체육복은 필요 없음)

♣ 다음활동을 통하여 초등체육교육의 가치를 탐색해 봅시다. 이를 통해 '왜 초등학교에서 체육을 가르쳐야 하는가'에 대한 교육적 당위성을 확보할 수 있기를 바랍니다.

　① **학창시절 자신의 경험에 기인한 의견 및 학습에 의한 가치관 정립**
　　　* 용지에 내용 기술하기, 구두로 의견 제시하기
　② **공통된 주제 및 내용으로 분류하기**
　　　* 신체적, 인지적, 정의적, 기타 사항에 관한 것들
　③ **분류된 각 항목에 소주제 (제목) 붙이기**
　　　㉮ 신체적 가치 : 운동기능 신장, 체력발달, 신체성잘 발달 도모
　　　㉯ 인지적 가치 : 창의성 발달, 순간판단능력 향상, 상황통찰력 육성
　　　㉰ 정의적 가치 : 협동성 배양, 사회성 신장, 인내심 육성 등
　　　㉱ 기타 가치 : 사회문화적 가치 습득, 심리불안 해소, 움직임 욕구 충족 등

♣ 다음 아래 예시 글을 읽고 미래의 가상뉴스가 현실로 구현될 수 있을지 여부에 대한 자신의 의견을 제시해 봅시다.

2010년, 5월 30일, KBS 9시 뉴스.

아나운서 : 다음은 요즘 학교에서 불고 있는 체육 열풍에 관한 소식입니다. 이에 관한 소식을 제갈 기자가 전해 드리겠습니다.

제갈 기자 : 지금 제가 나와 있는 서울 성 두자 초등학교를 비롯하여 요즘 많은 초등학교에서 방과 후 과외 체육 수업이 이루어지고 있습니다.
다음 달에 있을 '제 2회 전국 초등부 클럽 스포츠 대항전'을 위해 거의 모든 학생들이 각자의 흥미 있는 종목에서 최선을 다하고 있는데요, 주지(主知)교과만이 중시되는 교육 현실에서 어떻게 클럽스포츠가 이처럼 활성화 될 수 있었을까요?
아마도 이는 2008년부터 전국적으로 과외 체육에 대한 평가를 생활기록부에 반영하면서부터가 아닌가 생각합니다. 과거 초등 체육의 위기로 인해 도입된 이 방안이 지금의 성과를 이룬 것입니다.
이에 대한 현장의 반응과 의견을 들어보겠습니다.

독고 교사 : 제가 교육 현장에 나온 지 15년이 지났지만 지금처럼 학생들이 이렇게 체육 교과에 열성적인 모습은 처음입니다. 체육의 필요성은 예나 지금이나 동일하지만, 교사나 학부모의 체육에 대한 인식은 많이 변했고, 이제야 비로소 제대로 된 체육 수업이 이루어지고 있는 것 같습니다. 과외 체육의 성과를 생활 기록부에 기록함으로써 체육에 별 관심을 두지 않았던 학부모나 학생들도 체육 교육에 좀 더 관심을 가지게 된 것 같아요.

제갈 기자 : 그렇다면 성과를 기록한다는 것은 평가를 의미하시는 것 같은데, 평가라고 하지 않고, 성과를 기록한다고 말씀하신 것이 기존의 평가와는 무언가가 다른 것이라고 판단됩니다. 그럼 그 성과를 기록하는 것은 구체적으로 어떻게 이루어지고 있습니까?

독고 교사 : 네, 잘 예측하셨네요. 말씀하신대로, 주지교과 등을 평가하던 수우미양가 식의 기존의 평가와는 근본적으로 다릅니다. 기존의 평가는 그 교과에 대해 잘함과 못함을 판단하기 위해 이루어지는 것이라면, 과외 체육의 성과 기록은 말 그대로 성과만 기록하는 것입니다. 수학 경시대회 상장이나 컴퓨터 자격증처럼 일정 수준에 도달하거나 다양한 경기 참가와 같은 경력들을 특기 란에 서술 식으로 기록하게 되어 있습니다. 또한, 수학 경시대회나 컴퓨터 자격시험은 어떤 일정한 기준이 있어서 대상자들의 등급을 매길 수 있지만, 체육은 그러기 힘든 교과이기 때문에 디비전 시스템이 도입되어 운영되고 있습니다. 이렇게 체육이 수학이나 컴퓨터 등과 같은 위치에 올려지고 나서 학부모들이나 아이들의 체육에 대한 인식이 많이 달라졌습니다. 그래서 지금의 과외 체육에 열풍이 일고 있는 것 같습니다. 이는 다음 학년의 참고 자료가 되기도 하여 유용하기도 하구요.

제갈 기자 : 과외 체육의 성과를 생활기록부에 반영하는 방안에 대해 지나친 경쟁을 유도하고 다른 교과목을 축소시킨다는 이유로 반대하는 입장도 있지만 이 방안이 과거 체육의 위기를 극복 하는 데에는 큰 도움이 되었다는 것은 부인할 수 없을 것 같습니다.

제 2 부
초등체육을 가르치는 자와 배우는 자

1장. 초등교사의 체육지도 전문성 개발 / 57
2장. 초등교사의 체육지도에로의 사회화 / 69
3장. 초등교사로 계속적인 발전하기 / 78
4장. 초등학생의 운동발달 / 87
5장. 초등학생의 체육수업 참여와 부적응 / 101

1장. 초등교사의 체육지도 전문성 개발

> **공 부 할 문 제**
>
> 1. 초등교사의 양성과정의 특징을 알고 교사전문성 향상을 위해 추구해야 할 방향을 이해할 수 있다.
> 2. 체육교과 전담교사 제도와 학급담임교사 제도의 합리적인 절충안을 모색할 수 있다.

1. 초등교사의 양성과 전문성

교육의 질을 결정하는 핵심적 요소가 교사라고 볼 때 교육의 발전과 개혁은 교사교육의 발전과 개혁에서부터 비롯된다고 볼 수 있다. 이처럼 교사의 질적 수준에 따라 교육의 질적 수준이 결정된다면 한국교육의 질적 수준은 우리 교사교육이 어떻게 달라지고 혁신되느냐 하는데 달려있다고 볼 수 있다.

우리나라에서 광복이후 현재까지 추진해 온 교사교육 정책은 교사의 양적 수급을 위한 것이었고, 교사의 자질과 전문성의 향상을 위한 정책적 노력은 극히 미흡하였다. 우리의 교사교육정책이 교사의 양적 수급에만 급급하였던 것은 교사의 수요를 충당하는 일이 당면한 과제였었기 때문이다. 그러나, 90년대 이르러 교사의 수급상황은 달라졌다. 즉, 언제나 모자라던 교사가 남아돌게 되었다. 이 같은 교사충원의 상황과 교육 상황의 변화는 교사양성과정에서 교사의 질 문제를 현실적으로 심각하게 고려하지 않을 수 없는 상황을 낳고 있다. 체육교사의 양성 또한 예외는 아니어서 각 대학이 사회적 변화와 교육적 상황의 변화를 반영하는 교사양성 프로그램을 새롭게 구성하고, 교사의 질적 향상과 전문성 제고의 가시적인 성과를 지향하는 불가피한 상황을 맞고 있다. 학교 현장이 과거에 비해 더욱 복잡해지고 있으며, 그에 따라 교사들에게 교과를 가르치는 능력 이상의 전문성이 요구되고 있다. 교육환경이 양성평등, 비판적 사고, 정보·통신 기술의 현장 도입 등을 요구하는 사회적 변화의 영향을 더욱 빠른 속도로 받고 있으며, 교사가 일상적 과제를 수행하는 데에도 새로운 능력이 요구되고 있다.

문제는 이러한 사회·교육적 상황의 변화와 그에 따른 교사교육 프로그램의 개정에 대한 요구가 커지고 있음에도 불구하고 대부분의 교사교육기관들이 변화에 능동적으로 대응하지 못하고 있다는 것이다. 아직도 대부분의 교육대학에서는 체육교과교육과 관련된 양성 프로그램들이 일반교양 과목, 교육학 과목, 체육교과 내용으로서의 실기와 체육의 소학문 과목, 단기 교생실습을 중심으로 구성되어 있으며, 교사교육의 실효성이나 교사교육 소비자인 예비교사들이 체육교과교육을 어떻게 경험 또는 이해하고 있는지에 대한 평가나 반성이 거의 이루어지지 않고 있다.

초등학교 교사들이 대학에서 배운 체육 교과에 관해 이론이나 실기가 학생지도의 실제에 직접적인 도움이 되지 않고 있으며, 체육교과목들이 이론이나 실기 자체를 이해하고 수행하는데 집중되어 구체적인 지도 상황에서 요구되는 실천적 수업지식이 크게 부족한 문제점이 지적됨으로서 지도 능력의 새로운 지도 능력이 요구되고 있는 실정이다. 또한, 대학의 예비교사들이 생각하는 체육교과에 관한 유용한 지식과 대학의 교사교육자들이 생각하는 유용한 지식들 간에 상당한 차이가 있다. 교사교육자들은 예비교사들에게 체육에 관한 이론적 지식과 스포츠 기술을 가르침으로써 체육교과에 대한 전문성을 제고시킬 수 있다고 믿고 있는 반면, 예비교사들은 실제로 가르칠 구체적인 내용과 관련된 실천적 수업지식과 수업상황에 적합한 지도방법을 터득하는 것이 더욱 중요하다고 생각하고 있다. 때문에 교대에서 교사교육을 4년 동안 이나 이수하고도 일단 현장에 나가게 되면 초임교사들이 겪게 되는 가장 큰 어려움 중에 하나가 바로 체육 교과지도에 대한 전문성 결여인 것이다.

담임교사가 전 과목을 지도하고 있는 초등학교에서 체육수업은 종종 다른 수업의 보충 수업으로 인식되며 시설부족, 날씨, 자료부족, 기능부족 등의 이유로 인하여 정상적으로 운영되지 못하는 경우가 빈번히 발생하고 있다. 전문성 및 기능부족에 대한 보완 정책으로 제시된 교과전담교사제 운영은 초등학교 교사 부족으로 인하여 유명무실화되고 있으며, 중등체육교사 출신의 체육전담교사도 현재 대부분 담임으로 차출되어 전 과목을 담당하게 됨에 따라 체육만을 지도하지 못하고 있는 실정이다.

교사들의 전문성 부족은 초등학교의 경우 여교사의 비율이 지나치게 높다는 데 에도 그 원인이 있지만, 교사교육 및 재교육에도 중요한 책임이 있으며, 빈번한 행사 및 교사의 과중한 업무 또한 교사가 체육수업을 타교과로 대체하거나 체육수업을 성실하게 운영하지 못

교육대학의 교육과정은 현장의 활용성을 높일 수 있는 실제적인 내용들이 주를 이루어야 한다.

하게 하는 원인으로 작용하고 있다. 이러한 초등학교 체육교사의 문제는 결국 직전 교사교육의 부실에 기인한다고 볼 수 있다. 초등학교 교사양성을 위한 직전 교사교육기관인 교육대학의 경우, 체육교과교육의 비중이 약하고 다양한 체육관련 교내활동이 위축되어 있어 초등 체육교육의 전문성을 갖춘 유능한 예비교사를 양성하는 데 많은 문제점을 내포하고 있다. 현재의 교육풍토 속에서 교육대학을 지원하는 학생들의 대부분 주지교과 성적이 뛰어난 학생들이라는 점과 교대 입학생의 70% 이상이 여학생이라는 점 등을 고려할 때, 현행 체육교과교육 학점수와 정체된 듯한 학교분위기로는 초등 체육교육의 전문성을 강화시키기란 매우 어려운 실정이다. 한편 체육교과와 관련된 현직 교사교육에 관련해선 일반적인 교대 교육과정을 거쳐 현장에 배치된 초임교사들을 위한 전문적 체육연수는 거의 찾아보기가 힘든 것이 사실이다. 과학과, 영어과 연수 같이 일정기간 초등 교원들 모두 반드시 이수해야할 체육관련 일반 연수과정의 개설은 요원하며, 그나마 실시되는 소수의 연수과정도 그 내용 및 운영방법 형식적이고 제한적일 뿐만 아니라 미약한 동기유발과 재정지원으로 부실한 유인체제를 형성, 연수가 부실하고 활성화되지 못하고 있다.

이와 같은 현직 교사교육이 형식화와 교육기회의 제약이라는 문제는 초등교사의 전문성을 강화하는데 걸림돌이 될 뿐 아니라 교사 교육기관에 종사하는 체육과 교수들의 역할 증대 및 전문성 신장의 측면에서도 좋지 못한 결과를 초래하게 된다. 즉 교사 교육기관의 체육과 교수들은 다양하고 자유로운 교원연수의 과정을 통해 일선 초등 교사들의 수준을 파악하고 현장의 요구를 수렴할 수 있는 기회를 얻을 수 있는데 체육교사 연수가 형식적이고 제한된 형태로 이루어지게 되면 체육과 교수들은 일선 교사들의 문제와 고충을 정확히 진단하지 못하고 또 현장의 요구를 교사교육 과정에 정확히 반영하지 못함으로써 결국 직전 교사교육과 체육교육 현장을 긴밀히 연결할 수 있는 중요한 기회를 놓치게 되는 것이다.

초등교사의 체육교과 관련 전문성을 향상시키지 위해선 먼저, 예비교사 단계인 교사교육시절부터 과목의 전문성을 육성하기 위한 양성 프로그램의 과감한 도입과 적용이 필요하다고 볼 수 있겠다. 예를 들어 교대의 교사양성 프로그램의 내용을 체육실기와 교수법이 중심이 된 현장수업 활용 중심의 것으로 운영할 수 있고, 교생실습과정의 기간을 대폭 늘리되 보다 체계적이고 과학적인 실습프로그램의 개발과 적용을 교육대학과 긴밀히 협조해 나가는 방법을 고려할 수 있겠다. 이를 통해 교육이론과 실제의 괴리에서 오는 '현실충격'

을 대폭 줄이고 보다 현장적응성이 충만한 초등교사로 육성할 수 있는 기틀을 마련할 수 있을 것이다. 또한 현장에 임용되고 난 후에는 지속적으로 체육교육과 관련된 다양한 연수가 필요하다. 초등학교 교사들은 자신들의 실기 기능이 부족하기 때문에 이에 대한 연수의 필요성을 인식하고 있다. 하지만 실제로 현장의 상황은 체육교과에 관련된 연수를 좀처럼 찾아보기 힘들뿐만 아니라, 교육과정에 제시된 교육내용에 관련된 실기 또는 이론을 교육하는 연수내용도 매우 드문 것이 사실이다.

현재 영어교과 및 과학교과에 대해서는 매 학기 방학마다 단위 학교별로 연수수강 인원을 필수적으로 할당·배분하여 정기적인 직무연수를 추진해 오고 있으며 이를 위해 해마다 엄청난 양의 인적·물적 장비가 투여되고 있는 것이 사실이다. 하지만 현장에 있는 교사들이 실제지도에 있어 가장 큰 어려움과 부담을 느끼고 있는 과목은 체육이라고 할 수 있으며, 따라서 이에 대한 근본적인 대책수립이 필요 할 것으로 판단된다. 교육과정 및 현장 교수와 관련된 좀 더 다양하고 광범위한 종류의 체육관련 연수가 시행되어야 할 것으로 보이며 이를 위해 어느 정도의 강제성을 띤 정기적 연수방법도 심각히 고려되어야 할 것이다.

요점 확인
초등교사 교육 프로그램(교육과정) 내용과 교사의 전문성과의 상관관계를 설명해 보시오

어느 학우의 비판

교대에서 예체능관련 수업을 들었을 때 가장 먼저 들었던 생각은 "내가 지금 왜 이 수업을 듣고 있어야 하나"라는 생각이었다. 이런 생각은 교대에 온 것 자체에 대한 회의까지 하게 만들었다.

가장 먼저 지적하고 싶은 것은 교과명과 실제 수업 내용과의 괴리이다. 교과명만 바뀌고 교과의 내용은 바뀌지 않아 실제 배운 내용은 도움이 되는 것이 많지 않았다. 예를 들어 초등 ✱✱활동 지도법의 경우 교과명은 분명 초등 ✱✱활동 "지도법"이지만 우리가 배운 내용은 몇 가지 실습에 불과하였다. 그 속에 "지도법"은 존재하지 않았다. 어떻게 하면 아동들에게 체육을 제대로 가르칠 것인가에 대한 고민은 전혀 이루어지지 않았다.

이러한 지적에 대해 혹자는 그래도 교사가 먼저 경험해본 것만으로도 의미가 있지 않냐라는 반문을 할 수 있다. 특히 선배들의 경우 적절하지 않은 수업으로 불만 있는 후배들에게 "그래도 현장에 가면 다 도움이 된다"라는 식으로 열심히 할 것을 독려하기도 한다. 하지만 한 대학의 교육과정이 "그래도 도움이 된다"는 식의 논리로 합리화될 만큼 간단한 문제일까.

두번째 문제점은 기능위주의 교육 과정라는 점이다.

한 주 2시간의 수업 중에 거의 대부분의 시간을 기능 연습을 하는 데에 보내기 때문이다. 또한 평가도 기능 위주의 평가가 이루어져 이 점 또한 개선되어야할 것이다.

2. 학급담임교사와 교과전담교사

현재 초등학교에서 체육전담교사를 배치하여 운영하는 학교는 그리 흔하지 않다. 몇 년 전 초등 예체능 교육의 활성화를 모색하기 위해 육성했던 중초교사들은 현재 초등교원의 절대적 부족현상에 기인하여 모두 학급담임교사로 배치되어 있고 실제 학교현장의 전담교사들은 대부분 출산을 위해 담임을 맡기 어려운 교사를 위한 보직, 또는 나이가 들거나 학교업무가 지극히 바빠 학급을 돌볼 여력이 없는 교사들만이 마지못해 지원하는 일종의 임시직이 되어 버렸다. 또한 이러한 교과 전담교사들이 지도하는 과목 역시 매년 담당 교사의 개인적 흥미나 선호도에 따라 결정되어 지므로, 여교사가 절대적으로 많은 초등학교의 여건상 체육교과에 대한 전담교사를 지원하는 경우는 거의 없다고 봐도 무방할 것이다. 결과적으로 이런 지원동기를 가지고 직분을 맡게 되는 전담교사들이 해당과목에 대한 전문성을 구비하리라 기대하는 것은 지극히 어려운 형편이며, 설사 어쩌다 그렇다 하더라도 1년 내지 2년이 지나면 또 다시 전담직 에서 담임으로 순환해야 하는 초등학교 현장의 형편상 지속적인 전담지도가 사실상 불가능한 형편이다. 결론적으로 현재 초등학교 현장의 전담교사제도는 그 본래의 설립취지와 운영방향을 무색하게 할 정도로 '유명무실'한 제도로 전락하고 말았고 그러한 결과를 초래하게 된 주요한 원인으로는 다음과 같이 이유를 들 수 있을 것이다.

첫째, 전담교사들이 당하게 되는 금전적 차별성이다. 교과전담교사들은 학급을 담당하지 않기 때문에 먼저 수당에서 상당액의 손해를 보게 된다. 물론 담임학급이 없는 관계로 청소나 생황지도를 면제받게 되나, 1주일 동안 부여되는 수업의 분량은 학급담임교사의 그것과 비교해 절대로 경미한 것이 아니며, 한편으론 더욱 과중할 수도 있는데도 이에 대한 공정한 배려와 보상이 전무한 형편이다.

둘째, 담임을 못 맡는 경우에 받게 되는 소외감이다. 교과전담교사들은 학급을 맡지 않기 때문에 자신의 제자(?)가 없다. 이는 다른 말로 표현하자면, 똑 같이 1년 동안 학생들을 정성껏 지도해 보지만 1년이 지나 본인의 이러한 노력을 인정해 주고 감사하게 생각해 주는 학생들이 없으므로 교사로서의 보람을 찾기가 심히 어렵다는 뜻이다. 결국 이러한 점은 보람과 자긍심으로 살아가는 교사집단의 속성상 지극히 참기 어려운 부분이 아닐 수 없다.

셋째, 환경적 홀대이다. 교과전담교사들을 위해 마련된 학교시설은 지극히 제한적이다. 물론 교과 전담실이 따로 마련되어 있지만 그곳에 설치된 컴퓨터나 기타 학습용구의 품질

상태는 학교 내에서 가장 뒤떨어지는 물품으로 구성되어지는 것이 일반적이며, 이러한 기자재의 교체 우선순위에서도 항상 일반 학급보다 밀리는 것이 예삿일이라고 보면 맞을 것이다. 심지어 어떤 학교에서는 교실공간의 부족을 이유로 들어 교과 전담실을 마련해 놓지 않아 수업이 없는 전담교사들은 교무실, 실과실 등을 전전하며 자신의 업무책상 하나 부여받지 못하는 어려운 상황에서 근무하는 경우도 있다.

이처럼 학교현장에서 처해있는 교과전담교사의 위상이 극도로 미약한 상황에서 특별한 개인적 이유와 사안이 없을 진데 그 어느 누구도 선뜻 자원하는 맘으로 교과 전담직을 수용할리 만무하고 이러한 흐름은 학교에서의 진정한 체육 교과전담제도의 의미와 기능을 유명무실하게 만드는 이유가 될 수밖에 없다.

학급담임제를 기본으로 하여 부분적인 체육전담제를 가미하는 것은 우리나라의 교육 실정상 가장 합리적인 대안 중 하나로 볼 수 있다

이와 같이 현시점의 초등체육교과 전담제도는 학급담임제를 기본으로 하는 우리의 초등교육의 실정상 여러 가지 면에서 온전한 실행에 어려움을 지니고 있는 것이 사실이다. 따라서 이러한 점을 십분 고려한 보다 절충적방법의 전담교사 제도가 필요하다고 볼 수 있는데, 다음에 설명하는 내용은 그러한 방법의 예시 중 하나가 될 수 있겠다.

초등체육 교육이 추구하는 본래의 취지와 목표가 뛰어난 체육 기능인을 육성하는 것이 아니다. 즉, 초등학교 체육을 지도하는 교사들에게 요구되는 가장 으뜸 되는 항목은 특정 종목에서 요구되는 '개별기능의 탁월함' 보다는 '반성적이고 창의적인 수업변형 능력'이라는 점을 재삼 확인해야 할 필요가 있다. 따라서 설사 체육기능이 다소 부족한 교사라 할지라도 얼마든지 본인의 수업운영 능력과 방법에 따라 성공적 수업을 할 수 있는 것이며, 이는 학급담임 중심의 체육수업을 주로 하고 이의 부분적 보완과 보충적 측면만을 체육전담교사 제도를 통해 해결하려는 본인의 구상을 뒷받침 할 수 있는 근거가 될 수 있는 것이다. 즉 학급 담임제를 중심으로 운영되는 초등학교의 기본적 틀을 크게 훼손하지 않는 범위에서 정상적인 초등학교 체육교육 과정의 운영을 도모할 수 있는 체육 전담교사제도의 부분적 도입은 현 시점에서 볼 때 가장 현실적이고 합리적인 대안이 될 수 있을 것이다.

> **요점 확인**
> 초등학교 현장에서 실시되고 있는 체육전담교사 제도의 허(虛)와 실(失)에 대하여 설명해 보시오

3. 초등학교 스포츠강사 제도

앞서 수차례 언급했듯이 초등체육 교육이 추구하는 본래의 취지와 목표는 뛰어난 체육 기능인을 육성하는 것이 아니다. 즉, 초등학교 체육을 지도하는 교사들에게 요구되는 가장 으뜸 되는 항목은 특정종목에서 요구되는 '개별기능의 탁월함' 보다는 '반성적이고 창의적인 수업변형 능력'이라는 점을 재삼 확인해야 할 필요가 있다. 따라서 설사 체육기능

체육보조강사제도는 초등학교 학급담임 중심의 체육수업의 부분적 보완과 보충적 측면을 지원하는 역할을 수행할 목적으로 만들어졌다.

이 다소 부족한 교사라 할지라도 얼마든지 본인의 수업운영 능력과 방법에 따라 성공적 수업을 할 수 있는 것이며, 이는 학급담임 중심의 체육수업을 주로 하고 이의 부분적 보완과 보충적 측면만을 누군가의 '도움' 또는 '협조'를 통해 해결할 필요가 있는 것이다. 즉, 스포츠강사 제도는 학급 담임제를 중심으로 운영되는 초등학교의 기본적 틀을 크게 훼손하지 않는 범위에서 정상적인 초등학교 체육교육 과정의 운영을 도모할 수 있도록 한 현 시점에서 볼 때 가장 현실적이고 합리적인 대안이 될 수 있을 것이다.

스포츠 강사업무의 내용과 범위

스포츠강사가 담당해야할 초등체육에 관련된 보조업무의 내용과 범위는 다음과 같이 크게 3가지 영역으로 나누어 제시할 수 있다.

1) 정과체육 관련 업무
단위 초등학교의 교육과정 운영계획에 의거 시행되는 정규 체육시간에 관련된 보조업무

를 뜻하는 것으로, 주로 각 학년 별로 체육수업에 필요한 제반환경의 준비와 지원, 수업의 진행에 따른 내용지도의 보조역할 수행 등이 여기에 속한다.

2) 과외체육 관련 업무

방과 후에 실시되는 과외체육활동의 운영 및 학교 운동부의 활동 지원에 관련된 업무를 뜻하는 것으로, 실질적으로 단위 학교 클럽스포츠에로의 발전적 전환을 도모하는 역할로 볼 수 있다.

3) 기타 학교체육 관련업무

교내·외적으로 개최되는 각종 체육관련 행사의 지원과 협조를 뜻하는 것으로 대부분 학교의 체육교육 담당자의 제반 업무를 보조하고 협력하는 것 등이 포함된다.

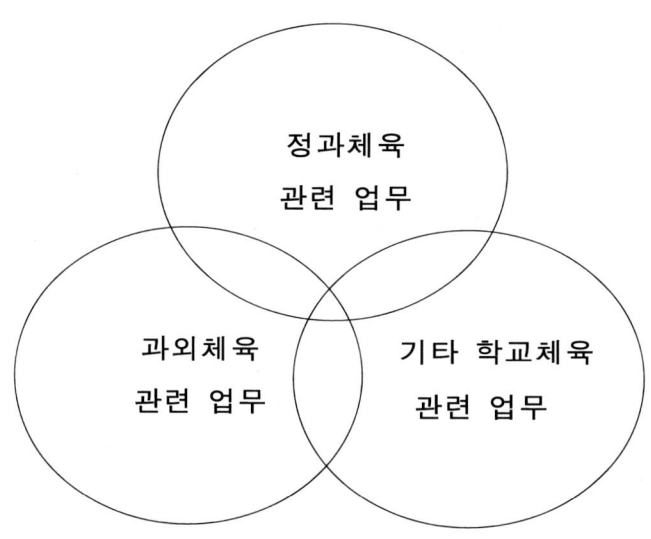

[그림] : 초등체육 보조업무의 내용과 범위

즉, 이상과 같이 초등학교의 스포츠 강사는 학급 담임교사들의 체육수업을 보다 효율적이고 이상적으로 수행할 수 있는 학습지원의 측면을 주된 업무의 내용과 범위로 산정할 수 있는 것이다.

한편, 이러한 업무의 내용과 범위 안에서 그들이 구체적으로 추진해야 할 역할과 궁극적인 사명은 다음과 같은 3가지 영역으로 나누어 제시할 수 있다.

초등학교 스포츠강사의 구체적 역할과 사명

** 심법적(心法的) 역할과 사명 **

1) 초등학교 체육교육과정 및 교과서 내용의 이해와 습득

먼저 초등학교 체육수업 내용의 전체적인 흐름과 구성을 파악함으로써 적극적이고 효과적인 수업지원을 위한 인지적인 토대를 마련해야 할 것이다. 이를 위해 초등학교 각 학년별 체육교육과정의 내용구성과 계열성 확인, 교과서의 내용구성 등을 확인해 보고 이에 맞는 구체적 수업 보조업무 요소를 준비해 나가야 할 것이다.

이러한 준비 없이 담임교사들의 보조요청이 있을 때 마다 즉흥적인 지원을 수행해 나가다 보면 업무의 체계성이 없을 뿐 아니라 추후 수업보조가 필요할 사항을 전혀 예견할 수 없는 '주먹구구식'의 보조 업무수행이 될 수밖에 없다. 결국 자신이 가지고 있는 좋은 역량을 제대로 선보이지도 못하고 그 때 그 때 들어오는 보조요청 해결에 급급해하는 수동적이고 무능력한 모습을 보일 수밖에 없는 것이다.

체육수업 보조를 수행하기 위해 파악해야 할 업무는 많다. 그러나 '초등학교 체육교육과정 및 교과서 내용의 이해와 습득'은 그 중에서도 가장 중요하고 선행되어야 할 중요업무로 볼 수 있다.

2) 방과 후 체육활동 및 교외체육행사에 관련된 업무 정보의 습득

심법적 이해의 두 번째 측면은 방과 후 체육활동 및 기타 교외체육행사에 관련된 업무 정보를 습득하는 것이다. 대부분 이러한 정보는 업무담당자와의 대면을 통해 직접적으로 획득하는 것이 가장 효과적이나 여타의 이유로 인해 이러한 대면적 정보 획득이 어려울 경우에는 보조강사 본인의 힘으로 업무에 필요한 정보를 습득해야 할 것이다. 예컨대 시도교육청 홈페이지 및 학교 내 공문서 관리 전산시스템에 기록되어 있는 관련 공문의 내용을 숙독하고 필요시에는 교육청에 근무하는 업무담당자와의 전화통화 등을 통해서 명확한 정보를 획득하는 적극적 자세가 필요하다. 업무의 성격상 이러한 과정은 보조강사로 부임하고 첫 해에 꼼꼼히 확인해 두면 해마다 반복되는 성향이 많은 내용이므로 적절히 변형하여 활용할 수 있으므로 업무의 부담을 줄일 수 있다.

3) 초등학교 아동의 특성 및 성향에 대한 이해

심법적 이해의 세 번째 측면은 초등학교 체육수업에서 학습자인 '아동들의 특성 및 성향에 관한 이해'이다. 이것은 당초 체육 보조강사들의 출신 범위가 다양했던 터라 이전 경험에 있어 특별히 아동들을 상대해 보지 못했던 지원자들이 많았을 것이기 때문에 더욱 면밀한 검토와 이해가 필요한 부분이라 볼 수 있다.

인간의 생애 주기에서 그 어느 때도 체육 및 신체활동이 중요하지 않은 시기는 없을 것이다. 다만 초등학교시기의 신체활동은 아동의 발달 특성 및 흥미와 관련하여 신체적 발달뿐만 아니라 인지적 발달과 정서적 발달을 도모하는 가장 효과적인 교육프로그램으로 사용되고 있다는 점에 주목하여야 한다. 또한 초등학교 시기의 신체활동은 청소년기의 체격 및 체력 발달과 인지적, 정서적 발달에 중대한 영향을 미치며 나아가 성인기 신체활동에 대한 태도에 결정적인 영향을 준다. 이러한 이유로 초등학교시기의 신체활동은 보다 세심하고 의도적인 신체활동 즉, 교육 프로그램으로서의 신체활동인 체육으로 조직되어 초등학교교육의 핵심적인 교육활동으로 제공되어야 하는 것이다. 결국 이러한 중요성에 비추어 볼 때 초등체육에서 보조업무를 수행해야 할 요원들은 아동들에 대한 특성과 성향에 대한 이해는 선행되어야 할 것이며 이를 통해 보다 지혜롭고 효과적인 보조업무 수행능력을 구비할 수 있어야 한다.

** 기법적(技法的) 역할과 사명 **

1) 수업환경의 보조

기법적 측면의 역할과 사명은 앞서 언급했던 심법적 측면의 내용을 기반으로 학교 내에서 '가시적이고 실제적인 보조업무'를 수행해 나가는 것을 뜻한다고 볼 수 있는데, 먼저 수업환경의 보조라는 측면을 살펴보아야 한다.

즉, 학급담임교사가 체육수업을 진행하기 위해 필요한 시설 및 용·기구를 평소 체계적으로 관리할 뿐만 아니라 이를 수업상황과 장면에 맞게 적절히 지원하고 분배하는 역할도 수행해야 한다. 이를 위해 앞서 기술한 체육교육과정 및 교과서 내용의 숙지는 필수적이며 아울러 이를 통해 확인된 미흡한 사항들은 수시로 점검하면서 보완해 나가야 한다. 다만 이러한 업무를 수행함에 있어 단위학교 체육교육 담당자와의 긴밀한 사전협의를 통해 독단적인 업무수행으로 인한 그릇된 일처리가 발생하지 않도록 해야 한다.

2) 수업활동의 보조

기법적 측면의 두 번째 내용은 '체육수업 활동의 보조'이다. 이것은 초등학교 각 학년별 체육수업 상황에서 이뤄지는 다양한 내용지도에 있어 보조업무를 수행해 나가는 것을 뜻한다. 예를 들어 체조활동의 '평균대'내용을 수업함에 있어 학급담임 교사가 전체적인 수업을 진행해 나가는 장면에서 보조강사는 평균대 주변에서 안전사고 예방을 위한 보조업무 - 매트설치 및 넘어지는 학생 붙잡아 주기 등 -를 수행할 수 있을 것이며, 학급 내 존재하는 체육부진학생, 소외 및 무기력 학생 등을 대상으로 이뤄지는 학습구역에서 보조적인 지도업무를 담당할 수 있을 것이다.

그런데 이러한 내용지도 업무를 수행함에 있어 유념해야 할 것은 보조강사가 자의반 타의반으로 체육수업 전체를 담당해 나가는 일이 발생하지 않도록 각별히 주의해야 한다는 것이다. 즉, '체육수업의 활동을 보조한다'는 것의 의미를 충분히 음미해 본다면 '어느 정도 수준에서 보조강사의 지도업무가 이뤄질 것인가'를 이해하기 어렵지 않으리라 본다. 결국, 체육수업 상황에서 발생하는 갖가지 난제와 도움을 제공해야하는 상황에서 '보조'로서의 역할 한계를 들어 이를 회피하는 경우도 안 되겠지만 수업을 담당해야 할 담임교사와 이를 보조해야할 강사의 역할수행이 뒤바뀌어 주객이 전도되는 상황은 더더욱 발생하지 않도록 해야 할 것이다.

소명(召命) 수준의 책임감을 기대하며

초등학교시기의 체육 교과는 다른 어느 교과보다도 '교육적 적합성'을 지니고 있다. 즉, 아동은 다양한 체육 활동 경험을 통해서 '전인 형성'이라는 교육의 목표를 달성할 수 있다. 여타 교과는 대개 어느 한 측면의 발달만을 추구하는 경우가 많은 반면, 체육 교과는 신체적, 사회적, 정신적, 도덕적, 인지적 측면 등 다양한 측면의 발달을 도모함으로써 아동의 조화로운 발달에 지대한 영향을 미칠 수 있다. 특히 현대 사회가 '지능' 위주의 사회에서 '감성' 위주의 사회로 변해감에 따라 감성의 발달이 아동의 사회적 적응에 매우 중요한 영향을 미친다는 다중지능발달 이론에 비춰보면, 초등체육교육은 아동의 조화로운 발달은 물론 미래의 사회적 적응에 매우 긍정적인 역할을 담당할 것으로 보인다.

이렇듯 초등학교 스포츠강사들은 초등체육이 지니고 있는 진정한 가치를 구현함에 있어 매우 중요한 역할을 담당하고 있음을 알아야 한다. 이것은 단지 직업적 책무성을 넘어 이 사회와 시대가 요구하는 '소명(召命)' 수준의 의식을 요구하는 것이라고 볼 수 있는 것이다. 결국 우리가 기대하는 초등체육 보조강사의 역할과 사명은 우리나라 모든 체육활동의 기반이요 시초가 되는 초등학교 체육활동의 성공을 위해 '주체적이고 책임감 있게 일할 수 있는 바로 그러한 태도'를 뜻하는 것이다.

> **요점 확인**
> 초등학교 스포츠강사의 역할한계에 대한 자신의 생각을 발표해 보자

생각해 볼 문제 〈제 2부 1장〉

1. 초등체육 지도를 위한 초등교사의 전문성을 기능적인 것으로 국한 시킬 경우 발생할 수 있는 문제점을 생각해 보고 진정한 초등체육 지도를 위한 전문성을 무엇인가에 대해 자신의 의견을 피력 하시오

2. 초등학교 현장에서 진정한 체육전담교사 제도를 정착시킬 수 있는 방안과 유인책을 생각해 보자

3. 초등학교 스포츠강사 제도가 '초등 체육수업의 보조와 지원' 이라는 원래 취지에 부합되기 위해 절대적으로 필요한 요건은 무엇인가 ?

2장. 초등교사의 체육지도에로의 사회화[1]

> **공부할문제**
> 1. 교사 사회화의 뜻을 알고 다른 직업의 사회화 과정과 구분되는 점을 발견한다.
> 2. 교사사회화 각 단계의 특징을 설명할 수 있다

1. 관찰견습(Apprenticeship of Observation)

교직은 이미 교사자신의 과거 학교생활을 통해 교사의 역할을 간접적으로 배우고, 체험하며 교사를 관찰 할 수 있는 특이한 기회를 가질 수 있다. Lortie(1975)는 교사들이 학생시절 자신들의 스승들과 접촉한 16년 동안의 시간은 다른 직종에 종사하는 사람들과 접촉한 그것보다 비교할 수 없을 정도로 길며, 이것은 곧 교사가 되기 위한 도제(apprentice)로써 훈련을 받고 있는 것과 마찬가지라고 주장하였다. 실제로 Lortie는 관찰견습(apprenticeship of observation) 이라는 용어를 사용하여 교사들이 학생시절 자신들을 지도했던 스승들에게 받은 영향에 대한 연구가설을 설정하였는데, 이 연구에 참여했던 초·중등 교사들은 교수법, 교수가치관등 내용적인 면과 그 정도의 차이는 있었지만 대부분 학생

---

[1] 교사사회화(Teacher Socialization)는 교사사회화는 개인이 교직이라는 전문직에 대하여 배우고 그 일원이 되어 가는 변증적인 변화의 과정이며, 또한 매우 주관적인 과정이라 할 수 있다. 이러한 교사사회화 과정은 일정한 교사교육 프로그램에 들어가기 전부터 시작되며 교사들은 이 단계에서 이미 교직에 대해 나름대로 개인적인 교수개념과 교수법에 대한 인식을 형성하게 된다. 즉, 개인이 교사가 되기 위한 공식적인 교육을 받기 이전의 경험적 요소들로 구성된 '관찰견습' 과 이후에 있는 '교사 교육' 및 발령 후 교육현장에서 겪게 되는 '교직사회화' 단계는 '교사사회화'라는 연속적인 틀 속에 있는 것으로 볼 수 있는 것이다.

시절 스승으로부터 상당한 영향을 받았으며, 이것은 자신들이 인식하지 못하는 무의식적인 행동이나 생각으로 표출되어 진다고 말하고 있다.

특히 초등 교사들의 경우 교사교육시절 체육교과 지도만을 위한 전공개념의 심화학습보다는 모든 교과와 생활지도를 기본으로 하는 학급담임교사 역할 수행에 사회화 과정의 초점이 맞추어져 있으므로, 오히려 교사교육 이전 단계인 관찰견습 시기에 그들의 교육적 가치관 내지 교수 지도법에 더 많은 영향을 받을 수 있다고 볼 수 있는 것이다.

초등시절의 경우 체육수업의 상당부분이 기능적인 측면보다는 즐거움과 재미 등의 흥미적 요소를 중시하는 편이므로, 운동기능에 대한 방법적 지식보다는 아동관리 및 놀이중심 수업에 대한 방법적 지식의 형성에 영향성이 컸으리라 여겨진다. 한편 비교적 내용과 운영 방법상에 있어 전통성을 고수해 가는 운동회 관련 프로그램의 지도에 있어서는 방법적 지식에 대한 영향성 또한 상당히 크리라 생각되고, 20-30년 전이나 지금이나 별 차이를 보이고 있는 않은 여러 체육 기자재의 사용법에 대한 부분도 더더욱 그러하였을 것이다. 결국, 초임교사들은 그들이 처한 방법적 지식의 부재 현상을 극복하지 못하고 임의적이고 부적절한 방법으로 체육수업을 진행해 나가거나 책을 읽고 연수를 받는 다각도의 개인연구를 거듭한 후에야 가르쳐야 하는 여러 체육 분야의 지도법 중 극히 일부분만을 습득하게 되는 것이다. 여기서 말하는 초임교사의 임의적인 지도법의 상당부분을 차지하고 있는 구성 요인은 초중고 시절 체육시간을 통해 또는 과외체육활동을 통해 그들의 지도교사로부터 습득한 '관찰견습'의 결과라고 볼 수 있는 것이다.

학창시절 체육수업 경험은 교사발령 후 자신의 수업에도 상당한 영향을 미친다.

그러나 이것을 통해 교수법에 대해 식견이 있는 평가를 할 수 있는 기준이 잡힌다거나 가르치는 일을 분석적으로 보는 성향이 함양된다고는 볼 수 없다. 전술한 바와 '공통적 기술문화'가 취약한 교직사회의 특성상 초임교사들이 그들의 개인주의적인, 그리고 구태의연한 경험을 지울 수 있는 교육을 받지 않는 한 교직은 전문적인 기술 문화를 계발하고 함께 나누는 것에 무관심한 사람들로만 가득 채워질 것이다. 즉 매일 매일의 수업활동에서 교사 자신의 개인적인 역사들이 핵심적 역할을 하게 되는 것이며, 이런 점에서 '관찰견습'은 교직의 변화성 보다는 계속성을 강화하는 부정적 의미를 내포한다고 볼 수 있는 것이다. 그러나 교사 사회화는 어느 특정한 한 시기에 걸쳐 이루어지는 것이 아니며, 한 개인의 과거와 현재 그리고 미래에 걸쳐 종단 적으로 이루어지는 과정으로, 그 중에서 관찰견습은 교사가 되려는 사람들이 필연적으로 겪어야할 장기적인 교사사회화의 단계 중 하나로 분명하게 인식되어야 하는 것이다.

요점 확인

관찰견습 시기의 경험이 중등교사보다 초등교사에게 보다 절대적으로 작용하는 이유에 대하여 설명해 보자

최교사의 학창시절

고등학교 1,2 학년 때 체육선생님은 여러 분야의 체육기능들을 비교적 상세하고 적절히 지도해 주셨어요...그때 배운 기계운동, 축구, 육상, 농구 등의 기능 등을 지금 제가 수업 할 때도 많이 적용이 됩니다..실제로 그러한 세부적인 운동 기능을 접할 기회는 이때가 처음이자 마지막이었다고 보면 정확할 것입니다.

교대시절에는 주로 이론에 치우친 수업이 주로 이루었다고 보면 좋고.... 또한 현장에 나오면 체육에 관련된 연수를 좀처럼 찾아보기 힘들뿐 아니라, 초임교사의 경우 그러한 기회를 경험하기에도 어렵다고 봅니다. 결국 고교시절에 체육선생님께 배웠던 다양한 운동기능과 교수법 등이 현재 제가 체육수업에서 자신 있게 시범을 보이고 아이들을 적절히 지도할 수 있었던 주요한 원천이라고 생각합니다.... 그러한 경험이 없었던 다수의 선생님들에 비해 저는 비교적 운이 좋았던 경우라고나 할까요 ? " <2002. 3.7 최교사>

2. 교사교육(Teacher Education)

　대학의 교사교육 프로그램은 예비교사들이 학교에 나가기 전에 어느 정도의 교육철학과 소신을 가지고 교직관을 정립해 나가도록 도움을 줄 수 있어야 할 뿐만 아니라 교직에 필요한 지식, 기술 및 태도를 훈련시킬 적절한 프로그램들을 제공하여 교사들이 현장에 나가서 별 어려움 없이 자신이 맡은 임무에 충실할 수 있도록 준비시켜야 할 책임이 있다. 하지만 이미 여러 연구자들에 의해 지적되었듯이 교사 양성기관의 사회화에 대한 영향력은 교사후보자들의 행동과 신념에 별다른 변화를 가져오지 못한다고 시사하고 있다.

　실제로 교육현장에서 교사들이 체육과목 지도에 어려움을 겪고 있는 부분의 상당수가 자신들이 가진 지식과 기술을 실제로 적용하는데 있어, 즉 방법적 지식 측면에 기인하고 있음을 주목해야 한다. 대학에서 체육교육에 대한 전문적 과정을 전공한 후 초등으로 발령 받은 중등출신 체육전담교사들 조차도 자신들이 전공하지 않은 비 전문영역을 지도함에 있어서는 일반 초등 교사들과 마찬가지로 어려움을 겪고 있으며 이러한 어려움을 해결하는데 도움이 되는 것은 현장에 적용할 수 있는 실질적이고 구체적인 내용의 교육이라고 말하고 있다. 결국 대학 4년 동안 배운 교사교육은 문외한으로의 인식과 식견 있는 전문가로서의 인식을 구분 짓는 극적인 분기점이 되지 못한다. 방법적 지식을 그나마 집중적으로 학습할 수 있는 교생실습과정에서도 수업지도안을 준비하는데 초점이 맞추어져 있는 경우가 많고, 내용을 안내하고 지도하는 지도교사의 교수법이 낡았으며, 무엇보다 담당교사가 너무 많은 수의 교생들을 충분치 못한 피드백을 동원하여 지도해 나간다는 문제점이 있다. 이런 점에서 비추어 볼 때 우리의 교사 교육 프로그램은 앞으로 다양한 학교 현장 상황을 고려한 이론과 실기가 통합 될 수 있는 실제적인 내용으로 구성되어야 할 것이다. 예를 들면 현재 실시되고 있는 학습 지도법과 교육과정과 같은 교직 이수 과목들이 강의실에서 이론을 위주로 이루어지고 있는 현실을 지양하고, 교육학적 지식과 실기 종목이 통합되는 현장

교사교육은 현장에서 실제로 활용할 수 있는 방법적 지식을 중시해야 한다.

중심의 실제적인 지식으로 가르쳐 질 수 있도록 교육과정이 재구성되어야 할 것이다.

유능한 교사를 양성하기 위해 필요한 직전 교사 프로그램은 예비 교사들에게 교육에 대한 뚜렷한 신념을 형성하도록 도움을 주고, 현장에서 교사들이 학생들을 실제로 지도하는데 있어서 필요한 지식과 기술이 무엇인지를 규명하며, 그러한 교수 기술들은 현장 실습을 통해 습득해 나가도록 프로그램을 재고해 볼 필요가 있다.

> **요점 확인**
> 초등교사교육 프로그램의 내용이 방법적 지식위주로 구성되어야 하는 이유를 초등교사의 전문성에 비추어 설명해 보시오

3. 전문적 사회화(Occupational Socialization)

초임교사의 경우 발령 후 현장에 투입되면 자신들이 보유한 온갖 역량을 동원하여 그들의 가르침 인생의 초석이 될 초임시절의 교육경력을 풍성하게 가꾸어 나가길 희망한다. 하지만 실제로 그들이 접하는 교직의 현실은 참으로 냉혹하여 호락호락 그들의 뜨거운 의지를 온전히 수용해 주지 않는다. 더구나 학급담임으로서 전 과목을 담당해야하는 초등교사의 경우, 지도해야할 모든 과목에 대한 세부적인 전문성을 지니고 수업을 진행해 나가기란 좀처럼 쉬운 일이 아니며, 특히 일정수준 이상의 실기능력과 관련지식이 요구되는 예체능 교과의 경우 수업진행에 적잖은 어려움을 경험하게 되는 것이 사실이다. 특히 초임교사들에겐 발령 후 3년 이내에 경험하게 되는 교육이론과 현실과의 괴리에서 오는 '현실충격(Reality shock)'은 그들의 현장적응에 어려움을 가중시키며, 하위 교류문화가 취약하여 자신의 어려운 문제를 스스로 해결 해 나갈 수밖에 없는, 즉 '공동의 전문적 기술문화'의 결여는 구성원간의 고립을 초래하게 된다. 결국 초임교사가 현장에서 겪게 되는 이러한 시행착오의 결과는 고스란히 그들이 지도하게 될 학생들에게 전가 될 수 있는 위험을 안고 있는 것이다.

다양한 체육활동에 대한 교사들의 경험유무, 또는 경험횟수의 다소는 학생들의 수업참

체육과 관련된 다양한 연수프로그램은 초임교사의 현실충격을 완화할 수 있는 방법이다

여 형태를 결정하는 근본적인 원인이 될 수 있음을 염두 할 때, 교사들의 다양한 체육활동을 조장할 수 있는 체육관련 연수 프로그램이나 체육활동의 기회가 가급적 많이 제공되어야 할 것이다. 하지만 실질적으로 현장에서 경험할 수 있는 체육관련 연수는 극히 드물 뿐 아니라 그 선택의 폭이 매우 협소하여 교사들의 다양한 체육경험을 위한 환경적 기반이 되어지지 못하고 있는 것이 사실이다. 특히, 발령 후 5년 미만의 초임교사들에겐 이 시기에 형성되어 지는 수업경험과 기술이 평생 그들이 수행해야할 수업내용의 질을 좌우하는 중요한 역할을 할 수 있음을 감안 할 때 이들에게 제공되어야 할 다양한 체육프로그램의 경험은 더더욱 절실할 수밖에 없는 것이다. 초임교사들을 위한 전문적인 초기연수 프로그램의 도입, 학교간 체육관련 연수프로그램의 현장교류, 학교 내 자체연수 강화 같은 구체적 방안을 설정하여 체계적으로 실행에 옮기는 것 등이 좋은 방법이 될 수 있을 것이다. 예를 들어 과학과, 영어과 연수 같이 일정기간 초등 교원들 모두 반드시 이수해야할 체육관련 일반 연수과정의 개설이 시급하며 이를 통해 실제 현장에서 필요한 방법적 지식을 습득할 수 있는 가장 좋은 계기를 마련하고, 또한 주변의 동료들과 교육경험을 교환하는 가운데 새로운 체육교육관련 전문지식을 형성해 나갈 수 있도록 해야 할 것이다. 체육수업에 관련하여 주변 동료교사와의 활발하고 적극적인 의견교환을 통해 교류문화가 취약하여 자신의 어려운 문제를 스스로 해결 해 나갈 수밖에 없는, 즉 '공유된 전문적 기술문화'가 부족한 교직사회의 제한점을 극복할 수 있는 좋은 대안이 될 수 있으리라 본다.

요점 확인
발령초기 발생하는 '현실충격'의 주요한 원인 및 이에 대한 적극적인 예방 방법에 대하여 설명해 보자

4. 체육 수업지식과 개념적 지식

교사가 '안다'는 것은 무엇을 의미하는 것일까? 또 교사는 새로운 지식을 어떻게 학습하고 기존의 지식은 수업 중에 어떻게 생각해 내며, 어떻게 이들을 조화시키는 것일까 ? 교수연구가들은 1980년대 이전까지 교사의 관찰 가능한 '행동'에 관심을 집중시킴으로서 위와 같은 의문점을 이해하려는 노력을 기울여 오지 않았다. 즉, 교수 과정에서 '아는 것'은 '하는 것' 만큼이나 핵심적인 역할을 수행하고 있음에도 불구하고, '행동'에 대한 지나친 관심으로 인해 교사의 '지식(또는 사고과정)' 측면은 연구대상에서 제외되어 왔다. 그러나 일반 교육학 분야에서는 1980년대 이후부터 인지과학과 해석학적 연구 패러다임에 기반을 둔 일단의 연구자들은 수업 내에서 교사의 지식이 차지하는 중요성을 재인식함으로써 '교사지식연구모형' 이라고 불리 우는 연구접근법을 채택하여 활발한 연구를 진행해 왔으며, 그 결과 유능한 교사들은 그들이 하고 있는 수업 내에서 상황에 따라 수업내용에 대한 다양한 결정들을 내리고 있었으며, 이들이 내리는 결정은 교사자신이 기존에 습득한 내용을 특정한 교수 상황의 요구에 맞도록 교사 나름대로 재구성한 또 다른 형태의 지식에 근거하고 있음을 밝혀냈다. 특히 Shulman(1986)은 위의 교사지식 연구 내에서도 가장 독특한 이론적 토대와 연구방법을 제공한 학자로서 '교과 내용지식'의 중요성을 간과하고, '교수방법지식'을 강조해 온 기존의 교사교육 체제를 비판하면서, 특정한 수업상황에서 교과내용지식과 교수방법지식의 합성으로 나타나는 '수업지식 (Pedagogical content knowledge)' 이 교사 전문성의 요체가 되어야 함을 역설하고 있다. 이와 같은 Shulman의 주장에 기반을 두고 각 교과 교육학 분야에서는 1980년대 후반부터 수업지식에 대한 많은 연구가 이루어져 왔으며, 그 예로 Shulm의 제자인 Grossman(1990)은 수업지식의 개념을 크게 (1) 수업목표에 관한 지식, (2) 교과와 관련된 학생들의 이해에 대한 지식, (3) 교수전략에 관한 지식, (4) 교육과정에 관한 지식 등으로 구분하여 정의하고, 이를 바탕으로 예비교사, 초임교사,

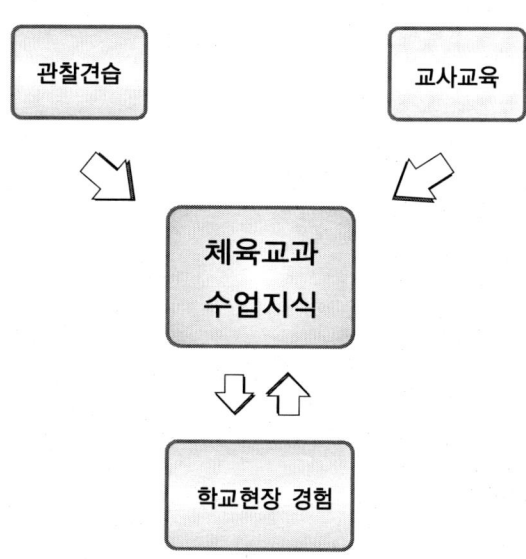

<체육교과 수업지식 형성과정 모형>

전문성을 갖춘 교사를 대상으로 한 질적 연구를 시행하였다. 연구를 통하여 그는 교사의 교수 능력은 교사 이전의 개인적 전기 및 특성 그리고 직전교사 교육과정에서 배운 지식이나 교육적 경험들과 교사로서의 부단한 자기 개발에 대한 욕구가 역동적으로 작용하여 습득되며, 이러한 과정을 통해 얻어진 교사의 수업지식이 교수활동을 조직하고 교육과정을 실천하는 측면에 중요한 영향을 미치고 있음을 밝히고 있다. 따라서 이러한 수업지식은 교사들이 가르치기 위해 목표를 설정, 수업을 계획하고 진행하며 구성하는데 실질적인 영향을 미치는 실용적인 지식이라 말할 수 있는 것이며, 각 교과별로 이러한 지식을 구비한 교사는 나름대로 해당교과 분야에 대한 전문성을 구비하고 있음을 나타낼 수 있는 전문지식이라고도 칭할 수 있는 것이다.

한편 일반적으로 교사는 이전에 경험하고 학습한 것, 예컨대 초중고 시절의 체육수업 경험과 교사양성기관에서의 교사교육 및 현직에서의 직무연수 등을 통하여 자기 구성적으로 형성해 온 개념적 지식(conceptual knowledge)에 근거해서 수업을 실행한다. 여기서 의미하는 개념적 지식이란 교사가 어떤 주제에 대해서 알고 있는 것과 믿고 있는 것으로서 Shulman과 Grossman이 제시한 수업지식(pedagogical content knowledge)과도 그 맥을 같이 한다. 그러나 굳이 수업지식과 개념적 지식을 구분한다면, 수업지식은 교과내용지식과 교수 방법적 지식의 총합적인 개념이라 할 수 있는 반면에 개념적 지식은 수업지식을 교사의 주관적이고 상황 맥락적인 특성을 강조한 측면에서 규정되는 것이라 할 수 있다. 즉, 교사는 자기 나름대로 체계적이면서 구체적이고 일관적이면서 구조적인 지식을 형성하며, 이를 근거로 수업을 실천하는 데 이와 같이 형성되는 지식이 곧 개념적 지식인 것이다.

교사는 이와 같은 개념적 지식을 근거로 수업을 실천하게 되므로 교사의 개념적 지식은 곧 교사의 능력에 가름된다. 즉, 교사는 아는 만큼 가르친다. 교사가 체육 수업을 할 줄 안다는 것은 체육에 대한 개념적 지식을 가지고 있음을 전제하는 것이다. 이와 같이 교사가 체육교과 지도방식에 관해서 어떠한 개념을 가지고 있는지의 여하에 따라서 체육 수업 양상은 여러 형태로 나타날 수 있고, 학생이 경험하는 게임 학습의 질 역시 다르게 나타나게 될 것으로 사료된다.

이와 같이 초등 교사들은 초중고 시절의 체육수업 및 체육활동에 관한 경험을 통해 이미 교사로서의 전문지식을 구축하기 위한 기반을 다져놓았으며 그러한 기반 위에 대학교육과 현장경험을 더해 가며 나름대로의 독특한 교사지식을 형성하게 되는 것이라 볼 수 있다.

요점 확인

체육에 한 수업지식과 개념적 지식의 공통점과 차이점을 구분하여 설명해 보시오

 생각해 볼 문제 〈제 2부 2장〉

---

1. 다음은 초등교사의 사회화를 통해 형성되는 교사유형의 3가지 모습이다. 본인이 생각하는 진정한 초등교사의 모습은 어떠한 방향의 것이어야 하는지에 대한 자신의 의견을 제시하고 그에 대한 타당한 근거 또는 이유를 설명하라

   1) 기능적 관리인 : 효율성 강조, 과학적 관점 견지, 교육내용 사실 전달에 충실
   2) 반성적 실천인 : 반성적 태도 강조, 성찰적 관점 견지, 사건의 이면(裏面) 해석파악에 충실
   3) 비판적 지식인 : 민주적-합리적 태도 강조, 비판적 관점 견지, 학교 일을 사회적 이슈와 연관시켜 비판적으로 수용

2. '교육은 교사의 질을 넘어서지 못한다'라는 표현과 '교사의 전문성'이란 말의 상관관계를 나름대로의 근거와 예시를 들어 설명해보라

3. '교사가 알고 있다'는 것 즉, 교사의 지식은 구체적으로 어떠한 것을 뜻하는지에 대한 자신의 의견을 피력하라

3장. 초등교사로 계속적인 발전하기

> **공 부 할 문 제**
>
> 1. 수업반성의 의미와 중요성에 대해 알아본다.
> 2. 동료장학의 효과와 개선방향을 알아본다.
> 3. 연구자로서의 초등교사에 대해 알아본다.

1. 반성(Reflextion, 反省)하는 삶

반성 (reflection, 反省)은 인간의 정신 능력 중에서 감각과 경험에 입각하여 판단할 수 있는 능력을 일컫는다. 또한, 반성은 인간을 지구상의 다른 동물과 구분 짓고 인간을 인간답게 만드는 고유한 삶의 양식이자 증거라고 볼 수 있다. 이에 반성 없는 인생이란 존재하기 않는 것이라고 단정할 수 있다. 데카르트의 유명한 어구를 차용하자면 '나는 반성한다. 고로 나는 존재한다'라고 언명할 수 있는 것이다. 따라서 엄연히 한 인간인 교사가 진행하는 체육 수업에서 반성 없는 수업이란 있을 수도 없고 있어서도 안 된다 그러나, 이러한 심정적이고 보편적인 당위성에도 불구하고 반성적 체육수업관을 논하자면 구체적인 수업 방법이나 필요한 교사의 자질에 관한 세부적인 연구가 다소 미진한 부분이 있다는 점은 인정하여야 할 것이다. 그러나 이 점은 후속 연구의 필요성과 방향성을 제시한다는 차원에서 이해하여야 할 문제이지 반성적 수업 자체의 필요성을 부정하는 것은 아닐 것이다.

반성적 체육 수업은 수업 개선이라는 교사의 개인적인 열망이 반성의 계기가 된다. 이러한 의문에 답을 얻기 위해서 실제 수업 장면에서 지속적으로 반성하고, 그 원인에 대한 파악과 치료책을 위한 성찰을 얻으려고 노력하는 과정이 순환적으로 이루어지게 된다. 따라서 수업이 바로 반성이 돼고 반성이 곧 수업이 된다. 이러한 실천의 과정은 막연한 현실 부정이나 단절을 의미하는 것은 아니다. 체계적이고 의도적인 절차에 입각하여야 하는 것이다. 반성적 체육 수업은 교사로 하여금 운동 코치가 아닌 연구자가 되도록 요청하며, 교사는 연구자로서의 체육 수업을 하게 되는 것이다.

교사는 체육 교육의 목적을 명확히 이해하고, 실천의 의지를 갖고 있어야 한다. 구체적으로 자신이 체육 교육을 통하여 어떤 목적을 실현하고자 하는지, 학습자의 요구 내지는 수업 여건은 어떠한지, 성취 수준은 어떻게 정해야 하는지에 대해 고민하여야 하는 것이다. 또한 이러한 고민은 개인적인 성찰에 그치는 것이 아닌 교재 연구와 협동적 연구를 통하여 객관성과 보편성을 확보할 수 있도록 하여야 할 것이다.

바람 한 점 없는 잔잔한 호수 위의 배는 앞으로 나아가지 못한다. 배가 앞으로 나가기 위해서는 바람이 불어 주어야 하는 것이다. 이러한 점에서 신참 교사의 기대 역할을 발견할 수도 있을 것 같다. 다소 서투르고 시행착오에 그칠 수 있더라도 끊임없이 문제를 포착하고 개선점을 연구하는 것, 맹목적인 답습이 아닌 자기주도적인 연구로 무장된 수업 방법을 강구하는 것 이러한 과정에서 개인의 발전 뿐 아니라 조직의 발전도 가능할 것이다.

요점 확인

초등 교사로서 '반성하는 삶'의 자세가 중요한 까닭을 설명해 보시오

반성적 수업에 대한 단상

몇 년 전 기간제 교사를 할 때의 일이다. 중간고사 전에 설문조사를 한 적이 있었다. 이제까지 수업에 대해서 평가 해 보고 앞으로 개선해야 할 점이 있으면, 써서 제출해 달라고 학생들에게 부탁하였다. 다른 반과의 진도를 맞추기 위해서 형식적으로 행했던 설문조사는 의외로 아이들이 진지하게 임해주었으며, 나 자신의 수업에 대해서 돌아볼 수 있는 뜻 깊은 기회를 마련해 주었다. 한 학생이 질문하였다. "선생님, 이거 쓰면, 진짜로 수업에 반영되는 거예요?" 아마도 이 학생은 이제까지 수많은 선생님들이 형식적으로 한 설문조사에 식상해 있었던 것이 아니었을까……. 그 이후로 일단 수업을 맡으면 중간고사 전에 설문조사를

> 하는 습관이 생겼다. 나는 이것이 여기서 말하는 반성적 수업에 속한다고 본다. 물론, 엄청난 업무 과다 속에 설문조사를 행하는 것이 많은 부담이 되기는 한다. 그러나 이러한 부담을 조금만 더 신경 쓰고 노력한다면, 얻는 것은 그 배에 달한다. 우선, 학생들에게 떳떳한 수업이 될 수 있다. 교사 자신이 발전할 수 있는 것은 물론이고, 학생들의 기호가 무엇인지 알 수 있는 것이다. 항상 준비된 교사가 될 수 있다. 초등학교의 경우, 더군다나, 이런 설문조사를 중, 고등학교에 비해서 하기 어려운데, 그래서 더욱 교사의 자기반성과 자기 평가가 필요하다고 본다. 수업이 떳떳하면, 교사에게 자신감이 생긴다. 수업은 교사와 학생모두에게 만족스러우며, 즐거운 수업이 된다. 아무리 초등학생이라도, 지금 하고 있는 수업이 잘 되었는지, 선생님이 얼마만큼 준비해 온 수업인지, 표현은 안 해도 느끼고 있지 않을까.
>
> 반성적 수업이 필요한 또 하나의 이유는, 시대의 변화 때문이다. 흔히들 교사는 너무나 안정된 직업이라고 한다. 이 말은 좋게 이야기하면 교사의 직업이 그만큼 신분이 보장된 것이라는 의미도 되지만, 다른 면으로는, 교사라는 직업이 정체된 것임을 말하는 것이다. 아무도 교사의 수업에 대해서 강제적으로 방법을 강요한다든지, 수업을 개선하기 위해 평가하기를 강요하지 않는다. 그러나 반대로 교사가 그 수업에 대해서 반성하지 않고 몇 년 동안 해오던 수업방식을 그대로 고집한다면, 그 수업은 결코 변할 수 없는 것이다. 이것은 시대에 뒤떨어진 수업방식을 답습하고 잘못된 정보를 학생들에게 심어주는 것이 될 것이다. 체육 수업도 예외는 아니어서 효율적인 체육 수업을 위한 수많은 이론들이 제시되고 있고, 이전의 훈련식, 군대식 체육수업에서 탈피하여, 협동심을 길러주고 바른 태도와 소양을 길러주며, 심리치료까지 겸할 수 있는 체육수업이 제시되고 있는 추세이다. 이러한 경향에 대처할 수 있는 유일한 방법은 교사의 반성과 연구하는 자세가 될 것이다.

2. 수업개선을 위한 동료장학

매년 교육대학을 졸업한 학생들이 학교 현장으로 나오고 있다. 초임 교사에게 학교 현장에서의 첫 해는 중요한 의미를 가진다. 학교 현장에서 첫 해의 경험과 가치관은 초임 교사들이 앞으로 펼쳐 나갈 교직 생활의 틀과 방향에 많은 영향을 주기 때문이다. 그러나, 초임 교사들이 대학의 교사 교육 프로그램에서 터득한 많은 것들을 첫 해 교수 활동에 성공적으로 적용시키기란 참으로 어려운 일이다. 그럼에도 불구하고 학교 현장의 실정은 초임 교사들을 맞이할 준비를 하지 못하고 있다. 초임 교사들이 그들의 책무성을 증진시키기 위한 조력을 제대로 받지 못하고 있을 뿐만 아니라 오히려, 학교 현장에서의 초임 교사들은 20년 경력의 베테랑 교사들과 똑같은 요구를 받는 것이 현실이기도 하다.

초임교사 기간 동안 대학에서 배운 많은 지식들을 점차적으로 상실(washing-out)하게 됨에 따라 학교 현장에서는 이러한 초임교사들의 '상실'을 방지하고 그들의 역량을 더욱 발전시키기 위해 많은 교사 연수를 실시하고 있기는 하나, 현장에서의 각종 연수들은 초임교사의 성공적인 시작을 위한 연수 활동으로서는 부족한 면이 많고 효율적이지 못한 것이 사실이다. 특히, 체육 수업을 맞이하는 초임 교사는 교실수업과는 다른 특별한 상황에 부딪히고 있다. 이러한 현실을 볼 때, 경험이 많은 동료로서 초임 교사의 성공적인 전환을 위한 조력 활동 즉, 동료 장학이 현실적으로 중요성과 가치를 지닌다.

'동료장학'이란 말 그대로 주변의 동료교사들과 수업 및 교수법에 관련된 다양한 정보를 교환하고 서로의 교수방법과 능력에 대한 피드백을 제공하는 행위다. 동료장학에서 형식은 그다지 중요하지 않다. 정보와 도움이 필요한 상황이 발생한다면 언제, 어디서나 적절한 장학행위가 비공식적으로 이뤄질 수 있으며, 이는 선후배 관계 및 동년배 여부를 고려하지 않고 다양한 관계형성을 통해 이뤄질 수 있다. 동료장학은 특히 교육경력이 부족한 초임교사들에게 절대적으로 필요한 것으로, 이를 통해 초임교사는 특정 참고서 및 교육 자료에서는 얻을 수 없는 살아있는 수업지식(방법적 지식 포함)을 획득하게 되는 것이다.

다음의 가정된 상황을 바탕으로 초임교사에 제공되는 동료장학의 적절한 형태와 그 실효성을 알아보겠다.

먼저, 초임 교사는 자신의 체육 수업이 아이들에게 '재미'있는 수업이기를 원한다. 그래서 종종 게임을 하기 위하여 기술 연습을 지나치게 빨리 진행하기도 한다. 즉 아이들이 기술을 습득하는 것에 관심을 두기보다는 수업을 빨리 진행시켜 아이들이 원하는 게임을 진행하는데 더 중점을 두기도 하는 것이다. 하지만 이렇듯 자신의 수업을 좀 더 재미있는 시간으로 운영하기를 원하지만 초임교사가 가지고 있는 수업지식의 부족으로 수업의 방향은 의도대로 진행되지 않게 된다. 먼저 기본적인 아동의 통제가 이루어지지 않고 - 참으로 당황스럽고 소란스런 경험일 것이다- 이를 수습하지 못한 채 부랴부랴 게임을 실시하다 보면, 게임의 기능, 규칙, 전략 중 어느 하나도 제대로 지도하지 못하는 어설픈 결과를 초래할 수밖에 없다. 이때, 주변의 경험 있는 선배교사 또는 자신의 상황을 미리 경험해본 동연배의 교사들로부터 제공되는 동료장학은 초임교사가 자신의 수업을 재미있게 운영할 수 있도록 동료교사들의 풍부한 지도 노하우가 담긴 다양한 수업자료를 제공받을 수 있으며, 제공되는 수업자료를 이용하여 수업지식을 쌓는 한편 아이들의 활동을 활발하게 유도하는 방법적 지식까지 부수적으로 쌓을 수 있는 기회를 제공 받게 되는 것이다.

또한 동료장학은 초임교사들이 겪는 '상실효과'를 막아 줄 수 있다. 초임교사는 대학에서 교육받은 내용을 실제 수업 활동에 금방 적용시키지 못한다. 오히려, 대학에서 터득한 이론적 지식들은 점점 잊어버리는 경향을 보이며 이러한 상실효과가 나타남에 따라 초임교사는 자기가 학생시절에 배웠던 방식대로 가르치는 현상을 나타내게 된다. 동료장학은 이러한 초임교사의 상실 효과를 방지하면서 폭넓은 수업지식을 쌓을 수 있는 기회를 제공하게 된다. 즉 동료 장학은 초임 교사가 자신의 아이들 수준에 알맞은 수업을 지도할 수 있도록 도움을 제공할 뿐만 아니라 초임 교사 자신의 수업에 대한 장점과 약점을 좀 더 객관적으로 인식하게 하여, 정서적인 조력까지도 제공할 수 있는 것이다.

한편, 교육대학에서 배운 이론적 지식을 실제 수업에 적용할 수 있도록 실마리를 제공하게 되는데, 이는 초임교사들의 상실효과를 막아주는 것에 그치지 않고 대학 교육시절 익혔던 이론중심의 과정을 현장의 실제상황에 접목시킬 수 있는 통찰력을 형성하는데도 적잖은 도움을 주게 되는 것이다.

물론, 지금까지 제시되었던 동료장학의 긍정적인 영향력 외에도 동료 장학을 통해 제공될 수 있는 부정적 영향력에 대한 실체를 인정하지 않을 수 없다. 이는 동료장학 자체가 학교 내 교사들 간의 개인적 관계를 통해 비교적 비공개적으로 전달되고 습득되는 사안들이 대부분이기 때문에 부적절한 정보와 도움에 대해 제지할 만한 마땅한 방책이 없기 때문이다. 따라서 이러한 비공식적 동료장학 행위자체를 공식화 할 수 있는 제도가 필요하다 볼 수 있는데, 예를 들자면 초임교사 발령 후 2년 이내에 필수적으로 받아야 하는 '초임교사 직무연수'제도 같은 것을 일반화하여 초임교사들에게 필요한 다양한 수업지식과 노하우 등을 공개적으로 전수할 수 있도록 조치를 하는 것이다. 이는 지금 이순간도 전국의 교육현장에서 비공개적으로 이뤄지는 수

수업지식이 부족한 초임교사일 수록 적극적인 동료장학이 요구 된다

많은 동료장학 행위의 긍정적인 사안들을 모두 집결시켜 명실 공히 초등교직의 전문적 지식을 통합·보편화 시키는 작업이라 볼 수 있을 것이다. 이를 통해 초임교사들의 상실효과를 막고 부적절한 정보제공을 차단 할 수 있을 뿐만 아니라, 교직을 진정한 전문직으로 육성해 나갈 수 있는 필수적인 근간을 형성하는 일이라 생각한다.

요점 확인

학교현장에서 실시되는 동료장학의 필요성 및 구체적인 실천형태에 대하여 설명해 보시오

흙 속의 진주를 발견하자

얼마 전 같은 과의 학우와 이런 대화를 나눈 적이 있었다. "지금 이 상태로 2년 후에 현장에 나가 아이들을 가르칠 것이라고 생각하니 머리가 찡하다."는 내용의 대화였다. 물론 아직은 배우는 단계에 있는 예비 교사이고, 4학년 때에 임용고시 준비를 하면서 많은 공부를 하기 때문에 초등학교 6년의 교육과정을 꿰뚫게 된다고 말들은 하지만, 졸업해서 발령을 받은 선배들의 이야기를 들어보면, 나의 교사로서의 자질이나 수업 기술 등은 지금 상태와 별 다를 바 없을 것 같은 불길한 예감이 들어서 어지러울 지경이다.

초임 교사들에게 있어서 "주의 집중법"과 같은 수업 기술이나 "학급 경영을 위한 지침" 등 실질적으로는 정말 필요하지만 공식적으로는 배울 수 없는 것들을 배우는 원천은, 선배들의 비공식적인 가르침이나 동료 교사들의 조언 일 것이다. 그러나 이것은 개인적인 친분이나 귀동냥의 범위에 의존할 수밖에 없다. 그렇다면 발이 넓지 못한 초임 교사들은 이것마저도 불가능 하다는 말인가... 현장에서 "연수" 형태로 이루어지는 동료 장학은 어떤 분야에서 전문가 수준의 실력을 갖춘 교사가 다른 교사들에게 강의를 하는 방식으로 이루어지고 있는 것으로 알고 있다. 이런 의도적이고 비 자연스러운 동료교수보다는, 좀 더 자연스러운 방식으로 거부감 없이 이루어지는 동료 장학은 어떨까 싶다.

예를 들어서, 교생실습 기간에 경험하는 지도교사의 수업 참관이나 대표 교생의 수업 참관을 생각 해 볼 수 있다. 아직 어떤 수업이 좋은 수업인가를 잘 파악하지 못하는 초임교사에게 있어서 "수업을 이렇게 해라, 저렇게 해라"하는 강의 보다는 좋은 수업의 모범을 보여줌으로서 자발적으로 자연스레 배우고 느낄 수

> 있도록 하는 것이다. 물론 나의 수업을 다른 교사들에게 보여준다는 것은 또 다른 부담으로 다가올 수 있다. 그러나 나의 수업의 좋은 방식을 다른 동료 교사들에게 알리고, 또한 잘못된 점이나 더 좋은 방법이 있다면 참관자들의 지적을 통해서 수정해 나갈 수 있는 좋은 방법이라고 생각한다.
>
> 지금 교대에서 교사가 되기 위해 공부하고 있는 우리들 중에도 빛나는 진주를 가진 학우들이 많이 있지만, 빛을 제대로 뻗어내지 못하는 이들이 대부분이다. 현장에 계시는 선생님들 중에도 이런 분들이 많을 것이라고 생각한다. 이런 재주들이 그늘에서 썩어가지 않도록, 효율적인 동료 장학을 통해서 여럿이 공유하고 더 발전시켜 나갈 수 있었으면 하는 바램을 가져본다

3. 연구자로서의 초등교사

초등학교 교사가 체육 수업의 전문성을 발전시켜 나가기 위해서는 항상 연구하는 자세를 견지해야만 한다. 그동안 대학 교수나 전문 연구자들이 초등 체육을 포함한 체육학 전반에 대해 많은 연구 성과를 내놓았지만, 최근 초등학교 체육수업을 직접 담당하는 현장 교사들에 의한 연구 또한 꾸준히 수행되고 있다. 사실, 교사들의 연구 중 상당수가 연구 실적을 올리기 위한 목적에서 행해진다는 사실을 부인하기 어렵다. 그러나, 교사들에 의한 연구는 대부분 강한 현장성을 띠고 있으며, 이러한 현장연구는 '교육의 장에서 일어나는 교육현상을 효과적으로 개선하려는 시도'라는 점에서 체육학자들에 의한 순수 체육학의 연구와는 다른 실천적 중요성을 갖는다. 다시 말해, 현장연구는 교육적 지식의 근원이 무엇인가를 규명하는 데 초점을 둔 순수연구 혹은 기초연구가 아니라 이미 학자들에 의해 생성된 지식을 학교 현장에서 실제로 활용하는데 초점을 둔 연구이다. 참교육과 교사의 전문성이 강조되는 현 시대의 흐름에 힘입어 현장개선과 문제해결, 혹은 전문가로서의 자아 발전에 주된 목적을 둔 연구가 점증하고 있으며, 연구 방법으로도 전통적인 방식을 포함한 다양한 방법이 활용되고 있다.

먼저 연구문제를 설정하게 되면 그와 관련된 선행 연구문헌을 수집·분석하여 관련 이론이나 개념을 파악하고 그를 바탕으로 가설을 설정한다. 가설에는 연구가설과 영가설이 있는데, 연구가설은 예상되는 연구결과로 진술되는 반면 영가설은 연구결과에 대한 통계

적 검증을 위해 연구가설을 부정하는 형태로 진술된다. 가설을 설정한 후, 연구자는 연구에서 사용되는 용어가 구체적으로 무엇을 의미하는지를 독자가 알 수 있도록 용어를 조작적으로 정의할 필요가 있다. 조작적 정의는 설정된 가설을 연구자가 실제로 검증할 수 있도록 관찰 가능한 형태로 제시하는 것이다. 다음으로, 연구자는 설정된 가설을 검증하기 위한 자료를 수집하기 위해 피험자(혹은 연구대상)를 선정하고 측정 도구를 선정하거나 제작하며 연구실행 설계를 수립하여 연구를 수행한다. 다음 단계로, 측정을 통해 자료를 수집하고 분석함으로써 연구결과를 도출해 낸다. 마지막으로, 도출된 연구결과를 사전에 설정했던 가설과 관련이론, 개념, 선행 연구결과와 관련시켜 논의함으로써 연구가 종결된다.

연구란 문제를 해결하는 구조화된 방식이다. 초등체육 분야에는 다양한 문제들이 있으며, 그에 따라 다양한 연구 방법이 사용된다. 연구는 분류기준 여하에 따라 여러 가지 유형으로 나눌 수 있다. 연구목적에 따라서는 기술연구, 인과연구, 예언연구로 분류되며 수집된 자료의 분석방법에 따라서는 분석적 연구와 통계적 연구로 분류되기도 한다. 연구의 시간차원에 따라서는 횡단적 연구와 종단적 연구로, 그리고 수집된 자료의 성격에 따라서는 양적연구와 질적 연구로 분류되기도 한다.

교사들의 연구에는 강한 현장성이 있으며 연구내용은 실천적 측면을 강조한다.

그러나, 어느 한 가지 유형으로 확연히 구분할 수 없는 연구도 적지 않다. 여기서 한 가지 인식해야 할 점은, 이들 연구 유형들 간에 중요성의 차이는 존재하지 않는다는 사실이다. 중요한 것은, 연구문제의 해결에 가장 적합한 연구방법이 어떤 것인가를 기준으로 연구방법이 결정되어야 한다는 점과 그러한 연구를 통하여 생성된 지식의 현장적용 가능성을 높여줄 수 있는 실제상황에 접목하는 연구가 이루어져야 한다는 점이다.

요점 확인
현장연구의 필요성 및 구체적인 연구방법(단계)를 설명해 보시오.

현장 연구자(교사)가 지니는 차별성

자신의 삶 속에 묻어나는 현실에 대해서 이야기 하는 사람과 낯선 환경 속의 현실을 이야기하는 사람의 눈빛과 태도는 확실히 다르다. 그러한 점에서 현장 교사에 의한 교육 연구는 현장 교사가 아닌 대학 교수나 전문연구자의 연구와의 특별한 차별성을 가지고 있다고 생각한다.

그 차별성이란 다름 아닌, 현장 교사는 그 동안 현장에서 직접 부딪치면서 보고 듣고 느꼈기 때문에 상황 이해가 빠르고 연구에의 현장 적용이 능숙하다는 점이다. 예를 들어 일반 연구자는 교실 안의 어떠한 현상을 보고 그 현상의 원인을 파악하는 데에 오랜 시간이 걸리는 반면, 현장 교사는 그것이 자신의 삶 속에서 반복되어 일어났던 일이기 때문에 훨씬 더 빠른 기간 안에 그 현상을 이해하고 연구에 적용할 수 있을 것이다. 현장에서의 경험과 지식은 오랜 세월 쌓이고, 서로 뭉쳐져서 이론으로 설명하기 힘든 것들에 대한 내공으로 다져지게 된다. 이러한 현장 교사의 장점을 잘 활용하여 교육 연구를 수행한다면 교육을 개선하는 데에 큰 효과를 발휘할 수 있을 것이다.

현장교사는 정보에의 접근성 측면에서 연구가 보다 수월할 것이다. 그리고 현장교사의 연구를 통해 학교 현장의 실체를 전달하고, 분석해 줌으로써 현실성 있는 교육정책 수립, 교육과정 개선 등을 이룰 수 있다고 생각한다. 물론 경험만을 중시하고 이론을 도외시하게 되는 것은 조심해야 겠지만, 자신의 현장경험을 충분히 활용하는 '연구자로서의 교사'로 인하여 우리 교육이 더욱 발전할 수 있지 않을까라고 생각해 보았다

생각해 볼 문제 〈제 2부 3장〉

1. 진정으로 가치 있는 초등교사로서 생활은 끊임없는 노력을 바탕으로 하는 자기발전의 연속이라 볼 수 있다. 교사의 주요한 업무를 교과지도, 생활지도, 행정업무 등으로 나누어 볼 때 자신이 생각하는 자기발전의 구체적 방안을 어떠한 것이 되어야 하는가에 대해 의견을 제시하시오.

2. 학교현장에서는 교사들의 수업 전문성 향상이라는 취지하에 학교단위 또는 시도 단위별로 '수업개선연구교사' 제도를 운영하고 있다. 하지만 이렇게 좋은 취지의 제도가 지원하는 교사가 부족하여 운영상에 어려움을 겪고 있는 실정이다. 이러한 학교현장의 안주(安住)하는 분위기가 형성되어지는 이유는 무엇이며 이를 극복할 수 있는 방안에 대해 나름대로의 의견을 피력하시오

3. 현장 연구자로서 장차 자신이 희망하는 체육교과 관련 연구주제를 설정해 보고 대략적인 연구방향과 내용을 제시해 보아라.

4장. 초등학생의 운동발달

> **공 부 할 문 제**
> 1. 초등학생의 운동발달의 개념과 그 의의를 이해한다
> 2. 초등학생의 운동발달과 기타 발달영역과의 관계를 이해한다.

1. 아동 운동발달의 개념과 의의

 아동이 성장·발달하는 과정에서 교육학자들이 궁극적인 목표로 삼는 것은 아동에게서 '교육받은 인간의 모습'을 찾고자 하는 것이다. 즉, 아동들이 德·體·智의 측면에서 탁월함을 갖출 수 있도록 교육환경과 시설을 제공하며 다양한 교육활동을 전개하고 있다. 또한, 아동들이 자신의 능력과 소질을 탐색하고 계발할 수 있는 기회와 경험을 제공하여 아동의 성장과 발달과정에서 탁월함을 보여줄 수 있는 가능성을 확장시킬 수 있도록 노력하고 있다. 이러한 측면에서 아동의 성장과 발달과정을 이해하기 위해서는 아동들의 성취 가능성이 높은 차원의 속성을 이해하고 그 속성을 충족시켜 탁월함을 나타낼 수 있는 가능성을 확장시킬 수 있는 교육활동을 제공해야 한다.
 아동의 성장과 발달 과정에서 '교육의 힘'을 부정하는 이는 없을 것이다. 다시 말하면, 아동은 사회를 구성하는 인간 개체로서 갖추어야 할 다양한 측면에 있어 교육을 받아야 하는 존재로 인식되고 있으며, 이러한 교육활동 과정 속에서 아동들은 학습의 기회와 경험을 토대로 全人的 인간으로 성장하고 발달한다. 지금까지 아동의 발달적 변화 과정과 체계를 연구해 온 학자들은 아동의 성장과 발달의 측면에서 고려해야 할 요인들은 단순한

체계를 나타내기 보다는 복잡하고 다이내믹한 발달 체계를 나타내고 있다는 사실을 밝히고 있다. 즉, 신체적 발달 체계와 인지·정서·사회성 발달 체계간의 상호작용이 엄연히 존재하고 이러한 발달체계내의 특성과 발달체계 간 상호작용의 구조와 기능에 관한 연구를 진행하고 있다.

아동의 발달체계 간 상호작용에 영향을 미치는 변인들은 수없이 많다. 아동발달학자들은 수 많은 영향 요인 중에서 통제와 조절이 가능한 요인에 관심을 갖고 발달적 변화의 과정을 이해하고자 한다. 특히, 아동의 발달체계 중에서 인지발달 과정에 많은 관심을 기울이고 있는 것이 사실이다. 그러나, 인간의 특정한 발달체계의 구조와 기능(인지·정서·사회성·운동발달)의 발달적 변화과정은 매우 복잡한 양상을 띠고 있으며, 특정한 패턴을 보이거나 쉽게 접근할 수 있는 문제는 아니다.

한편, 부모들은 자녀의 인지발달 과정에 많은 관심을 갖고 있으며, 자신의 자녀들이 인지발달 과정에서 탁월함을 나타내기를 기대하며, 이를 위해 다양한 교육활동의 기회와 경험을 제공하는 것에 충실하고 있다. 이러한 현상은 자녀의 인지 능력을 향상시키고 사회에 나아가서 현실적으로 성공하기를 바라는 기대감을 반영하는 사회 현상이라고 할 수 있다. 본 절에서는 사회적인 성공의 잣대로 인지능력의 향상이 갖는 문제는 논하지 않겠지만, 현실적으로 많은 부모들이 자녀의 인지발달에 관심을 갖는 가장 큰 이유는 자녀의 성공적인 삶에 인지능력의 발달이 중요한 역할을 할 것이라는 기대 속에서 나타나고 있다는 것을 전제하고 글을 전개할 것이다.

오늘날 부모들이 관심을 갖고 있는 인지발달이라는 문제를 살펴보기 전에 인간의 발달 과정을 살펴보도록 하겠다. 발달은 인간이 살아가는데 필요한 기능을 습득하고, 처해 있는 환경에 맞춰 나가는 적응의 연속이라고 말할 수 있으며, 발달의 과정은 태어날 때부터 주어진 신체적·생물학적 요소와 개인이 처해 있는 환경으로부터 경험한 요소들이 끊임없이 상호작용하며 나타난다[2]. 또한, 발달은 출생에서부터 죽는 순간까지 인간에게 나타나는 체계적인 변화를 말하며, 발달적 변화의 과정에는 신체, 운동기능·지능·사고·언어·성격·사회성·정서·도덕성 등 인간의 모든 특성들이 포함되며 이는 성숙[3]과 학습[4]에 의

---

[2] 생물학적 요소는 유전, 지능, 신체적 상태, 기본적 기질, 뇌 중추신경의 발달 등의 개인 요소를 말하며, 경험적 요소는 육아 경험, 부모와 자식의 관계, 부모간의 관계, 형제의 수, 개인이 처한 경제적·사회적 여건, 학교 경험 등 환경적인 요소를 의미한다.
[3] 임신 시 부모로부터 아이에게 전해지는 유전자 안에 있는 유전적 계획에 의한 생물학적 발달을 의미한다.
[4] 학습은 경험을 통해 우리의 느낌, 생각, 행동에 비교적 영속적인 변화를 만들어내는 과정이다.

한 체계적이며 규칙적인 행동의 변화를 말한다. 이러한 인간 발달은 연속적이고, 누적적인 과정이며, 생의 각 중요한 단계마다 발생하는 변화는 미래에 대해 중요한 시사점을 갖고 있다. 또한, 인간은 신체적, 인지적, 사회적 존재이기 때문에 발달의 각 요소는 부분적으로 서로 다른 발달 영역에서 발생하는 변화와 밀접한 상호작용을 하며, 부분적인 것이 아니라 총체적 과정으로 전 생애 동안 일어난다.

한편, 인간발달 영역은 인간이 시간이 경과함에 따라 양적 또는 질적으로 어떻게 변화하는가에 대한 과학적인 연구 분야로서 자신이나 다른 사람을 이해하는데 체계적인 도움을 제공하고 있다. 오늘날 발달학자들은 인간발달에 영향을 미치는 요인을 밝혀 봄으로써 특정한 행동이 왜 일어나는가를 설명하려고 노력하며, 또한 모험적이고 복잡한 과제인 행동을 예언한다. 경우에 따라서는 어떤 형태의 훈련이나 치료를 제공함으로써 발달을 수정하거나 최적화하려는 시도를 한다. 인간발달이 복잡한 이유는 발달의 여러 측면에서 성장과 변화가 다르게 일어나기 때문이다.

인생의 각 시기에 따라 신체적, 인지적, 인성적, 사회적 발달은 서로 영향을 주며 복합되어 있다. 인간 발달 영역간의 상호작용적 역할에 대해서는 인간을 다루는 심리학자, 교육학자, 사회학자 등 수많은 학자들간에 이견이 없을 것이다. 이러한 사실은 오늘날 자녀의 발달과정에 관심을 갖는 부모들이 다시 한번 되 돌이켜 생각해 볼 문제일 것이다. 자녀의 지적 능력을 향상시키기 위해 오로지 한 곳에 집중된 교육을 실시하고, 이에 만족하는 경우에 나타날 수 있는 인간발달 과정상의 문제를 생각하지 않는다면 되 돌이킬 수 없는 문제를 야기할 수 있을 것이다. 인간 발달의 과정은 '역행하지 않는(irreversable)' 특징을 갖고 있기 때문이다. 자녀의 발달과정에서 나타나는 '결정적 시기(critical period)'를 지나치게 되면 다시 되돌이켜 발달과정을 거치는 것은 많은 어려움을 갖게 된다. 따라서, 인간발달 영역간의 상호보완적 과정을 거치며 전체적인 인간발달 과업을 수행하는 것이 필수적이다.

인간발달 과정에서 중요한 아동기는 약 6세부터 12세경에 이르는 시기로서 Freud의 정신분석학에서 볼 때, 이 시기에는 오이디푸스 갈등을 해결한 다음에 오는 잠복기(latent period)로서, 리비도를 무의식 속에 억압하기 때문에 뚜렷한 특징이 없는 시기로 보고 있다(백운학, 1993). 이러한 견해는 성장 잠재기(growth latency)의 특성 나타내는 것으로 아동기의 성장과 성숙은 유아기의 첫 번째 급성장과 사춘기를 예언하는 급성장 사이의 중간기의 과정에 있다는 것을 의미한다. 그러나 오늘날 아동발달 연구자들은 인지·정서·사회성 발달의 측면에서 아동기는 다른 어느 시기보다도 커다란 변화를 보인다고 보고 있다.

아동기의 발달적 변화는 각 영역간에 통합적이고 총체적인 조화를 이루며 나타난다는 측면에서 볼 때 아동기의 운동·인지·정서·사회성 발달간의 관련성을 살펴보는 것은 중요한 의미를 갖는다. 즉, 아동기 발달의 각 영역들이 통합적으로 발달할 때 아동의 전인적 성장을 기대할 수 있다는 점과 어느 한 영역의 발달 지체는 심각한 문제를 발생할 가능성이 높기 때문에 특정 영역의 발달과정이 중요하다고 말하기 전에 각 영역간의 조화로운 발달과정의 진행에 대한 관심을 기울일 필요가 있다. 즉, 전인적 인간발달의 측면에서 볼 때 특정한 발달영역에서 우수한 능력을 나타내는 영재아들은 일반아동에서 나타나는 각 발달영역간 관련성의 범위를 벗어나지 않는다는 가정하에 특정한 발달영역을 강조하기 보다는 전인적 발달의 관점을 토대로 운동발달, 인지발달, 정서발달과 사회성발달간의 관련성을 살펴보고자 한다.

> **요점 확인**
> 아동 운동발달의 정확한 의미와 의의를 설명해 보시오.

2. 아동 운동발달과 기타 발달 영역과의 관련성

아동기는 인간의 성장발달 과정에 있어서 중요한 시기임이 교육학, 심리학, 운동학 등 여러 학문분야에서 여러 형태로 입증되어져 왔다. 즉, 아동기의 발달적 변화 과정은 이후 청소년기와 성인기의 발달 과업을 수행하는 데 있어 중요한 역할을 한다. 특히, 아동기의 발달적 변화 중에서 운동발달 영역은 다른 발달 영역의 기초로서 중요한 역할을 하며, 아동의 인지·정서·사회성 발달과 밀접한 관련성을 갖고 있다(그림 1. 참조).

이러한 사실은 유아기 발달 과정에서 가장 중요하고 가장 급속히 이루어지는 발달 형태 중의 하나가 신체근육을 조절할 수 있는 능력의 발달이라는 측면에서 볼 때, 유아기 발달의 연속선상에 있는 아동기 발달 과정에서 운동발달은 여러 가지 발달이론에서 전 발달 영역의 기초로서 중요성이 언급되고 있다.

이러한 측면에서 본론에서는 아동기 발달의 각 영역별 특징을 살펴보고, 운동발달과 인지·정서·사회성 발달 영역간의 관련성을 살펴보고자 한다.

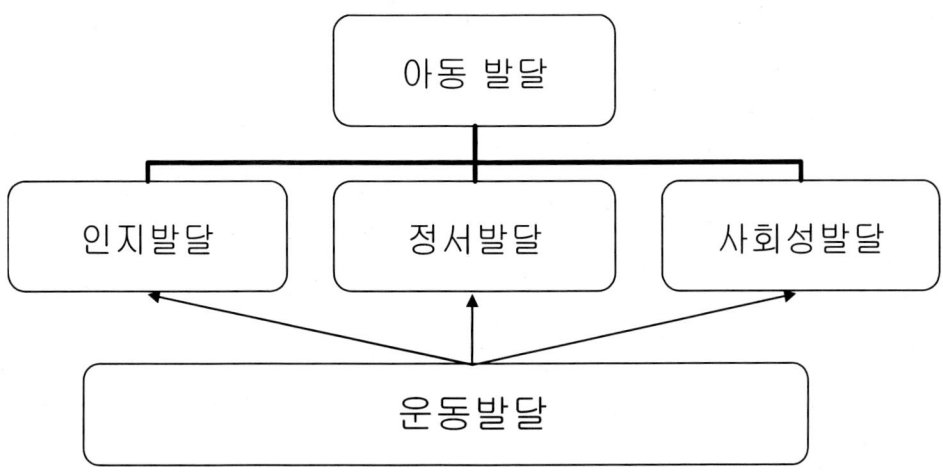

그림 : 운동발달과 각 영역의 발달간 관련성

아동기 신체발달의 특징

아동기에는 상당한 성장과 성숙이 일어나지만 신체성장 속도는 영·유아기나 청년기에 비해 느리며, 안정적이고 완만한 신체적 성장을 보인다. 이 시기에 신체적 발달은 10세 까지 남자가 발달이 우세하며 11세 이후 여자가 더 우세하게 되는데 사춘기 변화가 여자가 2년 빠르다. 신체 발달은 지능이 좋고 사회 상류수준일수록 좋다.

아동기의 신장·체중·흉위(胸圍)의 발육은 연령에 따라 증가한다. 10~11세부터는 여아(女兒)의 발육이 남아(男兒)를 웃도는데, 이것은 여아(女兒) 쪽이 조숙하기 때문이다. 그러나 청년기에 들어서면 남자 쪽의 발육이 두드러진다.

전체로서 신장과 체중의 상대적 증가량에서 보면, 신장의 증가가 현저한 '신장기(伸長期)'라고 하는 시기와 체중의 증가가 현저한 '충실기(充實期)'라고 하는 시기가 교차되어 나타나며, 6~7세는 신장기이고, 8~12세(남아), 8~10세(여아)의 시기는 충실기로, 그 후는 또 신장기가 된다.

아동기 운동발달의 특징

** 기초운동기능의 습득 **

아동기에는 성인의 모든 운동기능의 기초를 습득하는 시기이며, 속도·정확성·안정성·호응성이 정교해지고 정확해지며, 조직적 놀이와 새로운 것을 좋아하게 된다. 많은 운동기술의 발달이 아동기 동안에 이루어진다. 과거에는 남아와 여아의 기능숙달을 다른 양상으로 이끄는 강한 문화적 압력이 있었지만, 최근에는 이러한 압력이 약해지는 경향이 있고, 남아와 함께 야구나 축구를 배우려는 여아도 늘고 있다.

** 운동능력의 정교화 **

아동기에는 운동능력에서 새로운 발달이 이루어지지는 않지만, 운동기술이나 근육의 협응(coordination)이 세련되고 정교화 되어 운동의 힘이나 기교가 증대되는 시기이다. 즉, 달리기·계단 오르기 등에서부터 성인이 할 수 있는 스케이트·스키·수영·잠수·야구·축구 등에 이르기까지 다양한 활동에서 다양한 기능이 세련되고 정교화 된다. 뛰기(jumping)능력과 공놀이 기능이 크게 발달한다. 운동능력은 운동기술과 근육의 협응 발달의 좋은 지표가 된다. 아동기 어린이는 유아기 어린이보다 두 배 정도 더 멀리 공을 던질 수 있고, 또 던진 공을 잘 받을 수 있다.

** 중추신경계의 발달 **

5세에서 7세 사이에 운동기술과 지각발달을 뒷받침하는 중추신경계 및 대뇌의 발달이 이루어졌기 때문에 아동기에는 지각이나 운동발달이 보다 세련되고 정교화 된다.

** 동작시간의 향상 **

아동기에 반응에 소요되는 동작시간(movement time)과 결정시간(decision time)이 현저히 발달하여 운동발달이 촉진된다. 동작시간이란 동작의 시작과 마무리에 소요되는 시간이며, 결정시간은 동작을 위한 신호에서부터 첫 동작까지의 시간이다.

아동기 발달 영역별 특징

아동기의 발달과정에서 나타나는 운동·인지·정서·사회성 발달의 특징을 살펴보면 다음 표 1과 같다.

표 : 아동기 발달영역별 특징

단계	연령범위	운동발달	인지발달 (Piaget)	정서발달	사회성 발달 (Erikson)
아동기	6~12세	운동기술이나 근육의 협응이 세련되고 정교화 됨.	구체적 조작기[5]	공포감, 분노, 불안감	또래, 성취동기, 자아개념 발달

** 운동발달 영역 **

유아기를 거치면서 이동운동 능력과 기초 운동능력의 발달이 이루어지고 아동기에 이르러서는 운동기술이나 근육의 협응발달이 유아기보다 정교한 발달적 변화가 나타난다. 따라서, 아동기 운동발달 과정에서는 일반적인 운동능력이 발달하게 되며, 기초적인 동작 발달 단계보다 각종 동작을 정확하게 구사할 수 있게 되면서, 보다 세분화된 운동능력이 발달하며 복합된 동작기술이 나타난다.

** 인지발달 영역 **

피아제의 인지발달 단계에 따르면, 아동기는 구체적 조작기로서 아동들이 구체적인 문제에 대한 논리적 사고가 가능하며, 전 조작기의 자기중심적 사고는 이 시기에 와서 탈 중심적 사고로 바뀌게 된다. 즉, 아동들은 친구들과 같이 관계를 가지면서 노는 것을 아주 좋아하게 되고, 그런 친구들과의 관계 속에서 사물을 자기 입장에서만 보던 자기중심적인 견해에서 탈피하여, 상대방 입장에 서서도 생각하는 견해가 생겨서, 자기의 입장과 상대방의 입장을 잘 협조시켜가게 된다.

** 정서발달 영역 **

아동기에는 정서의 통제와 조정이 가능한 수준에 이르며, 지시나 통제, 명령보다는 스스로의 행동에 대해 칭찬하고 아동의 판단을 존중하는 것이 건전하고 건강한 정서형성에 중요한 역할을 한다. 또한, 이 시기에 주요한 정서특징인 불안이나 공포에 대처하는 방법으로 놀이는 아동의 신체적 에너지를 방출하고 앞으로의 생활에 대비하며 어려운 목적을 달성함으로써 즐거움을 얻고 좌절감을 극복할 수 있도록 하는데 도움을 주어 안정적인 정서상태를 유지할 수 있도록 하는 것이 중요하다. 또한, 이 시기에는 신체적 접촉을 하고 경

---

[5] 인지적 조작 능력을 능숙하게 습득하며 보고, 듣고, 경험한 대상, 상황, 사태에 대해 새로운 기술을 적용함.

쟁하고자 하는 욕구를 방출하며, 사회에서 용인되는 방법으로 공격적인 행동을 하며, 집단에서 다른 사람과 어울리는 방법을 발달시킨다.

** 사회성발달 영역 **

아동기에는 또래집단을 형성하고, 그 집단에서의 자아정체성과 스스로의 독립적 안정성을 찾으려고 한다. 이 시기에는 아동을 존중하고 배려하는 입장에서 아동을 지켜보아야 하며, 잘못이나 실패에 대해서도 경험을 통해 배울 수 있도록 관망하는 입장이 되어야 한다. 언제나, 아동을 지지하고 성취동기를 부여하며 칭찬과 격려의 방법으로 아동을 대할 때, 긍정적 자아개념을 가지는 건강하고 건전한 성인으로서 성장할 수 있다.

아동 운동발달과 인지발달 관계

인지는 어떤 대상을 느낌으로 알거나 이를 분별하고 판단하는 의식적인 작용으로 지식, 지각, 재인, 상상, 추론, 개념화, 상징화 등과 같은 심리적 개념을 포함한다. 이와 관련하여 생존 과정에서 나타나는 정신적 조작과 능력의 변화를 인지발달이라고 할 수 있으며, 인지발달이란 학습, 기억, 추리, 사고, 언어 능력과 같은 여러 가지 정신 능력의 변화를 뜻한다.

이러한 변화들은 근육발달이나 정서적 발달과 밀접하게 관련되어 있다. 예를 들면, 아기의 기억 능력의 발달은 어머니가 가버리면 다시는 되돌아오지 않을 것이라는 공포 즉, 격리 불안의 발달을 가져온다. 만약 유아가 지난 일을 기억하고 앞으로의 일을 예측하는 능력이 없다면, 그들은 어머니의 부재에 대해 걱정할 수 없을 것이다. 기억은 또한 유아가 신체적으로 하는 행동에 영향을 미친다. 동생이 블록으로 쌓은 탑을 쓰러뜨려 야단을 맞았던 기억을 가진 남아는 똑같은 행동을 하지 않게 된다.

피아제에 따르면, 인지발달 과정에서 움직임을 통하여 사고의 기초를 쌓게 되며, 발달단계를 위계적으로 거치면서 체험하는 신체적 경험을 통한 물리적 지식이 단순한 경험지식으로, 더 나아가서는 논리-산술적인 경험으로 발전한다고 주장하였다. 즉, 운동발달 과정에서 나타나는 신체적 경험은 앎의 도구이며, 논리적 사고의 형성과 밀접한 상호작용을 하게 된다는 것이다. 아동기의 인지발달 과정은 감각과 지각의 발달과 밀접한 관련을 갖고 있다. 인간의 뇌에서 이루어지는 정신적 조작 능력의 과정인 인지발달은 환경정보를 탐색하고 해석하는 감각과 지각의 과정을 거치게 된다. 본고에서는 아동기의 운동발달과 인지발달간의 상호관련성을 살펴보기 위해 Ayres(1979)의 감각통합이론[6]과 Kephart(1964)의 지각운동학습[7] 이론을 살펴보고자 한다.

** 감각통합이론(sensory integration theory) **

Ayres는 신경 기능, 감각 운동, 행동 그리고 인지과정 간의 상호작용적 관계를 설명하기 위해 감각통합 이론을 제시한 바 있다. 그는 감각통합은 그 자신의 신체와 환경으로부터 감각을 조절하여 환경 안에서 신체를 효과적으로 사용할 수 있게 만드는 신경학적 과정으로 보았다. 이 때 뇌는 융통성 있고 끊임없이 변하는 패턴에서 감각정보들을 선택하고 육성하고 억제하고 비교하고 통합하는 역할을 수행하게 된다.

따라서 감각통합이란 감각들은 신체가 무엇을 하고 있는지를 뇌에 전달해주고 뇌에 들어오는 감각투입은 서로 의사소통을 하고 있는 신경세포들을 통해 신체에서 무슨 일을 담당하게끔 명령을 내리게 하는 과정으로 설명되어질 수 있다. 그러므로 감각통합은 감각과 운동의 협응 과정이라고 이해할 수 있다.

감각통합 이론에서는 다양한 신체활동의 경험을 통해 감각통합의 과정을 중요하게 다루고 있으며, 이러한 과정 속에서 신경기능의 발달적 변화를 모색함으로서 인지발달의 기초를 형성하는 데 중요한 의미를 두고 있다.

** 지각운동 학습이론(perceptual motor learing theory) **

Kephart(1964)는 운동학습이 모든 학습의 기본이 된다는 이론을 제안하면서, 지각과 학습의 관계를 강조하였다(Cratty, 1979). 그는 지각 운동능력의 결핍은 신경세포의 망의 형성에 부정적인 영향을 미친다고 하였다. 예를 들어 그는 균형 훈련이 인지를 돕는다고 하였고, 이러한 균형 훈련이 모든 학습장애를 초래하는 문제를 치유할 수 있다는 것이다. 그뿐만 아니라 신체를 가지고 어떻게 움직일 수 있는지에 대한 신체상이나, 신체의 한 측면이 다른 측면과의 협응을 말하는 측면성의 결핍이 공간에서의 방향성이나 읽기 장애를 초래한다고 하였다. 따라서 측면성과 신체상에 대한 훈련은 읽기 쓰기의 장애를 고칠 수가 있다는 것이다.

Kephart(1964)는 일반 운동능력이 효율적으로 발달되어야 아동이 세상을 지각적으로 구

---

6) 감각자극을 수용하여 중추신경계 내에서 처리하고 통합하는 감각계의 활동을 통한 모든 뇌의 신경학적인 과정과 행동간의 관계된 이론.
7) 지각운동활동(perceptual-moter activities), 또는 감각운동학습(sensori-moter learning)이라고도 하며, 지각운동학습은 여러 심리학적 실험을 통하여 생활연령이 높아짐에 따라 속도가 빨라지는 것으로 알려져 있다.

성화할 수 있고 지적으로 제대로 기능한다고 하였다. 반대로 운동발달의 지체는 지각이나 지적인 능력에 영향을 미친다고 하였다. 또한, 특정 이동과제의 훈련이 다양한 뇌 부위에 긍정적인 영향을 미친다고 하며 이것은 뇌의 다른 부위에의 기능에 속하는 다양한 인지·지각적 기능에 영향을 미친다고 하였다.

Getman(1952)은 그의 저서 "어린이 지능개발 방법"에서 지적 발달의 기초로서 신체 활동을 강조하면서, 신체 활동이 아동들의 학습 능력을 높여준다고 강조하였다. 그는 시·지각 훈련을 강조하면서, 운동발달이 인지능력의 발달에 기초가 된다고 주장하였다. 모든 지능의 기초가 운동제어와 협응능력의 발달을 통해 이루어진다는 것이다.

지각 운동 훈련은 뇌의 신경회로망을 정교화시키는데 있어서 효과적이라는 사실은 많은 연구자들에 의해 규명되고 있다. 지각 운동은 감각을 통하여 정보를 받아들이고 구성하고 해석하며, 그것에 반응하는 과정으로 정보를 효율적으로 처리하기 위해서는 뇌의 신경회로망이 정교화되고, 이러한 신경경로는 자라는 시기에 얼마나 풍부한 경험이 주어졌나에 의해 달라진다는 것이다.

아동들은 태어나서 움직임을 통해 세상을 탐구하고 이런 것에 의해 정보처리의 경로에 완전한 망을 형성하게 된다. 따라서 지각 운동 훈련은 아동들의 지각 형성을 구조화고 적합한 반응을 하게 한다. 만약 아동들이 자라는 과정에서 지각 운동 발달 단계를 건너뛰게 되면 올바른 신경망이 발달되지 않으며 적합한 행동을 하는데 문제가 생기게 된다. 따라서, 적합한 활동은 지각 발달에 도움이 되며 더 나아가서 인지와 운동발달을 향상시키는데 중요한 역할을 하게 된다.

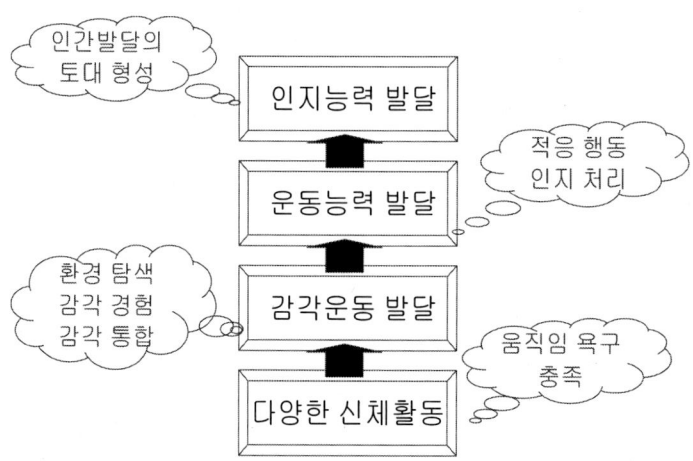

그림 : 운동발달과 인지발달의 상호작용

아동기 운동발달과 정서발달의 관계

개인이 일을 해 나가고 감정을 표현하며, 다른 사람과 어울리는 독자적인 방식인 정서의 발달적 변화는 신체적, 인지적 발달의 변화와 상호 밀접한 관련성을 갖게된다. 예를 들면, 또래 친구가 많은 아동들은 많은 신체활동을 통해 외부에 대한 두려움을 줄이고 환경에 대한 탐색활동을 늘임으로써 인지발달을 가져올 기회를 많이 갖는다. 한편, 운동발달이 지체된 아동들은 긍정적인 정서경험보다는 부정적인 정서경험을 하게되면서 다른 사람과 어울리는 기회가 줄어들고 정서의 발달적 변화에 부정적인 영향을 받게 된다.

또한, 아동들은 유아기를 거치면서 그들의 의사를 결정하는 방법을 배우게 되며, 상상력을 발달시키고, 생각과 느낌을 표현할 수 있게 된다. 아동기의 신체활동에 대한 참여는 아동 자신의 기쁨, 두려움, 분노, 좌절, 흥분 등의 자연스런 표현을 통해 억압된 감정을 해소시키며 불안과 욕구불만에 대한 긴장을 풀게 되며 자연스럽게 운동기능의 발달과 신체적 안정감을 얻는데 도움을 줄 수 있다.

아동기에 있어서의 부정적인 정서적 경험이 청년기 이후 성인에게 있어서 나타나는 정서적 불안정 상태의 큰 원인이 되는 것으로 알려져 있다. 그러므로 아동의 긍정적인 정서발달을 위해서는 긍정적인 정서적 경험의 기회를 제공하여 정서적 안정을 유지하고 보다 행복한 삶을 유지할 수 있도록 도움을 제공해야 한다.

** 신체활동을 통한 욕구충족의 기회 제공 **

정서적 안정을 위해서는 무엇보다도 아동의 기본적인 욕구가 충족되어야 한다. 아동들은 여러 가지 기본적인 욕구 중 움직임에 대한 욕구가 강하게 나타나는 시기이다. 따라서, 아동들의 정서적 안정을 위해서는 다양한 신체활동의 기회와 경험을 통해 움직임의 욕구를 실현할 수 있도록 해야 할 것이다. 즉, 아동들에게 스포츠 활동의 경험을 규칙적으로 제공할 수 있는 운동프로그램을 계획하고 실천할 수 있도록 유도해야 한다. 아동들에게 필요한 신체활동의 기회를 제공함으로서 안정적인 정서발달을 도모할 수 있을 것이다.

** 신체활동을 통한 감정의 순화 **

아동기에 이르러서는 아동들이 자신의 어떤 좌절된 감정이 있을 때 그것을 표현할 수 있는 능력을 갖게 된다. 아동들이 신체활동을 통해 자신의 부정적인 정서를 순화시켜 표출할 수 있는 기회를 제공하는 것은 아동의 정서발달에 긍정적인 영향을 미치게 될 것이다.

아동기 운동발달과 사회성 발달의 관계

아동기의 신체 및 운동발달은 중요한 의미를 갖는다. 아동기 어린이는 환경에 대하여 점차적으로 보다 현실적인 개념을 획득함에 따라 자아개념의 한 측면인 신체상(body image)을 갖게 된다. 이 시기 어린이는 자기 자신의 신체적 특징과 또래를 비교하여 신체상을 형성한다. 또한, 아동기에는 스스로의 운동기술을 다른 어린이의 운동기술과 비교하여 평가하므로 운동발달은 자아개념과 자존심 형성에 영향을 미친다. 또한 운동발달은 어린이가 또래와 어울려 노는데 중요한 역할을 한다.

** 운동발달과 성격 **

아동기의 신체 및 운동발달은 성격발달과도 관련된다. 체격이 작고 허약한 어린이는 대체로 소심하고, 겁이 많고, 걱정이 많다고 한다. 반대로 크고 튼튼하고 힘이 센 어린이는 쾌활하고, 창조적이며, 적극적으로 자기표현을 잘한다. 신체적 특질이 어린이 자신의 태도와 관심을 달리하여 성격의 차이를 가져오게 할 뿐만 아니라 다른 사람들의 어린이에 대한 기대와 태도의 차이를 유발한다.

예를 들어 어른이나 친구는 작고 허약한 어린이를 대할 때 조심스럽게 대한다. 또 신체적으로 허약한 어린이는 스스로 운동능력에 자신이 없을 뿐만 아니라 주변 사람들도 허약하기 때문에 운동을 잘 하지 못할 것으로 생각한다. 따라서 이 어린이는 운동을 통한 경쟁적인 행동을 할 기회를 회피하게 될 뿐만 아니라 소극적이고, 의존적이고, 내성적인 성격을 갖게 된다. 반면에 크고 튼튼한 아동은 운동에 자신이 있고, 어른이나 또래가 운동을 잘하는 것으로 취급하므로 신체적 활동을 할 기회가 많아지고, 이것은 어린이의 사회적 성격발달은 계속 고무시키게 된다. 이처럼 신체 및 운동발달과 성격은 서로 상호작용 하면서 영향을 주고 받는다.

** 운동발달과 또래관계의 형성 **

아동기의 아동들은 가정에서 배운 인간관계와 도덕성이 학교와 사회로 이어져 사회생활에 필요한 사회성 기술로 발전되기 때문에 또래집단을 형성하여 집단생활을 하게 된다. 따라서, 신체활동의 과정에서 나타나는 다양한 형태의 집단에 대한 경험을 통해 아동들은 집단의 중요성을 터득하게 되며, 조화와 통일의 중요성과 협동심, 사회성 등을 배우게 된다. 또한, 신체활동 속에서 아동들은 리더쉽과 동료애를 배우게 된다. 이러한 과정 속에서 아동들은 신체활동을 통해 또래관계가 확대되며, 여러 가지 형태의 대인관계 속에서 아동들의 사회성은 발달하게 된다.

> **요점 확인**
> 아동 운동발달과 인지, 정서, 사회성 발달과의 관련성을 주요한 특징별로 나누어 설명해 보라

3. 아동 운동발달을 위한 발달과제

아동기는 유아기를 거쳐 이후의 청소년기와 성인기의 발달과업 수행에 필요한 각 발달 영역의 토대가 형성되는 시기로 인간발달 과정에서 중요한 의미를 갖고 있다. 특히, 아동기에 나타나는 특정한 영역에 대한 우수한 능력은 지속적인 관심을 통해 향후의 발달과정에서도 그 능력을 향상시킬 필요가 있다는 측면에서 볼 때 아동기의 전인적 발달에 대한 관심과 연구는 중요한 의미를 갖는다.

인간발달 과정에서 나타나는 여러 가지 발달 영역간 관련성을 살펴볼 때, 아동기의 운동발달은 인지·정서·사회성 발달과 밀접한 관련을 갖고 있다. 또한, 아동기 발달과정에서 나타나는 영재성이 상실되지 않기 위해서는 발달 영역간의 통합적인 관점에서 아동을 관찰하고 총체적인 발달과업의 수행에 필요한 정보를 제공할 필요가 있다.

아동기의 운동발달은 인지적, 정서적, 사회적 발달에 중요한 영향을 미치기 때문에 아동의 운동발달을 위한 다양한 운동프로그램의 계획과 실천이 필요하다. 즉, 아동의 운동능력은 아동의 심리적 능력, 즉 의사소통 능력, 지각, 과제해결 능력 및 다른 사람과의 상호작용에 영향을 미치고 영향을 받기도 한다. 또한 아동의 신체적 운동능력은 아동의 창의성을 높이고 학습기능의 습득을 도와주며, 기본적인 반응속도, 주의집중력, 통제력을 높여주고, 환경이나 모든 경험을 시간과 공간적 차원에서 통합할 수 있게 해준다.

한편, 아동의 운동발달을 위한 발달과제는 건강과 안정감을 높여서 지각운동의 여러 가지 기능 및 자아의식을 발달시키는 것에 중점을 두어야 한다. 보다 구체적으로 아동의 운동발달을 위한 발달과제를 살펴보면 다음과 같다.

첫째, 건강한 기본 생활습관과 정서적 안정감의 습득,

둘째, 기본 동작능력과 지각운동 능력의 발달,

셋째, 긍정적 자아개념의 통합,

넷째, 시간과 공간 개념을 발달시킴으로써 전체 운동조절 기능을 촉진하는 것이 중요하다.

아동기의 발달과정 중 특정한 발달영역(특히, 인지발달)에서 우수한 능력을 나타내는 아동에 대한 전인적 관점의 운동발달 프로그램에 대한 연구가 이루어져야 할 필요가 있다. 즉, 인지발달 영역에서 우수한 능력을 나타내는 영재아들에 대한 운동발달 프로그램의 개발은 우수한 인재들이 지속적으로 그들의 능력을 유지하고 보다 발전시킬 수 있는 토대를 마련해 줄 수 있다는 측면에서 볼 때 중요한 연구주제가 될 것이다.

요점 확인

아동 운동발달의 주요한 발달과제를 구체적인 예시를 들어 설명하라

생각해 볼 문제 〈제 2부 4장〉

1. 아동 운동발달과 기타영역(인지, 정서, 사회성 등)의 발달 관련성에 대한 자신의 체험적 사례를 통한 효과적 증진방안을 설명하라

5장. 초등학생의 체육수업 참여와 부적응

> **공부할문제**
> 1. 초등학생의 체육수업 참여를 통해 나타나는 또래간의 갈등 요인과 유형을 통해 그들의 체육 교과관을 간접적으로 이해할 수 있다.
> 2. 소외, 학습된 무기력 현상을 통해 학습자의 체육수업 부적응 현상을 심도 있게 이해할 수 있다.

1. 체육수업에서의 또래 갈등

현대 사회는 핵가족화 현상, 여성의 취업 증가, 그리고 형제 수의 감소등으로 인해 아동이 가정 내에서 경험하는 인간관계의 폭이 축소되는 반면, 상대적으로 또래와 상호작용 기회가 증가하면서 아동기의 또래 관계의 중요성이 부각되고 있다. 특히 최근에 사회문제가 되고 있는 '왕따 현상'이 주로 또래 관계의 미숙에서 비롯되기 때문에 교육적인 차원에서 아동의 원만한 또래 관계에 대해 보다 관심을 가질 필요가 있다.

또래 관계는 부모 및 성인의 관계와는 본질적으로 구별된다. 자녀와 부모 및 성인과의 관계가 수직적 관계라면, 또래 관계는 기본적으로 수평적 관계에 기초를 두고 있다. 따라서 또래 사이에서는 보다 자유로운 상호작용이 가능하며, 이 과정에서 다양한 사회적 기술을 습득하게 된다. 물론 이 과정에서 협동이나 우정, 친밀감 등과 같은 긍정적인 사회적 관계를 형성하기도 하지만, 자연스럽게 대립 관계를 형성하거나 갈등 상황에 직면하게 된다. 즉, 아동 및 청소년은 또래와의 다양한 상호작용을 통하여 공동의 목표를 위하여 노력하기도 하지만, 희소 자원을 놓고 경쟁하며, 의견 대립이 발생할 경우 종종 갈등 관계에 놓이기도 한다.

 이렇듯, 갈등이 인간 생활에서 피할 수 없는 자연스러운 현상임에도 불구 하고, 교육현장 내에서 이에 대한 관심은 미비한 편이었다. 이는 갈등이라는 개념이 '폭력', '증오', '전쟁', '분노'와 같은 부정적인 이미지를 지니고 있어 갈등은 나쁜 것이며 아동 발달에 바람직하지 않은 것으로 인식됨으로써 교육학자들이 의도적으로 무시한 데에서 비롯된다고 할 수 있다.

 그러나 최근에는 갈등에 대한 교육적 접근의 필요성이 대두되고 있다. 갈등이 엄연히 존재하는 현상이라면, 이를 회피하거나 무시하기 보다는 학생들로 하여금 갈등을 보다 긍정적으로 해결할 수 있는 기술을 지도하는 것이 훨씬 발전적이라는 사고들이 자리 잡고 있는 것 같다.

 따라서 또래 갈등 과정을 전반적으로 이해하려는 노력과 함께 체육 수업에서 또래 갈등에 영향을 미치는 요인들에 대한 분석이 선행된다면 무엇보다도 초등학생들이 지니고 있는 체육교과에 대한 다양한 교과관과 참여유형등을 간접적으로 이해할 수 있는 좋은 자료가 될 것이다.

 실제 학교현장의 체육수업에서 또래간의 갈등을 유발하는 요인들은 매우 다양하고 미묘한 것들이 많지만, 유사한 유형의 요인들을 그룹화 하여 정리해 보면 대개 다음의 6가지 요인으로 분류될 수 있을 것이다.

운동능력

 체육에서의 운동능력은 매우 중요한 요인이다. 따라서 운동능력은 또래 갈등에 다양한 영향을 미친다. 운동능력이 우수한 학생과 저조한 학생 중 어느 한쪽은 또래 갈등을 일으킬 수 있는 잠재적 가능성을 항상 내포하고 있다고 볼 수 있다. 예컨대, 운동능력이 우수한 학생은 자신의 신체능력만 믿고 다소 독선적이고 일방적인 활동을 할 수 있을 것이며 이러한 행동을 다른 어린이들로 하여금 불평등에 대한 불만을 유발 시킬 것이다. 반면에 운동능력이 부족한 학생은 협동을 요하는 단체경기 등 에서 기대이하의 활동내용을 보여줌으로 인해 팀 구성원들로부터 비난과 힐책을 받으면서 갈등을 초래할 수 있을 것이다.

운동종목

체육수업에서의 운동종목 또한 또래 갈등에 영향을 미칠 수 있는 요인이다. 아마도 구기게임과 체조나 육상과 같은 종목들 사이에는 갈등의 양상이 다르게 나타날 수 있을 것이다. 실제로 구기게임에서 또래 갈등은 팀 구성, 역할 배분, 규칙 적용 시에 표출되며, 규칙 적용 시에 가장 빈번하게 발생한다고 볼 수 있다. 그러나 육상이나 체조 수업의 경우에는 분명 다른 쟁점으로 갈등이 발생하나 게임의 경우보다는 미약할 것이다.

성(性)

대부분의 사회과학 연구에서 반드시 고려되는 요인 중의 하나가 성이다. 특히 체육수업의 경우, 성차가 매우 극명하게 존재하므로 갈등 또한 성에 따라 다른 양상을 보인다. 실제로 또래의 신체활동 게임에서 발생하는 권력 관계에서 성에 따라 권력 관계가 다르게 나타나고 있음을 알 수 있다. 예컨대, 남학생의 경우, 규칙 적용 시에 또래 갈등이 매우 심각했으나, 여학생의 경우, 상대적으로 규칙 적용보다는 오히려 팀 구성에서 갈등이 자주 노출되곤 한다.

학년

학년 또한 체육수업에서의 또래 갈등 양상에 영향을 미친다. 초등학생과 중학생, 그리고 고등학생사이에서 발생하는 또래 갈등의 쟁점 및 해결 과정은 분명 다르다고 볼 수 있다. 예컨대, 초등학생의 경우, 갈등 해결을 체육 교사에 의존하여 해결하는 경향이 강할 수 있으나, 고등학생의 경우에는 갈등 당사자에 의해 해결될 가능성이 크다고 볼 수 있다.

또래지위

최근 '왕따 현상'이 사회적 문제로 대두됨에 따라 학급내 또래 지위에 대한 관심이 증가하고 있다. 실제로 또래에 의해 거부되는 아동은 또래에게 부정적 행동을 보이고, 사회인지 능력이 부족하며, 여러 문제 행동을 나타내기 때문에, 인기아동에 비해 거부아가 체육수업에서 또래 갈등을 빈번하게 발생시킬 수 있다.

친구관계

친구관계도 또래 갈등에 영향을 미친다고 볼 수 있다. 예컨대, 체육수업에서의 또래 갈등은 친한 관계보다는 소원하거나 적대적인 관계에서 보다 빈번하게 발생할 수 있다. 그리고 친한 사이인지, 아닌지에 따라 갈등 해결 방식 또한 상이할 수 있는 것이다.

이와 같이 또래 갈등 관련 요인에 대한 면밀한 분석과 이해를 바탕으로 현장에서는 체육활동을 통한 갈등 해소 프로그램 개발에 관련된 연구들이 이루어져야 할 것이다. 현재 미국 교육계에서는 갈등을 적극적으로 관리함으로써 긍정적인 해결 방안을 도출할 수 있다면, '갈등' 자체가 매우 중요한 교육적 도구가 될 수 있음을 인식하고 있다. 그에 반해 우리나라의 경우에는 체육학은 물론 일반 교육학 분야에서 조차 이에 대한 연구가 전무한 실정이다. 따라서 체육활동을 통한 갈등해소 프로그램 개발과 관련하여 활발한 연구가 이루어지면, 체육교과가 교육적으로 가장 적합한 교과 중의 하나가 될 수도 있을 것이다.

> **요점 확인**
> 초등학교 체육수업시간에 발생되는 또래 갈등의 주요한 원인을 제시하고 구체적으로 설명하라

2. 학생소외(Alienation)[8]

'체육교육의 목적을 무엇으로 보는가'에는 여러 가지 의견이 있을 수 있다. 그러나 학습자의 연령과 발달 단계를 고려해 볼 때, 초등학교 체육교육에서는 무엇보다도 체육에 대한 긍정적인 생각을 갖게 하는 것이 중요하다. 다시 말하자면 '체육을 좋아하는 아동'을 기르는 것이 중요하다는 것이다. 어린 시절의 체육활동에 대한 생각이 이후의 삶에서 체육활동에 대한 태도에 많은 영향을 끼친다는 것은 이미 널리 알려진 사실이다. 즉 어린 시절에 체육활동을 싫어하는 감정을 가지게 되면 어른이 되어서도 체육활동을 싫어할 가능성이 증가

---

[8] 소외(alienation)의 개념은 학문적 관점에 따라 다양하게 정의될 수 있다. 본 글에서는 선행 연구(Carlson, 1995)에 기초하여 체육수업에 참가한 학생이 체육수업 혹은 수업 상황의 의미를 충분히 인식하지 못하는, 부정적 감정을 지속적으로 느끼거나 수업에 적극적으로 참여하지 않는 상태로 정의한다.

하고, 반면에 긍정적인 감정이 초기에 형성되면 어른이 되어서도 체육활동을 의미 있게 받아들이고 열심히 참여하게 된다. 특히 학교교육에서 이루어지는 체육수업에 대한 경험은 학교를 졸업한 후의 체육활동 참여에 영향을 끼치고 있는 것으로 알려졌다. 학교 체육수업 시간에 긍정적인 경험을 많이 한 학생은 학교를 졸업한 후에도 체육활동에 많이 참가하나, 부정적인 경험을 많이 한 학생은 체육활동에 소극적인 태도를 갖게 된다는 것이다. 이와 함께 전체 초등학생의 20% 이상이 체육교과를 의미 있게 생각하지 않고 있으며 체육 수업 시에 소외 현상을 보이는 학생의 수가 학년이 올라갈수록 증가하고 있는 것이다. 따라서 이러한 소외 학생들의 체육수업 참여를 극대화하기 위한 실제적인 방안을 모색하는 것은 체육교육의 궁극적 목적을 달성하기 위해 시급히 해결해야 할 과제 중의 하나이다.

초등학교 아동의 체육수업 소외 원인으로 밝혀진 다양한 결과들을 유사원인별로 분류해 보면 다음의 3가지 영역으로 나눌 수 있다. 즉, 자아인식, 주요 타자, 수업 환경 등의 요인들로 분류할 수 있는데 이러한 원인은 단일적이라기보다는 다차원적으로 상호 관련성을 맺으면서 연구 대상자의 체육수업 소외에 영향을 미치고 있는 것으로 볼 수 있다.

먼저, 초등학생들이 체육 수업에서 소외되는 첫 번째 요인은 신체 능력에 대한 자아인식이었다. 즉, 체육을 못하는 이유로 자신이 체력이 약하거나 운동 기능이 낮기 때문이라고 밝힌 것으로 보아 부정적인 신체 유능성 지각을 지니고 있음을 알 수 있다. 부정적인 신체 유능성 지각으로 인하여 체육 수업을 기피하고, 수업 중에 자신의 낮은 운동 수행 능력이 동료와 교사에 의해 평가되는 데 강한 거부감을 지니게 되는 것이다. 이와 같은 원인을 극복하기 위한 체육수업 개선 노력으로는, 최근에 제안되고 있는 다양한 수준별 체육 수업 모형의 적용이 하나의 방안으로 제시될 수 있을 것으로 생각된다.

둘째, 체육수업에서 소외되는 어린이들은 담임교사의 체육수업 경험을 바탕으로 형성된 이원적 체육 교과관을 가지고 있다고 볼 수 있다. 즉, 자신이 느끼는 부담스런 교과로서의 체육 교과관과 아울러 '자유 시간으로서의 교과'라는, 상반된 생각을 지니고 있는 것이다. 이러한 교과관은 아동들에게 체육 수업을 심리적 부담과 스트레스 해소라는 일차원적 의미만을 부여함으로써 아동들의 체육수업 소외를 생성·지속시키는 데 매우 결정적 역할을 하였다고 생각된다. 특히, 이러한 체육교과관은 교사에 의해 전수된 관점이라는 점을 고려하여 볼 때 직전·현직 교사 재교육을 통한 초등교사의 체육교과관의 재고가 이루어져야 할 것이다.

셋째, 소외 아동에게 영향을 미친 주요 타자를 분석하여 보면, 교사보다는 교우들의 반응에 더 민감한 것으로 나타나고 있다. 따라서 교사들은 이러한 학생들에게 강력한 영향력을 미치고 있는 교우들의 공격적·부정적 반응을 제재하고 긍정적·수용적 반응을 유도하기 위한 수업 개선 방안에 대하여 각별한 관심을 가져야 할 것이다. 즉, 체육 수업 중 운동 수행이나 학습 결과에 대하여 야유와 같은 부정적·공격적 반응을 보이는 학생들에게는 그 결과가 동료에 미치는 영향을 이해시킨 후 '타임 아웃'과 같은 벌칙을 정하거나 그 행동을 금지시킬 수 있는 수업규칙을 정하여 시행함으로써 서로 격려하는 협동적 분위기를 조성하는 것이 하나의 방안이 될 수 있을 것이다.

넷째, 교사들은 그들의 가치정향에 따라 체육 수업 행동(목표, 내용, 방법, 평가)이 다르게 나타남으로써 학생들의 수업 참여에 많은 영향을 미치게 된다. 따라서, 학생의 체육수업에 대한 긍정적인 태도를 유도하여 소외 학생을 최소화하기 위해서는 학생들이 성공감을 느낄 수 있는 다양한 수업 내용의 제공, 벌과 같은 권위적 통제 방식을 지양하는 민주적 수업 운영 방법의 도입 등과 같은 교사의 수업 행동 개선이 무엇보다 중요하다고 생각된다.

끝으로, 체육 수업에서 교사의 의도와 관계없이 경쟁적 환경이 조성되어 많은 소외아동들을 '실패 수용형'에서 '실패 회피형'학생으로 전환시키고 있다는 점이다. 따라서 체육 수업 시에는 성취 지향적인 일반 아동보다는 소외아동에게 보다 많은 관심과 배려가 이루어져야 할 것이다. 일반 학생을 대상으로 한

체육시간에 발생하는 소외현상에 대한 다양한 이해와 대책이 필요하다

수업목표가, 낮은 기능을 가지고 있거나 낮은 신체 유능성 지각을 가진 학생들에게는 수업과제에 대하여 성공보다는 지속적인 실패를 가져 올 수밖에 없는 점을 감안하여 볼 때, 체육수업에서도 구성주의적 관점에 기초한 수준별 수업 모형의 개발과 적용이 시급히 이루어져야 할 것이다. 이러한 다양한 수준의 학습 목표에 의한 수준별 체육수업이야말로 다양한 신체 능력 수준의 학생들을 체육 수업에 적극적으로 참여하게 함으로써 '실패 수용형' 또는 '실패 회피형'의 학생이 되는 것을 미연에 방지할 수 있는 적극적인 방안이라고 생각한다.

> **요점 확인**
> 체육시간에 발생되는 학생소외의 주요한 원인을 제시하고 구체적인 극복방안을 설명하라

소외학생의 행동전략

- **꾀병 부리기** : 몸이 아프다고 거짓말을 하고 수업을 빠지는 전략
- **보조역할 하기** : 아픈 아이를 양호실에 데려가거나 게임에서 심판을 보는 등의 방법으로 수업에 참여를 기피하는 전략
- **순서 바꾸기** : 뜀틀이나 발야구에서 계속 뒤로 빠져 기회를 가지지 않는 전략
- **양보하기** : 실패와 비난에 대한 두려움으로 자신에게 온 기회를 타 학생에게 넘기는 전략
- **들러리 서기** : 중요하지 않은 위치로 이동하는 전략
- **요령 피우기** : 교사가 있을 때에는 열심히 하는 척하나 교사가 없으면 잡담이나 장난 등의 비참여 하는 전략

---

3. 학습된 무기력(learned helplessness)[9]

학교의 운동장에서 놀고 있는 천진스런 어린이들의 웃음소리는 그들에게 희망과 가능성만이 존재한 듯이 보이게 한다. 그러나 그 이면에는 교실의 한 구석이나 운동장의 모퉁이에서 희망을 잃고 가능성을 포기한 채 학우들에게 소외되어 홀로 떠돌거나 쭈그리고 앉아있는 아이들이 있다. 이 아이들 중의 일부는 분명히 '학습된 무기력'의 희생자임에 틀림없다.

'학습된 무기력'의 특성을 갖게 되는 최초의 경험은 체육시간에 있었던 실패에 대한 교우들의 비인간적 반응이다. 교우들의 반응은 의식 속에 존재하고 있는 매개요인이며, 의미있는 사례 중에서 최초의 매개요인이라고 하는데 의미가 있다. 이는 체육활동의 공개된 장에서 자아의식이 낮은 어린이들이 보여주는 낮은 수준의 학습결과에 대한 교우들의 부정적 반응은 '특정적 학습된 무기력'을 초래할 수 있음을 뜻한다.

두 번째로 연구 참여자의 '학습된 무기력'에 영향을 미친 매개요인은 체육활동에 대한

---

[9] 어떤 개체가 성취상황에서 계속된 실패를 경험하게 되어 수행결과에 대한 통제력과 노력을 상실하게 되는 상황을 일컬음

교사의 낮은 기대이다. 학생에 대한 교사의 낮은 '자기충족적 예언'은 학생의 낮은 자아의식을 더 퇴보시키는 역할을 하는 것이다. 나아가서 초등학교의 경우 담임교사의 '자기 충족적 예언'은 학기말에 가서도 변하지 않고 1년 내내 '정체된 기대효과'로 연구 참여자에게 영향을 미치며 '학습된 무기력'이 완화될 수 있는 기회를 상실시킨 결과를 가져오게 되는 것이다. 또한, 학생의 반복된 실패는 교사로 하여금 학생이 무능하기 때문이라는 결론을 내리게 하며 이로 인해 해당학생의 지도를 포기하는 교사 자신의 '학습된 무기력'으로 발전하면서 학습자를 이중으로 위험 속에 빠트린 결과를 초래하게 되는 것이다.

세 번째로 '학습된 무기력'의 형성에 영향을 미친 매개요인은 '교사의 반응'이다. 학습자에 대한 교사 자신의 '학습된 무기력'은 교사의 행동으로 표현 되며, 이 행동의 의미는 학습자에게 즉시 수용되는데, 교사는 학습자의 의사를 존중하려는 자기합리화에 도달하게 된다. 이러한 교사의 자기합리화는 '학습자가 운동을 수행하지 않아도 좋다'라는 무언의 반응으로 나타 나게 되며, 학습자와 묵시적 합의를 하였다고 스스로 간주하게 되는 것이다.

네 번째로 「학습된 무기력」에 영향을 미친 매개요인은 체육시간의 경쟁적 환경이다. '학교의 교육목표가 경쟁을 지양' 한다 해도 각종 표준화 검사·학력평가 및 수업시간의 수행을 통해서 어린이들은 끊임없이 타인과 비교 대상이 되고 있다. 자신의 능력을 감추기 위한 방법으로 사용한 실패회피전략은 자기 파괴적 전략으로 학습자로 하여금 자신의 능력이 발전할 수 있는 기회를 없애버림으로서 다른 학생들과의 경쟁에서 뒤지는 결과를 초래하게 되며, 결국에는 수행에 대한 자신감을 잃어버림으로서 '실패수용형'의 어린이가 되는 것이다.

다섯 번째로 학습된 무기력에 영향을 미친 매개요인은 높은 수준의 수업목표이다. 교수효율성을 중시하는 대부분의 교사들은 수업목표를 일반적이거나 우수한 학생들을 염두에 두고 설정하는 경향이 있는데, 이런 수업목표 하에서 수행능력이 낮은 어린이들의 수행 결과에 대한 교사와 아동들의 이분법적 평가는 언제나 실패로 판정 하게 된다. 실패라는 부정적 평가 결과의 누적은 「학습된 무기력」의 매개요인이 될 수밖에 없는 것이다.

더욱이 체육수업에서 형성된 「특정적 학습된 무기력」은 단절되지 못하고 학교생활 전반에 걸쳐서 만연되는 것으로 나게 된다. 즉 무기력 학생에 대한 교우들의 선입견과 반응은 단절되지 못하고 교실 수업으로 전이되어 작용하게 되며, 교사의 기대수준도 체육수업에서의 기대수준과 분리되지 못하고 교실수업으로 전이되어 매개되게 되는 것이다. 이처럼 학습자의 학습된 무기력이 모든 교과와 학교생활에 만연화 하였다는 것은 해당 학습자의 특성을 영구적/기질적 해석유형으로 퇴보시켰다는 것을 의미하는 것으로 참으로 심각

'학습된 무기력'은 매개되기 쉬운 인격 유형에 매개요인이 작용할 때 비로소 학습된 무기력으로 발전하는 것이다. 따라서 이러한 유형의 어린이들에게 매개요인을 차단한다는 것은 '학습된 무기력'의 예방에 대한 중요한 전제가 된다.

한 문제가 될 수밖에 없는 것이다.

또한 학습된 무기력의 직접적인 매개요인은 아니지만, 학습된 무기력이 매개되기 쉬운 개체로 특성화시키거나, 이미 학습자에게 매개된 학습된 무기력을 유지시키고 고정화시키는 요인들도 존재한다. 이러한 요인들은 '교실수업의 경쟁적 환경', '높은 수준의 교실수업 목표', '부모의 언행', '사회적 환경'으로 분류될 수 있다. 물론 똑같은 상황에서 모든 어린이가 「학습된 무기력」에 매개된다는 근거는 찾을 수 없었으나, 학습된 무기력에 매개되기 쉬운 인격유형이 존재한다는 것은 추론할 수는 있는 것이다. 그러나, 학습된 무기력에 매개되기 쉬운 인격유형이라고 해서 모두 '학습된 무기력'에 매개되는 것은 아니다. '학습된 무기력'은 매개되기 쉬운 인격 유형에 매개요인이 작용할 때 비로소 학습된 무기력으로 발전하는 것이다. 따라서 이러한 유형의 어린이들에게 매개요인을 차단한다는 것은 '학습된 무기력'의 예방에 대한 중요한 전제가 된다.

'학습된 무기력'의 희생자의 발생을 미연에 방지하기 위해서는 지금까지 밝혀낸 학습된 무기력의 매개요인들을 사전에 제거하고 긍정적 영향들을 최대화할 수 있는 수업운영이 필요하리라고 본다. 즉, 교우들의 부정적·공격적 반응을 제거하고 긍정적·수용적 반응을 유도하기 위해서는 수업 운영에 각별한 관심을 가져야 한다. 또한 교사의 자기 충족적 예언이 정확하게 학생의 능력에 근거해야 하며, 아이들의 발전에 따라 끊임없이 아이들의 능력에 대한 기대를 높여나가야 한다는 것을 알 수 있다. 학습된 무기력을 가진 학생들에 대한 감성적 이해와 타협은 이들 학생들을 더 악화시키는 요인이 된다는 것을 깊이 인식해야 하며 가급적 동정과 타협은 배제하고 격려와 참여를 우선해야 한다.

다음으로 경쟁적 환경이 시사하는 바와 같이 잘 하는 어린이를 격려하기보다는 과제 목표에 도달한 어린이를 격려하는 수업분위기를 조성하도록 해야 하며, 어린이들이 가능한 '자아 목표 지향'을 지양하고 '과제 목표 지향'을 지향하도록 유도해야 한다. 또한 다양한 수준의 학습 목표에 의한 수준별 수업은 다양한 능력의 어린이들을 '과제 개입형'으로 유도하여 수업목표를 달성하게 해야 한다. 이러한 개인별 수업 목표의 도달은 어린이들이 실패 수용형의 유형이 되는 것을 미연에 방지할 것이다.

마지막으로 가정환경과 사회 환경은 학교의 통제력이 미치지 못하여 문제의 심각성을 더해준다. 가정에서 이루어지는 부모의 언행이 자녀의 학습된 무기력에 미치는 영향을 학부모에게 이해시키기 위하여 학부모를 계도하고, 사회적 환경의 역기능을 방지하기 위하여 어린이들에게 다양한 문화를 접할 수 있는 프로그램을 개발하고 적용해야 한다.

학습된 무기력의 매개요인에 대한 규명은 완화기법(intervention technique)의 개발에 대하여 다음과 같은 기법들을 시사한다. 단순히 학습된 무기력의 매개 요인을 제거하는 것이 그 증상을 완화시킬 수 있는 것은 아니라고 알려져 왔으나, 매개요인의 제거는 일차적인 완화기법이라고 할 수 있을 것이다. 또한 학습된 무기력의 고정화에 영향을 주는 사회적 환경·역기능적인 가족 등은 바꿀 수 없지만, 이들 조건들의 영향을 약화시키고, 통제 가능한 조건들을 더욱 강화시킬 수는 있는 방법들은 강구되어질 수 있을 것이다.

과거의 많은 연구들이 귀인훈련과 목표 설정과 같은 인지요법을 지적해 왔듯이(성공할 수 있다는 것을 이해시키기 위해서는) 학생들이 실패를 무능이나 노력의 결핍으로 돌리지 않도록 해야 하며 과제를 완수하기 위한 전략의 결핍으로 돌리도록 유도해야 한다. 또한 종합 목표를 세부 목표로 바꾸는 것은 학생들이 성공을 재 확신하는데 도움을 줄 것이다. 마지막으로 경쟁적인 환경이 성공을 성취하고 싶어 하는 어린이들의 기꺼운 마음을 급속히 진정시키는 것을 방지하기 위하여 학생개입(약정 학습, 자기평가, 협동학습, 학생선택)을 이용하는 덜 경쟁적인 수업환경을 조성해볼 필요가 있다.

요점 확인

체육수업에서의 '학습된 무기력'의 정확한 개념을 설명하고 이를 예방할 수 방안을 제시하라

생각해 볼 문제 〈제 2부 5장〉

1. 다음 인터뷰를 읽고 아동들의 <u>학습된 무기력 형성에 영향을 미치는 요인</u>을 구체적으로 파악하고 그에 대한 대응책을 강구해 봅시다.

- **친구들의 반응**

    "내가 아이들하고 놀고 싶어도 아이들이 좋아할 만큼 잘 하는 것이 없어요. 어떤 운동이던지 하기만 하려해도 애들이 미리부터 놀려요. 실패가 겁이나요. 피구할 때도 다른 아이들이 죽으면 가만있는데 내가 죽으면 막 소리지르고 야유하거든요. 어떨 때는 나 때문에 우리 반이 졌다고 저를 때려요."

    "**이는 너무 느리고 잘 못해서 우리들을 답답하게 해요. **이가 발표하면 짜증부터 나는 걸요. 바보 같잖아요. 그 애는 할 줄 아는 게 하나도 없어요. 체육시간만 그런 것이 아니고 공부시간에도 아무 것도 못해요"

- **선생님의 낮은 기대감**

    "책도 꺼내놓지 않고... 그렇다고 장난도 치지 않는데... 아무 것도 하는 것이 없어요. 필기를 하나, 숙제를 해오길 하나, 발표를 제대로 하나… 그러니 체육인들 제대로 할 수 있겠어요"

    "저는 뜀틀에서 앞구르기를 못해요. 선생님도 제가 잘 못하는 것을 알고 계세요. 잘못하였을 때는 오히려 위로하세요. "너는 해본 것도 다행이야." 라고 말씀하시기도 하고, 오히려 제가 못 넘거나 하기 싫어하면 억지로 할 필요가 없다고 말씀하세요"

- **부모의 반응**

    학년말에 엄마에게 성적표를 드렸는데 막 욕을 하셨어요.
    "이 등신 같은 년아, 이것도 공부라고 했니?"
    "어휴 저런 바보 같은 년, 남처럼 세끼 밥 쳐 먹고 도대체 뭘 했길래?"
    "아이구, 어쩌다 저런 못난걸 낳아 가지고 이 고생이람."
    엄마는 내가 잘못하면 이런 욕을 가끔 해요. 그러면 아빠가 그만 놔두라고 하세요. 엄마 욕대로 내가 할 수 있는 것은 없어요

- **체육시간의 경쟁적 환경**

    "운동을 시작할 때는 너무 긴장이 돼요. 어떨 때는 너무 불안해서 운동을 시작할 때 어떻게 해야 하는지 까먹을 때가 많아요. 제가 운동을 잘 못하거나 실패를 하면 아이들이 웃고 재미있어해요. 달리기를 할 때도 출발할 때가 불안해요. 항상 제일 늦게 스타트하는 걸요. 달리면서도 긴장이 돼서 마음껏 달려지지가 않아요. 한번도 제대로 해본 적이 없는 걸요. 이제는 하고 싶은 맘도 없어요"

- **체육시간 시 높은 수업목표**

    "매시간 능력별 수업을 하지 않는 한 체육의 수행은 성공과 실패가 비교적 분명한 과목이거든요. 물론 저 자신은 평가기준을 정해서 평가를 하지만 실제 평가에서는 대체로 아이들을 두 그룹으로 분류하는 분극화의 오류를 범하는 경우가 많은 것 같아요. 제가 기준에 따라 제대로 평가해도 아이들이 동료 평가를 하거나 자신이 평가할 때 단순히 2분법으로 평가하거든요. 예를 들면, 뜀틀을 넘으면 성공이고 못넘으면 실패했다는 것이 교우들의 반응(말이나 몸짓)으로 나타나거나, 자신이 자신의 수행을 이분법으로 평가하거든요. 못 넘었을 경우 교사의 평가가 어떻게 내려지던 간에 스스로 실패했다고 생각해요."

- **그리고.....?**

✱ 연 구 문 제 ✱

♧ 다음 글을 읽고 현장발령 후 겪게 되는 교직사회화에 적응해 나가는 방법적 전략을 모색해 봅시다.

✱ 에피소드 하나 – 정교사는 왕따 (?)

초등학교 교사 발령을 받은 지 3년째 되는 정교사는 2년간의 체육교과경험을 가진, 체육 분야에 있어서는 이론과 실기를 겸비한 유능한 교사이다. 어려서부터 체육을 좋아하였으나 고등학교 교육까지 기능을 지나치게 강조한 교육을 받다보니 교대 진학 후 새로운 체육교수법에 대한 탐구적인 노력을 하였고, 올 해 담임을 처음 맡고 남다른 각오로 아이들을 재미있고 유익하게 가르치고자 노력하고 있다. 교과경험을 살려 최대한 교육과정을 준수하고 일주일에 한 시간씩은 특별히 담임이 의도한대로 민속놀이를 통한 신체문화의 함양을 목표로 체육 교육을 실시했다. 그리고 아침이나 점심시간을 이용하여 교실에서 하는 활동대신, 운동장에서 자신이 마련한 체육 활동을 이용한 신체 움직임 놀이를 하기도 하고, 한 달에 한 번은 주말 체육으로 시간이 되는 아이들을 모아 마지막 토요일 방과 후 피구나 축구, 발야구도 하기로 했다. 체육을 좋아하는 정교사 반의 학생들은 이러한 정교사의 노력에 힘입어 적극적으로 담임을 응원하고 지지하게 되었다. 학부모들도 이러한 아이들의 반응에 흐뭇해하며, 교과 후 음료수를 돌리며 지원하기도 하고 그 반 아동만을 위한 민속놀이 기구를 기증하기도 하였다.

그러나 얼마 후, 정교사는 이러한 학급 내부에서의 열띤 반응에 비해 자신을 둘러싸고 있는 동 학년이나 학교 관리자들의 자신에 대한 시선이 점점 더 싸늘해져 간다는 느낌을 받게 되었다. 그리고 며칠 뒤, 관리자의, 아침 활동으로 운동장 사용을 금하는 관리자의 명령이 아침 일일교육 계획에 등장하더니 학년 부장을 통해 교육과정을 준수하고 게임은 가급적 자제해 달라는 요구까지 듣게 된다. 더군다나 동 학년 회의에서는 정교사를 보고 학년 보조를 위해 특정학급이 너무 튀는 것은 바람직하지 못하다는 이야기까지 듣게 된다. 자신의 노력과는 별개로 이러한 황당한 이야기를 전해들은 정교사는 갈등에 빠지게 된다. 그래서 자신의 문제가 무엇인지 학년 부장선생님께 가서 듣기로 했다.

- 정교사의 입장이 되어서 생각해 보면,,, 정교사가 취할 수 있는 방법은

첫째, **내면화된 적응** - 학교의 가치나 규범에 동의하면서 그대로 받아들이는 방법
둘째, **전략적 순응** - 학교의 가치나 규범에 상반된 신념을 가지지만, 상황의 요구에 적절히 순응해 나가는 방법
셋째, **전략적 재정의** - 상황의 장애요소와 충돌하면서 자신의 의지에 따라 상황을 변화시키는 방법 등으로 나눌 수 있을 것이다.

여러분이 생각하는 가장 적절한 사회화 전략은 어느 것이며 왜 그것이 적절하다고 생각합니까 ?...

♣ 다음 글을 읽고 체육전담교사 육성의 올바른 방향 및 타당한 방법에 대한 자신의 의견을 정립해 봅시다

* 에피소드 둘 - 초등학교 교과전담교사 양성 관련 공청회에서...

H씨 - S女사대 음악과 교수, K씨 - 교육부 미술담당 편수관
L씨 - S교대 체육교육과 교수, D씨 - K교대 교육학과 교수, Y씨 - S초교 교사

-H씨 : 저는 D교대에서 근무하다가 지금은 S여사대서 근무를 하고 있습니다. 교대와 사대를 모두 경험한 사람으로서 저는 개인적으로 교대 학생들의 실기능력이 다소 부족하여 초등 현장의 예체능 지도에 부족하다는 개인의 의견을 가지고 있습니다.

-K씨 : 그 말씀에 전적으로 동감합니다..우연한 기회에 초등 교사들의 미술 실력을 보았는데, 정말 부족하다는 말로는 표현이 되지 않을 정도로 심각하다고 생각하였습니다. 이러한 상태에서 전문적 지식과 기능이 있는 전담교사의 양성 및 배치는 시급합니다.

-L씨 : 그래요 ?...그렇다면 그에 대한 구체적인 방안이라도 갖고 계십니까 ?

-H씨 : 있지요..제 생각으로는 현재의 교대내의 교육대학원은 별로 학문적 효용성이 부족한 것 같아요. 특별히 학위를 수여한다는 것 외에는 현장의 기여도도 부족하고요.따라서 이 대학원의 문호를 예체능 관련 사대졸업자 들에게 개방하여 2년 반 동안의 수련을 통해 초등 전담교사 자격증을 부여하는 겁니다. 그리고 나서 그들을 현장에 전담교사로 발령을 낸 후 정년까지 신분을 유지시키는 겁니다. 물론 그들은 임용할 때는 별도의 임용고시 제도를 준비해야 겠지요.

-L씨 : 별도의 임용고시라고요 ?...지금 현재 교대를 졸업한 일반 졸업생들도 임용고시 때문에 현장임용이 늦어지는 판에 사대 졸업생들을 위한 별도의 제도를 만들자는 말은 참으로 어불 성설 입니다.

-D씨 : 저는 이런 생각이 있습니다...아예 교대 입학 때부터 예체능 관련 심화과정은 지원자를 따로 받아 이들에게는 학급 담임 이외에 예체능 전담교사 자격증을 따로 부여하는 겁니다. 그러면 이들을 졸업시켜 현장에 내 보낸 후 자격증에 쓰여진 교과목의 전담교사로 활동할 수 있을 겁니다.

-Y씨 : D교수님!, 지금 현장의 상황을 알고나 말씀 하십니까 ? 가뜩이나 교사가 부학급담임도 기간제 또는 시간강사를 불러들여 수업을 하는 판에 정규임용 교사를 어떻게 그 교과목에 딱 맞는 전담교사로 활용합니까? 그렇게 공급과 수요가 정확히 들어맞으면 무슨 문제가 있겠습니까?

-H씨 : 맞아요 또한 교대에는 여학생이 남학생보다 월등하게 많은데 과연 그 많은 여학생들이 체육 같은 과목을 심화과정으로 얼마나 선택할까요? 오히려 미술이나 음악과목에 너무 지원자가 몰려 수급의 불균형을 초래하지는 않을 까요 ?

-L씨 : 사실 지금까지 말씀하신 내용들을 정리해 보면 현재의 교대의 기본 틀을 송두리째 흔들어 버릴 수 있는 매우 급진적인 내용들이기 때문에 각별히 주의를 기울여야 할 것으로 보입니다. 따라서 제 의견은 가급적 교대의 기본적 틀과 체제를 그대로 유지하면서 교육과정의 변화를 통한 심화과정의 확대라는 측면이 가장 합리적인 대안이라고 생각합니다. 물론 각 과별로 해당 교수님들의 이해관계가 얽혀 있는 미묘한 문제가 있지만, 분명 교대는 현장과의 연계성을 확보한 교육이 이루어 져야 하므로 현장의 요구를 완전히 무시할 수는 없다고 봅니다.

-Y씨 : 솔직히 현장의 선생님들이 실력이 부족해서 예체능을 못 가르치는 것은 아니라고 봅니다. 제 생각에는 초등학교의 본질적인 교육적 목적은 기능인 양성이 아니라고 봅니다. 오히려 체육, 음악, 미술 같은 과목을 배움으로써 이것을 향유하면서 생활할 수 있는 그런 자세와 마음, 태도를 길러주어야 하는 것이 본질이라고 생각합니다. 따라서 심오한 기능과 전문성이 없어도 아이들과 즐겁게 노래를 부르고, 그림을 그리며, 운동장을 뛸 수 있는 것 입니다.

제 3 부
초등체육의 내용과 방법

1장. 초등체육 교육과정의 변천과 발전 / 117
2장. 초등 체육수업의 변천과 발전 / 197
3장. 초등체육의 전략 / 212
4장. 초등 체육수업의 평가 / 250
5장. 초등 체육수업의 설계와 적용 / 269

1장. 초등체육 교육과정의 변천과 발전

> **공 부 할 문 제**
>
> 1. 체육교육 지도의 정당화 개념으로서 지식과 기능을 이해한다.
> 2. 초등체육교육과정의 개념과 가치정향을 이해한다.
> 3. 초등체육 교육과정과 그 모형에 대해 알아본다.
> 4. 초등체육교육과정의 역사를 알아본다.
> 5. 차기(8차) 초등체육 교육과정의 개발 및 편성과정을 이해하고 교육과정의 발전 방향을 모색해 본다.

1. 체육교육과정의 정당화

체육은 전통적으로 학교 교과목 중에서 국어, 수학, 과학 등의 지식(또는 주지교과)라기 보다는 음악, 미술, 실과 등과 같은 기능교과(또는 비주지 교과)의 영역에 속하는 것으로 인정되어 왔다. 체육(또는 체육교육)이 기능교과로 간주된다는 뜻은 비록 기능(실기)과 지식(이론)을 다루고는 있지만 체육의 일차적인 교육 내용은 기능(또는 신체 활동)이며 지식은 이차적인 위치 밖에 차지하지 못한다는 것을 의미한다. 이러한 측면에서 체육은 소위 말하는 비주지 교과이다.

이와 같은 체육 교과관은 그 역사적 뿌리가 깊어 일반인들은 물론 체육학자(또는 체육교사)들 조차도 자명한 '사실'로 받아들이고 있음에 따라 체육교과 교육과정의 '계획'은 물론 '실천'에도 강력한 영향력을 미치고 있다. 따라서, 그 동안의 체육현장에서는 운동 기술과 이와 관련된 '기술적(방법적)지식'만을 가르쳐 왔을 뿐 '이론적(명제적)지식'은 소홀히 다루어져 올 수 밖에 없었다. 체육은 본질적으로 기능(운동기술 + 기술적 지식)을 강조하는 교과이어야 하는가 ? 이론적(명제적)지식이 강조되는 지식 교과로서의 체육은 결코 불가능한가? 만약 가능하다면 체육교과 내에는 어떠한 이론적(명제적) 지식은 주지교과의 지식에 비하여 어떠한 특이성을 갖는가?. 등등..... 체육교과의 성격은 무엇인가?로 압축되는 위의 질문들은 체육에 관하여 비판적인 성찰을 하고 있는 체육학자(또는 체육교사)들에게 필연적으로 대두될 수밖에 없다. 왜냐하면, 이와 같은 질문들은 체육이 학교 교육 내에서 그 정당성을 확보하기 위한 전제로써 꼭 해결해야 할 필수적인 과제가 되기 때문이다.

이에 본 절에서는 체육 교과 내에서 '지식'과 '기능'이 차지하는 위치를 재조명해 보기 위하여 역사적으로 크게 대립되는 견해를 가진 존 듀이(외재적 교육목표관)와 피터스(내재적 교육목표관)중에서, 먼저 체육이 학교 교육 내의 교과로서 정당화되는데 강력한 영향을 미친 듀이의 공과를 논의 해보고, 피터스의 내재적 교육(목표)관 내에서도 체육이 정당화될 수 있는 가능성을 집중적으로 탐색하여 본 후에, 필자의 한 가지 방안도 함께 제시하여 보고자 한다.

듀이에 의한 체육 교과의 변화

듀이는 그의 저술 내에서 체육교과에 관하여 직접적으로 기술한 바는 없지만 현대 학교 교육 내에서 '체육'이 주지 교과목과 동일한 중요성을 가진 교과목으로 인정받도록 하는데 크게 기여를 한 교육 철학자이다. 듀이가 그의 저술 내에서 체육교과의 정당화에 공헌한 대표적인 예로서는 첫째, 심신일원론의 제안, 둘째, 놀이(게임)의 가치를 체계화한 점. 셋째, 아동의 사회화를 위한 신체활동의 이용을 강조한 점을 들 수 있다.

19세기 이전까지의 체육은 '신체의 교육'의 개념에 바탕을 두고 신체의 발달과 건강을 위한 '신체적 기능'을 교육시키는 유일한 교과로서 학교 교육 내에서 그 합법적 지위를 유지해 왔다.

그러나 1930년대를 전후하여 윌리암스, 내쉬 등과 같은 일단의 체육 학자들은 듀이의 교육 철학에 바탕을 둔 진보주의 교육관에 매료되어 기존의 '신체의 교육'은 '교육'이라기보다는 '훈련'이라고 비판하면서 체육의 개념을 '신체를 통한 교육'으로 변화시켰다. '신체를 통한 교육'의 주창자들은 듀이의 존재론적 심신 일원론에 기초하여 기존의 '건강한 인간'이라는 한정된 틀에서 벗어나 '신체적으로 완성된 인간'을 제안함으로써 '전인'적 인간 형성을 위한 종합적 체육 목표관을 정립하는데 큰 기여를 하였다.

아울러 듀이의 외재적 교육 목표관(개인적 및 사회적 필요)의 영향으로 말미암아 체육의 교육내용은 필연적으로 '신체의 기능'에서 '유목적적인 신체활동(경험)'으로 변화되게 되었으며, 이로 인하여 기존의 독일식 체조와 스웨덴 체조가 배격되고 신체적 놀이(게임) 및 레크레이션 활동이 새롭게 도입되게 되었다.

그러나, 위에서 살펴본 바와 같이 듀이가 학교교육 내의 교과로서 체육의 중요성에 대한 인식을 확대시키는 데 크게 공헌을 하였다 할지라도 그의 교육 이론에 의해 파생된 논리적·실제적 문제점도 이에 못지않게 크다고 할 수 있다. 이를 구체적으로 논의해 보면 다음과 같다.

첫째, 체육의 목표관에 관한 문제로서, 듀이의 '전인적 아동의 개념'에 기초한다면, 체육은 신체활동을 통하여 총체적 교육적 가치(신체적·지적·사회적·정서적)의 증진을 꾀하는 목표를 가진다고 볼 수 있다. 이와 같은 관점에서 '신체를 통한 교육'을 주창한 윌리암스는 그의 논문 " The Great Debate"(1930)에서 모든 교육은 신체(활동)를 매개로 하여 이루어 질 수 있다는 데까지 확장함으로써 체육은 교육의 목적과 동일하게 진술될 수 있다고 주장하고 있다.

실제로 세계 각국의 최근 체육교과교육과정 문헌들에 제시된 체육의 목표들을 살펴보면 기존의 타일러식 교육과정 이론에 근거하여 진술된 교육의 일반 목표와 유사하게 진술되어 있음을 발견할 수 있다. 그러나 체육이 신체활동을 통하여 교육의 목적을 총체적으로 달성할 수 있다는 주장은 논리적으로 불가능하다. 왜냐하면, 체육의 목적이 교육의 목적과 동일하다는 주장을 지지해 줄 만한 실제적, 경험적 증거가 미비하기 때문이다.

둘째, 체육의 교육 내용으로서 신체적 놀이(게임) 및 레크레이션 활동에 관한 문제이다. 전술한 바와 같이 1930년대 이후 놀이(게임) 및 레크레이션 활동이 듀이의 교육 이론에 근거하여 체육의 주요 내용으로 포함되어 왔다. 그러나, 비록 듀이가 본래 의도한 바는 아니었다 할지라도 체육의 교육 내용에 놀이(게임) 및 레크레이션 활동을 포함시킴으로써, 오늘날의 학생들에게 체육이 정신적 압박으로부터 해방되는 '휴식시간'으로 인식시키는데 간접적으로 기여했다고 볼 수 있다.

듀이는 그의 저서 「교육에서의 흥미와 노력」(1913)에서 놀이의 중요성에 관하여 아래와 같이 기술하고 있다.

> 활동 그 자체만을 목적으로 하고 순간의 행위가 이루어진다면 그것은 신체적일 뿐 의미가 없는 것이다. 놀이는 성공적인 활동에 필요한 요점을 주게 되는 직접적 아이디어를 제공한다는 목적이 있다. 놀이하는 사

람들이 단순히 신체적 운동만 하는 것이 아니다. 잘 하려고 시도하거나 노력한다...어린 아이들에게 바라는 명확한 결과가 있으며 해내려는 노력이 있다.(PP. 202-203)

셋째, 체육이 교육 내용으로서 '유목적적 신체활동'의 개념에 내재되어 있는 목표의 문제이다. 만약 체육의 교육 내용을 외재적 목표관(즉, 개인적 및 사회적 필요)에 의거하여 '유목적적 신체활동'으로 규정한다면 교육적 가치가 있는 '모든' 형태의 신체활동이 교육 내용이 될 수 있다는 논리가 성립된다. 그렇다면 '낚시'도 수업시간에 포함시켜야 할 것이 아닌가? 운전교육은 ?..등등..

이와 같은 논리적인 문제점에도 불구하고 다활동 체육 교과 교육모형'이 체육교과 교육과정 개발 시에 아직까지도 전 세계적으로 가장 널리 적용되고 있다는 사실은 체육 교육에 대한 듀이 이론의 영향력을 웅변해 주고 있다.

피터스의 체육 교과관

피터스는 교육의 '내재적 정당화' 또는 '내재적 교육목표'를 주창한 대표적 학자이다. 이러한 피터스의 내재적(교육)목표관은 교육 내용을 (교과=학문)으로 파악하고 그 교과로부터 '교육받은 상태'를 추론하려고 하는 관점이다.

그렇다면 피터스의 내재적 교육(목표)관 내에서 체육은 학교교육 내의 교과로서 정당화될 수 있는가? 이와 같은 질문은 근본적으로 '지식(학문)교과'로의 체육은 가능한가? 라는 의문과 동일하다고 볼 수 있다.

그러나, 피터스는 이미 심신 이원론에 근거하여 신체를 진리 인식과 무관한 객체적 존재로서 해석하는 주지주의적 관점에서 '신체적 운동=기능'으로 파악하고 있음에 따라 위의 질문은 부정될 수밖에 없다. 위와 같은 사실은 피터스의 대표적 저서인 「윤리학과 교육」의 제5장 제 4절 '교육과정의 정당화' 내에 아래와 같이 구체적으로 기술되어 있다.

교육과정 활동과 게임 사이의 또 한가지 차이가 있다. 기술에는 광범위한 인지적 내용이 없다. 자전거 타기나 수영이나 골프에는 알아야 할 것이 별로 없다. 있다고 해야 대개는 '아는 지식'이 아닌 '하는 지식'이며, 이해보다는 요령이다. 더욱이 자전거 타기, 수영, 골프에서 아는 내용은 삶의 다른 영역에 거의 빛을 던져 주지 않는다. 그러나, 역사, 과학, 문학은 거대한 지식 체계이며, 이것들은 제대로 소화만 한다면, 수많은 다른 대상에 빛을 던져주고 그것을 보는 안목을 무한히 심화 확대시켜 준다.

....앞의 논의에 의하면 체육도 매우 중요한 교과가 되어야 한다. 왜냐하면 몸이 건강하

지 못하면 '왜 이렇게 하지 않고 저렇게 해야 하는가'라는 질문에 제대로 대답하지 못할 것이기 때문이다. 그리하여 선험적 정당화가 신체적 건강의 원리에 적용되는 셈이 된다. 이 적용은 겉으로는 옳은 것처럼 보이지만, 신체적 운동이 그 자체로서 가치 있다는 것을 확증하지는 못한다. 그 추론은 합리적인 사람이 어째서 신체적 운동과 이론적 활동의 두 가지를 모두 해야 하는가를 보여주기는 하지만, 어째서 이론적 활동을 신체적 운동보다 '필연적으로' 더 가치 있다고 보아야 하는가는 보여주지 못한다. 그러나 명백한 일로서 합리적인 사람들은 이론적 활동이 그 자체에서 가치 있다고 생각하지만 신체적 운동에 관해서는, 그것이 수단으로써야 얼마나 가치 있든지 간에, 그 자체로서 가치 있다고 생각하지 않는다.

위에서 기술된 피터스의 견해에 의하면 체육은 교육의 외재적 교육(목표)관에 의해서 학교 교육내의 교과로서 정당화 될 수 있을지라도 그의 내재적 교육(목표)관 내에서는 결코 정당화 될 수 없다.

그러나, 1960년대 중반 이후 지난 30년간 지속된 체육의 학문화 운동은 앞서 제시한 피터스의 거의 절대적인 가정에 의문을 제기하는 중요한 계기를 마련해 주었다. 이로 인하여 1980년대부터 미국과 캐나다를 중심으로 학문성 강조 체육 교과 교육과정모형이 개발되어 체육학 내에서 연구되어온 개념(지식)의 요소를 체육의 교육 내용으로 포함시키려는 노력이 이루어졌다.

즉, 미국 체육학회에서 개발된 Basic Stuff Series Ⅰ, Ⅱ가 그 좋은 예이며, 또 다른 예로서는 '심폐지구력', '운동역학', '운동학습', '운동과 체력', '스포츠 미학' 등이 주제 단원으로 채택된 Lawson과 Placek의 모형이 있다.

그러나, 이러한 시도는 체육의 교육내용을 '이론적 지식+실제적 기능의 독특한 혼합체'로 파악함으로써 전통적 체육(기능)과 관련하여 '절충적'인 입장을 채택함으로써 체육교과의 정체성을 확보하는 데는 그 한계성을 가질 수밖에 없다. 이에 대한 대안적인 노력의 일환으로서 영국을 중심으로 체육을 '움직임 교육'의 개념을 변화시켜 학교 교육내의 교과로서 그 정체성을 확보하려는 노력이 이루어졌다. 움직임 교육이란 Laban의 움직임 분석이론 (신체개념, 공간개념, 힘 개념, 관계개념)에 기반을 두고 인간의 움직임 자체내에 내재되어 있는 개념(지식)을 파악하고자 하는 새로운 체육의 개념이다.

한 가지 제안

앞서의 논의를 연장하여 보면 비론 '움직임 교육'의 개념이 피터스의 내재적 교육(목표) 관내에서도 체육이 학교 교육내의 교과로서 정당화 될 수 있는 가능성을 제시하고 있다 할지라도 다음과 같은 의문점을 가질 수밖에 없다.

첫째, '신체적 운동'을 통해서 얻어지는 개념(지식)은 과학 교과 등을 통해서 얻어지는 개념(지식)과 어떤 차이가 있는가? 만약 차이가 없다고 한다면 과연 어떠한 교과를 통하여 얻어지는 것이 더 효과적인가?

둘째, 인간의 '신체적 운동'내에서는 방향, 거리, 속도, 깊이 등과 같이 내재되어 있는 개념(지식)이 같은 세계에 대한 극히 기초적이고 제한적인 개념 지식 밖에는 존재하지 않는가? 즉, '움직임 교육'의 개념은 움직임 분석 이론에 의한 개념형성의 폭이 너무 좁기 때문에 기본적인 운동이외에 기존의 체육교육의 내용(스포츠, 체조, 무용 등)을 그 이론적 틀 내에서 소화해 내지 못하고 있다. 따라서 체육이 학교 교육내의 교과로서 정당화 되는 것은, 체육이 타 교과와 동등하게 지적 영역을 다룰 수 있다는 주장함으로써가 아니라 타 교과와는 다른 개념(지식)과 그것의 획득 방법을 가지고 있다는 점을 확증함으로써 가능하다.

그렇다면 체육의 교육 내용인 '신체적 운동'이 가지는 독특한 개념(지식)의 존재 가능성과 극 획득 방법이 있다는 사실은 어떻게 확증될 수 있는가? 이와 같은 물음에 대한 해답은 신체를 '앎'의 과정과는 거리가 먼 객체적 존재로 파악하고 있는 기존의 심신 이원론에 의거한 주지주의적 관점 내에서는 결코 해결되기 어렵다. 따라서 새로운 패러다임에 의해 그 해답을 모색할 수밖에 없다.

이하의 본 절 에서는 듀이의 존재론적 심신 일원론과 피터스의 심신 이원론에 기초한 체육 교과관을 극복하기 위한 대안으로서, 신체를 '인식의 주체'로 파악하는 인식론적 심신 일원론에 기반을 둔 실존적, 현상학적 관점에서 '신체적 운동' 내에 내재되어 있는 개념(지식)의 특이성을 탐색하여 보고 체육의 교육 내용으로서의 적용 방안을 제시하여 본다.

실존적·현상학적 관점에 의하면 일반 교과가 대상으로 하고 있는 지식은 과학적 지식을 중심으로 하고 있으며, 이와 같은 지식은 인간의 바깥에 놓여진 세계에 관한 지식이다. (본고에서는 이러한 지식을 '대상 관련 지식'으로 규정하고자 한다) 그러나 인간이 갖는 지식은 이러한 지식만으로 국한되어 있지 않으며 다양한 차원을 가지고 있다고 볼 수 있다. 즉, 인간이 갖는 지식 가운데는 대상관련 지식 이외의 지식도 존재한다(본 절에서는 이와 같은 지식을 '주체 관련 지식'으로 규정하고자 한다).

이와 같은 관점에서 볼 때 '신체적 운동'에는 기존의 과학적 객관주의'에 의거한 심리학, 생리학, 역학 등에서 다루어지는 대상 관련 지식이 존재하지만, 이러한 지식은 '신체적 운동'을 하고 있는 도중에서 느껴지고 인식되는 주체 관련 지식으로 변화될 때 그 의미를 가질 수 있다.

먼저, '스케이트'라는 스포츠 활동 내에 내재되어 있는 '균형'이라는 개념을 예로 들어 보기로 하자. 빙판 위에서 스케이트라는 스포츠 활동 속에서 체험됨으로써 이해되는 '균형'의 개념은 자연 현상 내에서 이루어지는 물체 운동을 이해하기 위한 과학 교과의 내용으로써 '균형'의 개념과는 분명히 다르다고 해야 할 것이다. 또 다른 예로서 '100m 달리기' 또는 '농구'라는 스포츠 활동 내에 내재되어 있는 '경쟁'이라는 개념을 분석의 예로 들기로 하자. 100m 주로 상에서 비슷한 속도로 달리는 동료들과 함께 결승점을 향해 내닫는 체험 속에서 또는 승리를 위해 기를 쓴 농구 코드에서의 체험 속에서 느껴지고 체험된 경쟁의 이해는 사전적 의미의 경쟁이나 도덕 교과의 내용으로 다루어지는 경쟁의 개념과는 분명히 다르다.

위에서 제시된 두 가지 예에서 전자의 경우는 이해의 차원에 '나'를 중심으로 한 체험의 개념인 반면, 후자의 경우에서는 '나'가 빠진 추상적 관념에 지나지 않는다. 이와 같은 관점에서 볼 때 체육의 교육내용인 '신체적 운동'은 학생들에게 일련의 개념에 대한 내적 충실성을 기하는데 기여 할 수 있다. 그러나 모든 지식이 개념의 내적 충실성을 위해 '체험적'이어야 한다는 것을 의미하는 것이 아니다. 이와 같은 주장은 지식을 부정하는 논리가 될 것이다. 다만 본 절에서는 신체적 운동에 의해 체험적으로 학습될 수 있는 개념(지식)의 범주가 있는 점과, 이러한 범주를 체육의 교육 내용으로 삼아야 한다는 점을 주장하고자 한다. 이와 같은 주장은 피터스도 부분적으로 인정하고는 있으나, 그는 이미 심신 이원론의 절대적인 가정에 기초하여 체육은 학교 교육 내의 교과로서 정당화 될 수 없기 때문에 단지 게임(아래의 예시된 문맥으로 보아 팀 스포츠라고 표현되어야 한다고 생각된다)을 도덕 교과의 교육 내용에 포함시켜야 한다고 진술하는 오류를 범하고 있다. 이와 관련하여 피터스는 그의 저서 「윤리학과 교육」 제 5장 제4절 " 교육과정의 정당화"에서 다음과 같이 진술하고 있다.

> 게임이 교육적인 중요성을 가진다고 볼 수 있는 것은 오직 그것이 광범위한 영역의 삶에 두루 적용되는 지식, 고매한 품성과 인격, 심미적 태도와 기술 등을 습득할 수 있는 기회를 제공해주는 경우이다. 예컨대, 도덕 교육에 게임이 중요하다는 것은 분명한 사실이다. 용기, 공정성, 인내, 충성심과 같은 덕목은 게임, 특히 팀워크가 필요한 게임을 할 때 최고도로 발휘된다. 또한 냉정한 판단과 타인의 동기

에 대한 통찰도 게임을 통하여 길러진다. 게임의 교육적 중요성을 믿는 사람들이 가지고 있는 생각은 게임을 하는 사태, 즉 도덕성이 개발되고 연습되는 사태는 여러 가지 점에서 일상의 생활 태도와 비슷하다는 것이다.

본 논의가 보다 중시하고자 하는 점은 체육 수업 현장에서의 현상학적 체험의 적용방법이다. 즉, 체험은 중요하되 무엇을 체험하란 말인가? 100m 출발선상에 정렬한 일군의 학생들에게 체육 교사가 할 수 있는 것이 무엇일까? 다만, "뛰어라 그리고 느껴라" 할 것인가? 이때 필요한 것이 언어적 개념이다. '신체적 운동'이 아무리 나에게 있어서 직접적이고 내적인 것일지라도 그것이 자신과의 의미와 관련을 맺기 위해서는 언어를 필요로 한다.

보다 구체적으로 표현하여 본다면 운동 체험이 체육 교육의 내용으로 활용되기 위해서는 먼저 체험과정에 앞서 체험의 개념 - 그것이 '균형' 또는 '경쟁', '승리', '최선을 다함'이든 -이 주어지고 학습자가 이에 대해 체험한 주관적 의미를 기술함으로써 그 체험을 학습과정화 할 수 있어야 한다. 결론적으로 체육은 신체적 운동을 통해서 일정한 범주의 개념에 대한 내적 충실성을 확보해 주는 교과가 될 수 있다. 다만, 이를 위해서는 다양한 '신체적 운동' 체험의 질적 분석을 통하여 체육의 교육 내용이 될 수 있는 주체 관련 지식으로서의 개념군을 명확히 분석하는 노력이 선행되어야 할 것이다.

이제까지 듀이가 체육의 정당화에 미친 긍정적, 부정적 영향을 논의해 보고 피터스의 내재적교육 목표관 내에서 체육이 학교 교육의 교과로서 정당화 될 수 있는 가능성과 극복 방안을 제시하여 보았다. 그러나 마지막 절에서 필자에 의해 제시된 체육의 정당화 방안은 완벽한 '이론'이나 구체적인 '실천방안'을 제시하지 않은 '초보적인 의견 개진'으로 로 받아들여져야 할 것이다. 체육의 정당화를 주지주의적 관점이 아닌 대안적 패러다임으로 해결하려고 하는 움직임은 최근에 극히 소수의 체육학자들에 의하여 진행되고 있는 새로운 학문적 동향이다. 비록 이러한 패러다임의 변화가 이루어지고는 있지만, 현상학적 관점이 체육의 정당화를 위한 '만병통치약'으로 주장되는 것은 필자의 의도하는 바가 아니다.

그보다는 체육을 이해하고 설명하는 하나의 대안적 시각을 제안함으로써 이에 대한 발전적 논의를 통하여 체육 교육자로서 우리가 현재 수행하고 있는 체육을 반성적으로 되새겨 보고자 하는 의도가 더욱 강하게 담겨 있다고 볼 수 있겠다.

> **요점 확인**
> 체육 교육내용의 정당성에 대한 듀이와 피터스의 주장을 비교해서 설명해 보시오.

2. 체육교육과정의 정의

교육과정(curriculum)이란 말은 대단히 넓은 개념으로 사용된다. 그 개념을 간단히 표현한다면 일정한 교육기관에서 교육의 모든 과정을 마칠 때까지 요구되는 교육내용, 그 내용을 학습하기에 필요한 연한, 또 그 연한 내에 있어서의 학습시간 배당을 포함한 교육의 전체 계획이라 할 수 있다. 바꾸어 말하면 학교의 교육목적을 달성하기 위하여 선택한 문화재 또는 생활경험을 교육적인 관점에서 편성하고 그들 학습활동이 언제, 어디서, 어떻게 행해질 것인가를 종합적으로 묶은 교육의 전체 계획이라 할 수 있다.

그러나 교육과정이란 말은 논자의 견해, 시대, 장소에 따라 그 정의가 달라지게 된다. 즉, 교육과정은 가르쳐야 할 내용의 주제나 개념을 열거한 것을 의미하기도 하고, 학교의 지도 아래 계획적으로 제공되는 모든 경험을 의미하기도 하고, 학습 프로그램을 의미하기도 하며, 교과와 교과 외 활동, 상담 지도, 대인 관계 등을 포함하는 학교 안의 활동 전부를 의미하기도 하는 등 그 의미는 많은 갈래로 나뉘어져 쓰이고 있다. 이처럼 교육과정의 정의는 매우 다양하며, 교육과정을 넓게 생각하느냐 좁게 생각하느냐에 따라, 전제와 중점을 어디에 두느냐에 따라, 누가 어느 수준에서 어떠한 준거와 방법으로 결정하느냐에 따라 그 의미가 달라지게 된다. 이러한 측면에서, 교육과정은 내용으로서의 교육과정, 경험으로서의 교육과정, 계획으로서의 교육과정, 결과로서의 교육과정으로 구분하여 생각할 수도 있고, 의도된 교육과정, 전개된 교육과정, 실현된 교육과정으로도 구분할 수 있다. 또, 의사결정 및 활용 수준에 따라 첫째, 국가나 지역 수준에서의 공식적 교육과정 둘째, 학교수업 현장 수준에서의 교육과정 셋째, 학생인지 수준에서의 경험적 교육과정으로 분류할 수 있고, 의사결정 수준만을 기준으로 국가 수준의 교육과정, 지역 수준의 교육과정, 학교 수준의 교육과정으로 나누어 생각할 수도 있다.

특히, 무엇을 교육내용으로 볼 것인가 하는 측면에서 교육과정의 의미는 다음과 같이 달라진다. 첫째, 교과중심 교육과정에서는 교수요목(course of study)이 교육과정을 의미했다. 20세기 초반까지만 해도 교육과정이라 하면 곧 학생들이 학습해 나갈 코스(course)이자 교사가 학생들에게 가르쳐야 할 교과의 내용이나 제목의 체계인 교수요목을 의미했다. 둘째, 생활중심 또는 경험중심 교육과정에서는 학교의 지도하에 이루어지는 모든 경험이 교육과정을 의미했다. 실생활에 직접 도움이 되는 교육과정을 마련해야 한다는 요청에서 대두된 경험중심 교육과정에서는 교육과정이 교사가 가르쳐야 할 교과의 내용이나 제목이라기보다 학교의 지도하에 이루어지는 모든 생활 경험을 의미하게 되었다. 셋째, 학문중심 교육과정에서는 각 학문에 내재된 구조화된 지식체계를 교육과정의 의미로 생각했다. 1960년대에 접어들면서 대두된 학문중심 또는 탐구중심 교육과정은 교육과정 구성방식에 있어서 지식의 체계성을 강조했는데, 그것은 학문의 구조를 이루는 기본적, 일반적 개념과 원리를 이해하면 학습의 전이가 용이해지고 그 학문을 쉽게 이해할 수 있다고 보았기 문이다.

이외에도 교육 의도의 가시성 여부에 따라 문서화, 자료화할 수 있는 교육의도, 즉 의도하는 학습결과 및 교수요목을 총괄하여 표면적 교육과정(manifest curriculum)이라 부르고, 문서화, 자료화하기 곤란한 부분의 교육의도, 즉 고등정신기능, 가치관, 태도, 흥미 등의 교육 및 학습에 직결된 학습경험, 학습상황을 포괄해서 잠재적 교육과정(hidden curriculum)이라고 부르기도 한다.

우리나라에서는 전통적으로 국가가 거대한 공교육 체제를 구축하고 교육과정의 체계와 내용을 결정해 왔기 때문에, 교육과정이라 하면 일반적으로 교육부에서 제시하는 국가수준의 교육과정을 의미하는 것으로 받아들여져 왔다. 그러나, 교육과정은 교육부에서 제시하는 공통적이고 표준적인 기준과 지침 이외에 시·도 교육청과 학교 현장의 여건과 필요를 반영하는 교육 프로그램도 포함한다. 따라서, 교육과정은 교육부가 법률에 의거하여 고시하는 국가 수준의 교육과정(기준)과 시·도 수준에서 교육과정 고시에 의거하여 제시하는 교육과정 편성·운영 지침, 그리고 국가수준 교육과정과 시·도 교육과정 편성·운영 지침에 의거하여 실제로 교육에 투입될 수 있게 조정, 편성된 학교 수준의 교육과정을 모두 포함하는 것으로 범위를 확대하여 이해해야만 한다. 뿐만 아니라, 학교 수준 교육과정에 의거하여 실제 수업에서 실천될 수 있도록 교사가 계획해 놓은 구체적 교수·학습 계획(연간, 월간, 주간) 또한 교육과정의 범주에 포함된다는 점을 이해할 필요가 있다.

이상 교육과정의 개념을 알아보기 위해서 여러 입장에서 내린 정의들을 살펴보았다. 이들을 종합하여 결론을 내린다면, 교육과정이란 "교육이념 및 목적을 달성하기 위하여 국가, 시·도 교육청, 그리고 학교가 마련하는 일련의 학습과업체계"라고 정의할 수 있다. 그러므로, 초등 체육과 교육과정은 "초등체육의 목적을 달성하기 위하여 국가, 시·도 교육청, 그리고 학교가 마련하는 일련의 체계적인 학습과업체계 혹은 경험"를 뜻한다고 할 수 있다.

> **요점 확인**
> 교육과정이 지니고 있는 다양한 개념 및 정의를 정리해서 설명해 보시오

3. 초등체육의 정체성과 체육교육과정

초등 체육교육과정은 초등체육의 정체성에 크게 의존한다. 즉, 초등 체육교육과정은 중등 체육교육과정과는 차별화된 특성을 지니고 있음을 의미한다. 그렇다면 초등 체육교육과정의 차별화된 특성은 무엇인가? 초등 체육교육과정의 특성은 대개 교육의 성격과 내용, 그리고 방법 측면에서 논의될 수 있다.

첫째, 교육 성격 측면에서 초등 체육교육과정은 통합교육을 지향한다. 통합교육이라 함은 아동을 보는 관점과 교육을 하는 관점이 통합적인 시각에서 출발해야 한다는 것을 의미한다. 먼저, 초등체육은 아동에 대해 원자론적인 관점이 아니라 전체론적 관점에서 접근해야 한다. 초등학교 담임교사가 교육을 보는 출발점은 가르칠 교과지식이 아니라 통합된 생명체로서의 아동이 우선되어야 하는 것이다.

한편, 통합교육이란 문자 그대로 교육과정에 있어서 내용의 통합과 방법의 통합까지를 모두 포함하는 것으로 보아야 한다. 이것은 초등 체육교육과정이 아동들에게 분절된 지식과 경험을 제시하기 보다는 전체적으로 '통합된' 지식과 경험을 '통합적으로' 제공해야 한다는 것을 말한다. 물론 중등체육에서도 어느 정도 통합된 경험이 필요하다고 볼 수 있으나, 학년이 올라갈수록 그리고 연령이 많아질수록 형식적인 사고와 신체 활동이 발달되기 때문에 중등교육에서는 더 분과적인 교수학습의 운영이 요구된다고 할 수 있다.

둘째, 교육 내용 측면에서 초등 체육교육과정은 기초 기본 교육에 초점을 맞춘다. 기초교육은 일상생활에 필요한 지식과 기능 및 태도 등 가장 초보적인 능력과 자질을 길러주는 교육을 말한다. 초등학교에서 기초교육은 전통적으로는 독·서·산인 3R's 교육을 말하나 지식, 이해뿐만 아니라 이것들의 기초가 되는 창의력, 문제해결력, 정보처리능력 등을 신장시키는 것을 포함하는 것으로 볼 수 있다.

기본교육은 후속하는 모든 교육의 토대를 마련해 주는 교육을 말한다. 초등학교 중학교, 고등학교, 대학교 등으로 연결되는 최초 단계의 형식적인 학교교육기관으로서 가장 중요한 위치를 차지한다. 따라서 초등학교에서는 후속되는 교육의 확실한 발판을 마련하기 위해 최소한의 필수적인 내용을 중심으로 가르칠 필요가 있다. 따라서 초등체육은 중등체육과는 달리 여러 가지 신체활동, 움직임, 게임 기능 등의 내용 학습은 물론 발표력, 사고력, 학습 방법의 학습, 자신감, 긍정적 자아개념의 형성 및 발달에 중점을 두어야 할 것이다. 반면에 중등교육에서는 기초기본 기능보다는 전문적이고 심화된 내용에 더 치중하도록 한다.

셋째, 교육의 방법 측면에서 초등 체육교육과정은 보통 일반 교육의 성격을 견지한다. 보통교육이란 모든 사람들이 공유할 수 있는 공통적인 지식이나 경험을 제공하는 교육을 말한다. 이것은 해당되는 몇몇 사람들을 위해 필요한 '직업교육'이나 '특수교육'과 대비되는 개념이다. 공통의 경험이라는 것은 모두 같은 내용을 같은 방법으로 가르치고 배우는 획일적인 것을 말하는 것이 아니라, 인류 전체가 공통적으로 지니게 되는 일상생활에 필요한 보편적인 경험 등을 말한다. 초등학교에서는 중등학교에서와 같이 특수한 지식이나 경험을 다루는 것이 아니라 누구나 갖추어야 할 공통적이고 필수적인 경험을 제공해 줄 필요가 있다.

일반교육이란 모든 사람들이 일상생활을 영위하는 데 필요한 보편적인 교양과 소양을 길러주는 교육을 말한다. 이것은 고도의 전문적 식견과 기술의 습득을 지향하는 '전문교육'과 대비되는 개념이다. 따라서 초등학교에서는 중등교육이나 고등교육에서처럼 전문적이고 고차원적인 수준의 내용과 방식으로 가르치고 배우는 것이 아니라, 아동 발달 수준에 맞게 평범하고 평이한 수준의 교육이 필요하다. 바로 여기에 초등 체육교육과정의 특수성이 존재한다.

보통 일반 교육은 교육의 내용과 관련된 방법의 문제이다. 교육의 내용과 방법은 서로 관련이 매우 깊다. 교육과정에 있어서 내용의 조직이 곧 방법에 관한 것이기 때문이다. 보통 일반 교육이 의미하는 것은 초등학교에서 다루는 내용의 수준이 전문적이고 고차적인 것이 아니라 평이한 수준의 것을 다룬다는 점이다. 아동의 능력과 소질을 개인의 특수성과 나름대로의 자아실현 과정을 통해 일반적이고 보편적인 수준으로 교육하는 데 힘쓴다.

> **요점 확인**
> 초등체육이 지니는 정체성을 제시하고 체육교육과정과의 상관관계를 설명하시오

4. 초등체육교육과정의 가치정향

교육의 목적은 한 가지만 있는 것이 아니라 다양하다. 그렇기 때문에 역사적으로 교육과정 개발자들과 교육과정의 실천자인 교사들은 여러 가지 교육과정의 목적들 중에서 하나를 선택해 왔다. 특히 교육의 목적이 아무리 이상적이고 좋다고 하더라도 교육 환경의 제한점 때문에 다양한 교육 목적 중에서 비교·선택의 과정을 거쳐 가장 중요한 교육목적이 선택된다. 어떤 목적이 선택되느냐는 '학생이 배워야 할 중요한 것은 무엇인가?(교과의 중요성)', '사회에서 요구하는 바람직한 인간상은 무엇인가?(사회적 요구)', 또는 '학생의 수준과 흥미에 적합한 것은 무엇인가?(학습자의 특성)'에 대한 신념체계에 바탕을 둔 가치판단의 과정이다. 이 과정에서 교육과정의 목적을 정하는 평가기준으로 작용하는 신념체계를 교육과정의 가치정향(value orientation)이라 한다. .

교육과정의 가치정향에 따라 체육교육과정에 수렴되는 교육목적과 내용 이 달라지고 수업의 방법에도 영향을 미치게 된다. 외국의 경우 교육과정의 실천자인 교사의 가치정향이 체육수업의 실제에 미치는 강력한 영향력을 재인식함으로써 그 중요성을 인정하여 1980년 후반부터 가치정향이 수업의 실제 미치는 영향을 활발히 연구해왔으며(Ennis & Zhu, 1991; Ennis, Chen & Ross, 1992; Ennis Ross & Chen, 1992; Ennis, 1992; Ennis, 1994; Ennis & Chen, 1995; Chen, 1996; Cothran, 1998) 이러한 연구추세에 따라 국내의 경우에도 소수의 연구(조미혜 외 2인, 1992; 김윤희, 1993; 한성월, 1994; 박인규, 1998; 전병순, 1999)가 진행되어 왔다.

한편 교육과정을 실천하는 수업은 궁극적으로 교사와 학생의 관계 속에서 이루어진다는 관점에서 볼 때 교사가 수업에서 교육목적을 결정하는 유일한 사람은 아니다. 교육과정에 해당되는 영어의 커리큘럼(curriculum)이란 말은 원래 라틴어의 '쿠레레(currere)'에서 유래했는데 그 의미는 경주의 코스(race course)를 의미한다. 교육적 의미로 재음미하자면 결승선 즉 교육의 목적을 향해서 달려 나가야할 교육의 길로 생각해볼 수 있다. 이상적으로 교사와 학생의 가치정향이 일치한다면 같은 교육목적을 설정하게 되고 비슷한 교육적 길 즉, 교육과정을 따라 만족스럽게 달려갈 수 있지만 일치하지 않은 경우 교사와 학생 모두에게 어렵고 불만스런 길이 될 수 있다. 일반적으로 교육과정의 가치정향으로는 크게 내용숙달, 학습과정, 사회재건, 자아실현, 생태통합 등으로 분류된다.

내용숙달

내용숙달(disciplinary mastery: Bruner, 1960; Corbin & Lindsey, 1987; Hirst, 1974; Siedentop, 1989) 가치정향은 교육과정 개발에 있어서 가장 전통적인 가치정향은 교육내용의 숙달, 중요한 지식의 습득, 또는 학문적 지식의 통합과 우선 등에 최우선을 둔다. 학교의 역할은 한 세대에서 다음 세대로 문화적 유산을 전달해주는 것으로 간주한다. 교육자의 역할은 학생들로 하여금 이 문화적 유산에 참여할 수 있는 도구와 자질을 습득하고 역사상 가장 훌륭한 지식들을 배우도록 도와주는 것이다.

체육교육과정 개발부문에 있어서는 현재 학문지식 숙달 또는 교과내용숙달이 가장 지배적인 가치정향이다. 교육과정내용을 선정하는데 있어서, 체육을 하는 사람들은 초등학교 움직임 교육과정 내에서건 중등학교 스포츠교육 교육과정 내에서건 기본운동기능의 중요성을 지속적으로 강조해왔다. 초등학교 학생들은 이동/비이동운동, 기본운동으로 던지기, 차기, 때리기 동작, 체조, 무용, 게임 활동 등 기초이론 내용과제나 기초운동 수행과제를 제대로 숙달하도록 기대되고 있다. 중등학교에서는 대부분의 내용이 인기 스포츠, 레크리에이션, 육상종목들 중심으로 구성되어 있다. 체육 분야의 교과내용 숙달은 농구, 배구, 축구, 야구, 육상, 체조 종목의 운동수행 향상을 통하여 이루어지고 있다. 체육교육 전문가들은 설명, 시범, 연습 등을 통하여 운동기능의 습득을 최상화 하려고 한다, 기본움직임 동작과 스포츠 기능을 숙달하는 것은 대부분의 체육교육과정 목표 진술에 명백하게 서술되어 있다.

교과내용숙달 가치정향을 근간으로 수업을 구성하는 체육교사는 운동기능, 스포츠, 움직임, 그리고 체력요소를 강조한다. 정확한 또는 가장 효과적 수행방법에도 많은 강조를 둔다. 일반적으로 수업은 배울 내용이나 전술을 수행하는 정확한 방법의 시범과 함께 간단한 설명을 주는 것으로 이루어진다. 내용연습은 그 동작을 수행하기 위한 최대한의 기회를 마련하도록 주의 집중된 상태에서 이루어진다. 교사는 구체적인 피드백을 제공하고 학생은 그에 따라 동작을 고쳐나간다. 효과적인 내용숙달중심 체육교사는 명령식, 련습식 수업형태로부터 문제해결 및 자기 주도식 형태에 이르는 다양한 수업방법을 채택한다. 평가는 통상적으로 한 가지 기술검사 등 효과적 동작수행에 대한 협의적 정의를 바탕으로 이루어진다.

자아실현

자아실현(self-actualization: Maslow, 1979; Hellison, 1985; Rogers, 1983) 가치정향의 관

점에서 볼 때, 교육과정은 개개 학생의 주관의 성장과 자기관리능력의 개발을 목표로 하여야 한다. 1960년대 이래로, 대학의 교사교육 프로그램들은 교육과정의 한 가지 중요목표로 자아실현의 개념을 강조해왔다. 교육과정의 역할은 자아의 발견과 전인적 통합의 과정으로 간주하였다. 이 교육과정은 아동 중심적이고, 자율과 성장 중심적이다. 그리고 교육은 개인적 발달과 자유를 위한 수단을 제공하는 능력개발의 과정으로 간주된다(Eisner & Vallance, 1974).

자아실현을 성취하려는 목적을 가지고 있는 교육과정에서는, 교과내용이나 사회적 쟁점보다는 자기 개인능력의 최고 개발이 보다 중요시된다. 그 내용은 학생으로 하여금 자신의 자아를 확대하고, 능력의 한계를 넘어서고, 새로운 자아개념을 획득하도록 도전심을 불러일으키도록 선정되고 구성된다.

자아실현을 중시하는 태도는 종종 게임을 하고 있는 상황에서 암암리에 드러나는 경우가 있다. 운동장이나 체육관을 지나면서 보면, 학생들이 각종 운동에 참여하고 있는 모습을 엿보게 된다. 하지만 이들이 운동선수 같은 동작을 펼치려고 하거나 아주 경쟁에 몰두하여 시합을 행하고 있지 않는 것을 보게 된다. 자아실현중심 교사는 학생들이 자신감과 긍정적 자아개념을 갖도록 하기 위하여 스포츠 종목을 많이 사용한다. 이들은 학생들로 하여금 어려운 기술을 해보라고 하거나, 사회적 행동을 자제하라고 하거나, 자신이나 타인을 위하여 책임감을 가져보라고 하거나, 다른 이와 함께 일을 잘 해보라고 도전심을 불러일으킴으로써 학생의 성장과 성숙을 이끌어 내려고 한다. 교과적인 자아실현중심 교사는 움직임, 스포츠, 체력관련 과제를 잘 조직하여 학생이 자기에 대한 이해, 목표설정, 그리고 독립적 의사결정을 잘 하도록 능숙하게 조처한다. 이들은 학생으로 하여금 생각하게 하며, 자신의 동작에 대하여 반성하게 하고, 실현 가능한 목표를 설정하게 하며, 목표를 성취할 수 있는 자신만의 계획을 점진적으로 수립할 수 있도록 한다. 평가시에는 자신에 대한 이해와 성장측면도 강조되어 계획하게 된다.

사회재건

사회재건(social reconstruction: Giroux, 1981; Apple, 1982) 가치정향은 사회적 요구에 가장 강조점을 둔다. 1950년대 이후로 사회재건이란 말은 사회 개선에 높은 가치를 두는 교육학자들 사이에 유행어가 되어 왔다. 학교는 미래에 대한 책임감을 지니고 있으며, 교육자는 보다 나은 사회를 창조하는데 학교교육이 공헌을 해야 한다고 주장해 왔다.

사회개혁적 관점에서 볼 때, 사회의 필요는 개인의 필요에 선행한다. 만약 국가가 보다 많은 경제 분석가, 보건의료요원, 환경생태학자, 또는 유전과학자들을 필요로 하면, 학교교육과정은 이들의 양산에 필요한 교과영역의 교육을 강화하여야 한다. 새로운 기술공학에 의해서 만들어진 일을 하기 위하여 필요한 업무기능을 개발시키기 위해서 직업 프로그램들이 제공된다. 예술영역에서의 감상능력과 참여수준을 상승시키려는 결정이 내려지면, 음악, 미술, 드라마, 무용 등의 영역에 정부의 지원이 증가한다. 사회개혁 중심 가치관에 기초를 두고 설계된 교육과정은 민주주의에의 참여, 지도능력, 집단적 협동과 문제해결의 과정 등을 강조하는 수업을 준비한다. 성차별, 약물 복용과 남용, 에이즈 예방, 지역감정 및 민족감정 등의 문제에 관한 특별한 프로그램들이 계획된다.

사회개혁주의자들은 학교를 축소화된 형태의 사회라고 간주한다. 그리고 교육과정의 목표로서 대인관계에 있어서의 민감성, 타인에 대한 존중, 그리고 사회적 인간관계의 개발 등과 관련 맺고 있는 사항들을 선택하려고 한다.

효과적인 사회개혁중심적 교사는 집단역동, 사회적 모델링, 의사교화력, 가치명료화 등에 관한 지식과 기술을 소지하고 있어야 한다. 또한 이들은 학교사회에 영향을 미치는 경제적, 사회적, 정치적 요인들에 대하여 잘 알고 있어야 한다. 이들은 기존의 교사-학생관계에 의문을 제기하는 수업방법을 사용한다. 이들은 성원간의 상호작용, 협동, 그리고 책임감을 고취시킬 목적으로 하는 체육교과 관련 운동문제들을 능숙하게 구성해내는 능력을 가지고 있다. 이들은 학생들로 하여금 자신의 행동에 관하여 반성적으로 생각하게 하고, 자신의 행동을 학급이나 사회의 기대행동과 비교하며, 변화를 가져오도록 하는 개선책을 개발하도록 격력하고 고무한다.

이상과 같은 설명을 통하여 사회재건 가치정향은 기존 사회의 구조를 완전히 뒤엎는 개화보다는 기존의 사회적 구조 내에서 행해지는 개혁을 통한 사회변화를 지지하는 입장임이 명백해 질 것이다. 이 가치정향은 기존의 사회제도, 즉 공공교육제도도 포함된 제도들에 대한 근본적 변화도 포함하고 있다는 것이 인정되어야 한다. 그러나 다른 한편, 몇 가지 사회개혁의 목표들을 강조하면서 이루어지는 단기간의 사회개혁이 쉽게 이루어질 수 있다고 보는 급진적인 사회개혁주의적 입장을 견지하는 체육 교육학자들은 거의 없다. 체육교육과정을 통하여 사회의 근본적인 개혁이 이루어지기 위해서는 조그마한 규모지만 이와 같은 형태의 개혁이 지속적으로 이루어져야 할 것이다.

학습과정

학습과정(learning process: Bloom, 1981; Lawson & Placek, 1981; Logsdon et al., 1984; Papert, 1980)을 강조하는 가치정향에서는, 우리가 무엇을 학습하는가와 더불어 우리가 어떻게 학습하는가가 크게 중요시된다. 각 교과영역에서 지식이 만들어지는 과정이 중요한 교육과정 관심사가 된다. 이 가치정향에서 주장하고 있는 한 가지 논지는, 지식의 폭발적 증가는 학교교육과정이 모든 중요한 지식을 다 가르치기 불가능하도록 하고 있다는 것이다. 따라서 학습을 지속시켜주는 과정적 기술들을 배우는 것이 보다 중요시되고 있다는 것이다.

최근 몇십 년간 지속된 고도기술에 대한 강조는 급격하게 진행되고 있는 변화에 대응할 수 있는 사람들의 능력을 개발하기 위하여 학습과정에 보다 강조를 두는 교육과정의 필요성을 부각시켜왔다. 전자매체의 혁명은 우리 생활에서뿐만 아니라, 학교와 교육과정도 급격하게 변화시키고 있다. 교육은 앞으로 학생에게 중요하게 될 것들을 학생이 스스로 배울 수 있도록 하는 과정적 기술들을 개발하도록 하는 것에 초점을 맞추어야 한다.

문제해결기술은 계속해서 중요하게 취급되고 있다. 고급수준의 개념적 능력들이 지속적으로 필요로 하고 있다. 컴퓨터 관련 능력도 새롭게 요청되고 있다. 과정적 기술은 물건을 포장하고 전시하는 것에 관련된 기술공학에서부터 정신에 관한 기술공학에 이르기까지 거의 전 영역에 관련되어 있다. 이 가치정향은 과학적 과정에 대한 관심은 물론이고 예술적 과정에 대한 관심도 가지고 있다. 그리고 또한 현대의 교육과정으로서 적합한 다양한 교과영역에서 특별하게 요구되는 학습과정들에 대한 관심도 가지고 있다.

효과적인 학습과정중심 교사는 기술, 스포츠, 그리고 체력의 학습을 어떻게 단계적으로 실행해나가는 가에 대하여 명확히 이해하고 있다. 이들은 탐구중심적인 방식으로 운동문제를 구성하는 능력이 뛰어나다. 여러 가지 운동문제들을 해결하는 다양한 방법들을 탐색하도록 하는 수업기법들을 가지고 있다. 학생들은 주어진 과제의 핵심적 요소들이 무엇인가에 초점을 맞추도록 고무되고, 교사들은 학생들이 단계적이며 체계적으로 능력을 개발해 나갈 수 있는 과제를 준비한다. 학생들은 학습과정의 맥락 내에서 평가받는다.

생태 통합

생태통합(ecological integration) 가치정향은 개인적 의미 추구를 강조한다. 앞에서 설명된 자아의 중시 또는 자아실현이라는 교육과정 가치정향을 포함한다. 그러나 생태통합 가치정향은 학생이 속한 특정한 공간과 시간 속에 위치한 환경 속에서 개인의 총체적 통합을 강조한다는 점에서 자아실현 가치정향의 한계를 극복한다. 한 개인은 그가 속한 생태계의 필수 불가결한 한 부분이며, 주변 환경에 반응을 하며, 동시에 자기가 속한 우주의 성격을 규정하는 존재로서 이해된다. 이 가치정향에 의하면, 사람은 전 생물계의 한 부분요소이다. 자연환경이 이루어내는 생태계는 사람들에 의해서 존경받아야 하며 보존되어야 한다. 인간은 그가 자연환경과 맺고 있는 생물학적 관계 속에서 이해되어야 하며 그것이 다른 형태의 생명체에 미치는 효과와의 관계 속에서 이해되어야 한다.

이 가치정향은 미래지향적 관점을 가지고 있다. 학생 개개인의 교육은 미래를 창조하는 작업에 공헌을 하도록 계획된다. 질문을 할 수 있게 하며 동시에 비판적 질문들을 탐구할 수 있는 능력을 기르도록 의도된다. 학생들은 바람직한 인간의 미래에 대한 나름대로의 다양한 대안적 상상을 펼칠 수 있는 기술들을 습득한다. 교육과정은 학생들이 앞으로 자신이 살게 될 세상을, 어느 정도는, 창조할 수 있다는 관점을 가지고 만들어진다.

생태학적 통합 가치정향을 지지하는 교사들은 학교를 개개의 모든 요소들이 다른 모든 요소들과 서로 영향을 주고받는 하나의 커다란 단일생태체계로서 간주한다. 이들은 교육과정 내에서 사회, 학생, 그리고 교과가 조화롭게 균형을 이루도록 노력한다. 목표, 과제, 그리고 수업기법 등의 선정은 이들이 현재 학생들의 이해수준에 적합한지를 신중하게 검토해본 이후에 행해진다. 효과적인 생태학적 통합중심 교사는 다양한 종목 및 내용에 광범위한 지식을 가지고 있으며, 특정 상황에서 학생들에게 필요한 활동을 선정할 수 있는 능력을 가지고 있다. 이들은 특정의 사회적, 생물적 맥락에서 학생들에게 필요한 내용을 능숙하게 선정한다. 이들의 교육과정 계획은 적절한 때에 적절한 학생에게 가장 올바른 내용을 찾아 전달하는 것을 중요시한다. 평가는 지식에 대한 총체적인 관점을 습득할 수 있는 방법측면이 강조되어 수행된다.

요점 확인

체육교육과정의 가치정향과 교수내용 및 방법상의 상관관계를 설명하시오

5. 초등체육 교육과정의 이론적 모형

국가와 사회는 학교라는 제도를 통하여 국가와 사회가 필요로 하는 시민을 육성한다. 사회의 변화는 필연적으로 교육의 변화를 요구한다. 체육에서 때로는 건강과 체력발달이 강조되고, 때로는 신체활동을 통한 인성과 개성이 중시되는 것도 바로 이 때문이다. 이처럼 체육 교육과정은 사회나 시대의 요구에 따라 다양하게 변화한다. 우리나라에서도 사회나 시대의 변화에 따라 다양한 교육과정 모형들이 등장해 왔다. 초등학교 체육의 경우, "신체 움직임 원리의 이해와 움직임 제어 기술의 습득, 그리고 움직임 참여를 통한 자기 이해"를 강조하는 움직임 교육과정 모형이 전 세계적으로 널리 채택되고 있으나, 시대와 장소에 따라 다양한 교육과정 모형들이 제시되어 움직임 교육모형과 결합되거나 독립된 채로 활용되고 있다. 우리나라의 경우도 이 점에서 예외가 아니다. 교사가 올바르고 효율적인 체육수업을 실천하기 위해서는 초등학교에서 널리 채택되어 사용되는 여러 가지 교육과정 모형들을 잘 이해하지 않으면 안 된다. 교사는 다양한 교육과정 모형들의 철학적 토대와 특성을 이해함으로써 지역 실정이나 학교의 특수 상황에 맞는 교육과정 프로그램을 개발하여 활용할 수 있다.

교육과정 모형은 교육경험(내용)을 선택하고 구조화하며 계열성의 결정에 근거를 제공해 주는 체계이다. 체육교육과정 모형들은 교육과정의 문제를 바라보는 철학과 강조하는 내용의 비중 정도에 따라 여러 종류로 나눌 수 있다.

현재 초등학교를 비롯한 각급 학교에서 널리 활용되고 있는 체육교육과정 모형으로는 움직임교육 모형, 스포츠교육 모형, 체력 모형, 발달교육 모형, 개인의미 모형의 다섯 가지가 있고(Jewett, Bain, & Ennis, 1995), 다소 제한적으로 활용되고 있는 것으로는 인간중심 모형과 학문중심 모형 등이 있다. 움직임교육 모형, 스포츠교육 모형, 그리고 체력 모형은 공통적으로 다른 어떤 가치보다도 교과내용 숙달에 초점을 두고 있고, 발달교육 모형은 자아실현의 가치정향을 반영하며, 개인의미 모형은 생태학적 통합성과 학습 과정을 강조한다. 또, 인간중심 모형은 발달교육 모형처럼 개인적 자아실현을 추구하고, 학문중심 모형은 교과내용 숙달과 학습 과정을 중시한다. 이처럼, 각 체육교육과정 모형들은 나름대로 독특한 철학적 토대와 가치정향, 그리고 장단점을 갖고 있다. 그러나, 실제로 초등학교 체육에서 순수하게 한 가지 모형만이 채택되어 적용되는 경우는 드물고 두 세 가지 모형이 서로 결합되어 활용되는 수가 많다.

움직임교육 모형

움직임교육 모형(movement education model)은 전통적인 신체를 통한 교육방식에 가장 적극적으로 반기를 든 체육교육과정이다. 움직임교육이란 학습자에게 그들의 신체와 움직임에 관한 것을 가르치며, 보다 훌륭한 움직임 능력을 발달시키도록 도움을 주는 신체활동과 그 프로그램에 적용되는 용어이다. 움직임교육은 학습자가 숙달된 동작으로 움직일 수 있도록 해 줄 뿐만 아니라 움직임의 의미가 무엇인가를 깨닫게 해준다. 또, 움직임에 대한 개념과 움직임에 관한 지식도 다루는데, 이러한 지식을 통해 학습자는 움직임을 보다 잘 이해하며 자신의 신체경험에 보다 잘 적응할 수 있게 된다.

이러한 움직임 교육의 개념은 R. Laban이 최초로 정립하여 체계화한 것이다. 독일의 유명한 무용교사였던 Laban은 자기표현의 기회가 없는 고전 발레 등과 같은 일련의 움직임에 반대하여, 인간은 효율적이고 다양하게 움직일 수 있을 뿐 아니라 움직임을 통해서 강한 운동지각능력을 개발시킬 수 있다고 믿었다. 그는 움직임의 양적 측면보다도 질적 측면에 더 관심을 기울였으며 영국으로 건너가 움직임교육 개념에 입각한 교육무용을 발전시켰다. 영국과 미국을 중심으로 개발된 움직임교육 프로그램은 현재 교육과정의 중요한 부분으로 광범위하게 받아들여지고 있으며, 특히 초등학교 체육프로그램에 큰 영향을 미쳤다.

움직임교육 모형에서는 체육의 내용을 인간의 움직임으로 규정한다. 따라서 움직임 교육의 목표는 움직임을 효과적으로 제어하는 법칙의 학습과 그러한 제어기술의 획득 및 움직임학습에 따르는 자기이해에 초점을 둔다. 결론적으로, 움직임교육은 신체 움직임에 대한 목적의식적 제어의 원리와 그러한 제어 기술 습득 원리의 연구 뿐만 아니라 학습 참여를 통한 자기 이해를 성취하는 데 초점을 둔다.

움직임교육에 대해서는 많은 체육서적들이 다투어 언급하고 있으나, Logsdon과 Barrett(1977)가 펴낸 '아동용 체육'이라는 저서가 가장 대표적이다. 그들은 움직임교육이라는 용어를 둘러싼 혼돈과 오해 때문에 그들이 개발한 체육모형에 움직임교육이라는 명칭을 붙이기를 꺼려했다. 그러나 그 체육모형은 움직임교육의 범주를 아주 명확하게 제시하고 있다. Logsdon 등은 움직임교육을 "평생에 걸친 운동발달 및 학습과정"으로 규정하고, 체육은 학교의 교육과정 내에서 교육적이고 신뢰할 만한 프로그램으로 선정된 움직임교육의 일부라고 주장하면서, 움직임 교육과정 모형의 토대를 이루는 다음과 같은 6가지 기본 가정을 설정하였다.

첫째, 학습자는 하나의 개인이다. 그리고 그 개체성은 날짜별, 과제별로 달라진다.

둘째, 교사는 학습자의 인격을 존중해야 하며, 그러한 전인적 인격체에 대한 책임을 져야한다.

셋째, 교사는 학생들이 점차 독립된 학습자로 성숙해 나갈 수 있도록 도 와 줌으로써 그들의 잠재능력을 완전히 실현할 수 있도록 적극 노력 해야 한다.

넷째, 학습자는 스스로 결정할 수 있는 능력이 있다. 따라서 교사는 학 습자가 사회적, 신체적 환경의 변화에 부응하여 자신의 역할을 적절히 적응시킬 수 있도록 하기 위해 분별력 있고 현명한 선택을 하는 능력을 개발하도록 도와줄 책임을 진다.

다섯째, 진보에 필요한 이해력과 기술은 각 개인마다 서로 다른 시간 및 경험을 통해 개발될 수 있다.

여섯째, 체육이 학습자의 교육 속에 의미있게 자리잡기 위해서는 움직임능력을 향상시킬 수 있는 경험, 정신적 사고과정에 참여하는 경험, 그리고가치체계를 개발하고 자신을 비롯한 모든 사람을 존중하도록 하는데 기여하는 경험 등을 제공해야 한다.

** 개념틀과 교육과정의 설계 **

움직임의 내용을 결정하는데 근거가 되는 개념틀은 움직임을 분석하고 설명하기 위해 Laban이 개발한 분류체계로부터 유래된다. Laban(1963)은 무용교사들이 움직임기능을 기르기 위해 사용했던 훈련과정을 16가지 움직임 주제로 분류하였는데, 이는 1960년대 이래로 각국 초등학교 움직임교육 프로그램 설계를 위한 토대로 널리 활용되었다. Logsdon 등이 응용한 Laban의 움직임교육 구조는 다음 표와 같다.

표. Logsdon 등에 의한 Laban의 움직임 분류의 응용

목표영역(Aspect)	움직임(Movement)	실제 내용(Dimension)
신체인지(Body)	신체는 무엇을 하는가?	행동도구로서의 신체 (Actions of the body) 신체부분의 지지자로서의 신체 (Actions of body parts) 활동체로서의 신체 (Activities of body) 형태로서의 신체 (Shapes of body)
기능인지(Effort)	신체는 어떻게 움직이는가?	시간(Time) 무게(Weight) 공간(Space) 흐름(Flow)
공간인지 (Space)	신체는 어디로 움직이는가?	일반공간(Areas) 방향(Directions) 높이(Levels) 진로(Pathways) 평면공간(Planes) 확장공간(Extentions)
관련성인지 (Relationship)	어떤 관련성이 있는가?	신체부분과의 관련성(Body parts) 개인 및 집단과의 관련성 (Individual & Groups) 도구와의 관련성 (Apparatus & Equipments) 기타 물체와의 관련성(Other types)

이러한 개념들은 움직임의 내용에 대한 인식의 지평을 넓혀줄 뿐만 아니라, 아동을 위한 체육교육과정의 범위를 설정해 주는 지침이 된다. 즉, 체육프로그램의 범위와 계열성은 위의 움직임교육 개념틀에서 제시된 움직임 주제 혹은 개념을 토대로 하여 결정된다. 따라서, 잘 설계된 움직임교육 프로그램에 참여하는 학생은 위에서 제시된 모든 움직임 주제들을 이해하고 숙달할 수 있는 기회를 갖는 것으로 간주된다.

움직임교육 프로그램은 움직임교육에 관한 기본개념을 모두 포함해야 한다. 그 기본개념은 첫째, 신체인지 둘째, 시간·공간·무게·흐름 등의 요소를 포함하는 신체 움직임 기능 혹은 질 셋째, 공간·방향·높이·진로·등의 요소를 포함하는 공간 넷째, 자기 신체의 각 부분·타인·물체·도구와의 상호작용에 관한 관련성이다. 이러한 개념들을 익히기 위한 학습 프로그램은 걷기, 달리기, 뛰기, 미끄러지기, 구르기, 오르기, 내리기, 떨어지

기, 피하기, 리핑, 호핑, 스키핑, 피벗 등의 이동운동과 서기, 굽히기, 펴기, 돌기, 뻗치기, 당기기, 밀기, 들기, 흔들기, 돌리기, 비틀기 등의 비이동운동, 그리고 던지기, 받기, 치기, 차기, 튀기기, 굴리기, 껴안기, 다루기 등의 조작운동으로 구성된다.

또한, 움직임교육의 일반적 지도방법으로는 문제해결법이나 탐구학습법과 같은 학생 중심적, 개별적, 간접적, 분석적 방법이 사용된다.

** 움직임 모형에 대한 평가 **

독일의 유명한 무용교사였던 Laban은 인간은 움직임을 통해서 강한 운동지각능력을 개발시킬 수 있다고 믿었다.

움직임교육은 초등학교의 체육에 커다란 영향을 미쳤다. 현재 각 나라의 많은 초등학교들은 이 모형에 토대를 둔 체육프로그램을 사용하고 있다. 그러나 학교에 따라서는 움직임교육을 '움직임탐색' 혹은 '기본적 움직임'이라 불리는 하나의 학습 단원으로 설정하여 체육 프로그램에 포함시키기도 하는데, 이는 본질적으로 움직임교육 모형에 근거한 프로그램이라 할 수 없다(Jewett & Bain, 1985).

움직임교육은 지금까지 40년 넘게 전개·발전되어 오면서 몇 가지 비판을 받아 왔다. 혹자는 움직임개념을 체육의 내용으로 규정하는 것을 비판하면서, 놀이의 범주를 벗어난 움직임이란 체육 본래의 가치를 상실한 것이며 따라서 학생들에게 동기유발을 시켜주지 못한다고 주장한다. 또 움직임의 개념을 지나치게 강조하다 보면 신체활동 자체를 무시하고 내용만을 관념화하기 쉽다는 우려도 표명 된다. 또, 어떤 이들은 움직임교육에 문제해결법이나 탐구학습법에 지나치게 의존함으로써 수준 높은 운동 기술을 도외시한 평범한 운동능력만을 양산케 될 것이라고 지적 한다. 논자에 따라서는 학생들에게 일반적인 움직임능력을 배양시켜 새로운 움직임상황에 대처할 수 있도록 한다는 노력은 학습전이를 실증할 수 없다는 비판도 제기한다.

그러나, 이러한 비판들은 움직임교육의 일반적 주제에 대해서만 제기된 것일뿐 구체적인 움직임 교육과정 모형에 대해서는 별다른 얘기가 없는 실정이다. 내용의 관념화, 탐구학습의 지나친 강조, 학습전이의 문제 등과 같은 문제들은 움직임교육 모형 자체의 결함 때문이라기보다 움직임교육 모형을 올바르게 실행하지 못한데서 제기되는 문제일 수 있다. 아울러, 많은 체육교사들이 움직임교육 프로그램을 효과적으로 실행하는데 필요한 Laban의 움직임구조와 주제별 개념에 대한 필수적인 전문지식을 갖추고 있지 못하다는 문제점도 제기된다.

그러나 움직임교육 모형에 대한 여러 가지 비판에도 불구하고, 체육프로그램이 "모든 아동의 최대 참여"와 "개인차의 인정"을 중시하게 된 것은 바로 움직임교육의 영향 덕분이다. 그 밖에도 움직임교육 모형은 스포츠경기와 무용 및 체조의 내용을 상호 통합하려 노력했고 이들 분야의 프로그램화를 위한 논리적 기초를 제공했다는 점에서 긍정적인 평가를 받고 있다.

스포츠교육 모형

스포츠교육 모형(sport education model)은 스포츠를 체육의 가장 중요한 교과내용으로 간주한다. 이 모형에서는 특히 '놀이학습'이 강조되며, 이 때문에 놀이교육 모형이라고도 불려진다.

지식과 경험 유형은 건강, 취업 등을 가능하게 하는 도구적인 가치를 지닌 것과, 즉각적으로 풍요롭고 소중한 인간 활동을 가능하게 하는 본질적인 가치를 지닌 것으로 구분할 수 있다. 스포츠교육 혹은 놀이교육 모형에서는 놀이를 본질적으로 가치 있는 활동, 즉 "인생의 중심에 위치하는 인간 존재의 주요 측면"으로 간주한다(Siedentop, 1980). 놀이는 그 자체를 목적으로 자발적으로 발현되는 활동이다. 그렇다고 천박하거나 부질없는 활동은 아니다. 인간은 놀이하는 것을 배운다. 스포츠, 무용, 예술, 음악, 연극 등의 복잡한 성인 놀이 유형들은 참여의 전제조건으로 교육과 연습을 필요로 한다. 체육은 "복잡하고 고도화된 여러 가지 놀이 유형들 중의 하나인, 경쟁적이고 표현적인 스포츠 활동을 할 수 있는 개인의 성향과 능력을 발달시키는 과정"으로 간주된다. 따라서, 스포츠교육의 주된 목표는 폭넓은 스포츠 기술을 익히고, 스포츠 규칙과 전략을 이해하며, 놀이의 전통과 관습을 이해하는 데 두어진다.

스포츠교육 모형의 주된 목적은 학생들이 숙달된 스포츠 참여자이자 좋은 스포츠인이 되도록 도와주는데 있다. 즉, 학생들에게 체육활동을 통해 스포츠 수행 기술과 능력, 그리

스포츠교육 모형의 주된 목적은 학생들이 폭넓은 스포츠기술을 익히고 규칙과 전략을 이해하는 데 있다.

고 스포츠 태도를 향상시켜 주는데 중점을 둔다. 결론적으로 말해, 스포츠교육 모형은 다음과 같은 세 가지 기본 가정에 토대를 두고 있다(Siedentop 등, 1986).

첫째, 스포츠는 놀이에서 유래된 것이기 때문에 경쟁적인 운동 놀이를 제도화한 모습을 보여준다.

둘째, 스포츠는 우리 문화의 핵심 부분으로서 문화 전체의 건강과 활력을 결정하는 데 중요한 역할을 한다. 따라서, 더 많은 사람이 스포츠에 참가하면 할수록 문화는 더욱 건강해진다.

셋째, 스포츠가 고도의 놀이 형태이고, 좋은 스포츠가 문화 전체의 건강과 활력을 결정하는 데 중요하다면, 스포츠는 마땅히 체육의 중요 내용이 되어야만 한다.

이상에서 살펴본 바와 같이 스포츠교육 모형은 놀이를 본질적으로 가치있는 활동으로 규정하고 체육을 놀이교육의 한 유형으로 본다. 따라서 체육은 경쟁적이고 표현적인 놀이 활동능력을 향상시키는 과정으로서, 고도화된 놀이 형태인 스포츠교육 프로그램을 채택하게 된다.

** 개념틀과 교육과정의 설계 **

스포츠교육 혹은 놀이교육 모형의 개념틀은 R. Callois(1961)에 의해 개발된 놀이유형학에 근거를 둔다. 체육의 범위는 Callois의 놀이유형분류 중 확률(alea)을 제외한 경쟁(agon)과 의태(mimicry)의 범주에 해당하는 신체활동을 포함하는 것으로 정의된다. 스포츠교육 혹은 놀이교육 프로그램의 구조는 특정한 스포츠 활동이나 놀이활동에 초점을 맞춘 단원들을 활용하여 구성된다. 따라서 놀이의미를 갖지 않는 움직임은 체육내용에서 배제된다. 프로그램내용의 계열성은, "놀이방식들은 자발적이고 비규칙적인 어린이놀이인 paidia로부터 많은 기능과 노력 및 정교함이 요구되는 규칙적이고 복잡한 놀이인 ludus에 이르는 연속체로 배열된다"고 하는 Callois의 주장에 의거하여 결정된다. 각 개인들은 놀이하는 존재(player)로 발전해 감에 따라 놀이경험을 중시하는 움직임, 의식, 그외의 다른 활동들의 기능에 더욱 숙달되게 된다. 그러므로, 스포츠교육 모형은 학생들이 그러한 기능을 습득하여 높은 수준의 놀이활동인 스포츠에 활발히 참여할 수 있도록 도와주는 것을 그 역할로 삼는다.

그러면 스포츠교육 프로그램은 어떻게 이루어지는가? 프로그램의 내용은 전통적이고 새로운 놀이유형들을 포함한 일련의 경쟁적이고 표현적인 스포츠활동으로 구성된다. 여기서 한 가지 주의해야 할 것은, 체육 프로그램에 포함되는 스포츠 활동이 반드시 경쟁성을 띠어야 할 필요는 없다는 점이다. 스포츠교육 모형은 교과내용으로서 스포츠를 강조하는 것이지, 스포츠의 한 특성인 경쟁성 자체만을 중시하는 것이 아니기 때문이다.

초등학교의 놀이프로그램은 '아동 놀이'에 초점을 두고 그러한 놀이 기능과 기본적인 스포츠 기능을 개발하는데 목적을 둔다. 중학교 놀이프로그램은 탐색과 상담에 주된 목적을 둔 다 활동 프로그램으로, 학생 스스로가 체육활동을 선택하게 된다. 또한 체육수업은 초급, 중급, 고급 수준으로 나누어 실시되며, 학생들은 원한다면 자신이 좋아하는 한 두 종목의 활동에만 집중적으로 참여할 수도 있다. 또, 이용 가능한 놀이 활동의 숫자를 늘리기 위해 지역 자원들을 이용하거나 교내스포츠클럽 프로그램을 강화하여 실시하게 된다. 또한 학생들이 놀이경험을 만끽할 수 있도록 도와주는 수준높은 체육수업이 제공된다. 스포츠교육 프로그램에서는 강제적이 아닌 자발적이고 적극적인 놀이 환경을 조성하는 것이 중요하다.

** 스포츠 교육모형에 대한 평가 **

상당수의 아동 스포츠 프로그램과 무용교육 프로그램들은 스포츠교육 모형에 따라 이루어진 것들이다. 많은 클럽 스포츠 프로그램들과 평생 스포츠 프로그램들도 역시 그러하다. 명시적으로 스포츠교육 철학을 채택하는 체육프로그램은 그리 많지 않지만 실제 프로그램의 내용상 스포츠교육 혹은 놀이교육적 특성을 띤 체육 프로그램들은 흔히 발견한다. 예를 들어 신체활동의 기능발달을 강조하되 학생들이 원하는 종목을 선택할 수 있도록 허용하는 신체활동중심 프로그램들은 스포츠교육 혹은 놀이교육 모형이라 할 수 있다. 또, 스포츠나 무용활동을 그 자체로서 즐기고 숙달하는데 목적을 둔 프로그램이 있다면 그 역시 스포츠교육 혹은 놀이교육 프로그램이다. 무용유형의 이해와 숙달에 목적을 두는 대부분의 무용프로그램들은 놀이교육 모형을 채택하고 있다고 할 수 있다. 학생들은 이러한 무용프로그램에 참여하여 무용기술과 미적 원칙 및 안무과정을 배우며, 그들이 배우는 여러 가지 유형의 무용들 중에서 자기가 좋아하는 특정한 한 가지 유형을 선정하여 집중적으로 숙달하게 된다.

스포츠교육 혹은 놀이교육 모형에 대한 주된 비판으로, 체육이란 결코 자발적인 것이 아니고 목적의식을 가진 실용적인 것이기 때문에 놀이와 체육은 본질적으로 다르다는 점이 제기된다. 아울러, 스포츠기능의 증대가 곧 스포츠참여 경향을 촉진할 것이라는 가정이 의문시되기도 한다.

그러나, 놀이교육 모형이 체육활동에 참여하는 학생의 개인적 의미와 자발성을 중시하고, 평생스포츠 프로그램의 활용과 같은 사회참여준비를 강조함으로써, 체육교육과정의 발달에 크게 기여했다는 것은 널리 인정받고 있다.

체력 모형

체력 모형(fitness model)을 체육교육과정 모형에 포함할 것인가에 관해서는 논란의 여지가 많다. 왜냐하면 현재 체력 모형이라고 설명할 만한 체육교육과정 모형은 찾아보기 힘들며, 다른 체육교육과정 모형에 흡수 통합되어 활용되는 경향을 보이고 있기 때문이다. 그러나 활동적인 생활양식과 복지가 중시되는 추세에 따라 체력증진을 목적으로 하는 하나의 체육교육과정 모형이 설정될 수 있다. 체력중심 모형은 발달교육 모형이나 인간중심 모형과 마찬가지로 체육을 개인복지증진의 수단으로 간주한다. 그러나 그 주된 목적은 건강증진이라는 범위에 한정시킨다. Weber(1968)는 체육을 "신체를 발달시키고 보호하는데 활용하는 교육"으로 정의하고, 체육교육을 받은 사람이란 "신체에 대한 운동의 영향을 알고 그 지식을 실제 운동에 활용하는 사람"이라고 설명했다.

역사적으로 체력 모형은 '신체의 교육(education of the physical)'이라고 불리어져 왔으며, 이러한 맥락에서 그것은 교육이 아닌 훈련이라는 비판을 피할 수 없었다. 이 모형은 종종 '신체를 통한 교육'인 전통적인 발달 교육 모형과 대비되어 신체훈련 그 자체만을 목적으로 삼는 일종의 체력증진 프로그램으로 인식되었다. 전통모형 주창자들에 의하면, 발달 교육 모형은 '전인'을 교육하는데 반해 체력중심 모형은 '신체' 훈련만을 고려함으로써 학생을 부분적 존재로 나누어 버렸다고 한다.

체력모형은 '신체의 교육'이라 불리 우며 교육이 아닌 훈련이라는 비판을 면치 못했다

그러나 현재의 체력 모형은 신체활동에만 국한되지 않고 운동수행과 그에 대한 이해력 증진을 강조하는 교육적 전망을 갖추게 되었다. 체력 모형은 신체활동이 건강한 생활양식을 향유하는데 필수적이며, 그러한 건강한 생활양식의 발달을 위해서는 신체활동과 건강과의 관련성에 관한 지식, 건강에 도움이 되는 신체활동을 하는 기술, 운동의 중요성에 대한 인식 등이 필요하다는 점을 가정하고 있다.

** 개념틀과 교육과정의 설계 **

체력 모형의 기본 개념틀은 체력요소의 발달이라 할 수 있다. 많은 체력프로그램들은 교육과정의 내용을 호흡 순환기능, 신체조직, 유연성, 근력과 같이 건강과 관련된 체력요소의 발달로 한정하고 있다. 체력프로그램의 범위에는 이들 체력요소들이 운동에 의해 어떤 영향을 받으며, 체력요소의 발달에 도움이 되는 신체활동으로는 어떤 것이 있는가 하는 것에 대한 지식도 포함된다. 건강에 직접적인 도움이 되지 않는 신체활동은 체력프로그램에서 제외된다. 체력프로그램 교육과정의 구조는 그 개념틀에 토대를 둔 것으로서, 특정 체력요소의 발달에 초점을 둔 주제단원과 건강증진을 위한 주제단원이 결합되어 이루어지는 수가 많다. 체력 모형에는 개인의 운동수행능력을 진단하는 작업과, 개인적 욕구와 관심사에 적합한 운동기술을 습득하고 신체의 취약점을 교정하기 위한 개인체력발달프로그램을 개발하는 과제가 포함된다.

** 체력 모형에 대한 평가 **

전통 모형의 한 요소로서 체력의 중요성이 인식되면서 발달단계적 교육프로그램들은 점차 체력요소를 강조하는 경향을 보여 왔다. 그럼에도 불구하고, 체력의 발달을 체육프로그램의 유일한 목표로 삼고 있는 학교는 드물며, 체력 모형은 전통적인 발달단계적 교육프로그램에 흡수 통합되는 경향을 보인다. 오늘날 체육프로그램들은 교육이 아닌 훈련이라는 비판에서 겨우 벗어나고 있는 듯하다. 그러나 체력프로그램의 초점이 너무 좁다는 지적은 꾸준히 제기되고 있다. 또, 체력프로그램이 나름대로의 가치를 지니고 있는 것이 사실이지만 그것은 체육이 아닌 건강교육일 뿐이라는 주장도 제기된다. 무엇보다도, 체력프로그램은 체력에 대한 전망을 철학적으로 명확히 진술하지 못하고 있기 때문에 대부분의 체육교육가들로부터 완전한 교육과정 체계가 아닌 부분적 요소로 간주되고 있다.

발달교육 모형

발달교육 모형(developmental education model)은 20세기 대부분의 체육문헌을 지배해 온 '신체를 통한 교육(education through the physical)'에 근거를 둔 것으로서, 개인의 발달단계(과정)의 촉진을 통한 전인적 발달을 교육 및 체육의 목표로 간주한다. 발달교육 모형에서 중요시하는 것은 교과내용의 숙달이 아니라 전체적 발달 혹은 자아실현이다.

이 모형에서 인간은 발달C단계에 영향을 주는 나름대로의 독특한 특성들을 지녔을 뿐 아니라 공통적인 인지적, 정의적, 심동적 발달유형을 지닌 존재로 가정된다. 예컨대, 아동의 운동기능 발달은 0세에서 2세 사이에 이루어지는 기초움직임능력 습득단계, 2세에서 7세 사이에 이루어지는 기본운동기능 학습단계, 약 8세에서 10세 사이에 이루어지는 일반운동기능 학습단계, 11세에서 14세 사이에 이루어지는 특수운동기능 학습단계, 14세 이상에서 이루어지는 전문운동기능 학습단계의 순서에 따라 이루어진다(Schurr, 1980). 체육은 이와 같은 발달 위계에 따라 아동의 운동 발달을 달성하는데 초점을 두며, 학습 경험의 조직 또한 이러한 운동기능 발달 위계에 상응하는 탐색, 발견, 조합, 선택, 경쟁 등의 위계적 계열성을 가져야만 한다. 또, 발달환경을 조성하고 발달과정을 지도하는 것이 바로 교사의 임무로 간주된다.

발달교육 모형은 인간은 발달단계에 영향을 주는 나름대로의 독특한 특성들을 지녔을 뿐 아니라 공통적인 인지적, 정의적, 심동적 발달유형을 지닌 존재로 가정 된다

대표적인 발달교육 모형으로는 1981년 미국에서 Thompson과 Mann에 의해 초등학교 체육프로그램 구성을 위해 개발된 'SEE 교육과정 설계안'을 들 수 있다. 이 모형의 기본가정은 다음과 같은 프로그램의 철학에 잘 요약되어 있다.

> 모든 아동은 성, 인종, 종족 혹은 신체적, 정신적 결함에 관계없이 최적의 발달을 이룩할 수 있는 기회를 가질 권리가 있다. 최적의 발달을 위한 기회를 제공한다는 것은 체육교육에 있어서의 전인적 접근을 의미하는 것으로서

정의적, 인지적, 심동적인 모든 발달측면들이 상호보완적으로 고려된다. 아동에게 학습방법을 숙지할 기회를 제공하고 아동의 필요에 따라 신축성 있게 설정된 학습환경을 제공하는 것은 발달단계 체육교육과정의 본질이다. 각 학급의 모든 아동들에게 개별화 프로그램을 제공할 수는 없지만 개인차를 고려한 학습환경, 수업운영방법, 교수전략 및 다양한 학습경험을 제공하도록 노력한다. 각 아동이 학습태도와 학습속도 뿐만 아니라 다양한 발달단계에서의 개인차 및 개인내의 차를 인식하는 것은 교육과정 발달의 관건적 요소이다.

** 개념틀과 교육과정의 설계 **

발달교육 모형의 개념틀은 인간발달에 대한 연구로부터 비롯된다. 즉, 학습활동의 선정을 위한 개념틀은 바로 인간발달에 대한 연구로부터 도출된 공통된 발달 유형이다. 각 영역별(인지적, 정의적, 심동적) 발달단계를 고찰해 봄으로써 각 영역의 목표달성을 위한 프로그램의 내용이 결정된다. 교육과정 계획가는 Piaget, Kohlberg, Havighurst, Erikson, Freud 등의 일반적 발달이론과 목표분류계통표에 의존할 수도 있고 체육교육을 위해 특별히 고안된 여러 학자들(Bloom, 1956 ; Krasthwohl, 1964 ; Harrow, 1972 ; Simpson, 1966)의 분류체계를 활용할 수도 있다.

그 중 Thompson과 Mann(1977)에 의해 개발된 체육목표 분류체계는 체육프로그램이 추구해야 할 6가지 영역으로 정신적 발달, 사회·정서적 발달, 신체적 발달, 신체조절능력의 발달, 물체조작능력의 발달, 그리고 신체 및 물체조정능력의 협응적 발달을 들고 있다. 이 분류체계는 "SEE 교육과정 설계안"의 개념적 구조를 위한 근거로 작용하였으며, 아동의 전인적 본성에 초점을 둔 것이기 때문에 각 영역간의 상호작용이 교육과정의 핵심으로 간주된다. 따라서, 이 분류법에서 도출된 학습목표와 학습내용은 운동·정의적 측면(신념, 태도, 가치 및 운동수행간의 상호작용)과 운동·인지적 측면으로 분류할 수 있다. 운동·정의적 측면과 운동·인지적 측면에서 목표내용은 자아, 움직임, 움직임 속에서의 자아, 환경에 대한 움직임의 적응이라는 4가지 주제항목으로 대별된다. 이들 각 항목은 다시 3가지의 발달단계를 가지며 분류법에 의거하여 각 단계별 행동목표가 설정된다.

전통적으로 발달교육 모형은 인지적, 정의적, 심동적 발달이라는 아동의 전체적 발달을 목표로 하며, 그러한 발달 목표를 달성하기 위해 게임, 스포츠, 무용, 운동 등의 다양한 활동프로그램으로 구성된다. 최근에는 발달정도의 개인차를 강조하고 활동보다 발달단계별 주제를 중시하는 체육 프로그램이 개발되기도 했다.

** 발달교육 모형에 대한 평가 **

발달교육 모형은 가장 널리 받아들여지고 있는 체육교육과정 모형이다. 많은 체육프로그램의 목표는 이 모형의 목표와 일치하고 있다. 그러나 이 모형에 근거한 대부분의 프로그램들은 다 활동 종목을 포함하고 있으며, 발달단계에서의 개인차를 고려하지 않는 교수 전략을 사용하고 있다. 또한, 특정한 발달 목표에 직접적인 영향을 줄 수 있는 교육내용을 설정하는데 무관심하다. 아울러 경기나 스포츠활동에 참여하기만 하면 저절로 전체적 발달이 이루어질 것이라는 가정을 하는 경향이 있다. 신체를 통한 교육방법에 대해 과연 그러한 방식으로 폭넓은 발달성과를 거둘 수 있겠는가 하는 의문이 제기되어 왔다. 아울러, 체육프로그램에 참여하는 것이 개인적, 사회적 발달에 기여한다는 주장에는 납득할 만한 증거가 없다는 지적도 제기된다. 또, 개별화 교수의 실패도 비판의 대상이 되고 있다. 그러나 현재 발달 단계적 교육과정 이론가들은 교수의 초점을 발달 단계적 주제에 맞추고 발달단계의 개인차를 고려함으로써 이러한 비난들을 수렴하려 노력하고 있다.

개인의미 모형

개인의미 모형(personal meaning model)은 움직임 경험이 교육적 가치를 지니기 위해서는 반드시 개인적 의미와 중요성을 지녀야 한다고 주장한다. 따라서 교육의 중심과제를 개인적 의미의 발견과 창조에 두고 있다. 또한, 개인의미 모형에서는 움직임의 본질적인 것과 실용적인 것 모두를 포괄하며 그 의미를 놀이에 한정시키지 않는다. 움직임 경험 자체에 내재해 있는 즐거움, 기쁨, 만족감 등과 같은 감정을 중시하며 참여자의 실용적 목적 달성을 위한 움직임 활용에 초점을 맞춘다. 그러므로 개인의미 모형에서 교사의 역할은 학생 개인별 의미의 잠재적 원천을 분석하고 광범위한 활동기회를 제공하며 학생 개개인이 의미를 탐색할 수 있도록 도움을 주는데 있다.

개인의미 모형은 인간의 창조정신과 전인성에 기초하고 있다. 대부분의 다른 교육과정이 교육의 내용을 강조하는데 반해 이 모형은 개인의 의미 창조에 초점을 두고 있다. 타교육과정 모형과 비교하여 구별되는 특성으로는 학생중심, 개인간의 관계, 과정전개의 융통성, 학습에 참여하는 개인들의 실존적 요구, 교수에 있어서 정의적 내용의 중시 등을 들 수 있다. 무엇보다도, 개인의미 모형은 사회적 맥락 혹은 환경 내에서 학습자의 인간성을 개발하고, 최대한의 생태학적 통합을 이루며, 자아를 실현하는데 관심을 기울인다. 개별적 특수 환경 내에서의 전인 발달이 주된 목표이기 때문에, 학교는 개인적 요구와 사회적 요구 양쪽에 모두 관심을 기울이도록 요구된다.

개인의미 교육과정을 계획하는 사람들에게 있어서 개인의 선호도나 요구들은 교육과정 의사결정시 매우 중요한 정보가 된다. 따라서 학습방법을 배우는 것, 개인의 창조성 및 사회적 효율성을 개발하는 것, 개인의 가치·신념·흥미 등에 따라서 인생을 의미있는 것으로 받아들일 수 있는 자아를 인식하는 것 등과 같은 교육목표에 목표설정의 우선순위를 두고 있다. 요약하면, 개인의미 교육과정의 접근방식은 합법적인 교육과정 내용으로써 개인간의 유사성 및 차이점, 학습자의 준비성 및 개인적 의미, 개인의 경험 등을 중요시 생각하고 있다.

** 개념틀과 교육과정의 설계 **

개인의 의미를 중시하는 체육 교육과정 모형은 그간 여러 학자들에 의해 그 이론적 토대가 제시됐으나, Jewett과 Mullan(1977)이 체계화한 목표·과정중심 교육과정 개념틀(purpose process curriculum framework : PPCF)에 의해 가장 잘 설명되고 있다.

PPCF는 개인의미 교육과정 모형의 한 준거로서 목표영역과 과정영역의 2가지 측면으로 구성된다.

목표영역은 개인의 목적을 달성하는데 인간움직임이 어떻게 기능하는가를 논리적으로 분석하여 도출한 것으로서 개인적 발달, 환경의 극복, 사회적 상호작용이라는 3가지 핵심개념(key concepts)으로 이루어진다. PPCF는 학습자 개개인의 다양한 특성과 욕구에 부응하고 다변적인 학습상황에 대처하기 위해 설정목표의 다양화를 기본전제로 하고 있다. 따라서 이러한 3가지 핵심개념은 다시 움직임기능과 관련하여 생리적 효율성, 심리적 안정성, 공간적 정향, 물체조작, 의사소통, 집단 상호작용, 문화적 참여의 7가지 주요개념(major concepts)과 심폐 효율성, 기계적 효율성, 신경·근육 효율성, 움직임의 즐거움, 자기이해, 감정의 정화, 도전, 인지, 이동, 관련성, 중량처리, 물체투사, 물체수용, 표현, 명료화, 의태, 팀웍, 경쟁, 지도력, 참여, 움직임 감상, 문화이해라는 22가지 개념요소로 세분된다.

이러한 목표영역은 교육과정 설계자가 교육과정 내용의 범위와 성격을 결정하는데 지침으로 활용된다. 특히, 이들 영역의 7가지 주요개념과 22가지 개념요소들은 학습자의 특성과 학습여건을 감안하여 탄력있게 적용해야 한다.

PPCF는 목표영역과 과정영역의 두 측면을 균등하게 강조하는 개념틀로서, 개인적 의미는 목표 차원만이 아닌 학습과정 자체에서도 추구할 수 있다. PPCF의 과정영역은 기본 움직임, 응용 움직임, 창조 움직임 등의 3가지 핵심개념과 이들 핵심개념을 세분화한 인지화, 유형화, 적용화, 숙련화, 변용화, 창안화, 구성화 등의 7가지 과정범주(process categories)로 구성되어 있다.

개인의미 모형은 인간의 창조정신과 전인성에 기초하고 있다. 대부분의 다른 교육과정이 교육의 내용을 강조하는데 반해 이 모형은 개인의 의미 창조에 초점을 두고 있다

PPCF의 과정범주들은 인간이 움직임을 배우는 방식, 즉 인지, 유형, 적용, 숙련, 변용, 창안, 구성의 과정을 설명하고 있다. 이러한 과정기능들은 움직임 참여에서 얻을 수 있는 모든 요소를 포함하고 있기 때문에 그 자체로서 학생들이 배워야 할 프로그램 내용이 된다. 학생들은 그들의 목적을 달성하기 위해서 이들 각 과정을 경험해 보아야 할 뿐만 아니라 이들 과정들을 이해하고 활용할 수 있어야만 한다. 또 학생들은 과정기능을 터득하기 위해 과정기능 자체를 익히고, 나아가 그 현상을 파악하고 이를 논리적으로 분석할 수 있어야 한다. 과정기능을 터득하고 그 현상을 이해할 수 있을 때 학생들은 비로소 다른 유사 움직임 상황에도 계속적으로 참여할 수 있게 된다. 이러한 움직임과정들은 교수활동을 계획하고 그 계열성을 결정하는 근거를 제공한다. 또 교사는 수업목표를 정하고 학생의 운동수행능력을 평가하는 근거로서 이러한 과정들을 활용할 수 있다.

개인의미 체육교육과정의 프로그램 내용은 체육 참여자의 잠재적 의미를 토대로 하여 구성된다. 경우에 따라서는, 학생에 의한 움직임학습 과정기술의 개발을 프로그램의 내용으로 할 수도 있다. 교육과정을 설계할 때 고려해야 할 요소로는 크게 학습목표의 설정, 학습내용의 선정과 조직, 학습결과의 평가를 들 수 있다. 개인이 자기환경과 상호작용하면서 어떤 의미를 가지고 어떻게 움직이느냐 하는 총체적 상황에 초점을 두는 PPCF에 근거하여 체육교육과정을 개발할 때에는 이러한 세 가지 구성 요소를 잘 이해하여 적용해야 한다. 목표·과정 중심 교육과정에서 수업은 대개 특정 목표개념을 중심으로, 주제 단원들(예를 들어 심폐 효율성, 물체 투사, 움직임이해)을 강조하는 스포츠 혹은 무용활동을 가르치는 방식으로 이루어진다. 단원 내의 내용선정은 PPCF의 목표영역의 개념요소들과 과정영역의 과정범주들의 분석에 근거하여 이루어진다.

** 개인의미 모형에 대한 평가 **

목표·과정 중심 교육과정의 모형은 움직임의미의 창조와 탐색을 중요 목적으로 삼는 개인의미 모형의 일종이다. 이 모형은 타 교육과정 모형에 비해 다음과 같은 측면의 장점을 지니고 있다고 평가된다.

첫째, 움직임 활동에 참여하는 개개인의 의미를 반영하여 프로그램 내용을 선정할 수 있다.

둘째, PPCF의 과정범주들은 일관된 하나의 개념구조 내에서 학교나 지역사회의 특성에 부응하는 교육과정을 설계할 수 있게 해준다.

셋째, 학습목표 뿐만 아니라 학습과정까지 중시하는 유일한 교육과정 모형이다.

넷째, 이 모형은 체육교육과정을 이론화하는데 크게 기여했다.

한편, 목표·과정 중심 교육과정 모형의 한계에 대한 비판도 적지 않게 제기되고 있다.

첫째, 지나치게 이론화에 치중하여, 실제로 PPCF에 토대를 둔 교육과정 프로그램 개발 노력이 부족하다.

둘째, 개념과 용어가 불명확하고 개념들 자체에 대한 정의도 불충분하다.

셋째, 개념들을 이해하지 못한다거나 움직임활동 참여자의 개인목표를 프로그램 목표로 구체화하는 방법을 모르고서는 이 모형을 활용하기가 힘들다.

넷째, 7가지의 주요목표를 포괄하는 폭넓은 움직임경험을 제공한다는 언명만으로 개별화 프로그램이 저절로 도출된다는 보장이 없다.

다섯째, 목표측면만이 아니라 과정측면까지도 중시하지만 다양한 학습과정이 제공된다고 해서 소정의 목표성취가 가능하다는 보장이 없다.

이상, 목표·과정중심 교육과정 모형이 지닌 장 단점을 그 동안 제기되어 온 논점들 중심으로 살펴보았다. 그러나 이러한 장 단점 여부보다도 교육과정 설계자와 학습자가 PPCF의 이론적 토대를 어느 정도 이해하는가에 따라 이 모형의 활용여부와 실천적 성과가 좌우된다고 할 수 있다.

인간중심 모형

인간중심 모형(humanistic physical education model)은 인간개개인의 개별특성을 강조하여 체육이 학생자신의 정체성을 찾고 자아를 실현하는데 도움을 주어야 한다는 입장을 취한다. 이 모형은 체육이 개인의 전체적 행복에 기여해야 한다는 발달 교육론자들의 주장을 수용하면서도 각 개인의 개별적 특성을 강조한다. 따라서, 표준화된 학교 교육프로그램과 교수방법은 적합하지 못한 것으로 간주되며, 심동적 영역이나 인지적 영역 못지않게 정의적 영역에 대한 고려도 중시된다.

인간중심 체육은 신체활동을 통해 학생이 개인의 정체성을 발견하도록 도와주며 학생의 자기존중, 자아실현, 자기이해, 대인관계발달을 교수활동의 중심과제로 삼는다(Hellison, 1978). 이 모형의 기본가정은 다음과 같다.

첫째, 인생의 주요목적은 개인의 잠재력을 실현하고 스스로의 꿈을 달성하며 유능한 인간존재가 되는 것이다. 건강이란 소극적인 의미에서 질병이 없다는 것이 아니라 적극적인 의미에서 고도의 복지수준을 향유하는 것이다.

둘째, 각 개인은 독특한 잠재능력을 가지고 있다. 욕구, 능력, 흥미가 똑같은 두 사람이란 존재하지 않는다. 따라서 어떤 정해진 틀 속에 맞추어 학생을 교육해서는 안된다.

셋째, 각 개인은 사회적 가치의 영향으로 개인의 발달이 저해되지 않도록, 필요하다면 자신의 문화로부터 선택적인 이탈을 할 수 있어야 한다.

넷째, 인간이 어떻게 느끼고 있는가 하는 것은 그가 무엇을 알고 있는가 하는 것보다 중요하다. 사실상, 개인이 자기 자신을 어떻게 생각하느냐 하는 것에 의해 학습 성과가 결정된다. 더욱이 자기자신을 인정하지 않는 사람이 자아실현을 위해 노력한다는 것은 불가능하다.

다섯째, 학습의 방법과 학습의 의미를 가장 잘 아는 사람은 학습자 그 자신이다.

** 개념틀과 교육과정의 설계 **

인간중심 체육 모형의 개념틀은 궁극적으로 자아실현에 이르도록 발달단계를 설정하는 것이다. Hellison은 다음과 같은 5가지 발달단계를 규정하고 있다. 인간중심 체육프로그램의 내용은 바로 이 틀에 토대를 두고 있다.

첫째, 위험단계 : 모험심이 가장 높은 청소년기에로의 진입을 최초로 인식하는 단계. 무력감을 느끼고 극단적인 방어심리가 팽배해 있으며 외부 세계와의 접촉이 부족하여 의미 있는 것들에 대해 무조건적인 불신을 표명한다. 조급한 성장욕구는 불만감과 결합하여 적대적인 대인행동을 유발한다.

둘째, 참여단계 : 공식적인 의미의 학습은 아니지만 최소한 무엇인가를 배운다는 의미에서 몇 가지 신체활동에 참여하는 단계. 이 때 교사와 다른 학생의 간섭을 받지 않는 자기조절 성향을 띤 움직임 활동이 병행된다.

셋째, 자기방향설정 단계 : 개인적 욕구를 충족시키기 위해 자신이 좋아하는 활동을 발전시켜 나가는 자기방향설정 단계. 이 시기에는 먼저, 운동기능과 연습개념, 연습경험을 체득하고 다음으로, 개인별 목표를 정하고 자신의 결정에 대해 책임을 지며 그 다음으로, 인생의 목표와 과정을 깨닫고 마지막으로, 동료의 압력을 거부하고 자신의 포부를 지켜 나갈 수 있는 용기를 기른다.

넷째, 친 사회적 행동의 단계 : 친 사회적 행동의 단계. 협동, 집단적 결정, 타인 돕기, 감정이입의 발달, 사회에서 자신에게 부여된 역할 완수하기 등의 자질을 기른다.

다섯째, 통합단계 : 통합단계. 일, 놀이, 친 사회적 행동, 그리고 남들이 그냥 지나쳐 버리는 대상을 보고도 웃을 수 있는 건전한 유머 감각 등을 개인 내에 통합할 줄 알게 된다.

Hellison은 이 모형에 의거한 구체적인 체육프로그램을 다음과 같이 제시한다. 프로그램은 일주일 중 이틀은 체력운동, 또 이틀은 놀이를 곁들인 기능훈련, 나머지 하루는 새로운 경기를 하도록 구성된다. 운동 참여는 학생 각자가 선택해서 할 수 있으나 그 선택 결과에 대해서는 스스로 책임을 져야 한다. 학생들은 인식단계에 대한 토론을 통해 자기이해력을 높일 수 있고, 어느 정도 자기 통제력을 기르면 개별 프로그램 활동에 참여할 수 있게 된다.

이상의 논의를 다시 살펴보면, 인간중심 체육교육과정 모형은 다음과 같은 특징을 갖는다고 할 수 있다. 첫째, 학습내용은 학습자 스스로 선택한다. 둘째, 학습자는 자신의 학습과제를 스스로 설정한다. 셋째, 가장 새롭고 독특한 수업이 전개된다. 넷째, 표준화된 평가방법을 사용하지 않는다. 다섯째, 학과점수는 학습자의 자기평가에 의해 결정되며 학습과정에서 그다지 중요시되지 않는다.

이처럼, 인간중심 체육교육프로그램에서는 학생중심의 수업전개가 강조되며 교사는 지시를 내리거나 학습활동을 감독하는 것이 아니라 학생들이 자기 통제 하에 학습에 임할 수 있도록 조언하고 돕는 학습의 촉매자 혹은 안내자 역할을 담당하게 된다.

이 모형에 의거한 체육수업 전개방법으로는 첫째, 자아존중을 개발·발전시키는데 학습의 중점을 두고 그를 위해서 비위협적인 환경 조성하기, 학습자 개개인을 하나의 고유한 존재로 다루기, 가능한 한 많은 성공감을 맛보도록 하기 등을 강조하여야 하고 둘째, 학습자의 자아실현을 돕는 방법에 중점을 두고 그를 위해서 심동적 영역의 개발, 자아표현, 총체적인 참여를 고려하여 지도하며 셋째, 학습자의 자아이해를 돕기 위해 집단별로 강의하고 토론하며, 개별지도 및 특별프로그램 등을 고려하여 지도하고 넷째, 바람직한 인간관계를 향상시킬 수 있도록 지도하되, 운동 중의 협동심을 강조하고 경기 중에 나타나는 협동심에 대해 가르치고 토론하며 다른 사람에게서 나타나는 협동하는 태도를 관찰해 보도록 하는 등의 방법을 이용하여 지도하기 등을 들 수 있다.

** 인간 중심모형에 대한 평가 **

인간중심 모형은 교육의 인간화라는 관점에서 학생 개개인의 독특한 특성을 고려하여 학생 자신의 정체성 발견과 자아실현을 교육의 주된 목표로 삼고 있다. 그러나 이에 대해서 자아실현의 개념이 불분명하고, 그 결과 체육프로그램의 목표를 정확히 정의하지 못하고 있다는 비판이 제기된다(Siedentop, 1980). 뿐만 아니라, 명확하게 조직화된 교육과정이 제시되지 않고 있으며 포괄적인 평가방법도 부족하다(최 의창, 1988). 그러나 한편으로 인간관계 기술과 개별화 교수법에 대해 관심을 둔다는 점과 수업시 학습자 측면을 중시했다는 점에서 이 모형은 긍정적인 기여를 했다고 볼 수 있다.

인간중심 체육교육프로그램에서는 학생중심의 수업전개가 강조되며 교사는 학습의 안내자 역할을 담당하게 된다

학문중심 모형

학교체육의 토대를 운동과 관련된 여러 학문의 탐구와 그것을 통한 지식의 습득에 두는 입장에서 설계되는 체육프로그램 체계를 '학문중심 교육과정 모형(kinesiological studies curriculum model)'이라 부른다. 이 모형은 주로 중등학교 체육프로그램의 토대로 사용되고 있는 측면이 강하나, 초등학교의 상급학년 체육프로그램의 경우 선택적으로 활용하면 인간 움직임의 이해를 더하는데 도움이 될 수 있다.

체육이란 움직임 현상의 규명을 위해 여러 학문의 개별적 부분들이 서로 유기적으로 연관되는 학제간 영역으로 규정할 수 있다. 이 모형은 1960년대 이후 Henry를 중심으로 하여 전개된 체육의 학문성 논의의 결과 체육교과가 운동기능만이 아닌 지식요소도 중요시해야 한다는 인식이 확산된데 크게 힘입었다. 학문중심 교육과정 모형은 Lawson과 Placek(1981)에 의해 저술된 'Physical Education in the Secondary School : Curriculum Alternatives'에 잘 예시되어 있다. 그들은 체육의 주제를 "체육의 학문적 토대로부터 도출된 운동수행지식과 결부시켜 스포츠, 운동, 무용, 경기에 있어서의 경험과 수행기술을 독특하게 융합하는 것"이라고 정의하였다.

Lawson 등은 체육교육을 받은 사람이란 운동수행의 방법과 운동수행의 의미를 아는 사람이자 자율적인 운동학습능력을 체득한 사람이라고 설명한다. 그들에 의하면, 이러한 과정중심 교육과정 모형에서 학습은 즐겁고도 본질적인 가치를 지닌 것일 뿐 아니라 학생들이 과거의 경험을 토대로 새로운 인식과 개념을 형성할 수 있도록 해준다. 따라서, 학문중심 교육과정 모형은 기본교과내용을 선정함에 있어서 학생중심 학습법을 채택하도록 권장된다.

** 개념틀과 교육과정의 설계 **

학문중심 교육과정 모형의 개념틀은 문제해결과정의 요소와 교과내용의 구조에 대한 설명체계라 할 수 있다. Lawson과 Placek가 제시한 학문중심 교육과정 모형의 내용구조는 다음과 같은 학습단원을 포함하여 이루어진다.
- 운동과 체력
- 영양과 운동 및 심장·혈관의 질병
- 생체역학
- 놀이와 게임 및 스포츠
- 심신의 통일과 미학
- 운동학습

학생들은 이러한 학습단원들의 문제를 해결하는 과정에서 기존의 지식을 활용하고 새로운 지식을 습득하여 이들 지식을 자신의 운동수행에 적용할 수 있게 된다.

Lawson 등은 학문중심 교육과정 프로그램을 앞의 예와 다른 방식으로 구성할 수도 있다고 설명한다. 한 가지 대안은 운동기능학습을 강조하는 신체활동 중심구조를 그대로 유지하면서 학문적 개념을 신체활동단원에 통합하고 그러한 지식정보를 타교과 분야에 관련시키는 방식이다. 다른 한 가지 대안은 특정 개념을 중심으로 학습단원을 구성하는 방식으로서 학생들은 실제학습을 포함하는 실험실 경험에 참여하게 된다. 그러나, 이 두 번째 방식이 특정 운동기능의 학습을 강조하는 것은 아니라는 사실을 유념해야 한다.

** 학문중심 모형에 대한 평가 **

학문중심 교육과정 모형을 적용하기 위해서는 교사가 운동수행기능을 완벽히 숙달해야 하고 운동의 과학적 기초에 통달하여야 하며 그러한 과학적 지식을 학생에게 적절히 가르칠 수 있는 능력을 갖추어야 한다. 또한, 문제해결방법을 실시하는 과정이나 실험실 경험을 이용하는 데는 교사·학생 양자의 역할 및 행동의 변화가 요구된다. 이처럼, 운동학적 교육과정 모형의 실행에는 많은 어려움이 따른다.

비평가들은 이 모형에 대해 움직임교육 모형에서와 똑같은 문제점들을 지적한다. 특히, 실험설치를 포함하는 개념단위를 사용함으로써 스포츠활동과 놀이의 중요성을 외면하고 체육을 관념화하게 된다는 비판이 제기되었다.

그러나 이 모형의 옹호자들은 운동지식과 운동수행기능은 프로그램을 통해 통합되는 것이라고 주장한다. 체육의 전문성을 강조하는 학문중심 교육과정 모형은 교사로 하여금 운동기능은 물론 이론적 지식에도 관심을 두게 하여 교사 자신과 학생에게 보다 전문적인 교육실천을 가능하게 해줄 뿐만 아니라, 학생들에게 이론적 지식을 제공하여 그러한 지식을 문제해결에 적용케 함으로써 체육과 관련된 여러 가지 문제점들을 스스로 해결할 수 있는 능력을 길러 줄 수 있다.

> **요점 확인**
> 7가지 교육과정 모형의 개념 및 주요한 특징을 간략히 설명해 보시오

> **'과연 교육과정 모형은 현장에서 적용될 수 있을 것인가?**
> **(어느 학부생의 의문점)**
>
> '과연 교육과정 모형은 현장에서 적용될 수 있을 것인가? 적용된다면, 현장에서 교사들은 과연 어떻게 적용을 하고 있을까?'란 의문이었다. 잠정적으로 내린 결론은 교육과정 모형은 수업의 방향을 제시해 줄 수는 있지만 수업의 실질적인 구성이나 진행에는 별로 도움이 되지 못한다는 것이다. 교육과정 모형은 하나의 교육사조, 즉 큰 흐름이고 수업모형은 수업의 구체적인 형태를 제시해주는 일종의 프로그램이기 때문이다. 즉, 교육과정 모형은 실제 수업을 구성하는데 적용하기에는 피상적인 느낌이다. 작년에 '초등 게임 활동 지도법'이라는 강의를 들었는데 그 수업에서는 게임 중심의 수업 모형을 사용하여 수업을 구성하고 실제로 진행해 보았다. 그 때 사용하였던 교재에는 굉장히 자세하게 수업 적용 면의 예시가 있었다. 반면 본 교재에서 교육과정 모형에 대해 나와 있는 부분은 '생생한' 예시가 없다. 이는 예를 들고 안 들고의 문제거나 어떤 예를 선택 하였느냐의 문제가 아니라 교육과정 모형의 특성을 어느 정도 대변한 것이라 생각한다. 교육과정 모형은 큰 흐름이다 보니 목표 면만 보더라도 한 차시로 달성될 것이 아니라 장기적인 안목을 통해 달성해야 하는 것이기 때문에 수업의 방향을 설정할 수는 있지만 구성과 진행에 적용되기에는 무리가 따르는 것이 아닐까? 즉, 실제 체육 수업에서는 교육과정 모형의 바탕 위에 수업 모형을 이용한 수업을 계획하면 된다고 본다.
>
> 교육과정에서 2개 이상의 교육과정 모형을 채택하고 있는 것도 이와 같은 맥락에서 생각해 볼 수 있다. 교육과정은 시대적 상황, 사회적 요구 등을 고려해 그에 부응되는 교육의 방향을 제시한다. 이러한 교육과정을 잘 반영하고 있는 것이 교육과정 모형이다. 교사는 교육과정에서 2개 이상의 교육과정의 모형을 제시하였다고 해서 한 수업 내에서 그것을 다 달성하도록 수업을 구성할 필요는 없다. 단원에 따라, 그 차시의 내용에 따라 적합한 교육과정 모형을 선택하여 그것에 바탕을 두고 더 구체적이고 현실적으로 수업을 구성하고 진행하면 된다.

6. 우리나라 초등 체육교육과정의 변천

체육이 우리나라 초등학교 내의 한 교과로서 포함된 것은 1895년 '교육조서'가 발표되고 그 해 7월 소학교령이 공포되어 '체조'가 정식과목으로 채택되면서부터 이다. 그 동안 초등학교체육교육은 6차례에 걸친 교육과정의 개정을 통하여 '체조'에서 '체육과와 보건과'로, 다시 '체육(움직교육)'으로 교과명칭이 변화되어 오면서 양적, 질적으로 많은 발전을 해 왔다. 그러나, 초등학교 교사의 수업시수 부담, 체육시설 및 용구의 부족, 현장 실천성을 결여한 체육교과서 등 초등체육교육의 현실 내에 내재된 많은 문제점들로 인해 초등체육교의 이상이 제대로 실현되지 못하고 있다는 비판이 제기되어 왔다.

우리나라의 경우, 1945년 8·15 광복 이후 제 1차 교육과정(1954-1963)이 공포되기 전까지는 교육에 대한 긴급조치들(일반 명령 제4호에 의한 각급 학교의 개학과 이어 시달된 '신조선의 조선인을 위한 교육 방침' 및 각급 학교 교과목 주당 교수 시수표')과 1946년에 시달된 교수요목(학교급별, 교과목별 주당 수업 시간표와 교과목별 교수요목)이 교육과정의 역할을 대신하였다. 교육에 대한 긴급조치의 초등학교(당시의 명칭은 '초등학교') 교과목 주당 교수 시수표(1945~1946)는 일제 말기의 소학교 교과목 및 수업 시간표를 근간으로 개정된 임시 방편의 것으로서, 수신과를 폐지하고 새로운 민주 시민 양성 교과로서 공민과를 신설한 점, 일본어 중심의 국어를 우리말과 글 중심의 국어로 바꾼 점, 일본 역사를 폐지하고 우리 국사 교육을 시행한 점 등 일제의 황민화 교육을 말살하고 신생 민주국가로서 가져야 할 교육 내용을 취하려는 의지가 담겨 있었다. 이 교수 시수표에 따르면, 초등학교에서 체육은 '체조'라는 명칭 하에 주당 3~5시간(1, 2학년 주당 4시간, 3학년 5시간, 4, 5, 6,학년 3시간)이 배당되어 국어와 산수 다음으로 중시되었다.

교수요목(1946~1954)은 광복된 나라의 2세 교육에 필요한 교육내용을 하루 빨리 정해야겠다는 국민적 요구에 따라, 미 군정청의 편수관들이 서둘러 제정하여 1945년 9월 1일부터 시행하도록 한 새로운 민주적 교육과정이다. 이처럼, 교수요목은 임시방편으로 서둘러 제정·고시된 것으로서, 그 후에 공포된 교육과정에 비하면 전개 체제, 내용 등의 면에서 미흡한 점이 많았다. 교수요목의 특징으로는 첫째, 교과 편제 중에서 종래의 공민, 역사, 지리, 실업, 자연 관찰을 통합하여 사회생활과를 탄생시킨 점, 둘째, 교수요목이라는 용어가 듯 하는 바와 같이 교육과정의 전개를 대부분의 교과에서 단원명, 제재 명, 내용 요소 등 가르칠 주제만을 열거하고 있는 점, 셋째, 내용 수준이 학생들의 지적 능력에 비하여 높고 교과 상호간의 횡적인 관련을 고려하지 못한 점 등을 들 수 있다. 교수요목에서 초등학교의 체육은 '보건'이라는 명칭 하에 모든 학년이 똑같이 주당 5시간씩 할당되었는데, 이것은 국어 다음으로 많은 시간 비율을 차지한 것이었다. 6·25 전쟁 이 후인 1954년에 이르러서야 각급 학교의 교육활동 체제와 내용을 체계적으로 규정한 공식적인 '교육과정'이 등장하게 되었으며, 그 후 시대적 요구의 변화에 맞춰 주기적인 개정이 이루어져 왔다.

여기서는, 초등 교육과정을 국가가 공포·제시한 문서인 공식적 교육과정으로 한정하여 그 변천과정과 특성을 차례로 살펴보고자 한다.

제 1차 교육과정(1954~1963)

제 1차 교육과정(1954~1963)은 1954년 문교부령 제35호로 공포된 '교육과정 시간 배당 기준령'과 그 이듬해 문교부령 제 44, 45, 46, 47호로 공포된 초·중·고·사범학교 '교육과정'으로서, 각 교과에서 지적 체계를 존중하는 교과중심 교육과정의 특징을 지니고 있으면서 학생들의 경험과 생활을 존중하는 생활중심 교육과정 개념이 침투되어 있었다. 교육과정의 편제는 교과활동과 특별활동으로 하여 특별활동을 통한 전인교육을 중시하였으며, 교과는 세분주의를 지양하고 통합에 따른 대교과주의를 취하여 초등학교의 경우 국어, 산수, 사회생활, 자연, 보건, 음악, 미술, 실과의 8개 교과로 하였다. 또, 당시의 시대적인 요구였던 도의교육을 강조하여 각 학년의 총 이수시간 수의 범위 내에서 연간 35시간 이상의 시수를 확보하여 전 교과와 학교 전체의 교육활동을 통해 도덕 교육을 행하도록 하였으며, 실과를 중시하여 쓸모있는 직업인 육성에 힘썼다.

제 1차 초등학교(당시의 명칭은 '초등학교') 체육교육과정은 '발달교육 모형'과 '놀이 모형'이 혼합된 절충적 교육과정으로 볼 수 있으며, 그 구체적인 특징은 다음과 같다.

첫째, 교과목 명칭이 1895년부터 계속적으로 사용되어 오던 '체조'로부터 '체육과와 보건과'로 변화되었다.

둘째, 체육의 개념이 '신체의 교육'에서 '신체를 통한 교육'으로 변화됨으로서 종합적 목표가 제시되었다.

셋째, 내용영역은 '체조' 중심으로부터 '운동놀이'(motoric play) 중심으로 변화되었으며, 체조놀이, 놀이(구기와 레크리에이션), 리듬놀이, 그리고 위생의 4개 영역으로 세분되었다.

넷째, 내용의 조직은 '활동단원'으로 구성됨으로써 다양한 놀이활동 프로그램이 포함되게 되었고, 학년수준에 따라 저학년(1, 2학년), 중학년(3, 4학년), 고학년(5, 6학년)으로 분리되었다.

다섯째, 주당수업시간은 3시간으로 책정되었다.

<초등학교 체육과 수업시간수의 변천>

시기 \ 학년	1학년	2학년	3학년	4학년	5학년	6학년	비고
교육에 대한 긴급조치(1945)[1]	4	4	5	3	3	3	주당시간수
교수 요목기(1946)[2]	200	200	200	200	200	200	연간시간수
1차 교육과정기(1954)	18~12	15~12	15~10	10~12	10~12	10~12	(%)*
2차 교육과정기(1963)[3]	2.5~3	3~2.5	3~3.5	3.5~3	3~3.5	3.5~3	주당시간수
3차 교육과정기(1973)	2	3	3	3	3	3	주당시간수
4차 교육과정기(1981)[4]	6	7	3	3	3	3	주당시간수
5차 교육과정기(1987)	6	7	3	3	3	3	주당시간수
6차 교육과정기	6	7	3	3	3	3	주당시간수

1) 이 시기의 교과명은 '체조'로 되어 있었음
2) 이 시기의 교과명은 '보건'으로 되어 있었음
3) 2차 교육 과정기 부터 '체육'으로 교과명이 바뀜
4) 4차 교육과정 이후로는 1, 2학년에서 체육·음악·미술교과를 '즐거운 생활'이라는 교과로 통합하여 가르침
* 연간 수업 시간수에 대한 체육교과의 시간배당량을 백분율로 표시한 것임

제 2차 교육과정(1963~1973)

제 2차 교육과정은 5·16 군사혁명(1960)의 정치적 격변 뒤인 1963년에 제정·공포되었는데, 교과목으로 조직된 내용보다 학생들의 경험을 중시하는 교육의 개념을 전적으로 받아들인 경험중심 또는 생활중심 교육과정이었다. 따라서, 교육과정 내용면에서 자주성, 생산성, 유용성을 강조하고, 조직면에서는 합리성을, 운영면에서는 지역성을 강조하였다. 또한, 기초 학력의 충실을 기하기 위해 각 교과별로 최소한도의 지도내용 요소를 선정하고, 교육과정의 계열을 합리화하여 각급 학교 사이에 일관성을 유지토록 하며, 생활경험 중심의 교과경영을 지향하여 관련성 있는 교과를 종합지도하고, 교육과정의 전체 구조를 교과활동, 반공·도덕 생활 및 특별활동으로 구성하는 등의 특성을 갖고 있었다. 초등학교의 교과는 제 1차 교육과정과 같이 국어, 산수, 사회, 자연, 체육, 음악, 미술, 실과의 8개 교과로 하였다.

제 2차 초등학교 체육교육과정은 제 1차 초등학교 체육교육과정과 별 차이가 없이 '발달교육 모형'과 '놀이 모형'이 혼합된 절충적 교육과정으로 제시되었으며, 그 구체적인 특징은 다음과 같다.

첫째, 교과목 명칭이 '체육과와 보건과'에서 전 세계적으로 공용되던 '체육(physical education)'으로 변화되었다.

둘째, 내용영역은 제 1차 교육과정과 똑같이 체조놀이, 놀이(구기와 레크리에이션), 춤놀이, 그리고 보건위생의 4개영역으로 세분되었다.

셋째, 주당수업시간은 3~4시간이 책정되었다.

제 3차 교육과정(1973~1981)

제 3차 교육과정(1973~1981)은 유신이라는 계몽운동 정신에 입각하여 국민정신 교육의 강화를 교육의 방향으로 정하고, 학문 접근 방식을 교육의 방법 및 원리로 하여 개정된 것으로서, 국민교육헌장의 이념 구현을 교육과정의 방향으로 하고 국민적 자질의 함양, 인간교육의 강화, 지식과 기술교육의 쇄신을 기본 방침으로 삼았다. 기본 개념의 이해와 지식의 구조적 학습 및 탐구의 능력을 중시한 이 교육과정은 1960년대부터 미국에서 새롭게 대두된 학문중심 교육과정의 사조를 받아들였지만, 그 내용이나 형식은 그 이전의 교육과정들과 달리 개정 사유로 내걸었던 '국적 있는 교육'이라는 슬로건에 걸맞게 여러 면에서 한국화 된 교육과정의 성격을 지니고 있었다. 교육과정 편제는 교과활동과 특별활동의 2개로 편성되었고, 구 과정의 반공·도덕 생활이 도덕·국민 윤리과로 변하여 교과활동의 한 교과로 되었다. 따라서 초등학교의 교과는 도덕, 국어, 산수, 사회, 자연, 체육, 음악, 미술, 실과의 9개로 구성되었다

1970년대의 대한민국은 고도성장시대로서, 국민생활이 급속히 변화됨에 따라 성인은 물론 어린이의 체력저하가 사회적 이슈로 등장하게 되었다. 특히, '체력은 국력'이라는 슬로건 하에 전개된 중앙정부의 체육진흥정책은 제 3차 초등학교 체육교육과정에도 강력한 영향을 미쳤다. 이러한 상황 속에서 개정된 제 3차 초등학교 체육교육과정은 '발달교육 모형'과 '체력 모형'의 절충적 교육과정으로 볼 수 있으며, 그 구체적인 특징은 다음과 같다.

첫째, 운동능력보다 체력의 목표가 더 강조되었다.

둘째, 내용영역의 명칭도 '놀이(play)'에서 '운동(exercise)' (예: 체조놀이-기계운동)으로 변화되었으며, 기초체력 육성을 위해 '순환운동' 영역인 '기초적 운동' 영역이 새로이 포함되었다. 내용영역은 기초적 운동, 기계 운동, 육상 운동, 공 운동, 수영, 무용, 보건의 7개 영역으로 세분되었다.

셋째, 주당 수업시간은 1학년이 2시간, 나머지 학년은 3시간씩으로 책정되었다.

표. 체육과 교육과정 내용의 변천

차수 학교	1차	2차	3차	4차	5차	6차
초 등 학 교	1.체조놀이 2.놀이 3.리듬놀이 4.위생	1.체조놀이 2.놀이 3.춤놀이 4.보건위생	1.기초적 운동 2.기계운동 3.육상운동 4.공운동 5.수영 6.무용 7.보건	1.기본운동 2.육상운동 3.기계운동 4.구기운동 5.계절 및 　민속운동 6.무용 7.보건	1.심동적 영역 (1) 기본운동 (2) 리듬 및 　표현운동 (3) 기계운동 (4) 게임 (5) 계절 및 　민속운동 2.인지적 영역 (1) 이론 (2) 보건 3.정의적 영역	1. 기본운동 2. 리듬 및 　표현운동 3. 기계운동 4. 게임 5. 계절 및 　민속운동 6. 체력운동 7. 보건

제 4차 교육과정(1981~1987)

제 4차 교육과정(1981~1987)은 민주, 복지, 정의사회의 건설에 적극적으로 이바지할 수 있는 자주적이고 창의적인 국민(건강한 사람, 심미적인 사람, 능력있는 사람, 도덕적인 사람, 자주적인 사람)의 양성과 제 5공화국 출범에 따른 교육개혁 조치를 고려하여 개정된 것으로, 구성의 기본 방향을 국민정신 교육의 체계화, 전인교육의 충실, 과학·기술교육의 강화에 두고, 건전한 심신의 육성, 지력과 기술의 배양, 도덕적인 인격의 형성, 민족 공동체 의식의 고양을 강조하였다. 제 3차 교육과정이 학문적 적합성을 지나치게 강조한 데 반해, 이 교육과정은 성격상 어느 한 면에 치우치지 않고 개인적, 사회적, 학문적 적합성의 조화를 추구하였다. 제 4차 교육과정의 목표와 편제상의 두드러진 특징으로는 각급 학교의 교육목표 신설, 광역교육과정이론에 기반을 둔 교과목의 축소를 위한 노력(초등학교 1, 2학년에서의 교과 통합 시도), 특별활동 영역의 축소(4개영역에서 3개영역으로 축소) 등을 들 수 있다. 초등학교 교육과정은 교과활동과 특별활동으로 나누어 편성하였고, 교과로는 도덕, 국어, 산수, 사회, 자연, 체육, 음악, 미술, 실과의 9개가 있었다.

제 4차 초등학교 체육교육과정은 '신체를 통한 교육'의 개념을 확대하여 '움직임 교육'의 개념을 부분적으로 수용함에 따라 '발달교육 모형'과 '움직임교육 모형'의 절충적 형태로 구성되었으며, 그 구체적인 특징은 다음과 같다.

첫째, 움직임교육을 주창하는 일단의 미국 체육교육학자들의 영향을 받아 제4차 초등학교 체육교육과정 내용 영역의 '순환(기초적)운동' 영역이 '기본운동(basic movement)' 영역으로 변화하였다.

둘째, 내용영역은 기본 운동, 육상 운동, 기계 운동, 구기 운동, 계절 및 민속 운동, 보건의 7개영역으로 세분되었다.

셋째, 지도방법이 결과중심에서 과정중심으로 변화됨으로써, 문제해결법 또는 유도발견 방법이 초등학교 체육의 실제 내에 강조되었다.

넷째, 저학년(1, 2학년)의 '체육'은 광역교육과정이론에 기반을 둔 통합교과교육과정이론이 적용됨으로써 음악, 미술, 그리고 체육의 3과목을 통합한 '즐거운 생활'이라는 교과목으로 변화되었다. 이로 인해, 초등학교 교육 내에서 저학년 아동을 위한 체육교육의 독자적 교육가치 실현이 어려워지게 되었다.

다섯째, 1~2학년을 제외한 나머지 학년의 주당 체육수업시간은 3시간으로 책정되었다.

어느 교사의 교직일기

교직생활을 처음 시작한 것은 86년 3월이다. 그때는 아시안 게임과 서울 올림픽이라는 국가적인 행사를 앞둔 시기였으며, 학교에서는 **5차 교육과정**이 시행되는 시기였다.

학교에 발령 받은 필자가 아이들과 함께 체육시간에 처음 했던 것이 질서훈련이다. 질서훈련이란 군대의 제식훈련을 말하며, 서는 자세·대형·정지간의 방향전환·이동간의 방향전환 등을 연습하는 것이었다. 당시 체육교과서에는 질서라는 단원이 있었으며 우리는 수업을 한 후 평가까지 했고 이 수업은 철저하게 교사중심으로 진행되었다. 이 시간이면 교사는 집합된 학생들 앞에서 구령을 외치며 일사분란하게 학생들을 통솔하는 군대의 사관과 비슷한 존재가 되었다. 그런데 시대가 달라져 6차 교육과정부터 질서훈련이 없어지면서 위와 같은 수업을 안 하게 되었을 뿐만 아니라, 요즘에는 수업을 처음 시작할 때 반장이 하던 "총원 몇 명, 사고 몇 현재 인원 몇 명"과 같은 인원보고도 거의 없어졌다.

전통적인 체육수업은 교사중심의 지시위주 수업이었다. 예전에는 요즘 유행하는 창의성이니 자율이라는 단어 자체를 찾아보기가 힘들었다. 학생들은 체육수업 시작 전부터 줄을 서서 교사를 기다리고, 준비운동을 위해 운동장을 돌 때는 4열로 줄을 맞추어서 달리고, 본 수업에서도 교사가 학생들에게 시범을 보이면 학생들은 그것을 그대로 따라하는 것이 가장 모범적인 수업이고 멋있는 수업이었다. 그렇게 수업을 했던 것이 불과 10년 전이다. 그런데 언제부터인가 나이 드신 선생님들로부터 "체육과에서는 질서훈련 안 해?", "요즘 애들은 조회시간에 줄서는 것도 제대로 못해"와 같은 말은 듣곤 한다. 시대가 바뀌고 교육과정이 변화하면서 질서훈련을 하지 않는 시대가 되면서 요즘 애들은 조회시간에 차려·열중쉬어와 같은 자세조차 제대로 못한다고 한탄하는 소리가 나오는 시대가 된 것이다. 사실 요즘 체육시간에 운동장을 달리는 애들을 보면 줄을 맞춰 뛴다는 개념이 전혀 없다. 이들은 각 개인이 달리고

> 싶은 만큼 달리면서 친구들과 이야기하는 아이들도 있고 누가 먼저 운동장을 도는가를 경쟁하는 아이들도 있다. 전통적인 체육수업의 모습만 기억하고 있는 세대에게 지금의 이런 체육수업은 노는 시간과 흡사하게 보이기 쉽다.....

제 5차 교육과정(1987~1995)

제 5차 교육과정(1987~1995)은 고도의 산업사회로 발전하게 될 21세기를 주도할 주체적이고 창조적이며 도전적인 한국인을 기르고, 다가올 복지국가 건설과 조국 통일에 대비하는 미래 지향적인 교육을 강조하기 위한 목적 하에 제정되었다. 따라서, 제 5차 교육과정은 건강한 사람, 자주적인 사람, 창조적인 사람, 도덕적인 사람의 양성을 지향하였으며, 교육과정의 적정화, 내실화, 지역화를 개정의 방침으로 하고, 지속성(제 4차 교육과정의 기본 성격 유지), 점진성(현실 여건을 고려한 점진적인 개선), 효율성(교육과정이 의도하고 기대하는 교육적 성취를 가져오도록 하는 제반 조치의 시행) 등을 개정의 전략으로 삼았다. 주요 특징은, 기초 교육의 강화(초등학교에서의 국어, 산수 교과 독립, 기초 기능의 향상을 위한 말하기, 듣기, 읽기, 쓰기, 셈하기 교재의 신편 등), 초등학교 저학년의 교과 통합(교과서 수준에서만 통합되었던 것을 교육과정 수준에서 통합하여 통합 교과 구성), 국가와 사회의 요구 사항(국민정신, 환경, 성, 경제, 컴퓨터 교육 등)의 체계적 반영, 특수학급 운영지침 명시, 교육과정의 지역화, 교육내용의 양과 수준의 적정화 등을 들 수 있다. 초등학교 교육과정은 제 5차 교육과정과 같이 교과활동과 특별활동으로 나누어 편성하였고, 교과로는 도덕, 국어, 산수, 사회, 자연, 체육, 음악, 미술, 실과의 9개를 두었다.

제 5차 초등학교 체육교육과정(1987~1995)은 '발달교육 모형'보다는 '움직임교육 모형'이 강조된 교육과정이며, 명시적으로 밝히고 있지는 않지만 체육과 움직임교육이 동의어로 해석된다. 제 5차 초등학교 체육교육과정에서는 체육교과의 성격을 개인적 및 사회적 필요에 의한 체력과 운동기능 향상 등의 가치만을 가진 교과라기보다는 이론적 지식과 실제적 기능을 공유하는 교과로 규정하고 있다. 그 구체적인 특징은 다음과 같다.

첫째, '체력과 운동기능'의 목표와 함께 '운동 잠재력(motor capacity)'과 '지식(knowledge)'의 목표가 새로이 추가되었다.

둘째, 내용영역의 명칭은 '운동(exercise)'에서 '움직임(movement)'으로 변화됨으로써 조작적 개념의 성격을 띠고 있다(예: 무용→리듬 및 표현 움직임)

셋째, 내용영역은 각 학년별로 심동적 영역, 인지적 영역, 정의적 영역으로 구분하여 제시되어 있으며, 심동적 영역에는 기본 운동, 리듬 및 표현 운동, 기계 운동, 게임, 계절 및 민속 운동의 5가지 세부 영역이, 인지적 영역에는 이론과 보건의 2가지 세부 영역이 포괄되어 있다.

넷째, 내용의 조직은 Laban의 움직임(동작) 분석이론과 학문중심 교육과정이론을 기반으로 하여 태동된 나선형 구성원리의 적용을 시도하고 있다. 이로 인하여 전통적인 활동단원은 '주제단원(theme unit)'과 절충된 형태로 제시되었다.

다섯째, 1~2학년을 제외한 나머지 학년의 주당 체육수업시간은 3시간으로 책정되었다.

제 6차 교육과정(1995~1999)

1992년에 고시되어 1995년부터 시행되기 시작한 제 6차 교육과정은 민주화, 정보화, 국제화 시대와 장차 도래할 21세기를 주도할 건강하고 자주적이며 창의적이고 도덕적인 한국인의 육성을 기본 방향으로 한다. 제6차 교육과정을 통해 추구하는 인간상은 구체적으로, 건강한 사람(몸과 마음이 건강한 사람), 자주적인 사람(개성있고 자율적인 사람), 창의적인 사람(창의성을 가지고 실천하는 사람), 그리고 도덕적인 사람(옳고 그름을 판단하고 선한 일을 실천하는 사람)이다.

새롭게 추구하고자 하는 인간상과 제 5차 교육과정에 대한 평가 결과 등을 토대로 하여 제 6차 교육과정 개정의 중점 사항으로는 교육과정 결정의 분권화, 교육과정 구조의 다양화, 교육과정 내용의 적정화, 교육과정 운영의 효율화를, 교육과정의 구성 방침으로는 도덕성과 공동체 의식 함양, 창의성 개발, 교육 내용과 방법의 다양화, 편성·운영 체제 개선을 설정하였다. 특히, 제 6차 교육과정에서는 지방 교육자치와 관련하여 시·도 교육청과 학교로 하여금 교육부에서 고시한 교육과정을 기준으로 지역과 학교의 특성에 맞도록 편성, 운영할 수 있게 하여 '지방분권화'를 추구하였다.

제 6차 초등학교 교육과정은 기본생활습관과 예절교육의 강화, 저학년 통합 교과의 합리적 조정, 고학년의 교수·학습 부담 감축 조정, 생활의 기초기능과 태도 교육의 강화, 학교재량시간의 신설 등을 개정의 주안점으로 하였다. 교육과정 편제는 종래 '교과활동'과 '특별활동'의 2대 영역으로 구분하던 것을 '교과', '특별활동', '학교재량시간'의 3대 영역으로 편성하였다. '학교재량시간'은 새로 신설된 것으로, 3학년 이상에 연간 최소 34시간씩 배당되었다. 교과는 이전과 같이 1, 2학년의 경우는 바른 생활, 국어, 수학, 슬기로운 생활, 즐거운 생활의 5가지 과목, 3, 4, 5, 6학년의 경우에는 도덕, 국어, 산수, 사회, 자연, 체육, 음악, 미술, 실과의 9개 과목으로 구분하였다.

제 6차 초등학교 체육교육과정은 제 5차 초등학교 체육교육과정을 형성하는 '발달교육 모형'과 '움직임교육 모형'에 '체력 모형'과 '개인의미 모형'(보다 구체적으로는 목표·과정 중심 교육과정 모형)이 부가되어 구성된 것으로, 실제 내용상으로는 제 5차 초등학교 체육교육과정과 큰 차이점이 없다. 그 구체적인 특징은 다음과 같다.

첫째, 목표 개념 중심 체제로 접근하며, 교육과정의 틀을 체육과의 성격, 목표, 내용, 지도 방법, 평가로 나누어 제시하고 있다.

둘째, 체육과 교육과정의 틀에 '성격' 영역이 새롭게 포함되어, 체육을 내재적 가치(운동기술)와 외재적 가치(건강)가 공존하는 교과로 규정하고 있다.

셋째, '목표' 영역은 '신체적 능력 개발'과 '환경 적응 능력의 개발'의 두 가지 총괄적 목표와, '운동 기능', '건강관련 체력', '정신력', '환경 극복 능력', '사회 생활 능력'의 다섯 가지 구체적인 하위 목표로 구분되어 진술되어 있으나, 전반적으로 추상적인 용어가 반복되고 있다.

넷째, 내용을 심동적, 인지적, 정의적 영역별 목표 개념으로 구분하여 제시한 제 5차 교육과정과 달리, '내용' 영역을 기본 운동, 리듬 및 표현 운동, 기계 운동, 게임, 계절 및 민속 운동, 체력 운동, 보건의 7개 운동영역으로 나눈 뒤 기능, 지식, 태도의 3가지 목표 개념으로 구성하였다.

다섯째, '지도 방법' 영역에 교수법과 운동 학습론의 원리를 요약하여 포함시켰으나, 개념이 모호한 경우가 많다. 학습지도를 위한 교사의 전문성 제고를 위해 지도 방법을 상세히 제시하였다.

여섯째, '평가' 영역을 상세화 하여 평가의 목표, 방향, 절차, 실행계획 작성, 도구의 구안, 실시, 결과 처리 및 활용 순으로 제시하였다.

제 7차 교육과정(1999~2010)

교육과정을 구성하는 기본 요소는 교육과정을 어떻게 정의하는가에 따라서 달라진다. 학생들의 학습 경험(내용)으로 정의해 온 그간의 초등학교 교육과정에서는 Tyler식 모형에 근거해서 대개 목표, 내용, 방법, 평가를 구성 요소로 채택해 옴에 따라 초등학교 교육과정의 하위 교육과정(각론)으로서의 체육과 교육과정도 그와 같은 체계를 따를 수밖에 없었다. 그러다가 제6차에 와서 총론의 지침에 따라서 '성격'항이 신설되었고, 제7차에서도 제일 먼저 체육과의 '성격'이 제시된 후, '목표', '내용', '교수-학습 방법', '평가'가 별도의 항으로 제시되도록 구성되어 있다. 이와 같은 제7차 초등학교 체육과 교육과정의 체계는 '방법'항이 '교수-학습 방법'으로 바뀐 것을 제외하고는 제6차 초등학교 체육과 교육과정의 체계와 큰 차이가 없다.

** 체육과의 '성격' **

체육과의 성격이 교육과정에 처음으로 규정된 것은 제6차 체육과 교육과정 때부터인데, Tyler의 목표 중심 교육과정 모형의 대안적인 모형인 '내용모형'의 아이디어를 수용한 것이었다. '성격'항은 '왜 체육과를 가르쳐야 하는가?'라는 물음에 대한 답을 명확하게 제시해 준다는 점에서 중요하다. 따라서 체육과 교육과정에서 체육과의 성격을 밝힘으로써 교사와 학생, 그리고 학부모들을 포함해서 그 밖의 사람들이 체육을 가르치고 배우는 이유를 이해하고, 교육과정을 더 잘 활용하게 될 것을 전제한다.

제7차 체육과 교육과정의 성격에서는, 교육부(1997)의 각론 개발 지침에 따라 국민 공통 기본 교육과정을 하나의 체제로 하여 초·중·고교를 묶어서 해당 교과의 보편적인 성격을 먼저 제시한 후에 학교급별 특수 성격을 체계적으로 제시하되, 먼저 체육이 내재적 가치와 외재적 가치를 모두 추구하는 교과임을 밝히고, 가치의 구분을 확장하여 체·지·덕의 세 가지 범주와 심동적, 인지적, 정의적 측면을 포함하여 가르치는 통합적 성격의 종합교과임을 천명하고 있다. 즉, 체육의 일반적 목적을 기능적, 이론적, 태도적 측면으로 범주화시킴으로써 제6차보다 명료하고 체계성 있는 방식으로 체육과의 목적을 진술하고, 나아가 이 세 측면이 모두 총체적으로 다루어지는 '통합적 특성'을 강조함으로써 체육과의 성격을 더욱 부각시키고 있다.

요컨대, 체육과는 신체 활동을 통하여 체·지·덕이 조화된 전인적인 인간 발달을 도모하는 교과로서, 교육의 일반 목적 내에서 합리적이고 의도적인 신체 활동을 통하여 건강과 체력을 향상시키고, 적절한 발달을 이룩함으로써 개인의 잠재력을 최대한으로 증진시키며, 행복하게 삶을 영위할 수 있도록 돕는 것을 그 목적으로 한다. 또한, 개인적, 문화적 가치의 향유라는 내재적 가치에서 시작해 개인적, 사회적 목적의 달성이라는 외재적 가치를 절충하고자 한다. 특히 초등학교 체육은 이러한 학생의 움직임 욕구를 충족시킴으로써 신체 활동에 대한 흥미를 유발하여 이후 중학교 체육에서 강조될 다양한 스포츠 활동을 학습할 수 있는 기반을 마련하는 기초 단계로서의 성격을 가진다.

** 체육과의 '목표' **

교육과정 구성요소로서 '목표'는 교육이 기르고자 하는 궁극적인 인간상을 그려내는 일을 하는 항목이다. 즉, 이 교육을 받고 난 학습자의 모습을 구체적으로 서술한 것이 '목표'이다. 이에 체육과 교육은 제7차 초등학교 교육과정(총론)에서 추구하는 인간상을 구현하는 일환으로 편성되었으며, 학생들로 하여금 체육을 통하여 몸과 마음의 균형을 이룰 수 있는 다양한 경험을 갖고, 궁극적으로는 전인적인 성장의 기반 위에 개성을 추구할 수 있는 인간을 형성하는 데 목적을 두고 있다. 제7차 체육과 교육과정의 목표에 있어서는 다음과 같은 특징이 발견된다.

첫째, 전통적으로 지속되어 온 포괄적인 일반목표 진술방식을 지양하고 보다 상세하고 구체적인 방식으로 진술하기 위해서, Jewett과 Mullan(1977)에 의해 제안된 목표개념(7가지 주요요소와 22개 하위요소) 그리고 미국체육교육학회(NASPE)에 의해 정의된 '신체적으로 교육받은 사람(physically educated person)'의 필수요소(5가지 상위요소와 20개의 하위요소)를 적용하려는 노력이 시도되었다고 볼 수 있다. 둘째, 제7차 초등학교 교육과정의 총론에서 제시된 초등학교의 교육목표와의 연계성을 고려하여 진술되었다. 셋째, 차이가 분명하지 않고 일반화되지 않은 유사한 용어(예: 기본운동기능과 운동의 기초기능, 운동능력과 기본능력)에 의한 진술을 지양하고자 하였다. 한편, 체육과는 총괄적인 목표와 세부적인 목표로 구성되었다. 총괄목표로는 움직임 욕구의 실현, 운동 수행 기능과 체력 증진, 운동과 건강에 관한 지식 이해, 사회적으로 바람직한 태도 함양 등 체육과 성격의 특성에 비추어서 기능(심동적), 지식(인지적), 태도(정의적) 영역으로 목표를 세분하여 기술하였다. 또한 세부목표로는 심동적인 측면에서 신체 활동 참여를 통한 움직임 욕구의 실현과 운동기능 및 체력 증진에, 인지적 측면에서 운동 및 건강에 관한 지식의 이해에 정의적 측면에서 개인 및 사회적으로 바람직한 태도의 함양으로 구성되어 있다.

** 체육과의 '내용' **

내용체계가 교육과정이 '무엇을 가르칠 것인가?'에 대한 답을 하는 것이라고 할 때 제7차 체육과 교육과정의 내용체계는 가르칠 것을 구조화하여 보여준다는 점에서 비교적 일목요연하다. 제7차 교육 과정의 '교과 내용의 최적화'와 제6차 교육과정과의 '차별화'의 관점에서 체육과의 내용 영역의 선정은 분화(differentiation)보다는 통합(integration)의 관점에 기초하되, 학년이 높을수록 점진적으로 분화의 형태를 취한다. 예컨대, 3·4 학년은 4개 영역(체조활동, 게임 활동, 표현 활동, 보건)이나 5·6 학년은 6개 영역(체조 활동, 육상 활동, 게임활동, 표현 활동, 체력 활동, 보건)으로 구성되어 있다. 제7차 체육과 교육과정에서는 발달교육모형과 움직임교육모형을 종합·절충하여 각 모형들의 기본 가정, 계열 구조, 설계, 평가를 반영하여 3·4학년은 움직임교육모형과 발달교육모형을 적용하되, 주제 단원에 기초한 '기본 움직임' 내용과 활동 단원에 기초한 '활동' 내용을 구분하는 분리·절충형 모형으로 조직하고, 5·6학년은 발달교육모형에 기초한 '활동' 단원으로 조직되었다. 또한 학년별 '지도내용'을 선정하되, '필수 내용'과 '선택 내용'으로 구분함으로써 지역별, 학교별, 교사별, 학생별 특성에 따라 교수-학습할 수 있도록 여지를 마련하였다.

표. 초등학교 체육과 교육과정의 내용 체계표

학 년	3·4 학년	5·6 학년
영 역	체조 활동 표현 활동 게임 활동 보 건	체조 활동 표현 활동 육상 활동 체력 활동 게임 활동 보 건

영역		학년	3	4
영역	세부영역		지도 내용	지도 내용
체조활동	기본 움직임		비이동·이동·조직 움직임 기능 필수내용/선택 내용	
	활 동			맨손 체조, 기구 활동의 필수 내용/선택 내용
게임활동	기본 움직임		비이동·이동·조직 움직임 기능 필수내용/선택 내용	
	활 동			육상, 구기, 민속, 계절 활동의 필수 내용/선택 내용
표현활동	기본 움직임		비이동·이동·조직 움직임 기능 필수내용/선택 내용	
	활 동			창작표현, 민속표현 활동의 필수 내용/선택내용
보 건	신체성장과 발달		신체 성장의 필수 내용/선택내용	
	질병 예방법		질병 예방의 필수 내용/선택내용	
	여가 및 안전생활		안전의 필수 내용/선택 내용	

영역		학년 세부영역	5 지도 내용	6 지도 내용
체조활동		맨손 체조활동	맨손. 기계, 체조 활동의 필수 내용/선택 내용	
		기계체조 활동		
육상활동		달리기활동	달리기, 뜀뛰기, 던지기 활동의 필수 내용/선택 내용	
		뜀뛰기활동		
		던지기활동		
게임활동		구기활동	구기, 민속, 계절 활동의 필수 내용/선택 내용	
		민속활동		
		계절활동		
표현활동		창작표현 활동	창작표현, 민속 표현 활동의 필수 내용/선택 내용	
	민속춤	우리나라		
		외국		
체력활동		근력 및 근지구력	근력 및 근지구력 운동의 필수 내용/선택 내용	
		유연성		
		심폐 지구력	유연성, 심폐 지구력 활동의 필수 내용/선택 내용	
보 건		신체성장과 발달	신체 성장의 필수 내용/선택내용	
		질병 예방법	질병 예방의 필수 내용/선택내용	
		여가 및 안전확인	안전의 필수 내용/선택 내용	

한편, 학년별 내용은 교육과정 요소로서 '무엇을 가르치는가?'에 대한 답을 구체적으로 제시하며, 이를 통해 '어떻게 가르칠 것인가?', '학생들이 배운 것을 어떻게 평가할 수 있는가?'와 같은 질문에도 해답의 실마리를 제공하는 역할을 하게 된다.

제7차 체육과 교육과정은 학년별 내용을 기능, 이해, 태도의 세 가지 측면의 목표를 제시하던 제6차 때와는 달리 '이해(앎)'와 '적용(실천)'의 두 가지 개념으로 진술하였다. 이와 같은 진술 형태를 취하게 된 이유는 어떠한 학습 여건이건 간에 실제 수업 장면에서 세 가지 목표에 따른 학습 내용의 구분이 이루어질 수 없다는 현실적 상황을 고려하여 세 가지 목표를 동시에 달성하기 위한 전제조건으로 '이해'와 '적용'의 개념을 채택하였다.

한편, 초등학교 현장에서 가장 비중있게 다루고 있는 게임 영역은 해방 이후 기능중심모형(the technical model)[10]에 기초하여 구성되어 왔으나 그 실효성이 지속적으로 문제시됨에 따라 제7차 체육과 교육과정에서는 기능중심 모형에 대한 대안적 모형으로서 이해중심

---

10) 기능중심 모형이란 '단순 기능 → 기능의 연습·세련 → 게임 적용'의 정형화된 계열성에 따라 게임을 지도하는 전통적인 방식을 일컫는다.

모형(the game for understanding model)을 채택하여 내용을 구성하였다.

** 체육과의 '교수-학습 방법' **

교육과정 체계상 '방법'은 '어떻게 가르칠 것인가?'에 해당하는 구성 요소이다. 교수-학습 방법에 대한 구체적인 안내는 교육의 효율성을 위해 반드시 필요한 요소이다. 체육과 교육과정에서 '방법'에 관한 항목이 별도로 제시된 것은 제6차 교육과정에서부터이다. 제7차 교육과정은 6차 교육과정을 바탕으로 약점을 보완하여 교사가 수업 과정에서 실질적으로 활용할 수 있는 타당한 교수-학습 방법을 제시하고 있다.

제7차 교육과정에서는 초등학교 체육 수업시 고려해야 할 8개 필수 항목('교수-학습 방법의 기본 방향', '교사', '학생', '교수-학습 계획', '교수-학습 조직', '내용 영역별 지도', '교수-학습에서의 유의점', '교수-학습의 자율적 운영')을 선정한 후 그 각각에 대한 방법적 원리들을 구체적으로 진술하고 있는데, 다음과 같은 특징이 있다.

첫째, 체계성과 명확성을 기하기 위해 선정된 내용 항목의 명칭을 먼저 제시하고 구체적인 방법적 원리를 진술하였으며, 둘째, '교수-학습의 기본방향'을 먼저 제시한 후에 교사의 자세와 학생의 최대 참여를 강조했고, 셋째, '내용 영역별 지도'의 기본 원리와 세부 영역별 지도상의 유의점을 3·4학년과 5·6학년으로 구분하여 제시하였다. 마지막으로, '자율적 운영' 항목을 별도로 설정하여 교수-학습 과정에서의 교사의 자율성의 근거와 한계를 포괄적으로 제시하였다.

** 체육과의 '평가' **

교육과정 요소로서 '평가'는 '학생들이 배웠다는 것을 어떻게 아는가?'에 대한 구체적인 방안을 제시하는 것을 주된 기능으로 한다. 제5차 교육과정까지 평가에 대한 언급은 '지도 및 평가상의 유의점'으로 교수-학습 방법과 함께 포괄적으로 진술되었으나, 제6차 교육과정에 와서 독립된 항목으로 설정되었다.

제7차 교육과정에서 '평가'는 '평가의 기본 방향', '내용 영역별 평가', '평가의 방법', '평가의 활용'으로 나뉘어 비교적 체계적으로 서술되어 있다. 평가의 목적을 명확히 인식하고, 공정하게 실시되어야 함을 강조하는 한편, 평가의 목적과 내용 및 시기에 따라 평가 방법이 다양하게 변화될 수 있다는 점을 고려하여 교사의 평가 방법상의 재량권을 폭넓게 인정하였다.

2007 개정 교육과정 (2010 ~   )

  7차 교육과정이 개정된 후 10년이 지나가고 있는 현 시점에 우리는 '2007년 개정 체육과 교육과정'이라는 전혀 새롭고 전향적인 패러다임의 교육과정을 접하게 되었다. 즉, 수시적(隨時的)이고 부분적(部分的)인 개정방안을 지향하며 등장한 새로운 교육과정은 주기적(週期的)이고 전면적(全面的)인 개정으로 인한 기존 교육과정의 '획일성'을 비판하며 교육과정 개정의 새로운 패러다임 변화를 주도하였다. 그러나 여기에서 우리는 이러한 개정의 시기 및 절차와 같은 교육과정 개정의 '형식적(形式的)' 혹은 '외형적(外形的)' 패러다임의 변화보다도 교육과정 내부에 스며있는 교육가치의 중핵적 사상 변화와 같은 '실제적(實際的)' 혹은 '내재적(內在的)' 패러다임의 변화를 주목해 볼 필요가 있다. 즉, 개정 체육과 교육과정이 추구하는 '교육가치의 중핵적 사상'은 무엇이며, 기존의 내용과는 어떻게 다른가를 먼저 살펴볼 필요가 있는 것이다.

  그 동안 우리는 흔히 체육을 '기능중심교과'라는 말로 지칭하여 왔다. 이런 인식 때문에 초·중·고등학교 체육의 목표와 내용뿐만 아니라 평가에 이르기까지 운동기능은 핵심적으로 지도되고 평가되어 왔다. 체육과 목표에도 가장 핵심적으로 운동 기능 습득이 그 위치를 차지하고 있고, 내용 체계표를 보아도 해당 활동 및 스포츠 종목의 기능을 익힌다는 내용이 언제나 중심적인 위치를 차지하고 있다. 이는 '체육적 기능을 통하여 체·덕·지를 고루 갖춘 '전인적' 인간을 양성 한다'는 이상적인 교육적 가치 목표와 상반되는 것으로 체육교육에 대한 일반인들의 고질적인 편견과 오해를 고착화 시키는 결정적인 원인이 되어왔다.

  그러나 체육교과는 단순히 기능만을 가르치고 습득하는 교과가 아니다. 신체활동 속에 내재되어 있는 다양한 가치를 추구하고 이를 통하여 건강 및 체력, 스포츠맨십과 공동체의식, 창의적이고 합리적인 사고력, 신체문화 인식 등의 능력을 갖춘 인간을 육성하는 '수행중심(遂行中心)교과[11]'인 것이다. 즉, 체육의 이러한 수행중심 교과적 특성과 의미를 담고 개정을 시

---

11) 수행중심교과(performance-centered subject)는 학습자의 기능과 더불어 이를 수행하는 과정에서 요구되는 인지적, 정의적 측면을 모두 교육과정의 결과로 아우르는 통합적 의미를 지니고 있다고 볼 수 있다. 즉, 기능중심교과에서는 각각의 수업장면과 평가의 과정을 명확히 구분하는 수업체계를 지니고 있지만 수행중심교과에서는 교수활동과 평가를 일련의 연속적인 교육활동으로 인지하는 수업체계를 형성하고 있는 것이다. 수행중심 교과적 시각의 접근방법을 사용할 경우 체육수업중의 기능수행과 이를 통한 인지적 학습 및 정의적 성과를 모두 교육의 성과로 추구함을 내포한다고 볼 수 있으므로 체육교과의 참된 교육목표를 온전히 반영할 수 있다고 볼 수 있다. 즉, 우리는 그 동안 체육교과를 기능 중심적 시각으로 바라본 결과 체육교과가 지니고 있는 다양한 교육적 가치와 효용성은 무시한 채 단순히 기능위주의 주변교과로 치부되어 버리는 그릇된 결과를 초래하고 만 것이다(임미경 외, 2003, 안양옥, 2004).

도하는 것이 바로 개정 체육과 교육과정인 것이다. 결국 이것은 기존의 '신체 기능 중심'의 패러다임에서 '신체 활동가치 중심'의 패러다임으로의 전향적(前向的)'인 변화[12]를 시도하는 매우 중대하고 의미 있는 작업이라 볼 수 있는 것이며, 또한 과거 중등체육 위주의 내용구조와 논리가 지배적으로 작용해 왔던 초등학교 체육교육과정의 참다운 정체성[13]을 되살려 초등 체육교육의 정상화를 마련 할 수 있는 문서적 가능성을 제시하였다고 볼 수 있다.

| 운동 기능중심 교육과정 | ▶ | 신체 활동 가치중심 교육과정 |

그림. 체육과 교육과정 패러다임의 변화

** 성격 : 신체 활동 가치관 정립 **

새로운 체육과 교육과정에서 추구하는 인간상은 '신체 활동을 종합적으로 체험함으로써 그 가치를 내면화하여 실행하는 사람이다'라고 밝힘으로써 신체활동의 가치를 '일원화'하였다. 즉, '신체활동에 규칙적으로 참여하면서 건강 및 체력(건강가치), 스포츠맨십과 공동체의식(윤리가치), 창의적이고 합리적인 사고력(인지가치), 신체문화 인식(문화가치) 등의 능력을 갖추고, 이를 통하여 자신의 삶을 스스로 계발하고 건강한 사회와 국가를 만드는데 공헌 할 수 있는 사람을 육성한다'는 것은 체육교과가 추구하는 '신체활동의 가치'가 이 모든 것을 동등한 비중과 수준으로 포괄하고 있음을 뜻한다고 볼 수 있는 것이다.

또한 이것은 교육과정 내용과의 연관성 및 일치성에도 영향을 미쳐 새로운 체육과 교육 내용은 수련, 표현, 건강, 여가라는 '신체활동 가치'를 중심으로 이루어졌으며, 이러한 교육적 가치들을 인문 사회적, 자연과학적, 예술적 현상으로 탐구하고 실천하도록 하고 있다.

---

[12] 교육과정 개정 시기마다 체육 교과의 교육방향에 근본적인 변화를 가져 올 수 있는 교육과정 철학의 전환은 거의 없었다. 우리나라 체육과 교육과정 철학에 대한 반성 작업이 적극적으로 이루어지지 않은 채 '운동기능 습득 지향의 체육과 교육과정'에 대한 관점을 고수하면서 국가수준 체육과 교육과정 개정 또는 개선 연구를 진행하여 왔던 것이다(유정애, 2005).

[13] 신체적 단련과 정신적 단련의 의미를 간과한 채 오직 겉으로 들어나는 몸의 움직임만을 바라보고 체육을 '기능교과'와 연관시키는 태도는 초등교육을 단지 겉으로 들어나는 지식의 전달로만 바라보는 태도와 맞닿아 있는 것이다. 그것은 오직 기능, 지식 등과 같은 교육의 겉면만을 기준 삼아 초등교육과 중등교육 그리고 고등교육을 서열화 하고자 하는 태도와 다름 아니다. 오히려 체육의 안면인 단련과 교육의 안면인 습관을 중심에 두면 체육(休育)의 의미는 물론이거니와 초등교육의 의미에 대한 이해 역시 지금과는 사뭇 달라질 것이다(안양옥・김홍식, 2004).

표. 개정 체육과 교육과정의 성격 예시

> 체육과는 '신체 활동'을 통하여 자신 및 세계를 이해하며 건강하고 활기찬 삶에 필요한 능력을 기르고 바람직한 품성과 사회성을 갖추며 체육 문화를 창조적으로 계승·발전시킬 수 있는 자질을 함양하는 교과이다. 체육과에서 추구하는 인간상은 신체 활동을 종합적으로 체험함으로써 그 가치를 내면화하여 실행하는 사람이다. 즉 신체 활동에 지속적으로 참여하면서 건강 및 체력, 스포츠 정신과 공동체 의식, 창의적이고 합리적인 사고력, 신체 문화 인식 등의 능력을 갖춤으로써, 자신의 삶을 스스로 계발하고 건강한 사회와 국가를 만드는데 공헌할 수 있는 사람이다(중략)
> 초등학교 체육(3, 4, 5, 6학년)은 '신체 활동 가치의 기초 교육'을 담당하기 위해 올바른 건강 생활 습관 형성, 기초 체력 증진, 운동 기본 능력과 표현 능력의 향상, 바람직한 운동 질서 및 규범의 형성, 활기찬 여가 생활 태도 형성을 강조한다.

** 목표 : 체육과 목표의 세부내용확대 **

앞 절에서 언급한 바와 같이 현행 체육과 교육과정에 제시되어 있는 심동적 영역, 인지적 영역, 정의적 영역의 목표들이 체육 교과가 구현할 수 있는 각 영역의 목표들을 부분적으로 제시·강조함으로써, 체육 교육의 시대적 변화에 따른 목표 범위의 확장을 수용하지 못하고 있다. 실제로 각 학교 현장에서는 체육과 목표 중 심동적 영역이 상당한 비중을 차지하고 있다. 문제는 심동적 영역의 일부분에 불과한 '기능(skill) 향상'에 모든 초점을 두고 있다는 점이다. 심동적 영역에는 기능 이외에도 참여, 전술, 표현, 창작 등의 다양한 차원이 존재한다. 인지적 영역에도 지식 이해 및 활용뿐만 아니라, 의사결정력, 비판적 사고력, 경기 분석 능력, 문화 비평 능력, 심미력, 문제 해결 능력 등의 다양한 차원과 수준의 지식이 존재한다. 정의적 영역에 해당되는 목표에는 사회적으로 바람직한 태도 및 문화적으로 가치 있는 규범 뿐만 아니라, 팀 웍, 스포츠 맨쉽, 페어플레이, 리더쉽, 신체 및 건강 문화의 가치 판단, 신체 문화의 애호 및 감상 등의 다양한 영역이 존재한다. 그러나 현행 교육과정의 목표는 이와 같은 목표 요소들을 포괄하여 제시하고 있지 못한 상황이다. 이에 개정된 체육과 교육과정에서는 교육과정 목표를 학습 영역별(인지적, 정의적, 심동적 영역)로 제시하지 않고, 신체 활동 가치 영역별로 통합적으로 그리고 포괄적으로 제시하고 있다. 이는 학습 영역별 목표 체제가 양산하는 부정적인 영향을 방지할 뿐만 아니라, 신체 활동 수행 자체가 인지적, 정의적, 심동적 영역이 통합되어 이루어지는 체육 교과의 본질과 목표에 부합하는 체육 교육을 실행할 수 있기 때문이다.

표. 개정 체육과 교육과정의 목표예시(초등학교)

(1) 신체 활동과 건강의 관계를 이해하고 건강 증진에 필요한 지식과 운동 방법을 습득하며 실천하는 태도를 기른다.
(2) 신체 활동의 도전 대상을 이해하고 도전 활동에 필요한 기본 수행 방법을 습득하며 실천하는 규범을 기른다.
(3) 신체 활동의 경쟁 유형을 이해하고 경쟁 활동에 필요한 기본 수행 방법을 습득하며 실천하는 규범을 기른다.
(4) 신체 활동의 표현 요소를 이해하고, 표현 활동에 필요한 다양한 표현 방법을 습득하며 감상하는 태도를 기른다.
(5) 신체 활동과 여가의 관계를 이해하고, 여가 활동에 필요한 기본 수행 방법을 습득하며 생활화하는 태도를 기른다

** 내용 : 내용의 균형성과 합리성 확보 **

1) 내용 구성의 균형

학교 현장에서 체육과 인지적 영역과 정의적 영역의 교육 정도는 심동적 영역과 비교하여 볼 때 교육의 양과 수준이 동일하지 않는 경우가 많다. 실제로 인지적 능력은 모든 학년의 학생들에게 거의 교육되지 않거나 학년 수준에 관계없이 동일한 수준으로 교육되고 있다. 인지적 영역을 온전히 교육하고 있지 못함으로써 체육 교과를 기능 교과로 인식하게 하고 본연의 교육적 목적을 달성하지 못하도록 만들고 있다. 또한 정의적 영역도 국가수준 교육과정 문서에 거의 제시되고 있지 못한 실정이다. 국가 교육과정에서 '사회적으로 바람직한 태도 및 문화적 가치 또는 규범'에 관한 정의적 영역의 목표를 제시하고 있지만, 정의적 영역에 해당되는 구체적인 교육 내용이 언급되고 있지 못하다. 사회적으로 바람직한 태도는 어떤 태도를 말하는 것인지, 문화적으로 가치 또는 규범은 무엇을 의미하는 것이지 명확히 알 수 없다. 이러한 원인으로 체육 교과서에서도 이론편, 실기편, 보건편만 존재할 뿐 정의적 영역에 해당되는 부분이 전혀 없다. 체육 수업도 마찬가지이다.

교육은 의도적인 행위이다. 만일 교육자가 정의적 영역에 대한 어떤 것도 계획하지 않고 의도적으로 지도하지 않는다면 교육의 성과는 결코 긍정적으로 나올 수 없게 된다. 팀웍, 협동심, 스포츠맨쉽 등과 같은 정의적 영역의 긍정적인 측면뿐만 아니라 이기심 및 속임수

와 같은 정의적 영역의 부정적인 측면을 학습할 수 있는 가능성이 있기 때문에 긍정적인 측면을 체계적인 교육을 통해서 의도적으로 교육할 필요가 있다.

이에 개정된 체육과 교육과정에서는 체육의 대중적이며 의미 있는 요소들을 균형 있고 조화롭게 교육의 활동으로 유입하고 있다. 그 동안 교육의 내용으로 간과되었거나 거의 다루어지지 못했던 체육의 인문적 측면과 예술적 측면을 강화하고 있는 것이다. 즉 체육과 내용의 자연과학적 내용(운동생리학, 운동역학 등) 뿐만 아니라, 인문 사회적 내용(대인 관계, 스포츠 문화 비평, 전통 문화 이해 등)과 예술적 내용(심미적 표현 능력과 감상 등)의 강화를 통한 '교육 내용의 균형'을 추구하고 있는 것이다.

2) 내용 선정의 합리성 확보

체육과 교육과정이 스포츠종목중심의 교육과정 내용 틀을 지양해야 하는 또 다른 측면은 내용의 범위와 계열성을 선정하는데 문제점을 내포하고 있기 때문이다. 최근에 스포츠의 본질이 급속도로 변화되고 있고 그 종류도 매우 광범위하게 확장되고 있다. 체조, 농구, 축구와 같은 전통적인 스포츠 이외에도 전 세계적으로 새로운 스포츠(new sports)가 생성되어 실제로 각 학교 혹은 올림픽 경기에서 시행되고 있다. 만약 스포츠종목중심의 교육과정 내용 틀을 그대로 준수하고자 한다면 그 정당성을 확보하는데 총력을 기울여야 할 것이다. 즉 왜 체조, 육상, 수영, 농구, 배구 등의 스포츠들이 필수 내용으로 선정되고, 테니스, 스키, 양궁, 싸이클, 윈드서핑 등은 선택 내용으로 선정되어야 하는 것인지, 또한 넷볼, 게이트볼, 티볼 등은 선택 내용에도 포함될 수 없는 것인지에 대한 정당하면서 논리적인 근거를 확립해야 한다. 그러나 실제로 이에 대한 정당성과 논리성을 확보하기 어려우며, 관행적으로 지도해 왔던 종목들을 그대로 필수 내용으로 선정하고 있는 상황이다(유정애 외, 2004).

또한 스포츠종목중심의 내용 체계는 교육 내용의 범위를 설정하는데 뿐만 아니라, 교육 내용의 계열성을 확립하는데도 문제가 있다. 초등학교에 있는 체조활동과 중등학교에 있는 체조와의 차이점은 무엇인지, 중학교 '개인 및 단체 운동'에서 중학교 1학년은 핸드볼, 축구, 태권도를, 중학교 2학년은 농구, 배드민턴, 씨름을, 중학교 3학년은 배구, 소프트볼을 필수 내용으로 제시하고 있는 근거가 무엇인지 학문적으로 또는 이론적으로 그 설명을 명료하게 할 수 없다. 또한 현재는 체조의 매트운동과 축구가 동일한 수준으로 문서에 제시되어 있다. 즉 체육과 내용 체계는 그 계열성에 많은 문제점을 내포하고 있고, 이러한 현상은 학생들로 하여금 체육 시간을 '동일한 교육 내용을 반복하여 배우는 시간'으로 인식하는데 부정적인 영향을 미치고 있다.

이에 개정된 체육과 교육과정에서는 그 수를 헤아릴 수 없을 정도로 많은 신체활동을 모든 신체 활동을 가르치고 배우는 과정에서 공통적으로 나타나는 신체 활동의 가치를 중심으로 재 정리 하여 주제별로 구분함으로써 내용선정의 합리성을 추구 하였다.

표. 개정 체육과 교육과정의 학년별 내용 예시(초등학교 3학년)

대영역	중영역	소영역	3학년 신체 활동의 선택 예시
건강 활동	체력 증진	건강과 체력의 증진	준비 운동, 정리 운동 등과 관련된 신체 활동
	보건과 안전	건강 생활과 가정 안전	・바른 자세 유지 및 바른 보행 등을 위한 신체 활동 ・질병과 가정 사고의 예방 활동과 대처 행동
도전 활동	기록 도전	속도 도전	단・중거리 달리기, 이어달리기, 자유형, 평영 등
경쟁 활동	피하기형 경쟁	피하기형 경쟁	피구형 게임, 태그 게임 등
표현 활동	움직임 표현	움직임 표현	・이동 움직임, 비이동 움직임, 조작 움직임 등 ・신체, 공간, 시간, 에너지, 관계 등의 요소에 따른 움직임
여가 활동	여가 생활	나와 여가 생활	개인 줄넘기, 자전거 타기 등

표. 개정 체육과 교육과정 5개 활동 내용 영역별 주요 특징 및 개념

활동영역	지도 내용의 특성
건강활동	건강에 관한 지식을 탐구하고 심신의 건강을 증진하며 개인 및 사회의 건강 관련 문제에 관심을 갖고 이를 해결할 수 있는 합리적인 의사결정 능력과 건강한 생활 습관을 기르는 활동임. 초등학교 건강 활동 영역에서는 '체력 증진'과 '보건과 안전'으로 구성되고 있음.
도전활동	도전 활동은 개인의 도전 목표를 설정하고 체계적으로 그것을 성취하기 위해 노력하는 과정을 강조함으로써, 자신의 잠재력을 이해하고 현재 직면한 장애 요인과 한계를 극복하며 미래의 삶을 주도적으로 개척해 나갈 수 있는 능력을 기르는데 초점을 둠. 초등학교 도전 활동은 기록 도전, 동작 도전, 표적 및 투기 도전으로 구성되고 있음.
경쟁활동	게임 또는 스포츠 경기 상황에 존재하는 상호 경쟁적 요소를 과학적으로 수행하고 감상하는 활동을 지칭함. 경쟁 활동은 집단 간 경쟁을 전제로 경쟁에 필요한 경기 수행 능력과 다양한 인지 전략을 익히는 단체 활동으로, 팀원 간 협동심과 리더십, 스포츠맨십 등이 사회적 가치 덕목을 중시함. 초등학교 경쟁 활동은 피하기형 경쟁, 영역형 경쟁, 필드형 경쟁, 네트형 경쟁으로 구성되고 있음.
표현활동	생각과 느낌을 신체 움직임으로 표현하고, 자신 및 타인의 움직임을 감상할 수 있는 신체 활동을 말함. 초등학교 표현 활동은 움직임 표현, 리듬 표현, 민속 표현, 주제 표현으로 구성되고 있음.
여가활동	다양한 유형의 신체 활동중심 여가 활동을 생활화하며 바람직한 여가 활동을 자기 주도적으로 계획하고 실천하는 활동을 지칭함. 초등학교 여가 활동의 교육 내용은 다양한 여가 활동이 가지고 있는 의미와 가치를 탐구하고, 여가 수행에 필요한 운동 능력을 배양하며 학생 개인뿐만 아니라 가정, 학교, 지역 사회의 구성원과 함께 '신체 활동 중심의 여가'에 참여함으로써 가족 여가 활동, 전통적 여가 활동, 야외생활형, 자연 체험형 여가 활동을 이해하고 체험하는 내용으로 구성되어 있음.

표. 개정 체육과 교육과정의 내용 체계표(초등학교)

영역	초등학교			
	3학년	4학년	5학년	6학년
건강 활동	**체력 증진** ○ 건강과 체력의 증진 • 건강과 체력의 개념 • 체력 운동 단계와 방법 • 자기 이해	**체력 증진** ○ 기초 체력 증진 • 기초 체력의 종류 • 기초 체력 종류별 운동 방법 • 자기 수용	**체력 증진** ○ 건강 체력 증진 • 체력과 건강 증진의 관계 • 건강 체력의 증진 방법 • 인내와 성취감	**체력 증진** ○ 운동 체력 증진 • 체력과 운동 수행의 관계 • 운동 체력의 증진 방법 • 적극성과 의지
	보건과 안전 ○ 건강 생활과 가정 안전 • 생활 습관과 질병 예방 • 가정 사고 예방과 대처 행동 • 근면과 청결	**보건과 안전** ○ 건강 생활과 학교 안전 • 비만과 식이 요법 • 학교 사고 예방과 대처 행동 • 자기 절제	**보건과 안전** ○ 건강 생활과 운동 안전 • 몸의 성장과 변화 • 운동 상해 예방과 대처 행동 • 자아 존중	**보건과 안전** ○ 건강 생활과 재해 예방 • 흡연과 음주 • 재해 예방과 대처 행동 • 타인 존중
도전 활동	**기록 도전** ○ 속도 도전 • 의미와 특성 • 기본 기능 • 끈기	**표적/투기 도전** ○ 표적/투기 도전 • 의미와 특성 • 기본 기능 • 자기 조절	**기록 도전** ○ 거리 도전 • 의미와 특성 • 기본 기능 • 적극성	**동작 도전** ○ 동작 도전 • 의미와 특성 • 기본 기능 • 자신감
경쟁 활동	**피하기형 경쟁** ○ 피하기형 경쟁 • 의미와 특성 • 기본 기능과 게임 전략 • 타인 이해	**영역형 경쟁** ○ 영역형 경쟁 • 의미와 특성 • 기본 기능과 게임 전략 • 팀워크와 페어플레이	**필드형 경쟁** ○ 필드형 경쟁 • 의미와 특성 • 기본 기능과 게임 전략 • 자기 책임감	**네트형 경쟁** ○ 네트형 경쟁 • 의미와 특성 • 기본 기능과 게임 전략 • 운동 예절
표현 활동	**움직임 표현** ○ 움직임 표현 • 움직임 언어와 표현 요소 • 표현 방법 및 감상 • 신체 인식	**리듬 표현** ○ 리듬 표현 • 유형과 요소 • 표현 방법 및 감상 • 적응력	**민속 표현** ○ 민속 표현 • 종류와 특징 • 표현 방법 및 감상 • 자기 확신	**주제 표현** ○ 주제 표현 • 구성 원리와 창작 과정 • 표현 방법 및 감상 • 창의력
여가 활동	**여가 생활** ○ 나와 여가 생활 • 여가의 개념과 역할 • 나와 가족의 여가 활동 • 가족 사랑	**여가 생활** ○ 여가와 전통 놀이 • 여가와 놀이의 관계 • 우리 조상의 전통 여가 놀이 • 민족 사랑	**여가 생활** ○ 여가와 생활환경 • 여가 자원 활용 방법 • 야외 생활형 여가 활동 • 공동체 의식	**여가 생활** ○ 여가와 자연 환경 • 여가의 가치와 유형 • 자연 체험형 여가 활동 • 자연 사랑

** 교수학습방법 : 교수학습방법 역할 강화 **

국가수준 체육과 교육과정 문서 중에서 가장 학교 현장에 영향력을 미치고 있지 못하고 도움을 크게 주지 못하고 있는 부분이 교수학습방법이다. 체육과 교수학습방법 과정은 매우 다양하고 복합적이기 때문에 각 사례에 맞는 구체적인 교수학습방법을 안내하는 문제는 결코 쉽지 않다. 그렇기 때문에 지금까지 교수학습방법의 내용은 체육과 교수학습방법에 대한 안내보다는 일반적인 교수학습방법의 내용과 크게 다르지 않는 결과를 가져왔다. 체육과에 해당되는 내용의 경우에도 '교수학습방법을 수행해야 하는 이유'보다는 '시행해야 하는 사항'으로 구성되어 있음을 알 수 있다. 예를 들면 혼성 학급에서는 남녀 학생들이 적극적으로 함께 수업에 참여할 수 있도록 수업 내용을 구성하도록 구성되어 있지만 '왜'와 '어떻게' 부분이 제시되지 않고 있다.

따라서 교수학습방법의 내용을 제시할 때는 다양한 교수학습방법을 활용하라는 권장보다는, 왜 다양한 교수학습방법을 활용해야 하는지에 대한 설명이 우선되어야 하다. 또한 수업 모형, 교수 스타일, 교수 학습전략 등을 활용해야 하는 근본적인 이유에 대한 설명도 우선적으로 제시되어야 한다. 그것은 교수학습방법 활용 자체보다는 체육과에서 추구하는 목표와 내용을 성취하기 위해 교수학습방법이 존재하기 때문이다. 이런 의미에서 제7차 체육과 교수학습방법에 한계점인 내용 영역별 교수학습방법 부문을 강화하였다.

교수 · 학습의 방향	교수 · 학습의 계획	내용 영역별 지도
▶ 개인차를 고려한 수준별 수업 ▶ 통합적 교수 · 학습 활동 ▶ 창의적인 교수학습 방법의 선정과 활용	▶ 교육과정 운영 계획 ▶ 교수 · 학습 운영 계획 ▶ 교수 · 학습 활동 계획	▶ 초등학교의 내용 지도 ▶ 중등학교의 내용 지도

그림. 개정 체육과 교육과정의 교수 · 학습방법의 구조

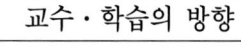
** 평가 : 평가의 자율성과 책무성 확대 **

교수학습방법 부문과 달리, 평가는 체육 교사들이 가장 민감하게 영향을 받고 있는 부문이다. 제7차 체육과 교육과정의 경우 중등학교 학년별 평가 종목 수와 실기 평가 반영 비율이 규정됨으로써 교사의 평가 자율성을 제한하고 있고 동시에 수업 시수, 학생 수 과다 및 열악한 체육 교육 환경으로 인해 체육과 수업이 평가위주의 수업으로 변질되고 있다.

이와 같이 국가수준 체육과 교육과정의 평가 내용이 학교 현장에 미치는 영향을 고려하여 평가 종목 수와 평가 반영 비율 조항을 삭제하는 것이 교육과정의 지역화와 자율권 확대라는 시대적 흐름에 부합된다. 이에 개정교육과정은 다음과 같은 평가항의 구성을 통해 평가의 자율성과 책무성확보에 노력을 기울였다. 먼저 평가항의 구성은 크게 평가의 방향,

평가의 계획, 내용영역별 평가 등의 3가지 영역으로 구분되어 진다. 먼저, '평가의 방향'에서는 '교육과정과의 연계성'이라는 내용을 제시하여 교육과정의 목표, 내용, 교수학습과정과의 연계원칙을 강조하였고, '평가내용의 균형성'에서는 전 영역을 골고루 평가하되, 각 영역별로 평가 비중에는 차등을 둘 수 있도록 제시하고 있다. 또한 '평가도구와 방법의 다양성'에서는 구체적 평가방안의 예시를 기술하였고, 마지막 부분에 '실기평가와 수행평가의 차별성'에서는 독자들로 하여금 올바른 수행평가의 의미를 파악할 수 있는 '부분적 단서[14]'를 제공하고 다음으로 '평가의 계획'에서는 교육과정의 질적 수준 관리를 위한 '교육과정 평가계획'과 공정한 학업성취도 평가를 위한 '교수학습 평가계획'에 대한 내용을 제시하고 있다. 끝으로, '내용영역별 평가'는 '평가내용'을 통해 각급 학교별로 5가지 영역의 다양한 체험 활동요소를 평가내용으로 언급하고 있는데, 이를 통해 평가의 다양성을 모색하는 기회를 마련해 주고 있다.

표. 개정 체육과 교육과정의 내용영역별 평가내용과 방법의 예

구 분	초등학교	
	평가 내용	평가 방법(예)
건강 활동 체력 증진과 건강 관리 보건과 안전 건강 관리	- 이해력 - 건강 운동 수행 능력 - 건강 실천 능력 등	- 지필 검사 - 체력 검사 - 체크리스트 - 건강 일지 등
도전 활동 기록 도전 표적 도전 투기 도전 동작 도전	- 이해력 - 운동 수행 능력 - 규범 실천 능력 등	- 지필 검사 - 개인(또는 모둠)별 운동 기능 검사 - 체크리스트 - 수업 일기 - 감상문 등
경쟁 활동 피하기형 경쟁 영역형 경쟁 필드형 경쟁 네트형 경쟁	- 이해력 - 운동 수행 능력 - 규범 실천 능력 등	- 지필 검사 - 개인(또는 모둠)별 운동 기능 검사 - 체크리스트 - 수업 일기 - 감상문 등

---

14) 교육과정상에서는 단순히 실기평가와 수행평가가 다르다는 점만 제시하고 '왜, 어떻게 다른가'에 대한 세부적인 내용은 독자들이 또 다른 해설서 및 참고도서를 직접 확인하여 알도록 하는 일종의 '시즐(Sizzle)'의 역할을 하는 것으로 볼 수 있다.

구 분	초등학교	
	평가 내용	평가 방법(예)
표현 활동 움직임 표현 리듬 표현 민속 표현 주제 및 창작 표현	- 이해력 - 표현력 - 창의력 - 감상 능력 등	- 지필 검사 - 개인(또는 모둠)별 표현 능력 검사 - 체크리스트 - 감상문 등
여가 활동 여가 생활 여가 문화	- 이해력 - 운동 수행 능력 - 여가 실천 능력 등	- 지필 검사 - 운동 기능 검사 - 체크리스트 - 체험 보고서 - 여가 실천 일지 등

** 용어해설 **

이번 개정 교육과정에서 최초로 도입된 용어해설 부분은 교육과정문서의 전반적인 내용 중 담겨있는 체육과 교육의 전문적 용어에 대한 자세한 해설을 제시하고 있다. 이를 통해 체육을 전공으로 하지 않은 초등 교사들로 하여금 체육교과에 대한 내용적 이해를 도모하고 있다.

표. 개정 체육과 교육과의 용어해설(예시)

감상(appreciation): 신체 활동 수행 동작의 심미성, 과학성, 예술성 등을 이해하고 분석하며 비평하는 행위

개인 스포츠(individual sport): 팀이 아닌 개인 혼자 수행하는 스포츠를 의미하는 것으로, 육상, 체조, 수영, 씨름, 태권도, 배드민턴, 탁구, 테니스, 골프 등이 포함됨

개인차(individual difference): 신체 활동을 이해하고 수행하는데 영향을 미치는 학습자의 운동 기능, 성(性), 체력, 체격, 흥미 등의 차이

건강 체력(health-related physical fitness): 건강을 증진하고 신체 활동을 효율적으로 수행하는데 필요한 체력의 종류로, 심폐 지구력, 근력, 근지구력, 유연성, 신체 조성 등의 체력 요소가 포함됨

요점 확인

체육교육과정의 교육과정 기 별 주요한 특징과 차이성을 설명하라

교육과정에 대한 현장 교사들의 두 가지 관점

　국가에서 제시한 체육과 교육과정을 어떻게 이용할 것인가는 교사 스스로 교육과정에 대한 생각 가치관에 따라 달라질 것이다. 교사가 교육과정을 가장 이상적이고 절대적인 것을 받아들인다면 수업에도 교육과정의 모든 요소를 그대로 반영할 것이다. 만약 교사가 교육과정이 좋은 수업을 위한 방향을 제시해주는 하나의 지침이라고만 생각한다면 스스로 지역과 학급의 상황에 따라 교육과정을 변형하거나 첨가, 삭제할 수도 있겠다. 두 가지 관점 중 어떤 것이 낫거나 옳다고 판단하는 것은 무리일 것이다. 교사가 확고한 신념을 가지고 좋은 수업을 만들어 나가고자 노력한다면 두 관점은 모두 의미가 있다.

　실제 초등 체육 현장에서는 체육과 교육과정에 대한 심도 깊은 고려없이 가르치기 어려운 내용은 아예 삭제하거나 아동들의 흥미만을 추구하여 단순한 축구나 피구 같은 소위 '아나공' 수업만을 진행하고 있는 실정이다. 교사 스스로가 교육과정에 대한 뚜렷한 관점을 가지고 있어야만 수업을 계획하고 진행하는데 있어 기준과 일관성을 가질 수 있다.

　아래의 예는 일견 극단적인 상황일수도 있으나 교육과정에 대한 대표적인 두 가지 관점을 적확하게 보여준다고 할 수 있다.

　1. **5학년 1반 A교사는** "<u>교육과정은 절대적인 것</u>이므로, 교육과정에 제시된 내용을 수업에 그대로 적용해야한다" 라고 생각한다.

　교육과정은 국가 수준에서 전문가들이 중지를 모아 개발한 것으로 최대한 교육과정의 내용을 가르쳐야 한다고 생각한다. 차시별로 학습할 수준이나 양이 무리한 경우도 있었지만 교육과정에 제시된 것이 이상적일 것이라 믿고, 아이들도 많은 내용을 배우는 것이 결과적으로는 더 좋을 것이라 생각하여 최대한 교과서 내용을 다 가르치려고 노력한다.

　이번 주에 수업하게 될, '태권도'와 다음달에 배울 외국 민속춤 '구스타프스 스콜', 12월 '스키'도 교육과정과 교과서에 제시된 내용과 수준 그대로 진행하고자 한다. 1반 아동들은 가정의 경제적 수준이 차이가 많이 나서 스키캠프에 참가하지 못하는 아동도 있을 것이다. 하지만 교육과정에 제시된 내용은 반드시 배워야 하니, 그 아동들을 어떻게 해서든지 스키 활동에 참여시키려고 생각하고 있다.

　2. **5학년 2반 B교사는** "<u>교육과정은 하나의 지침일 뿐</u>이므로, 상황에 따라 교육과정의 내용을 변형해야 한다" 고 생각한다. 교육과정은 실제 수업을 위한 총괄적이고 포괄적인 지침일 뿐, 지역이나 학급 상황에 따라 내용 수준을 달리하거나 활동을 다른 것으로 대체할 수 있다고 생각한다. 또한 무리한 내용이라고 판단되는 것은 필수 내용이라 해도 어쩔 수 없이 가르치지 않을 수도 있다고 생각한다. 이번 주에 학습하게 될 '태권도'는 총 4차시로, 마지막 차시에서는 품새꾸미기 까지 발전되어야 하는데, 아예 태권도를 배우지 못한 아이들이 많아 교육과정에 제시된 것보다 수준을 낮춰 지르기, 치기, 막기, 차

> 기만 가르치고 반복하려고 한다. '구스타프스 스콜'은 아이들도 흥미를 느끼지 못하고 자신도 어떻게 가르쳐야 할지 연수를 받은 적이 없어 B교사가 잘 알고 있고 아이들도 재미있어하는 민속춤 '강강술래' 수업시간을 늘리기로 했다. '스키'는 아이들의 경제적 차를 고려하여 아예 삭제하려고 한다.

7. 초등체육교육과정 변천에 관한 해석적 분석

초등체육교육과정의 변천과정은 앞 절에서 언급된 표면적인 특징만 가지고 본다면, '교과목표'나 '교육내용'의 용어에 있어서의 변천과정으로 파악될 수 있다. 그러나 교육과정 변천과정에 대한 분석은 이와 같은 수준에서 머물러서는 안될 것이다. 이와 같은 관점에서 교육과정 개정시에 어떤 '내용'이 없어지고 어떤 '내용'이 새로 생겼으며, '목표'가 어떻게 달라졌는가 하는 것 이상으로 그러한 변천의 이면에 가정되어 있는, 또는 그 변천의 정신적 기저를 이루는 사고방식이 무엇인가를 추출·논의하여 본다.

'목표'와 '방법' 우위의 '이상적인 새 출발'

앞 절에서 분석된 바와 같이 초등체육교육과정이 변화해 온 추이를 살펴보면, 매 개정시마다 이전의 체육교육을 그대로 실행하기 보다는 보다 이상적인 체육교육을 시작하려고 하고 있다.

즉 이와 같은 이상적인 체육교육을 시작하기 위하여 초등체육교육과정은 '교과목표'부터 새로이 수정하고 그것을 점차 구체화하여 교육내용 그리고 방법을 이끌어 내는 진술방식을 취하거나 교과목표와 방법상의 변화를 함께 반영하여 내용을 이끌어내는 방식을 취하고 있다. 이에 따라 초등학교 체육교육과정은 주기적인 개정 때마다 사회의 요구, 현대 체육이론의 반영에 부응하는 대안적인 교육목표 또는 방법을 설정한 후, 이에 걸맞는 체육교육의 '내용'을 변화시킴으로써 '목표'와 '내용', '방법' 항이 대폭적으로 수정되어 왔다. 이때까지의 개정은 주로 이 기본 구조 안에서 이루어졌으며, 그것도 새로운 교육내용이 계속 추가, 변형되는 방식으로 이루어져. 그리하여 체육교육 내용은 '내용'영역 수의 증가와 핵심 개념이 대폭적으로 증가, 변화되는 방향으로 개정되어 왔다. 목표의 변화에 의해 수정된 '내용' 영역을 초등체육교육과정기별로 요약하면, 첫째 내용 영역의 수는 제1, 2차 교육과정에서 4개 영역이었던 것이 3, 4, 5, 6차 교육과정에서는 7개 영역으로 변화되었으며, 둘째, 내용 영역의 핵심 개념은 제1, 2차 교육과정은 놀이(play), 3, 4차 교육과정에서는 운동 또는 스포츠, 제5, 6차 교육과정에서는 움직임으로 변화되었다. 셋째, '방법'의 변화를 반영한 내용 영역의 변화를 살펴보면 4차 교육과정의 기초운동영역이 제5차 교육과정에서 기본운동영역으로 바뀐 것을 대표적인 사례로 들 수 있다.

이러한 '목표' 또는 '방법' 우위의 '이상적인 새 출발'의 사고방식은 교육과정 개발자들에게는 상당히 매력적이며 거의 당연한 것처럼 받아들여질 만한 것이나, 그 타당성과 실효성의 측면에서는 많은 문제점이 제기된다. 즉, 초등학교 체육교육과정은 이전의 교육과정이 학교현장에 접목되기도 전에 7-10년마다 주기적으로 그 목표와 내용, 방법이 변화되었을 뿐만 아니라 새로운 교육내용이 추가, 변형되는 방향으로 개정이 이루어짐으로서, 이의 적용 및 질 관리를 위한 교육고정 운영이 효율적으로 이루어지지 못하였다. 이로 인하여 초등학교 교사들의 체육수업을 오히려 '혼란의 미궁'으로 빠지게 하는 역기능을 파생시키는 데 결정적인 역할을 하였다.

'절충' 및 '종합'의 사고

앞 소절에서는 초등학교 체육교육과정이 '이상적인 새 출발'을 도모한다는 사실 그 자체에 주목하였으나 이 소절에서는 이러한 '이상적인 새출발'을 도모하는 방식에 주목하여 본다. 이러한 방식은 초등학교 체육교육과정 내의 '교육내용' 항에 대표적으로 나타나고 있는 '절충' 혹은 '종합'의 사고방식으로 요약될 수 있다.

특히, 이러한 절충 또는 종합의 사고는 사회적 및 학문적 요구와 현장의 요구를 함께 반영한다는 명분 아래 이루어졌다. 기존의 체육교육내용의 수정, 첨가는 대개의 경우 현대 체육교육 이론의 반영을 주장하는 초등체육 전문가들이 그 중요성을 강력히 주장하였기 때문이다. 그러나 이러한 초등체육 전문가의 주장은 교육과정 개정의 논리로 '현장의 요구'를 내세우는 사람에 의하여 현장의 요구를 역행하는 것으로 파악되기도 한다. 기존의 내용영역들이 삭제를 면하는 것은 대개의 경우 그것을 담당했던 교사들이 그 중요성을 강력히 주장했기 때문이었다. 물론, 이 두 입장은 각자의 편에 있는 사람들에 의하여 공식적으로 표명된 것도 아니며 각각이 추구하는 초등체육교육의 이상에 있어서의 차이로 구분될 수 있는 정도로 분명한 것도 아니다. 그러나 그것들은 서로 다른 측면에서 영향을 미쳤다. 초등체육교육과정 변천과정이란 이 두 입장이 서로 부딪쳐 절충·종합된 과정이며, 현행 초등체육교육과정이 초등 체육교육의 이상을 가정하고 있다면, 그것은 서로 다른 두 입장과 어떤 방식으로든지 관련되어 있는 것으로 보아야 한다.

'절충·종합'의 사고방식은 제1차 초등 체육교육과저에서부터 시작하여 제6차 초등 체육교육과정으로 가까워질수록 더욱 강화되는 추세이다. 즉, 교육과정을 개발하는 맥락에서 생각하여 보면, 무엇인가 좋은 것이라면 모두 취하고 싶어지게 될 수밖에 없으며, 심지어 거의 불가피한 것으로 보이기까지 한다. 왜냐하면 국가수준의 교육과정을 개발하는 데에는 여러 가지 견해를 가진 사람들과 여러 이해관계에 얽혀있는 사람들이 널리 참여하게 되므로, 이때에 '절충·종합'이라는 것은 매우 편리하고 안전한 방패가 되기 때문이다.

그러나 계속적으로 '교육내용'이 수정. 변화될 경우 아무 것도 가르칠 수 없는 것과 같게 될 수 있다는 점을 인식할 필요가 있으며, 더욱 중요한 것은 절충·종합이 논리적으로 불가능한 것을 종합할 경우에 파생되는 문제점이다. 이와 같은 대표적인 예로서, 제 5, 6차 초등학교 체육교육과정에서는 두 가지 상이한 체육교과의 성격을 종합·절충하고 있다. 즉, 제5차 초등학교 체육교육과정에서는 '학문적 가치'와 '현실적 유용성'을, 그리고 제 6차 초등학교 체육교육과정은 '내재적 가치'와 '외재적 가치'가 공존하는 교과로 규정하고 있는데 그 조화를 이룬다는 것은 무엇을 의미하는가? 언뜻 생각해 보면, 체육교과의 가치를 보다 강조하는 것으로 보이지만 이는 또 다른 논리적 문제를 계속적으로 파생시키는 사고방식이 아닐 수 없다. 다만, 이와 같은 체육교과의 성격규정은 제 5, 6차 초등체육교육과정 개정시에 이루어진 교과목표와 내용의 변화에 대한 정당성을 부여하는 데 기여했을 뿐이다.

> **요점 확인**
> 교육과정의 개정을 위한 학교현장과 학계 간의 '절충과 타협'이라는 의미를 설명 해 보시오

8. 신체활동 가치 중심 체육교육과정에 대한 소고

앞 절에서 소개했듯이 2007 개정 체육과 교육과정을 통해 가치중심의 체육교육을 지향하는 체육교육과정이 역사상 처음 시도되기 때문에 시행을 앞두고 과연 이 같은 체육교육과정이 어떤 것인지, 현장에서의 실천은 가능한 것인지에 관해서 논의가 없거나 약한 것이 사실이다. 필자는 가치 중심 체육교육과정이 자칫 현장에서 왜곡된 형태로 구현되지 않을까 싶은 기우에서 몇 가지 문제점들을 지적해 보았다. 이러한 문제점들을 조기에, 그리고 앞으

로 지속적으로 보완되고 해결하기 위해서 요구되는 조치와 제반 여건에 대해서 논의하였다.

기대 반, 우려 반

세간에 회자되기를, 2007년 개정 체육과 교육과정은 제7차 체육과 교육과정의 부분적 개정이라기보다는 제8차 개정안으로 불려도 손색없을 정도의 전면적 개정이라 한다. 아닌 게 아니라 현장의 교사들이 가장 주목하는 내용 체계만을 살펴보더라도 여섯 개의 영역이 다섯 개로 축소되었고, 내용 영역의 명칭도 보는 이로 하여금 의아심과 호기심을 자극하기에 충분하다. 그러나 사실 이것은 겉으로 드러나 쉽게 관찰할 수 있는 일면에 지나지 않는다. 그 안을 들여다보면, 앞으로의 학교 체육교육은 기존의 철학과 접근 방식과는 차별화된 것으로 인식되고 실천되어야 할 것으로 강조되고 있다. 이와 관련해 교육과정 해설서에서 가장 눈에 띄는 부분도 '운동(종목)기능 중심에서 신체활동 가치 중심으로' 라고 진술된 부분이다.

'신체활동 가치중심'을 마치 하나의 슬로건으로 내세운 2007년 개정 체육교육과정은 그 동안 학교체육의 위기적 상황이 초래된 근본적인 원인을 추궁하면서 동시에 세계적인 체육교육의 동향을 수용하고, 현실적으로 요즈음 학생들의 체력 저하와 비만 등의 문제를 체육교과교육에 최대한 수용하려는 배경에서 교육과정 개발진이 들고 나온 비장의 해법 카드라 할 수 있다. 이 같은 대안적 교육과정에 대해서 필자도 일단 동의하는 바이다. 필자도 2007년 개정 체육과 교육과정의 기조나 방향이 우리 체육교육의 이상이 되어야 한다고 생각해왔기 때문이다. 또한 그러한 이상이 현실적으로 구체화되도록 하는 것이 체육교육자의 소임이라고 생각해왔다. 그러나 막상 '신체활동 가치중심'의 체육교육이 공표되자, 아이러니컬하게도 과연 이번 체육과 교육과정이 개발진의 기대 혹은 바람대로 학교 현장에 제대로 착근하여 결실할 수 있을지에 대해서는 필자는 솔직히 의문과 우려를 갖게 된다.

되새겨봐야 할 것들

우선, 개정 교육과정에서 체육교육 철학의 전환을 선포하고 있는데, 과연 '신체활동 가치중심'에 대한 철학적인 검토가 뒤따르지 않을 수 없을 것 같다. 그렇다면, 본질적으로 체육이 무엇인가부터 생각해보자. 주지하다시피, 체육은 여러 학자들에 의해서 정의되어 왔지만, 결국 두 줄기로 요약된다. 하나는 '신체의 교육'(*education of the physical*)이고, 또 다른 하나는 '신체를 통한 교육'(education through the physical)이다. 2007년 개정 교육과정은 이 두 줄기 속에서 후자 노선을 적극 표방하고 있다고 볼 수 있는데, 이는 신체활동을 수행하게 함으로써 학습자가 신체활동에 붙박여 있는 모종의 가치들을 내면화하는 데 초점을 두고 있기 때문이다. 바로 여기에서 떠오르는 문제는 '신체의 교육'에 대한 관심과 실천이 상대적으로 약화 내지는 결여될 수 있는 여지를 제공할 수 있다는 점이다. 새로운 체육과 교육과정이 신체에 대한 인식과 신체의 발달적 측면보다는 신체활동을 통해서 얻어지는 그 무엇을 더 가치 있는 것으로 보도록 유도하여 결국에는 체육의 실존적 근거가 되는 '몸'에 대한 인식과 신념이 미온적으로 다루어질 소지가 있는 것이다. 자칫 '건강·도전·경쟁·표현·여가' 가치 지향에 의해 체육활동은 관념적으로 접근되고, 그러한 관념적 활동에 의해 '몸'은 인식의 주체로서가 아니라 인식의 대상화로 이어져 '몸의 지위' (이학준, 2003)가 상실될 우려가 있다. 더욱이 '가치 중심'이라고 했을 때, 체육교과교육에 대한 이해와 식견이 짧은 대다수의 현장 교사들은 체육교육을 관념적인 것으로 오해하고 실천하게 하는 원인으로 작용될 수 있으며, 그로 인해서 교사들은 신체를 하나의 수단으로 인식하게 될 우려가 더욱 농후하다.

덧붙여, '가치 중심'을 강조함에 있어서 가치에 대한 관점이 기존 철학에서 얘기되는 것과 연결될 수 있는지도 따져 볼 필요가 있다. 주지하다시피, 철학의 근본 문제는 존재, 인식, 가치에 관한 것이다. 그런데 일반 철학자의 관심은 '상대적 또는 도구적 의미'보다는 '절대적 또는 도덕적 의미'에 집중되어 있으며, 가치론의 하위 분야인 윤리학에 연구 초점을 두고 있다. 이러한 맥락에서 체육의 가치에 관한 논의는 일반 철학자의 관심 밖이 될 가능성이 높으며, 이는 또한 일반인(학부모와 학생들)이 인식하는 가치 우선 순위에 있어서 어떻게 자리매김할 지에 대해서도 의문이 된다. 즉, 개정된 교육과정에서 표방하는 '가치 중심'적 체육교육이 교육 수혜자들에게 충분히 공감되어 체육이 가치 있다고 인정된다고 치더라도 체육 이외의 수다한 가치 대상이 있을 수 있는데 그 중에서도 체육을 실천하는 것이 바람직하다는 주장을 정당화하는 데 문제가 발생할 수 있다. 다시 말해서 체육을 포함한 가치 대상의 서열에 관한 문제가 발생하는 것이다. 만일 체육보다 우선하는 가치 대상이 있다고 한다면 체육보다 그것을 앞서 실천하는 행위가 더욱 바람직하다고 보아야 한다.

이와 관련하여 논의를 좀 더 하자면, 이번 2007년 개정 체육교육과정이 그간 분절적으로 다뤄온 체육과 내용을 통합적으로 지향하려 하고 있으나 자칫 체육이라는 교과 본연의 목적에 비추어 효용성의 문제가 제기될 수 있다. 체육교과의 임무는 신체적 측면에서 학습자들의 능력을 극대화시키는 것이어야 한다는 것에 이론의 여지가 없을 것이다. 그런데 신체활동의 가치를 추구한다는 말이 곧 신체활동의 기능적 측면 이외의 인지적·도덕적·심미적 측면 등 다양한 측면을 포함하고자 하는 것으로 받아들여진다고 하더라도 체육교과는 그것에 너무 연연해서는 안 된다고 본다. 왜냐하면 그러할 경우 제한된 가용 자원의 분산으로 인하여 목적달성의 효율성이 떨어질 수 있기 때문이다. 체육교과는 신체적 측면의 능력을 극대화하는 데 집중해야지 다른 측면에 관심을 두게 되면 체육교과가 다른 교과에 비해 잘 할 수 있는 '신체적 측면의 능력을 극대화'에 도달하는 데 방해가 될 수 있다는 것이다. 체육교과는 도덕적 차원이나 지적차원에 대해서는 흔히 '주지교과'라 불리는 다른 교과에 일임하고 오직 신체적 측면의 능력을 극대화 하는 것에 전념해야 할 것이다.

새 교육과정의 성공적 적용을 위한 과제

그렇다면 '가치 중심'의 체육교육은 어떻게 진행되어야 할 것인가? 일단, 통합의 원리에 입각하여 실제 체육활동에 대한 안목의 확장을 강조할 수 있도록 방향이 설정되어야 할 것이다. 예컨대, 스포츠나 특정 운동의 개별 기능들을 누적적으로 경험하도록 하는 것이 아니라 상호 연관 속에서 더하는 것 이상으로 승화되는 동적인 흐름과 그러한 흐름에 능동적으로 대처할 수 있는 능력을 체험하도록 하는 데 초점을 두어야 할 것이다. 이는 기존의 기능 중심적 접근과는 접근 방식을 달리하는 것으로서 2007년 개정 체육과 교육과정의 방향과 일치하는 것이기는 하지만 신체활동의 실제성을 강조하고 있다는 점에서 개정 교육과정의 '가치 중심'적 접근과는 약간 다르다고 할 수 있다. 그러나 이와 같은 방향 설정의 요구가 현장에서의 새 교육과정을 적용해야 하는 교사에게 그다지 도움이 될 만하지는 못하다.

이에 보다 현실적인 방안을 제시하자면, 필자는 교과서에 대해서 기대를 걸고 싶다. 교육과정은 교과서로 구체화된다는 점에서 차기 교과서의 집필 편찬에 더 깊은 성찰과 개선 노력이 요구된다. 물론 원론적 입장에서 교과서는 하나의 학습 자료에 불과한 것으로 이해되어야 하고, 교사의 적극적인 재구성의 과정이 필요하기는 하나, 체육교과에 대한 관심과 전문적 식견이 부족한 대다수의 교사들에게 이러한 노력을 기대하는 것은 현실적으로 어려움이 있는 게 사실이므로 교수학습의 핵심 매체인 교과서를 통해서 교사나 학생이 새로운 체육교육의 방향과 구체적인 방법을 알 수 있도록 친절하게 안내해 주는 자료로 활용되도록 함으로써 가치 중심의 체육교육의 실천이 수월하게 이루어질 수 있도록 하는 게 필요하다.

그러나 가치 중심 체육교육이 학교 현장에 착근하여 제대로 구현되도록 하려면 무엇보다 교사 교육이 요체라 할 수 있다. 지금까지 우리나라 학교교육과정의 역사가 말해주듯이 교사가 변하지 않는 한 아무리 좋은 교육과정이라도 그것은 단지 '선반위의 교육과정'에 그치기 때문이다. 우선, 신체활동 가치에 대한 교사의 주의를 환기할 수 있는 오리엔테이션(연수 프로그램)이 준비되고, 가급적 모든 교사들이 이에 참여할 수 있는 시스템을 교육청 단위, 학교 단위, 또는 동학년 및 기타 교과교육연구회 단위에서 구축되어야 할 것이다. 여기에 교과서와 더불어 기타 교사들이 얼마든지 가치 중심 체육교육에 대한 이해와 실천을 위해서 요청하는 자료에 쉽게 접근할 수 있도록 체육 교수학습 지원 센터를 적극 도입하여 활용하여야 할 것이며, 현재 실시되고 있는 맞춤형 수업 컨설팅 제도를 보다 적극 권장하여 각 학교에서 지속적으로 컨설팅을 지속적으로 요청할 수 있도록 여건을 조성해야 할 것이다.

국가에서 하나의 정책을 입안하는 데에도 상당한 시간과 비용, 그리고 노력이 깃들여지고 나서야 비로소 하나의 정책이 시행되지만, 그 시행 과정에서도 여러 가지 혼선과 잡음이 끊이지 않는 게 우리들이 살아가는 세상이다. 곧 시행착오를 말하는 것이다. 하물며 교육과정 정책은 한 번도 시도해 본 적이 없는 철학과 신념을 학교와 교사들에게 기대를 거는 것이기 때문에 그에 대한 오해와 혼란은 이루 말할 수 없을 것이다. 그렇다고 이런 혼란과 오해를 어찌할 수 없는 것으로 생각하면서 시간이 지나면 자연히 해결되겠거니 관망하기만 한다면 우리의 체육교육 현장은 더욱 피폐해질 것이며, 수혜자들에게 또 다른 실망감과 불신을 안겨주게 될 것이다. 이에 교육과정 개발진은 물론이고 교육과정의 운영을 담당하는 부서는 늘 현장에서 들려오는 시행착오나 건의 사항에 귀를 기울이고 그 각각의 사안에 대해서 면밀한 검토와 재수정을 통해서 개정된 교육과정이 현장과 괴리된 틈과 간격을 메우는 데 온갖 노력을 아끼지 않아야 할 것이다.

9. 체육교과서의 現實과 理想

오해(誤解)와 이해(理解)

교과서는 학교 내에서 사용되는 공식적인 지위를 부여받고 있는 유일한 교재이다. 따라서 교과서는 학교 수업의 내용뿐만 아니라 교내의 평가나 입시 등의 내용을 결정하는 데 척도의 역할을 함으로써 학생들의 학습내용과 질에 절대적인 영향력을 행사해 왔다. 그러나 일반적으로 교과서가 지니고 있는 이러한 중요성과 가치에 비해 체육교과서가 받아온 無關心과 忽待의 정도는 체육교과서 그 존재가치의 輕重을 떠나, 이미 그 존재의미 자체를 부정하는 양상으로밖에 볼 수 없었다. 특히 과거로부터 체육교과가 내용정보 보다는 경험적 결과에 더 크게 의존하는 과목으로 인식되어온 탓에 교과서 및 인쇄자료의 활용에 대한 기대와 관심은 실로 열악할 수밖에 없었다.

그러나 체육교과서야 말로 여타의 교과서보다 그 존재가치와 비중에 있어 중요하다고 말할 수 있다. 현장에서 체육교과서는 실질적으로 체육교육과정의 역할을 代行[15]하면서 교사들의 체육수업 기본지침이 되고 있으며 학생들 또한 각종 학습지와 참고 서적이 풍부한 타 교과와는 달리 체육관련 지식의 대부분을 오로지 체육교과서를 통해서 얻고 있기 때문이다(한상하, 1995; 최의창, 1998).

따라서 체육교과서의 존재를 부정하거나 輕히 여기는 것은 분명 크나큰 문제점이 있는 오해(誤解)이며, 이러한 오해를 바로 잡고 올바르게 이해(理解)하는 방법은 체육교과서에 대한 현실의 문제점을 밝혀내어 이것을 극복할 수 있는 대안을 제시하는 데 있는 것이다. 즉, 이러한 대안적인 방법 속에 현실(現實)속의 체육교과서가 지향해야 할 이상(理想)이 포함되어 있으며 이는 곧 체육교과서의 가치를 확인시켜 줄 수 있는 진실이 될 수 있는 것이다.

이에 본인은 체육교과서에 관련된 몇 가지 관심 있는 주제와 이슈를 통해 현재 체육교과서의 현실적 모습을 조망함과 동시에 이를 극복하고 나아갈 체육교과서의 이상을 함께 제시함으로써 체육교과서에 대한 올바른 이해(理解)를 도모하고자 한다.

닫힌교과서와 열린교과서

우리는 자율적 인간의 양성을 촉진하기 위한 일차적인 조건으로 우리의 교육 내용 속에 그에 합당한 요소를 포함시켜야 할 것이다. 이러한 요소들을 교육 내용 속에 반영시킨다는 말은 넓게는 교육과정, 좁게는 학생들의 교재인 교과서에 그들이 의미 있게 경험할 수 있는

---

[15] 김진숙(1998)의 주장처럼 교과서는 학교수업 현장에서 가장 직접적으로 전달되는 교육과정 문서이며, 가장 영향력 있는 수업도구가 된다. 수업시간에 다양한 매체를 사용하는 것으로 알려진 미국이나 영국에서서 조차 수업시간 중 교과서에 의존하는 시간은 최소 44%, 최대 78%에 이르며(Hembree & Marsh, 1993), 미국 Ohio주의 교사용 지도서에서는 수업시간 활동의 85%내지 95%정도로 교과서를 사용할 것을 권장하고 있다(Husén & Postlethwaite, 1994)

형태로 자율성을 해석해서 반영한다는 말이 되는 것이다. 이러한 시각에서 볼 때, 교육의 자율성은 우리가 지금까지 교육의 과정에서 해왔던 방식, 즉 사전에 목표를 설정하고 그 설정된 목표에 따라 연역된 내용들을 학습시켜 왔던 방식으로는 쉽게 실현될 성질의 것이 아님을 알게 된다. 특히 국가와 학교와의 관계에 있어 국가가 모든 학교와 학생들을 위해서 교육 목적, 내용, 방법을 결정한다고 할 때 그것이 어떠한 종류의 결정인가를 음미해 볼 필요가 있는 것이다. 이 말은 국가수준의 결정도 그 결정의 담당자가 누구냐에 따라 상대적일 수 있음을 나타내는 것이다. 따라서 국가수준의 이름으로 중앙에서 결정된 것을 모든 학교에 적용하는 것은 상대적인 결정을 절대화 시키는 오류를 범하게 되는 것이며, 여러 가능한 대안들 가운데 오로지 한 가지 방향으로 획일화를 가져오게 되는 것이다(곽병선, 1988).

체육교과서 정책은 그동안 초등에서는 국정제를 중등에서는 검·인정제도를 중심으로 운영해 왔다. 그러나 실제로는 중등역시 그 제작과 검정에 있어 강력한 중앙교육 기관의 통제와 감독을 피할 수 없었기에 겉모양은 비록 다양성을 추구하는 검인정이지만 실제로는 국정제의 그것과 다를 바와 없었다[16]. 즉, 검·인정 제도는 기본적으로 복수 교과서 발행을 전제로 하는 것이지만, 검·인정기준이 너무 규제적이면 대안적 차이가 없는 교과서의 복수화가 될 가능성이 높다. 이것은 교과서 단행본제도인 국정제와 다를 바가 없는 것이므로 운영 면에서 단일본 제도보다 못한 비능률성을 초래하기 쉬운 것이다.

이러한 의미에서 볼 때 현재 우리의 초·중등 교과서는 '닫힌교과서'이다. 교과서의 발행, 개편, 검열, 폐기, 효력 유지 등에 관한 사항은 물론, 학생들에게 주어지는 교육내용 또한 선택의 대상이 아니라 일방적으로 주어지는 것이 되는 것이다. 따라서 이것은 학생들의 자유로운 발상과 분석적 사고를 포용할 수 없다. 하지만 체육 역시 종국적으로는 창의적이고 전인적인 삶을 영위할 수 있도록 돕는 교육행위의 하나이므로(안양옥,2005), 이를 지도하기 위해 제작되는 교육행위의 구체적 지침인 교과서 역시 이러한 닫힌 형태가 아닌 '열린 형태'[17]의 교과서가 되어야 한다. 즉, 다종의 교과서를 제작하도록 하되, 그들 중에는

---

16) 이러한 연유로 인해 교과 특성을 막론하고 거의 모든 교과서의 내용들이 학문적 논쟁으로부터 자유롭고 정치적으로 중립적인 것처럼 기술되어 왔다. 저자의 주관적인 해석이 개입되는 것을 금기시하고 누구나가 합의할 수 있는 객관적이고 보편적인 것만을 다루도록 하는 것이 불문율과 같이 되어온 셈이다(양미경,1998). 이러한 환경과 조건 속 에서는 아무리 검인정 제도를 실시한다고 해도 대부분의 교과서 체제와 내용이 대동소이한 상황이 연출되어 국정제와 차별화를 가져올 수 없는 것이다.

17) 이 주장을 결코 국정 교과서 제도의 폐지, 검인정 교과서의 확대, 자유 발행제의 도입을 의미하는 것으로 해석할 필요는 없다. 대안적인 복수 교과서 제도는 국정 제도를 통해서도 얼마든지 가능하며, 대안적 특성이 없는 교과서들이 검·인정제도나 자유발행제도 이름으로 범람하게 될 때 이것은 단일 국정 교과서 제도만도 못한 교육상의 혼란을 야기할 가능성도 있다(곽병선, 1988).

반드시 대안적인 차이가 분명하게 들어 날 수 있도록 교과서 편찬에 자율과 창의를 대폭 허용[18]해야 하는 것이다. 예를 들어 검정기준에 참신성과 독창성 항목을 다수 강조하거나, 교육과정 해석과 재구성을 할 수 있도록 저작자의 자율성을 분명하게 보장해 주어야 하는 것이다.

그러나 최근 한창 개편작업이 진행되고 있는 차기 체육과 교육과정에 맞춘 교과서의 제작방향이 초등의 경우 최초 검·인정제도에서 다시 국정제로 회기하려는 경향[19]을 보이고 있음은 심히 안타까운 일이 아닐 수 없다. 이것은 교육활동의 당사자인 교사, 학생, 학부모가 그들이 추구하고자 하는 목표, 가르칠 내용, 교육의 방법 등 그들에게 상응하는 몫에 대하여 주체적인 결정을 내릴 수 없게 하는 비민주적인 행위이며, 더 나아 가서는 다양화와 개별화를 추구하는 현 시대 교육적 흐름을 분명 역행하는 구시대적인 발상인 것이다.

'內容' 전달과 '價値' 전달

기존 체육교과서의 내용 구성방식이 지닌 특징 중 하나는 체육에 관련 된 개념이나 사실,원리 등을 단순한 설명형식의 내용전달 형태로, 그것도 지나치게 많이 제시하다는 것이다. 이처럼 주요 주제나 개념들을 단지 거명하거나 주요 운동규칙 등을 피상적으로 훑어 내리듯 제시하는 방식은 학생들로 하여금 깊이 있는 사고를 하도록 촉발시키기 보다는 주어진 내용을 암기하고 이해하는 것에 급급하도록 만든다는 점에서 상당한 문제점이 아닐 수 없다.

이 문제는 학교가 교육적 가치 이외에 지식의 전수를 통한 학문의 발달이나 국가 경쟁력의 제고와 같은 가치를 구현해야 한다는 기대, 공식적인 교재로서의 교과서가 사회선발과정에서의 주된 척도가 되고 있는 점, 그리고 객관적이고 보편적인 가치를 지닌 진리가 있다는 객관주의 인식론 등과 어우러져 형성된 복합적인 문제인 것이다(양미경,1998).

그러나 교과서를 통해서 소위 '중요한' 정보들을 가능한 한 많이 담아내려는 노력은 시대착오적인 것이다. 정보가 폭증하고 인터넷 등을 통해 시공을 초월한 생생하고 다양한 정보에 얼마든지 접근 할 수 있는 상황에서 알아야 될 사실이나 원리들을 백화점식으로 제

---

18) 교과서 내용 선정에 대한 자유로운 개방은 기존의 질서를 지탱 해 주는 가치신념 체계에 대한 도전을 허락하는 것으로 위험시 될 수 있다. 그러나 만약 그 가치 신념 체계가 이성적인 비판과 도전에 견딜 수 없는 것이라면 그것은 보존할 가치가 의심스러운 신념체계이며, 그것을 영속화하고자 하는 교육적 시도는 교육자체의 가치를 희생시킬 위험이 있다.
19) 이 부분에 대해서는 아직 확정된 사항이 아님을 여기에 명확히 밝혀두는 바이다.

시해 놓는다는 것은 교과서의 존재적 효용가치 측면에서 별다른 의미[20]가 없기 때문이다. 더구나 새롭게 개정중인 체육과 교육과정은 그 동안 일부 운동종목 및 그 운동종목의 기능위주로 구성되어 왔던 체육교육 기존의 흐름을 비판하고 '신체활동가치'라는 새로운 체육교육의 패러다임을 주창하며 서서히 그 등장을 준비하고 있다(2005, 안양옥; 2005, 유정애) 따라서 교과서 역시 이러한 가치 중심의 새로운 체육교육의 패러다임을 충실히 담아낼 수 있는 새로운 형태의 것이 되어야 하는데 현 상태의 내용구성 방식으로는 이것이 요원할 수밖에 없는 일이다. 또한 실제적인 활동으로도 구현해 내기 어려운 신체활동의 가치를 글과 그림을 통하여 일정한 지면으로 소개하고 이것을 깨닫도록 지도할 수 있게 한다는 것은 참으로 지난(至難)한 일이 아닐 수 없을 것이다.

이에 앞으로의 체육교과서는 그 내용구성에 있어 전술한 2가지의 중요한 난제(難題)들을 해결해 나가는 것에 최대한의 관심과 역량을 집중시켜 나가야 할 것이며 이를 위해 본인은 다음과 같은 형태와 방향으로의 기술(記述)을 제시해 본다.

예를 들어 육상경기를 지도한다고 할 때 육상의 주요종목과 규칙에 대한 세세한 제시와 안내보다는 육상 활동이 추구하는 신체활동의 목적 및 의미를 제시함이 좋을 것이며, '몇 년도에 누가 어떤 종목에서 우승했다' 식의 사실기록의 전달보다는 이러한 결과를 초래할 수 있었던 상황적 특수성 및 해당인물의 개인적 전기 등을 통해 해당종목의 운동특성과 가치를 간접적으로 염출할 수 있는 인문적 기술[21](記述)이 필요할 것이다.

결과적으로 많이 제시해야 많이 학습할 것이라는 기대는 인간이 지니고 있는 배움에 대한 자발적인 의지와 욕구, 능력을 간과한 논리이다. 학교에서의 체육 교수-학습활동에 지대한 영향을 미치는 체육 교과서에서 할 일은 많은 정보를 빠뜨림 없이 제공하는 것이 아니라 바로 운동의 가치와 기쁨을 맛볼 수 있도록 하는 일일 것이다. 그들이 진정으로 체육에 대해 알고 싶어 하는 것과는 무관한 사실들을 쏟아 붓 듯 부과하여 어린 학습자들의

---

20) 사실 정보사회에 들어 선 지금 상황에서 교과서 역시 차후 당연히 e-learning 체제에 맞는 새로운 유형의 교수 학습자료를 개발하고 활용해야 할 것이다(김정호,2005). 현행 서책형 교과서는 최소 필수 개념과 원리 정도만 실어 양을 최소화 하고 학습할 자료와 정보는 온라인 망으로 제공하여 다양하고 현실적인 자료를 직접 찾고 분류하여 분석·종합하는 능력을 키워줄 수 있어야 할 것이다.
21) 최의창(2002)의 주장처럼 '스포츠를 체험한다'는 말의 의미에는 '스포츠를 읽는다'라는 의미도 포함될 수 있다. 이렇게 볼 때 스포츠와 관련된 좋은 글을 읽는 것 자체만으로도 스포츠가 지닌 독특한 매력과 특성을 깨달을 수도 있는 것이다. 그런데 교과서야 말로 이러한 인문적 체육교육을 적절히 수행할 수 있는 가장 적합한 수업도구가 될 수 있는데, 단 전제조건은 상기한 바와 같이 스포츠에 관련된 다수의 좋은 서적을 우선적으로 확보해야 한다는 것과, 이를 교과서 상에서 적절한 내용 및 상황적 위치에 재구성해서 담아낼 수 있는 내용과 공간편집의 능력이라고 볼 수 있다.

마음을 고사시키는 것은 그들을 점차 체육교육의 '疏外者'로 만들어 버리게 되는 것이다.

'보기 좋은 떡' 과 '빛 좋은 개살구'

교과서가 학습자의 학습 방향이나 흥미에 미치는 영향도를 고려할 때 교과서는 전절에서에 제시한 바대로 가치 있고 진실 된 내용을 포함하고 있어야 할 뿐만 아니라, 인쇄 매체로서의 외형적 매력도 갖추고 있어야 한다. 흔히 하는 말 가운데 '교과서적이다'라는 표현은 비단 해당 내용자체가 '객관적이고 표준적이다' 라는 의미 외에도 표면적으로 드러나는 모양과 색채 자체가 지극히 단조롭고 무미건조함을 뜻한다고 볼 수 있는 것이다. 이렇듯 교과서 개발과 관련하여 물량주의와 저가(低價)주의 정책으로 인하여, 우리의 교과서는 국가 경쟁력과 문화 수준에 비하여 후진성을 탈피하고 있지 못한 것이 사실이다(최호성 외, 2001).

예를 들어 체육교과서의 경우 주지과목에 비해 학습내용과 방법을 '삽화' 또는 사진 등 구체적으로 형상화된 내용으로 제시하는 비중이 매우 높다. 이것은 교사의 설명을 도와 시각적인 전달을 통해 학습효과를 높여주는 교육적 기능과 역할을 하고 있는 것으로 볼 수 있다. 그러나 이러한 삽화가 정확하게 그려지지 않아 이해하기 쉽지 않거나 본문 설명과 일치하지 않는 경우가 있으며 문장과 삽화의 배열자체가 지극히 단조로워 학습자의 독서의욕을 감소시키는 하나의 요인이 되고 있다. 또한 편집체제에 있어서도 다양성이 확보되지 않으며 틀에 벗어나는 내용선정과 구성체계가 허용되지 않고 있다. 특히 교과서의 핵심부분을 차지하는 실기편은 중·고등학교의 경우 스포츠 종목 중심으로 구성되어 경기규칙과 운동기능 습득 방법을 간단히 소개하는 방식에 그치고 말아 구성의 단조로움을 더해주고 있다.

이것은 인쇄 및 편집술의 발달로 인해 최근 극도로 화려하게 등장하는 각종 참고 서적류와 비교할 때 체육교과서가 지니고 있는 외형적인 핸디캡으로 볼 수 있는 것이다. 결국 질 높은 체육교과서의 개발은 비단 내용적 측면에만 있는 것이 아니며 외형적인 측면에서도 보다 수려하고 완성도 높은 작품을 위해 체육 및 서적에 관련한 다양한 전문인력[22]의 참여가 필요하다고 볼 수 있는 것이다. 그러나 실상은 체육교육에 대한 전문 인력의 부족으로 인해 이 같은 다양한 전문가의 참여가 합리적으로 이뤄지지 못한 채 교과서 작업이 수행될 무렵 임시방편적으로 차출된 비전문요원들[23]에 의한 관행적 작업이 반복되고 있는 실정이다.

---

22) 질높은 체육교과서 개발은 체육교육학자, 체육교육전문가, 체육교사, 종목전문가 등의 내용적 전문가 뿐만 아니라 전문편집인, 전문삽화가, 전문사진가, 윤문가 등의 외형적 전문가 등이 종합적으로 팀을 구성하여 협동적으로 작업을 수행할 수 있어야 한다.
23) 여기서 언급한 '비전문'이란 표현은 체육교육과 관련된 기본적 소양 없이 단지 기능적 측면만을 보유

따라서 이의 개선을 위한 보다 계획적인 준비와 양성체제를 갖추고 내·외형적으로 보다 완성도 높고 전문적인 체육교과서의 제작을 담당할 수 있어야 하겠다.

보기 좋은 떡이 먹기도 좋은 법이다. 같은 내용을 담아내고 있더라도 기왕이면 보기 좋고 아름답게 편집된 교재로 학습할 때 학습자의 학습욕구는 보다 증대될 수 있을 것이다. 그러나 이와는 반대로 너무 겉모습에만 치우친 나머지 내용적으로 보잘것없는 '빛 좋은 개살구'식의 교과서 제작도 한편으로 경계해야 할 것이다. 아무리 겉모습이 화려하고 아름다워도 내부에 담겨진 알맹이가 부실한 교과서는 그야말로 아무런 쓸모가 없기 때문이며 교과서의 외형적 모습과 내재적 모습 중 굳이 중요도를 논하자 하면은 그래도 내부적인 내용이 보다 중요하기 때문이다.

올바른 체육교과서 '文化' 형성을 위한 제언

질 높은 체육교과서를 공급하는 것은 정부 정책만으로 되지 않는다. 그 보다는 교과서 시장의 주체인 발행사와 학교가 다 같이 노력해야 할 일이다. 이에 본 절에서는 전술한 각 주체별로 올바른 체육교과서 문화 형성을 위해 기대하는 바를 제언하도록 하겠다.

먼저, 저자·편집인·발행인을 위한 제언이다. 제작 과정에서 저자와 편집자는 먼저 체육교과 교과서 개발의 방향을 파악하기 위해 새로운 체육과 교육과정을 심층적으로 연구하고 그 지향점을 명확히 이해하고 있어야 한다. 즉, 전언한 바대로 새로운 체육과 교육과정에서 추구하는 '신체활동 가치 중심'의 새로운 체육교육 패러다임에 대한 학문적 이해뿐 아니라 현장적용 시 요구되는 실천적 관점에서의 이해도 필요하다고 볼 수 있다. 이를 통해 교과서 개발의 준거인 교육과정의 기본방향을 충실히 이행할 수 있는 사항들을 검정기준의 중요한 요소[24]로 설정할 수 있어야 할 것이다. 다만 이러한 과정에서 기존의 체육교육의 패러다임 전환을 넘어서 체육교육 자체가 지니고 있는 본질까지도 변화시켜 버리는 愚를 범해서는 안 될 것이다. 즉, 체육교과가 과거로부터 지녀왔던 것들 중 체육교과의 영속적 존속을 위해 강조되어야 할 당위적 특징들[25] 조차 '변화와 발전'이라는 미명하에 순식간에 사

한 작업인, 또는 체육교육과 무관한 타 분야의 편집 분야에만 참여하다가 일시적으로 작업에 참여하는 작업인들을 지칭한다고 볼 수 있다.

24) 이는 앞서 제시한 것과 같이 반드시 동일한 구조와 내용을 지닌 교과서를 제작하라는 의미가 아니다. 이 보다는 교육과정의 기본적인 내용과 기본방향을 충실히 반영하고 있되, 이를 다양한 관점과 편집 기술을 통해 각각 대안적 역할을 수행할 수 있는 교재로 제작하자는 것이다.

25) 새로운 교육과정에서 강조하는 '신체활동가치'의 해석을 두고 기존의 기능중심 체육을 비판하고 등장한 개념이라는 관점에서 '차후 체육교육에서는 기능을 차치하고 오로지 체육교육의 인문성 또는 예

장되거나 구태의연한 구시대적 유물로 취급 받는 등의 일들이 발생해서는 안 될 것이다.

또한 일단 검정 심사를 통과했다 하더라도 그것은 최소한도의 조건을 갖추게 된 것 뿐이므로 교과서로서 유통, 사용될 수 있는 자격을 부여한 것에 그쳐야 한다. 그것이 안정적인 수익을 보장하는 장치로까지 연장되어서는 안 되며, 때문에 검정이후 저작자과 발행사의 수익확보는 교과서의 질을 중심으로 치열한 시장경쟁을 통해 지속되 나가야 할 것이다. 이 과정에서 질 개선과 사후 봉사, 연구 투자 경쟁을 통한 생존의 장에서 외면 받은 교과서는 자연 도태되며, 살아남은 교과서는 전문 출판사로 육성되는 것이다.

둘째는 학교에 대한 제언이다.

학교는 체육교과서의 선택에 있어 그것이 가급적 우수한 선택이 될 수 있도록 신중에 또 신중을 기해야 할 것이다. 즉 뛰어난 창의성을 가진 저자가 아무리 독창적인 교과서를 개발하여 시장에 내놓더라도 교과서는 다른 상품과 달리 공급이 수요를 창조하는 것이 아니라 수요가 공급을 창조해야 하므로 수요자가 선호하지 않으면 아무런 소용이 없게 된다(김정호,2005). 이는 체육교과서의 선택에 있어 학교 관계자들의 私心 없고 객관적인 선택의 중요성을 다시 한 번 확인시켜 주는 내용으로 이 선택결과의 차이에 따라 작게는 일개 학교의, 크게는 온 국가 전체의 체육교육 측면에 있어 부실을 가져올 수일임을 명심해야 할 것이다. 따라서 앞으로도 계속 교과용 도서 선택은 체육교육활동을 현장에서 직접적으로 수행하고 있는 교사들 스스로 교과서와 지도서를 같이 보면서 해야 할 것인데, 그 중에 학습활동이 중심이 된 교과서와 그 활동 과정을 잘 안내해 놓은 뛰어난 지도서가 있다면 도서 선택에 큰 어려움이 없을 것이다.

한편으론 교과서 선정 단위를 현행 학교단위에서 구·시교육청 단위로 확장[26]하여 시행해 보는 것도 좋은 교과서를 선택할 수 있는 적절한 대안이 될 수 있을 것이다. 이는 '좋은 교과서를 선택하기 위해서는 다수 체육교사가 참여하여 다양한 관점에서 공동합의를 거쳐야 한다'는 가정적 사실을 현실에 실천한다는 의미로, 현 상황과 같이 개별 단위 학교에서 체육교과서가 선택되는 경우 다양한 관점을 통한 비교분석이 불가능하고 그 결과를 최선의 선택이라고 보기도 어렵기 때문이다.

술(심미)성 만을 강조해야 한다'는 식의 곡해가 나타날 수 있다. 그러나 이것은 엄연히 체육교육이 지니고 있는 본질적 특징을 부정하는 것이며, 체육교육은 신체활동이 주가 되고 이를 통해 양산되는 부수적인 가치(인문성, 사회성) 등을 더불어 학습하는 교과로 볼 수 있는 것이다.

26) 이 경우 학교단위 교과서 선정과정에서 많이 발생할 수 있는 각종 청탁관련 비리를 어느 정도 배제할 수 있다는 장점 또한 지닐 수 있을 것으로 생각된다.

愚公移山

지금까지 체육교과서가 지니고 있는 현재의 모습과 그에 대한 반성을 통해 향후 이상적 모습의 체육교과서가 지향해야할 내용들을 몇 가지 주제와 이슈를 통해 알아보았다.

물론, 이 짧은 지면을 통해 체육교과서가 지니고 있는 수많은 현실과 이상적 모습을 기술하려는 것 자체가 저자 자신의 개인적 욕심이며, 내용기술 자체에 강한 독선을 온전히 배제할 수 없었을 것이다. 그러나 마치 '愚公移山'과도 같은 꾸준한 마음을 갖고 이러한 '진실찾기'의 노력을 되풀이 해 나가는 것이 학자의 책무이자 숙명이라고 생각하기에 많은 오류와 부족함이 있더라도 앞으로 본인의 소임에 충실해 나가고자 한다.

한삽 한삽 퍼 나가다 보면 어느덧 체육교과서에 내재되었던, 거짓과 오해의 모습들로 이뤄진 거대한 산은 모두 사라지고 말끔하게 정돈된 체육교과서의 진실된 이상향이 드러날 수 있을 것이 아닌가.

> **요점 확인**
> 가치중심 체육과 교육과정의 성공적 현장적용을 위한 제반 준비사항을 설명하라

생각해 볼 문제 〈제 3부 1장〉

1. 교육과정기별 초등 체육교육과정의 변화요인은 무엇이며, 해방 전 초등체육교육과 해방 후 초등 체육교육의 주요한 차이점은 무엇인가?

2. 현 체육과 교육과정의 목표를 자세히 검토하고 이 목표가 초등체육교육의 정당성을 얼마나 포함하고 있는지에 대한 자신의 의견을 피력하시오.

3. 국정교과서와 검인정 교과서의 장단점을 각각 기술하고 현재 우리나라 초등학교 현실에 맞는 교과서 제도의 절충안을 제시하시오.

2장. 초등 체육수업의 변천과 발전

공 부 할 문 제

1. 체육수업의 발전과정의 주요한 특징과 흐름을 이해한다.
2. 다양한 체육수업모형의 종류와 특징을 알고 수업에 적용시킬 수 있는 방안을 모색한다.

1. 효율적 체육수업에서 반성적 체육수업으로의 전환

 교육은 삶 속에서 앎을 추구해 하는 과정임을 상기할 때 절대적 진리관이 무너진 현대 사회에서 앎의 완성된 형태는 없다. 따라서 교육은 우리의 삶의 과정과 같이 끊임없이 계속적인 수정이 필요하다. 이러한 맥락에서 교육을 실천하는 실천가로서 교사는 끊임없는 반성을 해야 하는 것이다. 빠르게 변해가는 사회 속에서 우리가 절대시 했던 앎의 형식도 변화됨에 따라서 지식을 가르치는 전문가로서의 교사는 그러한 변화에 맞추어 학생을 교육해야 하는 것이다. 그럼에도 불구하고 초등교사는 이러한 시대적 변화에 가장 둔감했다고 생각한다. 지금도 교육 현장 내에는 전통적으로 방임적 체육수업의 대표격으로 지칭되는 아나공 수업이 흔히 행해지고 있으며 이러한 자신의 수업내용에 문제의식 또는 개선의 필요성을 느끼지 못하는 체육수업의 불감증을 겪고 있는 교사를 흔히 찾아볼 수 있다. 더군다나 수업 기술이 훌륭하여 효과적인 체육수업을 진행할 수 있는 유능한 교사라 하더라도 사회의 변화나 예전과는 다른 학생들, 변화하는 지식 등의 다양한 변수를 수시로 흡수하여 수업에 온전히 반영할 수 있는 절차는 반드시 필요한 것이며, 이러한 완전한 효율성을 기한다는 것조차도 효율을 극대화한 다는 완벽에 다가가는 것이지 완성은 있을 수 없으므로 효율적인 수업을 지향 하는 관점에서조차 반성적 교수는 필요한 것이다. 또한 수업이라는 것은 역동적인 상호작용이다. 따라서 아무리 효율적인 수업을 위해 계획을 세웠다고 할지라도 계획대로 순차적으로 진행된다는 것은 살아있는 교육이 아닌 기계적인 수업인 것이다. 교사는 투입을 넣고 최대의 산출을 기대하는 컴퓨터 기사가 아니듯 효율을 높이기 위한 일목요연한 계획에 의해 움직이는 수업은 교육성을 상실한 것이다. 따라서 교사는 수업 상황에서 다양한 변화와 유동성을 받아들일 수 있는 관용적 태도를 가지고 자신의 수업 개선을 위한 반성을 해 나가는 일이 필요하다. 좀 더 실제적인 내용을 언급하자면 초등학교 교사로서 체육이라는 교과는 다소 부담이 되는 교과가 될 수 있다. 우선 학생들에게 시범을 보일 수 있을 정도의 신체적 능력을 갖추지 못했다는 것부터 시작하여 초등학생들을 관리하는 것 까지 등등 체육을 교수한다는 것은 체육전공자가 아닌 초등교사로서 심적 부담이 될 뿐 아니라 심지어 귀찮은 교과가 될 수도 있는 것이다. 이와 같은 상황이라면 초등교사는 체육은 뒷전으로 미루고 다른 교과에만 치중하게 될 수 있는데 이에 대한 해결책으로 제시 될 수 있는 것이 반성적 수업이다. 자신이 비록 운동 기능에 능숙하지 않더라도 끊임없이 체육교과에 대한 전문성을 갖출 수 있도록 채근하게 하는 것, 다른 교과에 비해 체육교과를 뒷전으로 미루고 있는 것은 아닌지 경계하고 진단을 가능하게 하는 것이 '반성'이다. 비록 초임교사로서 새로운 것을 시도함에 있어 미숙할 지라도 자신의 수업을 반성하고 개선하려는 노력은 결국은 전문성을 지닌 교사로 성장하는 것을 도울 것이다. 또한 능숙한 교사일 지라도 자기 독단이나 무사안일에 빠질 수 있음을 경계하는 데도 반성적 수업이 제 기능을 발휘할 것이다.

교사로서 학생들에게 교육적으로 가치 있는 것을 적절한 교수법을 통해서 제시해주는 것은 교사의 책임이라 할 수 있다. 이러한 책임을 다하기 위해 끊임없이 반성한다는 것은 어찌 보면 당연히 해야 할 일인 것이다. 그럼에도 불구하고 이러한 논의가 체육 교과에서 이루어지지 않은바 전문성을 상실한 체육교육이 답습되어 왔다. 이에 절대적 지식관이 무너진 포스트모던 시대성과 수업이란 계획에 의해 관리되는 기계적인 과정이 아닌 역동적 과정 이라는 측면, 초등학교 교사가 자신의 전문성을 신장하는 끊임없는 과정의 측면에서 반성적 교수의 필

수업반성을 통해 교사는 진정한 전문가로서 성장하는 계기를 마련할 수 있다

요성을 살펴보았다. 교사는 교육행위의 주체자이다. 따라서 온전한 교육행위의 주체자가 되기 위해서는 자신의 수업을 반성하고 개선하여 새로운 교수법을 도입하는 끊임없는 변증법적인 과정을 거치는 노력을 통해서 자신의 전문성을 신장시킬 수 있을 것이다.

요점 확인
효율적 수업과 반성적 수업에서 추구하는 수업목표의 차이를 비교 설명하라

수업반성의 구체적 실천을 위한 몇 가지 방법

○ **반성일지 쓰기**
일지를 작성하는 것은 손쉬우면서도 가장 효과적인 수업반성의 방법이라고 할 수 있다. 특정한 형식 또는 내용구성에 대한 제한 없이 자유롭게 자신의 수업내용에 대한 느낌과 소감을 기술하는 가운데 수업분석에 필요한 통찰력이 육성 될 것이다 참고로 아래의 질문 사항은 일지작성을 위한 내용구성의 예시이다.

- 오늘 수업 중 중요했던 일은 무엇인가 ?
- 어떻게, 왜, 이 일에 관심을 갖게 되었는가 ?
- 이 일로 인해 배울 점은 무엇이라고 생각하는가 ?
- 앞으로 이 일에 대해 어떤 계획을 가지고 있는가 ?
- 이 수업 전 몰랐던 점은 무엇이며 새로 알게 된 사실은 무엇입니까 ?

○ **Video 촬영, 분석**
video 촬영을 통한 수업반성은 자신의 수업을 객관적인 시각에서 반복적으로 관찰하며 비교적 면밀히 분석할 수 있는 장점을 지니고 있다. 수업의 상황은 순식간에 지나치게 되므로 자칫 자신의 그릇된 수업 습관이나 행태를 발견하지 못한 채 지나치기 쉽다. 따라서 Video 촬영, 분석을 통해 이러한 점들을 극복해 내고 앞으로의 발전적 수업방향을 위한 참고자료로 삼을 수 있을 것이다.

○ **동료장학 통한 심층면담**
동료장학이라 함은 주위의 동료교사들에게 자신의 수업을 보이고 이에 대한 전반적인 조언과 도움을 구하는 행위라고 볼 수 있다. 사실 자신의 수업을 누군가에게 보여 주는 행위는 상당한 부담감을 갖게 하는 어려운 결정이다. 따라서 장학을 도와주는 동료 또한 자신의 수업을 반성한다는 자세로 보다 성의 있고 진지하게 수업을 관찰하여 조언하되, 문제점 위주의 비판적 성격보다는 우수사항과 긍정적 개선방향 위주로 하는 것이 좋다. 또한 수업지도에 관한 전반적 사항들에 대해 수시로 정보를 교환하며 도움을 구할 수 있는 열린 대화 분위기를 조성하는 것이 무엇보다 중요하다.

2. 체육지도 방법에서 체육수업 모형으로의 전환

초창기 체육교사들은 지도하는 방법을 '체육교육방법'(Physical education)으로 정의하였다. 이 체육교육방법은 교사의 수용된 절차에 따라 진행되는 직접적이고 형식적인 접근 방식을 말하는 것으로, 수업을 운영 할 때 학생들에게 최소한의 역할을 부여한다. 본질적으로 교사는 방향을 제시하고 학생들은 그것을 따라하는 식으로 진행되었다. 학년과 학습 환경에 관계없이 대부분의 활동은 이와 같은 한 가지 접근방식에 의해 지도되어 왔다. 1960년대 초기 체육은 지도방법의 개념을 몇 가지 혁신적인 '지도전략(teaching strategies)'과 '지도스타일(teaching style)'로 이어갔다. 이는 후에 Musska Musston(1966)의 '수업스펙트럼 스타일'로 이어졌다. 이 두 가지 발전은 어떻게 교사들이 수업을 계획하고 지도할 것인가에 대한 가능성을 열어주는데 공헌하였다. 세 번째 움직임은 1980년대 시작된 '효율적인 지도(effective teaching)'로 이것은 학생의 학습 수준을 한 층 증가시킨 의사결정과 실행의 총체로 인식된다. 교사들은 지도전략 및 지도 스타일 범위 내에서 다양한 효율적인 지도 기술을 발전시켜 나갔다. 반세기 이상, 이 체육 지도법이 활용됨에 따라 유치원 및 초·중등체육교육에서 수많은 혁신적인 지도 방법들이 생겨나게 되었다.

지도방법, 지도전략, 지도 스타일, 지도기술은 체육 교육의 제한적이고 단기적인 결과를 증진하는데 많은 도움이 되고 있다. 이 개념들은 한 수업에서 단기 한 순간이나 3-4차시 수업에서 일시적으로 활용되어 왔다. 사실 이 개념들은 체육 수업의 지도 계획, 실행 및 평가의 과정에 대한 광범위하고 통합된 관점이 부족한 상황이었다.

과거 30년 동안 체육 및 다른 교과의 지도방법에 대한 탐구와 관련된 네 번째 움직임이 있었다. 이 움직임이 오래 지속되면서 모든 학생들에게 신체 활동을 어떻게 지도해야 하는가를 개념화해야 하는 시기에 이르게 된 것이다. Bruce Joyce와 Marsha Well은 1972년 '수업모형(Model of Teaching)이란 책을 출판하였다. 이 책에는 수업(Instruction)을 "구조화되고 논리적으로 일관성 있으며 확고하면서 명쾌하게 기술된 패턴"으로 보고 있다. 이 패턴은 수업모형이라고 불리어지며 이론, 수업계획, 수업운영, 교수, 학습과정과 평가를 모두 포함하고 있다. 수업 모형의 범위는 우리가 현재 알고 있는 방법, 전략, 유형 및 기술의 개념보다 좀더 광범위하고 총체적인 것으로 인식된다. 이 모형 접근방식은 전체 단원과 프로그램에서 의도된 장기적인 학습결과들은 유도하는데 목적이 있으며 다음은 세부적인 체육 수업모형에 대한 설명이다.

직접 교수모형

직접 교수모형(direct instruction model)은 행동주의 심리학을 기본 이론으로 하여 개발된 것이라 하나 이론을 기반으로 만들어진 수업방법이라기 보다는 교사들이 교육 경험을 통해 귀납적으로 만들어낸 것으로 이해하는 것이 옳을 것이다. 직접 교수법은 교사가 직접 학생들에게 가르치는 것만을 학생들이 학습할 경우에 나타날 수 있는 문제점을 해결하기 위한 노력으로 만들어졌고, 쉽게 말하여 교사가 대집단의 학생들에게 새로운 개념이나 기술을 설명하고, 교사의 지시에 따라 연습하여 학생의 이해 정도를 조사하고, 교사의 지도 하에 계속 연습하도록 하는 교수형태를 말한다.

모든 수업모형들은 각각 가장 효과적인 학습방법에 대한 다른 시각과 가정들에 기반을 두고 있다. 따라서 각 모형들은 다른 정도의 '직접성'(directness)을 지니고 있다. '직접적'(direct)이라는 것은 교사가 교수 상호작용의 시작과 의사결정에 대한 대부분의 또는 모두의 책임을 가진다는 것을 의미한다. 의사결정프로파일은 "수업에서 누가 의사결정 권한을 가지는가"를 표로 나타낸 것이다.

○ 내용선정: 교사가 내용을 선정 한다
○ 수업관리: 교사가 수업규칙을 결정 한다
○ 과제제시: 교사가 과제제시를 계획하고 통제 한다
○ 참여유형: 교사가 참여유형을 결정 한다
○ 상호작용: 교사가 상호작용을 시작하고 통제 한다
○ 학습 진도: 교사는 초기과제의 학습 진도를 통제하지만, 독자적인 연습단계에서는 학생들이 학습 진도를 스스로 결정 한다
○ 과제전개: 교사가 과제이동의 결정을 내린다

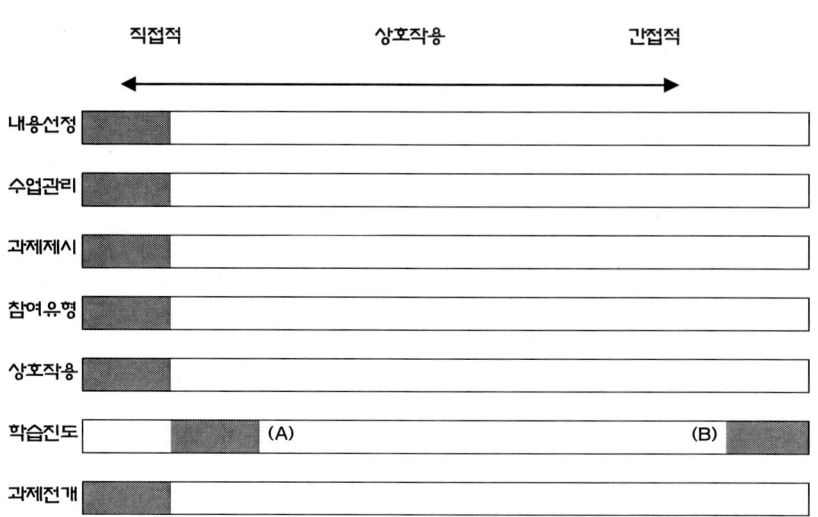

탐구 중심 수업모형

탐구수업모형(inquiry teaching model)은 문제해결학습, 탐구학습, 학생중심학습, 발견학습, 비지시적 학습 등의 유사용어에서도 알 수 있듯이 학생들에게 기존의 지식과 기술을 설명식으로 전수시켜 주기보다는 학생들로 하여금 주어진 상황에서 문제를 인식하고 과학적이고 논리적인 방법으로 주어진 문제를 해결할 수 있는 지적 능력이나 기능을 길러주려는 데 초점을 두는 수업방법의 형태이다. 그러므로 탐구 중심 수업방법의 주체는 학생들이며 학생들의 직접적인 경험이 중시된다. 체육교육과정 모형 중 움직임 교육 모형은 움직임의 개념을 탐구하는 것을 방법적인 틀로 삼고 있어 일종의 탐구중심 수업방법이 적용된 모형이라고 할 수 있다.

탐구 중심 교수모형은 협동학습 모형이나 전술적 게임 모형과 유사한 점이 많으나 탐구 중심 모형은 보다 다양한 구조나 형식으로 구성되어 있다. 특히, 학생 개개인의 사고활동을 통해 광범위하게 인지적, 심동적 영역의 답변을 탐색토록 하며, (다양한 신체 활동을 유발하는) '명백하지 않은' 답변을 수행하도록 하는 것이 가장 큰 차이점이다.

- ○ 내용 선정: 교사가 결정
- ○ 수업 관리: 교사 책임
- ○ 과제 제시: 교사가 작성 및 제시
- ○ 참여 유형: 학생에게 자율권한 부여

○ 상호 작용: 빈번히 발생
○ 학습 진도: 교사 또는 학생이 결정
○ 과제 전개: 교사 결정

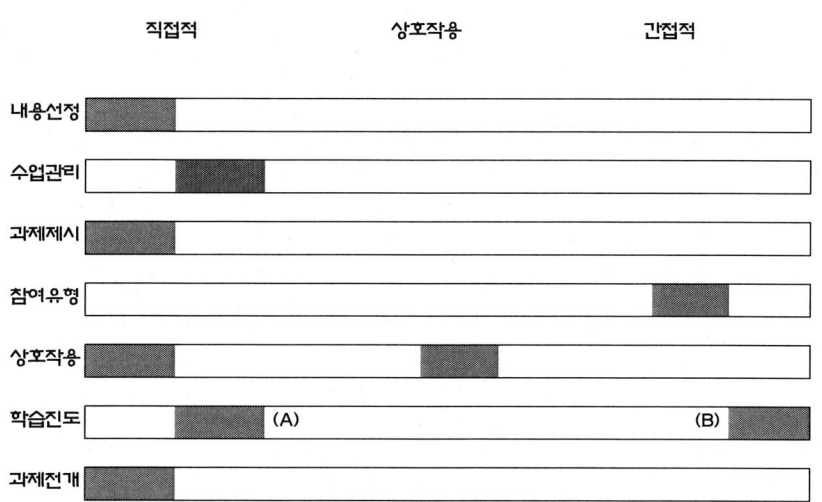

그림. 탐구중심 수업모형의 의사결정프로파일

동료 교수모형

동료 교수법(peer teaching model)은 한 학생 또는 소집단의 학생들이 교사 역할과 학습자의 역할을 번갈아 맡아 협력하여 정해진 학습을 해 나가는 것을 말한다. 이것은 교사중심의 강의식, 주입식 일변도의 학습지도 방법을 탈피하여 학생들끼리 협력하는 원리를 학습활동에 도입하는 학습지도 방법이라 할 수 있다. 즉, 초등학교 체육시간에 물구나무서기 학습을 할 때 두명의 학생이 서로 보조하고 도와가며 학습하는 것은 동료 교수법의 한 예라 할 수 있다. 동료 교수법에서 동료교사와 학습자가 중요한 역할을 담당하지만 전반적인 책임은 동료교사에게 있다고 할 수 있다. 동료 교수법 동안 학생들은 동료교사와 학습자 역할을 번갈아 수행하면서 서로 가르치고 학습하게 된다. 즉, '나는 너를 가르치고 너는 나를 가르친다'는 입장에서 서로 상호 보완과 협력을 해 가며 교사로부터 주어진 학습과제를 완수해 나간다.

동료교수 모형은 한 학생이 다른 학생을 가르치는 전략에 의존하기는 하지만, 교사가 모형에 기반한 접근법을 계획해서 따를 때에만 동료교수 모형이 된다. 따라서 동료교수는 학생들이 한 가지 이상의 학습 활동을 위해 짝을 지어서 '나란히(side by side)' 학습을 하는 파트너 학습과는 다르다. 동료교수가 되기 위해서는, 한 학생이 일반적으로 교사가 맡고 있는 몇 가지 중요 지시 사항을 수행하는 뚜렷한 책임감을 가지고 있어야 한다. 또한 동료교수는 작은 규모로 이루어지는 협동 학습과 다르다. 협동학습도 학생들이 다른 학생들을 가르친다는 특징을 가지고 있지만, 협동학습 모형은 매우 다른 총체적 계획을 사용하며 전체 내용 단원을 위해 함께 하는 소규모 "팀"으로 학생들을 배치한다.

○ 내용선정: 수업내용 선정은 교사가 한다.
○ 수업관리: 교사에게 모든 통제권이 있다.
○ 과제제시: 과제제시는 교사와 교수자, 두 수준에서 일어난다.
○ 과제참여: 과제참여는 교사에 의해 결정된다.
○ 상호작용: 상호작용은 교사와 교수자(A), 교수자와 학생 간(B)에 이루어진다.
○ 학습진도: 학습진도는 교사의 통제하에 있으나 각 과제 안에서는 교수자와 학습자에 의해 결정된다.
○ 과제전개: 과제전개는 교사에 의한 교수자-학습자의 역할교대 시기에 따라 좌우된다.

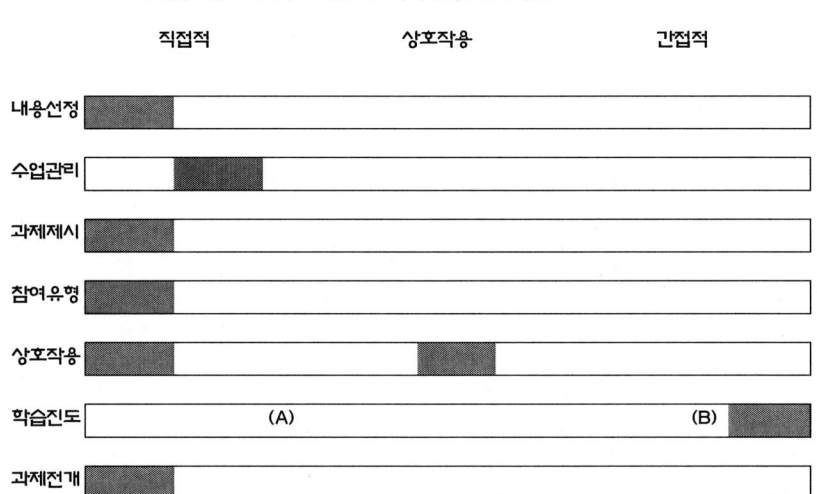

그림. 동료 교수 모형의 의사결정프로파일

개별화 수업모형

학생 개개인 능력, 흥미, 적성에 대응하는 교육을 실시하는 개별화 수업 방법(personalized system for instruction; PSI)은 교육이 추구하는 가장 이상적인 방법 중에 하나일 것이다. 개별화 수업 방법이란 위의 전제를 바탕으로 학생들이 선정된 학습 과제를 자신의 페이스에 따라 학습해나가는 것을 허용하는 수업 체계라 할 수 있다.

개별화 수업 방법에서는 각각의 지식이나 기능에 대한 분석을 통해 학습과제를 선정한다. 선정된 학습과제들을 계열화하여 단원을 구성하고 이를 유인물이나 비디오테이프와 같은 매체를 통해 학생들에게 제시한다. 이러한 매체에는 과제에 대한 정보, 과제 구성, 에러분석, 수행 기준 등이 포함되어 있어야 한다. 학생들은 설정된 수행 기준에 맞게 과제를 수행하게 되면 교사의 허락이나 간섭 없이 다음 단계로 넘어갈 수 있다. 이 같은 과정을 통해 교사가 과제에 대한 정보 제시 시간을 절약함으로써 학생들과 교수-학습 상호작용을 증진시킬 수 있다는 것이 큰 장점이다.

개별화 수업 방법에서는 수업내용을 고도로 통합한다. 따라서 일일 수업계획 같은 것은 없다. 학생들은 개별적으로 학습과제의 계열에 따라 수업에 참여하기만 하면 된다. 즉 학생들은 지난 수업시간에 완수한 다음 과제부터 수업을 시작하기만 하면 된다. 학생들은 학습활동 안내지를 자세히 읽고 이에 따라 학습활동을 진행해야 한다. 교사는 학습활동 안내지에 나와 있지 않은 기준이나 세부 사항만을 안내해주기 때문이다. 따라서 개별화 수업 방법의 핵심은 수업과정을 통해 학생들은 독립적인 학습자가 되도록 하는 것과 동시에 교사는 불필요한 시간을 절약해 학생들이 원하는 것들에 대해 최대한 상호작용을 하자는 것이다.

협동학습 수업모형

전통적인 소집단학습의 단점을 해결하고 학습자간에 협력적인 상호작용을 촉진하기 위해 긍정적 상호의존, 개인적 책무성, 협동 기술, 집단보상을 강조한 것이 협동학습(cooperative teaching model) 수업방법이다. 또한 경쟁적 학습이나 개인적 학습에서는 일부 학습자만이 성공 기회를 갖는 데 반하여 협동학습 수업방법에서는 대부분의 학습자들이 성공 경험을 갖게 됨으로써 균등한 성공 기회를 보장하게 되어 바람직한 자아상을 지니게 되고, 학습 과제에 대한 긍정적인 감정을 지니게 되어 자기 존중감, 사회성, 대인관계 개선, 타인 배려, 학습 태도 개선 및 학습 동기 유발에 기여하는 의의를 갖고 있다. 또한 협동학습 수업방법은 모든 학습자에게 동등한 학습 참여 기회를 보장하고, 교사 중심이 아니라 학생 중심의 수업을 함으로써 수업 방법의 민주화라는 측면에서도 의의가 있다고 할 수 있다.

협동학습모형이 갖는 교수학습 측면의 특징은 교사의 주도성(directness), 즉 교사가 의사결정과 통제에 얼마나 직접적으로 관여하는가에 따라 다음 그림과 같이 나타낼 수 있다. 그림에서 왼쪽으로 갈수록 교사의 주도성이 높아지며, 오른쪽으로 갈수록 교사의 주도성은 줄고 학생의 주도성이 높아진다. 중앙부분에 위치하면 교사와 학생의 책임이 적당히 분배되므로 상호작용적이라고 볼 수 있다(자세한 내용은 4부 1장 참고).

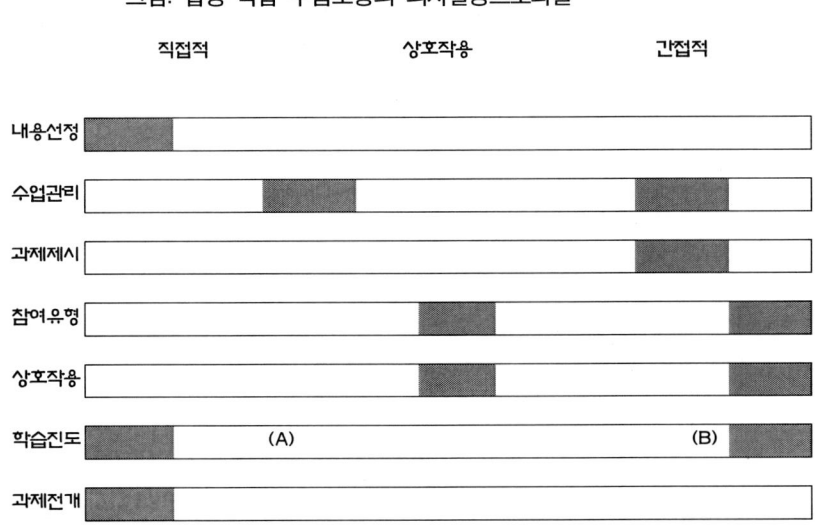

그림. 협동 학습 수업모형의 의사결정프로파일

이해중심 게임수업 모형

이해중심 게임수업(teaching games for understanding model)은 분절적인 기능 지도 후 게임을 가르치던 전통적인 방식(기능중심 게임수업)에 대한 대안으로 제시된 것이다. 사실 전통적인 게임 수업방법은 다음과 같은 문제점들이 지적되고 있다(Bunker & Thorpe, 1982). 첫째, 운동기능의 수행에 초점을 맞추다 보니까 성공을 맛보지 못하는 학생들이 많다. 둘째, 운동기능은 뛰어나지만 운동기능을 다재다능하게 활용하지 못하거나 상황 판단력이 그다지 발달하지 못한 학생들이 게임에 대한 올바른 이해를 갖지 못한 채 학교를 졸업한다. 셋째, 수업시간에 가르쳐진 운동기능들이 실제 시합을 할 때 제대로 활용되지 못한다. 넷째, 기능습득 기간에는 동기유발이 잘 되지 않는다. 다섯째, 기능중심 수업은 운동

기능의 숙달을 '평균능력'을 가진 학생들을 대상으로 하고 있다. 이 같은 문제를 해결하기 위해서, 즉 부분적인 기능의 학습보다는 게임을 실제로 행하는 것을 강조하는 수업방법이다(자세한 내용은 4부 1장 참고).

<체육수업모형의 분류 (유정애, 2003)>

구분	직접교수 모형	개별화지도 모형	협동학습 모형	동료교수 모형	탐구수업 모형	이해중심게임 모형
기본 개념	"교사가 수업리더 역할을 한다"	"학생은 학습 속도를 스스로 조절 한다"	"모든 팀원이 함께 학습 목표에 도달한다"	"나는 너를 너는 나를 가르친다"	"문제해결자 로서의 학습자"	"전술을 통한 게임학습"
교사 역할	지시, 교정 확인, 점검	과제제시, 수업자료제공	팀 구성 및 과제제시	과제제시	과제제시 안내,조력	안내,조력 과제제시
학생 역할	수행, 반복	개별과제 선택, 수행	팀원과의 상호작용,협동	동료교사 학습자	주도적탐구 문제해결	게임규칙 및 전략구상
학습 중점	기능수행 및 반복연습	자기주도적 학습	팀협동 및 개인책무성	상호협력 보완	학습자의 직접적 경험	기능습득보단 게임전략

요점 확인

각 각의 체육수업모형의 주요한 특징을 설명하고 실제 수업에서의 적용가능성을 분석하시오.

3. 체육에서의 좋은 수업

좋은 체육 수업은 '즐겁고 의미 있는 수업(Happy and meaningful instruction)'을 말한다. 즐겁고 의미 있는 수업이란 학생들에게만 흥미 있고 내용이 있는 수업이 아니라, 수업을 지도하는 체육교사에게도 '가르치는 즐거움'이 있고 '가르치는 내용'이 교사에게도 의미(意味)가 있어야 함을 뜻한다. 앞에서 '즐겁고 의미 있는 수업'을 좋은 체육 수업이라고 정의하였다. 그렇다면, 좋은 체육 수업이 가지고 있는 특징들은 무엇인지 구체적으로 살펴보기로 한다. 이 특징들은 한국교육과정평가원(2002)에서 선정한 '좋은 체육 수업 사례'의 특징들이다. 이 특징들은 교과교육전문가, 중등학교 교사 및 행정가, 시도교육청에 의해 추천 및 선정된 수업 안에서 발견되는 모습들이다.

** 창의적인 교육과정 재구성 **

좋은 체육 수업에서 학생들에게 제공되는 교육 내용은 체육교사들에 의해 창의적으로 재구성된 신체활동으로 구성되어 있다. 예를 들면, 게이트볼, 패드민턴, 펌프체조, 음악줄넘기, 네트볼 등이 포함되어 있다. 체육교사들이 이와 같은 신체활동을 수업 속으로 적용시키는 목적은 일차적으로 남녀혼성학급의 효율적인 수업운영을 위함이다. 기존의 교육과정을 그대로 남녀혼성학급에서 활용할 경우, 여학생의 참여가 극도로 저조하게 이루어지는 문제점을 해소하고자 하는 체육교사의 노력으로 볼 수 있다. 때로는 기존의 교육과정 속에 있는 신체활동을 변형한 내용이 제공되기도 하고, 때로는 뉴게임(New game)이 도입되기도 한다. 게이트볼은 뉴게임에 해당되는 것으로, 남녀학생 모두에게 흥미를 불러일으키는 내용이고 신체활동이 많지 않기 때문에 더운 날씨에 적합한 내용으로 여겨지고 있다. 패드민턴도 남녀학생에게 많은 학습의 흥미를 불러일으키는 내용으로, 남학생들에게는 활동적인 움직임을 유도하고 여학생들에게는 활동 참여의 성공(success)을 자주 느끼게 할 수 있다. 펌프체조는 체조와 무용의 복합적인 내용으로, 디지털 시대의 학생들의 흥미를 극대화할 수 있는 활동이다. 또한, 개인주의가 팽배한 현대의 학생들에게 협동심과 단체정신을 교육할 수 있는 활동이기도 하다. 특히, 리듬감이 부족한 남학생들에게는 이러한 부분을 보충할 수 있는 학습기회를 제공해줄 수 있다. 음악줄넘기는 줄넘기가 가지고 있는 장점을 '음악'과 '창작'이라는 부분과 접목시켜 만들어진 신체활동으로 볼 수 있다. 심폐지구력, 근력 및 근지구력 등을 효과적으로 증진할 수 있는 줄넘기는 활동 자체에 '흥미' 요소가 매우 적기 때문에 학생들이 지속적으로 참여하는데 어려움이 많았다. 이러한 부분을 해소하고자 음악을 첨가하고 더불어 창의적인 요소를 학생들에게 맡김으로써 학생들의 참여를 지속적으로 유도할 수 있는 신체활동이 되고 있다. 네트볼은 여학생들이 농구 경기에서 가지고 있는 어려움을 극복하고자 고안된 경기로, 실제로 여학생들이 적극적으로 참여할 수 있는 활동으로 인식되고 있다.

** 학생참여중심의 지도 방법 사용 **

좋은 체육 수업에서 활용되는 지도 방법은 학생 참여 중심적으로 볼 수 있다. 일반적인 체육 수업은 교사에 의해 교사가 모든 것을 주도하며 수업이 진행된다. 이 방법도 경우에 따라서는 매우 효과적인 방법으로 활용될 수 있지만 '즐겁고 의미 있는 수업' 측면에서 볼 때는 이 접근 방법은 여러 가지 제한점을 가지고 있다. 본 발표자가 관찰한 좋은 체육 수업 속에서는 주로 학생참여중심의 지도방법이 도입되고 있다. 예를 들면, 농구 수업의 스테이션 티칭(station teaching), 육상 단거리 달리기의 유도발견식 스타일(guided discovery style), 음악줄넘기 수업의 확산생산식 스타일(divergent teaching style), 자기설계식 스타일(individual program or learner's design style), 축구수업의 스포츠교육모형, 영상매체를 이용한 수업 등이 있다. 이 지도방법들은 학생들의 참여를 극대화할 뿐만 아니라 흥미, 탐구 능력, 창의성, 페어플레이정신, 스포츠경기에 대한 안목 등을 개발하는데 매우 효과적이다.

또한 좋은 체육 수업 속에서 발견되는 또 하나의 특징은 좋은 수업을 진행하는 체육 교사들은 하나의 지도방법이나 자신이 선호하는 지도방법을 고집하지 않는 다는 점이다. 항상 학생들의 학습을 먼저 생각하고 교육내용을 학생들에게 가장 효과적으로 전달할 수 있는 방법들을 모색하고 이를 수업 속으로 적용하는 노력을 기울인다.

** 학습 과제의 역동적인 변화 **

좋은 체육 수업의 수업 전개는 매우 역동적이면서 유연하게 진행된다. 역동적으로 수업 전개가 이루어지는 가장 큰 이유는 학생들에게 제공되는 수업 내용 속에 학습 과제가 지속적으로 변화되고 있기 때문이다. 의도한 수업목표를 달성하기 위해 좋은 수업을 진행하는 체육교사는 유사한 과제를 계속 변화시켜 학생들에게 제공하거나 전혀 다른 과제를 한 수업 속에서 제공하기도 한다. 본 발표자가 관찰한 수업에서는 이 두 가지가 모두 발견되고 있다. 육상의 단거리 달리기 출발자세 수업에서 가장 효과적인 출발자세를 학습하기 위해 체육교사는 여러 가지 출발자세를 안내하고 있다. 엎드려 있다가 출발하기, 그냥 서서 출발하기, 한발을 뒤로 빼고 출발하기, 몸을 앞으로 일시적으로 기울였다가 출발하기, 친구를 이용하여 몸을 기울인 채 출발하기 등 다양한 출발자세의 시도를 도입하고 있다. 자칫 지루해질 수 있는 단거리 달리기 출발자세 수업에서 학습 과제의 변화를 다양하게 도입함으로써 즐겁고 의미있는 수업을 추구하고 있다. 농구 수업에서도 한 가지 과제, 즉 패스를 지도할 때 패스를 학습할 수 있는 여러 가지 활동들을 제공하고 있다. 예를 들면, 3인 패스, 패스

놀이, 패스 경기 등의 다양한 활동 과제를 제시하고 있다. 또한, 국가 교육과정에 포함되어 있는 체력 활동은 교육적으로 매우 유익하나 학생들이 즐겁고 재미있게 참여하기 힘든 특징이 있다. 본 발표자가 관찰한 좋은 체육 수업에서는 단조롭고 지루한 체력 활동을 '놀이 위주의 체력 활동'을 제공함으로써 학생들이 역동적으로 참여할 수 있도록 한다.

** 체육 시설 및 용·기구의 창의적인 활용 **

우리나라의 체육 교육 환경은 실제로 매우 열악하다. 이런 환경에서 학교 현장 체육 교사들은 좋은 체육 수업을 운영하는데 많은 어려움을 겪고 있다. 그러나 좋은 체육 수업에서는 이러한 어려움이 체육 교육을 하는데 장애가 되지 않고 있다. 좋은 체육 수업을 운영하는 체육교사들은 현실적인 어려움을 지혜롭게 이겨내고 있다. 크지 않은 체육교사의 아이디어가 체육 수업의 질을 크게 높이고 있다. 학생들의 신체 활동의 참여 기회와 성공감을 극대화하기 위해서 기존의 시설 및 용·기구를 변형하여 활용하거나 새롭게 직접 제작하는 모습을 보여주고 있다. 어떤 체육교사는 운동장에 하얀 라인으로 만들어진 원형 농구 경기장을 만들고, 타이어와 쇠를 이용하여 간이농구대를 만들어 사용하며, 풋살 축구대를 직접 제작하거나 다른 교직원에게 제작을 의뢰하여 수업에서 사용하고 있다. 또한, 여러 개의 네트를 연결하여 핸드볼 골대와 축구골대를 이용해서 이동식 코트를 활용하고 있다. 어떤 체육 교사는 넓지 않은 운동장에서 4-5개 학급이 동시에 수업을 해야 하는 어려움을 극복하고자 건물 뒤의 작은 공간을 수업 장소로 활용하고 있다. 특히, 이 장소는 더운 여름날 그늘이 마련되어 있는 곳으로 날씨로 인한 수업 장애를 극복하고 있다.

** 자유로운 수업 분위기 조성 **

좋은 체육 수업에서 학생들은 자유롭고 적극적으로 움직인다. 과거에 인식되었던 질서정연한 모습과 구령은 발견되지 않는다. 처음 집합할 때도 4열 종대와 횡대만 지킬 뿐 앞 뒤 간격이나 엄격한 분위기가 보이지 않는다. 그렇다고 해서 수업의 질서가 없는 것은 결코 아니다. 체육 교사의 계획적인 관리와 지도로 학생들은 수업 내내 효율적으로 움직이고 있다. 전형적인 체육 수업에서 이루어졌던 4열의 운동장 돌기와 국민체조(청소년 체조) 실시는 융통성 있게 활용되고 있다. 모둠을 이루어 운동장을 가볍게 뛰거나 학생들 스스로 조별로 준비운동을 실시한다. 어떤 때는 이러한 운동장 돌기와 준비운동이 생략되기도 한다. 수업 이동에서도 학생들의 딱딱한 움직임은 나타나지 않고 교사의 인도로 자유로운 수업 이동이 이루어진다. 이와 같은 자유로운 수업 분위기 조성은 학기 초에 강조되었던 수업 규칙에 의한 것임을 알 수 있다. 매 수업마다 체육 교사의 직접적인 지도로 수업을 관리하는 것이 아니라 기본적이면서 중요한 수업 규칙을 만들어 학생들이 스스로 지켜나가도록 수업 분위기를 만든 결과로 볼 수 있다.

요점 확인
좋은 체육수업에 대한 일반적인 구성요소에 대해 설명하라

생각해 볼 문제 〈제 3부 2장〉

♧ 다음 글을 읽고 앞으로 자신의 수업진행 방향에 대해 생각해 봅시다

에피소드 하나 – '누구의 교수법에 맞추시겠습니까?'
지난 학기 부속초등학교로 교생실습을 한 ○○○는 전문적인 체육 지도교사 박교사와 이교사의 수업을 보고 크게 교육적 자극을 받았다. 두 사람의 교수법 모두 전문성을 가진 훌륭한 교수법이었으나 그 초점이 달라 원규는 내년 발령을 받아 두 사람의 교수법 중 어떤 교수법에 초점을 두고 수업을 할지 고민하게 되었다. 내년에 초임교사가 될 여러분은 다음에 제시된 박교사와 이교사의 교수관 중 누구의 교수법에 초점을 맞춰 교수하겠습니까?

▷ **박교사(반성적 수업 찬성) :**
저는 교수는 복잡하고 특유한 과정이라고 생각합니다. 특히 체육교과는 학생의 발달 수준이나, 개인차, 계절성, 지역성 등 다양한 요인에 크게 영향을 받으므로 절대적인 교수법이란 것은 있을 수 없지요. 따라서 교사는 전문성을 발휘하여야 하므로 끊임없는 교수활동에 대한 반성을 해야 합니다. 저희 반은 체육대회에서 등수에 드는 것은 아니지만 저는 제 교수법에 대한 끊임없는 반성을 통해 개선된 새로운 교수법을 학생들에게 제시하고 있습니다. 자주 새로운 교수법을 적용하다 보니 수업이 효율적으로 이루어지지 않는 면도 있지만 수업의 결과 보다는 과정이 중요한 것이 아니겠습니까?

▷ **이교사(반성적 수업 반대) :**
저는 학생들이 달성해야 할 수업 목표에 대한 뚜렷한 견해를 갖고 있습니다. 반성이라는 모호한 과정은 뚜렷한 목표의식을 약화시키고 효율적인 수업계획에 변동을 가하게 되므로 오히려 수업의 효율성을 떨어뜨립니다. 그래서 저는 효과적인 수업 관리 절차를 마련하여 수업의 흐름을 파악하고 끊이지 않게 유지하고 있죠. 이러한 효과적인 수업을 하다보니 저희 반 학생들은 운동 기능면에서 크게 향상을 보여 체육대회에서 1등도 하였지요. 하다 보니 지나치게 운동 기능을 강조하게 되어 학생들이 다소 버거워 하기도 하지만 결과가 좋으므로 학생들도 결국 만족할 것이라 생각해요.

3장. 초등체육의 전략[27]

> **공 부 할 문 제**
> 1. 초등체육수업에서 필요한 각종 수업전략과 기술에 대해 알아본다.
> 2. 체육수업을 상황과 조건에 맞게 변용할 수 있는 반성적 능력을 육성한다.

1. 반성적 수업계획

☙ Teaching Tip
학급단위의 준비물 Set를 만들자!
학교 현장에서 매번 체육시간 마다 필요한 체육용구나 준비물을 꼼꼼히 준비하여 수업을 시행하는 것은 매우 어려운 일이다.
과학준비실과 같이 정리되어진 장소도 없고 더더욱 준비요원의 도움은 아예 기대할 수 없기 때문이다. 이에 각 학급별로 체육시간에 많이 활용되는 줄넘기, 학급공 같은 기본적인 용구를 바구니에 세트화 시켜서 필요할 때 마다 수시로 활용 하도록 해보자.

좋은 체육수업은 좋은 계획에서 시작된다. 그러나 많은 교사들에게 있어서 교수·학습 계획은 가르치는 일 중에서 가장 관심을 갖지 않는 것 중 하나이다. 교수·학습 계획은 전형적으로 수업 시간 동안보다는 교사 개인 시간 동안에 행하여지기 때문에 그것에 관심을 갖지 않기 쉽다. 차라리 TV를 보거나 잠자리에 일찍 드는 것이 훨씬 즐거운 일이 될 수도 있다. 그러나 그것이 숙제하는 것만큼 귀찮은 일일지라도 교수·학습 계획은 반드시 필요하다. 만약 학교, 아동, 시설, 교사, 지역사회, 체육기구 등이 모두 동일 하다면 상황에 관계없이 가르치는 모든 학급에 잘 맞는 한 권

---

[27] 초등학교 체육수업에서 활용될 수 있는 전략은 실제로 매우 다양하나 본 절에서 다루는 내용들은 그 중에서 가장 중요하고 핵심적인 사항들을 선별해서 구성한 것임.

의 수업계획서를 간단히 제공할 수 있다. 그러나 현실적으로 이것은 불가능한 이야기이다. 반성적인 계획자는 현 상황에서 가능한 가장 좋은 수업을 구안하려고 시도하며 이때, 많은 요소들을 고려한다. 이러한 요소들은 수업의 효율성에 영향을 끼칠 것이며 교수 환경을 결정하기 위해 상호 작용을 하게 된다. 교수·학습 계획을 세울 때는 일반적으로 학급규모, 수업 시간, 사용할 수 있는 용기구와 시설, 아동의 개인적 특성, 아동의 기능 수준과 흥미 등을 고려한다.

학급규모는 제공될 수 있는 정보의 양과 형태를 결정한다. 예를 들어 30명 학급은 50명 학급보다 더 의미 있는 수업을 할 것이다.

수업 시간은 두 번째 요소이다. 1주일에 1~2시간 체육 수업을 하는 학급은 매일 하는 학급보다 과정 성취의 양이 훨씬 적게 나타나는데 그 이유는 5일에 할 수 있는 것을 1~2일에 다루기에는 다소 무리가 있기 때문이다. 더구나 특히 어린 아동들은 그들이 1주일 전에 배웠던 것조차 잊어버리기 쉽다.

개념이나 기능을 배우고 이해하기 위하여 아동들은 특별한 과제나 도전이 요구되는 경험을 하게 된다. 학교체육시간에 활용되는 다양한 체육 용·기구는 이러한 경험을 가능하게 도와주는데 결론적으로 가능한 많은 양의 용기구와 시설이 아동들의 체육경험을 다채롭게 할 수 있다.

시설 또한 계획에 영향을 미친다. 공차기는 제한된 실내공간에서도 간단하게 배울 수 있다. 그러나 아동은 넓은 공간이 있는 밖에서 연습할 수 있을 때 공차기에 대하여 더 많은 것을 배울 수 있는 것이다. 또한, 적절한 실내공간의 확보여부도 계획에 영향을 미칠 것이다. 예를 들어 대부분의 여교사들은 실내에서 무용을 가르치기를 좋아한다. 책상을 뒤로 밀어낸 교실과 같은 실내공간은 가르치기 위해 이용될 수 있다. 그러나 이러한 실내공간은 많은 운동을 가르치는 데 이상적인 환경은 되지 못하며 일정규모의 실내공간이 허락할 때 비로소 안전하고 적절한 지도가 가능해 질 수 있는 것이다. 또한 수영이나 스키 같은 계절 스포츠의 경우 계절별로 특정 기간에 집중적인 학습이 이루어 질 수 있도록 교육과정을 재구성함은 물론이고 주변의 사설 체육시설 등을 적극적으로 활용하는 노력이 필요하다.

끝으로 아동의 능력 또한 계획에 영향을 끼친다. 수업의 처음 몇 시간동안 교사는 아동의 특성에 대하여 관찰할 수 있는데 이것은 교사가 자신이 학급을 위한 특별한 수업을 계획할 때 유용하다. 즉 각각의 아동의 특성과 능력에 부합되는 '발달적이고 적절한' 체육교수법을 계발하고 형성하는데 도움을 줄 수 있는 것이다.

결과적으로 1년 동안 담당학급의 효과적인 체육수업을 위해서 교사는 갖가지 조건과 상황을 조정하여 유리하게 변용할 수 있는 창조적 변형 능력이 필요한 것이다.

수업계획에 관한 현장교사들의 말(言), 말(言), 말(言)……

체육 교육과정을 연간, 월간, 그리고 수업 시간별로 계획하여 구성한다는 것은 참으로 어려운 일이다. 그 이유는 체육수업의 상당부분이 '운동장'이라는 야외 공간에서 실시되기 때문이다. 봄엔 황사, 여름에는 고온, 가을에는 운동회 연습, 겨울에는 추위로 인하여 제대로 된 체육수업을 꾸려가기에는 여간 어려움이 있는게 아니다. 또한 교육과정 상에 제시된 많은 영역들을 1년 내에 모두 지도한다는 것은 참으로 요원한 일이 아닐 수 없다. 더구나 대체로 체육관이 없는 우리의 교육환경에 비추어 볼 때 말이다...

(오 교사,(女) 경력 16년차)

어느정도 내가 구상을 하고 생각을 하고 체육수업을 하면 수업이 도입-전개-정리까지 자연스럽게 연결되지만 머릿속이니 지면으로 구상을 하지 않고, 설계를 하지 않고 수업을 하면 어떻게 보면 좌충우돌식 수업이 될 수 있지.. 예를 들면 내가 항구에서 출항을 했지만 진짜 도착을 어디로 할지를 모르고 표류한 상태라고 볼 수 있는 거지

(피 교사,(男) 경력 17년차)

연구수업을 하면 지면으로 세세하게 계획을 짜지만 평상시 수업을 할때는 머릿속으로 준비운동을 어떻게 하고 주운동시에는 어떤 구조로 어떤 내용으로 하고 정리운동은 어떻게 해야지 라는 생각을 가지고 수업을 하죠. 또 내 머릿속에는 체육수업의 기본적인 틀이 들어 있는데 단원이 바뀔 때 마다 이 틀을 조금씩 변형시켜가면서 수업을 계획하죠

(김 교사,(男) 경력 10년차)

계획을 안세우면 시작도 못하고 끝날때가 있는 것 같아요. 만약에 그 시간의 목표가 '규칙에 따라 즐겁게 게임을 할 수 있다' 이것이 목표라면 규칙까지만 정하고 게임까지는 들어가지 못하고 끝나게 되는 거예요. 계획이 없으면 그러기 때문에 활동이 제대로 이루어지지 않는 것 같아요

(권 교사,(女) 경력 7년차)

> **반성적인 체육 교육과정 재구성 및 운영 관한 노하우(Know-how)**
>
> 3월 초에는 주로 체조 영역에 제시된 준비운동관련 내용을 주로 다룹니다. 이 시기에는 아직 쌀쌀함이 남아 있기에 학생들이 신체를 많이 움직여 열을 낼 수 있는 육상을 하지요 그리고 여름과 겨울은 실내 수업을 주로 합니다. 아무래도 날씨영향을 많이 받지요..주로 보건 영역이나 다른 영역들이 이론내용을 지도하고 있습니다.
>
> (박 교사,(男)경력 5년차)
>
> 보통 활동내용 및 아이들의 수준, 그리고 아이들의 흥미에 따라 수업시간을 재구성 합니다. 체육교과에 할당된 주당 3시간을 최대로 활용하기 위해서 필요한 경우 2-3시간을 블록으로 묶어서 구성하기도 합니다. 연간 교육과정계획은 학교교육과정에 나와 있는 체육행사를 바탕으로 흐름에 맞게 학년에서 구성합니다. 가령 예를 들어 5월에 소체육대회가 있으면 그 전에 육상과 체조관련 단원내용을 학습할 수 있도록 구성하는 것이지요
>
> (김 교사,(女)경력 9년차)
>
> 교육과정 운영은 기본적으로 연간 운영계획에 의거하여 실시하고 있지만, 예기치 못한 '황사'와 같은 경우, 또는 우천시에는 교과서 중심의 이론 수업을 실시하고 있다. 이는 7차 교육과정에서 제시되어 있는 '30%이상 ICT교육 등에 할애'하는 것과도 많이 부합되는 것이라 할 수 있음.
>
> (김 교사,(男)경력 3년차)

요점 확인

체육수업에서 반성적 수업계획의 의미와 필요성에 대해 설명하라

2. 수업분위기 형성하기

초임교사에게 "내가 아이들을 잘 통제할 수 있을까"의 문제는 매우 중요한 과제이며 어떤 측면에선 매우 심각한 문제이다. 체육시간이 되면 아이들은 마구 뛰어 다니고 좀처럼

학기 초 올바른 수업분위기 형성 유무는 1년 동안의 체육수업의 성패를 좌우하는 매우 중요한 사안이다.

교사 말에 귀 기울이려 하지 않는다. 결국 이런 상황에서는 즐겁고 성공적인 수업분위기가 마련되기 어렵기 때문에 모든 초임교사들은 아이들을 질서 있게 통제하는 것을 가장 큰 문제로 생각하고 있다. 아울러 매 학년 학기 초부터 효율적인 학습 환경의 계획 및 시행여부에 따라 교사들의 1년 동안의 교육성패가 좌우되는 것이 공공연한 사실이기에 학기 초 수업분위기 형성은 매우 중요하고도 심각한 사안이 아닐 수 없다. 실제로 성공적인 교사들은 학년 초부터 이러한 계획을 비교적 손쉽고 체계적으로 적용하여 연중 내내 효과적인 체육수업을 진행하는 것을 쉽게 볼 수 있다.

체육수업 상황에서 적용되는 다양한 행동 규범은 분명 개개 교사에 따라 다르지만 대개 어떠한 경우든 자신의 학급 학생들을 자신의 뜻대로 통솔하여 매끄러운 수업을 진행할 수 있기까지는 분명 상당량의 시간과 연습이 요구된다. 오랜 시간을 투자해 가면서, 똑같은 내용을 반복해서 매시간 가르치는 행위는 대다수 교사들에게 그리 썩 유쾌한 일은 아닐 것이다. 그러나 교수활동을 원활하게 하기 위해서는 운동장이나 체육관에서 지켜야 할 행동규범을 가르치는 것이 중요하며 아이들이 이러한 행동규범을 지킬 때 교사들의 교수활동은 더 즐겁게 진행될 것임을 알아야 한다.

기억하라 ! 학기 초 1달 동안의 수업분위기는 당신의 1년수업 분위기를 예측할 수 있는 지침이라는 것을...

선배의 조언을 들어보니....

실습을 나가거나 현장에 계신 선배님들의 말씀을 들어보면, 학기 초에, 특히 학기 초 한 달 동안에 어떻게 하느냐에 따라서 그 해의 일년이 결정된다고 한다.

그런데 문제는 그 한 달 동안에 어떤 방법으로 수업분위기를 잡을 수 있나 하는 것이다. 어떻게 해야 1년 동안의 수업을 효율적으로 진행할 수 있는 분위기를 형성할 수 있는 것일까?

> 특히 체육과목의 경우에는 실외에서 활동하는 과목이니만큼 그 효과가 더욱 클 수 밖에 없을 것이다. 흔히 체육 수업을 하기가 어렵다고 하는데, 그 이유는 다른데 있는 것이 아니라 바로 아동들을 통제하는 데에 너무 많은 노력과 시간이 걸리는 데 있다. 아이들 줄 세우고 통제하고 하다보면 정작 체육 활동을 하는 시간은 턱 없이 부족하게 되고, 힘은 힘대로 들게 되는 것이다. 그러다 보니 자꾸만 체육 수업을 기피하려고 하는 현상이 나타나는 것 같다.
>
> 그렇다면 아동들을 효과적으로 통제할 수 있다면 어느 정도는 문제가 해결될 수 있을 것이다. 체육시간에 아동들을 효과적으로 통제하려면 아동들과 규칙을 정해두는 것이 가장 효과적일 것이라고 생각한다.
>
> 예를 들자면, 시작종이 치기 전에 4열로 줄을 서서 모여 있어야 한다 던지 하는 규칙들이다.
>
> 그러한 규칙을 받아들이는 데 있어 아동들이 거부감 없이 수용할 수 있도록 충분한 협의를 거쳐서 규칙들을 정해야 할 것이고, 규칙을 적용하는 데 있어서는 엄격하게 적용하되, 형평성에 어긋나지 않도록 유의하고 규칙에서 예외 되는 상황들 또한 미리 정해두는 것이 좋을 것 같다.

요점 확인

학기 초 체육수업 분위기 형성의 중요성에 대해 설명하라

3. 비과제 행동[28]의 최소화

행동규칙을 효율적으로 가르치는 교사라 할지라도 종종 비과제 행동을 경험하게 되며 이를 최소화하려는 노력을 기울이게 된다.

훌륭한 교사들은 의식적 혹은 무의식적으로 그들만이 사용하는 일련의 전략들을 가지고 있는 듯하다. 그것들 중 대표적인 것이 '벽 등지기', '밀착통제', '상황이해', '선별적 무시', '동시처리', '긍정적 지적' 등이다.

---

28) 교사의 의도와는 다른 행위, 즉 일반적으로 수업목표에 반하는 일탈행위를 일컬음.

벽 등지기

'벽 등지기'는 체육관 벽이나 운동장의 가장자리처럼 수업장소 경계 지역에 서 있는 것을 뜻한다. 교사는 이러한 위치에서 수업이 진행되는 장면을 전체적으로 잘 관찰할 수 있다. 교사가 학급 중간에 서 있으면 학생의 50%는 보지 못할 것이며 이것은 일정시간 동안 학생의 비과제 행동을 볼 수 없음을 의미하는 것이다.

비과제 행동을 초기에 관찰하는 능력은 성공적인 교사의 특성으로 꼽힐 수 있다. 즉 수업 초기의 즉각적인 관찰은 비과제 행동의 진행을 막지만 몇 분간 방치하면 다른 몇 명의 아이들까지 가담하게 될 것이며 결과적으로 비교적 사소한 일도 심각하게 확대될 가능성이 높은 것이다. 결론적으로 비과제 행동의 대상과 시기를 조기에 파악할 수 있을 때 교사들은 물결효과를 방지할 수 있으며 비과제 행동을 위기로 발전하지 못하게 하여 수업을 성공으로 이끌 수 있는 것이다.

밀착통제

밀착통제는 비과제 행동을 하는 아이들 옆으로 가까이 감으로써 자신이 비과제 행동을 하고 있다는 것을 깨닫게 하고, 교사가 그것을 보고 있다는 것을 알게 하는 방법이다. 이 때 중요한 것은 아이들이 교사의 의중을 이해할 수 있도록 충분히 가깝게 다가간다는 것이다. 꼭 아동을 쳐다보지 않아도 된다. 비과제 행동을 하기 직전에 옆에 서 있기만 하여도 아이들에게 충분한 메시지를 줄 수 있기 때문이다.

> ♥ Teaching Tip
> **수업시간 10분전을 최대한 활용하라!**
> 체육수업을 시작하기 전 10분간을 어떻게 활용하느냐에 따라 수업의 질은 크게 달라진다. 구체적 활용방법으로 첫 번째, 수업내용에 대한 설명을 교실에서 실시하라
> 교실에는 프로젝션 TV와 인터넷 컴퓨터, VTR 등 수업의 내용을 시청각적으로 설명 하기에 매우 유용한 장비들을 갖추고 있다. 따라서 운동장이나 체육관에서 단순한 구두 설명보다는 쉬는 시간을 활용해 수업내용을 교실에서 설명한 후 이동하면 매우 좋은 결과를 얻을 수 있다. 둘째, 수업 전 자유놀이를 준비하라. 실제로 체육수업 전 10분간은 아이들이 체육시간이라는 점 때문에 몹시도 마음이 들떠 운동장이나 체육관에서 선생님의 관리 감독 없이 지나친 장난을 치다가 안전사고를 당하기 쉽다
> 따라서 교사가 직접 운동장으로 인솔하기 어려운 경우 몇 개의 조별로 긴 줄넘기, 제기차기, 훌라후프 같은 자유놀이를 할 수 있게 준비를 시키면 된다.

밀착통제는 교사가 지속적으로 움직여야 함을 의미한다. 그러나 초임교사 때에는 한 장소에 가만히 머물러 있는 경향이 있는데 방법이 비록 편할지 모르지만 효율적인 방법은 아니다. 분명한 것은 훌륭한 교사는 교실과 체육관, 운동장을 지속적으로 움직이면서 수업을 효율적이고 성공적으로 이끌어 낸다는 것이다.

상황이해

'벽 등지기'와 '밀착통제'는 교사가 수업의 상황을 이해하고 있다는 느낌을 아이들에게 전달한다. 대부분의 경우 아이들이 일관되게 과제를 잘 수행하도록 하는 교사는 학생들을 무섭게 다루고 위협할 것이라고 생각할 수 있으나 사실은 그렇지 않다. 통제에 대한 문제를 갖지 않으며 수업흐름을 매끄럽게 가져가는 교사들은 항상 차분하고 용기를 북돋는 방법을 사용하면서 그들이 수업이 진행되고 있는 상황을 충분히 이해하고 있음을 학생들에게 전달한다. 즉, 비과제 행동 경향에 대해 신속하고 시기적절하게 조치함으로써 교사들이 정말로 상황을 이해하고 있다는 것을 아이들에게 효과적으로 확산시키고 있는 것이며, 이러한 교사의 상황이해에 대한 메시지는 그 무엇보다도 효과적으로 수업의 흐름을 잡아갈 수 있는 것이다.

선별적 무시

여러 가지 도형을 만들어 도형 안을 걸어 다니도록 하는 1학년 수업을 본 적이 있다. 아이들은 자기 나름대로의 도형을 만들어 걸어 다니고 있었다. 그런데 걷는 기회가 올 때마다 ○○이는 걷지 않고 뛰어다녔다. 그것을 본 나의 동료와 나는 ○○이가 즉시 제지되어야 할 것이라 생각했다. 그러나 지도교사는 그러한 행동을 일부러 무시하였다. 지켜보면서 깨달은 거지만 ○○이는 실제로 다른 아이들을 귀찮게 하지 않았고 수업의 흐름도 깨지 않았다. 다른 교사 같으면 비과제 행동이라 생각했겠지만 이 수업의 지도교사는 달랐으며 수업내용을 다 보고 나서야 그가 옳았다는 것을 알 수 있었다. ○○이는 대단히 활동적인 아이여서 교사가 요구하는 것을 대단히 빠른 속도로 이행하고 있었던 것이다. 교사는 분명히 그를 보았지만 선별적으로 무시하고 있었으며 이것은 하나의 효과적인 교수전략이었다.

반 전체 아이들이 어떤 한 학생의 특이한 행동을 이해하도록 도울 수 있기 때문에 선별적 무시는 많은 수업에서 활용되어지고 있다. 비정상적으로 행동하는 학생을 이해하는 능력은 학교교육으로 이룰 수 있는 큰 장점 중에 하나이다. 특별한 욕구를 지닌 아이들과 함께 생활하면서 다른 학생의 상황을 이해하는 능력과 그들을 도우려는 참된 마음이 생성하게 되는 것인데 이러한 이해는 자동적으로 생기는 것이 아니며 바로 교육을 통해서 육성될 수 있는 것이다..

동시처리

동시처리는 연습에 의해서 터득할 수 있는 기술이다. 이것은 의도하는 수업방향을 유지하면서 동시에 발생하는 몇 가지 일을 해결하는 능력이다.

교사는 학생이나 상황에 의하여 동시에 처리하기를 요구받는다. 예를 들면 화장실에 가야 할 학생에게 허락하는 뜻으로 머리를 끄덕이며, "나 좀 보세요"라고 말하는 학생에게 미소를 짓고, 교사에게 말하기를 원하는 학생에게 잠시 기다리란 뜻으로 어깨에 손을 얹어 놓기도 한다. 동시처리는 경험을 통해 학습되어지는 수업 기술이며 대개는 30명 이상의 학생들을 가르칠 때 수업이 중단되지 않게 하기 위해 동시처리가 필요할 때가 있다. 상규적 행동이나 행동규칙의 설정으로 동시처리를 최소화하려고 하지만 여전히 동시처리가 필요한 때가 발생한다. 체육수업에서 발생하는 비과제 행동은 그 발생 빈도와 상황을 볼 때 예측 가능한 것이 거의 없고 지극히 우발적이고 동시 다발적이기 때문이다.

긍정적 지적

교사가 바람직한 행동이나 기술을 습득하도록 수업 중 학생들을 지적하고 식별하는 것을 '긍정적 지적(pinpointing)이라 한다. 이것은 초등학교에서 일반적으로 활용되는 전략이다. 수업에서 일탈하고 있는 학생들에게 "나는 민수와 영철이가 조용히 서있는 것을 좋아한다."라고 말하는 것은 긍정적 지적의 좋은 예이다. 경험상으로 볼 때 이러한 긍정적 지적은 교사에게 기쁨(?)을 주기를 원하는 어린학생들의 기본적 심리를 아주 잘 파악하고 있는 것이기에 비교적 효과적이다. 그러나 이것 또한 과도하게 사용되면 학생들에게 무시될 수 있기 때문에 어린이의 유형과 사용 방법, 사용 빈도를 적절히 조절해야 한다.

> **요점 확인**
> 체육수업에서의 비과제 행동의 의미를 설명하고 구체적인 종류에 그 대응방안에 대해 기술하라

4. 체육수업에서의 규율

체육수업 시 엄격한 규율의 적용은 끊임없는 논쟁에도 불구하고 일반적인 학생통제 방법으로 활용되고 있다. 초등 교사들은 비교적 짧은 기간에 다양한 과목의 수업을 하게 되며, 특히 체육과 같이 야외에서 행해지는 수업에서의 엄격한 규율의 적용은 많은 도움이 됨을 인정한다.

퇴장

퇴장(Time-out)은 엄격한 규율체제의 일부로써 체육수업에서 가장 유용하게 사용되는 기법 중 하나이다.

먼저 한 차례 경고를 한 다음 또 다시 같은 일을 반복하면 퇴장이 주어진다. 이러한 '퇴장'은 연중 동안 수차례 받을 수 있다는 사실을 학생들에게 인식시킬 때 가장 효과적이며 이를 위해 연초에 명확하게 주지되어야 한다. 일예로 '퇴장'의 숫자를 교실 벽에 기록할 수 있다. 그러면 잘못 행동한 학생은 자신의 퇴장 횟수를 알게 되며 이것은 주위의 다른 학생들에게도 동시에 각성의 계기를 마련해 줌으로써 함께 떠드는 것을 막을 수 있다.

또한 어떤 교사들은 시계를 사용하여 퇴장 후 2분 뒤에 수업에 복귀할 수 있음 지도하고 어떤 교사들은 종이와 연필을 주고 퇴장 받은 이유를 낱낱이 종이에 적도록 시키거나 직접 찾아와서 퇴장 받은 이유를 직접 입으로 설명하도록 요구한다.

만약 같은 시간에 두 번 퇴장을 받으면 대다수 교사들은 나머지 시간동안 수업을 받지 못하게 한다. 이것은 가혹하게 보일지 모르지만 나머지 대다수 선의의 피해자를 방지하기 위해 필요악 적인 조치로 볼 수도 있는 것이다.

'퇴장'에 대한 나의 생각

주의 집중력이 부족한 초등학교 아동들에게 40분동안 교사의 설명이나 교수에 집중하도록 요구하는 것은 어쩌면 무리일지도 모른다. 게다가 운동장이나 체육관 등 교실 밖의 개방된 장소에서 실시되는 체육 수업의 경우에는 더욱 그러하다. 나도 지난 두번의 교육 실습에서 1학년과 5학년의 아동들의 수업을 참관하면서, 수업중에 아동들이 산만함을 보이는 것은 억제할 수 없는 자연스러운 현상이며, 이를 자연스럽고

> 효율적으로 통제할 수 있는 교사의 능력이 매우 중요한 역할을 한다는 것을 느꼈다.
> "퇴장"은 일탈 행동을 하는 아동을 일시적으로 수업 장면에서 제외시킴으로써 수업 분위기를 가다듬을 수 있고, 비과제 행동을 하려는 다른 아동들에게도 긴장을 줄 수 있다는 점에서 매우 효율적이다. 그러나 그 반면에 퇴장 당한 학생이 소외감이나 수치심을 느끼거나, 퇴장 당한 만큼의 수업에 참여할 수 없다는 단점을 가지고 있다. 효과적인 만큼의 단점을 가지고 있는 "퇴장"이라는 규율을 적절히 사용하기 위해서는 어떻게 해야 할까?
> 우선 퇴장이라는 규율을 미리 명확히 규정해 놓는 것이 중요하다. 어떤 경우에 어떤 행동을 하게되면, 얼마의 시간동안 퇴장 시킬 것인지를 미리 아동들과 협의하에 약속 해 두는 것이다. 이렇게 하면 교사가 감정에 치우치지 않고, 정해진 규칙대로 벌칙을 적용할 수 있고 퇴장당한 아동도 부당한 벌을 받았다는 느낌을 받지 않을 것이다.
> 그리고 또 주의할 점은, 퇴장의 목적이 문제 아동을 소외시키는 것이 아니라 수업 분위기를 정화하는 데에 있다는 것이다. 따라서 무조건적인 퇴장이 아니라 비과제 행동을 하는 아동에게 바른 태도를 갖지 않으면 퇴장시키겠다는 경고를 준 후에 퇴장을 시켜야 한다. 마치 축구 경기에서 반칙을 할 경우 옐로 카드를 주고, 경고가 누적되면 레드카드를 제시하는 것과 같다고 하겠다.
> 초등학교의 학생들은 아직은 어린 아동이다. 아동들에게 마치 군대와 같은 일제식의 집중을 요구하기 보다는 아동들이 자연스럽게 자발적으로 수업에 빠져들 수 있도록 수업을 알차고 흥미롭게 구성하는 능력이 교사에게 필요할 것이다. 거기에 비과제 행동 통제를 위한 규율까지 더한다면 모든 아동이 활발히 참여할수 있고 교사도 원하는 수업목표를 만족스럽게 달성할 수 있는 "좋은 수업"을 해낼 수 있을 것이라고 생각한다.

바람직한 보상과 불쾌한 결과의 제공

외부보상에 의한 규율체제를 선정할 때는 보상이 학생들에게 타당해야 하고 그 결과는 불쾌한 것이어야 한다.

먼저 바람직한 행동에 대한 보상을 제공하는데 있어서 중요한 것은 주변의 다른 학생들에게 널리 알림으로써 충분한 가치를 심어주는 것이다. 이것은 교사에게 다소 준비를 요하는 귀찮은 일이지만 꽤 효과적이다. 일부 교사들은 바람 빠진 공, 녹슨 트로피, 고장 난 휘슬, 낡은 줄넘기 줄, 혹은 버리는 장비를 이용하여 효과적인 상을 제작한다. 중요한 것은 품목의 중요성이 아니라 상에 대한 관점(idea)에 있다. 어떤 교사들은 스티커를 이용하기도 하고 또 다른 교사들은 스탬프를 이용하여 아이들이 좋아하는 메시지를 손등에 찍어주기도 한다.

한편, 바람직하지 못한 행동에 대한 가장 효과적인 '불쾌한 결과'는 체육 수업 시 시간을 빼앗는 것이다. 잘못된 행동으로 지적받은 학생은 그가 좋아하는 수업에 참가하지 못하게 하게 됨으로써 가장 서운하고 괴로운(?) 시간을 보낼 수밖에 없다.

> **요점 확인**
> 체육수업에서의 사용되는 규율의 종류와 주요한 내용을 설명하라

5. 동기유발

훌륭한 교사는 학생들에게 적절한 동기를 부여해 준다. 즉, 그들은 학생들이 과제나 활동을 성취할 수 있고, 학생들의 발달에 적합하며, 내적 동기를 유발할 수 있는 환경을 조성한다.

다음은 성공적인 동기유발을 위한 3가지 핵심적인 요소이다.

성취 지향적 환경

성공을 경험하지 못한 지속적인 실패는 학생의 시도를 포기하게 한다. 성공을 한 번도 경험하지 못한 학생은 지속적인 노력이 발전을 가져올 것이라는 사실을 믿지 못할 것이다. 이는 학생들이 많은 연습과 숙련도와의 관계를 이해하지 못하는 전형적인 사례일 것이다. 그러므로, 학생들에게 동기 유발을 하려면 학생들이 성취할 수 있는 과제를 제공하여야 한다. 상식적 차원뿐만 아니라 각 종 연구 결과들은 학생들이 새로운 기능을 익힐 때 80%정도의 성공률이 있어야 적당하다고 제시한다. 즉, 대부분이 그 과제를 성공했을 때, 이를 기꺼이 계속 수행하려 한다는 것이다. 대개 연륜이 쌓일수록 연습과 숙련도와의 관계를 이해하기 시작한다. 만약 훌륭한 빙상 선수가 되고자 한다면 많은 연습이 필요할 것이다. 이러한 연습기간은 적어도 몇 개월, 몇 년에 걸친 연습이 필요한 것이다. 반면, 학생들은 다음과 같이 생각할 수 있다. '나는 훌륭한 빙상 선수가 되고 싶다.' '오늘 하루 충분히 연습했지만, 나는 수없이 넘어졌다.' '나는 훌륭한 빙상 선수가 되기 힘들 것 같다.'

운동기능이 부족한 학생일수록 많은 성공의 경험을 제공할 수 있는 환경조성이 중요하다

따라서, 훌륭한 체육 교사는 학생들의 성취율을 높이기 위해 과제를 변화 하거나 새롭게 구성할 수 있어야 한다. 또한 학생들에게 난이도가 다른 과제를 자신들에게 적당하게 조절하도록 격려해야 한다. 즉, 학생들이 자신의 능력을 개선하기 위해 과제에 참여하고 있다는 것을 깨닫지 못하더라도 자신의 과제를 수행함에 있어 즐거움을 느낄 수 있도록 해주어야 한다.

내재적 동기 부여

성공 지향적 환경을 만드는 것과 더불어 효과적인 교사는 학생들의 내재적 동기를 유도할 방법을 찾는다. 이러한 교사들은 학생들이 시합에서 승리하거나 교사를 기쁘게 하기 위해서 라기 보다는 학생들 자신을 향상시키는 데서 만족을 느낄 수 있도록 하기 위해 학생들이 연습에 열심히 참여하도록 격려한다.

또한, 교사들은 학생들이 다른 학생이나 절대적인 표준에 의해 비교 받지 않고 내재적 동기를 불러일으키도록 학생들을 격려한다. 따라서, 이러한 교사들의 수업에서는 누가 가장 많이 슈팅을 하는지, 팔굽혀펴기를 많이 하는지, 가장 높은 점수를 올리는지를 결정하는 것과 같은 경쟁적 요소를 찾아볼 수 없다. 대신에 교사들은 학생들이 그 자신들과 비교하기를 권장한다. 교사는 학생들이 현재와 과거의 과제를 수행하면서 그들이 어떻게 향상되었는지를 비교하도록 권유한다. 또한 학생들에게 열심히 연습하는 것은 반드시 성과를 거둔다는 것을 강조한다.

아마도, 내재적 동기 부여를 강조할 수 있는 것은 조깅과 같은 대중적인 운동 종목을 통해서 잘 이해할 수 있을 것이다. 대부분의 어른들은 경주에서 이기거나 기록을 세우기 위해서 조깅을 시작하지 않는다. 그들은 체중을 감소하거나 체력을 증강시키기 위해 조깅을 한다. 만약, 그들이 위와 같은 목적으로 조깅을 통한 개인적 향상을 도표화한다면 보다 빠른 증진을 얻을 수 있을 것이다. 그러나, 성인들이 경기를 하거나 신문에 기록을 남기려고 한다면, 많은 사람들이 조깅을 그만둘 것이다. 그렇지만 가끔은 경기를 목적으로 조깅을 하는 경우도 있다. 중요한 점은 성인들은 외재적 조건이 아니라 그들 자신의 내재적 동기로 인해 경기에 임한다는 것이다. 그런데, 왜 학생들은 그와 같은 선택을 하지 못하는가?

분명히, 학생들이 다른 학생들과 서로 비교하는 것을 막을 방법은 없다. 특히, 학생들은 기능이 우수한 학생과 자신을 비교한다. 학생들 스스로 성공을 격려하기 위해서 교사는 이러한 비교 성향을 감소시키고 학생들의 수행을 비교하게 하는 상황을 피해야 한다.

> ♥ Teaching Tip
> **다양한 줄 세우기 방법을 연습시키라!**
> 체육수업의 실패를 경험한 교사들의 대부분은 ' 아이들을 어떻게 줄을 세워 어떤 것 부
> 터 지도해야 할지 모르겠다' 라는 말을 자주 한다. 즉 체육수업에서 줄서기는 본 수업을 매끄럽게 진행해 나
> 가기위해 절대적으로 필요한 과정이며 수업의 성패를 좌우하는 생각보다 꽤 중요한 문제인것이다. 따라서
> 학기 초부터 체육시간이 되면 교육과정상의 내용을 서둘러 지도하기에 앞서 자신의 학급을 자유 자제로 통
> 솔할 수 있는 다양한
> 줄서기 방법을 계속해서 연습 시켜야 한다. ○열 횡대, ×열 종대, 홀짝으로, 조별로,
> 분단별로, 2명씩 짝지어서 등같이 다양한 인원과 모양을 지닌 줄서기를 수시로 연습시켜 놓으면 수업을 스피
> 드하게 진행할 수 있을 뿐 아니라 아동들의 수업참여 집중력 또한 높일 수 있는 장점을 지니게 된다.

어느 초등교사의 추억

초등학교 교사가 되기 위해 교대에 입학하면서 난 교사로서 필요한 여러가지 기능들을 익히느라 진땀을 흘려야 했다. 3학년 2학기, 그 해 가을에는 유독 실기 과목이 많았다. 피아노는 기본이고, 단소, 바느질, 서예, 거기에 악명높은 기계 체조까지. 뜀틀에서 구르기를 연습하다가 목뼈를 다쳐 119구급대에 실려간 선배가 있다는 전설 아닌 전설도 나돌았으니 다들 기계체조가 두렵긴 했던 모양이다. 짧은 팔다리와 통통한 체격, 게다가 뻣뻣한 몸치로 유명한 나로서는 체육관에 놓여있는 매트와 뜀틀,철봉 등은 보는 것 자체로도 큰 부담이었다. 매트에서 머리와 양 손으로 무게 중심을 잡고 물구나무 서기를 연습했던 것부터 시작해서 앞구르기, 뒤구르기, 다리벌려 앞구르기, 다리뻗어 뒤구르기, 옆돌기, 가로 뜀틀 넘기, 세로 뜀틀 넘기, 뜀틀위를 굴러 넘기, 도움닫아 높이뛰기, 철봉에 올라 앞앞돌기, 뒤돌기 등... 내가 아이들을 가르치기 위해서 먼저 배워야 할 것들이 참 많았다. 문제는 내가 그때까지 3개의 학교 공부를 통해 배운 체육 시간에서 그런 것들을 배워보지 못했다는 것이고, 그건 나 뿐만이 아니라 대부분의 아이들이 마찬가지였다. 두려움에 떨고 있는 우리들에게 선생님은 하나씩 시범을 보이고 개인 지도를 해 주셨다. 그리고 매 시간 우리들의 기능 향상을 기록하셨다. 항상 들고 다니셨던 그 포트폴리오... 매 시간 관찰당한다는 부담감과 거부감도 있었지만 그 포트폴리오 덕분이었을까, 선생님은 우리들의 실력이 변하는 것을 귀신같이 잡아 내셨다. 연습을 많이 해서 실력이 늘어난 사람들에게는

> 칭찬과 격려를 아끼지 않으셨고, 기본 실력이 있음에도 불구하고 그 기본 실력만으로 버텨 보려한 사람들에게는 따끔한 일침도 내려주셨다. 난 내 예상대로 기계체조에 무척이나 소질이 없는 학생이었지만 연습한 만큼 격려해주시는 선생님 덕분에 열심히 연습을 할 수 있었다. 그리고 대부분의 종목에서 통과점수를 받았고, 좋은 학점까지 받게 되었다. 그 덕에, 그 자신감이 아직도 남아 있어 아이들과 함께 하는 체육 시간에 항상 자신있게 시범을 보이고 있다. 물론 미리 살짝 연습을 해보고 하는 시범이지만 말이다

발달상의 적합성

학생들의 동기 유발을 위한 학습 환경의 세 번째 특징은 학생들의 신체적 차이와 연령에 부합해야 한다는 것이다. 발달 단계상 적절한 환경을 통해 학생들은 열심히 과제에 참여하도록 유도될 수 있다.

학생들은 서로 다른 기회와 경험을 통해 동기 유발된다. 저학년 학생은 교사의 칭찬을 바라기 때문에 칭찬이나 격려로 동기 부여가 된다. 유치원 수업을 관찰해 보면, 교사는 수업 내낸 '선생님, 저 좀 봐 주세요'라는 말을 듣는다. 더구나 아이가 한 자리에 머물러 있지 않는다면 교사는 아이가 줄을 건너뛰거나, 콩 주머니를 던지는 매 번의 시도 때마다 '잘했어!'라고 말을 해주기 위해 끊임없이 5살짜리 아이들을 따라다녀야 한다.

학생들은 학년이 올라감에 따라 교사를 기쁘게 하려는 욕구와 동료들을 즐겁게 하려는 욕구가 동시에 수반된다. 동료들의 관심과 기대는 중간 학년 학생들의 동기 유발을 이해하는 데 중요한 요인이다. 문제 해결이나 활동을 계획하는 일이 집단적으로 수행될 경우 동료와 상호 작용을 좋아하는 5학년 학생들은 동기 유발이 잘 된다. 그들은 게임이나 무용, 운동 순서를 계획하거나, 친구들에게 보여줄 기회가 주어짐으로써 동기 유발이 된다.

이러한 연령에 관계된 차이와 더불어 기능의 수준도 효과적인 동기 유발에 영향을 미친다. 자신의 수준에 맞는 과제가 주어지더라도 겨우 성공하는 학생들에게 교사는 꾸준히 노력하고 연습하도록 격려와 칭찬을 해주어야 한다. 반면, 다양한 과제를 성공하는데서 만족을 얻는 우수한 학생들은 열심히 연습을 하다는 것보다는 과제가 수행되어진 방법에 중점을 두고 칭찬 받는 것에 의해 동기 유발된다. 사실, 우수한 학생들은 상대적으로 쉬운 과제를 성공한 것에 대해 교사가 계속 칭찬을 할 때, 교사는 고의성 없이 체육이 잘 못하는 학생들을 위한 것이라는 인상을 줄 수도 있다. 나는 체육 시간에 열심히 참여하지 않는 운

동선수들에게도 이것이 적용된다고 생각한다. 운동선수들은 그 학급에서 다른 학생들 보다 훨씬 많은 칭찬을 받는다. 그러나 그것은 운동선수라는 입장에서는 상대적으로 최소의 노력을 반영한 것이다.

> **요점 확인**
> 체육수업에서 동기부여의 중요성을 설명하고 구체적인 활용전략방법을 제시하라

6. 지도와 시범

설명은 주로 언어에 의한 정보제공 과정이다. 여러 해에 걸쳐 많은 연구들이 체육 수업을 분석해왔다. 이러한 연구들은 '체육 교사들은 말하는데 많은 시간을 소비하고, 학생들은 듣고 기다리고 조직하는데 많은 시간을 소비 한다'는 아주 명백한 특성을 제시한다. 하지만 체육수업은 말 보다는 교사와 학생의 행동을 통해 더욱 효과적으로 진행될 수 있다는 점을 명심해야한다.

조직 지도

체육을 가르치는 어려움 중에 하나는 개방된 공간에서 커다란 그룹을 조직화하는 것이다. 교실에는 앉을 공간인 의자와 책상들이 있다. 반대로 운동장과 체육관은 선과 벽이 있고, 잔디밭은 몇 그루의 나무들을 가지고 있다. 체육관이나 운동장, 잔디밭은 어디가 경계선인가? 아이들은 수업을 위해서 어디로 가는가? 그들은 또 다른 곳으로 달리는 것을 어떻게 피하는가?

조직 지도는 학생들에게 무엇을 할 것인지, 누구와 어디서 어떤 장비를 가지고 할 것인지를 알려주는 것이다. 이것은 주로 수업의 초기 활동에서 지도 되어지는데 그것이 명쾌해질 때, 학생들은 쉽게 이해하고 빠르게 활동을 해나갈 수 있다.

다음 질문에 답변하게 함으로써 아이들에게 조직 지도를 수행하기 위한 힌트를 제공해 줄 수 있다.

> Teaching Tip
> **다양한 준비운동을 준비하자!**
> 의례 체육시간의 준비운동 하면 국민체조와 운동장 2바퀴를 뛰는 것을 연상하게 된다. 학창시절 행해졌던 대다수의 준비운동 형식이 그러하였기에 그것을 받아들이는 입장에서도 무척이나 무미건조하고 형식적이었음을 인정해야 할 것이다. 하지만 준비운동은 형식화 되어서는 안 될 것이며 본 운동의 수행을 효율적으로 이뤄지게 하기위해 반드시 소기의 목적을 완수할 수 있는 알찬내용이어야 한다. 따라서 적어도 초등현장의 수업에서는 아동들의 호기심과 흥미를 유발시킬 수 있는 다양한 종류의 준비운동을 준비해서 수시로 돌아가며 활용해야 할 것이다. 예를 들어 아동들이 좋아하는 최신음악에 맞춰 안무를 꾸민 율동체조, 친구와 함께 하는 짝체조, 음악을 들으면서 줄을 넘는 음악 줄넘기, 아동들이 좋아하는 술래잡기 놀이 등을 준비운동으로 활용하면 수업의 흥미를 높일 수 있을 뿐만 아니라 '몸 데우기'라는 준비운동의 소기목적 또한 달성할 수 있을 것이다.

- 나는 어디서 움직일 것인가? 경계선은 어디인가?
- 나는 혼자 혹은 다른 친구와 같이 할 것인가? 내 조는 어떻게 이뤄질까?
- 나는 언제 시작하고, 멈출까? 나는 일찍 마친다면 무엇을 할까?
- 내가 질문을 가지고 있다면 무엇인가?

그러나 일반적으로 보다 명확하게 조직하기 위해서는 시범을 보여주어야 하며 이 때 아이들은 빠르게 방법을 배우게 될 것이다.

정보제공

조직화된 설명은 무엇을 할 것인지에 관해 아이들에게 알려준다. 그러나 성공적으로 행동하는 방법에 대해서는 말하지 않는다. 다음 사항은 성공적인 정보제공을 위한 4가지의 필수 지침 사항이다.

** 한 번에 하나의 정보를 **

한 가지 지침은 단순화시키는 것이다. 라켓을 어떻게 잡아야 하는지, 공에 따라 움직이는 방법, 스윙은 어떻게 준비해야 하는지, 그 다음 어떻게 정확히 스윙을 해야 하는지 관한 설명은 심지어 성인 학습자에게도 정보의 양이 너무나 많다. 솔직히 학생들은 그 많은 정보를 다 기억할 수 없다. 한 시간에 하나의 생각을 설명하고 시범을 보임으로써 학습자는 그 개념을 더 잘 이해하고, 그들의 도식(schema)에 그것을 합치기 시작하는 것이다. 몇 개의 개념이 동시에 설명되었을 때 아이들은 연습할 때 어느 것을 생각해야 하는지를 알기 어렵다.

** 간결하게 **

한 번에 하나의 정보를 제공하는 또 다른 이점은 지도가 간결하게 될 수 있다는 것이다. 아이들은 설명이 간결하여 바로 활동으로 돌아갈 수 있다는 것을 알 때 훨씬 더 잘 들을 것이다.

이러한 지침을 지키는데 있어서 두세 번 같은 설명을 반복하는 것을 피하는 것이 중요하다. 초임교사는 설명하는 단어를 찾으려고 할 때 이러한 습관을 가지는 경향이 있다. 많은 예에서 보듯이, 이것은 가르치고자 의도하는 정보를 말하지 못하기 때문이다. 결과적으로 아이들은 처음 설명은 듣고, 다음 설명은 듣지 않는 경향이 있다는 것을 명심해야 한다.

** 경구 **

설명은 필요에 따라 많은 단어의 사용을 요구한다. 우리가 경구를 아이들에게 제공할 때, 그것은 아이들이 더 쉽게 정보를 생각나게 하는데 도움을 줄 것이다. 그러한 경구는 쉽게 기억되는 '심상(mind picture)'을 제공하는 것이다. 예를 들면 라켓으로 볼을 칠 때 초보자에게 사용되는 단서는 볼을 맞출 때 옆구리가 목표에 직면하도록 하는 것이다. 경구로서 **'옆구리'(side)**란 말은 이러한 개념을 기억하게 하는 중요 요소이다. 이것은 또한 교사가 피드백을 제공하는 것을 더 쉽게 한다. 왜냐하면 목표 쪽으로 돌리려는 경구로서 '옆구리!'라고 간단하게 말하면 되기 때문이다. 이것이 그날의 시작에 있어서는 중요하지 않을지 모르지만 일곱, 혹은 여덟 번의 수업을 한 후에는 매우 유용하게 활용될 수 있을 것이다.

** 관찰에 의거하여 **

효율적인 교사는 수업을 관찰하여 학생들의 동작을 반영하고, 기술과 습득 방법에 대한 이해를 바탕으로 적당한 단서를 선정하고 학생수준에 가장 적합한 교수내용을 결정하는 능력을 지니고 있다. 그러나 이처럼 수업을 관찰하고 정보를 제공하는 능력은 쉽게 얻어지는 기술이 아니다. 다른 교육학적인 기술과 마찬가지로 그것은 시간과 연습이 필요하다. 시작할 때 마음속에 몇 가지 단서를 가지고 있는 것은 유용하며, 그 다음에 수업에 도움이 되는 단서를 결정하기 위하여 수업을 자세히 관찰한다. 만약 학생들 대부분이 라켓을 정확하게 잡고 있다면 수업 시간 전체를 그립법을 설명하는데 시간을 사용할 필요는 거의 없을 것이다. 그것은 개인적으로 행해질 수 있다. 반대로 만약 아이들이 공을 잘못 치거나 비껴나가는 원인이 되는 옳지 못한 방법으로 스윙을 한다면 그들에게 스윙하는 방법을 가르치는데 많은 시간을 소비해야 할 것이다. 그러나 이것은 관찰을 통하여 얻어진 최선의 결정이다.

시범

시범은 말하기보다는 행동으로 보여주는 설명의 한 부분이다. 이것은 특히 어떤 개념을 이해하기 어려운 어린 아이들에게 중요하다. 또한 말하지 못하거나 청각 장애가 있는 아이들을 수업하는 많은 학교에서 결정적이다.

성공적인 시범을 위해 요구되는 몇 가지 요소는 다음과 같다.

** 시범의 위치 **

첫 번째 요소는 다분히 상식적인 것으로 모든 아이들이 쉽게 볼 수 있는 위치에 서는 것이다. 당신이 실외에 있다면 태양이 아이들 눈에 비치지 않도록 태양을 정면에 위치해야 한다. 이것이 매우 기본적인 사항이지만 만 때때로 잊는 것이다.

** 전체와 부분 **

일반적으로 첫 번째 시범은 전체적인 동작이어야 한다. 만약 지도하려는 기술이 발차기라면 교사 혹은 숙련된 학생은 실제로 전체적인 발차기 동작을 보여주면 된다. 그 다음은 발차기의 부분적인 동작을 하나하나 나누어서 시범을 보이면 되는데, 아이들이 기술의 완전한 심상을 형성할 수 있도록 하기 위하여 시범의 처음에는 전체적 기술을 보게 하는 것이 중요하다는 것을 명심해야 한다.

** 정상 속도와 느린 속도 **

아이들은 정상 속도로 기술을 볼 필요가 있다. 그러나 종종 중요한 단서가 시범 보여 질 때는 천천히 하는 것이 도움이 된다. 만약 시범을 천천히 하지 않는다면 많은 아이들이 시범된 동작을 볼 수 없게 될 것이다.

이것은 특히 교사가 복잡한 운동 기술을 세련화 시키고자 할 때 보다 높게 숙련된 아이들에게 적용된다.

** 교사의 언어적 강조 **

만약 아이들에게 시범이 꼭 필요한 사안이라면 교사는 시범 전에 유심히 관찰하여야 할 부분 또는 위치를 말할 필요가 있다. 예를 들어 "발을 보아라. 발이 볼 옆에 어떻게 놓여졌는지 보아라" 등의 말을 통해 아이들의 관심을 명확하게 할 필요가 있다. 만약 이것을 하지 않는다면 발의 위치를 고려하지 않은 채 멀리 날아가는 볼의 비행을 보게 될 것이다.

** 이해에 대한 점검 **

설명-시범에 대해 교사가 사용하는 효과적인 기술 중 하나는 학생들이 설명과 시범 보인 것을 확실하게 이해했는지 즉시 점검하는 것이다.

이것을 하는 방법 중의 하나는 상대편에게 올바르든 그렇지 않든 시범을 보이는 것이다. 학생들은 그들의 상대편이 올바로 했을 때만 손을 들도록 한다. 예를 들면, "이제 나는 다른 균형 잡기를 할 것이다. 만일 내가 균형을 잘 잡는다면, 손을 들어라." 교사는 행해진 운동에 비추어 들어진 손의 숫자에 의해 학생들이 그 개념을 이해했는지 빠르게 파악할 수 있다. 특히 어린 학생들일수록 이러한 형태의 평가 방법을 주로 이용한다.

체육시간 시범에 대한 생각

얼마 전 까지만 해도 체육시간에 교사가 보여주는 시범동작은 수업의 필수적인 항목이었다. 따라서 기능이 다소 부족한 교사들의 경우 정확하고 모범이 될 만한 시범을 보이는 것에 대해 상당한 부담을 갖고 수업에 임할 수밖에 없었다.

그러나 이러한 흐름은 한 때 '아동들에게 좌절감을 심어 줄 수 있다' 라는 의견이 나옴에 따라 시범동작 불가론까지 등장하고 말았는데...과연 이 문제에 대한 여러분의 의견은 어떠한지 궁금하다.

물론, '정확하고 모범이 될 만한 시범행위는 분명 아동들의 성취동기에 명확한 지침을 제공할 수 있으므로 바람직하다' 라는 의견에는 이의가 없을 것이다. 하지만 모든 경우 이러한 시범이 플러스 작용을 하리라고는 생각하지 않는다.

가령 예를 들어 체조 및 기타 구기운동의 동작 설명 시에는 올바르고 정확한 시범 동작이 반드시 필요한 경우이지만 아동들의 창의성을 중시해야 하는 표현활동의 경우 시범동작이 오히려 아동들의 사고를 경직시킬 수 있기 때문이다.

따라서 체육수업의 시범동작은 무조건 좋다 안 좋다의 문제를 떠나 수업상황과 내용에 따라 교사가 적절히 안배해서 지도하는 것이 바람직할 것이다. 한편 초반에 언급한 기능적 어려움의 경우, 반드시 교사자신이 어설픈 시범을 보이는 것 보다는 기능이 우수한 아동을 대표로 시범을 보이거나 VTR, 인터넷 동영상 등을 활용한 동작의 설명도 가능할 것이다.

> **요점 확인**
> 체육수업에서의 시범의 역할 및 중요성을 설명하고 구체적인 시연절차에 대해 제시하라

7. 수업의 변용(變容)

현장에 있는 상당수의 초등 교사들은 체육수업 수행능력의 부족을 호소하고 있으며, 심지어 이로 인해 체육수업을 의도적으로 '회피'하려고 하는 등의 심각한 문제성을 드러내고 있는 것도 사실이다. 그 동안 이러한 초등체육의 문제 상황에 대한 해결방안으로 다양한 측면과 여러 각도의 이론과 현장연구가 꾸준히 시행되어 왔지만, 근래에 들어서는 주로 초등교사의 체육수업 능력을 향상 시킬 수 있는 보다 근본적이고 원천적인 방법에 모든이들의 관심이 집중되어지고 있다. 어떤 이는 '예비초등교사의 선발과정'에서 체육수업 수행능력의 기초가 되는 운동능력에 대한 평가를 강화하자고 하는가 하면, 또 다른 이는 '체육교과 전담교사 제도'의 전면 시행을 주장하고 있기도 하다. 하지만 실제로 이러한 대안들은 겉으로 보기에는 다르게 보이나 그 본질은 동일한 성향, 즉 '초등교사의 체육수업 능력향상을 통한 초등체육의 현실 개선'이라는 일원화된 의도와 목적이 내포되어 있는 것이라 할 수 있다. 이는 결국 '초등체육의 문제'를 초등교사의 문제로 '치환'하는 것으로 볼 수 있으며 그러한 주장과 방안은 '교육의 질은 교사의 수준을 넘지 못한다'라는 통념에서 볼 때 상당한 설득력을 지니고 있는 것이라 할 수 있다. 하지만 '학급담임교사 제도'라고 하는 현행의 틀을 유지하면서 초등체육의 문제를 '교사의 문제'만으로 치환하기에는 상당한 무리수가 뒤따르는 것이 사실이며, 이러한 부담감과 무리수를 덜어내기 위해 필요한 초등 교사들의 능력을 바로 '변용'이라고 할 수 있는 것이다.

'변용'은 수업에서 기능을 강조하기보다는 초등학생의 수준으로 변화된 수업내용을 중심으로 진행되기 때문에 초등교사의 기능 수준에 대한 의존 정도는 상대

> ♥ Teaching Tip
> **체육시간에도 음악을 !**
> 체육시간은 대체로 '무미건조한 기합소리와 호각소리만이 울려퍼진다'는 선입견을 가질 수 있다. 하지만 상황과 단계에 맞는 적절한 음악의 사용은 체육시간을 한결 더 윤기 있고 생동감 있게 만드는 재료가 될 수 있다. 준비와 정리체조 시 사용되는 잔잔하고 부드러운 음악, 본 운동 때 역동적으로 흐르는 음악 등은 신체동작과 움직임에 리듬감을 더해 보다 신나는 체육시간을 보낼 수 있게 한다.

적으로 약화되며 오히려 '반성적이고 창의적인 내용변형 및 창조의 능력'을 우선시 하는 수업내용을 유지할 수 있어 초등학교 학급담임교사들에게 매우 적합한 수업형태로 볼 수 있는 것이다.

여기서 변용의 대상이 되는 것은 수업 과제내용의 수준뿐만 아니라, 경기장의 크기·모양, 사용되는 용구의 크기·종류, 참가하는 인원수 및 구성 등 다양한 조건들이 될 수 있으며 이를 위해 교사 단독의 결정이 아닌 학생들과의 의사교환을 통한 변용의 과정을 거치게 되는 것이 더욱 더 바람직할 수 있을 것이다.

콩 주머니 던지기

수업변용의 예시 1. (3학년 목표물 맞히기 게임)

'콩 주머니 던지기'는 가장 전형적인 목표물 맞히기 게임으로 대부분의 아동들이 쉽게 참여하여 학습목표를 성취할 수 있는 내용으로 구성되어 있다. 게임은 주로 초등학교 저학년 및 중학년 수준의 어린이들의 조정능력을 발달시키는데 도움을 줄 수 있으며 이의 구체적인 수업변용의 내용은 아래와 같다.

수업의 변용 (초급수준)

< **변용 요인-初級** >

1. 바구니의 크기를 크게 한다
2. 목표물과의 거리를 가깝게 한다.
3. 의자위에 올라서서 던지게 한다.
4. 바구니 뒤편에 받침대(백보드)를 설치하여 그 곳에 맞힌 후 들어갈 수 있게 한다.
5. 던지는 시간의 제한을 두지 않는다

< 변용 요인-高級 >
1. 바구니의 크기를 작게한다
2. 목표물과의 거리를 멀게 한다.
3. 목표물의 높이를 높이고 주둥이를 좁힌다.
4. 바구니 앞쪽에 홀라후프를 설치하여 이를 통과한 후 목표물에 들어가게 한다
5. 시간제한(1분)을 둔다.

수업의 변용 (고급수준)

수업변용의 예시 2. (5학년 영역침범형 게임(농구형)

본문에 제시된 농구형 게임은 초등학생들의 신체적 성숙도 및 기능 수준을 고려하여 농구공 대신에 콩 주머니를, 농구골대 대신에 홀라후프를 사용해서 농구의 슛팅에서 가장 중심이 되는 전략인 '속임수 동작'을 익히도록 구성된 것이다. 즉, 기존에 행해졌던 단순한 슈팅기능의 반복적 학습이 주가 아닌, 슛을 할 때 필요한 상황적 기능 -즉, 몸을 좌우로 부지런히 움직이며 빈 공간을 만들어 슛을 쉽게 하는 능력-을 익히도록 하는데 중점이 있는 것이다. 따라서 본 수업에서 농구공을 사용하느냐 마느냐, 골대를 사용하느냐 마느냐는 그다지 중요한 사항은 아닌 것이다.

그림. 농구형 게임의 예시

< 변용 요인 >

상술한 바와 같이 본 게임의 특징은 비교적 명확한 수준차이가 나타나는 만큼 게임을 재구성하는 단계에 있어서도 이러한 면이 적극적으로 반영되어 게임 내용이 변용 되어야 한다.

표. 게임의 변용요인

콩주머니 개수 변용요인	0-2개	3-6개	7-10개
훌라후프 까지의 거리	가깝게 한다	그대로 유지한다	좀 더 멀리한다
훌라후프의 크기	좀 더 크게 한다	그대로 유지한다	좀 더 작게한다
참여 인원수 / 방법	수비수의 동작에 제약 (한팔로 방어 또는 발 고정)	그대로 유지한다	수비수 인원 증가 (2-3명이 방어)

　표를 보면 아동의 수준차이에 따라 각기 변용요인의 조건을 달리하여 새로운 게임을 구성하였다. 이러한 게임의 재구성 과정에서 교사는 가급적 아동들이 스스로 새로운 방법을 구안할 수 있도록 하되, 게임 구성에 어려움을 있을 경우 부분적인 단서와 도움을 주어 아동들의 게임재구성을 돕는다. -가령 예를 들어 " 사용하는 도구를 바꾸어 볼까 ?.." " 수비수가 너무 잘 막으면 어떠한 방법으로 수비수의 방어를 어렵게 할 까 " 등의 질문을 통해 진행될 수 있을 것이다.

> **요점 확인**
> 초등학교 체육수업에서 특히 교사의 변용능력이 중요한 까닭을 전문성의 관점에서 설명해보라

8. 초등체육에서의 자료의 활용

　교육과정에 제시된 여타의 과목과 견주어 볼 때 체육교과가 지니고 있는 가장 큰 특징은 신체 활동을 통한 교육목표의 추구에 있을 것이다. 이는 '신체적 기능습득'이라는 일차원적 목표를 넘어 신체활동을 통해 인지적, 정의적 측면의 교육목표를 함께 추구하는 체득(體得)의 개념으로 해석될 수 있는데, 바꾸어 말하자면 특정 내용을 가르치고 배움에 있어 '신체활동'이라는 특유의 방법적 아이템을 활용한 체육교과 고유의 정당성을 확보하려는 노력의 일환으로 볼 수 있을 것이다.
　이와 같은 체육교과의 특징으로 미루어 볼 때 학교현장에서 이뤄지는 체육교육의 실질

적인 성공여부는 '그 내용들을 어떻게 가르치고 배워야 하는가'라는 질문에 대한 교수학습 방법 및 자료의 활용에 달려있다고 해도 과언은 아닐 것이다. 이는 '같은 내용을 가르치는 데도 어떤 환경에서, 어떤 방법이나 자료를 활용하는가에 따라 그 결과가 달라질 수 있다'는 사실의 전제하에, 주로 구체적 체육시설 및 용·기구 자료를 활용한 신체활동을 통해 교육이 이뤄지는 체육교과의 역동적 특성에 기인한 것으로 볼 수 있다.

실제로 학교체육의 최근 실태를 조사한 연구(체육과학 연구원, 2001)에 따르면 체육과의 수업개선을 위한 필요사항을 묻는 질문에서 교사들의 상당수가(41%) '시설개선'을 최우선 과제로 꼽았으며 그 다음으론 교수·학습 방법 및 자료의 개발(32.8%)이라고 응답하여 수업운영에 미치는 체육관련 시설과 교수·학습 자료의 영향력을 높게 평가하고 있었다.

이처럼 초등체육 교육현장의 자료 부재 및 시설의 열악함은 분명 부실한 학교 체육수업의 주요한 원인이 되고 있으며, 지금까지의 추세로는 이러한 부실을 극복하기위한 해결방안으로 주로 관련 정책과 제도적 측면의 개선과 보완에 의한 거시적 관점에서 문제를 다루어 왔던 것이 사실이었다. 하지만 이것은 보다 현실적이고 실제적인 시각에서 문제를 바라보고 해결할 수 있는 미시적 관점의 요인을 간과한 것이라 볼 수 있는데, 이러한 미시적 관점의 중요한 요인 중 하나가 바로 '초등학교 교사들의 전문성에 대한 시각'이다.

혹자는 '일반적으로 초등교사는 전 교과를 지도해야 하는 부담감 때문에 체육과 교육을 위한 별도의 교재 연구가 현실적으로 불가능하므로 교사가 현장에서 용이하게 활용할 수 있는 수준으로 교수·학습 방법 및 자료를 개발하여 보급해야 한다'고 말한다. 하지만 이러한 사고는 일면 타당한 면도 있으나 제고의 여지가 있다고 본다. 왜냐하면 이 같은 방식은 다분히 Top-Down 방식, 즉 위에서 결정하고 아래에서 따르며, 소수가 만들고 다수가 활용하는 식의 접근을 취하는 것으로서 그 기저에는 기능주의적 관점이 자리 잡고 있기 때문이다. 이러한 방식에서 교사들은 단순히 주어진 내용과 방법 및 자료만을 가지고 지도하는 결과가 초래되어 교사의 고유한 특권이라 할 수 있는 자율적이고 전문적인 교수학습 방법 및 자료의 활용을 상징적으로 차단하는 셈이 되어 버리고 마는 것이다.

분명한 것은 초등교사에게 교수·학습 자료개발에 대한 전문성이 잠재되어 있다는 가능성을 간과해서는 안 된다는 사실이다. 초등학교에서 한 명이 전 교과를 지도하는 있다는 사실이 초등 체육교육을 담당하는 교사의 한계로 보는 견해가 있지만, 달리 해석될 수 있음에도 주의를 기울여야 한다고 본다. 즉 초등 교사들은 여러 교과에 관여하고 있기 때문에 오히려 다양한 교수·학습 자료의 활용법을 알고 있다고 보아야 할 것이다.

이에 본 절에서는 초등학교 현장의 체육교육에 관련된 시설과 교수·학습 자료의 구비 및 활용 실태를 확인하여 문제점을 분석한 후, 이와 관련해서 거시적 요인에 초점을 둔 정책 및 행정 문제와 미시적 요인에 초점을 둔 '초등교사의 전문성 문제'를 최대한 고려한 '실효성'있는 자료개발과 활용이 이루어 질 수 있도록 몇 가지 개선방안을 제시하려 한다.

이는 아무리 획기적이고 우수한 교수·학습 자료가 정책적으로 기획되어 제작될지라도 현장에서 활용되지 못하면 무용지물이 되며, 결국 현장 교사에 의한, 또한 현장의 상황에 적합한 최선의 자료개발 및 활용이 이루어질 수 있는 풍토를 마련하는 일이 무엇보다 중요하다는 개인적 시각에서 기인한 것임을 밝혀둔다.

체육수업에서의 자료 활용 실태

초등학교 현장의 체육 교수·학습 자료의 활용실태를 점검하기 위하여 분류된 영역은 크게 정적 교수·학습자료 영역과 동적 교수·학습자료 영역으로 나눌 수 있다. 이를 다시 구체적인 항목별로 구분하여 제시하면 먼저, 정적 교수·학습자료 영역에 포함되는 항목으로는 체육관련 교과서 및 교재관련 분야와 시설 분야이고 동적 관련 교수·학습자료 영역은 체육 용·기구 및 정보화 관련 분야로 나누어 볼 수 있다.

본 절에서는 상기 기준에 의해 분류된 체육관련 교수·학습 자료의 객관적 활용실태를 행정 및 정책과 관련된 거시적 요인과 현장 교사와 관련된 미시적 요인의 측면에서 각각 알아보고 이에 관한 문제점을 분석해 보고자 한다.

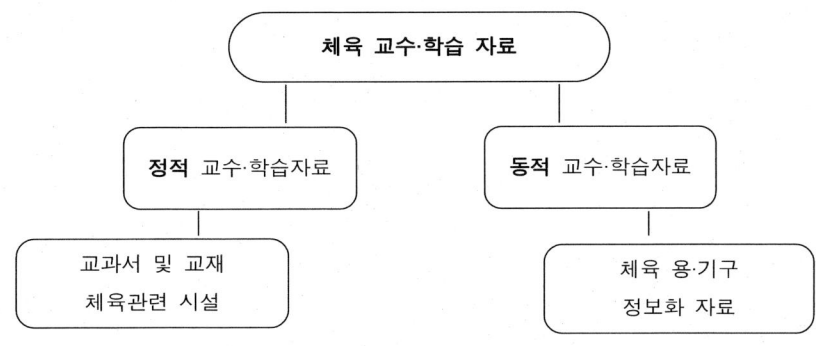

그림. 체육 교수·학습 자료의 분류

정적 교수·학습 자료의 활용 실태

** 교과서의 국정제로 인한 교육내용의 획일화 **

우리나라에서는 초등학교교육에서 허용되는 체육과 교재는 교과서뿐이고, 보조 자료로서의 부교재 사용을 법령으로 금지하고 있기 때문에 '교과서를 가르친다'고 할 정도로 교과서에만 의존하고 있다. 우리나라에서는 교과서를 교육부가 저작권을 가지는 국정교과서(1종 교과서), 교육부 장관의 검정을 받은 검정교과서(2종 교과서), 그리고 시·도 교육감이 인정하는 인정 도서로 분류하고 있는데 초등학교 체육 교과서는 1종 도서이다. 최근에 초등학교 체육 교과서를 다양하게 2종 도서로 지정하려는 움직임이 있었으나 경제 불황의 이유로 지금까지 국정교과서의 체제를 유지하고 있다. 이는 조미혜(1999)가 지적하는 바와 같이, 한 종류의 교과서를 발행하는 국정제는 '획일화'의 특성을 가지고 있어서, 제7차 교육과정이 추구하는 '다양화'의 정신에 위배되는 것이기도 하다. 또 한편 이 같은 국정제는 교육내용을 전 학교에 획일화시킴으로써 국가가 통제하는 것인 동시에 교사의 자율성과 전문성을 제한하여 현장 교사중심의 교수·학습 자료의 개발과 적용을 저해하는 가장 근본적인 요인이라고 해석된다.

** 질적으로 확장된 참고 교재의 절대적 빈곤 **

현장에서 초등 교사들이 실질적으로 참고하고 활용할 수 있는 체육관련 교재는 교과서와 교사용 지도서가 전부라고 말해도 과언이 아니다. 다음에 제시되는 현직 초등 교사들과의 면담자료는 '현재 초등체육교육 관련 참고 자료가 양적 질적 수준에서 상당히 미흡한 절대적 빈곤의 상태임'을 극명하게 대변해 주는 것이라 할 수 있다

> " 교과서와 교사용 지도서만 봐서 지도가 가능하다면 얼마나 좋을까요?..하지만 이것은 현실적으로 불가능하다고 봐요..국어나 음악 수학 같은 다른 과목 지도할 때 교과서와 지도서만 보나요?..그렇지 않아요.. 요즘 정말 좋은 자료들이 여기저기서 많이 들 나오는데 체육에 관련된 것은 없더군요..예를 들어 기계체조 같은 비교적 어려운 내용을 지도할 때 기본적인 기능을 단계별로 밟아갈 수 있도록 자세한 안내와 설명이 담긴 교재나 동영상 자료 같은 게 있다면 참 좋을 것 같아요 " 〈김교사(남), 교육경력 7년〉

더욱이 교사들의 기능적 제한점이 심한 활동분야 일수록 적절한 참고교재의 부재현상에 따른 학습지도의 어려움을 호소하는 정도가 강하게 나타나고 있었다. 예를 들어 교육과정에 수록된 대다수의 표현활동 부분은 실제로 경험한 바도 없고 지도해본 적도 거의 없다

보니 자연, 참고자료를 찾게 된다는 설명이다. 이는 초등학교 학급담임교사 뿐 아니라 대학에서 체육을 전공한 중초 출신 체육전담교사들에게조차 심각한 고충거리로 나타났는데 아래의 인터뷰 내용은 이러한 사실을 잘 나타내 주고 있다.

> " 한 개 학년을 맡아서 1년을 체육만 지도하다 보니 체육책에 나온 거의 모든 내용을 다루게 되더군요..대충 거의 모든 분야를 지도할 수 있겠는데..표현활동 있잖아요...그건 좀 많이 어려운 것 같아요. 제가 실제로 무용 같은 것을 별로 해본 적도 없고 더군다나 누구를 가르쳐본 적은 더더욱 없으니까..자연 조금은 부담스럽고 수업준비에 어려움을 느끼게 되더군요. 인터넷도 찾아보고 관련서적과 비디오 자료도 찾아보았는데요..적당한 게 없었어요. 그런데 더 피곤한 일은 학년 전체를 지도하다 보니 이렇게 한심한 수업을 적어도 한 학기에 20번 이상해야 한다는 것입니다 "〈이교사(남), 교육경력 5년〉

이와 같이 대학에서 체육을 전공했던 교사들조차 수업지도를 위해 참고할 만한 교재 및 자료가 없다는 것은 한마디로 현재 초등현장에 '질적으로 확장된' 체육관련 참고교재가 없다는 말과 일치하는 것이다. 즉, 똑같은 주제의 체육수업을 진행하더라도 초등학교에서 초등학생을 대상으로 할 때 필요한 내용과 방법을 다룬 차별화된 전문적 참고 도서가 존재하지 않는 다는 말이며, 이것은 위에서 제시한 우리나라의 1종 교과서 정책과 같은 정책적 요인과 더불어 초등 교사를 '교과 연구자'로 보지 않고 단순히 '주어진 교육과정을 기계적으로 전달하는 교과 전달자'로만 바라보려는 그릇된 풍도에서 비롯된 결과라고도 볼 수 있는 것이다.

** 뒤로 가는 학교 체육시설관련 정책 **

체육시설은 운동방식이 단순한 형태에서 복잡하고 제도화됨에 따라 함께 조직화, 규격화되어 가고 있는 실정이다. 따라서 이를 통한 체육문화의 변화와 함께 스포츠 기술의 발전 및 창조에 상호관련성을 가진다. 그러나 초등학교 현장의 체육시설 상황은 이러한 이상적 체육문화가 지닌 청사진과는 상당히 거리가 멀다. 체육관을 비롯하여 운동장에 설치되어 있는 기타 체육관련 시설물은 초등학교 교육과정에 제시되어 있는 교육내용을 정상적으로 지도하기에 수적으로 절대적으로 부족할 뿐만 아니라 질적 측면에서 낙후 돼있는 것이 사실이다.

상당수의 초등학교에는 비좁은 운동장으로 인해 1시간에 3-4반씩 함께 체육 수업을 진행해야 하고, 운동장과 함께 가장 필수적인 시설인 체육관은 거의 없는 실정이다. 실제로 100m 직선 코스나 반듯한 축구장 하나를 만들 수 없는 학교가 많이 있다. 그나마 운동장도 대부분 소형 운동장이며, 정규 체육관은 2001년 기준 서울의 5.05%(체육과학연구원, 2001)의 초등학교만이 정규 체육관을 구비하고 있는 것으로 밝혀져 시설의 부족이 매우 심각한 상황임을 알 수 있다. 또한 실내 수영장은 서울의 경우 1.12%만이 구비하고 있으며 반드시 구비해야 하는 농구장의 경우, 중·고등학생들이 사용함으로써 폭력 및 비행의 원인이 된다는 명분하에 철거하는 경우도 빈번히 발생하고 있다. 이와 함께, 운동부가 있는 학교에서는 방과 후에는 운동부 학생들이 운동장을 독점함으로써 일반 학생들의 활동 기회는 매우 적은 현실이다.

과거에는 '학교 체육시설 기준령' 이라는 제도가 존재하여 학교 체육시설의 설치와 유지에 관련된 기준을 제시하는 일종의 강제적 통제 장치가 있었다. '강제적'이라는 단어가 다소 부정적인 뉘앙스를 풍기기는 하나 이 '학교 체육시설 기준령'은 그 동안 우리 학교의 체육시설의 수준을 일정하게 유지시켜 주었던 일종의 '보호막' 역할을 수행해 왔던 것이 사실이다. 그러나 이것이 없어지고 체육시설에 관련된 모든 규정이 자율화 되다 보니 위에서 기술한 바 처럼 '운동장 없는 학교' 또는 운동장의 규모가 일정수준에 미치지 못하는 '미니학교'가 양산되어 버리고 말았다. 이는 실로 체육교육뿐만 아니라 학교교육 전반의 심각한 문제점이 아닐 수 없으며 오히려 과거의 상황보다도 못한 정책적 후퇴를 뜻한다고 볼 수 있는 것이다.

동적 교수·학습 자료의 활용 실태

** 부실한 용·기구와 미약한 개선의지 **

문민정부 시절 정보화시대를 대비해 집중적으로 교실의 정보통신 관련 기자재를 보강한 것에 비해 체육관련 용·기구 확보에 관한 투자는 일천하기 짝이 없다. 웬만한 초등학교에서는 아직도 십 수년, 아니 수십 년 전에 구입했을 법한 낡은 뜀틀과 매트, 기타 운동기구들이 일명 '체육창고'라 일컬어지는 어둡고 차가운 공간에서 그들의 끈질긴 생명력(?)을 유지해 나가고 있다. 실제로 초등학교 학생들이 체육시간에 원하는 것은 피구나 발야구 정도가 대부분이다. 변변하게 시설과 용·기구를 활용해 해본 체육활동이 없었기 때문이다. 형편이 좋은 지역에 살고 있는 학생들은 스포츠 센터나 그룹별로 체육종목에 대한 과외활동을 받고 있는 경우가 빈번해 졌다. 이 아이들의 욕구를 학교체육이 해소시켜 주지 못하기 때문인 것이다.

또한 이에 대한 교사들의 수동적인 개선의지는 현장 연구자로서의 책임과 의무를 다하지 못하고 있다는 느낌이 들 정도다. 그 단적인 예로 해마다 시·도 단위로 행해지는 '교육자료전'에 출품된 작품들은 필자의 생각에도 참으로 기발하고 독특한 아이디어를 바탕으로 한 우수한 것들이 많다는 생각이다. 이를 구상하고 개발하는 과정이 참으로 어렵고 수고스러웠을 것이란 추측을 어렵지 않게 할 수 있다. 그러나 중요한 것은 이렇게 어려운 과정을 거쳐 탄생된 작품들이 현장에서 실제로 활용되지도 못한 채 그대로 사장되어 버리는 경우가 허다하다는 것이다. 물론 여기에는 여러 가지 원인이 있겠지만, 그래도 가장 주요한 원인으로 볼 수 있는 것이 바로 그 작품을 개발한 개발 당사자의 미약한 보급의지라고 생각한다. 즉 교육자료전 출품과 입상, 그리고 이를 통한 승진 가산점의 획득 그 자체가 자료 개발의 주요한 목적이 되고 있다는 말이다. 정말로 체육 교수·학습의 효과적인 진행과 발전을 위해 개발시킨 자료라면 과연 그렇게 쉽게 사장되는 것을 그대로만 지켜보고만 있을 순 없을 것이다. 정녕 이러한 형식적 연구가 과연 얼마나 현장 체육수업의 발전을 위해 도움을 줄 수 있을는지에 대한 심각한 고민과 반성이 뒤 따라야 할 것이다.

한편, 이와 같은 현장의 열악한 체육 용·기구 실태의 내면에는 체육교과에 대한 교육 관리자들의 왜곡된 시각으로 발생되는 또 다른 가슴 아픈(?) 속사정이 숨어있다. 다음의 에피소드는 실제로 서울의 한 초등학교에서 일어난 일을 각색한 것으로 주지교과에 밀려 초등학교 현장에서 소외받고 있는 체육교과의 단면을 적나라하게 보여주는 것이라 할 수 있을 것이다.

L교사는 올해로 교육경력이 3년이 조금 못되는 젊은 남교사로 2년 연속 체육전담교사를 맡고 있다. 아이들과 함께 뛰면서 활동하는 것이 즐거워 체육전담을 선택했다는 L교사는 다음과 같은 일이 있은 직후 요즘 P교장과의 관계가 조금은 껄끄럽다.

    -P교장 : (운동장에서 라인기로 줄을 긋고 있는 L교사를 보면서 약간 역정을 내며) 지금 뭐하는 거야?.....
    -L교사 : ?????
    -P교장 : 왜 백회를 쓰면서 줄을 긋냐고?......
    -L교사 : 오늘 배울 내용에 나오는 것인데요.....
    -P교장 : 누가 그걸 몰라서 묻나?....내 말은 왜 주전자로 물 떠서 그리면 될 것을 굳이 돈 아깝게 백회를 쓰면서 줄을 긋냐는 말이지....
    -L교사 : ....
    -P교장 : (순간 옆에 있던 평균대를 보면서..) 이거 쓸 만한가?
    -L교사 : 제가 알기로는 그 평균대 한 20년은 족히 넘은 것 같은데요...

-P교장 : 그래?.....L선생, 기자재 아껴 쓰라구...이 평균대도 한 10년은 더 쓸 수 있을 것같네...요즘 가뜩이나 학교예산이 부족 해서리...

-L교사 : ....

지난 달에도 낡은 배구공(매달 학생들이 폐품 수집을 하면 재활용 업체에서 나누어 주는 아주 질이 나쁜 비닐공)을 새것으로 교체해 달라고 물품신청을 했다가 교장실에서 면박을 받은 적이 있었다. 그 뿐만이 아니다 체육과 관련된 물품을 신청하면 10건 중에 8-9건은 퇴짜를 맞는다... P교장의 말인즉, 체육관련 용품은 값이 너무 비싸고 대부분 기존 구입 제품들의 내구성이 뛰어나므로 새로 구입할 필요가 없다는 것이다. 또한 선생님들도 별로 많이 사용을 하지 않으니 활용가치도 떨어진다는...L교사는 가슴이 몹시도 답답해짐을 느꼈다....

** 낙후된 교육정보화 인프라와 현장의 그릇된 인식 **

정부의 계획 하에 꾸준히 추진되어 온 초고속 정보통신 기간망은 이미 상당부분 우리나라 전역의 정보화 인프라를 구축한 상태이며, 특히 '국민의 정부' 시절부터 과감하게 투자돼온 교단선진화 시책은 전국의 초·중·고 교실에서 멀티미디어를 활용한 최신의 교육을 가능하게 하여 건국 이래 최대의 하드웨어적 교육개혁 평가할 수 있을 만큼 그 교육적 효용성과 가치를 크게 인정받고 있다. 한편 이러한 학교 내의 우수한 하드웨어적 환경을 뒷받침할 수 있는 교육용 소프트웨어의 개발 및 활용측면에 있어서도 새롭고 다양한 분야에 수많은 교육 자료들이 빈번하게 생산되고 있으며, 특히 최근에는 Web 환경을 기반으로 한 대규모 교수-학습 사이트들의 괄목할 만한 성장으로 학교 수업에 있어 필수 불가결한 교수-학습 자료로 자리 잡고 있다. 그러나 이러한 분위기 속에서도 유독 '교육정보화'라는 급물살에 편승하지 못한 채 교육의 수요자인 교사와 학생들의 요구에 만족할 만한 응답을 제시하지 못하고 있는 분야가 바로 체육교과라 할 수 있다. 오늘날과 같은 교육용 인터넷 사이트와 CD-ROM의 홍수 속에서도 유독 그 영역을 찾아보기 힘들뿐 아니라 어렵게 검색된 내용 역시 그 수준과 질적 측면에 있어 여타의 과목에 비해 상당부분 뒤쳐져 있는 것이 사실이다.

사실 현장에서는 교육정보화와 관련된 체육자료에 대해 그릇된 인식이 팽배해 있다. 그 단적인 예로, 교실에서 컴퓨터를 이용해서 체육을 지도한다고 하면, "에이, 무슨 체육을 교실에서, 그것도 컴퓨터로 가르치냐...? 체육은 무조건 운동장이나 체육관에 나가서 몸으로 뛰어야 하는 것 아냐?...." 라고 말하는 것을 너무나 손쉽게 접할 수 있다. 사실 서두에서 언급했던 것과 같이 체육이라는 교과가 '체득(體得)'을 통해 교육목표를 추구하는 특징을 지니고 있으니 이러한 주장에도 어느 정도 타당한 면이 있다. 하지만 이것은 체육이라는 교과를 단순히 신체활동이 중심이 되는 '기능중심교과'로 바라보는 그릇된 시각에서 빚어진 결과라고 판단된다. 즉, 체육은 신체활동을 주로 하여 교육행위가 이뤄지지만, 신체활동 그 자체가 교육의 목적이 될 수는 없다는 것이다. 고로 체육교과에서도 인지적인 면, 정의적인 면을 두루 두루 갖춰진 교육적 행위가 이뤄져야 함은 자명한 사실이며, 이러한 논리에서 본 다면 교실에서 컴퓨터를 활용하여 체육을 지도한다는 사실이 그다지 어색하게 인식될 필요가 없는 것이다. 해당단원에서 인지적, 정의적 면의 학습에 도움이 된다고 판단되면 얼마든지 활용할 수도 있는 문제이다.

체육교육의 특수성과 초등교사의 전문성을 고려한 개선방안

본 절에서는 지금까지 기술된 현장의 체육관련 교수·학습 자료의 활용실태에서 밝혀진 문제점들에 대한 개선방안을 제시하고자 한다.

이는 전언한 바와 같이 정적, 동적 교수·학습 자료의 활용에 의해 수업이 이뤄지는 체육교육의 특수성과 교수·학습 자료 개발을 위한 현장 연구자로서의 초등교사의 전문성을 함께 인정하는 통합적 범위 내에서의 구체적 방안을 뜻한다고 볼 수 있다.

정적 교수·학습 자료의 개선 방안

** 다양한 초등 체육과 교재의 개발을 통한 교사의 사용선택권 확대 **

초등 체육과 교수·학습 자료 개발의 가장 첫 번째 차원에서 언급될 수 있는 것이 바로 교재이다. Walton(1978)은 담당 교사가 수업에 사용할 교재를 채택하거나 선택하는 것은 현장교사 중심 교육과정 운영으로 볼 수 있다고 하였다. 물론 교재의 채택이나 선택을 현장교사중심 교육과정으로 규정하는 것은 학교의 교육과정 개발에의 참여 수준이 낮다는 점에서 현장교사 중심 교육과정의 의미를 제한하는 것으로 볼 수도 있지만(소경희, 2001), 학교 현장에서 교육과정을 결정한다는 차원에서 큰 의미를 가진다고 할 수 있다. 그러나 전언한 바와 같이 우리나라에서는 초등학교교육에서 허용되는 체육과 교재는 교과서뿐이고, 보조 자료로서의 부교재 사용을 법령으로 금지하고 있기 때문에 '교과서를 가르친다'

고 할 정도로 교과서에만 의존하고 있다(조미혜, 1999). 따라서 초등 체육과 교육을 발전시키는 데 중추적인 역할을 할 교사의 자율성과 전문성은 무엇보다도 통제된 내용(교과서)으로부터 벗어나서 다양한 교재를 선택하여 활용할 수 있는 데에서부터 드러난다고 할 수 있다. 이에 초등학교 체육 교과서가 다양한 형태의 교과서로 공급되는 것은 시급한 과제가 되며, 이를 위해서는 검인정 교과서 또는 인정 교과서로 전환되어야 한다고 본다.

또한 교과서 이외의 참고자료를 개발하기 위한 구체적이고 적극적인 노력이 지속적으로 이어져야 할 것이다. 이는 앞서도 밝힌 바와 같이 초등학생들의 특성을 감안한 '질적으로 확장된 개념'의 것을 뜻하며 이를 위해 초등체육 전문가, 즉 초등체육 전문 이론가로서의 교육대학 교수들과 초등체육 전문 실천가로서의 현장 교사들 간의 유기적이고 긴밀한 협력을 통한 공동연구가 진행되어야 할 것이다.

** '체육교과 관련모임'의 적극적 참여를 통한 실제적 자료 확보 **

한편, 교사들의 체육관련 교재의 부족 현상을 극복하기 위한 대안으로 '지구별 체육교과 교사모임' 등과 같은 연수성격의 만남을 통해서 동료 교사들과 이야기를 나누는 과정에서도 아이들 지도에 꼭 필요하고 요긴한 자료와 정보를 얻을 수 있다.

> " 앞구르기는 몸을 깊이 숙여 동그랗게 마는 것이 중요하니까. 작은 인형 같은 것은 목에 끼고 고개를 숙이는 방법을 지도하죠. 아이들은 인형을 좋아하잖아요. 그걸 사용하면 동그랗게 잘 구를 수 있더군요 지난해 교육청에서 주관하는 체육교과 자율연수 모임에서 다른 학교 선생님께 배운 건데요...효과가 있었어요. 때에 따라선 주위에 동료나 전담교사 모임 같은 데서 수업자료와 방법에 대한 위한 노하우를 교환하면서 배우기도 합니다. 각자 선생님이 현장에서 아이들을 지도하면서 얻게된 '살아있는 지식'이다 보니 확실히 도움이 되는 것 같아요...." <2002.4.17> <염교사(여), 교육경력 4년>

최근에는 온라인 동호회 성격으로 시작하여 실생활인 오프라인 모임으로 이어지는 단체들이 빈번히 나타나고 있으며 이중에는 현직 교사들을 중심으로 하는 '교육관련 모임'의 숫자도 점차 늘어나고 있는 추세이다. 따라서 체육지도를 위한 교재 및 자료의 부족만을 탓하지 말고 자신과 같은 입장에 처해있는 주변의 동료들과의 활발한 교류를 통해서 필요한 정보와 자료를 적극적으로 획득할 수 있는 다소 공세적인 자세가 필요하다고 생각된다.

** 체육시설 확충을 위한 교육재정 확보와 생활체육과의 적극적 연계도모 **

이상적으로는 교육 재정의 확충을 바탕으로 절대적으로 부족한 학교의 체육 시설을 확충하는 일이 초등체육교육 정상화에 반드시 필요하다. 그러나 이는 말 그대로 이상일 뿐 그렇게 쉽게 이루어질 수 있는 일이 아니다. 따라서 우리나라 체육재정을 관할하고 지원하는 '국민체육진흥공단'의 기금확충과 지방자치단체의 예산 및 민간자본의 지원을 통하여 낙후된 초등학교 체육시설의 도모가 필요하다. 실제로 '국민체육진흥공단'이 발표한 학교체육 지원사업에도 '학교운동장 잔디화 및 우레탄트랙 설치'라는 내용이 포함되어 진행되고 있으나, 그 추진속도가 매우 미진한 것이 사실이며 업무를 추진하는 부서자체가 학교체육을 전담할 수 있는 전문성을 구비하지 못하고 있다는 것이 못내 아쉬운 점이라 볼 수 있다. 따라서 향후에는 이러한 학교체육을 위한 재정지원 창구를 교육부내의 학교체육전담부서로 일원화하여 정책업무의 계획과 추진의 효율성과 전문성을 높여야 할 것이다.

이를 통해 '1개교 1체육관', '학교 내 간이 스포츠 센터' 건립 등의 사업을 추진할 수 있을 것이며 그 결과 창출되어질 교육적 부가 가치와 성장은 실로 투자비용의 수천 배를 능가할 수 있으리라 여겨진다. 또 한 가지 현실적인 차원에서 초등체육 시설의 확충하는 방법은 지방자치 단체와 긴밀한 협력 관계를 형성하는 것이다. 생활 체육 시설 부지가 절대적으로 부족한 우리나라의 경우 학교는 상대적으로 넓은 부지를 확보하고 있는 편이다. 따라서 중앙 정부 및 지방 자치 단체의 재원을 이용하여 지역사회 주민 및 학생들이 원하는 체육 시설을 학교에 설치함으로써 일과 중에는 학생의 정규 수업을 위해 활용하고, 일과 후에는 학생 및 지역 주민이 생활 체육 시설로 이용하게 되면, 학교체육의 정상화는 물론, 생활체육의 활성화에도 큰 기여를 할 것으로 보인다.

실제로 일부 학교에서는 실내체육관 및 수영장 등을 활용하여 일과 후에 지역 주민에게 개방함으로써 학교 운영에 재정적인 도움을 받을 뿐만 아니라 지역 주민의 생활 체육 시설로써 이용되고 있다. 특히 일선 학교에서 체육관이나 수영장 시설의 절대적 부족으로 인하여 다양한 실내 스포츠 및 수영 등의 활동을 실시하는데 매우 어려움을 겪고 있는 현실을 감안할 때, 지방자치 단체를 활용한 학교체육 시설의 확충은 정상적인 체육 수업 운영에 매우 큰 기여를 할 것이며, 지역 주민들은 학교와의 거리감 해소를 통하여 학교에 대한 이해를 증진시킬 수 있어 일석이조의 효과를 거둘 수 있다. 즉, 학교를 지역사회의 커다란 스포츠 센터로 활용하자는 것이다.

동적 교수·학습 자료의 개선 방안

** 체육준비실의 설치를 통한 용·기구의 효율적 관리 및 활용 **

한편, 초등학교 마다 체육수업 준비를 위한 '용·기구실'을 마련하여 체육기자재 관리와 활용의 극대화를 추구해야 할 것이다. 이는 기존의 '체육창고' 개념의 폐쇄성과 낙후성을 의미하는 것이 아니라 '용·기구의 체계적 관리 및 효율적 수업준비 도모'와 같은 전문성을 강조한 개방적이고 발전된 의미의 '체육준비실'을 의미하는 것이라 할 수 있다. 사실 현장의 교사들이 체육수업을 꺼려하는 가장 큰 이유 중 하나가 수업에 필요한 용기구의 설치 및 철거의 문제다. 예를 들어 한 시간의 뜀틀수업을 하기위해 담임교사는 뜀틀이 보관 되어 있는 장소로 이동하여 (제대로 정리되어 있지도 않은) 뜀틀을 어렵사리 꺼내고 이것을 힘겹게 이동시켜 설치하면 수업시간의 3분의 1 정도가 허비된다. 결국 40분의 수업을 위해 힘들여 준비한 노력(?)에 비해 얻어지는 결과는 초라하다 못해 불만족스럽기 까지 한 것이다. 하지만 과학교과의 경우 체육과 같이 다양한 기자재를 가지고 활동중심으로 이뤄지는 교과임에도 불구하고 대부분의 학교마다 과학 자료실을 운영하고 있고 그곳에는 항상 실험준비를 도와주는 준비요원이 상주하고 있으므로 각 학년의 과학수업을 쓸데없이 허비되는 시간 없이 효과적으로 진행될 수 있는 것이다.

체육이라고 못할 것이 없다. 이와 같은 사고로 접근한다면 얼마든지 시행 가능한 내용이라고 본다. 하지만 현장의 인식이 문제다. 체육과 과학이 동등한 교육적 가치를 가지고 있다는 선입견 없는 인식의 확보가 가장 큰 급선무인 것이다.

** 용·기구 개발과 보급을 위한 공세적 노력 **

체육 용·기구의 현 실태에서도 언급된바와 같이 현장에서 활용되는 체육 용·기구는 무엇보다도 현장에서 직접 이것을 활용할 교사들에 의해서 개발되는 것이 필요할 것이다. 이는 '교사들에 의해서 현장에서 요구하는 가장 적합한 교수·학습 자료가 개발될 수 있다'는 신념아래 추진되어 지는 것으로 이렇게 개발된 우수 용·기구 자료가 무참히 사장되지 않고 폭넓게 보급되고 활용되기 위해서는 또 다른 공세적 노력이 필요하다고 본다.

즉, 일단 개발된 용·기구는 정형화된 제품의 출시를 위해 대규모 기업의 생산라인에 제작이 위탁되어져야 한다. 이를 통해 보다 세련된 디자인과 좋은 원재료를 사용한 제품의 생산을 기대할 수 있고 또한 전문적 유통체계를 구축한 관련 기업의 도움을 받아 폭넓은 보급과 활용에 성공할 수 있는 것이다.

중요한 것은 이러한 생산과 보급을 위탁해줄 만한 든든한 기업의 후원을 확보하는 길인데 이것은 교육당국의 적극적인 관심과 협조를 필요로 하는 대목이 아닐 수 없다. 즉, 미래의 잠재적 소비자를 대상으로 하는 체육용품 마케팅에 기업들이 보다 적극적으로 임할 수 있도록 폭넓은 홍보와 구체적 방법들을 제안할 수 있어야 할 것이며 이러한 공세적 전략을 통해 확보된 후원업체는 지속적으로 후원할 수 있는 환경과 여건을 유지시켜 줄 수 있어야 할 것이다. 일예로 일본의 유명한 스포츠 용품 업체인 '미즈노' 사는 새로운 체육 용·기구를 개발할 때 반드시 유아 또는 초등학생들이 사용하기에 적합한 용·기구를 따로 만들어 보급한다고 한다. 이를 통해 전언한 바와 같이 미래의 잠재적 소비자인 어린이들의 구매성향을 선점하는 미래지향적이고 공세적인 마케팅 전략을 구사하고 있는 것이다.

우리도 가능하다고 본다. 단 기업들이 학교를 유망한 미래 투자대상으로 바라볼 수 있도록 그들의 안목과 생각을 설득시킬 만한 우수한 협상안과 꾸준한 방문노력 같은 공세적 전략이 무엇보다도 절실히 요구되는 바이다.

** ICT를 활용한 다양한 교수·학습 자료의 개발과 활용 **

7차 교육과정에서는 교육과정의 운영 지침(교육부, 1997)을 통해 교과용 도서 중심의 교육에서 탈피할 것과 학습 효과를 높이기 위해 교육방송, 시청각 교재, 각종 학습자료 등을 활용하도록 권고하고 있다. 또한 교수·학습의 주체는 학습자로서 이들에게 내용과 상황에 적합한 의미를 구성할 수 있도록 유의미한 아이디어와 자료를 제공해 주고 상호 작용할 수 있는 기회를 주는 교수·학습방법을 요구하고 있다. 현시점에 있어 그러한 요구사항에 가장 적절하게 부응할 수 있는 것이 바로 교육정보화, 즉 ICT를 활용한 방법이라 볼 수 있다. 여기서 ICT란 Information, Communication and Technology의 약자로서 이를 활용한 수업은 Web site, CD-ROM 및 기타 컴퓨터 관련 기자재와 소프트웨어를 이용하여 교사와 학습자간의 상호 작용적인 교육환경을 구축, 문제해결학습이나 자기 주도적 학습을 촉구하는 최적의 환경을 제공하는 것(소경희, 2001)을 뜻한다. 이는 또한 교실내의 제한된 상호 작용의 벽을 뛰어 넘을 수 있는 대안적 교육방법으로 제안되고 있어(Berge,1995; Barron & Iverse,1996) 최근 학교교육에서는 여러 과목에서 ICT를 활용한 교수-학습의 실시와 효과에 대한 다양한 연구가 계속 이어지고 있는 추세이다.

물론 신체적 활동을 중심으로 이루어지는 체육교과의 특성상 가상 및 이론적 교육위주로 진행되는 ICT활용 교수·학습자료의 활용도가 낮을 수밖에 없다는 의견이 있을 수 있다. 하지만 체육을 포함한 모든 수행중심교과가 확실한 이론적 이해가 선행되어야만 실기 기능의 빠른 성장이 있음을 주지해야 할 것이며, 따라서 이에 관련된 체육교과의 ICT 활용 교수·학습자료의 개발은 보다 가속화 되어야 할 것으로 판단된다. 더 나아가 장기적으로는 '학교체육정보센터'를 운영하여 체육교육과 관련된 다양한 웹사이트의 구축과 활용을 도모하고, 대다수의 인원이 실시간으로 자료를 검색하여 활용할 수 있는 체육지식 정보망을 구축하도록 하여야 할 것이다. 이것은 웹 기반사회에서 차후 체육교육이 전력으로 추구해 나가야 하는 중요한 사업이며 체육교육계 자체적으로는 실제적 지원체계를 확보하는 매우 의미 있는 일이 될 것이다.

** 정보화 인프라 구축을 위한 현장의 '지속적 요구' **

국내에 존재하는 초등 교수·학습관련 웹 사이트 중 가장 회원수가 많으며 현재 초등교사들이 활발하게 이용하고 있는 곳이 '티나라 (www.tnara.net)'이다. 초등학교 교사라면 누구나 한번쯤 티나라 사이트에 접속하여 이들이 제공하는 학습 컨텐츠를 수업에 활용해 본 적이 있을 정도로 티나라가 가지고 있는 교육정보화 관련 교수·학습자료의 인지도는 뛰어난 것이다.

하지만 이토록 유명한 '티나라'에서 조차 체육교과에 대한 자료는 얼마 전까지 찾아 볼 수 없었다. 다음 이어지는 인터뷰 내용은 '티나라에서 어떻게 체육교과 컨텐츠를 개설하게 되었는가'에 대한 과정을 소개하는 글이다. 이것을 통해 새로운 교수·학습 자료의 획득을 위해서 어떤 과정이 필요한 것인가에 대한 해답을 제시할 수 있을 것이다.

> "원래 체육에 관심이 많다보니,,체육관련 자료를 수집하고 수업에 직접 활용하는 작업을 나름대로 큰 즐거움으로 생각하고 있었어요..그런데 선생님들이 즐겨 사용하시는 '티나라'라는 교육사이트에는 아직도 체육관련 자료가 없다는 사실을 뒤늦게 알았답니다. 많이 속상했어요...'아씨, 미술, 음악도 있는데.....왜 체육이 빠졌냐?..' 나름대로 아쉬운 마음에 티나라에 전화도 여러번 했어요..그런데 그때마다 들려오는 답변은 간단했죠. '글쎄요...체육자료는 선생님들이 잘 활용하지 않을 것 같은데요'..."<김교사(남), 교육경력 15년>

요는 현장의 끊임없는 요구와 바람이 체육관련 자료 창출의 가장 큰 원동력이 된다는 것이다. 실제로 '목마른 사람이 우물을 판다'고 현장에서 절실하게 필요한 교사 자신들이 직접 자료를 제작하여 사용한다면 더 바랄 나위가 없겠지만, 실제로 이것은 참으로 요원한 일이다. 그러므로 현장의 요구와 바람을 담은 중대하고 절실한 목소리를 외부에 자꾸 전해야 한다. 세상의 모든 것이 그렇듯 교수·학습관련 자료의 존재는 그것의 쓰임새 정도에 따라 존폐의 방향이 결정되는 것이므로 교사들이 현장에서 체육지도에 필요한 자료가 있으면 '지속적으로 요구하고 필요성을 제기'하여야만 원하는 것을 얻을 수 있는 것이다.

> **요점 확인**
> 체육과 수업에서 자료획득과 재구성 및 창출의 가장 중요한 원동력에 대해 설명하라

생각해 볼 문제 〈제 3부 3장〉

1. 초등학교 체육수업에서의 다양한 지도전략을 학교현장에서 실제로 적용하려 할 때, 발생될 수 있는 문제점들은 어떠한 것들이며 이것을 극복하기 위해서는 어떠한 준비 조치가 필요할 것인가에 대해 자신의 생각을 기술하시오

2. 초등체육수업에서 변용 능력이 왜 중요한가에 대한 자신의 입장을 기술하고 차후 실제 수업에서 변용할 수 있는 또 다른 요인들을 생각해 보시오

4장. 초등 체육수업의 평가

> **공 부 할 문 제**
> 1. 교육과정 수준에서의 초등체육평가의 평가 및 성취기준을 이해한다.
> 2. 수업수준에서의 초등체육평가의 올바른 의미와 각 유형별 수행평가의 실제 적용사례를 학습한다.

1. 교육과정 수준에서의 평가

학교교육의 평가는 교육과정에서 설정된 교육 목표를 학생들이 어느 정도 성취하였는지를 평가하고, 그 결과를 바탕으로 교수·학습의 과정을 질적으로 개선하는 일이다. 따라서 학생들의 성취도를 평가하기 위해서는 우선 특정 학년의 학생들이 도달해야하는 최소한의 국가적 기준이 마련되어야 하며, 다음으로 이들 기준에 비추어 보아 개개의 학생들이 어느 정도나 도달되어 있는지를 가늠할 수 있는 잣대인 평가기준이 제시되어야 한다. 이러한 기준을 일컬어 성취기준과 평가기준이라 한다.

성취기준 및 평가기준을 개발하기 위해서는 체육교육과정의 면밀한 분석 능력과 함께 현장의 다양한 수업 경험이 필요하며, 동시에 체육평가에 대한 이론적 근거를 바탕으로 해야 한다. 특히, 초등학교 체육의 경우 운동 수행 기능이나 체력의 증진보다는 움직임 욕구의 실현을 보다 상위의 목표로 규정하고 있기 때문에 체육활동의 결과 증진된 체력이나 운동 기능의 양적인 평가보다는 수업과정의 다양한 활동이나 자기 주도적 활동에 대한 질적인 평가가 우선되어야 할 것이다.

그러나 지금까지 교육부나 교육개발원 또는 교육과정평가원 등에서 개발된 학교체육 및 평가기준에 관한 연구들은 연구전문가들에 의한 이론적 진술에만 치우친 경향이 있기 때문에 이론과 현장의 환류(feedback)가 부족했으며 그 결과 초등 현장의 교사들에게 외면되어 온 것이 사실이다. 따라서 이론적 이해와 현장의 실천을 환류 한다는 관점에서 그동안의 연구 관행을 무시하고 새로운 초등체육 및 평가를 구현해야한다. 이를 위해서 초등학교 체육과 성취기준 및 평가기준의 연구자는 실천가인 동시에 이론가로서 초등체육 전문가로서의 확고한 관점을 지니고 있어야 한다. 이러한 관점은 풍부한 현장의 경험을 바탕으로 실제 수업의 과정을 가정하고 초등체육평가를 이론화하는 가운데 형성될 수 있다.

교사는 학생들이 정해진 교육목표에 도달할 수 있도록 수업을 계획하여 진행하며 수업의 과정이나 수업 후에 학생들이 이 목표에 어느 정도 도달하였는지를 평가한다. 이때 목표와 수업 그리고 평가는 일련의 연속적 과정이며 평가의 결과는 다음 수업의 계획에 반영된다. 여기서 성취기준이 무엇을 얼마나 도달시키고자 하는지에 대한 기준으로서 내용과 목표의 결합이라면, 평가기준은 그 내용을 정해진 목표에 도달하도록 하기 위하여 어떻게 가르칠 것인가 또는 수업을 어떻게 진행하고 나서 평가할 것인가에 대한 구체적 규정이다. 그러므로 실제로 수업의 과정을 생각하지 않고 개발된 평가기준은 공허하며 현장의 수업을 진행하는 교사에게 아무런 도움이 되지 못한다. 따라서 초등학교 평가기준의 개발자는 교사가 수업 현장에서 어떻게 가르치고 있는지 또는 가르쳐야 하는지 즉, 수업의 실제 수준을 파악하여 평가 장면을 구성해야 한다. 이를 위해서는 경력교사뿐만 아니라 초임교사, 여교사, 남교사 등이 가르치고 있는 수업의 양상을 생각해야 한다. 즉, 수많은 수준에 있는 교사들의 수업수준을 파악하고 이를 범주화해야 할 것이다. 이러한 수업 수준의 단계별 범주화야말로 실질적인 평가기준으로 제공될 수 있다.

수업에서 학생의 활동은 교사가 가르쳐야할 내용 또는 실제 수업 활동이기도 하다. 목표, 내용, 방법, 평가는 일련의 환류작용을 하며 평가는 앞의 단계들을 실질적으로 담보한다. 따라서 이들은 따로 떨어져 생각될 수 없다. 지금까지 수업후의 결과 평가만이 강조되었기 때문에 기존의 평가에 대한 문제가 제기됨에 따라 수업중의 수행평가가 부각되고 있는 실정이지만 결과 평가와 과정 평가는 별개로 생각할 수 없다. 물론, 초등학교 체육평가는 움직임 중심과 이해 중심 모두 구성주의적 관점에서 바라보아야 할 것이다. 따라서 수업의 결과에 대한 평가보다는 수업과정의 다양한 활동에 대한 평가를 지향하여야 할 것이다. 다만 수업 내용에 따라서는 수업의 결과 변화된 행동을 평가할 수도 있을 것이다.

표. 성취기준의 예(4학년 도전활동)

학년	대영역	중영역	소영역	신체 활동의 선택 예시
4	도전활동	표적/투기 도전	표적/투기 도전	표적 맞히기 활동, 태권도, 씨름 등

교육과정 내용	성취기준	학습활동의 예
(가) 표적 또는 투기 도전의 의미와 특성을 이해한다.	421(가)-1.표적도전의 의미를 안다. 421(가)-2.표적도전의 특성을 안다. 421(가)-3.투기도전의 의미를 안다. 421(가)-4.투기도전의 특성을 안다.	・표적, 투기 도전과 관련된 다양한 활동을 조사해 분류해 보기 ・표적, 투기 도전 활동을 잘 할 수 있는 방법을 알고 연습 일지 작성해 보기 ・일정한 거리에서 여러 가지 방법으로 과녁맞히기 게임하기 ・두 팀으로 나누어 태권도 겨루기하기 ・두 팀으로 나누어 씨름겨루기 ・양궁 선수나 사격 선수와 인터뷰하기 ・몇가지 방법이나 규칙을 조합하여 새로운 활동 만들어 보기
(나) 표적 또는 투기 도전 활동의 기본 기능을 습득하고, 표적 또는 투기 도전 활동에 적용한다.	421(나)-1.던지기, 굴리기, 집중하기 등과 같은 표적 도전 활동의 기본 기능을 익힌다.기본 자세, 공격과 방어 421(나)-2.자신의 점수를 높일 수 있는 운동 방법을 실천할 수 있다. 421(나)-3.기본 자세, 공격과 방어 등과 같은 투기 도전 활동의 기본 기능을 익힌다. 421(나)-4.상대방의 기량을 극복할 수 있는 운동 방법을 실천할 수 있다.	
(다) 표적 또는 투기 도전 활동에 참여하면서 자기 조절의 개념을 이해하고 실천한다.	421(다)-1.표적 또는 투기 도전 활동에 참여하면서 표적에 집중하거나 상대방의 대련에 집중하는 자기조절의 개념을 안다. 421(다)-2.표적 또는 투기 도전 활동에 참여하면서 표적이나 상대방에게 집중할 수 있다.	

평가기준의 개발

평가기준은 체육과 평가 활동에서 실질적인 기준 역할을 할 수 있도록 각 평가 영역에 대하여 학생들이 성취한 정도를 몇 개의 수준(상, 중, 하)으로 나누어 각 수준에서 기대되는 성취 정도를 구체적으로 진술한 것이라 할 수 있다. 성취기준만으로는 학생들이 해당 목표에 어느 정도나 도달했는지를 질적으로 판단하기 어렵기 때문에 학생들의 도달 정도를 파악하기 위해서는 평가기준이 필요하다. 초등학교 체육과 평가기준은 다음과 같은 방향으로 개발되었다.

첫째, 평가기준은 소영역의 수업 주제를 대상으로 하여 개발한다. 수업 주제는 차시별 내용으로서 매 차시별로 평가기준을 개발하여 제시함으로써 수업목표에 대한 학생의 도달 정도를 매 차시 활동 후에 교사가 바로 확인할 수 있도록 하기 위함이다. 이는 수업 중 이루어지는 수행평가의 일환으로서 교사가 평가에 대한 안목을 가지고 수업계획을 세우고 교수활동에 임할 때 보다 수업의 질이 향상되기 때문이다.

둘째, 점수화 및 등급화를 위한 기능 수준이나 기록의 구체적인 명시보다는 도달 정도를 행동 수준으로 진술한다. 앞장에서도 평가와 관련하여 언급되었듯이 초등학교 체육과의 평가는 기능의 신장이나 결과적인 기록의 비교보다도 흥미를 가진 참여와 자기주도적인 신체 활동의 과정이 중시된다. 따라서 초등학교 체육과의 평가는 전통적인 평가에서 중요시되고 있는 평가자간의 일치도인 객관도나 신뢰도보다는 평가의 타당도에 중점을 두어야 한다. 즉, 초등학교 체육과에서 평가기준은 국가에서 요구하는 성취정도에 어느 정도 도달하였는지 그 도달 정도를 행동 수준으로 진술해주는 데 의미를 둔다. 따라서 성취기준 및 평가기준의 타당도 문제는 이후에 보다 많은 전문가 및 현장 교사의 검증 작업이 필요할 것으로 생각되지만, 평가기준이 개발되고 검증된 이후에 학교현장에 제시된다면 교사는 단위시간 동안의 교수학습활동에 대한 학생의 도달 정도를 평가기준에 근거하여 평가할 수 있을 것이다.

셋째, 각 수업 주제에 따라 기능이나 지식, 또는 태도의 평가를 특성화한다. 물론 구성주의적 관점에서 퍼포먼스는 기능, 이해, 태도가 함께 나타나므로 대부분의 수업 주제에는 기능이나 지식 또는 태도가 함께 고려되어 있다. 그러나 교육과정의 의도를 벗어나지 않는 범위 내에서 평가의 특성화가 이루어질 필요가 있다. 즉, 수업주제에 따라 기능에 중점을 둘 것인가 또는 태도에 중점을 둘 것인가 아니면 지식의 이해에 중점을 둘 것인가를 결정하고 평가기준을 만들어야 평가의 실효성을 거둘 수 있다. 만일 어떠한 기능을 단순히 할 수 있는 수준을 '중'으로 하고 협동하면서 그 기능을 수행할 수 있는 수준을 '상'으로 한다면 교육과정의 의도를 벗어날 뿐만 아니라 학생의 도달정도를 평가하기가 현실적으로 어려워진다. 따라서 교육과정 및 성취기준의 분석을 통하여 수업주제에 따라 중점을 둘 요소를 결정하고 이에 따라 평가기준을 특성화할 필요가 있다. 따라서 현실적으로 평가기준이 현장에서의 실질적으로 활용될 수 있도록 하는 실효성의 차원에서 그 중 가장 강조할 점만을 진술하기로 하였다.

  넷째, 평가기준의 성격에 따라서는 2단계로 개발한다. 평가기준의 단계구분은 원칙적으로는 '상 수준', '중 수준', '하 수준'의 3단계로 나누어 개발된다. 이 때 '중 수준'은 모든 초등학교 3·4학년 학생이 충실한 교수학습과정을 통해서 성취해야할 것으로 기대되는 수준이라고 할 수 있다. '상 수준'은 '중 수준'에 해당하는 것을 성취함과 동시에 추가적으로 '중 수준'보다 심화·발전된 내용을 성취한 수준이며, '하 수준'은 '중 수준'에 해당하는 것을 성취하지 못한 경우이다. 하지만 평가기준에 대한 기본 방향은 성공/실패에 대한 양적인 구분보다는 연속선상에서 잘함/보통/잘못함과 같은 질적인 구분임으로 가능하다면 '하 수준'에 대한 행동 진술을 '~을 하지 못한다'보다는 '~만 할 수 있다.'라고 진술하는 것이 타당할 것이다. 또한 평가 기준의 성격에 따라서는 '상 수준'과 '하 수준'의 2단계로만 개발할 필요성이 있다. 예를 들어 게임에서 준법성 같은 태도의 평가 기준은 규칙을 지키며 '상 수준', 규칙을 위반하면 '하 수준'으로 평가 할 수 있을 것이다.

  다섯째, 수업 후 행동 결과보다는 수업 상황에서 학생의 행동(수행수준)을 진술해야 한다. 기존의 평가기준상의 진술은 대부분 '내용+행동'으로 수업후의 행동에 대한 형태로 진술되고 있지만 초등학교 체육평가 기준은 '내용+수행수준'의 형태로 진술되어야 한다. 이러한 수업 중 학생의 행동 진술이야말로 초등학교 체육평가의 핵심이라 할 수 있다. 따라서 초등학교 체육평가기준은 수업활동에 대한 분명한 경험과 이해를 바탕으로 학생의 수행수준을 평가기준으로 개발해야할 것이다. 물론 경우에 따라서는 수업 후 행동 수준이 평가기준으로 제시될 수도 있다. 즉, 행동수준을 평가기준으로 할 것인가 또는 수행수준을 평가기준으로 개발할 것인가는 수업내용에 근거한다.

표. 평가기준의 예(3학년 경쟁활동)

학년	대영역	중영역	소영역	신체 활동의 선택 예시
3	경쟁활동	피하기형 경쟁	피하기형 경쟁	피구형 게임, 태그 게임 등

교육과정 내용	성취기준	평가기준 상	평가기준 중	평가기준 하
(가) 피하기형 경쟁의 의미와 특성을 이해한다.	331(가)-1. 피하기형 경쟁의 의미를 안다.	피하기형 경쟁의 의미를 사전적 개념으로 설명한다.	피하기형 경쟁의 의미를 예를 들어 설명한다	피하기형 경쟁의 의미를 명확히 인지하고 있지 못하다.
	331(가)-2. 피하기형 경쟁의 특성을 안다.	피하기형 경쟁의 특징을 나열하며 설명한다	피하기형 경쟁의 특징을 부분적으로 설명한다	피하기형 경쟁의 특징을 인지하고 있지못하다.
(나) 피하기형 경쟁 활동의 기본 기능과 게임 전략을 습득하고, 피하기형 게임에 적용한다.	331(나)-1. 피하기형 경쟁 활동의 빠르게 방향 바꾸며 달리기, 속임 동작, 공 던지고 받기, 공 피하기 등과 같은 기본 기능을 익힌다.	기본기능을 정확한 동작으로 수행할 수 있다	기본기능을 수행할 수 있으나 부분적으로 동작 및 자세가 부정확 하다.	기본기능의 수행이 어색하고 정확하지 못하다.
	331(나)-2. 피하기형 게임 전략(빠른 방향 전환, 폭넓은 상대방 관찰 등)을 여러 가지 피하기형 게임 활동에 적용하여 실천할 수 있다.	게임활동에 필요한 전략의 의미를 명확히 이해하고 실제 경기상황에서 적절히 적용할 줄 안다.	게임활동에 필요한 전략의 의미를 명확히 이해하고 있으나 실제 경기상황에서 적용하는 것에 어려움을 겪는다.	게임활동에 필요한 전략의 의미를 명확히 이해하지 못하고 실제 경기상황에서 적절히 적용할 줄 모른다.
(다) 피하기형 게임에 참여하면서 타인 이해의 개념을 이해하고 실천한다.	331(다)-1. 피하기형 게임에 참여하면서 운동 능력이 다른 상대방을 배려하는 타인 이해의 개념을 안다.	게임 중 상대방을 배려한다는 것의 의미를 정확히 알고 있다.	게임 중 상대방을 배려한다는 것의 의미를 부분적으로 알고 있다.	상대방을 배려한다는 것에 대한 개념형성이 부족하다
	331(다)-2. 피하기형 게임에 참여하면서 함께 운동하는 상대방을 배려하는 태도를 가질 수 있다.	게임상황에서 상대방을 적극적으로 배려한다.	배려의 개념은 잘 알고 있으나 실제 경기상황에서의 실천력은 부족하다	게임 중 상대방을 배려하는 것에 미흡함.

평가도구의 개발

평가도구는 학생들의 체력이나 운동기능 또는 지식이나 태도를 측정하는 도구이다. 교사는 교수·학습의 과정이나 결과를 평가하고자 할 때 평가도구를 사용하여 학생들의 체력이나 운동기능 또는 지식이나 태도를 측정하고 이들의 측정치를 국가에서 요구하는 성취기준과 성취기준의 구체화된 기준인 평가기준을 참조하여 목표도달 여부를 판단한다.

따라서 평가도구는 소영역의 수업 주제나 차시별로 개발된 평가기준별로 개발되어야 할 것이다. 물론 평가기준도 소영역의 수업 주제나 차시별로 개발되므로 평가도구가 모든 평가기준에 따라 개발되기에는 시간이나 인력에 비해 그 양이 방대하므로 어려운 면이 있다. 따라서 우선 하나의 수업주제에서 최소한 하나의 평가도구는 개발하고자 한다. 그러나 후속연구를 통해서라도 모든 평가기준에 대한 평가도구가 개발되어야 실질적으로 현장에서 활용되는 실효성을 거둘 수 있을 것으로 생각한다.

수행평가의 이론적 취지는 매 수업에서 수업의 과정이나 결과를 평가하도록 권고하지만 평가는 보통 많은 시간과 노력이 소요되기 때문에 사실 학교 수업 현장에서 매시간 평가가 이루어지기는 쉽지 않다. 특히 초등의 경우 담임교사는 정해진 교과시간에 그 시간의 교수·학습 활동 이외에 과제 확인이나 생활 지도 등으로 더욱 시간이 부족하다. 이러한 경우를 감안하여 교사가 평가도구를 바로 복사하여 사용할 수 있도록 배려할 필요가 있다. 물론 학교나 동 학년 또는 교사 개인의 사정에 따라 수행평가의 영역을 몇 가지만 선택하여 이에 해당하는 평가도구만을 사용하는 것도 가능할 것이다.

초등학교 체육평가에서 성취기준은 추상적인 이해 수준에서 가정된 내용과 목표의 일반적 진술이다. 이에 비해 평가기준은 수업장면을 생각하고 수업수준에서 가정된 진술로서 '내용+행동'이나 '내용+수행수준'의 형태로 진술된다. 초등학교 체육에서 성취기준은 기능, 지식, 태도가 통합된 형태로 진술되기 때문에 이러한 지식과 기능, 또는 태도를 길러줄 수 있는 학생의 활동 혹은 활동장면을 진술해야할 필요성이 있다. 이 때 학생의 활동은 지식, 기능, 태도 등에 대한 결과를 진술하는 것이 아니라 '내용+활동'의 형태로 진술되어야 한다.

초등학교 체육의 성취기준 및 평가기준은 기존의 스포츠 활동 모형이 적용되는 중·고등학교의 평가 관점과는 다른 관점을 가지고 개발되어야 할 것이다. 기존의 평가관련 연구를 답습하거나 기존 체육 평가 전문가나 평가 관련 연구자들의 권위에 의지한다면 다시 한번 초등학교 현장의 캐비닛 깊숙한 곳에 묻혀 먼지만 쌓이는 연구를 위한 연구물의 높이만 한층 높여주는 결과를 초래하게 될 것이다.

따라서 실질적으로 초등 현장의 체육 교수·학습 활동에 도움을 주고 교사의 활용도를 높이기 위해서는 초등 체육의 특정 영역에서 국가에서 요구하는 기준에 도달하기 위한 학생들의 활동 장면을 구체적으로 진술해 주어야 하며, 이들의 수행여부를 평가기준으로 담아낼 수 있도록 노력해야 할 것이다. 나아가 평가 장면에 따라 적합한 평가도구를 제시해주어야 할 것이며 학생들의 도달 정도에 대한 정확하고 믿을 만한 측정값을 확보하기 위해서는 타당하고 신뢰할 만한 평가도구가 사용되어야 한다. 측정하고자 하는 것을 얼마나 정확하게 측정하느냐의 문제와 언제 누가 측정해도 항상 같은 측정값을 얻을 수 있느냐 하는 문제야말로 평가도구의 좋고 나쁨을 가리는 핵심 요소가 된다. 따라서, 평가도구에는 평가기준에 드러난 학습요소가 평가요소라는 더욱 구체화된 형태로 녹아 들어가 있어야만 하며 분명한 판정 기준이 제시되어야 한다. 이렇게 명료화된 평가요소를 통하여 평가도구의 타당도를 높일 수 있으며 분명한 채점 기준을 제시함으로써 객관적이고 신뢰할 만한 평가를 가능하게 할 수 있다.

> **요점 확인**
> 초등체육수업의 성취 및 평가기준과 도구의 개발에 대하여 설명하시오

2. 수업수준에서의 평가[29]

과거 체육수업의 평가는 대부분 심동적 영역에 국한되어 기능수준의 상하, 또는 세련정도에 따라 점수를 부여하는 방식이었다. 하지만 7차 교육과정이 시행되고부터 초등체육의 평가는 통합적인 평가를 지향하고 있다. 인지적, 정의적 심동적 영역의 평가가 골고루 이루어져야 하는 것이다. 평가가 한 가지 영역에만 치우쳐 있으면 학생을 올바르게 평가할 수 없으며 인지적 영역과 정의적 영역을 보충해서 전인적 차원에서 이루어지는 평가가 되도록 해야 한다는 의도로 이는 체육교과를 단순히 기능교과로 바라보던 과거의 관점에서 전인적 성장을 도모하는 '수행중심 교과'로 변모하고 있는 관점의 변화를 대변하는 것이라 말할 수 있겠다. 결국 이러한 변화는 최근 들어 학교현장에서 일종의 유행처럼 번져버린 수행평가의 열기로 대변할 수 있는데, 체육교과이라고 해서 이러한 시대의 주요한 흐름에서 결코 예

---

[29] 이 부분은 <오수학(2001). 타당도 개념의 변천과 수행평가에의 적용. 한국 체육측정평가 학회지, 3(2), 43-54.> 의 내용을 발췌하여 정리한 것임

외는 아닌 듯싶다. 그렇다면 체육수업에서 말하는 수행평가란 무엇을 뜻하는 것일까?

제7차 교육과정에서 수행평가를 도입한 이후 체육교사들은 기존에 실시해오던 실기평가 방법과 수행평가가 다른 것인지 동일한 것인지에 대하여 혼돈스러워 하고 있다. 이러한 결과로 학교체육교육 현장에서 수행평가의 개념에 대한 편견, 시행상의 오류 등이 빈번히 나타나고 있다. 수행평가의 개념을 정확히 파악하지 못한 상태에서 만들어진 수행평가과제, 평가기준, 방법 및 도구 등은 수행평가를 시행하는데 약간의 도움이 될 수 있을지는 몰라도 전혀 엉뚱한 평가방법을 만들어내는 심각한 결과를 초래할 수도 있다는 점에서 주의를 기울여야 한다. 즉 체육교과는 인지, 정의, 심동영역에 대한 평가를 현장에서 모두 다루어야 하고 그중에서도 심동영역에 해당하는 실기평가에 대한 수행평가의 개념이 불분명하다는데 문제가 있다.

실제로 우리나라의 초중등교육에서 시행되고 있는 수행평가는 원래 개발된 취지와는 달리 변질된 평가방법이 아닌가 하는 의구심이 든다. 그러나 수행평가는 앞으로 대세를 이룰 평가방법이라고 예측할 수 있을 것이다. 미래의 사회에서 요구되는 능력이 보다 복잡하고, 과정 중심적이고, 고등적인 것이기 때문이다. 그렇다면 체육교과에서 수행평가의 본질에 대한 깊이 있는 이해가 필요하다. 체육교과의 실기평가에서 수행평가를 실시한다는 것의 핵심이 무엇인지에 대한 답을 얻어야 한다.

표. 수행평가 및 비수행평가 방법에 대한 일반적 분류

평가방법	구분
실제상황에서의 평가 실기평가, 실습, 관찰 면접법, 구두시험, 토론법 자기평가, 동료평가 포트폴리오 연구보고서 논술형 서술형	일반적으로 수행평가 방법들로 여겨짐(상위로 갈수록 수행평가의 본질을 잘 구현하는 것으로 봄)
단답형 괄호완성형 선다형 줄긋기 연결형 진위형	일반적으로 수행평가 방법에 포함 시키지 않음(하단으로 갈수록 수행평가의 본질 구현과 거리가 먼 방법으로 간주함)

실기평가와 수행평가의 관계

우선 실기평가는 수행평가가 아닐 수도 있다. 실기평가가 수행평가의 본래적인 의미를 반영하지 못하는 평가라면 이는 전통적인 평가로 구분하는 것이 옳을 것이다. 학생들의 성적을 결정하기 위하여 지도내용과 상관없는 운동기능이나 운동기술검사를 사용하였다면 이 평가는 전통적인 실기평가로 보는 것이 타당할 것이다. 그러나 실기검사의 결과뿐만 아니라 이 결과를 얻기까지의 과정을 평가하고, 평가결과를 지도내용에 다시 피드백을 주는 식으로 평가한다면 이는 수행평가라고 할 수 있을 것이다. 그러므로 실기평가는 수행평가적으로 이루어질 수도 있고 전통적인 방법으로도 시행될 수 있는 양면성을 가진 평가방법이라고 말하고 싶다.

체육계열 학생들에게 기억에 남는 체육수업과 체육 선생님에 대하여 의견을 수렴한 결과, 학생들 개개인에 관심을 가지고 학생들을 가르치고 평가한 체육선생님들의 수업이 대부분 수행평가적으로 이루어졌다는 사실을 발견하였다. 수행평가라는 말이 나오기도 전에 수행평가를 시도하고 있었던 체육교사들이 있었다는 것을 발견하게 된 것이다. 이들 체육교사들의 특징은 그 당시로서는 학생들의 실기능력을 증가시키기 위하여 약간의 창의적인 수업방법을 동원하였다는 것과 이러한 과정을 학생들에게 수시로 평가하면서 알려주었다는 점이었다(피드백을 주었다는 의미). 그러므로 체육과 실기평가에서 과정을 중시하고, 평가 결과를 학습상황으로 다시 피드백을 주고, 평가에 학생들을 참여시키고, 학습내용과 실제적으로 부합되는 평가가 이루어진다면 이는 모두 수행평가라고 할 수 있다.

미국의 한 초등학교에서는 운동기능검사와 기초체력 검사를 실시하는데 그 결과를 학생들이 체육관에 상시적으로 비치되어 있는 자신의 파일에 표시하도록 한다. 향상도를 그래프나 그림 등으로 표시하는 것이었다(포트폴리오와 같은 기능). 학생들은 자신의 향상도를 기록하면서 많은 피드백을 얻는 것으로 나타났다. 체육과에서의 좋은 수행평가의 예라고 할 수 있다.

수행평가의 실시가 잡무를 더할 것이라는 우려도 많지만 제대로 운영이 되면 오히려 체육교사는 기존의 평가시간을 적게 소모한다는 것을 알아야 한다. 그리고 학생들 자신이 배워나가는 과정을 평가받고 있다는 점을 인식할 때 학습 참여의욕을 증가시키는 효과가 있다.

수행평가 실시상의 문제점

1) 용어 사용의 문제

수행평가가 우리나라의 체육교과에 처음 '참평가'라는 용어로 소개된 이후 체육교사들은 참평가라는 용어를 현장에서 많이 사용하고 있다. 그러나 이 용어의 사용으로 제기된 문제점은 기존의 평가는 잘못된 평가(거짓평가)라는 인식을 가지게 된다는 점이다. 또는 수행평가를 처음 시도하는 체육교사들은 "내가 실시하는 평가가 진짜다"라는 인식을 가진다는 것이다. 여기에서 사용된 '참'이라는 용어는 영어의 'authentic'을 번역한 것으로 이 단어를 사전에서 찾아보면 분명 '믿을만한', '진짜의', '진정한' 등으로 설명되어 있다. 그러나 수행평가를 지칭하는 'authentic assessment'는 참평가 보다는 '실제상황에서의 평가'라는 표현이 교육적으로 적절한 것으로 판단된다. 또한 이를 "교수-학습 맥락에서의 실제적이며 진솔한 의미가 축약된 실제성"이라고 설명하고 있다. 일정연수나 직무연수에서 체육교사들에게 수행평가의 핵심을 한마디로 설명해 보라는 질문을 하면 '참평가'라는 답을 하는 경우가 많고, '실제평가' 또는 '실제상황에서의 평가'와 같은 용어를 사용하는 체육교사는 매우 드문 것으로 나타났다.

2) 평가원리의 구현 문제

수행평가를 포함하여 체육교과 전반적인 현상으로 평가의 원리가 구현되고 있지 못하다는 점이다. 평가의 원리를 간단히 말하자면 '교사들이 의도(목표)하고 가르치며(교수-학습) 성취된 것을 판단(평가)하는 것이 물 흐르듯이 일관성을 유지하는 것이라고 할 수 있다(오수학, 2003b). 수행평가도 평가의 하위분류에 속하므로 분명히 이러한 평가의 원리에 적용을 받아야 할 것이다. 가르쳐지지 않는 것은 평가되지 말아야 한다는 것인데 체육교과의 수행평가는 현재 '평가를 위한 평가'를 시행하는 것으로 보여 진다. 예를 들면, 체육교과 평가에서 수행평가를 반드시 70% 실시하라는 지침을 달성하기 위하여 체육교사들은 수행평가 과제를 개발한다. 이 과정에서 교수-학습 상황에서 수행평가를 통하여 달성할 수 있는 학습목표와 수업내용을 개발하는 것 보다는 단지 수행평가를 적용하기 위한 평가과제, 평가기준, 평가절차만을 개발하고 있다. 교수-학습 맥락에서의 실제성을 강조하는 수행평가, 다시 말하자면 수업의 과정 속에서 이루어진 수행과제에 대한 수행평가가 이루어지지 못하고 있다는 점이다. 그리고 이와 같이 만들어진 수행평가는 본래의 수행평가와 다른 내용의 평가일 수도 있다는 점이 심각한 문제이다.

3) 수행평가와 실기평가의 관계에 대한 편견의 문제

'실기평가는 수행평가인가'라는 질문에 대하여 체육교사의 대부분은 '실기평가는 수행평가이다'라고 답변한다. 실기평가는 수행평가의 본질을 잘 구현하는 평가방법들 중에서 가장 상위 그룹에 속하는 것을 알 수 있다. 이 분류는 일반적으로 실기평가가 일반적이지 않는 교과들(예체능 교과를 제외한 교과들)에서 별 무리 없이 받아들여질 수 있는 방법이다. 그러나 실기평가가 주를 이루는 체육교과에서는 수행평가의 본질이 무엇인지 명확하지 않은 상태에서는 실기평가를 수행평가와 동일한 것으로 쉽게 받아들일 수 있다는 점이다. 수행평가를 설명한 여러 교재들과 연구들에서 조차도 실기평가와 수행평가의 관계에 대해서는 분명한 설명을 주고 있지 못하다. 오히려 현장의 교사들은 '실기평가는 수행평가', '지필검사는 비수행평가'로 인식하고 있다고 할 수 있다. 이러한 현상은 학교에 전달되는 수행평가의 지침 등을 보면 쉽게 유추할 수 있다. 수행평가와 지필검사를 대비되는 개념으로 구분하고 있다. 물론 지필검사를 이용해서 수행평가를 실시할 수도 있고, 그 반대의 경우도 가능하기 때문에 이와 같은 구분은 교사들에게 잘못된 인식을 심어 줄 수 있다.

평가의 계획

평가는 교수·학습활동과 분리되는 별도의 활동이 아니다. 그러므로 평가는 교육의 종착점이 아니라 학생의 학업 성취도를 확인하여 다음 교육 활동에서의 효과를 향상시키는 교육의 과정이라 볼 수 있다. 따라서 체육 평가를 위해서는 '제시된 수업 목표에 어느 정도 도달 하였는가'를 점검하는 일차적 수준을 넘어 다음 수업에서의 향상 가능성 정도를 도모할 수 있는 일종의 피드백기능을 제시할 수 있어야 한다.

이를 위해 평가의 계획은 학교의 평가 지침 및 교수·학습 계획에 근거한 종합적이고 연속적 관점에서 수립되어야 하며, 교수·학습 계획에 상응하는 내용 및 방법적 구체성을 확보하고 있어야 한다. 이는 단순히 평가를 수행하는 교사의 관점에서만 해석 가능한 것을 넘어 평가를 받는 학습자의 관점에서도 쉽게 이해될 수 있는 평가의 내용과 방법, 기준, 도구 등의 세세함을 포함하고 있어야 함을 뜻한다고 볼 수 있다.

한편 이러한 평가 계획은 학기 초 학습자들에게 제시되어 스스로 자신의 학습 진도와 방향을 계획적으로 설정할 수 있도록 도움을 줄 수 있어야 하는데, 이를 통해 교사는 학습자의 관점을 고려한 더욱 공정하고 타당성 있는 평가를 준비하는 계기를 마련해야 할 것이다.

표. 체육과 평가 계획 (2007 개정교육과정 - 4학년 예시)

학기별	평가 영역 (신체 활동)	평가 내용	평가의 내용 요소	비율	평가 주체	평가 방법
1학기	건강 활동 (40%)	-비만의 원인과 증상 및 예방법 (인지)	-비만의 원인 이해 -비만 예방을 위한 방법이해	20%	교사 평가	지필검사
		-순발력, 협응성, 민첩성 육성 운동과 반성 (심동+정의)	-운동 계획 수립 -계획 실천 및 운동 수행 일지 기록 관리	20%	자기 평가	운동일지
	표현 활동 (60%)	-무용 창작 및 감상 (인지+심동+정의)	-모둠별 무용 창작 발표	20%	교사 평가	표현능력 검사
			-모둠별 발표 감상 및 평가	20%	동료 평가	지필검사 (서술형)
			-무용 공연 관람 후기 작성	20%	교사 평가	감상화 그리기
	경쟁 활동 (100%)	-게임 특성 이해 (인지)	-축구형 게임의 특성 -배구형 게임의 규칙 전술	20%	교사 평가	지필검사
		-운동 수행 능력 -경기 관람 능력 및 태도(인지+심동+정의)	-축구형 게임의 기본기술 -축구경기 관람을 위한 경기 규칙 용어 -공공 경기장 관람 예절	50%	교사 평가 동료 평가	체크 리스트 학습 활동지 동료 평가표
		-경기 창작 능력 (심동+인지)	-축구형 게임 창작 및 수행	30%	교사 평가 자기 평가	실천일지 자기 평가표
2학기	여가 활동 (100%)	-이해력(인지)	-전통 여가 놀이 종류와(투호, 굴렁쇠 등)특징 조사 (인지)	20%	교사 평가 동료 평가	지필검사
		-이해력(인지)	-계절별 여가놀이 종류특징 이해 및 분류하기	30%	교사 평가	지필검사
		-놀이 수행 및 분석 능력(인지+심동)	-제기차기 놀이 수행 -횟수 증진을 위한 전략 구상	30%	교사 평가 동료 평가	경기 분석지, 운동기능 검사
		-경기 감상 능력 (심동+정의)	-그 밖의 전통 여가놀이 조사 후 체험하기	20%	교사 평가	경기 감상지, 관찰 기록지
	도전활동 (100%)	-이해력(인지)	-표적투기 도전의 역사, 과학적 원리, 유형	20%	교사 평가	지필검사

학기별	평가 영역 (신체 활동)	평가 내용	평가의 내용 요소	비율	평가 주체	평가 방법
		-운동 수행 능력 (인지+심동+정의)	-표적 맞히기 운동 기본 기능 -연습 과정 일지 작성	50%	교사 평가 동료 평가	운동 기능검사 관찰 기록지
		-도전정신(심동+정의)	-자기조절의 이해와 실천	20%	교사 평가 자기 평가	지필검사 자기 평가표
		-경기 감상 능력 (인지+정의)	-씨름 경기 감상 후 소감작성	10%	교사 평가	경기 감상지

영역별 평가의 실제

지금까지 체육 교과의 평가는 대개 실기 평가로 지칭되는 '운동 기능 검사'가 주를 이룬 것이 사실이다. 그러나 이것은 체육 교과의 수업 목표가 단순히 기능에만 국한되어 있지 아니함에도 불구하고 평가의 중점을 기능적 측면에만 둔 나머지 발생되는 방법상의 오류라고 볼 수 있다. 따라서 체육 교과에서 얻을 수 있는 다양한 '신체 활동 가치'를 평가하기 위해서는 이러한 신체 활동 가치가 표출되어지는 다양한 경로, 즉 학생의 심동, 인지, 정의의 표출을 각각 효과적으로 담아낼 수 있는 다양한 평가 도구의 개발과 변형 그리고 적용이 필요하다. 또한 체육과 교육과정에서 제시한 활동 영역별 내용 및 평가 방법의 예시 또한 하나의 적용 가능한 사례일 뿐 가장 적합한 평가 방법의 구안과 적용의 문제는 학교 현장에서 해당 학급과 학생들을 대상으로 얻을 수 있는 담당교사의 몫이라고 볼 수 있다.

1) 건강 활동

건강 활동은 체력 증진을 목적으로 하는 건강관리와 공중 보건 및 생활 안전에 관련된 내용을 주로 다루고 있다. 이는 모두가 건강한 생활을 영위하기 위한 제반 조건과 환경을 구성하는 요인들로, 이 영역을 평가하기 위해서는 건강하고 안전한 생활에 대한 이해를 바탕으로 이를 자신의 생활 속에서 구체적으로 실천에 옮기는 행동 과정과 결과를 함께 확인해야 한다. 이는 다른 말로 '머릿속으로만 아는 것이 아니라 행동으로 실천하는가, 또는 실천하려는 의지를 보여주는가'의 여부를 파악해 낼 수 있어야 한다는 의미이다. 따라서 이를 위한 구체적 평가 도구도 인지적인 이해를 평가하는 지필 검사 및 행동의 실천 의지와 과정을 평가할 수 있는 운동 일지, 체크리스트, 체력 검사 등이 사용될 수 있다.

표. : 건강활동 평가도구의 예시 (2007 개정교육과정 – 4학년 예시)

문제. 기쁨이는 악력(손가락으로 물건을 쥐는 힘)을 키우기 위해 3개월 동안 악력기를 가지고 꾸준히 운동을 하였다. 아래의 악력 기준표를 참고로 기쁨이의 운동결과를 올바르게 분석한 것은 ?

(3개월 운동)   **(악력 측정)**

운동과정	4월 1일	4월 20일	5월 10일	5월 30일	6월 15일	6월 30일
운동결과	9kg	9.8kg	11.3kg	14.3kg	15.5kg	20kg

① 4월중 기쁨이의 악력은 보통수준이었다
② 5월 말경에 기쁨이의 악력은 보통수준이었다
③ 기쁨이의 악력이 높은 수준으로 좋아진 것은 6월 초반부터다
④ 5월 초반부터 기쁨이의 악력은 보통수준을 넘어섰다
⑤ 운동을 시작할 때에 비해 기쁨이의 악력은 많이 향상되었다고 볼 수 있다

* 악력기준표 (초등학교 4학년 남자)   단위 : kg

구분	아주낮음	낮음	보통	높음	아주높음
남	10.9이하	11-14.4	14.5-16.9	17-20.9	21이상

2) 도전 활동

도전 활동은 크게 4가지의 주제(기록, 표적, 투기, 동작)에 대한 개인 능력의 수월성 및 타인의 기량에 도전하는 과정과 자세를 다루는 영역이다. 따라서 이러한 활동을 평가하기 위해서는 운동 내용에 대한 인지적 이해 정도를 바탕으로 이것을 신체를 통해 실제로 수행해 내는 심동적 능력 및 동시에 모범적인 규칙의 틀 안에서 수행해 내는 정의적 영역을 고르게 다룰 수 있어야 한다. 그러므로 평가 도구 역시 이러한 도전 활동의 특성을 폭넓게 담아낼 수 있는 다양한 형태의 것이 필요하다.

표. : 도전활동 평가도구의 예시 (2007 개정교육과정 - 4학년 예시)

* 우리 씨름 살려나가기 *

최근 들어 우리 민속경기인 씨름에서 종합격투기 K-1으로 종목을 바꾸는 천하장사 출신의 씨름 선수들이 늘어나고 있습니다. 씨름을 포기하고 K-1 으로 종목을 바꾼 이유는 '우리나라 에서는 씨름에 대한 관심과 지원이 부족했었기 때문' 이라고 합니다.

* 우리 민속경기인 씨름에 대한 관심을 높이고 꾸준히 발전시킬 수 있는 방법은 무엇이 있을까요 ? (   )

3) 경쟁 활동

경쟁 활동은 구기게임 종목의 내용 및 방법적 특성에 따라 크게 4가지의 유형(피하기형, 영역형, 필드형, 네트형)으로 구분된 활동을 수행하는 영역으로, 집단적이고 경쟁적인 운동 수행을 위해 필요한 인지적 이해와 전략 활용 능력을 주로 다루게 된다. 따라서 이를 위한 평가 도구의 내용과 형태는 이해력과 이의 활용 능력을 평가할 수 있는 적절한 요소를 포함하고 있어야 하며, 또한 운동 수행에 관련된 규칙 준수와 참여의 성실성 등을 담아낼 수 있는 정의적 측면도 다루고 있어야 한다.

표. : 경쟁 활동 평가도구의 예시 (2007 개정교육과정 - 4학년 예시)

초등학교				학년 반 ( )번 이름( )							
자기(진단)평가(해당되는 곳에 'O'표)				동료평가 (우수-◎, 보통-○, 노력필요-△) 친구야! 나에게 충고 한마디							
패스하며 슛하기	매우 만족	만족	불만족	내용	연아	선미	연진	진아	영민		
				패스 하며 슛하기							
활동에 대한 한마디				참여 태도							
농구형 게임의 경기 방법 및 규칙 적어보기				오늘 배운 게임 그리기(경기장, 인원, 도구 등)							

4) 표현활동

표현 활동은 신체 활동에 존재하는 심미적 또는 예술적 표현 능력 및 감상 능력을 강조하는 활동으로 이를 위한 평가는 주로 자기 신체의 움직임에 대한 기초적 이해를 바탕으로 이를 창의적으로 구성하여 표현하는 능력과 타인의 창의적 표현에 대한 비평과 분석을 시도하는 감상능력을 확인할 수 있어야 한다. 따라서 평가도구 또한 주로 개인 또는 모둠별로 시도되는 표현능력에 대한 검사 및 표현 활동을 감상한 후 기록하는 감상문 등이 주요한 평가 도구로 활용될 수 있다. 또한 움직임 동작의 인지적 이해를 묻는 지필 검사와 부분 동작의 정확성 및 연결의 유연함을 점검하는 체크리스트 평가도 활용이 가능하다.

표. : 표현 활동 평가도구의 예시(2007 개정교육과정 - 4학년 예시)

※ 공연장에 가거나, 영상물을 통해 무용작품을 감상해 봅시다. 그리고 감상의 결과를 아래와 같이 기록해 봅시다

무용 감상 기록지	
작품이름	
감상날짜	
감상장소	
작품내용	
생각이나 느낀 점	
더 알고 싶은 점	

5) 여가활동

여가 활동은 신체적 여가 활동의 교육적 의미를 이해하고 이를 자기 주도적으로 실천할 수 있는 능력을 강조하는 활동 영역이다. 따라서 평가 활동은 다양하고 폭넓은 여가의 종류와 유형에 대한 이해를 바탕으로 이를 '자신의 생활 속에서 실천할 수 있느냐 또는 이에 대한 의지와 계획이 있느냐'의 내용을 평가할 수 있어야 하며 평가 도구 또한 이러한 내용을 평가할 수 있는 체험 보고서, 여가 실천 일지 등이 활용될 수 있다.

표.: 여가 활동 평가도구의 예시(2007 개정교육과정 - 4학년 예시)

< 체험 활동 보고서 >

초등학교   학년   반   번   이름(   )

일시	○○○○년 ○○월 ○○일 ○요일	체험 장소	○○ 스키장
		참가 인원	아버지, 어머니, 나, 동생

목적	* 이번 체험 활동의 주요 **목적**은 무엇이었나요 ? 　목적 : 기본자세 및 동작을 배워서 초급자 코스를 내려올 수 있다. 　　　　스키장 주변의 아름다운 경치를 사진에 담아 간직한다.
체험 내용	* 이번 체험활동을 통해 배운 내용을 기록해 봅시다. ① 스키 장갑과 부츠를 착용하는 방법 ② 스키를 신고 미끄러지지 않고 걷는 방법 ③ 스키장에서 안전하게 넘어지는 방법 ④ 리프트 타고 위로 올라가는 방법 ⑤ 스키타고 내려오면서 방향을 좌우로 바꾸는 방법 ⑥ 스키타고 내려오다가 속도를 줄이면서 멈추는 방법 * 보고 들은 내용을 그림으로 나타내 봅시다. * 빠른 속도로 내려올 때 모습 * (허리를 숙이고 무릎을 낮게 구부려
느 낀 점	처음에는 무조건 타고 내려오면 될 줄 알았는데, 생각보다 어렵고 위험하다는 생각이 들었다. 그런데 겁을 먹고 움츠리니까 더욱 더 스키 타기가 어려워 졌다. 자꾸만 넘어지면서도 용기를 갖고 반복적으로 시도를 하니 나중에는 겁도 사라지고 신나게 스키를 탈 수 있었다.

> **요점 확인**
> 위 절에서 소개된 각각의 수행평가 유형의 특징을 설명하고 활용 가능한 교육과정 분야를 모색하라

생각해 볼 문제 〈제 3부 4장〉

1. 초등체육 수업에서 실시되는 평가는 과연 온전한 수행평가의 이념과 기준을 준수하는 것인가에 대해 자신의 의견을 피력하시오

2. 평가와 측정의 의미구분을 통해 초등체육 수행평가의 진정한 의미의 재정립을 시도하시오

3. 2007 개정 체육과 교육과정에서 강조하는 체육의 다양한 가치를 객관적으로 평가해 낼 수 있는 가장 중요한 방법은 무엇일까?

5장. 초등 체육수업의 설계와 적용

> **공부할 문제**
>
> 1. 초등체육 교과서 및 교사용지도서의 체제와 활용방안을 조사·검토한다.
> 2. 초등체육교육과정의 분석을 통하여 연간계획서 및 수업계획서를 작성할 수 있다.
> 3. 모의 수업실습 및 교수평가에 필요한 다양한 요건을 파악하여 체육수업에 임할 수 있다.

1. 초등체육 교과서 및 교사용지도서의 이해와 활용

초등학교 체육과 교과서의 편찬 방향

초등학교의 다섯 가지 신체활동 가치의 내면화와 실천을 통해 전인교육이라는 총괄목표를 달성하기 위하여, 교과서는 다음과 같은 모습을 갖추어야 할 것이다.

** 학습자의 질적 체험을 강조하는 교과서 **

21세기에는 대규모 산업자본을 중심으로 한 양적 성취지향의 다소 일원론적이고 획일화된 지난 사회에서, 다양한 가치들이 다양한 장소에서 다양한 인물들에 의해 제시되는 다원주의적 세계관을 바탕으로 하는 사회로 변화할 것이라고 한다. 이 같은 사회적·교육적 패러다임의 변화에 비추어 볼 때, 체육 교과서도 과거의 '단순 체력의 향상'이나 '운동기능의 습득' 등과 같은 양적 성취 지향의 틀을 벗어나야 한다. 즉 학습자의 관점에서, 학습자가 능동적으로 받아들일 수 있는 '육상 활동'이나 '체조 활동', '체력운동', '게임 활동' 등의 본질적 의미와 내용, 방법 등을 고민하고 만들어가는 노력이 필요하다.

최근 교육계에서 다시금 강조되고 있는 '학습자 중심', '문제해결 능력 신장', '자기 주도적', '열린 교육', '탐구 중심' 등의 용어 속에서 느끼듯이, 개인의 질적 측면인 주체적 체험이나 이해를 강조하는 방향으로의 체육과교육을 가능케 하는 내실 있는 교과서가 요구된다.

개정 체육과 교육과정에서도 학습자가 완결된 형태의 지식이나 기능을 습득하기보다는 스스로가 의미를 형성하는 역동적이고도 적극적인 '앎'의 과정의 주체일 것을 강조한다. 따라서 학습자의 자기 주도적 체험의 의미를 체육의 목적과 관련시켜 심도 있게 반성하는 데 기여하는 새로운 개념의 교과서가 만들어져야 한다.

** 목표 가치를 구현하는 데 적합한 이론과 실기의 통합적 교과서 **

최근까지 운동기능 습득을 최상의 목적으로 인식하는 체육 교육과정 프로그램에서 강조되는 교과서 내용은 여러 가지 운동기능의 지도가 중심이 될 수밖에 없었다. 그러나 교사가 학생들에게 궁극적으로 기대하는 활동적인 삶에 필요한 행동 변화를 가져오고 평생체육 활동에 능동적인 체육인을 육성하기 위해서는, '신체활동 가치' 중심으로의 내용 전환이 요구된다고 할 수 있다. 이 '신체활동 가치 중심'의 의미는 신체활동을 수행하는 목적이 신체활동이 가지는 '가치'(value)를 달성하기 위함임을 강조한다. 결국, 이러한 신체활동 가치 중심의 체육 교과서는 모든 학생들이 신체활동을 직접 수행하는 과정에서 운동기능 습득뿐만 아니라 신체활동이 구현하는 여러 가지 가치를 동시에 체험하고 학습하는 내용을 포함해야 한다.

체육과 또한 다른 교과와 마찬가지로 학교교육 체제 속에서 지식을 체계적으로 전수하는 역할을 담당하고 있으며, 체육과의 지식은 다른 교과와 다른 독특한 지식을 교육해야 한다. 이 때 체육과의 독특한 지식은 '신체 활동 지식'으로 규정할 수 있다. 결국 신체활동의 가치를 구현하기 위해서는 운동 기능 이외의 체육에 대한 주체적 인식과 사회 문화적 의미까지 내포하는 '신체 활동 지식'을 습득하여야 하며, 바람직한 신체활동 지식의 습득을 위해서는 이해하기, 체험하기, 표현하기, 구성하기, 감상하기 등의 다양한 수행과정을 포함하는 이론과 실기의 통합적 체육 교과서가 마련되어야 한다.

문화 교육으로서의 기능을 강화하는 교과서

교육의 기능은 문화와의 관련 속에서 기존 문화를 다음 세대에 전승한다는 보수적 기능과 전승된 기존 문화를 개혁, 발전시키고 새로운 문화를 창출한다는 창조적 기능의 두 가지로 요약할 수 있다. 이러한 관점에서 학교 체육의 일차적 기능은 우리 민족의 신체 문화를 전승하는 데 있다 하겠다. 이때 신체 문화의 전승은 보존이나 전승 자체에만 머무르는 것이 아니라 과거와 현재를 토대로 하여 다른 신체 문화와의 조화 그리고 새로운 신체 문화의 창출까지도 포함하는 것이다. 그러나 근대 체육이 교육 속에 도입된 후 1세기가 지났지만 그 동안 우리의 체육은 신체 문화의 동질성을 계승, 발전시키려는 노력이나 반성이 크게 미흡하였다.

이러한 맥락에서 체육 교과서가 과학적 원리에 기초한 운동 기능과 같은 특정 부분을 지나치게 강조하고 있는 모습을 벗어나 체육 활동의 다른 측면들을 균형 있게 가르침으로써 체육 활동 전체의 유기적인 모습을 회복시켜야 한다는 주장과 함께, 체육의 심법적 측면을 강조하여 '체육 문화에로의 입문'을 유도할 수 있어야 한다는 주장이 제기되고 있다.

체육 활동이 갖는 그것 자체로서의 가치는 인류 문화의 한 유산으로서 체육 활동 '속'에 붙박혀 있는 '제도적 의미'가 갖는 가치이다. 학교에서 체육을 가르치는 이유는 문화유산으로서의 체육 활동에 학생들을 입문시키는 교과이기 때문이다. 체육 교과의 가치를 의심하는 것은 문화유산으로서의 체육 활동의 가치를 의심하는 것이며, 문화유산의 가치를 부정하는 것은 인류의 총체적 노력을 부정하는 것이다. 체육 활동은 인류가 오랜 시간을 거쳐 하나의 문화 전통으로서 전수해 온 것이기 때문에 학교에서 가르쳐질 가치가 있는 것이다.

따라서 새로이 편찬될 교과서는 체육·스포츠의 문화적 현상과 행동 양식을 총체적으로 학습함으로써 신체활동의 '의미'를 발견하고 신체활동과 삶과의 연관성을 체험할 수 있는 안목을 형성하여 평생 체육의 실천을 위한 기반을 마련하는 데 기여해야 한다.

초등교사의 체육교과 전문성 향상에 기여하는 교과서

비정상적인 초등 체육교육의 근본적인 원인 중 하나로 초등 교사들의 전문성 결여 문제가 자주 제기되고 있는데, 이러한 초등 교사들의 체육교육 전문성 부족의 문제는 체육과 교사교육에 있어서 지배적인 교육방식이 되고 있는 기능중심의 체육과교육에 기인한다고 볼 수 있다.

운동기능 수준에 부담을 느끼고 있는 초등학교 교사들이 기능중심의 체육 교과서를 갖고 수업을 준비하게 된다면, 전문성 논의는 차치하고 체육 가르치는 일을 무조건적으로 두려워하고 회피하는 경향을 보일 수밖에 없을 것이다. 체육수업에 대한 열의는 있으나 대부분의 종목을 '잘 못 가르칠' 수밖에 없는 상황에서, 교사는 갈수록 체육수업에 대한 부담이나 좌절, 무력감을 느낌으로써 결국에는 최악의 경우인 '안 가르치는' 상황에까지 이르게 되고, 체육 교과를 가르쳐야 하는 초등교사로서의 책무성을 스스로 포기하게 되는 심각한 문제에 도달하게 될 것이다.

따라서 초등교사의 체육교과 전문성을 향상시키기 위해서는 교사의 인지적 능력을 적극 활용할 수 있는 안목중심의 교과서 체제와, 초등교육 현장성을 제고할 수 있는 실천주의적 관점의 교과서 내용 구성이 강조될 필요가 있다.

초등학교 체육과 교과서의 활용

** 단원 구성의 특징 **

제7차 체육 교과서에는 매 단원을 필수와 선택활동으로 나누어 구성하였으나 개정 교육과정에 의거한 체육 교과서에는 단원(활동)의 특성에 따른 주제중심의 종목 내용들로 구성되어있다. 따라서 다소 상이한 특성을 가진 각각의 내용들을 단원의 특성과 가치에 부합되도록 통합하여 운영하여야 한다. 예컨대 음악줄넘기를 체력 위주로 지도한다면 건강 활동에서 지도할 수 있지만, 꾸미는 능력인 창의성 위주로 지도한다면 표현활동으로 분류해서 지도할 수 있다.

** 단원의 전개 과정 **

단원 학습 안내하기, 단원 학습 전개하기, 단원 학습 정리하기 세 과정으로 전개한다.

단원 학습 안내하기	단원 학습 전개하기	단원 학습 정리하기
영역 개관 및 1차시	20차시 내외	1차시
○영역 개관 ○신체활동 가치 덕목 제시 ○배워야 할 내용 알아보기	○차시의 학습 실행하기 -학습 제재에 대한 교수 학습 ○학습 상황 점검 -배운 내용 정리하기	○학습내용 복습 ○신체활동 가치의 내면화 활동 ○다음 학습으로 전개
2~4쪽	각 1~2쪽	2쪽

1) 단원 학습 안내하기

단원 학습 안내하기는 단원 학습을 도입하거나 개관하는 활동이다. 과거의 체육 교과서들은 단원 학습 도입에 대한 안내를 생략하고 곧 바로 개별 차시 제재를 나열해 놓았으나, 단원 도입의 중요성을 살리기 위해서 '단원 학습 안내하기'에서는 교사가 학생에게 해당 단원(영역)에서 학습할 것을 개관하여 제시해 주거나 함께 살펴보는 것뿐만 아니라 어떠한 방법으로 진행해 나갈 것인지를 학생과 함께 계획할 수 있도록 한다.

우선, 단원 도입의 첫 페이지는 단원(영역)의 특성을 가장 효과적으로 전달할 수 있는 사진과 단원(영역)명이 제시되고, 이어서 다음 페이지에 단원 학습에 대한 학생의 동기 유발을 위해서 주된 내용과 특성을 학생이 좋아하는 만화 또는 삽화로 제시되었다.

그 다음에는 두 페이지에 걸쳐서 하위 단원명과 각각의 단원에서 학습하게 될 세부 활동 및 내용이 전체적으로 조망될 수 있도록 구성되었다. 교사는 단원 도입 시(1차시 수업에)에 학생과 함께 단원 학습 전개 계획을 수립하도록 한다.

한편, 해당 단원에서 지향하는 신체활동 가치 덕목을 학생들이 이해하기 쉽도록 풀이말과 함께 학생들에게 친숙한 삽화나 일러스트로 제시하였다.

이와 같이 단원 학습 안내하기는 교사나 학생이 교과서를 활용함에 있어서 전체 학습 내용이 한 눈에 들어오도록 하기 위한 의도로 구성되었다. 이는 학생들의 참여를 극대화시키고 학습 상황과 여건에 따라 내용과 방법 등을 자연스럽게 조정할 수 있는 여지를 제공할 수 있다는 점에서 유익할 것으로 본다.

2) 단원 학습 전개하기

단원 학습 전개하기는 단원에서 계획된 제재들에 대해서 구체적으로 실행해 나가는 과정을 말한다. 내용 영역(단원)별 차시는 유동적으로 배정되었으나, 동학년 교사들과의 협의를 바탕으로 학교의 여건에 맞게 충분히 재구성(차시의 조정)이 가능하다는 점을 유의할 필요가 있다. 즉, 교과서에 제시된 차시는 어디까지나 권장 사항이지 결코 의무 사항이 아니다. 따라서 하나의 차시로 제시된 것을 2~3차시로 확장하거나 반대로 두 세 차시를 한 차시로 압축하여 지도하는 것이 가능하며, 이는 개정 교육과정에서 지향하고 있는 바이다.

구체적으로 교과서 지면을 살펴보면, 우선 차시를 나타내는 아이콘을 사용하였다. 또한 각각의 차시에서 주요 학습 내용에 대해서는 '알아두어요'로 내용을 정리하여 강조하였고, 각 차시 내에서 학습한 결과를 정리할 수 있도록 '정리하기'가 실렸다.

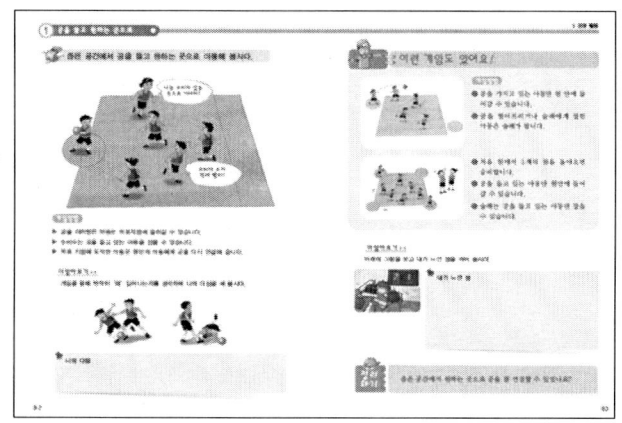

한편, 교과서는 단순히 내용을 확인하는 것에 그치지 않고 수업 중에 직접 활용이 가능하도록 기록을 위한 표 또는 사진이나 그림을 붙이고 글을 쓸 수 있는 공간이 할애되었다.

3) 단원 학습 정리하기

모든 대단원(영역)이 끝나는 부분(마지막 차시)에서는 대단원의 학습을 총정리한다. 이는 단순히 학습의 종결을 의미하는 데 그치지 않고, 학습의 정점을 의미함에 유의한다. 특히 여기에서는 단원에서 학습한 모든 내용이 통합적으로 평가

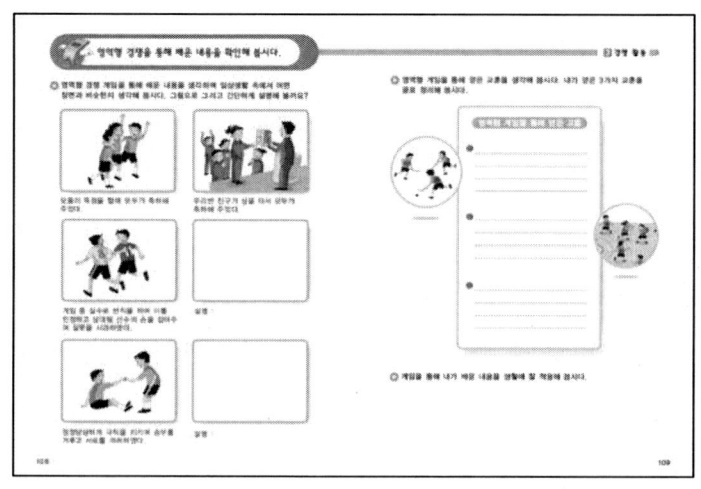

및 반성될 수 있도록 한다. 물론 교과서에 제시된 내용 이외에 교사나 학생에 의해서 새롭게 창안된 활동이 있으면 그것으로 얼마든지 대체할 수 있다.

무엇보다도 마지막 차시에서는 단원의 학습을 통합적으로 다루는 동시에 신체활동 가치 덕목을 보다 구체화하는 데 초점을 두고 진행되어야 한다. 또한 추후 학습 단계로 연계될 것을 고려하는 것도 중요하다.

초등학교 체육과 교사용 지도서의 활용

** 지도서 내용의 구성 **

개정되는 초등학교 체육과 교육과정에서는 교육의 주체를 교사에서 학생으로 변경하는 기본 철학에 근거하여 학생의 학습 활동을 강조하여 제시하고 있다. 따라서 지도서를 집필할 때에는 교사중심의 '지도상의 유의점'제시에서 탈피하여 학생에게 길러주어야 할 '능력'을 강조하는 다양한 교수 전략, 개별·집단별 학습 활동, 협동 학습 등과 같은 교수·학습과 관련된 구체적인 예를 포함한 지침을 제시하며, 학교 교육과정 편성·운영에 필요한 다양한 방안을 융통성 있게 제시하는데 주안점을 둔다.

1) 구성 요소
가) 대단원(영역) 개관

해당 단원의 근거가 되는 교육과정 내용을 제시하였다. 즉, 단원 내용의 학문적 성격, 사회적 요구, 내용의 계열성, 학생의 능력 수준 및 발달 단계 등 여러 측면에서 단원의 윤곽을 밝히고 학생들에게 학습 동기를 유발시키도록 제시되었다. 이와 같은 개관은 단원 학습 지도의 초점을 파악할 수 있도록 해준다. 이는 교사로 하여금 교과서 보다는 교육과정을 중심으로 지도할 수 있도록 돕는다. 따라서 교사는 매 차시에 충실한 지도보다 단원을 기점으로 지도의 초점을 파악하고 강약의 리듬을 살려 운영할 수 있다.

나) 대단원(영역)의 목표

한 단원의 학습을 종결하였을 때 학습자가 도달하여야 할 도착점 행동(기능, 지식, 태도 영역)을 나타내도록 진술하였다. 지식면의 목표에는 '이해'와 '적용'이라는 두 가지 목표를 설정함으로써 이해하는 것에 그치지 않고 실제 운동이나 생활에서 활용할 수 있도록 하였다.

다) 대단원(영역)의 내용 체제

제재별 지도에 따른 학년별 중요도, 지도 내용, 학습 형태 등 단원 내용을 지도하는데 필요한 계획을 수업 제재별로 나누어 도표로 제시하였다. 이로써 수업 제재와 중단원 및 소단원이 대단원(영역)에 어떻게 연계되는지를 한 눈에 파악할 수 있다.

라) 대단원(영역)의 평가

단원평가에 관련된 요소와 특징, 평가도구 등을 개략적으로 설명하고, 특히 해당 활동영역에서 중점을 두고 평가해야 할 방향과 내용을 개조식으로 다루고 있다.

마) 단원 개관

대단원 개관에 이어 하위 단원에 대해서 내용 구성의 의도와 방향 및 구체적인 구성 내용에 대해서 제시하고 있다. 특히 단원 학습에서 교사가 지도 시에 주안점을 어디에 두어야 할지와 각각의 수업 제재를 지도함에 있어서 사전에 준비가 요구되는 조건들이 진술되어 있다.

마) 단원의 학습 전개

단원의 학습 전개에서는 수업 제재별 다루는 주요 학습활동이 얼마의 차시로 지도되도록 구성되었는지를 표로 제시하고 있어 단원의 전개 과정을 한 눈에 파악할 수 있도록 하였다.

바) 차시별 교수-학습 해설

차시별로 이뤄진 수업방향과 내용을 다루고 있다

○ 차시제목 : 차시활동에 특성 및 내용에 부합되는 구체적 활동명을 제시하고 있다
○ 학습목표 : 차시 수업에서 목표한 내용 및 가치를 통합적으로 제시하고 있다.
○ 교수·학습 자료: 수업에 필요한 자료를 제시하고 있다.
○ 지도상의 유의점 : 차시 활동 수행 시 유의할 점들을 구체적 상황위주로 설명하고 있

다. 또한 수업자료를 쉽게 대체할 수 있도록 부가적인 설명자료(교수팁)을 함께 제시하고 있다.
- ○ 도입 : 동기유발 및 학습활동 안내를 기술한다. 특히 학습 활동 안내에서는 차시 활동의 중심적인 내용을 제시한다.
- ○ 전개 : 활동의 특성 및 종류, 기능 및 전략, 구조, 역사 등을 다룬다.
- ○ 정리 : 평가 및 반성, 차시예고에 관련된 내용을 기술한다.

** 지도서의 활용 방법 **

수업 운영을 위해서 교사는 교육과정에 대한 이해가 우선되어야 하고, 그 다음 지도한 내용을 완전히 소화한 후 지도를 위한 시간과 학습 활동의 형태, 학습 자료 등에 대한 면밀한 계획을 세워 실제 수업에 임해야 한다. 이에 교사용 지도서는 다음과 같은 점을 고려하여 활용되어야 한다.

첫째, 수업을 시작하기 전에 각론에 수록된 단원의 성격, 목표, 전개 계획, 지도상의 유의점 등을 살펴보아 단원 전체에 대하여 충분히 이해하도록 한다.

둘째, 교사용 지도서는 교과서의 학습 활동을 염두에 두고 필요한 방법이나 절차를 알 수 있도록 나타낸 예시 참고 자료이다. 따라서 지역이나 학교 및 학생의 특성을 고려하여 창의적인 체육수업이 이루어지도록 지도해야 한다.

셋째, 지도서에 제시된 내용(수업모형, 평가 등)은 체육교과 교육에서 활용될 수 있는 여러 방법들 중의 일부에 지나지 않는다. 따라서 이 밖에도 체육수업 및 평가에 유익한 방법을 다각도로 활용되어야 한다.

넷째, 지도서에 제시된 학기 및 단원의 지도 계획은 지역 및 학교의 실정, 계절 등을 고려하여 조정할 수 있다. 그리고 스키나 수영 등 학교 밖의 시설을 이용하여야 하는 경우에는 사전에 별도의 계획을 세워야 한다. 움직임이나 동작의 정확성을 지도해야 할 필요가 있을 경우에는 VCR 자료나 컴퓨터 소프트웨어 등의 보조 자료를 미리 준비하도록 한다.

다섯째, 차시별 학습활동 안내에서는 각 차시의 수업을 몇 단계로 구분하고, 각 단계에서의 주요 학습 활동을 제시하여 지도할 범위와 수준을 나타내고 있다. 따라서 구체적인 지도계획을 세우거나 차시 지도 시 수업의 흐름을 파악하는 데 활용한다.

여섯째, 차시별 학습활동 및 내용 중에 제시된 보충·심화 내용은 그 차시에서 학습해야 할 내용에 덧붙여 학생들에게 보다 의미 있고 유익한 학습 경험이 되도록 적극 활용하여 지도한다.

일곱째, 참고사항은 교사를 위한 것으로 대체 지도 방법이나 자료 출처 및 이론적 배경 등이 제시되어 있다. 교사의 이해를 돕기 위한 이론적 배경은 학생들에게 그대로 지도하지 않도록 유의한다.

여덟째, 지도서에 수업 전개 시 준비 및 정리 운동이 제시되지 않은 경우에는 제재의 특성에 알맞은 준비 및 정리 운동을 실시하도록 한다.

> **요점 확인**
> 2007 개정 체육과 교육과정에 따른 교과서 및 교사용 지도서의 구성 및 특징에 대해 설명해 보시오

2. 초등체육 교육과정의 분석과 연간계획서 작성

1년 동안 학교 또는 학급에서 이뤄질 체육수업계획을 작성하기 위해선 학교 내부 및 주변 환경의 여러 요소에 대한 면밀한 분석을 바탕으로 실현가능한 내용이 될 수 있기 위한 꼼꼼한 준비가 요구된다. 이때 국가수준에서 제시하는 교육과정 문서에 대한 지나친 의존도 곤란하겠지만, 이를 너무나 도외시한 독불장군식의 계획운영이 진행되어서는 아니 될 것이다.

교육과정 운영 계획

국가수준 교육과정 문서에 제시된 내용을 단위학교 또는 학급 수준에서 재구성하는 것은 필요하지만, 교육과정의 내용을 임의로 생략하거나 일부 내용만을 편향적으로 지도하지 않도록 해야 한다. 여기서 말하는 교육과정 내용의 '생략' 또는 '편향적 지도'는 교육과정 내용을 '재구성'한다는 것과 동일시 할 수 없는 개념으로 이는 체육과 교육과정의 파행적 운영을 유발할 수 있으므로 지양해야 한다. 한편 교육과정 내용의 '재구성'은 말 그대로 교육과정에 제시되어 있는 신체활동 예시 내용이 단위학교 및 지역의 실정상 지도하기 어려울 경우 '교육과정 취지에 벗어나지 않는 범위 내에서' 적절한 대체 활동을 선택하여

지도할 수 있음을 뜻하는 것으로 이 역시 학년 또는 체육 교과 협의회를 바탕으로 하는 신체 활동 선택 및 내용 영역 비율 조정 과정을 거쳐 적합성 여부를 판가름해야 한다. 다음 [그림 Ⅲ-1]은 국가수준의 체육과 교육과정 문서와 시도 및 지역 교육청 수준에서 제작된 교육과정 편성·운영 지침을 바탕으로 단위학교의 체육과 교육과정 운영계획을 수립하는 절차의 예시를 나타낸 것이다.

한편 정과체육이라는 제한된 시간만으로 교육과정에 제시되어 있는 다양한 신체활동을 충분히 경험하는 것은 실제적으로 어려움이 많다. 따라서 지역 및 단위학교의 실정에 적합한 신체 활동을 선정하여 방과 후 체육 활동 시간을 활용한 지도와 학습이 이뤄지도록 하는 것은 매우 효과적인 교육과정 운영 방법이 될 뿐 아니라 이를 통해 단위 학교 교육 활동의 특성을 확보할 수도 있는 장점이 있다.

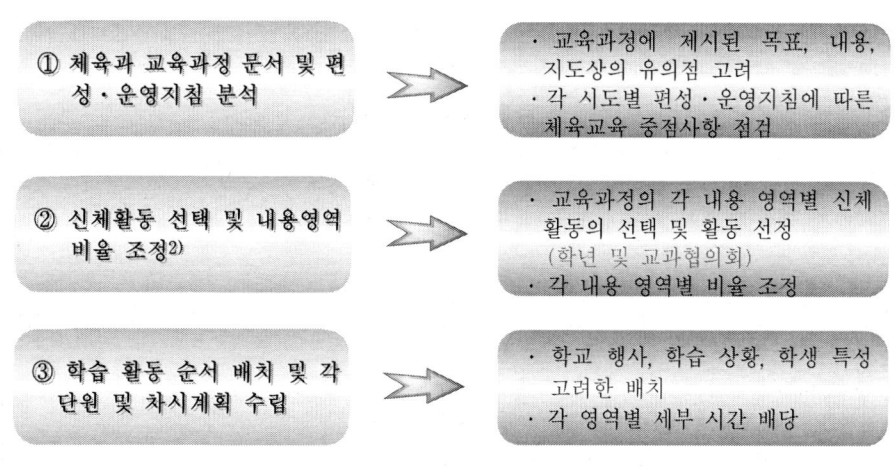

그림. 체육과 교육과정 운영계획 수립 절차 예시

교수·학습 운영 계획

좋은 수업의 실천은 좋은 교수·학습 계획에 의해 좌우된다. 따라서 가급적 다양한 내용 요소를 포함하는 구체적인 계획의 작성은 무엇보다 우선시 되어야 할 활동이다. 아래 내용은 각각의 내용요소에 대한 구체적 설명과 예시를 나타낸 것이다.

---

2) 다섯 가지 대 영역별로 적합한 활동 내용을 선택하여 어떠한 활동 영역도 빠짐이 없어야 하나, 각 영역별 비율은 단위 학교의 환경과 상황에 맞추어 적절히 안배하도록 한다.

** 지도 내용의 특성 **

지도 내용의 특성이라 함은 교육과정에서 제시하고 있는 다섯 가지 내용 영역(건강, 도전, 경쟁, 표현, 여가)별로 지니고 있는 활동의 특징적 요소를 고려해야 함을 의미한다. 즉, 각 내용영역에서 추구하는 신체활동의 주요한 가치를 명확히 이해하고 이를 성취할 수 있도록 지도해야 함을 뜻한다. 예컨대 건강 활동에서 주로 추구하는 신체 활동의 주요 가치는 '건강에 관한 지식을 탐구하고 심신의 건강을 증진하며 개인 및 사회의 건강 관련 문제에 관심을 갖고 이를 해결할 수 있는 합리적인 의사 결정 능력과 건강한 생활 습관을 기르는 것'으로 볼 수 있다. 또한 도전 활동은 '개인의 도전 목표를 설정하고 체계적으로 그것을 성취하기 위해 노력하는 과정을 강조함으로써, 자신의 잠재력을 이해하고 현재 직면한 장애 요인과 한계를 극복, 미래의 삶을 주도적으로 개척해 나갈 수 있는 능력을 기르는데'에 교육적 가치가 있음을 명확히 이해해야 한다.

** 학급 인원 규모 **

학급 인원 규모는 제공될 수 있는 정보의 양과 형태를 결정한다. 예를 들어 30명 학급과 50명 학급은 전달되는 정보의 양과 형태가 다를 것이다. 그러나 학급의 인원은 교사의 자유 의지에 따라 결정되는 사항이 아니기 때문에 수업을 계획함에 있어 학급 인원수의 대소 및 증감에 따른 유동적 상황에 유연하게 대처할 수 있도록 준비해야 한다. 예를 들어 학급의 인원수가 많을 경우 자칫 개인별로 부여되는 '과제참여시간[3]'이 절대적으로 부족할 수 있으므로 이를 극복할 수 있는 다양한 대처 방안을 준비해야 한다. 예컨대 용·기구의 개수를 많이 준비하는 것은 물론이고, 모둠별 인원 구성을 세분화 하여 개인별 활동기회를 많이 확보하고 학생들 간 '동료교수법'을 활용한 수업진행을 통해 소홀할 수 있는 교사의 피드백을 보완하도록 한다.

한편 적정 인원 수 보다 현격히 적은 학급인원을 대상으로 수업을 진행할 경우 경쟁 활동과 같은 단체 활동을 수행하는데 많은 제한점이 발생할 수 있다. 따라서 이러한 제한점을 극복하기 위해 경기장의 크기 및 모양, 참여 인원수, 경기규칙 등을 상황에 맞게 적절히 변형시키는 작업을 통해 원래의 활동이 추구하는 동일한 신체 활동의 가치를 확보할 수 있도록 해야 한다. 예컨대 전체가 5~10명 정도의 적은 인원으로 축구형 게임을 진행할

---

[3] 해당 체육 수업의 과제 달성에 직접적으로 관련이 있는 활동 시간을 뜻하는 말로, 전체 체육 시간에서 줄서기, 용·기구 운반 등과 같은 '상규적 활동' 시간을 제외한 나머지 시간을 뜻함.

경우, 우선 경기장의 크기를 대폭 축소함은 물론 한 팀 당 활동하는 인원수를 상황에 맞게 배분하고, 오프사이드 등과 같은 규칙을 배제함으로써 적은 인원이 보다 능동적인 경기를 진행할 수 있도록 한다.

** 실제 수업 시수의 양 **

수업시간 배당은 체육 수업을 받는 학급의 과정 성취 정도를 결정하는 중요한 요소이다. 1주일에 1시간 체육 수업을 하는 학급은 3시간 하는 학급보다 과정 성취의 양이 훨씬 적게 나타나는데, 그 이유는 3일에 할 수 있는 것을 1일에 다루기에는 다소 무리가 있기 때문이다. 특히, 어린 학생들은 그들이 1주일 전에 배웠던 것조차 잊어버리기 쉽다.

이러한 이유로 가급적 1주일간 배정된 체육 교과에 대한 기본 시수를 연간 최대한 확보할 수 있어야 하며 정상적인 교육과정 적용절차를 통해 이를 성실히 이행해 나감으로써 불필요한 수업 손실을 방지해야 한다. 그러기 위해선 학기 초 단위 학교의 연간 학사 일정을 바탕으로 산출될 수 있는 체육 수업 가능 일수와 시간을 명확하게 산출하고 이를 기반으로 수업 활동 내용을 선별하여 구성·배치할 수 있어야 한다.

** 시설 및 용·기구의 확보와 활용도 **

시설 또한 계획에 영향을 미친다. 공차기는 제한된 실내공간에서도 간단하게 배울 수 있다. 그러나 학생들은 넓은 공간이 확보되어 있는 야외에서 연습할 수 있을 때 공차기에 대하여 더 많은 것을 배울 수 있다. 또한, 적절한 실내 공간의 확보 여부도 계획에 영향을 미친다. 예를 들어 일부 여교사들은 실내에서 무용을 가르치기를 좋아한다. 이 때 책상을 뒤로 밀어낸 교실과 같은 실내공간은 무용을 가르치기 위해 이용될 수 있다. 그러나 이러한 실내공간은 무용 등의 신체 활동을 하는 데 이상적인 환경은 되지 못하며 일정 규모의 실내 공간이 허락할 때 비로소 안전하고 적절한 지도가 가능해 질 수 있는 것이다. 또한, 수영이나 스키 같은 계절 스포츠의 경우 계절별로 특정 기간에 집중적인 학습이 이루어질 수 있도록 교육과정을 재구성함은 물론이고 주변의 공공 체육시설 등을 적극적으로 활용하는 노력이 필요하다.

용·기구의 경우 수업에 필요한 일정한 수요를 확보하는 것은 가장 기본적인 사항이다. 하지만 만약 단위 학교의 사정상 일정 수요를 확보하지 못하거나 아예 확보되어 있지 못하는 경우가 발생할 수도 있다. 이럴 경우 동일한 교육적 가치와 효과를 가져 올 수 있는 다른 활동으로 수업 내용을 대체하는 방법이 있을 수 있으며, 다른 한편으로 주변에서 쉽게 구할 수 있는 물품과 기구를 가지고 부족한 특정 용·기구를 대체할 수 있는 창의적이고 융통성 있는 수업 운영이 필요하다.

한편, 단위 학교 별로 구비되어 있는 체육 용·기구의 구비 목록 및 수량, 저장 위치 등을 평소 확인·점검해 두면 효율적인 체육수업 준비와 적절한 수업활용에 많은 도움을 받을 수 있을 것이다. 또한 구비되어 있는 용·기구의 활용빈도 및 훼손정도 등을 수시로 확인하여 이에 대한 충전과 보수를 꾸준히 행함으로써 체육 용·기구의 적극적이고 활발한 활용을 위한 기본적 여건을 마련해야 한다.

** 학습자의 사전 경험 및 특성 **

사전 경험 및 특성에 기인한 학생의 능력 또한 계획에 영향을 미친다. 수업의 처음 몇 시간동안 교사는 학생의 특성을 관찰할 수 있는데 이것은 교사가 자신의 학급을 위한 특별한 수업을 계획할 때 유용하다. 즉, 각각의 학생 특성과 능력에 부합되는 발달 단계상 적절한 체육 교수법을 계발하고 형성하는 데 도움을 줄 수 있다. 예컨대 학급 구성원 중 상당수가 체력이 현저히 부족하다고 판단될 때 담임교사는 매 체육 시간의 일부 및 방과 후 체육 활동 시간 등을 할애해서 체력 육성을 목적으로 하는 신체 활동을 준비할 수 있다. 또한 여러 가지 이유로 인하여 다양한 여가 활동 참여 기회가 제한적인 학급에서는 단위 학교 및 학년 단위로 연간 계획을 수립하여 학교 행사와 같은 형식으로 활동을 진행시킬 수 있다.

한편 학급 내에 장애를 지닌 학생이 있을 경우, 되도록 비장애 학생들과 함께하는 '통합 수업'을 통해 공통적인 활동을 수행하는 것이 바람직하지만, 이것이 어려울 경우 장애학생들을 위한 별도의 수업 내용 및 방법을 준비하도록 함으로써 체육 수업에서 소외되는 일이 없도록 해야 한다. 이것은 비단 어렵고 복잡한 신체 동작을 통해서만 가능한 것이 아니라 예술적, 인문적 활동 등을 수행하면서 신체 활동이 지니고 있는 다양한 가치를 경험케 함으로도 가능할 수 있다.

표. 체육과 연간 지도계획 예시-2 (2007 개정교육과정 - 4학년 예시)

월	주	대영역	중영역	소영역	신체활동	지도 내용 요소	비고
3월	1	건강 활동	보건과 안전	건강 생활과 학교 안전	학교 사고 예방 및 대처	-사고의 종류와 원인이해 -예방법 및 대처 행동 실천	* 생활 지도와 연계 (학급규칙)
	2						
	3	표현 활동	리듬 표현	리듬 표현	음악 줄넘기	-줄넘기에 좋은 리듬(4박자) 과 음의 빠르기 -다양한 줄넘기 동작 습득	* 체력육성 (심폐지구력) 활동 연계
	4						
	5						
4월	1	경쟁 활동	영역형 경쟁	영역형 경쟁	하키형 게임	-영역별 경쟁 활동의 의미와 특성 이해 -기본 기능의 습득과 연습 -게임의 전략과 전술을 습득 하여 실제 게임 상황에 적용 -팀워크 및 페어플레이 의 중요성 이해 실천	* 교내체육대 회종목과 연계 지도가능 * 안전지도 (용・기구 사용 및 관리법) 병행
	2						
	3						
	4						
	5						
5월	1						
	2						
	3						
	4						
	5				핸드볼형 게임		
6월	1						
	2						
	3						
	4						
	5						
7-8월	1	도전 활동	표적/ 투기 도전	표적/ 투기 도전	씨름	-씨름의 기본 기술 습득 및 실제 경기의 적용 -자기 조절의 개념 이해하고 실천	
	2						
	3						
	4						
	5						
9월	1	여가 활동	여가와 전통 놀이	여가와 전통 놀이	굴렁쇠 굴리기	-굴렁쇠 굴리기를 실생활에 서 실천 -민속놀이에 참여하면서 민 족 사랑의 마음 형성	* 운동회 단체 경기 종목과 연계지도 가능
	2						
	3						
	4						
	5						
10월	1	건강 활동	체력 증진	기초 체력 증진	체지방 측정	-체지방 측정법 이해 -체지방 및 비만 관리의 중요성 인지 및 실천	* 교내 체력평가와 연계
	2						
	3						

11월	4	표현 활동	리듬 표현	리듬 표현	리듬 체조	-모둠별 리듬 표현 구상 발표 -상호 감상활동 및 평가	* 교내 학예행사와 연계지도 가능
	5						
	1						
	2						
	3						
	4						
	5						
12-2월	1	도전 활동	표적/ 투기 도전	표적/ 투기 도전	표적 맞히기 활동	-표적 맞히기 활동의 전략 및 실제 적용 -자기 조절의 개념 이해 및 실천	* 겨울 방학과제와 연계지도 가능
	2						
	3						
	4	여가 활동	여가와 전통 놀이	여가와 전통 놀이	연 날리기	-연의 종류, 제작 및 날리는 법 이해 -연날리기 놀이	
	5						

연간지도계획 작성 유의점

- 시간 확보 : 학생 능력별 활동이 가능한 여유 있게 시간 확보
- 연간, 월간, 주간 계획
- 시간계획 : 정해진 단원 시간 수와 학습 진행 과정의 각 단계를 고려
- 시설 용구 활용 계획 : 단원별, 차시별 시설과 용구 제시
- 학교 체육 관리 : 체육시설 정기적 안전 점검과 운동장 이용 시간 및 자료계획 (각 학년별, 반별 협의)
- 영역별 필수 내용과 선택 내용을 선정하여 계획
- 기후를 고려하여 계획
- 인접 지역사회 체육시설과 연계한 계획
- 지역사회나 학교 실정에 적절한 지도 계획 수립

표: 체육과 단원 지도계획 예시 -2(2007 개정교육과정 - 4학년 예시)

대영역		도전활동	중영역	표적/투기도전	소영역	표적/투기도전
신체활동		씨름(5차시), 표적 맞히기 활동(3차시)				
지도내용 요소		▷ 표적/투기 도전의 의미와 특성이해 ▷ 표적/투기 도전활동의 기본 기능을 습득하고 실제 활동에 적용 ▷ 표적/투기 도전활동에 참여하면서 자기조절의 개념 이해하고 실천				
차시	학습주제	학습내용 및 활동	장소		자료	평가방법 (도구)
1	표적/투기 도전의 의미와 특성 (인지)	-씨름, 레슬링, 유도, 태권도 등과 같은 운동의 공통점 찾기를 통한 투기형 도전의 의미와 특성 찾기 -양궁, 사격, 국궁 등과 같은 운동의 공통점 찾기를 통한 표적형도전의 의미와 특성 찾기	교실		PPT자료, 관련동영상	지필검사 (선택형)
2	씨름의 기본 기능, 전략 습득 및 적용 (1) (심동+정의)	-손/다리 기술의 종류를 익히고 연습경기에서 적용해 보기 -자기 조절의 개념 이해하기 -자기의 감정과 기분을 적절히 조절하면서 경기 참여 하는 법 익히기	운동장 (모래밭)		샅바, 호루라기	운동기능검사 지필검사 (서술형)
3	씨름의 기본 기능, 전략 습득 및 적용 (2) (심동+인지)	-허리 기술의 종류를 익히고 연습경기에서 적용해 보기 -자신 및 상대방의 힘을 적절히 활용하면서 경기하는 법 익히기	운동장 (모래밭)		샅바, 호루라기	운동기능검사 지필검사 (선택형)
4	씨름대회 개최 (인지+심동+정의)	-남녀별, 체격별 학급 씨름왕 선발대회 개회 -상대방의 신체크기, 장점 기술 등을 바탕으로 이길 수 있는 전략 및 전술 수립하기 -자신의 감정과 힘을 적절히 조절하면서 경기에 최선을 다하기	운동장 (모래밭)		샅바, 호루라기	운동기능검사, 체크리스트
5	간이 씨름 교본 만들기 (인지+정의)	-씨름의 기본 손, 다리, 허리 기술을 사진 또는 그림으로 그리기 -각각의 그림에 대한 설명달기 -경기에 필요한 도구 설명하기 -경기에 필요한 전략 및 전술(자기조절) 정리하여 기술하기	컴퓨터실		필기도구, 사진, 색연필, 인터넷	포트폴리오
6	손으로 던져 넣는 표적 도전 활동 (인지+심동+정의)	-콩 주머니 던져 넣기 하기 -경기규칙, 도구 등을 바꾸면서 하기 -투구 시간과 감정을 적절히 조절하면서 참여하기	운동장		콩주머니, 바구니 (大中小), 초시계	운동기능검사 지필검사 (서술형)

7	발로 차서 맞히는 표적 도전 활동 (인지+심동+정의)	-축구공 발로 차서 벽면 점수판 맞히기 -경기규칙, 도구 등을 바꾸기 -시간과 감정을 적절히 조절하면서 참여하기	운동장 (건물 벽면)	축구공, 초시계	운동기능검사 지필검사 (서술형)
8	도구로 쳐서 맞히거나 집어넣는 표적 도전 활동 (인지+심동+정의)	-나무, 플라스틱 막대로 쳐서 원 중앙에 집어넣기 하기 -경기장 모양, 도구 등을 바꾸기	운동장	나무(플라스틱)막대, 라인기	운동기능검사 지필검사 (서술형)

요점 확인

체육과 연간 교육계획서 작성을 시작하기 전 미리 검토해 두어야 할 사항들을 열거하시오

3. 단원분석과 수업계획서 작성

연간교육계획을 작성하였으면 이제는 실제로 체육수업을 실천하기위해 필요한 '수업의 설계도'를 작성하는 연습이 필요할 것이다. 흔히 '교수-학습 과정안'으로 지칭되는 수업계획서는 크게 세안 형식과 약안 형식으로 나뉠 수 있으며 그 작성 양식은 자유로우나 대개 아래와 같은 형식의 흐름으로 작성되어지는 것이 보통이다.

단원분석을 바탕으로 작성되는 세안계획서 (작성지침 및 사례)

< 체육과 교수-학습 과정안 (예시) >

지도일시	2004. 10. 30. (월). 15:00~15:40	지도교사	서울○○초등학교 홍 길 동
지도대상	제○학년 ○반 남: ○○명, 여: ○○명, 계: ○○명	지도장소	본교 운동장 (우천시 본교 체육관)

** 단원명 (11포인트, 진하게) **

- 영역은 로마자로, 단원은 아라비아 숫자로 표기한다.
- 영역과 단원의 명칭을 표기한 후 줄을 바꾸어 본시에 다루고자 하는 제재명과 차시를 표시한다.

> <예>
> 1. 단원: V. 체력활동 1. 신나는 체력 운동
> 1. 제재: 기구 및 물체를 이용하여 유연성 기르기(2/4차시)

** 단원의 개관 **

- '단원의 개관'에서는 어떠한 맥락에서 본시 수업 제재가 중요한 지를 소개하는 데 중점을 둔다.
- 학교교육이 사회적 요구, 교육과정, 학생의 특성을 반영한다는 점을 고려하여 국가-사회적 측면, 교육과정 측면, 학생의 측면에서의 단원(및 본시 제재)의 의의와 가치를 진술하도록 한다.

가. 국가-사회적 측면 (11포인트)

- 학교교육을 통해서 구현하고자 하는 인간상에 대해서 체육교과의 차원에서 포괄적으로 기여할 수 있는 내용을 진술한다.

> <예> 가. 국가-사회적 측면 (11포인트)
>
> 첨단 산업의 발달과 경제 발전으로 생활이 편리해짐에 따라 체력의 저하현상과 여가 시간의 증대는 삶의 질에 대한 관심과 함께 체육활동의 중요성이 날로 증가하고 있다. 따라서 현 사회적 현상에 부응하여 행복한 인간생활을 실현할 수 있는 평생스포츠의 기반이 되는 체육교육이 필요하다. 현대사회에서의 체육교육은 급변하는 상황에 능동적으로 대처할 수 있는 창의적인 사고력과 문제 해결력을 갖추고, 세계시민으로서 협동하면서 당당히 경쟁할 수 있는 능력 있는 인간으로 육성해야 한다.
> 이에 본 제재는 학습자들이 게임의 전략을 세우고 새로운 규칙을 정해 게임을 실행해 봄으로써 창의적인 사고력을 기르고 역동적인 게임의 상황에 대처하는 판단력 및 문제 해결력을 기를 수 있다. 또한 게임 활동을 통하여 협동심을 길러 줌으로써 현대 사회에서 요구하는 인간을 육성하는 데 적절한 단원이라고 할 수 있다. (본문도 11포인트)

나. 교육과정 측면

- 본시의 제재가 현행 교육과정의 내용 체계 영역과 단원 중 어디에 속한 것이며 체육

교육적 의의가 무엇인지를 기술하도록 한다.

> <예> 나. 교육과정 측면
>
> 체육은 움직임 욕구의 실현 및 체육 문화의 계승, 발전이라는 내재적 가치와 체력 및 건강의 유지와 증진, 정서 순화, 사회성 함양이라는 외재적 가치를 동시에 추구함으로써 인간의 '삶의 질'을 향상시키는 데 있다. 제7차 체육과 교육과정에서는 다양한 신체활동을 통하여 아동 개개인의 움직임 욕구를 실현하고, 운동을 수행하는 데에 필요한 기능과 체력을 증진하며, 운동과 건강에 관한 지식을 이해하고, 사회적으로 바람직한 태도 함양을 체육 교육의 목표로 추구하고 있다. 5·6학년의 경우 6개 영역(체조활동, 육상활동, 게임활동, 표현활동, 체력활동, 보건)으로 구성되었는데 식생활 여건의 향상으로 아동들의 체격은 향상되고 있으나 운동이 부족하여 비만아가 늘고 있으며 기초 체력이 부진하여 허약한 아동이 늘고 있어 체력 활동이 도입되고 있다.
> 본 제재는 내용 체계상 체력활동 영역에 속하며, 체력의 여러 요소 중 근력 및 근지구력을 기르기 위하여 설정된 단원이다. 아동들의 생활 속에서 습관화되어야 함에도 불구하고 아동들로부터 관심과 흥미를 얻지 못하고 있는 면도 있으나 그 가치를 고려해 볼 때, 초등학교에서 반드시 지도되어야 할 필수 내용이다. 따라서 지도시에는 개념적인 이해와 함께 아동들이 생활 속에서 쉽게 실제적으로 접할 수 있는 내용을 중심으로 지도해야 한다. 무엇보다도 다양한 방법으로 흥미를 유발시켜 스스로 꾸준히 학습할 수 있도록 안내해 주는 것이 중요하다.

다. 학생의 측면

- 대상 아동의 연령층에서 나타나는 발육 및 발달적 특성을 토대로 현행 교육과정에서 제시된 내용을 어떻게 재구성해 갈 것인지를 논의한다.

> <예> 다. 학생의 측면
>
> 구기활동은 초등학생에게는 매우 친숙한 영역이다. 특히, 각종 프로스포츠의 인기 속에 각종 구기활동은 아동들의 놀이·게임 문화 속에 비중 있는 영역으로 자리 잡고 있어 다른 영역의 활동보다 동기 유발이 유리한 점이 있다.
> 그러나 초등학교 5학년 시기는 또래 집단이나 경쟁의식의 형성이 두드러져 자칫 수업 참여도 면에서 장애요인으로 작용될 수도 있다. 따라서 학생들은 지나친 경쟁보다는 운동의 기본 기능을 익히는 데 중점을 두며, 실제 운동 상황에서 효율적인 신체의 움직임을 경험하고, 게임 내용을 이해 및 적용, 창조하며 공정한 경쟁을 위한 노력과 적응, 팀 구성원간의 상호 작용을 통한 이해와 협력 및 소속감, 승패의 수용 방법 등을 학습해야 한다. 또한 게임수업은 궁극적으로 게임에 구성원 모두가 능동적으로 참여하여 게임에 대한 안목을 형성하는 데 목적이 있으므로 남학생이나 기능이 우수한 학생 위주로 수업이 진행되지 않도록 팀 구성원을 학생과 교사의 합의에 따라 구성하여 협동적 상호작용이 원활하게 일어날 수 있어야 한다.

** 단원의 계열 **

- 본시 제재의 논리적인 순서를 확인한다.
- **학년별 중점 지도 내용**은 본시 제재와 관련된 내용이 학년별로 어떻게 편제되어 있는지 확인하며, **지도 내용 체계**는 선수학습과 후속학습과의 관련성을 밝히는 데 중점을 둔다.

<예 1> 가. 학년별 중점 지도 내용

3학년	4학년	5학년	6학년
1. 몸을 풀어요 2. 기구는 내 친구 3. 기계체조	1. 맨손체조 2. 아름다운 리듬체조 3. 기계체조 　말타기놀이(선택)	1. 맨손체조 2. 기계체조 3. 리듬체조	1. 맨손체조 2. 기계체조 　뜀틀운동(필수) 3. 리듬체조

나. 지도 내용 체계

선 수 학 습	본 시 학 습	후 속 학 습
○기구에서 오르고 내리기(2학년) • 여러 가지 놀이시설에 매달려 이동하기 • 뜀틀 오르내리기	○말타기 놀이하기(4학년) • 장애물을 넘는 놀이하기 • 뜀틀에 뛰어오르기 및 뛰어내기 • 도움닫기 하여 다리 벌려 넘기 • 도움닫기 하여 팔 버티어 옆 뛰어넘기	○뜀틀운동(6학년) • 뜀틀 위에서 앞구르기 • 뜀틀 위에 손 짚고 넘기 • 뜀틀에 오르기와 내리기 • 손 짚고 다리 벌려 뛰기 • 손 짚고 다리 모아 뛰어넘기

<예 2> 가. 학년별 중점 지도 내용

5학년	6학년
1. 체력을 알자 2. 재미있는 체력 운동 3. 체력 측정과 체력 향상	1. 신나는 체력 운동 2. 체력 측정과 체력 향상

나. 지도 내용 체계

학년	영역	단원	제재	지도내용
5	I 체력활동	1. 체력을 알자	-튼튼한 체력	-체력의 뜻 알기 -체력의 중요성과 체력의 요소 알기
		2. 재미있는 체력운동	-힘 기르기 -누가 누가 오래하나	-팔, 다리, 배의 힘을 기를 수 있는 운동 방법 -물체 또는 사람의 무게를 이용하여 근력 및 지구력 기르기 -재미있는 놀이를 통하여 근력 및 지구력 기르기 -심폐지구력 운동의 종류 알기 -재미있는 게임을 하면서 심폐지구력 기르기
		3.체력측정과 체력 향상	-나의체력 알아보기 -체력운동 계획세우기	-체력을 측정하는 방법 알기 -나의 체력 측정하기 -체력을 기르기 위한 운동 계획 세우기
6	I 체력활동	1. 신나는 체력 운동	-체력의 종류 -체력 운동하기	-체력의 종류와 요소에 대해서 알기 -혼자서 또는 둘이서 할 수 있는 유연성 운동하기 -기구나 물체를 이용하거나 놀이나 게임을 하면서 유연성 기르기 -평형성을 기를 수 있는 운동하기 -순발력을 기를 수 있는 운동 알고 연습하기
		2. 체력측정과 체력 향상	-나의 체력 측정하기 -체력 향상 계획수립	-여러 체력 요소를 측정하는 방법 알기 -자신의 체력 측정하기 -체력 향상 프로그램 만들기

** 학급의 실태 **

- 본시 제재의 효과적인 지도를 위한 계획 수립의 차원에서 학생들에 관련된 전반적인 사항들에 대해서 조사를 실시한다.
- 학급의 실태는 본시 수업의 목표와 과제의 난이도의 설정, 적합한 수업 방법(모형)을 선정하는 기초로서 작용된다. 즉, 실태를 분석하고 그에 따른 적절한 발전 방향(지도 대책)을 설정하도록 한다.
- 학생의 신체 발육 및 운동 기능 수준, 체육교과 선호도, 체육과에서의 선호 내용 영역 등 학생에 관한 내용과 더불어 학교와 지역 사회의 특이한 사항들이 충분히 검토되고 반영되도록 한다.
- 학급 실태 분석 결과 및 지도 대책에 관한 기술은 표 양식과 그림(그래프) 등을 통해서 진술하는 것이 보다 효과적인 내용 보고가 될 것으로 사료된다.

<예> 4. 학급의 실태
가. 아동의 신체 실태

구분	정상	경도비만	중등도 비만	신체허약	재적
남	21	3	1	0	25
여	20	0	0	0	20
계	41(91.1%)	3(6.7%)	1(2.2%)	0(0%)	45(100%)

대체로 정상이며 경도 비만이 3명, 중등도 1명으로 비만아가 많지 않은 편이고, 신체허약아는 없고 체육 학습 장애도 없어 체육수업을 하는 데 특별히 배려해야 할 사항은 없다. 비만아의 경우 순발력이 떨어지나 열심히 체육수업에 참여하고 있으며, 다만 기능이 떨어지는 아동들은 꾸준히 줄넘기와 달리기로 기본 체력을 향상시켜야 할 것이다.

나. 체육과 영역별 흥미도

구분	체조활동	육상활동	게임활동	표현활동	체력활동	계
남	1	3	21	0	0	25
여	0	4	16	0	0	20
계	1(2.2%)	7(15.6%)	37(82.2%)	0	0	45

영역별 흥미도에서는 게임활동을 압도적으로 선호하고 있으며 다음으로 육상활동을 좋아하는 것으로 나타났다. 체조활동은 2.2%로 1명에 불과하고 나머지 영역은 좋아하는 아동이 하나도 없었다. 게임활동의 높은 흥미도를 게임의 개발로 수업으로 연결하는 것이 필요하다.

** 교수-학습 지도 계획 **

가. 단원의 목표

- 단원의 목표는 현행 체육과 교육과정을 참고하여 본 단원의 주요 목표를 제시하도록 한다.

> <예> 가. 단원의 목표
> (1) 심동적 영역
>   · 여러 방향에서 날아오는 공을 빠른 몸 동작으로 피할 수 있다.
>   · 다양한 방법의 몸동작으로 날아오는 공을 피하고 던질 수 있다.
>   · 공을 힘있게 정확시 던지고 받기를 하며 공 피하기 게임을 할 수 있다.
> (2) 인지적 영역
>   · 날아오는 공을 피하거나 목표물을 맞힐 때 움직이는 방법을 안다.
>   · 게임을 진행하는 방법이나 게임에 필요한 다양한 전략에 대해 안다.
>   · 게임의 요소를 변형시켜 다양한 게임을 만드는 방법을 안다.
> (3) 정의적 영역
>   · 즐거운 마음으로 친구들과 협동하여 운동하는 태도를 갖는다.
>   · 자신감을 가지고 게임에 적극적으로 참여하는 태도를 갖는다.
>   · 규칙을 지키며 질서있게 참여하는 태도를 갖는다.

나. 차시별 교수-학습 지도 계획

- 본시 제재가 속한 단원의 전 차시별 제재와 주요 내용 및 활동을 분석하여 진술한다.

> <예> 나. 차시별 교수-학습 지도 계획
>
> | 종목 | 차시 | 차시별 제재 | 주요 내용 및 활동 |
> |---|---|---|---|
> | 공피하기 게임 (필수) | 1 | · 여러 가지 방법으로 공 주고 받기 | · 여러 방법으로 공 굴려서 주고 받기
· 여러 방법으로 공 던져서 받기 |
> | | 2 | · 한 방향 또는 여러 방향에서 굴러오는 공 피하기 | · 똑바로 굴러오는 공, 여러 방향에서 굴러오는 공 피하기 |
> | | 3 | · 한 방향 또는 여러 방향에서 날아오는 공 피하기 | · 정해진 지역에서 던져 맞히기
· 여러 방향에서 날아오는 공 피하기 |
> | | 4 (본시) | · 여러 가지 방법과 규칙으로 공 피하기 게임하기 | · 다양한 방법과 규칙으로 공 피하기 게임하기 |
> | | 5 | · 공 피하기 게임 만들기 | · 새로운 규칙과 방법을 정하여 공피하기 게임 만들기
· 창의적인 게임 구성하여 해보기 |

다. 본시 교수-학습 지도 계획

- 본시 제재의 성격에 적합한 수업의 절차와 방법이 교수학습 지도안의 전체적인 틀이 되도록 한다.
- 본시 수업을 위한 학습목표는 단원의 목표를 한층 더 구체화 시킨 형태로 진술하도록 하며 내용에 따라서는 심동적, 인지적, 정의적 영역을 포괄적으로 진술할 수도 있다.

- 가급적 수업의 전체적인 흐름을 파악할 수 있도록 '수업 전개도'를 제시하며 내용과 형식은 영역별로 창의적으로 작성한다.(다음의 예시 참조 바람)

<게임활동 영역의 사례>

다. 본시 교수-학습 지도 계획
  1) 제재 : 바닥에 공을 튀겨 목표물 맞히기
  2) 본시 교수·학습 목표

심동적 영역	• 공을 한 번 튀겨서 목표물을 정확하게 맞힐 수 있다.
인지적 영역	• 공을 튀겨서 목표물을 맞힐 수 있는 힘의 세기와 거리를 조절할 줄 안다.
정의적 영역	• 집중하여 열심히 참여하려는 태도를 가진다.

  3) 교수·학습 전개도

단계	구 조	활동내용	수업형태
도입	탐색활동	○학습동기 유발 ○학습목표 확인	전체활동
	게임 구성	○게임구성 내용 소개	전체활동
	게임 이해	○게임구조 이해하기 ○게임방법 이해하기	전체활동
	게임 실행	○준비운동하기(간이게임1,2)	모둠활동
	전략 인지 및 의사결정	○게임규칙 알아보기 ○게임전략 알아보기 ○의사 결정하기	모둠활동
전개	수 행	○게임의 실행(1,2,3,4)	모둠활동
발전	게임 재구성	○게임의 재구성 및 기술실행 ○게임의 재실행(1,2,3,4)	개별활동 모둠활동
정리	정리활동	○정리운동 ○결과확인 및 평가 ○수업활동 정리 ○차시안내 및 과제제시	전체활동

<육상활동 영역의 사례>

다. 본시 교수·학습 지도 계획
  1) 제재 : 도움닫기 하여 등 쪽으로 가로대 넘기 (배면뛰기)
  2) 본시 교수·학습 목표

심동적 영역	• 도움닫기 하여 등 쪽으로 허리 높이의 가로대를 넘을 수 있다.
인지적 영역	• 도움닫기 하여 등 쪽으로 가로대 넘는 방법을 안다.
정의적 영역	• 적극적으로 도전하려는 태도를 가진다.

  3) 교수·학습 전개도

단 계	교수·학습 과정	수업 조직
학습 과제 확인 및 인지	• 준비 운동 • 전시학습 상기 • 동기 유발 • 과제 확인	전체 학습 개별 학습
과제 분석 및 해결전략 탐색	• 과제 해결 요소 탐색 • 학습 안내	모둠 학습 전체 학습
해결전략의 실행	• 과제 실행	개별 학습
해결전략의 정착 및 평가	• 움직임 정리 • 정리 운동 • 평가 • 정리 활동	전체 학습

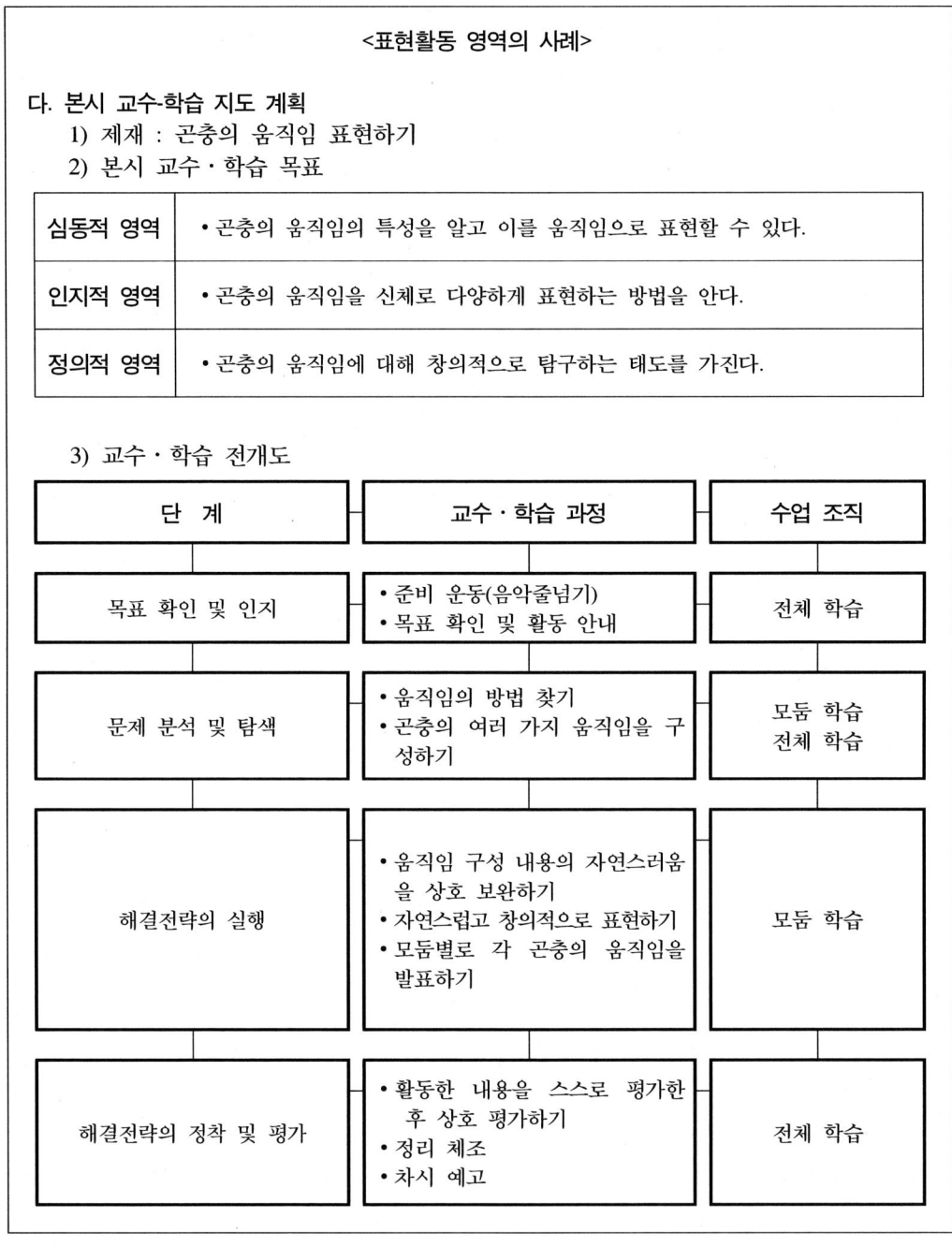

<표현활동 영역의 사례>

다. 본시 교수·학습 지도 계획
　1) 제재 : 곤충의 움직임 표현하기
　2) 본시 교수·학습 목표

심동적 영역	• 곤충의 움직임의 특성을 알고 이를 움직임으로 표현할 수 있다.
인지적 영역	• 곤충의 움직임을 신체로 다양하게 표현하는 방법을 안다.
정의적 영역	• 곤충의 움직임에 대해 창의적으로 탐구하는 태도를 가진다.

　3) 교수·학습 전개도

단 계	교수·학습 과정	수업 조직
목표 확인 및 인지	• 준비 운동(음악줄넘기) • 목표 확인 및 활동 안내	전체 학습
문제 분석 및 탐색	• 움직임의 방법 찾기 • 곤충의 여러 가지 움직임을 구성하기	모둠 학습 전체 학습
해결전략의 실행	• 움직임 구성 내용의 자연스러움을 상호 보완하기 • 자연스럽고 창의적으로 표현하기 • 모둠별로 각 곤충의 움직임을 발표하기	모둠 학습
해결전략의 정착 및 평가	• 활동한 내용을 스스로 평가한 후 상호 평가하기 • 정리 체조 • 차시 예고	전체 학습

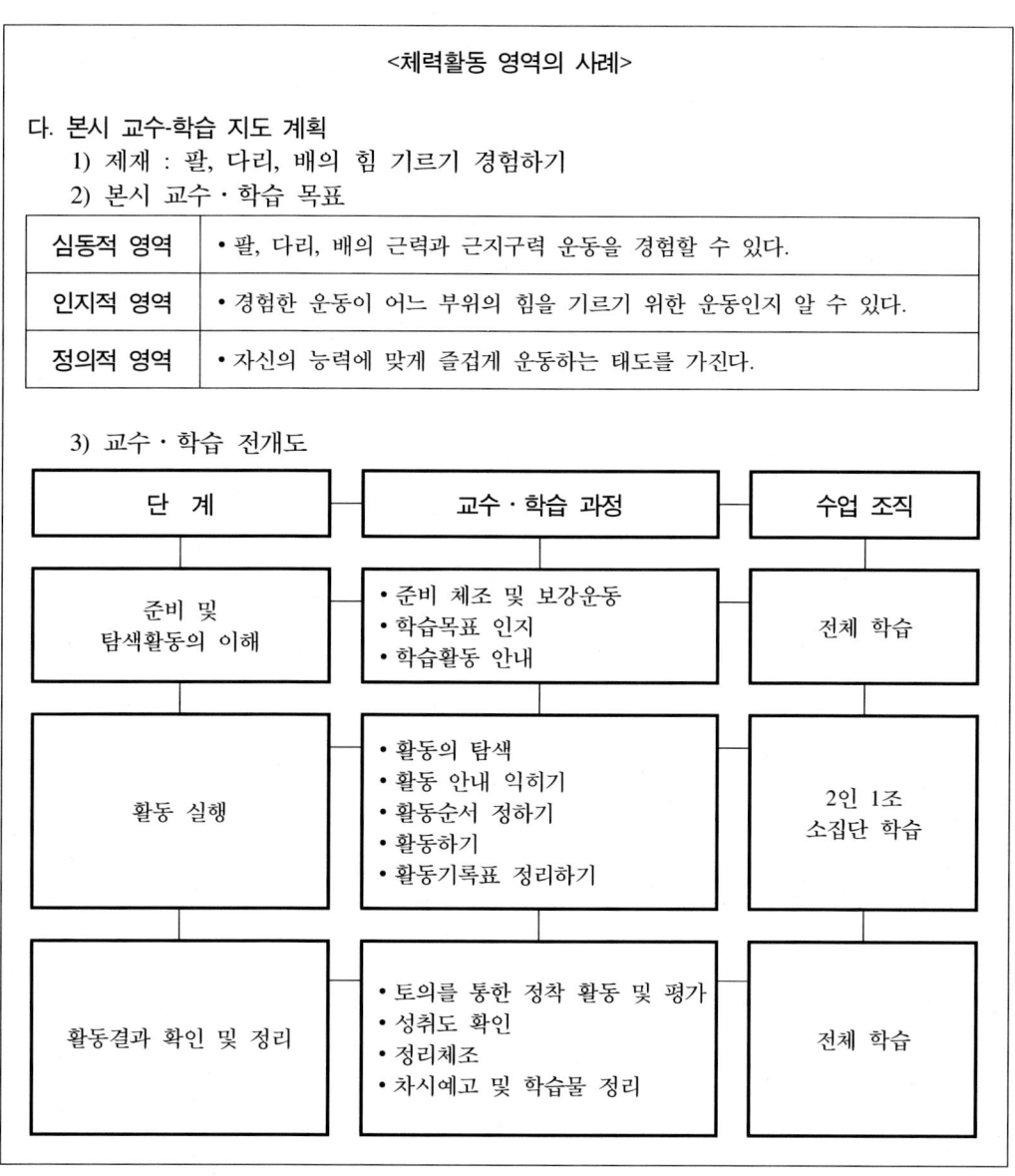

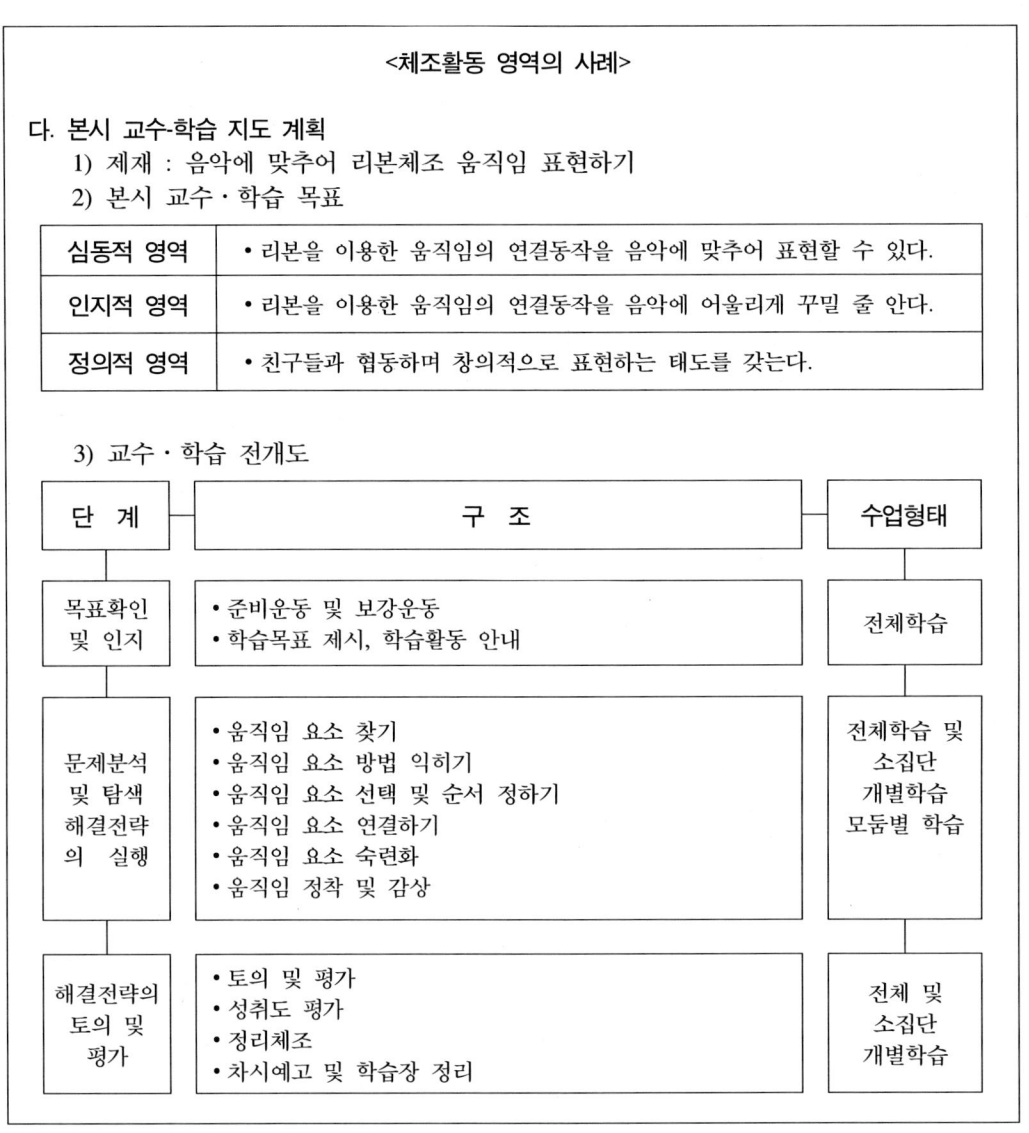

<체조활동 영역의 사례>

다. 본시 교수-학습 지도 계획
  1) 제재 : 음악에 맞추어 리본체조 움직임 표현하기
  2) 본시 교수·학습 목표

심동적 영역	• 리본을 이용한 움직임의 연결동작을 음악에 맞추어 표현할 수 있다.
인지적 영역	• 리본을 이용한 움직임의 연결동작을 음악에 어울리게 꾸밀 줄 안다.
정의적 영역	• 친구들과 협동하며 창의적으로 표현하는 태도를 갖는다.

  3) 교수·학습 전개도

** 본시 교수-학습 전개안 **

- 본시 교수-학습 전개안은 교수-학습의 단계, 교사와 학생의 활동, 수업의 조직 및 대형, 시간, 자료, 지도상의 유의점 등이 상세하게 진술되도록 하는 것이 바람직하나, **내용과 형식에 관해서는 창의적으로 구성**하도록 한다(아래의 두 가지 형태의 교수-학습 전개안을 참고하기 바람).

<예1: 전통적 교수·학습 전개안>

단계	학습 과정	교수 · 학습 활동	수업 조직	시간 (분)	학습자료 및 유의점
목표 확인 및 인지	학습준비 준비운동 집합	* 당번조는 용구 및 기구를 준비한다 * 준비체조 또는 가벼운 스트레칭 실시 * 설명대형으로 정리	전체 학습	5′	* 학습준비 시 반드시 교사가 함께 참여한다
문제분석 및 탐색	동기유발 교사발문 및 전략 학습목표제시	* 올림픽 체조경기 관련된 이야기 또는 사진제시 * 학생들의 직간접 경험을 근거로 한 질문법 사용하여 단계적 탐구학습 실시 * 몸의 균형을 위해 필요한 운동을 알고 행할 수 있다	전체 학습	5′	체조경기 사진 또는 동영상
해결전략실행	움직임 탐색 움직임 선택 및 순서 정하기 평형성 운동	* 교사 또는 시범학생의 움직임 동작 관찰 * 평형성을 유지하기 위해 필요한 동작 및 움직임의 조건은 무엇인가 ? - 개인별로 동작을 선택하고 순서대로 진행함 - 개별학습이 미진하거나 완수한 학생들은 조별로 추가 과제를 수행함	전체 학습 개별 학습 조별 학습	25′	가급적 개인의 관찰과 탐구로 문제를 해결할수있 도록 함
해결전략토의 및 평가	성취도 확인 정리운동 차시예고 정리활동	* 학습목표 도달여부 점검 (개인 및 동료평가) * 음악에 맞춰 간단한 스트레칭 실시 * 회전운동을 위한 움직임 관찰 및 수행 * 기구 및 자료 정리		5′	자료정리시 교사는 반드시 임장지도함

<예2: 대안적 교수·학습 전개안>

■ 수업 전 활동

단계	활동 구분	시간(분)	자료및 유의점
학습 준비하기	* 자료준비 및 설치 (체육부)	5′	
놀이하기	* 조별로 준비된 놀이하기 (6개조 별)	5′	

■ 본시 수업 활동

단계		학습내용	교수 · 학습 활동	시간(분)	자료및 유의점
목표 확인 및 인지	학습 준비 활동	학습분위기조성	- 줄서기, 환자확인	10′	-음악테잎 카세트 (준비운동) -삽화, PPT파일 등
		준비운동	- 본운동에 도움을 줄 수 있는 다양한 내용으로 구성		
		동기유발	- 예화, 동영상, 시범 등을 통해서 흥미유발 할 수 있도록 실시		
	학습 문제 인지	학습문제 확인	- 학습의 주요한 성취목표 제시		
문제 제시	움직임 방법 제시 및 발견	대상을 움직임으로 이미지화하기	- 창의적인 아이디어를 통하여 각자 개성있는 동작을 표현 할 수 있도록 지도	10′	* 창의적인 동작이 필요한 만큼 가급적 시범생략
		느낌을 움직임으로 이미지화하기	- 눈을 감고 머릿속으로 구상 하는 방법과 요령을 주의깊게 안내하고 시범		
문제 분석 및 탐색	움직임 탐구 및 선택	느낌을 움직임으로 표현하기	- 음악에 대한 즉흥적인 느낌과 감흥을 표현할 수 있도록 함	10′	
해결 전략의 실행	움직임 정착	조별로 움직임을* 표현하기	- 친구들과 협동하면서 서로 각자의 상상력을 아름답게 표출할 수 있도록 함	5′	
			- 협동을 하면서 단체동작의 아름다움을 느끼도록 함		
토의 및 평가	평가 및 정리	평가하기	- 동료평가, 자기평가 등 다양한평가도구 및 방법활용	5′	음악테잎 카세트
		정리운동	- 근육과 관절을 부드럽게 이완시킬 수 있도록 함		
		차시예고	- 간단한 구두안내		
		과제제시	- 준비물 제시 및 연습활동 안내		

■ 수업 후 활동

단계	활동 구분	시간(분)	자료및 유의점
학습 준비물 정리하기	* 당번 조 실시	5′	교사는 반드시 임장 지도한다
학습활동 표현하기	* 간단한 구두표현 또는 학습지	10′	결과정리를 해두고 차후 수행평가로 활용한다

** 평가 계획 **

가. 평가 원칙

- 평가를 실시함에 있어서 기본 원칙을 설정한다.

> <예> 가. 평가 원칙
> - 신체 활동(기능)에 대한 결과를 평가하기 보다는 과정 중심으로 평가를 실시한다.
> - 학습 목표를 얼마만큼 성취하였는지, 자신의 능력에 맞게 얼마나 열심히 참여하였는지를 알아본다.
> - 수행평가를 위한 개인별 '활동기록표'를 만들어 활용한다.

나. 평가 기준

- 최근의 평가 동향(예, 수행평가)을 고려하여 실천적인 평가 기준을 수립하도록 하며 단원 평가 기준과 차시별 평가 기준으로 나누어 진술한다.

(1) 단원 평가 기준

- 단원 평가 기준을 설정함에 있어서 반드시 고려해야 할 점은, 목표와 내용을 기능, 지식, 태도 등으로 구분되기는 하나 결코 상호배타적인 구분이 아니며 상호의존적이고 통합적인 관계라는 것이다.
- 따라서, 목표나 내용이 심동적, 인지적, 정의적 영역으로 구분하고 있다고 하여 평가 기준을 이 같이 구분하기 보다는 전 영역을 모두 통합하고 포괄할 수 있는 새로운 평가 기준을 설정하는 것이 보다 의의가 높다.

<예> 나. 평가 기준 (1) 단원 평가 기준

평가기준	상	중	하
이 해	공피하기형 게임의 방법, 규칙과 다양한 전술 방법을 설명한다.	공피하기형 게임의 방법과 규칙을 설명하나 다양한 전술에 대한 설명이 다소 부족하다.	공피하기형 게임의 방법과 규칙에 대한 설명이 부족하다.
적 용	여러 방향에서 날아오는 공의 방향을 예측하여 피하며, 공 던지고 받기 기능이 매우 우수하다.	여러 방향에서 날아오는 공을 방향을 예측하여 피한다.	정면에서 느리게 날아오는 공을 피하나 상황 판단이 느려 자주 공에 맞는다.
	게임의 규칙을 잘 지키며 친구들과 협동하여 게임에 참여한다.		혼자만 공을 다루려고 하거나 방관적이다.

(2) 차시별 평가 기준

• 차시별 지도 내용을 확인하고 해당 차시의 학습 목표와 관련하여 평가의 기준을 구체적으로 설정하도록 한다.

<예> 나. 평가 기준 (2) 차시별 평가 기준

영역	학습요소	지도내용	차시	평가관점	평가척도 상	중	하
기능	상황에 맞는 체신모음직임	• 간이 피구 게임하기	1	여러 방향에서 날아오는 공을 빠른 몸 동작으로 피할 수 있는가?			
		• 꼬리피하기 게임하기	2	서로 협력하여 날아오는 공을 피할 수 있는가?			
		• 짝피구 게임하기	3	둘이서 협동하여 날아오는 공을 피할 수 있는가?			
		• 복장방형 피구 게임하기	4	지역을 이동하면서 새로운 피구 게임을 할 수 있는가?			
		• 공피하기형 게임 만들기	5	규칙에 알맞은 움직임으로 날아오는 공을 빠르게 피할 수 있는가?			
지식	게임의 방법, 규칙, 임방규전략이해하기	• 공피하기형 게임의 방법, 규칙과 다양한 전술 방법을 알고 이해하기	1-2	날아오는 공을 피하거나 목표물을 맞힐 때 움직이는 방법을 아는가?			
			3	빠른 몸 동작으로 날아오는 공을 피하는 방법을 아는가?			
			4	날아오는 공을 피하거나 목표물을 맞힐 때 움직이는 방법을 아는가?			
			5	게임의 요소를 변형시켜 다양한 공피하기 게임을 만드는 방법을 아는가?			
태도	규칙을 지키며 즐겁게 참여하기	• 규칙을 지키면서 즐거운 마음과 적극적인 자세, 협력하는 태도로 참여하기	1	게임의 규칙을 지키며 활동하는 태도를 갖는가?			
			2	친구들과 협동하며 운동하는 태도를 갖는가?			
			3	협동하고 남을 배려하는 태도를 갖는가?			
			4	게임에 적극적으로 참여하는 태도를 갖는가?			
			5	진지하게 생각하고, 창의적으로 탐구하는 태도를 갖는가?			

다. 평가 방법

- 평가는 목표와 내용과 일관성이 유지될 수 있도록 방법을 설정한다.
- 평가의 방법은 크게 양적 방법과 질적 방법으로 나뉘는데 전통적으로 양적 방법(계량적 평가, 객관적 관찰 가능한 측면만 강조)에 의존해 왔는데, 목표와 내용에 일관된 평가의 실시를 위해서는 관찰, 면담, 내용 분석 등의 질적 방법도 균형적으로 고려될 필요가 있다.

<예> 나. 평가 방법

구분 영역	기능(심동적 영역)	지식(인지적 영역)	태도(정의적 영역)
양적 방법	실기 검사(평정척)	지필평가	관찰(평정척)
질적 방법	관찰(서술)	반성일지, 일기	관찰(서술), 면담

라. 본시 평가 도구

- 본시 제재의 수업 목표에 부합되는 구체적인 평가도구를 제시하도록 한다.
- 과거에는 암묵적으로 오로지 교사만이 평가의 주체가 되었으나, 최근에는 학생도 평가의 주체로 보고 있으므로 학생에 의한 평가가 이루어질 수 있는 평가 도구를 개발 및 제시할 필요가 있다.

<예> 라. 본시 평가 도구

(1) 자기평가·동료평가(활동기록표)

서울 (   )초등학교 (   )학년 (   )반 (   )번 이름 (   )

자기(진단)평가 (해당되는 곳에 ○표)			동료평가 (열심히참여-○, 보통-△, 노력필요-□)						
			형근	성수	성진	규태	…	수진	다영	지영
기본 활동	매우만족함	만족함	불만족함							
기본 활동	매우만족함	만족함	불만족함							
기본 활동	매우만족함	만족함	불만족함							
공피하기형 게임을 재미있게 하는 방법 적어보기				오늘 수업에 대한 나의 느낌 적기						
·친구들과 서로 양보하면서 하면 된다 ·선생님 설명을 잘 듣고 규칙을 지키면서 하면 된다				·내짝 성수가 너무 자기위주로 게임 하다보니 여자아이들이 심심했다 다음부턴 공평하게 기회가 돌아갔으면 좋겠다						

(2) 과정-결과 평가(교사 평가)

활동\학생	이 해			적 용			결 과 평 가
	• 날아오는 공을 피하는 방법 이해 • 게임 규칙 및 전략, 전술의 이해			• 새로운 피구게임에 적응하며 공피하기 게임 기능 • 게임 참여 태도			교사의 관찰 내용과 종합의견
	상	중	하	상	중	하	
강동훈	√				√		이해는 빠르나 적용이 느림
구동규	√			√			이해와 실천력이 모두 우수함
…							
황수진		√				√	보다 다양한 연습이 요망됨

** 부록 및 참고자료 (선택) **

• 본시 제재와 관련하여 부록 및 참고자료들을 첨부함으로써 교수-학습 전개안의 이해를 도울 수 있다.
• 현장 실용성을 최대한 고려하여 수집된 자료들을 수업자의 관점에서 유목화하고 체계화하여 재구성할 필요가 있다.

<예>
1. 비이동 운동 탐색자료

비이동 운동	탐 색 방 법
구부리고 펴기	서서 앞으로 몸을 구부려 보세요. 서서 뒤로 구부려 보세요. 서서 옆으로 구부려 보세요. 앉아서 옆으로 구부려 보세요. 무릎을 꿇고 뒤로 구부려 보세요. 몸을 쭉 편 상태에서 구부린 후 다시 쭉 펴보세요.
…	…

2. 이동 운동 탐색자료

이동 운동	탐 색 방 법
걷 기	소고 소리가 들릴 때마다 방향을 바꾸어서 걸어 보세요. 팔을 옆으로 흔들면서 걸어 보세요. 천천히 걷다가 점점 속도를 내서 걸어 보세요. 게가 되어 옆으로 걸어가 보세요. 성큼성큼, 사뿐사뿐, 살금살금, 종종, …. 걸어 보세요. 계단을 올라가는 것처럼 걸어 보세요. 계단을 내려가는 것처럼 걸어 보세요.
…	…

가. 단원분석을 바탕으로 작성되는 약안계획서 (작성지침 및 사례)

1) 학습 목표 정하기
   (1) 일반목표
   (2) 본시 학습 목표

2) 학습과제 분석
   (1) 학습과제 분석의 절차
      ① 본 학습과제의 확정 ➡ 선행학습 과정의 분석 ➡ 후속학습 과제의 분석
         ➡ 본 학습과제와의 관계 세목화
      ②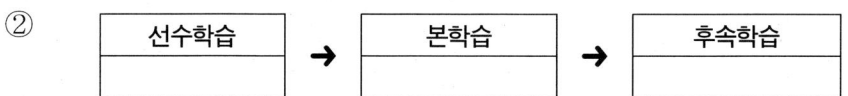

   (2) 학습과제 분석의 필요성
      ① 수업에서 학습자들이 어떠한 행동을 길러야 하는지 파악
      ② 학습자들에게 어떤 활동이나 연습을 시켜야 하는지 파악
      ③ 학습과제를 어떠한 순서로 학습시킬 것인지 파악
      ④ 무엇을 학습할 것인지 파악
      ⑤ 무엇을 평가할 것인지 파악
      ⑥ 선수학습능력이 무엇인가 파악

   (3) 학습과제 분석 유형(단원이나 교과의 성격에 따른 분석)
      ① 학습위계별 분석
      ② 학습단계별 분석
      ③ 시간·기능별 분석

   (4) 학습과제 분석도
      ① 평면적 구조도   ② 수직적 구조도   ③ 위계적 구조도

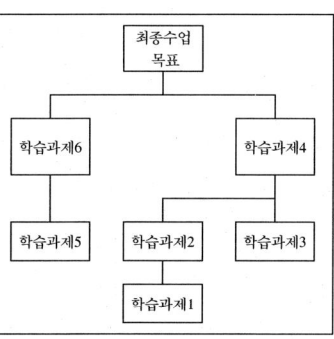

(5) 교수학습계획
　① 교수학습계획 수립
　　· 시간확보
　　· 시간 계획
　　· 학교 체육 관리 계획
　　· 연간, 월간, 주간 계획
　　· 시설 용구 활용 계획
　② 교수학습계획 조정

3) 수업모형 선택
　(1) 직접 교수 모형
　(2) 이해중심 게임 지도 모형
　(3) 동료교수모형
　(4) 개별화 지도 모형
　(5) 협동학습모형
　(6) 스포츠 교육 모형
　(7) 탐구수업 모형

4) 평가계획 세우기
　(1) 평가 기본 방향
　　① 평가 기준　② 평가 내용　③ 평가 방법　④ 평가 도구
　(2) 내용 영역별 평가(제7차 교육과정 중심)
　　① 운동 기능 평가는 내용 영역별로 최소 1개 종목 선정 평가
　　② 운동 지식 평가는 학기별로 평가
　　③ 운동 태도 평가는 전 수업 과정을 통한 지속적인 관찰과 체계적인 기록을 근거로 실시
　(3) 평가 방법
　　① 평가의 목적, 내용, 시기, 대상의 특성, 학급인원수, 교사의 능력, 학교방침 등을 고려하여 학년 초에 계획하여 학생들에게 공지
　　② 체계적인 누가기록과 관찰 기록을 바탕으로 학습과정 전반을 평가
　　③ 교사평가, 상호평가, 자기평가를 종합하여 평가
　(4) 평가 활용
　　① 학생에 대한 이해도를 높이고, 학생의 학습 성취도를 높일 유용한 도구로 활용
　　② 학습목표, 지도방법, 지도계획 등에 적용하여 교수·학습 자료로 활용
　　③ 학생의 적성파악과 진로지도 자료로 활용

5) 교수-학습 과정안 (약안예시)

★ 참고자료 <일일 교수학습지도안>			
단계	교수·학습 활동		비 고
준비 운동 및 동기 유발 (5′)	♣ 음악에 맞추어 교사를 따라 신체 부위 움직이기 ♣ 자신의 몸을 신나게 흔들며 춤을 추어본 경험 발표하기 ♣ 학습활동 제시하기 ◎ 우리 몸의 각 부분을 흥겨운 음악에 맞추어 자유롭게 움직일 수 있다.		준비 체조 음악

전 개
(30′)
	♣ 다리 흔들어 보기
	  - 한발 들어 흔들기, 교대로 바꾸어 흔들기
	  - 발바닥을 비비며 엉덩이와 몸을 흔들기
	♣ 목 움직여 보기
	  - 좌 우, 앞 뒤로 흔들기
	  - 돌려보기, 목을 움츠렸다가 쭉 늘려보기
	♣ 허리 움직여 보기
	  - 좌 우, 앞 뒤로 밀기
	  - 좌 우 원으로 돌리기
	  - 속도를 달리하여 자유자재로 흔들기
	♣ 팔 흔들기
	  - 손목, 한팔, 양팔을 높이를 달리하여 흔들어 보기
	♣ 손으로 신체의 여러 부분을 치기
			동작카드
			보고
			따라하기

전 개
(30′)
	♣ 몸의 여러부분을 동시에 움직여 보기
	  - 엉덩이, 다리 함께 흔들기
	  - 팔, 다리 흔들기
	  - 목을 흔들거나 돌리고, 다리 흔들기
	  - 발바닥을 비비며 엉덩이를 흔들고, 목 흔들기
	♣ 친구들과 모여서 재미있게 움직여 보기
	  - 마주보고 움직이기
	  - 한 명씩 리더가 되어 흔들어 보고 따라하기
	♣ 음악에 맞추어 신나게 춤추기
	  - 교사와 함께 자유롭게 흔들기
	  - 동작의 순서를 정하고 즐겁게 춤추기
			동작카드
			보고
			따라하기
			
			동작
			카드로
			순서
			정하기

정리
(5′)
	♣ 신나는 춤을 추고 난 느낌 이야기 하기
	  - 가장 신나게 춤을 추었던 친구 칭찬하기
	  - 좋았던 점 이야기 하기
	♣ 정리 운동 하기		

본 시
평 가
계 획
	▪ 평가관점
	  - 우리 몸의 각 부분을 흥겨운 음악에 맞추어 리듬에 따라 신체를 잘 움직이는가?
	  - 음악의 빠르기에 맞게 신체의 움직임을 잘 이어서 표현하는가?
	  - 자발적이고 즐겁게 참여하는가?
	▪ 평가방법 : 체크리스트(관찰), 자기 평가		

출처 : 체육-초등학교 교실수업 개선을 위한 교육과정 운영 자료. 교육인적자원부			

> **요점 확인**
> 단원분석과 수업계획서 작성에 필요한 사전 준비과정을 설명하시오

4. 모의 수업 실습과 교수평가

체육수업을 위한 준비단계로서 교육과정의 분석을 토대로 한 계획서(연간계획서 및 수업계획서)를 작성하였다면, 다음은 이러한 계획 하에 실제로 초등학교 체육수업을 시행해 보는 것이 필요하다. 물론 실제로 학교현장에서 실시되는 체육수업은 학교마다 다양한 물리적·상황적 환경의 차이에 의해서 정형화된 체육수업을 이끌어 내는 것은 어렵다고 볼 수 있지만, 아직 체육수업의 기초를 학습하는 학생들의 경우에는 가장 전형적인 준비와 방법을 통한 수업실습 및 이에 대한 평가가 필요하다고 본다. 따라서 본 절에서 예비교사들의 이러한 수업실습 능력을 향상을 도모하고자 필요한 모의수업의 절차와 이에 대한 평가를 시행할 수 있는 표준적인 기준과 예시를 아래와 같이 제시하고자 한다.

** 수업 지도안 분석 (* 수업 예상 흐름의 인지적 파악)**
- 지도안 형식 및 내용의 주요 특징 파악
- 수업내용 표현의 적절성 여부 파악
- 수업의 예상 진행절차 인지

** 수업 실습 및 교수평가 **

수업자 측면 평가 요소
- 수업준비도 파악 (용·기구 준비상태, 수업대형 설계 및 조직의 적합성, 복장상태 등)
- 수업의 내용성 분석
  - 수업내용의 수준이 해당학년에 적절한 것인가?
  - 수업진행을 위한 규칙 및 대형에 관한 설명이 학습자에게 충분히 인지되어 있는가?
- 수업 진행능력 점검

- 수업의 전체 흐름을 숙지하고 있는가 ?
- 우발적인 상황에서 유연하게 대처해 나가는가 ?
- 각종 비과제 행동들에 대한 적절한 대처 방안이 있는가 ?
- 여러 가지 변형요소를 바탕으로 수업내용을 변형해 나가는가 ?
· 수업 평가 측면
- 해당수업 목표를 적절하게 평가할 수 있는 평가 도구인가 ?
- 심동적, 인지적, 정의적 영역을 모두 포괄할 수 있는 평가인가 ?

학습자 측면 평가 요소
· 수업내용 인지도 관련
- 게임의 규칙을 제대로 이해하고 있는가 ?
- 게임규칙 및 전략의 변형에 적극적으로 참여 하는가 ?
· 수업 수행도 관련
- 수업에서 주어진 자신의 역할수행을 적절히 수행 하는가 ?
- 해당 수업내용에 필요한 적절한 기능 및 기술을 보유하고 있는가 ?
· 수업 태도 관련
- 수업 활동 내에서 조(팀)원과 적절한 협동을 하는가 ?
- 규칙을 지키며 성실한 자세로 참여하는가 ?

수업 분석 (수업 내용분석 및 질의 응답)
· 수업 분석지 배부 및 작성

구 분		상	중	하
	● 수업일시 : 2004. ○. ○ ● 수업자 : ● 수업주제 : 목표물 맞히기 형 게임 1 (제시, 확대수준)			
수업준비 측면	◦ 수업에 필요한 도구 및 기타준비물이 적절하게 갖추어져 있는가 ? ◦ 수업대형 설계 및 조직이 적합하다고 생각 되는가 ?	상	중	하
		評 :		
수업목표 측면	◦ 본 차시 주제에 적합한 목표인가 ? ◦ 구체적 행위를 통해 결과를 도출할 수 있는 문장으로 기술 되었는가 ?	상	중	하
		評 :		
수업내용 측면	◦ 게임의 수준이 해당학년에 적절한가? ◦ 수업진행을 위한 게임규칙 및 대형에 관한 설명이 학습자에게 충분히 인지 되어있는가 ? ◦ 게임의 변용은 적절하게 이루어졌는가 ?	상	중	하
		評 :		

수업방법 측면	◦ 교사가 수업전체의 흐름을 숙지 하여 능숙하게 진행 하는가 ? ◦ 여러 가지 돌발상황을 유연하게 대처해 나가는가 ?	상	중	하
		評 :		
수업평가 측면	◦ 해당수업 목표를 적절하게 평가할 수 있는 평가 도구인가 ? ◦ 심동적, 인지적, 정의적 영역을 모두 포괄할 수 있는 평가인가 ?	상	중	하
		評 :		

· 수업관련 질의응답
  - 수업자의 소감발표
  - 수업내용 및 진행 방법, 수업지도안 관련 질의 및 응답
  - 전체 논평 및 개선방안 모색
· 수업 평가를 위한 공통 토론
  - 전체가 함께 모여 평가한 내용을 서로 공유
  - 모둠 대표는 자신이 속한 모둠의 토의 내용 발표
  - 수업 평가의 의미와 활용에 대해 공통으로 토의

요점 확인

수업평가(교수자)평가를 위한 세부항목에 대해 나열하고 각각을 설명하시오

♠ 실습과제 1 ♠

다음은 여러분이 학교 현장에 나가 학급의 체육지도를 위해 수립해야 할 '체육교과 연간 지도계획'의 예시입니다. 지역사회, 단위학교 및 학급의 특성 등을 고려하여 국가수준의 교육과정 문서를 창의적으로 재구성할 수 있는 연간 지도계획을 작성해 봅시다

체육과 연간 지도계획 작성

I. 학교 현황

1. 운동장
- 학교용지 현황

(단위 : m²)

교지 면적			부속 토지	합계	교사 연면적
교사 대지	**체육장**	계			
9,123	**5,316**	14,439	0	14,439	6,589

- 학교용지 현황을 살펴보면 체육장의 비중이 5,316m2로 운동장의 크기는 서울시내 초등학교 운동장의 크기와 비교할 때 평균보다 약간 작은 수준이라 할 수 있다.
- 우천시 물이 고이는 부분이 군데군데 있다.

2. 체육 환경
- 교사(校舍) 현황

(단위 : 실)

교수/학습공간						관리/지원공간	체육/집회공간	보건/위생공간			급식공간	기타공간	비고(건축년도)
정규교실	도서실(관)	시청각실	수준별교실	특별교실	기타교실			보건실	학생탈의실	화장실			
27	1	0	0	7	0	9	1	1	0	24	1	2	1990

- 교사 현황을 살펴보면, '체육/집회 공간'이라 하여 소강당이 있다.
- 마룻바닥이 깔린 곳으로 가장 높은 층에 위치하며, 매트와 뜀틀 등이 항상 있어 소강당의 역할보다는 실내체육관으로 이용된다.
- 우천시처럼 운동장에서 수업이 어려운 경우와 체조수업의 경우 소강당을 많이 사용한다.

3. 체육 교구 및 시설

- 체육 시설 자료를 매 학기별로 확충한다는 규정이 있으나 지켜지지는 못하고 있는 실정이다.
- 체육 교구가 대부분은 갖춰있으나 매우 낙후되어 있는 편이다.
- 전반적인 시설은 지역·환경적인 면이 고려되어 지원을 많이 받아 괜찮은 편이다.

Ⅱ. 학급 현황

1. 학급의 인원
- 학급의 학생 수는 28명으로, 남학생 16명, 여학생 12명으로 이루어져있다.

2. 학생의 실태

	학생의 실태	지도 중점
신체적 측면	- 2차 성징이 나타나는 학생이 점차 늘어 5명으로 추정되며, 특히 여학생 중에서 생리를 시작한 아이가 1명 존재한다. - 근육의 발달이 특히 남학생에게서 두드러지게 나타난다. - 그러나 소근육을 이용하는 기능은 여자보다 남자가 뒤떨어지며 여자가 남자보다 신장이나 체중의 발달이 일시적으로 앞선 상태로 파악된다. - 운동능력이 뛰어난 학생이 남학생 중에 5명 정도 있고, 특히 뒤떨어지는 아이가 4명 정도 있다.	- 보건 교육을 통해 올바른 성교육이 이루어질 수 있도록 한다. - 근력, 지구력과 신체 균형을 고르게 발달시킬 수 있도록 해야 할 것이다. - 특히 체력이 약한 아이들이 뒤떨어지지 않게 학교에서 운영하는 줄넘기 프로그램 및 7530프로그램(일주일에 5일 이상 30분 빠르게 걷기 정도의 운동하기)에 참가하도록 주의 깊게 신경 쓴다.
사회적 측면	- 지역·환경적인 측면에서 경제적으로 넉넉하지 못하며, 대부분의 아이들이 바쁜 부모와의 상호 긴밀도가 약한 상태이다. - 따라서 다른 지역의 또래들에 비해 모험심과 적극성이 부족한 편이다. - 무리를 지어 다니기 시작하고 또래끼리의 집단 활동을 좋아한다.	- 소외나 학습된 무기력이 나타나지 않도록 즐겁고 자신감 있게 수업에 임할 수 있도록 연구해야 하겠다. - 협동 학습을 통하여 반 전체의 친구들끼리와 전체적으로 교류할 수 있도록 해야 할 것이다.
체육에 대한 인식	- 체육시간은 노는 시간으로 인식하는 경향이 있다. - 체육은 오로지 실기만 하는 교과라고 생각하는 경향이 있다.	- 체육의 교육적인 측면을 강조하여 체육의 중요성과 필요성을 인식시킨다. - 필요한 부분은 실내에서 다양한 미디어를 통해 교실에서도 수업할 수 있도록 한다.
체육에 대한 선호도	- 영역별 체육 선호도에서는 피구나 발야구, 축구와 같은 구기활동이 포함된 경쟁활동이 가장 높았다. - 남녀의 선호도가 비슷하게 나타났으나, 특히 체조활동에 있어서는 남자아이들의 선호도가 떨어졌다. - 다른 교과에 비해 월등하게 선호하는 과목이나 실내에서도, 책으로도 수업할 수 있다는 것을 아직 이해하지 못하고 있는 상태이다.	- 표현활동이나 육상 활동을 비롯한 다양한 분야의 활동에 흥미를 가질 수 있도록 하여 평생체육의 기반을 조성하도록 한다. - 다양하고 흥미로운 수업방법을 연구하여 모든 종목의 활동에 아이들의 선호도를 높일 수 있도록 한다.

Ⅲ. 목표

1. 개정교육과정 목표

체육과는 신체 활동 가치의 내면화와 실천을 통한 전인 교육을 목표로 한다. 즉, 신체 활동을 통하여 활기차고 건강한 삶에 필요한 지식과 실천 능력, 자신의 미래를 계발하는데 필요한 도전 능력과 창의적 사고력, 공동체 생활에 필요한 선의의 경쟁력과 협력하는 태도를 함양한다.

(1) 신체 활동과 건강의 관계를 이해하고 건강 증진에 필요한 지식과 운동 방법을 습득하며 실천하는 태도를 기른다.
(2) 신체 활동의 도전 대상을 이해하고 도전 활동에 필요한 기본 수행 방법을 습득하며 실천하는 규범을 기른다.
(3) 신체 활동의 경쟁 유형을 이해하고 경쟁 활동에 필요한 기본 수행 방법을 습득하며 실천하는 규범을 기른다.
(4) 신체 활동의 표현 요소를 이해하고, 표현 활동에 필요한 다양한 표현 방법을 습득하며 감상하는 태도를 기른다.
(5) 신체 활동과 여가의 관계를 이해하고, 여가 활동에 필요한 기본 수행 방법을 습득하며 생활화하는 태도를 기른다.

Ⅳ. 내용 : 연간지도계획안

월	주	대영역	중영역	소영역	신체활동	지도 내용 요소	비고
3월	1	건강 활동	보건과 안전	건강생활과 학교안전	학교사고 예방 및 대처	- 사고의 종류와 원인 이해 - 예방법 및 대처 행동 실천	*생활 지도와 연계 (학급 규칙)
	2						
	3	표현 활동	리듬 표현	리듬 표현	음악 줄넘기	- 줄넘기에 좋은 리듬(4박자)과 음의 빠르기 - 다양한 줄넘기 동작 습득 - 모둠별 무용 창작 발표	*체력육성(심폐지구력) 활동 연계
	4						
	5						
4월	1	경쟁 활동	영역형 경쟁	영역형 경쟁	축구형 게임	- 영역별 경쟁 활동의 의미와 특성 이해 - 기본 기능의 습득과 연습 - 게임의 전략과 전술을 습득하여 실제 게임 상황에 적용 - 팀워크 및 페어플레이의 중요성 이해 실천	*교내 체육대회 종목과 연계지도 가능
	2						
	3						
	4						

월	주	대영역	중영역	소영역	신체활동	지도 내용 요소	비고
5월	5	건강활동	체력증진	기초체력증진	농구형 게임	- 영역별 경기 관람 및 해설자가 되어 중계방송하기	*안전지도(용·기구 사용 및 관리법) 병행
	1						
	2						
	3						
	4				하키형 게임		
	5						
6월	1				핸드볼형 게임		
	2						
	3				심폐지구력운동	- 심폐지구력 측정 및 운동 처방, 심폐지구력 육성종목	*맞춤형 학생 건강 체력평가 시스템(PAPS)'4)과 연계지도
	4						
	5				체지방측정	- 체지방 측정법 이해 - 체지방 및 건강관리의 중요성 인지 및 실천	
7-8월	1		보건과 안전	건강생활과 학교안전	비만예방	- 비만 증상 및 원인, 비만 예방에 좋은 음식, 생활습관 - 자신만의 여름방학 체력증진 프로그램 만들기	*PAPS와 연계 *여름방학 과제와 연계지도
	2						
	3						
	4						
	5						
9월	1	표현활동	리듬표현	리듬표현	리듬체조	- 경기종목, 규칙, 용·기구 - 미적요소 파악하기 - 모둠별 리듬 표현 구상 발표 - 상호 감상활동 및 평가	*운동회 활동과 연계지도 (단체 무용)
	2						
	3						
	4						
	5						
10월	1	여가활동	여가와 전통놀이	여가와 전통놀이	굴렁쇠 굴리기	- 전통 놀이를 실생활에서 실천 - 민속놀이에 참여하면서 민족 사랑의 마음 형성	*운동회 활동과 연계 지도 (단체 게임)
	2						
	3						
	4				널뛰기		
	5						
11월	1	도전활동	표적/투기 도전	표적/투기 도전	표적 맞히기 활동	- 표적 맞히기 활동의 전략 및 실제 적용 - 콩 주머니 던지기 게임 - 자기 조절의 개념 이해 및 실천	*학급별 경기 대회 추진
	2						
	3						
	4						
	5						
12-2월	1				태권도	- 태권도의 유래 및 내용(품새 및 겨루기) - 기본품세(태극1-2장) - 자기 조절의 개념이해 및 실천	*지역 인사(유단자)초청 시범 추진
	2				씨름	- 씨름의 기본 기술 습득 - 샅바 매는 법, 각종 기술 - 실제 경기의 적용	*학급별 경기 대회 추진
	3						
	4	여가활동	여가생활	여가와 전통놀이	연날리기	- 연의 종류, 제작 및 날리는 법 이해 - 연 날리기 놀이	*겨울방학 과제와 연계지도
	5						

---

4) 초·중·고 학생들의 건강 체력과 비만 정도를 평가하고 이 결과를 기초로 맞춤형 신체활동 처방을 내려 학생들의 체력을 증진시키고 비만을 퇴치하기 위한 학생 체력 평가 시스템(Physical Activity Promotion System: PAPS)

V. 평가 도구

평가 영역 (신체활동)	평가 내용	평가의 내용 요소	비율 (%)	평가 주체	평가 방법
건강 활동 (40%)	- 비만의 원인과 증상 및 예방법 (인지)	- 비만의 원인 이해 - 비만 예방을 위한 방법 이해	20	교사 평가	지필검사
	- 심폐지구력 육성 운동과 반성 (심동+정의)	- 운동 계획의 수립 - 계획 실천 및 운동 수행 일지 기록 관리	20	자기 평가	운동계획서 및 운동일지
표현 활동 (60%)	- 무용 창작 및 감상 (인지+심동+정의)	- 모둠별 무용 창작 발표	20	교사 평가 동료 평가	표현능력 검사 및 지필검사 (서술형)
		- 모둠별 발표 감상 및 평가	20		
		- 무용 공연 관람 후기 작성	20	교사 평가	감상화 그리기
경쟁 활동 (100%)	- 게임 특성의 이해 (인지)	- 농구형 게임의 특성 - 농구형 게임의 규칙 진술	20	교사 평가	지필검사
	- 운동 수행 능력 - 경기 관람 능력 및 태도(인지+심동+정의)	- 농구형 게임을 해설자가 되어 중계방송하기	50	교사 평가 동료 평가	체크리스트 학습활동지 동료평가표
	- 경기 창작 능력 (심동+인지)	- 농구형 게임 창작 및 수행	30	교사 평가 자기 평가	실천일지 자기평가표
도전 활동 (100%)	- 이해력(인지)	- 표적투기 도전의 역사, 과학적 원리, 유형	20	교사 평가	지필검사
	- 운동 수행 능력 (인지+심동+정의)	- 표적 맞히기 운동 기본 기능 - 연습과정 일지 작성	50	교사 평가 동료 평가	운동기능검사 관찰기록지
	- 도전정신(심동+정의)	- 자기 조절의 이해와 실천	20	교사 평가 자기 평가	지필검사, 자기평가표
	- 경기 감상 능력 (인지+정의)	- 씨름 경기 감상 후 소감작성	10	교사 평가	경기 감상지
여가 활동 (100%)	- 이해력 (인지)	- 전통 놀이의 종류와 특징 조사	30	교사 평가 동료 평가	지필검사
	- 놀이의 수행 및 분석 능력(인지+심동)	- 굴렁쇠 굴리기, 널뛰기 수행 - 횟수 증진을 위한 전략 구상 - 연날리기 경기수행	40	교사 평가 동료 평가	경기 분석지, 운동기능 검사
	- 경기 감상 능력 (인지+정의)	- 씨름, 태권도 경기 감상 후 소감 작성	30	교사 평가	경기 감상지, 관찰 기록지

VI. 평가도구 참고 자료

1. 건강 활동

체육학습지	체력 증진 프로그램 만들기	4학년　　반　　번
		이름

♡ **나만의 여름 방학 운동 계획을 세워 봅시다.**

1. 고려해야 할 점 ① 내 체력에 맞는 수준이어야 해요.
　　　　　　　　② 갑작스럽게 많은 운동량은 오히려 나의 몸에 해가 되요.
　　　　　　　　③ 운동은 꾸준히 해야 해요.

2. 나의 체력은 어느 정도 되나요?
　　내 체력 등급은 몇 급인가요? ○표 하세요. (PAPS 참고)
　　1급- 호랑이, 2급- 독수리, 3급- 사슴, 4급-토끼, 5급- 다람쥐

3. 나의 체력의 문제점은 무엇인가요? 3가지만 써 봅시다.
　　(예: 오래 뛰지 못한다. 유연성이 떨어진다. 같은 동작을 꾸준히 하지 못한다. 등)
　　①
　　②
　　③

4. 나의 체력 수준과 흥미를 고려하여, 여름 방학 운동 계획을 세워 봅시다.
　　㉮ 어떤 운동을 할까? (　　　　　　　　　　　　　　　　　　　　　)
　　㉯ 하루 중 언제 할까? (　　　　　　　　　　　　　　　　　　　　　)
　　㉰ 어디에서 할까? (　　　　　　　　　　　　　　　　　　　　　　　)
　　㉱ 일주일에 몇 번 할까?(　　　　　　　　　　　　　　　　　　　　　)
　　㉲ 시간은 한 번 할 때 어느 정도로 할까?(　　　　　　　　　　　　　)
　　㉳ 횟수는 어느 정도로 할까? (　　　　　　　　　　　　　　　　　　)
　　㉴ 여름 방학이 끝난 후의 나의 목표는? (예: 줄넘기 30,000개 돌파, 체중 2kg 감량 등)
　　　(　　　　　　　　　　　　　　　　　　　　　　　　　　　　　　　)
　　㉵ 위의 계획들을 잘 지킬 수 있나요?　(　　　　　　　　　　　　　　)

* 여름방학 운동 계획을 부모님께 보여 드리고, 고치거나 추가해야 할 내용이 있는
　지 살펴봅시다.

2. 표현 활동

체육학습지	표현해 봅시다!	4학년 반 번
		이름

◈ "방울꽃"에 맞추어 음악 줄넘기를 재구성하려고 합니다.
◈ 1절 : 고치고 싶은 부분 줄넘기 동작 바꾸기
◈ 2절 : 주어진 가사에 알맞은 줄넘기 동작을 선정하여 연결동작으로 표현할 수 있도록 해 보세요.

모둠이 자신 있는 줄넘기 종목	
모둠이 자신 없는 줄넘기 종목	

순	가 사	호간	줄넘기 뛰기 동작
#	♧ 전~~~주	16	밸런스 : 머리 위 -발 앞으로 내밀기
1	♧ 아무도 오지 않는	8	좌우 옆떨쳐 돌리기(2호간)-1호간
2	♧ 깊은 산-속에		구보로 뛰기
3	♧ 포로롱 방울꽃이	8	좌우 2박자 뛰기
4	♧ 혼자 폈-어요	8	좌우로 벌렸다 붙여 뛰기
5	♧ 산새들 몰래몰래		구보로 뛰기
6	♧ 꺾어 -갈래도	8	앞뒤 2박자 뛰기
7	♧ 포-로롱 소리날까		앞뒤로 벌렸다 붙여 뛰기
8	♧ 그냥 둡-니다.	8	십자 뛰기
#	♧ 간~~~주	16	밸런스 : 머리 위 -발 앞으로 내밀기
9	♧ 산바람 지나가다		
10	♧ 건드리-면은		
11	♧ 포로롱 방울소리		
12	♧ 쏟아지-겠다		
13	♧ 산노루 울음소리		
14	♧ 메아-리 치면		
15	♧ 포-로롱 방울소리		
16	♧ 쏟아지-겠다		
#	♧ 전~~~주	16	좌우 옆떨쳐 가슴 멈춤

3. 경쟁 활동

체육학습지	자기 평가	4학년 반 번
		이름

나는 이렇게 활동했어요. (해당하는 곳에 'O'표)

1.	패스하기	만족함	보통임	부족함
2.	팀 플레이	만족함	보통임	부족함
3.	수비	만족함	보통임	부족함

오늘 수업에 대한 나의 느낌 적기

- 오늘 활동 중에서 가장 재미있었던 활동은 무엇이었나요?
- 오늘 활동 중에서 자신의 잘 한 점과 부족했던 점을 적어보세요.
- 더 재미있게 할 수 있는 방법이나 규칙을 적어 보세요.
- 상대방 영역에 침범하여 득점을 잘 하기 위한 방법을 2가지 이상 적어보세요.

우리 모둠은 이렇게 활동했어요.(◎,○,△로 표시해주세요)
모둠이름 :

활동사항 모둠 친구들	팀 동료와의 협력을 바탕으로 게임하였다.	게임전략(패스, 슛, 드리블)을 안전하게 잘 하였다.	공정하게 경쟁에 임하였다.
1.			
2.			
3.			
4.			
5.			

◎매우 잘함 ○잘함 △보통

♠ 실습 과제 2 ♠

다음은 현장의 체육수업을 관찰하여 분석한 보고서의 예시입니다. 여기에 제시된 양식은 말 그대로 일종의 예시이오니 여러분들은 보다 나은 수업분석을 할 수 있도록 각자 창의적인 분석요인을 바탕으로 수업관찰-분석을 해봅시다.

현장체육수업 관찰에 대한 소고

1. 개 요

6월 16일부터 28일까지 2주간 교육실습을 하게 된 학교는 서울특별시 양천구 목동에 위치한 서정초등학교로 1987년에 개교하였고, 학급 수는 50개이며, 학급당 평균 아동 수는 대략 37명 정도이다. 그다지 오래된 역사를 가지고 있지는 않았지만 1998년에 교육부 지정 인성교육 자율시범학교 운영, 2000년 학교평가 우수학교 선정, 독서교육 우수학교 표창, 2001년 학교체육교육 우수학교로 표창되는 등 활발하게 다양한 교육활동을 하고 있는 학교이다. 서정초등학교의 특색 사업 중 하나가 특별활동의 활성화이었는데 그래서 그런지 관찰해본 결과 특별활동 시간에 많은 체육 클럽활동들이 다양하게 운영되고 있었다. 본 학교는 운동장이 다른 초등학교에 비해 꽤 큰 편이었고, 약 2개 교실을 합쳐놓은 듯한 크기의 다목적실이 있어서 우천 시 사용할 수 있게 되어 있었다.

본인이 속한 6학년은 총 10개 반이며, 체육전담교사 없이 각 학급 담임교사들이 직접 체육을 지도하고 있다. 학급 담임을 맞고 계신 분은 올해로 교직경력 13년째인 남자 선생님으로 특별활동 부장교사 업무를 담당하고 계시며, 올해 처음으로 교생지도를 하신다.

2. 연구 내용

본인이 초등체육교육 Ⅱ 수업 중에 발표한 논문은 초등학교에서 누가 체육을 가르치는가에 대한 문제로 전담교사에 관한 것이었는데 본 학교의 경우, 음악과 영어만 전담교사를 운영하고 있었으며, 체육수업은 각 학급담임선생님들이 지도하고 있었다. 따라서 여기서는 부득이 하게 학급담임교사에 의해서 어떻게 가르쳐지고 있는가에 대하여 살펴보도록 하겠다. 본인의 실습기간동안 1번의 지도교사의 체육시범수업을 참관하였으며, 1번의 동료교생의 수업을 관찰하였으며, 2번의 체육수업을 직접 지도하였다. 보고 직접 진행한 수업을 중심으로 어떻게 가르치고 있으며, 그 과정에서 어떤 문제점이 있고 앞으로 고쳐나가야 할 점은 무엇인가에 대해서 살펴보도록 하겠다.

3. 실제수업 분석

가. 지도교사의 체육시범수업

3학년의 수업으로 게임활동 중 '우리 것 우리 놀이'라는 단원의 필수활동인 투호의 2 차시로 1차시에 배운 투호를 정확하게 던져 넣는 방법에 따라 실제 투호 놀이를 하는 시간이었다. 운동장에서 실시하였고, 준비운동으로 전통음악에 맞춰 덩더꿍 체조를 하였는데 아이들이 굉장히 재미있어 하였고, 어깨와 허리, 발목, 무릎 등 관절을 풀어주는 춤으로 주운동과 잘 관련되었다. 투호 놀이의 화살과 항아리가 저학년을 고려한 것인지 모두 고무로 만들어져 있어서 안전하여 보였다. 실제 수업진행과 장, 단점을 아래와 같이 표로 정리하여 보았다.

수업 운영 내용	실제 수업	좋은 점	문제점
수업대형 조직	·준비운동과 명시:자유대형 ·실제 투호 놀이:4개 팀을 일렬정렬	·편안하고 자유로운 분위기 조성	
용구배치	·전면에 미리 준비되어 있었음	·팀별로 도우미가 지시 사항을 효율적으로 수행	·시범수업이었기에 가능한 것이 아닌가 생각됨.
대기	·팀 당 약 9명의 아동이 학습활동을 함	·대기시간이 길지 않았음	·못하는 아동의 경우 뒤에서 재촉하는 경우가 있었음
학생이동	·활동장소로의 이동이 없었다.	·준비운동과 주운동을 한자리에서 수행, 시간을 단축함	
팀 조직	·질서 있게 자기 순서를 기다려서 투호놀이를 함	·서로 응원하며 격려해줌	

나. 본인 수업

체육수업을 2번하였는데 첫 번째 수업은 표현활동 3단원 다른 나라의 민속춤 3차시 중 1차시로 이스라엘 전통민속춤인 마임의 기본 스텝을 익히고 여러 동작을 연결하여 하는 활동이었다. 교과서에 제시된 마임춤이 원을 만들고 서로 손을 잡고 추기 때문에 고학년임을 고려하여 개별적으로 출 수 있는 다른 춤으로 대치하였다. 체조였기에 운동장이 아닌 다목적실에서 하였다. 주운동이 끝난 후 정리운동을 하였는데 주운동과 관련성이 적어서 적절하지 않았던 것 같다. 수업을 준비 할 때는 아동들이 재미있어 하고 시간이 빨리 끝나며 어떡하나 하고 걱정했는데 의외로 아동들이 쑥스러워 하여, 진행하는데 시간이 많이 걸렸다. 하지만 아동들이 잘 따라 주었고, 나중에는 남자 아동이 여자 아동보다 스텝을 더 정확하게 익혔고, 모두들 즐거워하였다.

수업 운영 내용	실제 수업	좋은 점	문제점
수업대형 조직	・준비운동과 설명 시: 팀별로 렬정렬 ・주운동시: 자유대형	・실제 운동시 자유대형이었기에 편안하게 수업진행	・대형을 변형할 때 소란스럽고 시간이 많이 지체됨
용구배치	・준비물은 음악과 카세트	・음악이 즐거웠음	・음악소리가 작아서 아쉬웠음
대기	・자유대형이고, 음악에 맞추어 다같이 춤을 추었음	・대기시간이 없었음	・교사가 앞에서 진행했기에 뒤의 학생들 확인이 어려웠음
학생이동	・대형 변형시 외에는 이동이 없었음	・시간이 허비되지 않음	
팀 조직	・남녀를 혼합하여 팀조직		・팀 조직시 시간이 좀 걸려서 약간 소란해짐

두 번째 수업은 체력활동 중에서 1단원 신나는 체력운동하기로 기구나 물를 이용하거나 놀이나 게임을 통하여 유연성을 기르는 활동이었다. 운동장에서 할 계획이었으나, 당일 우천으로 인해 다목적실에서 진행하였다. 수업모형은 과제식 수업이었으며, 4개의 스테이션마다 과제를 수행하는 것이었는데 목적실이 좁은 관계로 4개 팀으로 나누어 2개 팀씩 한 스테이션마다 게임을 하는 방식이었고, 이동이 없고 한 스테이션이 끝난 다음 그 다음 스테이션을 준비하여 수업을 진행하였다. 다목적실의 바닥이 미끄러워서 아동들이 뛰어다니는 경우 좀 위험했던 것 같다.

수업 운영 내용	실제 수업	좋은 점	문제점
수업대형 조직	・준비운동과 설명 시: 자유대형 ・주운동:4개팀 4열 종대		・소란해졌을 때 통제하기가 어려웠음 ・설명하는데 시간이 많이 걸림
용구배치	・전면에 미리 준비되어 있었음	・시간이 단축 되었음	・동료 교생을 도움을 받았음 ・실제 수업 시에는 시간을 허비할 가능성이 큼 ・스테이션마다 용구를 각각 배치하다 보니 시간이 걸림
대 기	・팀 당 9명의 아동이 학습활동을 함	・게임이었기에 대기시간이 짧았음	・게임에 집중하다 보니 소란스러워졌음
학생이동	・좁은 장소로 인해 이동이 없었음	・시간을 허비하지 않음	
팀 조직	・능력을 고려하여 조직	・공정하게 게임이 진행됨	・교사의 조언이 있었음 ・실제 수업 시 고려해야함

다. 동료교생수업

동료교생은 심화과정으로 체육을 전공하는 남 학우였다. 수업은 본인의의 다음차시인 순발력 기르기로 순발력을 기를 수 있는 운동 방법을 익히것이었다. 수업모형은 과제식 수업이었다. 주운동은 다리와 발목관절을 많이 사용하였는데, 정리운동은 어깨관절을 푸는 것이어서 주운동과 관련성이 적었던 것 같다. 운동장에서 실시하였는데 비 온 후라서 그런지 다른 반들도 많이 나와서 체육활동을 하고 있었다. 공간을 많이 차지하지는 않았지만 날씨가 더워서 그런지 이동시 아동들이 소란해지고 자기들끼리 장난치는 경우가 많았다.

수업 운영 내용	실제 현장 수업	좋은 점	문제점
수업대형 조직	·준비운동과 설명 시: 4열 횡대 ·실제 게임:4개 팀 나누어 진행	·팀별로 순서를 정함	·설명시 주의집중력이 떨어짐
용구배치	·전면에 미리 준비되어 있었음	·시간을 허비하지 않음	·수업전에 미리 준비함 ·실제 수업 시에는 시간이 허비될 가능성이 있음
대기	·팀 당 9명의 아동이 학습활동을 함		·스테이션마다 이동할 때 대기 시간이 길어짐
학생이동	·스테이션별로 이동함	·여러 활동을 충분히 익힘	·이동시 아동들이 주의가 산만해지고 주의집중을 하지 않음
팀 조직	·능력을 고려하여 조직	·팀간 차이가 많이 나지 않음	·교사의 조언이 있었음 ·실제 수업시 고려해야함

4. 결 언

위의 수업들과 담임교사의 조언과 실제로 내가 보고 느낀 점을 중심으로 현장에서의 체육수업을 정리해보면 고학년의 경우 저학년과는 달리 체육에 대한 선호도에 있어서 조금의 차이가 보인다고 할 수 있다. 먼저 대부분의 아동들이 체육을 좋아하지만 의외로 꽤 많은 수의 아동들이 체육을 싫어하였다. 본인이 수업을 하는 경우 어떤 아동들은 나가서 축구나 피구를 하자고 졸라댔고, 어떤 아동들은 그냥 교실에서 다른 수업을 하자고 하는 경우가 있었다. 아마도 체육수업에 대한 잘못된 선입관 때문 인 것 같다. 일명 '아나공' 수업을 좋아하는 아동들은 그렇게 습관이 들어왔던 것이었을 떼고, 싫어하는 아동들은 자신들이 체육능력이 떨어진다고 생각하거나, 체육시간에 운동장에 나가 뜨거운 태양아래 운동하거나 뛰는 것이 싫어서 일 것이다. 그 어느 것도 옳지 않다고 볼 때 과연 나는 교사로서 어떻게 아동을 지도해야 하나 의문이 들었다. 배운 대로 행하는 것도 쉽지만은 않을 것이다. 본 교의 경우 많은 교사들이 교과서의 교육과정에 맞추어 체육수업을 하는 경우가 많았으나, 일부 교사의 경우, 축구나 피구로 체육시간을 때우는 경우가 있었다. 본 교의 체육자료실은 2군데로 구령대 밑과 정문 앞에 조그마한 자료실이 있었다. 대체적으로 기구의 상태는 양호하였으나, 정리 상태는 그다지 양호하지 않았던 것 같다. 내부가 좁은데다가 조명시설이나 환기시설이 되어있지 않았고, 사용 후 손질을 하지 않은 경우가 많았던 것 같다.

일일담임을 해본 결과 10분의 쉬는 시간으로는 체육시간의 용구들을 준비하는 데 시간이 많이 부족할 것 같았다. 본인의 수업의 경우, 담임선생님과 동료 교생들의 도움이 있었기에 용구준비나 대형조직, 팀을 구성하는 것 등이 수월하였지만 혼자서 수업을 할 때는 많은 시행착오를 겪을 것 같다. 물론 학기초부터 아동들로 하여금 준비를 하는 것에 대한 훈련을 할 수도 있겠지만 어느 정도의 한계는 있을 것 같다. 수업을 하면서 또 느꼈던 점은 실제 수업의 진행과정이었다. 사소한 것이라고 여겨졌던 대형의 형태나 방위, 팀 구성, 적절한 정리운동 등등. 사실 교대에서 배울 때 대형의 형태에 대해서는 생각해 본 적이 없었다. 실제 현장에 와서 보니 대형이 얼마나 수업에 큰 영향을 주는지 깨달았다. 그리고 운동장에 할 때는 대형과 함께 햇빛의 방향도 고려해야 한다고 한다. 아동들이 태양을 등지게 해야 한다고 하였다. 너무나 당연하게 나 중심으로 수업형태를 고려하지 않았나 하는 반성을 해보았다.

실제로 지도교사의 체육시범수업을 보면서 많은 것을 배웠다. 준비운동부터 시작해서 사소한 준비물까지.. 물론 시범수업이라서 많은 준비를 하였겠지만, 그러한 것은 하루아침에 이루어지는 것은 아닐 것이다. 그동안의 경험과 연구의 결과라고 여겨진다.

아동들은 담임과의 활동을 매우 중시하는 것 같다. 우리를 지도해주시는 선생님께서 수업은 아동들과의 호흡이라고 하셨다. 아무리 수업준비를 잘해도, 많은 자료를 제시하여도 아동들에게서 반응이 없으면, 함께 호흡하지 않으면 그 수업은 실패한 것이라고 하였다. 이번 실습을 통하여 그 말씀을 절실히 깨달았다. 그와 같은 이유에서 체육전담교사와 담임 교사 중 누가 체육교육을 담당해야 할 것인가에 대한 답은 이미 나왔다고 생각된다. 다만 체육전담교사제를 실시할 때의 장점을 연구하여 그 장점을 활용할 수 있도록 국가적, 학교적 지원이 필요하다고 여겨진다.

 생각해 볼 문제 〈제 3부 5장〉

1. 지역 교육청의 지역수준 교육과정 우수사례를 조사하여 분석하고 발표해 보시오

2. 학교 교육과정 편성·운영에 있어 신중하게 고려해야 할 사항들을 나열하고 각각에 대해 설명하시오

3. 학교 및 학급교육과정 편성·운영에 있어 교사의 책무성에 대하여 논하시오

4. 체육교과서 및 교사용 지도서의 동일 단원·차시의 내용을 비교 분석하고 실제수업 지도에 있어 연계활용가능성 정도를 판단해보라. 또한 차후 개정될 교과서 및 교사용지도서의 중점적인 보완사항을 나름대로 구상하여 제시해 보라.

❋ 연 구 문 제 ❋

♧ 아래와 같은 상황에 여러분들이 처해 있다면 두 방법 중 어떠한 방법을 선택하겠습니까? 교육과정 내용에 대한 자신의 관점을 타당한 근거를 들어 제시해 봅시다

◆사례1) 올해 임용된 새내기 금 교사는 6학년 5반 담임을 맡아 열의에 차 있다. 모든 교과목을 열과 성의로 가르치고자 한 씨. 체육 시간 신난 아이들을 데리고 운동장으로 나갔다. 장애물 넘어 달리기 수업을 마치고 뿌듯한 마음으로 교실에 들어왔다. 그런데 다음날 한 학부모로부터 한 통의 전화가 걸려왔다. 다소 격양된 목소리의 학부모는 "황사가 그렇게 심한데 운동장 수업을 하면 어떡해요? 어제 밤 아이가 기침하느라 잠을 설칠 정도였어요. 이런 날은 체육 수업을 빼 주세요." 라고 말했다. 체육관이 있는 것도 아니고 하루다 멀다하고 황사주의보가 내리는데... 체육 수업을 아예 안 할 수도 없는 노릇이고. 금 교사는 전화를 끊고 고민에 빠졌다.

대책1) 하는 수 없이 금 교사는 황사가 심한 날의 체육 시간에는 수학 수업을 했다. 금 교사는 날씨가 맑은 날의 수학 수업 시간에는 미처 하지 못했던 체육 수업을 하였다.

대책2) 교사는 황사가 심한 날의 체육 시간에는 운동장 수업을 부적절하다는 결론을 내렸다. 평소 필요성을 느껴왔던 성교육과 흡연문제에 관한 비디오를 보여 주는 것으로 수업을 대신 하였다.

◆사례2) 7년째 5학년 담임을 맡고 있는 은 교사는 '손짚고 옆돌기' 수업을 앞두고 있다. 교육대학 시절 배운 경험은 있으나 그 당시 갖은 노력에도 불구하고 한 번도 성공하지 못했던 기억에 수업에 대한 두려움이 앞선다. 그래서 매해 그렇듯 잘 하는 아이에게 시범을 보이도록 하기로 마음먹었다. 그런데 막상 시범을 보일만한 실력을 갖춘 학생이 없는 것이었다. 그렇다고 무리하게 시도해 보도록 할 수도 없는 노릇이었다.

*'손짚고 옆돌기'의 학습목표: 공간 감각과 신체 지배 능력을 익히는 데 효과적이며 신체 활동에

필요한 유연성, 근력, 평형성 등 기초적인 체력과 운동 능력을 기르는 데 알맞은 운동이다.

대책1) 교육과정에 있는 내용들이 어느 것 하나 소홀히 할 수 없다는 생각을 한 은 교사는 '손짚고 옆돌기'의 체육 수업을 강행해 나갔다. 비록 학생들에게 시범을 보여주진 못했지만, '손짚고 옆돌기'의 방법을 말로 상세히 설명했다.

대책2) 은 교사는 '손짚고 옆돌기'의 학습 목표(신체 활동에 필요한 유연성, 평형성, 근력 등의 기초적인 체력과 운동 능력을 기르는데 알맞은 운동)를 나름대로 충족할 수 있는 운동이 스트레칭이라는 생각을 하게 되었다. 그래서 은 교사는 '손짚고 옆돌기' 신체 활동을 스트레칭으로 대체 하여서 체육 수업을 진행하였다.

♧ 체육 수업에 아이들을 활발히 참여시키기 위해서는 적정한 방법으로 아이들의 동기를 유발시킬 필요가 있습니다. 위 두 사례의 정 교사와 임 교사는 각각 다른 형태의 동기 유발의 방식을 보여주고 있습니다. 이는 각 교사의 신념에 따른 것일 수도 있으며, 교과 내용의 특성에 따른 것일 수도 있습니다.

※ 아래에서 정 교사의 동기 유발 방식에 대한 고민에 대해 어떻게 생각하십니까? 또한 유 교사의 반에서 T양과 같은 아이의 경우 어떻게 대처하는 것이 바람직할까요?
※아래 사례에서의 동기화 방식 등을 참고하여 이후에 여러분이 오래달리기와 뜀틀의 사례를 제외한 다른 영역에서 체육 수업을 하게 된다면, 아이들을 어떤 방식으로 동기 유발 시켜서 수업에 참여시킬지에 대한 생각을 자유롭게 나누어 봅시다. (ex)멀리뛰기, 높이뛰기, 줄넘기, 평균대운동, 철봉운동, 무용 등등

사례 1) 정 교사는 현재 세모초등학교의 6학년 2반 담임을 맡고 있다. 이번 체육 시간에는 육상 부분의 오래 달리기 수업을 할 차례여서 정교사는 아이들에게 말했다.

정 교사 : 여러분, 이번 시간에는 모두 오래 달리기를 해 보도록 합시다. 모두들 운동장을 총 6바퀴 도는 거에요.

학생 A : 선생님! 4바퀴만 돌면 안돼요? 오늘 너무 더워요.

학생 B : 맞아요. 6바퀴씩이나 계속 뛰었다가는 정말 쓰러질 지도 몰라요.

정 교 사 : 엄살이 심하네요. 여러분은 TV 같은데서 마라톤 선수들 본 적 있지요? 그 사람들은 40Km정도를 계속 달리는데 운동장 6바퀴 쯤은 정말 아무것도 아니지 않나요?

학생 A : 그치만 저희는 마라톤 선수가 아닌걸요~!

정 교 사 : 그러니까 운동장 100바퀴 뛰라는 이야기는 안 하잖아요. 여러분 정도면 충분히 6바퀴는 뛸 수 있답니다. 30명씩 되는 여러분이 동시에 뛰기는 힘드니까 번호순으로 세 조로 나누어서 뛰도록 합시다. 선생님은 시간을 잴 건데, 각 조에서 1등으로 들어온 사람은 오늘의 달리기 상으로 아이스크림을 주겠어요.

학생들 : (웅성웅성거리면서) 와아~ 정말요?

정 교 사 : 선생님이 언제 거짓말 한 적이 있었나요? 대신, 덥다고 불평만 하지 말고 열심히 뛰어야 해요.

학생들 : 네!

겨우 학생들은 의욕에 넘쳐서 치열하게 달리기 시작했다. 하지만 정교사는 이러한 상을 줘서 학생들의 동기를 유발시키는 방법에 대해서는 의문을 가지고 있다. 이런 방법은 그저 보상이 있을 때만 유효할 뿐 아이들 스스로 오래달리기를 하고 싶어하는 마음은 갖게 해주지 못하는 것이 아닐까? 하지만 오래달리기는 대부분의 아이들이 하기 싫어하기 때문에 억지로 뛰라고 시켜봤자 대부분의 아이들은 대충 달리다가 조금만 힘들어도 걸어버린다. 그렇기 때문에 '상'이라는 요소를 써서 아이들의 경쟁심리를 부추겨서라도 달리게 하는 편이 낫다고 판단해 이러한 방법을 택하고 있다.

사례 2) 임 교사는 현재 세모초등학교의 6학년 5반 담임을 맡고 있다. 이번 체육 시간에는 체조 영역의 뜀틀 손 짚고 넘기 수업을 하게 되었다. 그래서 우선 뜀틀과 매트를 준비하고 사고가 나지 않도록 아이들에게 충분히 준비 운동을 시켰다.

임 교 사 : 자 오늘은 뜀틀 넘기를 할 거야. 저기 뜀틀 보이지? 어떻게 넘어야 하는지에 대해서는 저번 시간에 충분히 설명했고 자세 연습도 충분히 했으니까 다들 넘을 수 있을 거다. 자 누구 나와서 넘어 볼 사람?

학생들 : (웅성웅성거리며 아무도 안 나온다.)

임 교 사 : 다들 처음이라 아직 자신 있는 사람이 없나? 흠, 할 수 없지. G군 나와봐라.

G군 : 네, 선생님.

임 교사 : 자, 첫 시범이다. 넘어봐라.

평소 때 운동을 잘 했던 G군은 가볍게 뜀틀을 넘었다.

임 교사 : 잘 했다. 자, 다들 봤지? 저런 식으로 하면 되는 거야. 그럼 모두들 뜀틀 앞에 줄 서고 한 명씩 뛰어넘기를 연습하자. 뜀틀이 각각 높이가 다르니까 내가 넘을 수 있겠다 싶은 높이의 뜀틀에서 연습하다가 점점 높은 곳으로 옮겨가서 연습하면 된다. 나중에 누가 잘 넘는지 다 체크할 테니까 지금 미리미리 연습해둬라. 연습을 해야 제대로 뜀틀을 넘을 수 있게 되니까 말이야. 알았지?

학생들은 주저주저하면서 뜀틀 넘기를 연습하기 시작했다. 임 교사는 체크판을 들고 다니면서 아이들의 연습 경과 상태를 기록해 나가면서 학생들의 자세를 교정해주기도 하고 넘다가 실패한 아이들을 격려하기도 했다. 아이들 중에서 몇몇은 뜀틀이 무서워서 못 넘겠다고 하기도 했는데 그런 학생들에게는 좀 더 안전하고 뜀틀보다 높이가 낮고 뜀틀과 비슷하게 생긴 매트판을 가져다가 연습할 수 있게끔 했다. 나중에 체크판을 살펴보니, 처음에는 뜀틀을 못 넘었던 대부분의 학생들이 뜀틀을 넘을 수 있게 되었다. 다만 예전에 뜀틀 연습을 하다 잘못 굴러서 다친 경험이 있었던 E양만큼은 임 교사가 아무리 권유해도 뜀틀을 넘으려 하지 않았다.

제 4 부
초등체육의 이슈

1장. 초등체육 수업의 이슈 / 329
2장. 초등체육의 통합교육 관련 이슈 / 359
3장. 초등 체육의 역할과 사명 / 389

1장. 초등체육 수업의 이슈

> **공부할 문제**
>
> 1. 이해중심 게임수업의 기본 원리와 적용방안을 모색한다
> 2. 협동학습의 개념과 유형에 대해 이해한다
> 3. 수준별 수업의 의미와 필요성 및 개선방향을 이해한다

1. 초등체육교육에서의 이해중심 게임수업의 실천

 전통적으로 초등 체육수업에서 게임은 주요 내용 영역으로 자리 잡고 있다. 미국의 경우에는 전체 체육교육과정에서 게임을 가르치는 수업이 약 65%에 이르고, 우리나라의 교육과정에서는 약 30%정도를 차지하고 있으나, 실제로 진행되는 현장 체육 수업의 대부분은 게임 수업이라고 해도 과언은 아니다. 그러나, 현장 게임 수업의 전개는 교육과정에서 차지하는 비중만큼 잘 이루어지는가? 학생들에게 실제적인 도움을 줄 수 있는 게임 수업이 진행되는가? 등의 질문에 대해 긍정적으로 대답할 수 없는 것이 현실이다.

 최근까지도 학생들에게 게임을 어떻게 가르쳐야 하는가? 에 대한 학자들의 다양한 논의가 있었다. 지금까지 주류를 이루어온 게임 수업은 단순 기능의 반복적인 연습을 통한 기능중심모형(the technical model)이라고 볼 수 있다. 이 모형은 '기능제시→기능 연습·세련→게임 적용'의 정형화된 틀을 갖고 있다. 즉, 학생들이 부분적인 기능을 숙달하고 나면 실제 시합 상황에서 그러한 기능들을 응용할 있다는 가정을 전제로 하고 있다.

 또한, 기능중심 모형은 불과 6차 체육교육과정 까지도 가장 영향력을 미쳐온 것도 사실이다. 교사용 지도서는 각 단원을 3차시로 구성하고, '1, 2차시-기능 제시 및 연습, 3차시-

게임'의 순으로 집필되어 있었다. 그러나 이러한 모형마저도 온전히 실천되는 경우는 매우 드물었다. 또한 2차시의 기능 연습만으로 게임 자체를 이해하고, 게임 실천 능력을 기르기에는 많은 난점이 있었음을 능히 짐작할 수 있다. 예를 들어, 초등학교 6학년의 '간이 배구' 단원의 경우를 예를 들어 보자면, 3학년의 '공 운동'(3차시)단원에서 공을 위로 던져 받기, 손으로 공치기 등을 습득한 후, 4, 5학년에서는 건너뛰고 6학년에 가서 '간이배구'(3차시)를 학습을 했었다. 과연, 이러한 과정을 통해 학생이 배구의 기본적인 규칙이나 기능을 습득할 수 있을 런지 의문이 들 수밖에 없었다.

이러한 기능중심 게임수업 모형(technique-oriented approach)은 전통적으로 게임지도 과정에서 받아들여지고 있는 모형이다. 이 모형에 따르면 게임이나 스포츠를 가르칠 때 그 게임을 하기 위해서 반드시 숙달해야만 하는 개개의 운동기능을 독립적으로 숙달하고 단원의 맨 마지막에 실제 시합을 하는 과정으로 이루어진다. 이러한 '기능중심 게임 수업모형'의 주된 절차는 교사가 가르쳐야 할 기능을 간단히 소개하고, 시범을 보인 후에 학생들이 신체활동을 통하여 반복적으로 연습한 다음 마지막 단계에서 게임을 하는 순서로 구성된다.

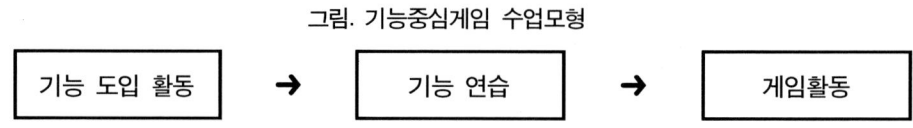

그림. 기능중심게임 수업모형

'기능중심 게임수업 모형'은 전통적인 게임 수업 모형으로서 다음과 같은 이유에 의하여 현장의 교사들에 의하여 널리 받아들여지고 있다.

첫째, 교육현장에서 교사의 책무성을 강조하기 때문에 교사들은 명확하고 문서화하기 쉬운 체계적인 수업계획을 가지고 가르치려고 한다. 즉, 교사들이 이러한 이유에 의하여 선호하는 수업지도안 양식은 도입활동, 기능연습, 게임이라는 순서로 진행되는 기능중심 모형과 일치되는 양식이다

둘째, 교사교육을 받는 동안 교사들은 기능습득과 평가를 중요한 것으로 교육받았기 때문에 기능습득에 효율적이고 평가하기 용이한 수업모형을 선호한다. 즉, 개개의 기능을 평가할 수 있는 기준과 정보를 비교적 많이 제시되어 있어 평가하기 용이한 반면, 게임 능력이나 전략의 사용은 평가하기가 모호하기 때문에 교사들이 비교적 평가가 용이한 기능중심 모형에 따라 수업을 전개한다.

셋째, 기능중심 모형이 게임수업의 지배적인 모형으로 잡아온 데에는 학생의 학습과정에 대한 고려보다는 주로 교사의 학습지도 과정에 근거를 두고 있다. 즉, 게임을 지도하는 교사의 역할을 방관자로 인식하는 반면, 부분적인 운동기능을 중심으로 가르칠 경우 체계적인 학습지도 계획을 가진 책무성이 있는 교사로 인식하기 때문에 교사들이 이 모형을 선호하는 경향이 있다.

하지만 이러한 기능중심 모형은 아울러 다음과 같은 치명적인 한계점을 가지고 있다. 기능중심 모형이 가지는 첫 번째 한계점은 학생들의 동기유발이 어렵다는 점이다. 즉, 교사는 기능을 가르치는 것을 가장 중요한 학습내용으로 인식하고 있는 반면, 학생들은 개개의 기능이 전체적인 게임 상황에서 어떻게 이용되는지를 모르기 때문에 중요성을 인식하지 못하고 있다. 기능을 배우는 수업시간에 학생들로부터 빈번하게 들을 수 있는 요구는 "선생님, 시합해요" 또는 "선생님 게임은 언제 해요?"와 같은 것들이다.

둘째, 부분적인 기능의 연습이 게임상황에서 통합된다는 기능중심게임 수업모형의 가정은 많은 연구에서 의문시되고 있다. 비록 학생들이 개개의 기능에는 숙달되었다 할지라도 학생들은 그 기능이 전체적인 게임의 맥락 속에서 어떻게 이용 되는지를 알 수 없으므로 게임능력으로 연결되지 못한다. 일례로, 게임상황에서 오히려 학생들의 기능수준이 후퇴한다는 연구결과가 있다. 즉, 단순한 기능의 학습에서 복잡한 게임 학습으로의 전환은 학생의 학습 준비성을 무시한 것이기 때문에 기능학습에서 게임 학습으로 자연스럽게 전환되기 위해서는 연습과정에서 게임상황과 유사한 학습경험이 요구된다.

셋째, 기능중심 모형은 학생들에게 "어떻게"라는 측면은 강조하여 가르친 반면, "왜"를 가르치지 못하였다. 따라서 학생들은 역동적인 게임상황에서 요구되는 의사결정이나 전략의 사용에서는 미숙할 수밖에 없었다.

이와 같은 기능중심 모형에 대한 한계점을 인식한 일단의 체육교육 연구자들은 1960년대 이후 다양한 게임 수업모형을 제시하여왔으며 그 대표적 게임 지도 모형을 제시하여 보면 다음과 같다.

첫째, 협동게임 수업모형(cooperating games model)으로서, 이 모형은 학교 체육 수업 시 전통적으로 이루어지는 게임은 너무 승패만을 강조함으로써 스트레스와 경쟁심을 유발하여 아동에게 심리적 손상, 속임수 등의 문제를 일으키는 것을 극복하기 위하여 제안된 모형이다. 이 모형은 Orlick(1978)에 의해 제안된 모형으로서 그의 저서 『Winning Through Cooperation』에서 집단 협동을 강조하는 다양한 게임 유형을 소개하고 있다. 그러나, 이러한 대안적 게임수업 모형을 협동적 성격만을 가진 게임이 많지 않을 뿐만 아니라 게임 수업 시에 긍정적 효과가 분명하게 나타나지 않음에 따라 학교 체육현장에 널리 파급되지 못하였다.

둘째, 새로운 게임 변용 모형(new game transformation model)으로서, 이 모형은 학생들에게 특정 상황이나 장비를 제공하여 그들 스스로 새로운 게임을 구상하고 창안 시키려는 게임 수업 모형이다. 이 모형은 게임 수업의 의미를 문제 해결학습으로 파악하고 교사 중심이기보다는 학생 중심에 가치를 두고 학생 스스로 규칙, 반칙, 점수, 시간 등에 대한 결정을 하게 하여 그들 스스로 게임을 만들 기회를 제공한다. 그러나 이 모형은 학생들이 과연 자주적 학습자로서의 역할을 체득할 수 있는가와 게임을 전승되는 문화로 파악하지 않는 문제점이 제기되고 있다.

셋째, 이해 중심 게임수업 모형(game for understanding model)으로서, 이 모형은 기능 중심 게임수업 모형이 '기능'을 강조하는 데 비하여 '전술'을 강조하는 모형이다. 이모형은 학생이 각 게임의 속성을 이해할 수 있도록 게임의 유형을 가르치며, 이러한 유형은 기구, 활동, 공간, 규칙에 의해 분류된다.

교대생 에게 물었습니다..(나의 학창시절 게임수업은 이랬었다..)

○ **게임수업에서 실력이 좋은 아이가 모든 것을 독점하다**

교대 재학생 a : 뜀틀, 멀리뛰기, 달리기, 매트 등 기능 위주의 수업은 수많은 좌절감을 가져다주었다. 그러한 기능 위주의 수업 게임 수업 또한 '잘하는' 아이들 중심이었다.

교대 재학생 b : 늘 공을 손에 잡고 있는 건 몇몇 학생들뿐이었다. 아직 정신적으로 성숙하지 못한 아이들이 능력상으로 우위에 있는 아이들만을 인정하고 공을 맡기려는 태도를 보이기 때문에 그런 아이들은 소외감을 받고 있었던 것이다. 교사는 그런 아이들까지도 게임에 같이 동참할 수 있도록 배려해 주어야 한다.

○ **게임은 주지 교과의 학습을 위한 잉여 에너지를 소비하는 시간으로 사용된다.**

교대 재학생 c : 체육 시간은 늘 지루했고 늘 자유시간으로 대신하는 경우가 태반이었다.

교대 재학생 d : 답답한 교실에 갇혀 책을 보는 것이 아니라 넓은 공간에 나와 아이들이 뛰놀 수 있어서 좋았었다.

> ○ **게임의 목표는 단지 재미를 얻는 것이지 학습 결과를 산출하려는 것이 아니다.**
>
> 교대 재학생 e : 누구에게나 즐거운 체육 시간이 되려면 무엇보다 선생님의 따뜻한 배려가 있어야 한다고 생각된다. 좀 체육이 뒤떨어지는 아이들에게는 너무 무리한 요구를 하여 다그치지 말고 좀더 쉬운 동작부터 익히게 해서 체육이란 과목에 흥미를 잃지 않고 두려움을 가지지 않도록 만들어 주어야 할 것이다.
>
> 교대 재학생 f : 아동의 흥미에만 모든 것의 초점을 맞추어 놓았기 때문에 학년 단계 별로 오는 다른 활동은 소홀히 했다.
>
> 교대 재학생 g : 사실 게임 수업은 그 자체가 즐거워야 한다고 생각한다. 아이들과 함께 하는 즐거운 신체 활동을 통해 사회성도 기를 수 있을 것이다.
>
> 교대 재학생 h : 마냥 즐겁게 학교 운동장을 뛰어 놀았던 기억 밖에 나지 않는다. 어떤 학습의 결과를 눈에 드러나게 효과로서 도출해야 했던 수업보다는 재미를 느끼면서 친구들과 함께 어울릴 수 있었던 게임 수업이 기억에 남는다.

지금까지 살펴본 바와 같이 전통적인 '기능중심 게임수업 모형'이 가지는 한계점을 극복하기 위하여 체육교육 연구자들에 의해 새로운 대안적 게임수업 모형의 개발을 위한 많은 노력이 이루어져 왔으며, 이러한 노력의 일환으로 제시된 아이디어 중의 하나가 '이해중심 게임 수업 모형'(Bunker & Thorpe, 1982; Almond, 1986)이다. 이 모형은 영국의 체육교육학자인 Bunker와 Thorpe에 의해 제안 되어 졌으며, 부분적인 기능의 학습보다는 게임을 실행하는 것을 강조하고(전체→부분) 전체적인 게임의 맥락 속에서 이용할 수 있는 '전술적 지식'과 게임에 대한 '안목'과 같은 인지적 요소에 관심을 두고 있다. 따라서 교사는 이미 어느 정도의 기능수준만 가지고 있으면 행할 수 있는 종류의 게임을 제공하는 것이며, 게임능력은 그 게임의 성격이 무엇이냐를 이해함으로써 향상될 수 있다는 관점을 가지고 있다.

이해중심 모형은 게임수업에 있어서 하향식 접근을 취한다. 하향식 접근(top-down approach)에 의하면, 학생들이 학습 내용을 전체적으로 개관하여 전체적인 형태를 인식할 수 있는 계획된 경험을 제공하여야 한다고 주장한다. 인지심리학 분야에서도 개개의 특징을 깊이 있게 분석하지 않더라도 전체적인 의미를 파악할 수 있다는 하향식 접근을 지지하는 주장이 있다. 하향식 접근은 학습자들이 전체적인 게임이나 활동에 포함되어 있는 복잡한 개념이나 원리를 초기에 이해할 수 있다고 주장한다.

○ 게임의 학습 과정이 미약하다

교대 재학생 i : 나이가 좀 많거나 여자 선생님이 담임인 경우에는 반 아이들 중에 체육을 잘하는 아이에게 시범을 보이도록 하고 간단한 지시만 하고 나서 방치해 버리는 경우가 많았다.

교대 재학생 j : 초등학교 시절 체육 수업을 생각하면 어렴풋이 공을 가지고 놀았던 생각이 난다. 공을 가지고 축구하고 배구를 했던 것 같다. 축구나 배구라는 활동이 어떤 체계에 의해서 단계 적으로 이루어 졌다기 보다는 선생님께서 공을 나누어 주시고 우리가 하고 싶은 놀이를 하도록 했던 것 같다. 지금 생각해 보면 선생님께서 우리를 자유롭게 풀어놓았던 것이 과연 옳은 것인가 생각해 보게 된다.

교대 재학생 k : 그저 선생님이 다른 사무로 바쁘실 때 그냥 "너희들끼리 나가서 피구나 해라" 식이다. 게임을 수업의 한 형태로 생각하지 않는 데 문제가 있다. 그런 이유로 좀더 짜임새 있게 시행되어야 할 게임 수업이 그저 시간을 때우기 위한 수단으로 밖에 이용되었다.

교대 재학생 l : 우리가 할 수 있는 게임의 가지 수도 얼마 되지 않았던 것 같다. 늘 새로운 것을 받아들이려는 욕구가 강한 초등학교 시절에는 그것 역시 불만이었다.

○ 게임은 교사 중심적이다.

교대 재학생 m : 5학년 때의 담임 선생님은 유독 운동하기를 좋아하셨는데 특히 배구를 좋아하셨던 것 같다. 날아오는 공을 보면 눈부터 감아버리는 나에게 배구도 쉬운 운동이 아니었다. 우리에게 토스하는 법을 가르쳐 주시기 위해 선생님이 직접 공을 보내주셨는데 그 공은 내가 치기에는 너무나 빨랐다. 그리고 손목으로 공을 받아야 한다는 사실을 충분히 전달 받지 못하여 손톱 끝이 빠져서 정말 고생했다

Ausubel(1968)은 학생들이 부분적인 것을 이해하기에 앞서서 전체적인 것을 파악하는 경험을 통하여 학생들이 더 잘 이해할 수 있다는 선행조직자(advanced organizer)의 개념을 제안하여 하향식 접근을 지지하였다. Vickers(1990)는 체육수업에서 학생들이 기능 습득이 적절하게 학습된 상황에서 가능한 한 빨리 게임 상황에 안내되어야 한다고 주장하였다. Vickers는 농구에서 2대2 게임이 드리블, 슛, 패스, 게임과 유사한 상황에서 수비와 공격의

연습을 제공하는 선행조직자의 역할을 할 수 있을 것이라고 하였다. 그녀는 하향식 전략학습의 과정에서 학생들은 기능이나 개념이 어떠한 게임의 맥락에서 이용될 것인지 배워야 한다고 주장한다. 이 주장은 게임상황을 먼저 경험함으로써 학생들이 어떠한 전략과 기능이 요구되는지를 비로소 알게 된다는 Bunker와 Thrope(1982)의 주장과도 일치한다. Vickers(1990)는 게임수업에서 하향식 접근의 중요한 요소는 게임상황과 유사한 소규모 그룹학습이라고 주장한다. 그러나, 하향식 접근은 개개의 기능과의 관계, 전략과의 관계 등 게임에 대한 복합적인 이해를 요구하기 때문에 상향식 접근보다 개념화하기 어렵다. 이와 같이 이해중심 모형은 인지심리학적 기초위에서 기존의 상향식 접근(bottom-up approach)과는 달리 하향식 접근을 취하여 전체적인 게임상황을 먼저 접할 수 있는 학습경험을 제공할 것을 강조하고 있다.

한편, Bunker와 Thorpe(1982)는 6단계의 이해중심 게임 수업모형을 제안하였으며 이를 단계적으로 설명하여 보면 다음과 같다.

첫 번째 단계는 앞서 제시된 게임의 유형을 이해하는 단계이다. 이 모형의 제안자들은 앞서 제시한 게임의 유형들 중에서 네트 게임이 맨 처음 제공되어야 한다고 주장한다. 그 전략이 쉽게 이해될 수 있고 게임이 덜 복잡하다는 것이다. 초등학교 고학년이나 중학교 학생들은 이와 같은 네트 게임 경험으로부터 많은 이점을 얻을 수 있다. 초기의 활동은 수정된 기구와 수정된 코트로 협동적 양식이 될 수 있다. 예를 들어 학생들은 파트너와 일정 영역(두 10´×20´ 직사각형 공간)내에서 공을 던지고 받을 수 있다. 즉, 이 단계에서는 성인들이 하는 스포츠와 유사한 형태의 소규모 간이 게임이 소개된다. 이 단계에서 제공되는 간이게임은 원래의 게임이 가지고 있는 성격을 잘 반영하되, 인원수, 공간, 장비 등이 변형된 형태로 제시되게 된다.

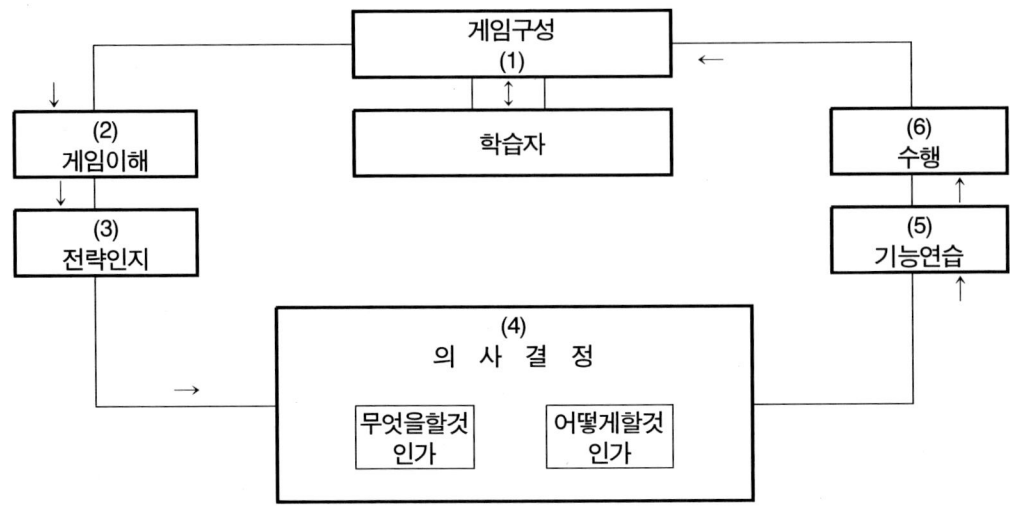

그림. 이해중심 게임수업 모형의 단계

두 번째 단계는 게임 이해 단계이다. 여기서는 게임의 규칙들을 아동들로 하여금 이해하게 하는 것에 강조점을 둔다. 그 규칙들은 게임의 범위를 제공한다. 그 게임의 규칙들은 그 게임에 관해 시간과 공간에 대해 제한을 두게 된다. 일예로서 시간제한 규칙(농구의 경우에는 10라인을 그린다거나 공은 3초 나 5초 이상 잡고 있을 수 없다는 등)을 적용한다든지, 공간 제한 규칙(축구의 경우 페널티에어리어를 작거나 크게 한다 등)을 적용한다든지, 또는 다른 규칙을 실행한다든지 하는 등의 수업시행은 게임을 실제로 행할 때 활용되는 학생의 기능 수준과 기술전략에 제한을 가할 것이다.

세 번째 단계는 전술적 인식 단계이다. 이 단계는 규칙들에 내포되는 문제점들과 규칙의 이해를 제시한다. 게임에 사용되어지는 전술을 고려하는 것이 필수적이다. 즉, 공격하기에 좋은 공간을 만들어 내는 방법들, 수비하기에 좋은 공간을 만들어내는 방법들은 경쟁을 극복하는데 사용되어질 수 있다. 게임의 보편적 플레이는 전술적 접근을 위한 기초를 형성한다. 예를 들어, 간이배구의 경우 공을 띄우고 때리는 각도를 계측하며, 스파이크를 함으로써 공격의 기회를 마련하고, 자신이 맡아야 할 수비공간을 예측하기 위하여 각도를 세밀히 따지는 기회를 제공하게 된다. Thorpe와 Bunker(1982)는 던지기 같은 기능이 여러 종류의 게임들에 전이가 되듯이, 운동전술에 대한 지식도 전이가 될 것 이라고 주장하고 있다.

네 번째 단계는 의사 결정 단계이다. 이 단계는 무엇을 할 것인가에 기초한 의사결정과 그것을 어떻게 할 것인가의 의사결정을 강조하며, 학생들과 교사가 의사결정시에 결점들을 인식하고 찾아내는 데에 강조점을 준다. 전술적 인식(무엇을 할 것인가)이 의사결정들에 필수적이라면 게임들의 성격은 게임상황 내에서 계속 변화하는 것을 뜻한다. 무엇을 할 것인가를 결정하기 위해 각 상황은 평가되어야만 한다. 예로서 테니스를 배우는 학생의 경우, 코트 뒤로 깊숙히 떨어지는 로브나 네트바로 앞에 떨어지는 드롭샷의 중요함을 깨달은 경우에 더욱 로브 또는 드롭샷 기술을 기꺼이 배울 준비가 될 것이다. 농구를 배우는 학생의 경우, 가드에 의해서 옴짝달싹 못하게 된 상황을 당해본 학생만이 여러 가지 다른 방법으로 공을 바운드 할 수 있는 기술과 페인트를 동반한 체스트 패스 기술을 배울 충분한 시간이 필요함을 깨닫게 될 것이다.

다섯째 단계는 기술 실행이다. 이 단계에서는 게임상황 내 요구되는 실제적 연출이 교사에 의해 시범되어진다. 기술 실행은 항상 개인의 상황내에서 학습자에게 보여 지게 된다. 이 단계는 다음 단계의 수행의 개념과는 다른 것으로 기능의 효율성과 적절함을 판단하는 질적인 요소를 포함한다는 점에서 구별이 되며, 이 단계에서 학생들은 운동이 제대로 수행 되었는지 안 되었는지를 판단하는데, 그리고 운동을 향상시키는 것에 관련된 판단을 적절히 내리는 데에 있어서 필수적으로 교사의 도움을 필요로 한다.

마지막 단계는 수행이다. 앞서의 단계를 거치면서 생성된 결과가 이 단계에서 평가된다. 이는 기술의 효율성뿐만 아니라, 전술적 실행의 적절성에 대하여 학교수준 혹은 국가적 기준에 기초하여 학생들의 수준을 분류한 단계이다.

이상과 같은 Bunker와 Thorpe(1982)의 이해중심게임 수업모형의 실제적인 적용 과정은 다음과 같다. 먼저 교사는 체육수업의 초반부 또는 1차시에 게임의 형태를 구조화한다. 이 접근의 중요한 요소 중의 하나는 처음에 소그룹 별로 학습경험을 제공하는 것이다. 학생들이 적절하게 조절할 수 있는 조건 아래서 가능한 빨리 게임을 소개한다. 예를 들어, 2대1 게임이나 3대 3 미니 게임이 포함될 수 있다. 교사는 그 시합을 관찰하고 학생들에게 질문을 한다. 아울러 학생들에게 게임의 목적과 그들이 성취하고자 하는 것이 정확히 무엇인가에 대한 사고를 하도록 격려해야 한다. 학생들에게 복잡한 개인 기술(드리블, 슛, 패스)을 배우게 하기 전에 게임의 전략적 기초(주고 빠지기, 스크린, 포스트플레이, 리바운딩)를 배우도록 해야 한다.

만약 게임이 침체되었다면, 학생들에게 "왜 이런 일이 일어나는가"라고 질문하는 것이 적절하다. 교사는 학생들이 분명한 반응을 하도록 시도해야 한다. 한 예로 축구게임에서 좁은 공간에서 플레이가 압박받았을 때를 생각해 보자. 공격적 관점에서는 이것이 게임을 어렵게 만들 것이다. 일단 학생들이 전술적 문제를 알고 있다면, 그들은 이 곤궁에서 빠져 나가는 전략을 개발시키는데 도움이 필요할 것이다.

이 도움은 교사가 결정한 게임과 관련된 연습의 형태 속에 있다고 볼 수 있다. 게임이 침체된 이유가 전략을 제외하고 운동기술과 관련되어 있다면 교사는 기술을 발달시키기 위해 개입해야 할 것이다. 그러나 Bunker와 Thorpe의 모형에서 상술한대로 전술적 인지에 기초한 학생의 의사결정은 운동기술 교수에 항상 선행한다. 이 접근 방법에 속하는 이론은 학생들이 게임상황에서 요구하는 대로 특별한 운동기술에 대한 필요성과 관련성을 알아내야 한다는 것이다. 그러면 학생은 게임상황을 연상하게 될 것이고 교사는 게임을 멈추고 게임수행에 다양한 게임원리를 가르칠 것이다. 이 방법의 게임 교수단계는 아래와 같다.

1. 교사는 게임의 유형을 설정한다.
2. 교사는 시합과 연습을 관찰한다.
3. 교사와 학생은 전술적 문제와 잠재적 해결책(게임과 관련 있는 연습)을 연구한다.
4. 교사는 시합을 관찰한다.
5. 교사는 기술을 개발시키기 위해 개입한다.
6. 교사는 게임을 관찰하고 교수를 위해 개입한다.

이해중심 게임수업 모형이 우리나라에 처음 소개·연구된 후 이 모형의 보급 노력은 제7차 체육과 교육과정에 반영되는 성과를 올렸다. 또한 각종 초등 교사 연수를 통해 이해중심 게임수업을 현장에 보급하려는 노력이 진행되었고, 현장 교사들의 이해중심 게임수업에 대한 보다 많은 정보 요구가 증대되고 있다. 이러한 노력과 기대에 일조하기 위해 이해중심 게임 수업 이론적 이해와 더불어 초등학교 수준에서의 현장 적용 방안을 간략하게 소개하여 보았다. 마지막으로 이해중심모형에 의한 게임 지도는 다음과 같은 효과를 가져 올 수 있으리라 생각된다.

첫째, 학생이 측면에서 게임 참여와 흥미의 증대를 가져 올 수 있을 것이다. 전략과 전술에 대한 이해를 갖기 위해서는 주체적으로 게임에 참여하여야 하기 때문이다. 학생들은 게임에 참여함으로써, 성취감을 느낄 수 있을 것이며, 수업 내용을 보다 잘 이해·실천할 수 있을 것이다.

둘째, 학생들은 전략과 전술의 인지를 통해 이를 수행하기 위한 기능 연습의 필요성을 스스로 느낄 수 있을 것이다. 게임 상황 속에서 자신의 기량을 펼치고, 팀 동료들과 협동하기 위해서는 어떤 상황에서 어떤 기능을 익혀야 하는지 스스로 판단하게 될 것이다.

셋째, 학생들은 게임 상황에서의 전략과 전술을 사용하려는 노력을 통해 다른 종류의 게임 수업에서도 전이 효과를 얻을 수 있을 것으로 기대된다.

넷째, 교사는 학생들을 실제적인 게임 상황에서 지도함으로써 게임의 규칙, 전술 등에 대해 보다 체험적으로 학생들을 지도할 수 있을 것이다. 이러한 과정을 통해 학생들의 능력이나 흥미에 맞는 다양한 게임 전략과 전술을 개발해낼 수 있을 것으로 생각된다.

그러나 이해 중심 모형에 의한 게임 지도에는 다음과 같은 난점도 존재할 것이다.

첫째, 게임 지도하는 교사가 충분한 수업지식(교과내용, 수업방법)이 없다면 전략이나 전술을 통한 게임 지도는 불가능 할 것이다.

둘째, 학생들의 개인차이다. 각 학생들의 게임 수행 능력은 많은 차이가 있다. 게임을 이해하는 능력, 수행하는 능력, 상호 작용하는 능력 등에는 다양한 차이가 있다. 따라서 이러한 학생들의 개인차를 좁힐 수 있는 보다 상세화 된 게임 전략과 전술을 수립하지 못한다면 전략과 전술을 통한 게임 수업은 상당한 어려움에 처할 것으로 생각된다.

당신은 어떤 생각을 갖고 계십니까?

A교사 : "저도 아이들에게 개별 기능을 훈련시키느라 오랜 시간을 보내기보다는 우선 단순화한 게임 형태에서부터 시작하더라도 실제 게임을 통해 배우는 것이 낫겠다 싶어서 '이해중심 수업모형'을 여러 차례 시도했었습니다. 이 모형은 '기능중심 수업모형'이 갖지 못한 장점들, 즉 실제 게임운영 능력의 향상이라든가 전략수행 면에서는 효과가 있었지만, 막상 아이들이 경기의 흐름과 맥락에 대해 어떻게 이해를 하였으며, 실제 게임에 어떻게 적용되어 드러나고 있는지에 대한 과정을 평가하기가 매우 어려웠습니다."

B교사 : "저도 '기능중심 수업모형'이 게임 수행에 요구되는 기본적인 개별기능의 숙달에 효과적이라는 것은 알고 있습니다. 그러나 경기 전반의 흐름과 규칙, 전략에 대한 이해가 부족한 채 개별 기능 수행능력의 평가에만 그친다면 실제 경기에서 각 기능들이 어떻게 전략적으로 통합되어 경기가 수행되는지 알지 못할 가능성이 많다고 봅니다. 따라서 '이해중심 수업모형'을 통해 개별 기능의 평가가 아닌 실제 게임수행 과정에서 일어나는 모든 측면을 평가하는 수행평가 기준을 세워 평가하는 것이 좋다고 생각합니다."

요점 확인

이해중심 게임수업 모형의 각 단계별 내용을 예를 들어 설명하라

♧ 이해중심 게임수업의 예시 ♧

일 시	200*.*.*.	단 원	목표물 맞히기	장소	운동장 (우천시 강당)
지도학년	3학년	차 시	1/3	지도교사 및 대상	지도대상 : 3학년 □ 반 (남 15명, 여 15명)
학습주제	고정된 목표물 맞혀 이동시키기				
학습목표	고정된 물체를 맞혀 일정한 장소로 이동시킬 수 있다.				지도교사 : ○ ○ ○

학습과정		교수-학습 활동	시간	자료 및 유의점

도입	동기유발	• 운동회 때 박 터뜨리기를 해 본 경험에 대해 이야기 한다. 박 터뜨리기가 잘 안 된 이유를 발표시킨다.(아이들의 <u>경쟁심리를 유도</u>한다.)
		• 교사 : 1학년 운동회 때 박 터뜨리기 해 봤어요?
		  아동1 : 예, 졌어요~
		  교사 : 쉽지 않았죠?
		  아동2 : 박이 너무 높아서 공이 안 닿아요~!
		  교사 : 그러면 더 잘 다룰 수 있는 방법을 찾아봅시다.
			5분	• 박 터뜨리기를 하는 장면을 그림 자료를 통하여 제시하고 흥미를 유발하여 집중할 수 있도록 한다.

	학습문제제시	<u>• 주어진 공을 목표지점에 최대한 접근 하도록 하여 공을 다루는 능력을 키울 수 있다.</u>		
	준비운동	• 교사는 학생들의 건강상태를 확인하여 조치한다. • 교사의 시범을 통한 간단한 스트레칭을 한다.	5분	
전개	게임방법제시	* 교사가 다음의 게임 내용을 아동들에게 그림 자료를 이용하여 설명한다. • 경기장은 가운데 목표지점을 기준으로 1m간격으로 네 개의 원이 연속 적으로 그려져 있다. (가장 작은 원부터 4점, 3점, 2점, 1점으로 표시 되어 있다.) • 아동들은 네 개의 조로 나뉘어 각 조별 위치에 선다. • 조원들은 순서를 정하여 각자의 테니스공을 가운데 원을 조준하여 굴린다. • 이때에 목표물에 가장 가까운 아동이 최고 점수를 얻는다. • 얻은 점수는 각 조 점수 도우미가 점수 스티커를 붙여 표시한다. (각 조별 점수 도우미 1명 지정) • 모든 아동이 시행한 후 스티커를 많이 모은 조가 게임의 승자가 된다.	5분	• 그림 자료를 제시하여 아동의 이해를 돕는다. • 테니스공을 사용하는 이유는 힘 조절을 통해 공에 대한 조정력을 기르기 위함이다. • 인원이 많을 때에는 경기장을 여러 개 만든다.

전개	게임 실행(1)	・위의 방법과 같이 아동은 자신의 순번대로 공을 굴린다. ・게임을 효과적으로 하기 위하여 방법을 의논하여 시행한다. ・교사 : 가운데 원까지 잘 굴러가나요? 　아동1 : 너무 멀리가요! 넘어갔어요! ・교사 : 그러면 어떻게 하면 안 넘어 갈까요? 　아동2 : 두 번째 공을 힘을 적게 주면서 　　　　굴리니까 3점 받았어요. ・교사 : 그렇지. 넘어가지도 않고 덜 가지도 　　　　않도록 힘 조절을 잘 해야 됩니다. ・전체 아동이 시행한 후 승리 팀을 선정한다.	10분	・아동들의 경쟁심리를 유발하고 더욱 흥미를 끌 수 있도록 점수를 조별 스티커로 표시한다.
학습과정		교수-학습 활동	시간	자료 및 유의점
발전	게임 실행(2) (심화단계)	・게임 활동(1)을 통하여 아동들이 기능을 익히도록 한다. 그리고 새로운 규칙과 방법을 아동 스스로 모색할 수 있도록 한다. ・교사 : 좀 전 게임이 재미있었나요? 너무 쉽지 않았나요? 　　　　조금 더 새로운 방법은 어떤 것이 있을까요? 　아동1 : 두개 같이 굴려 봐요! 　아동2 : 영역을 나누어서 굴려요! ・교사 : 그러면 좀더 좁은 공간에서 공을 굴려 볼까요? 　　　<교사는 원 안에 라인을 그려 넣는다.> 　아동3 : 어! 그럼 다른 팀 공간에 들어간 공은 0점 처리해요~! ・교사 : 그래, 좋은 생각 이예요! 한번 해 볼까요?	10분	・새로운 라인을 그려 넣고 각 팀의 영역을 정해준다. 다른 팀의 영역에 공이 굴러가면 0점 처리를 한다. 아동들이 다양한 방법을 제시할 수 있도록 분위기를 조성한다.
정리	정리운동 및 평가	・각 아동들의 운동량이 다르므로 그것을 고려하여 마무리 운동을 하도록 한다. ・아동들이 오늘의 수업을 통하여 공 다루기 능력이 어느 정도 발전하였는가에 대하여 질문하고 발표시킨다. ・오늘의 게임에서 불충분하다고 생각된 점을 찾아내어 다음 수업시간에 연계할 수 있도록 한다.	5분	학습도구를 정리하는 습관을 들이도록 한다. ・스스로 목표물 맞히기 게임에 대하여 정리할 수 있도록 다양한 의견을 발표시키고 시간을 준다.

2. 초등체육교육에서의 협동학습 수업모형의 실천

최근 협동학습에 대한 교육계의 반향이 거세다. 하나의 유행처럼 협동학습에 대한 연구가 경쟁적으로 이루어지고 있다. 실제로 1995-2002년까지 협동학습에 대한 학위논문이 300여 편이 넘을 정도다. 그럼에도 불구하고, 유독 체육 교과만은 협동학습에 관한 한 사각지대에 머물러 있다. 물론 협동 학습만이 체육교육의 목표를 달성하는데 유일한 방법은 아닐 것이다. 그러나 협동학습이 지금까지 체육 수업의 지배적 구조였던 경쟁적 학습에서 노출된 문제점을 보완할 수 있고, 체육 교육의 목표를 달성하기 위해서 보다 다양한 수업 방식이 요구된다는 점을 고려하면, 체육교육에서도 협동학습에 대해 진지하게 숙고할 필요가 있다. 특히 스포츠 활동을 중심으로 하는 체육 수업은 협동학습을 실행하기에 매우 유리한 조건을 지니고 있기 때문에 더더욱 이에 대한 관심이 요구된다.

일반적으로 학교교육의 학습 구조는 경쟁적, 개인적, 협동적으로 구분된다. 동서를 막론하고, 전통적으로 학교교육에서는 경쟁적 목표 구조를 강조해왔다. 경쟁적 구조란 희소적인 목표를 성취하기 위해 다른 학생이나 집단과 겨루는 것을 말한다. 지금까지 자유 경쟁 사회에서 미래의 사회생활을 원만하게 영위하기 위해서는 학창 시절부터 경쟁적인 환경에 적응하고 아동의 경쟁력을 키우는 것이 학교의 존재 이유로 여겨져 왔다. 그러나 경쟁적 학습 구조는 많은 폐해를 낳게 되었다. 기준 자체를 규범에 둠으로써 반드시 남을 이겨야만 승자로 인정되고, 승자가 되어야만 목표를 달성하는 것으로 간주됨으로써 소수의 승자와 다수의 패자를 양산하게 되었다.

이러한 경쟁적 학습 구조의 문제점에 대한 해결책으로 개별적 학습 구조가 대두되었다. 개별 학습 구조는 아동 각자가 지니고 있는 잠재력을 극대화함으로써 궁극적으로 자아실현을 도모하는데 그 목적을 두고 있다. 이는 기존의 경쟁적 학습 구조가 취하는 규범보다는 절대 규준에 초점을 둠으로써 남과의 비교보다는 자신의 절대 기준이 중요하게 여겨졌다. 결과적으로, 소수의 승자와 다수의 패자라는 이분법적 구분은 피할 수 있었다. 그러나 이러한 개별적 학습 구조는 사회의 개인주의화를 심화시킬 가능성이 농후하다. 결국 개별적 학습구조는 남과 더불어 살아야 한다는 진리를 무시함으로써, 학생의 미래 사회생활에 대한 부적응을 조장할 수 있다.

협동 학습 구조는 이처럼 경쟁 학습 구조와 개별 학습 구조가 가지고 있는 한계점들을 극복하기 위해 생겨난 대안적 방식이라고 할 수 있다. 협동 학습 구조는 학생이 구조화된 상호의존적인 관계를 통하여 서로를 위하여 함께 학습하는데 그 목적이 있다. 그것은 소수의 학생들만이 성공할 수 있는 경쟁 학습 상황이나, 다른 학생들과는 아무런 관련도 없이 학습 목적을 달성하기 위해서 개별적으로 학습하는 상황과는 대조를 이룬다. 최근에는 협동 학습 구조가 인지적 및 정의적 영역에서 경쟁 및 개별 학습 구조보다 우월하다는 주장이 제기됨으로써, 이에 대한 관심이 매우 증가하고 있는 실정이다.

한편, 체육교과는 일반 교과의 학습 구조와는 약간 양상을 보여 왔다. 전통적으로 다른 교과와 마찬가지로 경쟁적 구조가 지배했다는 점에는 공통점이 있으나, 다른 교과들이 경쟁 구조에서 개인적 구조로 변화를 시도하고 있을 때에도 여전히 경쟁적 학습 구조가 지배적이었다는 점에서 차이를 보인다. 단체 스포츠의 경우, 팀 내의 협동보다는 팀 간의 경쟁에만 초점을 두어왔으며, 육상과 같은 개인 스포츠에서도 오로지 1등에게만 의미를 두어왔다. 즉, 이제까지의 체육교육은 상대방에 대한 승리를 추구하는 데에만 초점을 두어왔던 것이다. 이는 결국 과정은 무시한 채 결과만을 중시하는 풍토를 초래하였으며, 운동 기능 중심의 결과에만 초점을 둠으로써 운동 기능이 저조한 학생들을 무시한 채 소수의 운동 기능이 우수한 학생들을 위한 수업으로 전락하고 말았다. 경쟁적 체육 수업은 위에서 보는 것처럼 치명적인 한계에 직면하였다. 따라서 해결책으로 협동적 체육 수업이 하나의 대안이 될 수 있을 것이다. 일견 스포츠 활동은 승리라는 결과만이 최선의 목표라고 여겨질 수 있다. 즉, 상대와의 경쟁이 가장 중요한 요소라는 것이다. 그러나 자세히 살펴보면, 많은 스포츠 활동 특히 단체 스포츠의 경우, 승리를 거두기 위해서는 필연적으로 집단 내 협동이 선행되어야 한다. 승리는 순간적인 최종의 결과일 뿐, 그 결과는 팀 내 지속적인 협동 과정의 산물이라는 사실을 인식할 필요가 있다. 다시 말하면, 체육 수업에서 이루어지는 많은 활동들은 협동을 전제로 하고 있으며, 이는 더 나아가 일반 사회생활에서의 모습처럼 집단 내 협동과 집단간 경쟁을 기초로 하고 있다는 것이다. 따라서 경쟁만을 강조한 기존의 체육 수업 방식을 개선되어야만 한다.

한편 지금까지 체육교육에서 경쟁적 구조와 협동적 구조의 효과에 대한 비교 연구는 빈약한 실정이다. 그리고 심동적 영역 및 인지적 영역에 관한 비교 연구는 거의 전무한 실정이다. 그러나 기존의 연구들은 일단 정의적 영역에서는 경쟁적 수업에 비해 훨씬 효과가 뛰어나다는 결과들을 밝히고 있다. 다시 말하면 체육교육에서의 협동 학습은 학생들로 하여금 목표 성취에 대한 노력을 증가시키고, 긍정적인 대인관계 기술을 향상시키며, 긍정적인 정서 발달에 도움을 줄 수 있다.

> **협동학습의 아킬레스 건 ?**
>
> 협동 학습의 가장 큰 문제점은 정말 협동을 하는 것인가 라는 점이다. 아이들을 몇 개조 정도로 나누어서 협동학습을 지도하는 것은 요즘 초등학교 교육의 트렌드 라고 해도 과언이 아니다. 누구나 이 교육 형태를 지향하고 있지만 형식 외에 내용까지 제대로 교육하는 교사는 드물다.
>
> 첫째로 의지가 없는 학생들은 '무임승차'를 하려고 할 것이다. 대학생들조차도 협동 학습을 할 때 무임승차를 하려는 조원들이 있다. 하물며 초등학생들은 말할 것도 없다.
>
> 둘째로 자유로운 토론을 통해 모든 학업을 수행해 나가야 할 테지만 학습 능력이 떨어지는 아이와 같은 경우에 그 아이는 허드렛일 밖에 할 수가 없다. 가령 만들기를 만들어야 하는데 옆에서 오로지 시키는 대로 풀칠만 하고 있다든지 가위만 오리고 있다든지 이러한 경우 이것은 올바른 협동이 아니다.
>
> 셋째로 이 다양한 아이들을 한 데 모아놓고 교사가 수업을 제대로 이끌어 나아가는 것도 정말 힘든 일이다. 협동 학습으로 한 데 모인 아이들로 인해 수업은 혼란이 찾아오기 쉽다. 수업의 중심이 아동들이기 때문에 아동들이 거기서 벗어난다면 서로 떠들거나 딴 짓을 함으로써 교사 주도의 수업에도 못 미치게 된다.
>
> 이런 문제점을 해결하는 수는 크게 두 가지다. 두 가지 방법이 서로 연결되는 것이 가장 큰 해결책이라고 본다.
>
> 첫째는 아이들의 수준을 높여 놓고 협동 학습을 하는 것이다. 협동 학습이 무엇인지, 태도는 어떻게 취해야 하는지 등 아이들을 일정 수준 이상으로 만들고 나서 협동 학습을 진행하면 된다.
>
> 둘째는 교사가 강력한 모둠 활동 지원 및 제한을 행해야한다. 협동학습의 의미를 해치지 않는 범위 내에서 모둠원의 역할 분담이 제대로 이루어졌는가를 살피고 아이들이 혼란스러워하지 않게 통제를 잘하며 무임 승차는 아주 좋지 않은 행동임을 강하게 주지시키는 등 교사 주도의 수업보다 더 강력한 지도력을 발휘하는 것이다.

체육교육에서 협동학습을 성공적으로 실천하기 위해서는 기본적으로 성공에 필요한 요소 및 전략을 이해할 필요가 있다.

먼저, 체육교육에서 협동학습을 성공적으로 수행하기 위해서는 반드시 다음과 같은 요소들이 구비되어야 한다.

첫째, 공정한 팀 구성이다. 기본적으로 협동학습은 팀을 전제로 하고 있다. 특히 많은 체육활동이 팀으로 구성되어 있다. 팀을 구성할 때는 팀 내의 다양성과 팀 사이의 공정성이 고려되어야 한다. 즉, 팀 내에 재능, 개성, 성 등 다양한 요소를 고려하여 이질적인 집단으로 구성해야 하며, 팀 간에는 성공이나 승리 기회가 공정할 수 있도록 교사가 많은 노력을 기울여야 한다. 대부분의 기존의 체육 수업처럼 단지 두 팀으로 나눔으로써 다인수 팀을 만들어 수업하는 것은 아동의 발달적 측면에서 볼 때 효과적이지 못하다. 팀 구성원이 너무 많아지면, 개인적 책무성에 대해 생각하지 않을 수 있다. 따라서 협동학습을 성공적으로 수행하기 위해서는 가능한 한 팀을 적은 수로 구성하는 것이 바람직하다.

둘째, 긍정적 상호의존이다. 협동 학습의 가장 특징 중의 하나가 긍정적 상호의존이다. 긍정적 상호의존은 한 학생의 목표 달성이 다른 학생의 목표 달성과 연결된 학습일 때 발생한다. 경쟁적 학습에서는 상대의 목표 달성을 해치는 것이 나에게 도움이 되지만 협동학습에서는 팀 전체가 중요하기 때문에 팀 구성원 사이에서 긍정적 상호의존이 없으면 팀 성공은 불가능하다. 그리고 이 긍정적 상호의존성을 증가시키는 것이 협동학습의 매우 중요한 목표이기도 하다.

셋째, 개인적 책무성이다. 모든 팀 구성원이 자신의 몫을 다할 때 협동학습은 성공할 수 있다. 그러나 이것은 모든 학생이 평가에서 똑같은 점수를 받는다는 것을 의미하지는 않는다. 오히려 모든 학생이 집단 활동에 최대한으로 참여하고 자신의 능력보다 더 많은 것을 배운다는 것이다. 따라서 체육교사는 협동학습에서 단순히 팀 전체의 점수만을 강조해서는 안 되며, 개인적 책임을 반드시 확인할 필요가 있다. 이는 학생의 책임감 수준을 증가시킬 것이다. 집단은 목표를 성취해야 할 책임이 있으며, 구성원들은 학습에서 자신의 책임을 다할 의무가 있다. 누구도 타인의 노력에 편승해서는 안 된다. 협동 학습 집단의 목표는 각각의 구성원들을 보다 우수한 개인으로 만드는 것이다. 즉 협동 학습을 통하여 함께 배운 후에 학생들은 개별적으로도 더 잘 수행할 수 있게 되는 것이다.

넷째, 대인관계 및 소집단 인간관계 기술이다. 협동학습은 무엇보다도 정의적 영역을 중요시한다. 최근 우리나라 청소년들은 정서적인 측면에서 많은 문제점들을 가지고 있는 게 사실이다. 얼마 전 우리나라 성인 20세 남성들을 대상으로 한 성격장애 검사에서 40% 이상이 성격 장애로 판명되었다고 한다. 즉, 성격장애는 여러 가지로 분류될 수 있지만, 한마디로 더불어 살 수 있는 능력이 떨어진다는 것을 의미한다. 이와 함께, 최근 사회적 문제가 되고 있는 '집단 따돌림' 현상 또한 우리나라 학생들의 더불어 사는 능력의 빈곤을 보여주는 사례라 할 수 있다. 사실 이는 경쟁적 구조나 개인적 구조에 초점을 둔 교육의 소산이라고도 할 수 있다.

따라서 학생들로 하여금 대인관계나 집단 내 조화를 이룰 수 있는 능력을 함양할 수 있도록 교육해야 하며, 협동 학습에서는 이 부분이 강조되어야 한다. 협동 학습에서는 팀 구성원들이 자유롭게 의사소통하면서 자연스럽게 협동과 갈등 과정을 겪게 되고, 그 과정에서 다른 사람을 이해할 수 있도록 하는 것이 중요하다. 특히 일상생활에서 매우 자연스러운 갈등 현상을 보다 건설적으로 해결할 수 있는 기술을 익힐 수 있도록 해야 한다.

마지막으로 팀 반성이다. 체육교사는 사회성 학습을 강조하기 위해서 학생들에게 팀 수행에 대해 정기적인 반성 시간을 제공해야 한다. 대부분 체육수업에서는 단지 승패의 결과에만 초점을 맞출 뿐, 어떠한 과정을 거쳤는가에 대해서는 등한시 하고 있다. 과제가 끝난 후에는 팀 구성원들의 행위 중에 바람직한 것과 바람직하지 않은 것, 그리고 유지해야 할 것과 개선해야 할 것들을 논의해야 한다.

이와 함께, 다양한 교수 전략 또한 체육교육에서 협동 학습을 성공적으로 실행하는데 매우 중요하다. 구체적으로 다음과 같은 협동 학습 전략들이 유용할 것이다.

첫째, 학생 팀-성취 배분이다. 이 전략은 개인의 점수보다는 팀 내의 협동에 초점을 두는 전략이다. 구체적으로, 일단 여러 개의 팀으로 나누어 동일한 과제를 제시하고, 일정 시간 연습을 하도록 한다. 연습이 끝난 후 다양한 형태의 수행 평가를 통하여 팀 점수가 발표된다. 그런 다음, 각 팀은 동일 한 과제를 다시 연습한다. 이때 팀은 협동심을 강조하고 모든 팀원들의 점수를 높이는데 중점을 둔다. 2차 연습에서의 목표는 모든 팀원 및 팀 점수가 1차 보다 높아야 한다는 것이다. 1차와 2차 평가에서 팀 점수의 향상 정도에 따라 팀이 평가된다.

둘째, 팀 게임 토너먼트이다. 이는 학생 팀-성취 배분과 유사한 구조를 가지고 있으나, 팀간 개인별 비교가 가능하다는 점에서 팀-성취 배분과 차이가 있다. 즉, 연습 방식은 학생 팀-성취 배분과 유사하나, 각 팀의 1등은 다른 팀의 1등끼리, 2등은 2등끼리 점수를 비교함으로써, 개인별 등위를 매긴다. 즉, 같은 편 1등 끼리 비교했을 때 높은 점수가 나온 학생에게는 높은 등위를 부여한다. 이 전략은 운동 기능이 낮은 학생도 자기 팀을 위해 공헌할 수 있다는 자신감을 갖도록 하는 것이 장점이다.

셋째, 팀-보조 수업이다. 이 전략은 협동학습과 개별화 학습의 결합으로 볼 수 있다. 교사는 팀을 선정한 후 학생에게 수행 기준과 학습 과제가 제시된 목록을 제공한다. 이 목록에는 학생이 학습해야할 과제가 쉬운 단계부터 어려운 단계로 나누어 제시되어 있다. 팀원들은 혼자 또는 다른 팀원들의 도움을 받으면서 그 과제들을 연습하게 된다. 학생이 수행 기준에 따라 과제를 완수하면 다른 팀원이 과제 수행 여부를 체크한다. 학생은 다음 과제로 이동한다. 팀 수행능력은 2가지 방식 중의 하나로 평가될 수 있다. 팀 성적은 매주 각 팀들이 수행한 과제 수를 점수로 환산하거나 개인별로 시험을 본 후 개인 점수를 합산하여 계산한다.

넷째, 체육수업에서의 직소이다. 이는 다른 교과에서도 자주 사용되는 방식 중의 하나이다. 직소 전략은 각 팀원들이 주제 또는 기술 전문가가 되기 위해 서로 다른 학습 요소들을 배우는 것에서 시작한다. 예컨대, A팀에서 학생1은 드리블, 학생 2는 슛, 학생 3은 패스, 학생 4는 규칙 및 전술 등을 익힌다. B팀과 C 팀도 이와 같은 방식으로 학습이 이루어진다. 팀원이 할당된 학습 내용을 익히면, 각 팀에서 동일한 주제나 기술을 학습한 학생끼리 모여 전문가 집단을 구성한다. 전문가 집단은 자신들이 배운 내용을 공유하게 된다. 전문가 집단 모임을 통해 자신의 기술을 보다 정교화 한 전문가들은 원래 자신의 집단으로 돌아가 배운 것을 다른 팀원들에게 가르쳐 준다. 이는 동료 교수를 통하여 이루어질 수 있다.

승패에만 집착하는 교육적 패단을 없애기 위해서라도 협동학습의 올바른 적용은 매우 시급한 사안이다

마지막으로 집단 연구이다. 이 전략은 팀이 학습 과정에 협동하고 학습 결과를 공유하는데 사용된다. 교사가 팀과 과제를 선정하고, 팀에게 일정 시간을 주어 과제를 완수하도록 지시한다. 각 팀은 수업 시간이나 여타 시간을 이용해서 과제를 수행할 수 있다. 과제는 다양한 방법을 통하여 완성할 수 있을 것이다. 예를 들어, 각 팀을 나누어 창작무용 프로그램을 만들어 오도록 하는 과제를 제시한 후, 일정 시간 후에 팀 별로 평가하는 것이 집단 연구의 하나라고 할 수 있다.

이상으로 체육교육의 전통적 학습 구조였던 경쟁적 수업의 대안으로 협동 학습에 대하여 살펴보았다.

수업은 궁극적으로 교육의 목표를 달성할 때에만 의미를 지닌다. 즉, 어떠한 수업이든지 심동적, 정의적, 인지적 영역에서의 조화로운 발달을 도모할 수 있어야 한다. 그런 의미에서 기존의 체육 수업은 주로 경쟁적 구조에 초점을 둔 심동적 영역의 발달만을 추구했다는 비난을 피하기 어려울 뿐만 아니라, 심동적 영역의 발달마저도 기대만큼 효과를 거두지 못했다고 할 수 있다.

협동 학습은 심동적 영역뿐만 아니라 정의적 영역을 동시에 강조함으로써 학생의 균형적인 발달에 많은 도움이 될 것으로 보인다. 특히 미래의 교육에서는 정의적 영역에서의 발달이 더욱 강조될 것으로 예견되어, 체육수업에서의 협동학습에 대한 올바른 이해 및 실천은 궁극적인 학교 교육 목표 달성에 커다란 기여를 할 수 있을 것이다.

> **요점 확인**
> 현장 체육수업에서 활용할 수 있는 협동학습의 구체적인 실시 형태를 예를 들어 설명하라

♣ 협동학습 프로그램의 예시 ♣

1. 인간 장애물 코스

활동 목표 : 주어진 시간동안 장애물을 무너지지 않게 지키기, 그 장애물을 뚫고 통과하기

활동내용 설명 : 소그룹의 학생들(2-4명)이 서로의 몸을 연결하여 장애물을 만든다. 장애물은 통과할 수 있는 공간이 열려있어야 한다. 나머지 학생들은 서로의 손을 잡고 장애물 통과를 시도하는데, 통과시 장애물을 건드려서는 않된다.

준비물 : 없음

심동적 목표 : 신체 및 공간지각력 향상
인지적 목표 : 문제해결 능력 신장
정의적 목표 : 장애물을 건드리지 않고 통과하기 위한 긍정적인 상호작용 갖기

변용적용 :
  - 처음에는 소그룹의 크기를 2명에서 시작하여 학생들의 활동이 성공적으로 진행되면 5명 정도까지 늘릴 수 있다.
  - 장애물을 만드는 데 다양한 움직임 개념이 활용될 수 있다.(예를 들면, 넓고 좁고, 길고 짧고, 고-중-저, 곡선-직선 등)
  - 교사는 장애물을 통과할 수 있는 다양한 방법(통과 방향,속도)을 지도할 수 있다.

협동학습 구조 : 일정한 시간 내에 협동을 통해 더 많은 수의 장애물 통과하기.

2. 셋이서 한 몸 되어 이동하기

활동 목표 : 교사에 의해 제시된 도전과제를 해결해 나가면서 일정거리를 이동하기

활동내용 설명 : 3명이 한 조가 되어 함께 일정거리를 이동하게 되는데, 교사가 음악을 틀면 이동하고 음악을 멈추면 정지하는 동작을 반복한다. 이동하는 동안 교사에 의해 제시되는 여러 가지 다양한 도전과제들을 친구들과 협동해서 해결해 나가면서 이동하게 된다.

<도전과제>
- 3개의 발만 지면에 닿게 하고 이동하기
- 신체부위 중 5곳만 지면에 닿게 하고 이동하기
- 신체일부는 높은 위치로, 신체일부는 낮은 위치를 형성하며 이동하기
- 모든 조원은 항상 옆에 서로서로 붙어 있어야 함.
- 한 학생은 낮은 자세로, 나머지 두 학생은 높은 자세를 취하면서 이동
- 모든 구성원이 둥글고 낮은 모양을 만들면서 이동하기
- 발과 입을 사용하지 않은 채로 소음을 만들면서 이동하기
- 서로 등을 붙이고 빨리 이동하기

준비물 : 음악 테이프, 카세트 리코더

심동적 목표 : 신체 및 공간지각력 향상
인지적 목표 : 창의력 신장
정의적 목표 : 도전과제를 해결하기 위해 구성원 간 긍정적이고 적극적인 상호작용 실시

변형 적용 :
- 과제를 성공적으로 수행하면 조원의 숫자를 점차로 늘려가면 시행한다.
- 도전과제를 해결하기 위해 필요한 다양한 도구 및 기구를 미리 준비해 놓는다.
- 이동거리와 이동구간을 바꾸어 가며 실시한다
- 아동들 스스로 도전과제를 만들 수 있도록 한다.

협동학습 구조 : 생각하고 나누고 실행하기

3. 초등체육에서의 수준별 수업

 수준별 수업의 근본적인 취지는 학업 성취 능력이 낮은 학생들에게 있어 온 교육적 불평등을 해소하는 데 목적을 두고 있다. 수준별 수업은 그 동안 학업 성취 능력이 높은 학생들보다 상대적으로 교육적 관심과 지도를 충분히 받지 못했던 학생들에게 학습 잠재력과 교육의 효율성을 극대화할 수 있는 방안을 찾기 위한 노력에서 출발하고 있다.

 제7차 교육과정에서는 10개 국민공통기본교과 중 5개 교과인 국어, 수학, 과학, 사회, 영어를 대상으로 수준별 교육과정을 도입하고 있다. 나머지 교과인 실과, 도덕, 체육, 음악, 미술은 수준별 교육과정 대신 수준별 수업을 적용하도록 하고 있다.

 수준별 교육과정이 '교육 내용의 차별화'를 통해 학생들에게 적절한 학습 내용과 경험을 제공하고자 하는 접근이라면, 수준별 수업은 '수업 방식의 차별화'를 통해 학습자의 요구, 흥미, 능력에 적합한 교육을 제공하고자 하는 접근이다. 수준별 교육의 효과를 극대화하기 위해서는 그 어느 한 접근만으로는 부족하다. 교육 내용과 방법의 차별화, 나아가서는 학습 환경의 차별화까지 고려하는 다양한 수준별 교육이 이루어져야 할 것이다.

 체육 수업은 다른 수업과는 달리 운동장이나 체육관에서 '신체활동'을 매개로 진행되기 때문에 얼핏 보면 모든 체육 수업이 매우 활발하게 역동적인 것처럼 보일 수도 있다. 그러나 체육 수업을 장기간 심도 있게 관찰해 보면 외재적인 수업의 모습과 내재적인 수업의 모습이 일치하지 않음을 알 수 있게 된다. 한 예로, 몇몇 학생들은 수업 내내 적극적으로 움직이는 반면, 다른 학생들은 그렇지 않은 것을 발견할 수 있게 된다. 사실 모든 학생들이 학습 활동에 만족하면서 적극적으로 참여하는 체육 수업은 그리 많지 않다. 수업을 관찰해 보면, 체육 수업에서 소극적으로 학습 활동에 참여하는 학생들은 대부분 여학생과 운동기능이 낮은 남학생임을 알 수 있다. 결론적으로 말하면, 체육과 수준별 수업이 필요한 이유는 바로 여학생들과 운동 기능이 낮은 남학생들 때문이다. 결국 체육수업에서 수준별 수업의 필요성은 모든 아동들에게 성공적인 학습 경험을 가질 수 있는 기회를 제공 한다는 개념으로 운동 기능이 낮은 아동뿐만 아니라, 운동 기능이 높은 아동에게도 학습에 대한 도전을 제공할 수 있게 된다는 의미로 그 실시여부에 따라 다음과 같은 장단점을 구비하게 된다.

표. 체육과 수준별 수업의 장단점

수준별 수업의 장점	수준별 수업의 단점
- 모든 학생들에게 성공적인 학습 기회 제공 가능 - 학생에게 과제 수준의 선택권 부여 - 친구가 아닌 자신과의 경쟁 유도 - 정서적인 학습 가능	- 모든 아동에게 적절한 참여와 기술 수준을 제공하는 수업 - 여러 과제 수준과 활동을 달리하여 학습 참여를 유인 - 기능, 체력, 학습 흥미와 학습 양식 변인도 포함

전통적으로, 체육 수업의 구조는 391쪽 상단의 그림과 같았다. 즉, 학생들의 기능 수준, 흥미, 성, 학습 동기에 관계없이 모든 학생들에게 한 가지 동일한 수준의 과제를 제공해 왔다. 동시에 학생들이 성취해야 하는 목표의 수준도 한 가지 동일한 수준이었다. Mosston과 Ashwoth(2002)는 이 수업 구조는 분명히 일부 학생들을 체육 수업에서 소외시키거나 배제시키는 결과를 초래한다고 주장한다.

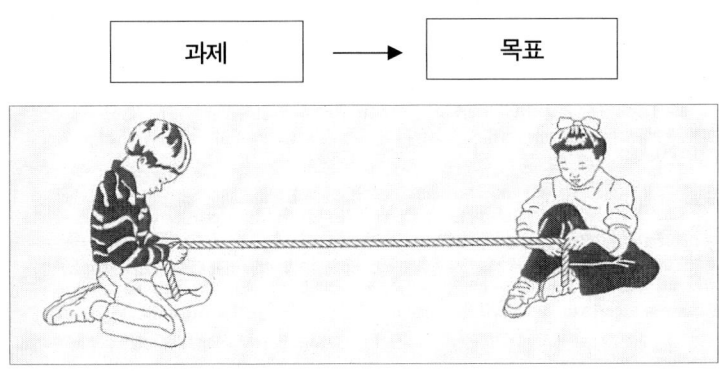

그림. 전통적인 체육 수업 구조

한편, 다음에 이어지는 두개의 그림은 체육과에서 운영할 수 있는 수준별 체육 수업의 구조를 설명하고 있다. 이 수업 구조 틀은 학생들의 기능 수준(skill level)에 근거하여 고안된 것이다. 첫 번째 그림은 다양한 목표 수준에 따른 수준별 체육 수업으로, 모든 학생들은 동일한 학습 내용의 과제에 참여하게 된다. 하지만, 이 학생들은 자신의 능력에 기초하여 서로 다른 수준을 가진 학습 목표에 도전하게 된다. 이 방법은 체육 교사가 가장 용이하게 활용할 수 있는 것으로, 학생들의 신체 활동에 대한 흥미가 거의 유사하나 그들의 능력 수준이 명백히 다른 경우 매우 적합한 방식이다. 예를 들면, 모든 학생들이 '팔굽혀기'라는 한 가지 수준의 과제에 참여하지만, 성공적으로 완수해야 팔굽혀펴기의 횟수는 학생들마다 다르다. 어떤 학생들은 5회 실시, 다른 학생들은 10회 실시, 또 다른 학생들은 15회 이상 실시하도록 학습 목표를 설정할 수 있다.

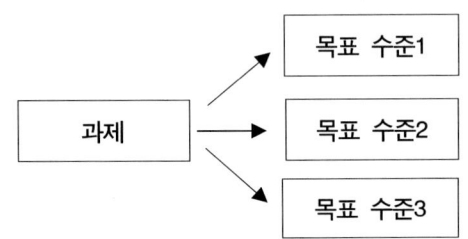

그림. 다양한 목표 수준에 따른 수준별 체육 수업 구조

다음의 그림은 다양한 과제 수준에 따른 수준별 체육 수업으로, 각 학생들은 학습 초기부터 자신의 능력에 적합한 수준에서 학습 과제에 참여하게 된다. 하지만, 모든 학생들은 동일한 학습 목표를 추구하게 된다. 이 방향은 학생들의 능력 차이가 분명하게 나지만, 성취하고자 하는 학습목표가 동일할 때 활용할 수 있는 유용한 방법이다. 예를 들면, 모든 학생들이 비평행적 구조의 줄넘기 사례처럼 처음 시작하는 과제 수준이 다르지만 '줄을 성공적으로 넘는다'는 한 가지 동일한 학습목표를 가지게 된다.

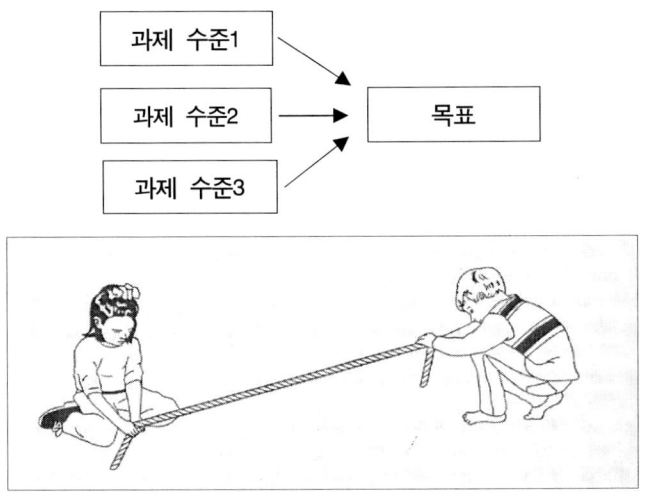

그림. 다양한 과제 수준에 따른 수준별 체육 수업 구조

결론적으로 실제 체육수업에서 활용될 수 있는 수준별 수업의 전략과 운영방안은 아래와 같은 순서로 정리하여 구성할 수 있을 것이다.

먼저, 수준별 체육수업의 구조를 파악한다. 즉 아동들의 운동능력과 흥미를 고려하여 적합한 수준별 체육수업의 방식을 선택한다. 다음으로, 과제의 난이도 요인을 분석해 나간다. 아래의 그림에서와 같이 농구에서의 슛 활동에 포함될 수 있는 난이도 요인들을 외적 요소 및 내적요소로 분류한 후 각각의 항목을 분석해 나가는 것이다.

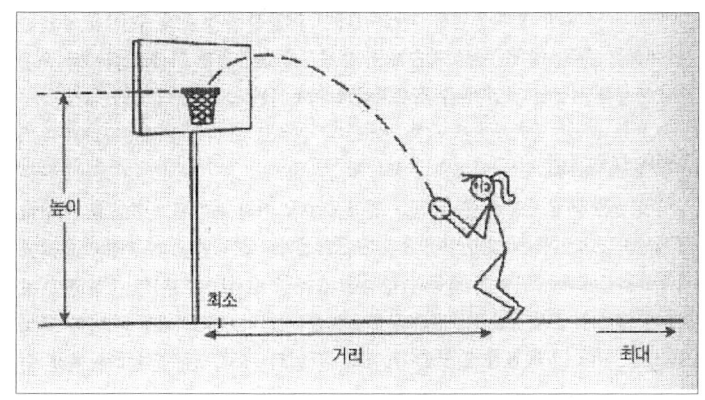

그림. 농구의 슛 활동에 포함되어 있는 요인

위의 예시의 경우 내적 요소에 포함될 수 있는 항목으로는 슛을 행하는 반복 횟수, 시간 등이 포함 될 수 있을 것이며, 내적 요소로는 슛 거리, 골대의 높이, 장비의 무게 및 크기, 골대의 크기, 슛하는 속도, 활동자의 자세 등이 포함될 수 있을 것이다.

끝으로 기존에 개발되어 있는 체육과의 다양한 수준별 수업자료를 참고하면서 여러 가지 다양한 사례를 검토하고 차후 어느 정도 수업체제에 익숙해 졌을 때 비로소 자신이 직접 수준별 수업에 필요한 학습 자료를 개발하고 활용하는 단계를 밟아 가면 될 것이다.

요점 확인
현장 체육수업에서 활용될 수 있는 수준별 수업의 2가지 형태에 대해 설명하시오

♣ 수준별 수업의 예시 ♣

일 시	2005년 11월 *일 13:00~13:40	지도 교사	서울**초등학교 ○ ○ ○
지도 대상	제 6학년 0반 남: 16명, 여 16명 (계: 32 명)	장 소	서울중광초등학교 체육관

1. 단원명 : 게임활동 (네트형 게임)

2. 단원 목표

● 심동적 목표	· 탁구 라켓을 이용하여 날아오는 제기를 정확히 칠 수 있다 · 날아오는 물체를 정확히 쳐서 상대지역의 빈 곳으로 보낼 수 있다. · 날아오는 물체를 정확히 쳐서 일정한 지역으로 보낼 수 있다
● 인지적 목표	· 탁구 라켓을 이용하여 날아오는 제기를 정확히 치는 방법을 안다 · 날아오는 물체를 치는 방법과 상대 지역의 빈 곳으로 보내는 방법을 안다 · 날아오는 물체를 정확히 치는 방법과 상대 지역의 빈 곳으로 보내는 방법을 안다
● 정의적 목표	· 규칙을 잘 지키며 열심히 참여하는 태도를 갖는다 · 규칙을 잘 지키며 서로 협동하는 태도를 갖는다 · 친구들의 잘한 점을 인정하고 격려해주는 태도를 갖는다

3. 차시별 교수·학습 지도 계획

차시	학습제재	주요 내용 및 활동	학습의 주안점	학습 자료
1	제기 배드민턴	· 탁구라켓으로 날아오는 제기 정확하게 맞히기	· 정확성, 조정 능력	· 제기, 탁구라켓 · 라인기, 모둠조끼
2	블랙홀 배드민턴	· 날아오는 물체를 정확히 맞혀 상대방 빈 지역으로 보내기	· 정확성, 조정 능력	· 셔틀콕, 배드민턴 라켓 · 라인기, 모둠조끼
3	8인용 셀 배드민턴 (본시)	· 날아오는 물체를 정확히 맞혀 상대방 빈 지역으로 보내기	· 상황판단 능력, 조정능력	· 셔틀콕, 배드민턴 라켓 · 네트, 기세움대 · 라인기, 모둠조끼
4	4인용 셀 배드민턴	· 날아오는 물체를 정확히 맞혀 상대방 빈 지역으로 보내기	· 정확성, 조정 능력	· 셔틀콕, 배드민턴 라켓 · 네트, 기세움대 · 라인기, 모둠조끼
5	2(4)인용 간이 배드민턴	· 날아오는 물체를 정확히 맞혀 상대방 빈 지역으로 보내기	· 상황판단 능력, 조정능력	· 셔틀콕, 배드민턴 라켓 · 네트, 기세움대 · 라인기, 모둠조끼

4. 본시 학습지도 계획

가. 본시 학습 주제 : 상대선수 받기 어려운 빈 곳을 찾아 물체를 쳐서 넘기기

나. 본시 학습 목표

심동적 목표	· 날아오는 물체를 정확히 쳐서 상대지역의 빈 곳으로 보낼 수 있다.
인지적 목표	· 날아오는 물체를 정확히 치는 방법과 상대 지역의 빈 곳으로 보내는 방법을 안다
정의적 목표	· 서로 협력하며 게임에 적극적으로 참여하는 태도를 가진다.

다. 본시 학습 전개안

과정		교수-학습활동		시간	자료 및 유의점
		교사활동	아동활동		
수업 전 자유놀이		1조 긴 줄넘기 / 2조 후프놀이 / 3조 공놀이 / 4조 고무줄놀이 **수업이 시작되기 전**까지 4개의 조별로 각기 다른 **자유놀이**를 정하여 자율적으로 실시하고 있다. (*조별학습)		수업 시작 前 5분	· 조별 준비물 · 긴 줄넘기 줄 1개 · 후프 9개 · 배구공 3개 · 긴 고무줄 2개
도입	동기 유발	· VCR을 통해 네트를 넘겨 상대방 선수가 받기 어려운 곳으로 셔틀콕을 보내는 배드민턴 경기 장면을 보여주면서 동작이나 기술을 살펴보도록 한다. · 경기에 필요한 동작을 발표 시킨다.	· 경기 장면을 보면서 수비와 공격에 필요한 동작이나 기술을 찾아 낸다 · 찾아낸 동작을 발표한다. (*전체학습)	5분	· 시청각 자료 · 프로젝션 TV · 배드민턴 경기 녹화테이프 자료 · 화면을 통해 배드민턴 경기에 대한흥미를 유발시키고 필요한동작을 직관적으로 알게한다.
	학습 문제 제시	· "상대 선수가 받기 어려운 곳으로 네트를 넘겨 물체를 보낼 수 있다."	파워포인트 화면을 보면서 학습목표를 따라 읽으며 확인한다.		
	준비 운동	· 학생들의 건강상태를 확인·조치 한다 · 본시 학습에 많이 사용되는 관절을 풀어 줄 수 있는 준비운동을 실시한다.	· 이상이 있는 학생은 조치를 받는다 · 음악에 맞춰 손가락, 손목, 발목, 무릎, 어깨 등의 관절을 부드럽게 풀어 준다.	5분	· 카세트 플레이어 · 가사가 없는 경쾌한 음악테이프

전개	규칙 방법 정하기	・아동들과 협의하여 게임의 규칙과 방법을 정해 본다. (게임활동을 위한 최소한의 기본 규칙과 방법만을 제시한 후 나머지 세부 내용은 아동들과 협력하여 정한다.) ・교사 : "오늘은 8명의 함께하는 '8인용 Cell 배드민턴' 게임을 합니다" ・교사 : " 먼저 다음과 같이 기본 규칙을 정해 줄 테니 나머지 규칙과 게임방법은 여러분들이 서로서로 더 재미난 것을 생각해 보도록 하세요 " -다음과 같은 경기장에서 각 팀 선수들은 자신들의 셀지역 (A 또는 B) 만을 담당하여 수비하고 공격은 상대방 지역에 자유롭게 실시 한다 -서브는 각 팀별로 2번씩 돌아가며 실시한다. -득점은 서브권에 관계없고 15점 1세트 경기를 한다 ・교사 : " 그 밖에 다른 규칙과 방법을 발표해 봅시다 " ・아동 1 : " 키가 비슷한 사람들 끼리 했으면 좋겠어요 " ・아동 2 : " 남자와 여자는 실력차이가 있으니까 따로따로 했으면 좋겠어요 " 등	5분	・배드민턴 경기장을 셀 (Cell) 모양으로 나누어 경기를 진행하는 것은 수비공간을 줄여 경기 활동에 부담을 줄여주기 위함이다. ・흰색칠판, 마카펜 ・컬러 자석 ・세부도해도 - 뒷면참조
	전략 전술 정하기	・게임을 효과적으로 하기 위하여 학생들 스스로 전략을 세워 본다. ・교사 : " 네트를 넘겨 내가 친 셔틀콕을 상대선수가 받지 못하는 곳으로 보내려면 어떻게 해야 할까요 ? " ・학생 1 : "수비수가 움직이는 것을 잘 보고 반대 방향의 빈 공간을 찾아 보내요". ・학생 2 : "상대선수가 친 셔틀콕을 재빠르게 다시 되돌려 보냅니다 " 등		・전략적인 속임수동작을 익히도록 한다
	게임 하기 (1) 진단	・전략/전술을 활용하여 규칙에 맞게 게임을 진행할 수 있도록 정보제공한다. ・8인 1조 총 4조(32명) 토너먼트를 실시한다. ・이긴 팀끼리, 진 팀 끼리 재대결을 벌여 계속해서 승자를 가려나간다	10분	・8인 1조 준비물 ・라켓 8개 ・셔틀콕 8개 ・줄긋기 기구/테잎 ・네트 또는 대체용품(색줄), 기세움대

전개	게임 하기 (2) 심화 / 보충	・게임활동 (1)을 통하여 아동들의 경기결과를 통한 진단이 끝이 나면 수준별로 조를 나누고 아동들 스스로 수준에 맞는 새로운 규칙과 방법을 세워서 다시 게임을 진행 한다. ・교사 : " 자 이제 자기가 속한 새로운 조별로 게임 규칙과 방법을 새롭게 정해 봅시다 "	・심화과정 - 셀 구역을 없애 수비공간을 넓힌다 - 돌아가면서 2 : 2 경기를 진행 해 본다 - 서브권이 있는 상태에서만 득점을 인정 보충과정 - 셀 구역을 더욱 작게 4구역으로 나눈다 - 서브는 반드시 뒷부분 셀 지역으로 한다 - 네트 높이를 다소 낮게 조정하거나 없애본다 * 일정지역에 게임에 필요한 기능수준에 도달 하지 못한 아동을 위한 기능연습구역(블랙홀 제기배드민턴)을 마련 한다	10분	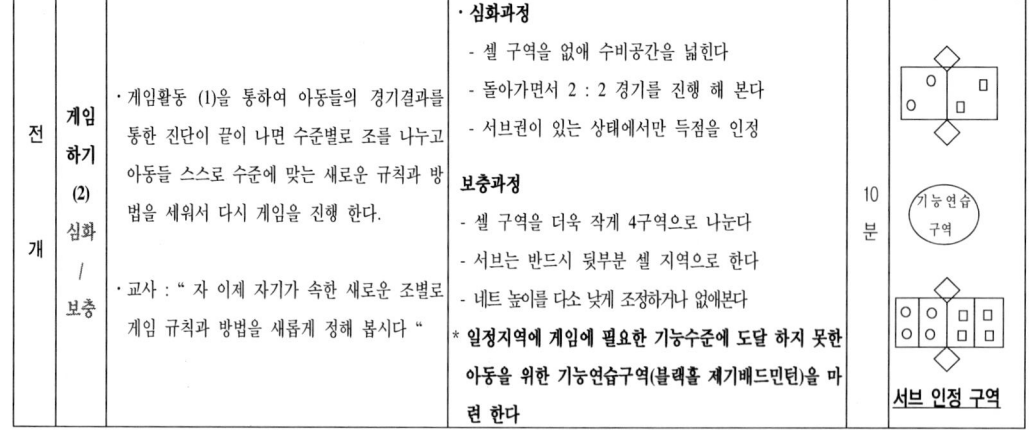

정 리	정리 운동 및 평가	·자연스럽게 서서 음악에 맞춰 스트레칭체조를 한다. ·상대수비수가 받지 못하도록 셔틀콕을 빈 공간으로 보내는 방법을 발표시킨다. ·동료평가를 해서 스티커가 많은 학생을 칭찬한다.	·자연스런 대형으로 서서 부드럽게 몸을 풀어준다. ·자신이 직접 하면서 느꼈던 요령이나 방법을 자유롭게 발표 한다 ·기술이 좋았던 친구의 사례를 발표하고 칭찬한다.	5 분	·팔 다리의 근육과 관절의 긴장을 풀어준다 ◦카셋트, 음악테잎 ·친구의 잘한 점을 적극적으로 칭찬하고 격려하는 분위기 형성이 중요하다. ·동료스티거 채점판 (기술상 & 노력상)
	차시 예고	·차시 예고 및 과제물을 부여한다. ·교사 : " 다음시간에는 '4인용 배드민턴' 게임을 하겠습니다. " " 그리고 선생님이 교실에 들어가 나눠 주는 학습지를 다음 시간까지 오늘 게임을 같이 했던 친구들과 의논해서 작성해 오세요 " ·학습 도구 및 자료를 정리하게 한다.	·차시 학습 내용 및 과제를 확인한다. ·담당조는 학습도구 및 자료를 정리한다		·학습기(도)구의 준비뿐 아니라 정리하는 습관은 매우 중요하다. 꼭 담당조를 통해서 책임감 있게 정리하게 하는 습관을 들이도록 지도한다.

라. 자기평가 · 동료평가 (활동 기록표)

1) 활동점수판 (스티커 붙이기) - 수업 후 운동장(체육관)에서 실시

☆ 오늘 수업에서 가장 기술이 좋았던 친구와, 기술은 부족했지만 정말 열심히 참여했던 친구의 이름 옆에 스티커를 붙여주세요. ^^

이름(남자)	기술점수	노력점수	이름(여자)	기술점수	노력점수
강지석			김완희		

2) 학습지(동료평가) - 수업 후 교실에서 작성

서울 ○○초등학교 6학년0반 (   ) 반   이 름 (   )

자 기 평 가 (해당되는 곳에 ○표 하세요 ^^)			
* 질문 1 : 상대선수가 잘 받지 못하는 빈곳으로 셔틀콕을 보냈나요?	만족함 ( )	보통임 ( )	부족함 ( )
* 질문 2 : 게임에 열심히 참여 했나요?	만족함 ( )	보통임 ( )	부족함 ( )
* 질문 3 : 오늘 경기에서 이긴 게임 횟수는?	( ) 회		
* 질문 4 : 오늘 게임보다 더 재미있게 할 수 있는 방법이나 규칙이 있으면 적어보세요 (그림으로 나타내어도 좋습니다 ^^)	· · · ·		
* 질문 5 : 상대선수가 잘 받지 못하는 빈곳으로 셔틀콕을 보낼 수 있는 자기만의 비법을 적어봅시다			

동 료 평 가 (잘함 ◎, 보통 ○, 노력바람 △)				
				평가자 : ( )
구 분	게임규칙과 방법을 잘 알고 있어요	게임할 때 기술이 좋고 잘해요	열심히 노력해요	남을 잘 도와줘요
홍길동				
김삼순				
친구에게 한 마디 !				

생각해 볼 문제 〈제 4부 1장〉

1. 이해중심 게임수업 모형이 초등체육 지도의 전문성 향상을 위해 어떠한 도움을 줄 수 있는지에 대해 자신의 의견을 피력하시오

2. '경쟁성'이라는 스포츠의 본질적 특성과 협동학습은 상당부분 상충되는 부분이 발견될 수 있다. 이를 극복할 수 있는 대안을 모색하시오

2장. 초등체육의 통합교육 관련 이슈

> **공 부 할 문 제**
>
> 1. 통합교육과정의 실제적 적용방안을 모색한다
> 2. 즐거운 생활의 교과정당성을 분석하고 개선방안을 탐색한다
> 3. 초·중등 체육교육의 효율적인 연계 통합 방안을 모색한다

1. 초등체육에서의 통합 교육과정의 실천

　통합 교육은 핵심 개념과 원리를 중심으로 각 학문을 시간적 공간적으로 접근시킴으로써 아동들이 교과내용 이라는 단순한 사실의 덩어리들을 자신의 삶 속에서 의미 있게 깨달을 수 있게 하고, 활용하도록 하는 것을 목표로 하는 교육이다. 즉, 두 교과를 한꺼번에 묶어서 해치우는 것을 의미하는 것이 아니라 두 교과의 상관성을 발견하고 두 교과의 의미를 더욱 가까이서 이해할 수 있게 접근 시키는 것이고 아동들이 배우는 내용을 유의미하게 받아들이게 하는 교육이다.

　예를 들어 사회시간에 조상들의 여가생활을 배웠다면 비슷한 시기에 체육시간에 제기차기나 연날리기 강강수월래 등의 활동을 해봄으로써 조상들이 그런 활동을 하면서 얼마나 즐거워했고 어떤 생각을 했을까를 경험 할수 있는 기회를 제공하면서 우리 민속의 놀이를 이해할 수 있는 시간을 가질 수 있다면 사회시간에 알게 된 지식은 아동들에게 살아있는 지식이 될 것이며 아동들의 흥미를 자극할 것이다. 또한 각 학문의 고유영역이 존재하면서 통합되는 것이기에 각 교과의 고유특성을 탈색시킨다는 우려를 불식시킬 수 있다.

　또한, 혹자는 통합교과를 운영하기에는 교사에게 너무 무거운 짐이 될 수 있으며 현실적

으로 어렵다고 말한다. 그러나, 이미 국가차원에서의 교육과정이 초등 1-2학년은 통합교과로 운영되고 있으며, 전 학년에 걸쳐 교육과정의 융통성을 강조하고 있다. 그리고, 초등교원의 수는 1-2명의 소수가 아니며 교원들끼리의 정보가 공유되는 정보화 시대이다. 교사가 통합교과에 대한 마인드만 가지고 있다면 정보를 찾고 재가공하고 비슷한 동료를 찾는 것은 어려운 일이 아닐 것이라 본다.

이런 현실적인 문제를 차치 하더라도, 초등교사의 전문성은 전 교과를 가르치며 각 교과를 상호 관련짓고 교수학습의 개방성과 자율성에 있으므로 관련성 없이 제시된 대로만 한다면 교사 스스로가 교사로서의 전문성을 저버리고 교수 기계로 전락하는 꼴이 될 것이다.

좀 더 구체적으로 통합 교육과정의 장점을 설명하자면 첫째, 문제해결능력을 향상시킬 수 있다. 일상생활의 문제는 개별 교과서에서나 볼 수 있는 순수한 구조나 현상으로 이루어진 것이 아니라 복합적으로 이루어져 있다. 그러기에 개별 교과로 하나의 구조나 원리를 학습하기보다 통합 교육을 통해 복합적인 실제적인 장면을 접해보는 것이 개인이 부딪치는 일상생활의 문제를 해결하는 데 도움을 줄 수 있다.

둘째, 학습목표의 성취를 단지 1+1=2가 아니라 그 이상으로 끌어올릴 수 있다. 이는 학습과정에서 좋아하는 과목을 통해 다른 과목까지 관심과 흥미를 갖고 주체적으로 참여하며 학습에 대한 동기를 높여 더욱 성취도를 높일 수 있기 때문이다. 수학을 좋아하지만, 신체활동을 기피하는 경우라도 자신의 다양한 측정기록을 그래프로 그려보고 싶어 좀 더 멀리 뛸 수 있는 방법을 찾으려고 학습내용에 적극적일 수 있으며, 체육을 좋아하지만 수학을 싫어하는 경우에도 자신의 기록과 친구들의 기록을 비교해 보고 싶어서 측정과 그래프 그리기에 열심일 수 있다. 단, 이 경우 통합은 앞서 언급한대로 한 과목이 다른 과목과 주종적인 관계가 아니라 대등하며 상호보완적인 관계여야 함은 필수적 전제가 되어야 한다.

셋째, 인지적, 정의적, 신체적으로 균형 있게 성장할 수 있는 기회를 제공한다. 인지적이거나 신체적 측면뿐만 아니라 교과에 대한 관심과 흥미 등 정의적인 측면도 발달할 수 있고 개별 교과의 특성상 전인적인 성장을 추구하는데 있어 다소 부족한 점을 타 교과를 통해 보완할 수 있기 때문이다.

그러므로 통합교육을 시행하는 데 있어 과목이나 내용 선정 등으로 다소 어려운 점이 있지만, 통합교육이 적시에 적절하게 시행될 경우, 그 효과는 개별 교과 교육에 견줄 수 없을 만큼 상당하기 때문에 이를 적극적으로 시도해야 한다고 생각한다. 이를 위해서 물론 교사의 부단한 노력과 적극적인 태도가 우선적으로 요청된다.

한편 체육과와의 통합 교육을 실시할 때 가장 함정에 빠지기 쉬운 오류는 신체 활동을 통한 학습을 무조건 체육과와의 통합 교육으로 여기는 것이라 생각한다. 움직임의 욕구가 강한 성장기에 해당하는 초등학교 아동들을 교육하기 위한 바람직한 교수·학습법으로 각 교과에서 공통적으로 찾아볼 수 있는 것은 움직임(또는 직접 활동)을 포함한 교수·학습법이다. 그러나 이때 움직임 또는 신체 활동은 그 교과의 목표를 달성하기 위한 도구일 뿐이다. 그렇기 때문에 이러한 활동을 체육과와 다른 교과와의 통합 교육이라고 생각해서는 안 될 것이다.

표현 활동을 굳이 선대칭 활동과 연결할 때 체육 교과로서의 목표는 무엇인가? 단지 신체를 움직인다고 해서 체육 교과이며, 그 신체 활동의 목적과 내용은 다른 교과인 것인 것이다. 이렇게 체육과가 활동 중심의 다양한 학습 경험을 제공하여 흥미를 유발시키며 효과적인 학습 결과를 가져올 수 있다고 하여 다양한 통합 교과로 활용된다고 한다면 체육과로서의 고유한 목표와 내용은 취약해 질 수 밖에 없을 것이다. 체육과를 통합 교과라는 이름에 묶기 위하여 본연의 수업 목표와 내용을 다른 교과와 연계함으로서 올바른 체육과의 자리 매김을 흔들리게 하며, 활동을 통한 다른 교과의 목표 달성 또한 효율적이지 못할 수도 있기 때문이다.

> **요점 확인**
> 체육교육에서의 통합교육과정의 진정한 의미를 설명하시오

♣ 통합교육과정 프로그램의 예시 ♣

막대기로 재기" - 초등학교 3~5학년 수준
통합요점
수학에서 도구를 이용한 측정을 배울 때 체육의 신체활동과 접목

통합교과 및 요소
·수학 : 측정 및 측정결과 그래프 나타내기
·체육 : 움직임 유형 (한발들고 뛰기, 뛰기, 건너뛰기)

학습 목표
· 한발 들고 뛰기, 뛰기, 건너뛰기를 잘하기 위한 신체 부위 활용 방법을 알 수 있다
· 자신의 신체활동 결과를 측정하여 기록할 수 있다.
· 자신의 신체활동 내용을 도식화하고, 어느 경우 최선의 결과가 나오는지를 설명할 수 있다.

학습 준비물
자. 大자, 신문지, 야구배트, 차트종이, 연필

학습 대형
2인 1조

세부내용
· 수업요점 (여러 가지 뛰기를 실시한 후 가장 멀리 뛸 수 있는 방법 찾기, 뛰기를 측정할 수 있는 방법 및 기록방법, 뛴 결과를 그래프로 나타내기)을 설명한다.
· 준비운동 하기 (짝 따라하기)
    - 조깅, 한발 들고뛰기, 한발 찍어 뛰기 등을 짝의 동작을 보고 따라 해보기
    - 방향, 이동경로, 속도를 달리하여 해보기
    - 스텝의 강약, 길이를 조절하여 해보기
    - 역할을 바꿔서 해보기
    - 스트레칭 하기 (특히 다리부분)
· 준비물 (자, 야구배트, 책, 차트종이, 연필, 기타 길이를 측정할 수 있는 도구)을 나눠준다.

· 짝과 2인 1조가 되어 멀리 뛰기를 교대로 한 후 결과를 측정하고 그래프에 기록하기
    - 팔을 휘두르거나 다리를 구부리지 않고 점프 한 후 결과를 측정하고 기록하기.
        * 측정도구는 어린이들의 측정능력에 따라 신발치수 만큼의 길이, 신문지 넓이 만큼의 길이 팔 꿈치 만큼의 길이, 야구배트만한 길이 등과 같이 투박한 측정을 할 수도 있고, 보다 측정능력이 정확한 아동은 야드, 인치, 센티미터 등을 사용하여 정확하게 측정할 수 있다.
    - 팔을 앞뒤로 크게 휘두르면서 점프한 후 결과를 측정하고 기록하기.
    - 팔을 앞뒤로 크게 휘두르고, 다리와 상체를 움츠렸다 펴면서, 폭발하듯 점프한 후 결과를 측정 하고 기록하기
    - 그래프의 결과를 비교하게 한 후 가장 좋은 기록을 가져온 점프방법을 말하게 한 후 그 이유를 설명하게 한다.
    - 학생들의 대답(팔을 앞뒤로 크게 휘두르고, 상체를 움츠렸다 펴면서, 폭발하듯 점프)을 바탕으로 과학에서의 '힘의 합산' 원리를 설명한다.
    - 계속해서 한발 들고 뛰기(Hopping)와 건너뛰기(Leaping)도 다음과 같은 3단계를 통한 점프기

Figure 12.5 Measure your jumps with a

록을 측정, 기록한 후 효과적인 점프 방법을 알게 한다.
- 다리를 이용해서 점프 · 팔과 다리를 이용해서 점프·팔, 다리를 이용하고 몸을 움츠렸다 펴면서 점프

· 측정결과의 기록표를 보면서 학습요점을 점검한다
- 점프를 가장 잘 할 수 있는 방법의 이해
- 신체활동을 효과적으로 하기 위한 과학과 수학의 활용 이해 (힘의 합산원리, 결과 측정 및 기록)
- 또 다른 점프방법으로 거리측정 비교하기.
- 힘의 합산 원리의 이해여부를 구두로 평가

지도 요점
· 바람직한 학습결과를 위해서 운동원리를 파악하고 실시할 수 있도록 지도한다. 즉 팔다리의 적절한 흔듦, 45°다리 굽히기, 점프 타이밍 등이 좋은결과를 가져올 수 있는 성공의 열쇠다. 간혹 어떤 어린이들은 이러한 원리를 잊은 채 팔을 흔들다가 뛰기 직전 흔들기를 멈춘다거나 다리를 굽혔다가 펴는 동시에 점프를 하지 못하는 경우 발생하는데 이를 개선하기 위해서 '허들' 같은 장애물을 뛰어넘도록 하는 것은 도움이 된다.
· 간혹 측정에 대해 심한 거부감을 갖는 어린이들이 있을 수 있으므로 처음부터 너무 정확한 측정 방법을 요구해서는 안 된다. 처음에는 '책 5권 만큼의 거리' '나무 젓가락 5개만큼의 거리' 등과 같이 다소 투박한 거리측정으로 시작해서 점차로 정확한 측정을 요구하는 게 바람직한 방법이다
· 측정결과를 그래프에 기록하는 것이 어린이들에게 쉬운 일만은 아니다. 어린이들이 그래프 읽기와 기록에 익숙해질 수 있도록 도움이 필요하다.

적용 · 발전
· 여러 가지 점프 동작을 연속해서 해보기.
· 던지기 또는 차기 등의 결과를 측정, 기록하기.
· 다른 종류의 운동을 한 후 심장 맥박수 결과를 측정하고 기록하기.

지도 시 유의점
점프를 보다 잘 하는 방법을 아는 것도 중요하지만 힘의 합산' 같은 과학적 원리의 이해하고 그것을 움직임에 활용하는 것과 운동결과를 수학적 원리를 이용해서 측정 후 결과를 기록하는 것을 배우는 것도 매우 중요한 일이다.

2. 즐거운 생활의 통합교과적 정당성 탐색

오늘날 학교교육, 특히 초등 교육에서는 전인 교육을 표방하고 있다. 이는 지·덕·체가 조화된 통합된 총체적인 인간의 모습으로 규정하고 인간의 어느 특정한 부분보다는 아동을 하나의 전체로 놓고 그의 전면적 발달을 돕는 교육을 실현하기 위함이다. 이러한 목적을 달성하는 데 있어서 체육은 초등학교 아동이 가장 선호하는 교과 중의 하나로서 아동의 전인적 발달에 매우 중요한 영향을 미치는 교과라고 볼 수 있다. 초등학교에서 체육교육은 아동에게 가장 효과적인 교육활동이며, 나아가 아동의 삶 전체에 걸쳐 지속적인 영향을 미치기 때문에 계획적이고 의도적인 교육활동으로서 중요한 가치를 지니고 있다.

특히 저학년에서의 체육지도는 현행 초등학교 교육과정 중 '즐거운 생활'교과에서 조형적·음악적요소와 함께 다루고 있으며, 고학년에서와 같이 '체육'교과를 분리하지 않고 통합교과에 편입하여 운영하고 있는데 이러한 취지는 첫째, 아직 미분화된 학생들의 심신발달 단계에 알맞은 편제를 제공하고, 둘째 활동중심의 다양한 학습 경험을 제공하며, 셋째 흥미를 유발시킬 수 있는 즐거운 학교생활이 되도록 하는 데에 두고 있으며, 초등학교에 처음 입문한 아동에게 즐거운 학교생활이 되도록 하기 위해 '놀이와 표현' 중심으로 신체적, 음악적, 조형적 활동을 서로 관련시켜 통합하여 지도해왔다.

전통적으로 교육과정의 통합은 분절된 교과 교육과정에 비해 학생의 흥미, 욕구에 부합하고, 학생이 접하는 여러 가지 문제를 해결하는 능력을 기르는 데 도움이 된다고 믿으며, 변화에 대한 안목을 길러주고 지식·정보의 증가에 효과적으로 대처할 수 있게 한다는 믿음이 지배적이었다. 그런데 20여 년 동안 통합교과 체제가 운영되어 오면서도 새 교육과정에 대한 논의시마다 '즐거운 생활'로부터 '체육'의 분리 문제가 꾸준히 제기되어오고 있는데, 이는 '즐거운 생활'이 당초 통합교과의 취지를 달성하지 못해왔고 체육, 음악, 미술의 단순한 합과적인 성격을 벗어나지 못하고 있으며, 근본적으로 통합교과로서의 정당성을 확보하지 못한 문제가 있음을 알 수 있다.

더욱이 이러한 문제는 '즐거운 생활'교과를 간단한 내용 재구성, 첨삭 등의 문제로 해결할 수 없다는 한계를 스스로 드러내고 있으며, 지금까지 수차례에 걸친 교육과정 개정에서 그 동안의 문제점을 분석하여 대안적인 교육과정을 운영하기 위한 노력을 해왔음에도 불구하고 '즐거운 생활'교과와 같은 통합방식이 기존의 체육, 음악, 미술의 분과지도에 비교할 때 교육적 효과가 확연하게 드러나지 않음을 간접적으로 암시하고 있다. 또한 '즐거운 생활'교과 가운데 음악, 미술에 비해 체육에 관한 지도가 잘 이루어지고 있지 않은 교육과정의 파행적 운영 등의 문제점이 제기되고 있다

이에 본 절에서는 그 동안 논란이 많은 '즐거운 생활'교과에 대해 통합교과로서의 교육과정 정당성의 의미를 심층 파악해보고 추후 교육과정 개정을 위한 개선방안을 탐색해 보고자 한다.

즐거운 생활교과의 통합교과로서의 정당성 점검

초등학교에 통합교육과정이 처음으로 도입된 당시 '즐거운 생활'교과는 자신의 생각과 느낌을 신체·음·형 등으로 자유롭게 표현하는 활동을 통하여 즐거움 맛보게 하고, 즐거운 놀이와 다양한 표현을 통하여 건강한 신체와 풍부한 정서를 가지도록 하는 목표를 두고 초등학교 입문시기에 학교생활의 올바른 적응을 꾀하고자 교과 명을 '즐거운 생활'이라고 선정하였다. 그리고 정해진 교과의 명칭을 오늘날까지도 변경하지 않고 사용하고 있다.

그런데, '바른 생활'과 '슬기로운 생활'과 같은 경우 교과의 명칭만을 들어도 교과로서 추구하는 목표와 의미가 비교적 명확한 반면 '즐거운 생활'의 경우 교과명의 타당성을 다시 한 번 고려해 보아야 할 것이다. 물론 초등학교에 입학한 아동에게 과거의 유치원 체제와 다른 최초의 공교육기관인 학교라는 낯선 장에 잘 적응하기 위한 방안으로 이를 고려하여 교과 명을 '즐거운 생활'이라고 선정했음을 이해할 수는 있다.

그러나, 하나의 '교과'는 과거로부터 전수되어진 문화적 요소, 정신이 담겨 있으며 학습자는 이러한 가치 체계를 받아들여야 하는 의무가 있다. 그리고 교과 입문에 있어서 즐거움보다 고통이 따른다 하더라도 교사는 이를 가르치고 학습자는 배워야하는 의무가 있다. 따라서 최초 교과에 입문하는 시기에 아동은 교과의 중요성과 그 의미를 올바르게 받아들이도록 교과명은 신중하게 선정되어져야 한다. 그런데, '즐거운 생활'과 같은 교과명은 아동에게 친숙할 수는 있으나 체육, 음악, 미술을 통합하여 본래에 없던 새로운 교과 명을 제시함으로써 체육, 음악, 미술교과가 가지고 있는 교과로서의 본연의 의미를 올바르게 인식하는 데 어려움을 줄 수밖에 없다.

그리고, '즐거운 생활'교과명만을 듣고서, 과연 신체적, 조형적, 음악적 요소를 통합한 교과라고 쉽게 이해할 수 없다고 본다. 오히려 '즐거운 생활'은 모든 교과에 적용할 수 있는 범교과적인 명칭이며 체육, 음악, 미술만의 고유한 특성을 대표하는 교과 명으로는 적절하지 않음을 알 수 있다.

더욱이 교과명이 '즐거운 생활'인 관계로 현장에서 '교육과 학습이 이루어지는 교과'보다는 '단순히 즐겁게 노는 교과'로 인식되는 현상이 벌어지고 있으며, 초등학교 2년이라는 많은 교육기간을 기초 개념이나 지식에 대한 이해 없이 단순히 놀이 활동 위주로 교과가 운영되고 있는 문제점이 발생하고 있다. 이와 같은 현상은 초등학교에 입학하여 최초로 다양한 교과에 입문하는 중요한 시기에 일명 주지교과라고 하는 국어, 수학 등의 교과와는 달리 '즐거운 생활'에서 다루는 교과는 주변 교과로 그 중에서도 특히 '신체적 활동'과 같은 경우는 아동이 학교에서 배우지 않아도 되는 중요하지 않은 교과로 인식하게 할 가능성이 충분하다.

이러한 문제점을 종합할 때 '즐거운 생활'교과명의 개정이 요구되며 '즐거운 생활'이 통합교과임을 인식할 때 체육, 음악, 미술의 가치를 아우를 수 있는 새로운 교과 명을 찾도록 노력해야 할 것이다. 이와 더불어 지금까지 논란이 되어온 체육을 한데 묶어서 제시하는 것이 어렵다면 음악과 미술은 하나로 통합하고 체육은 그와 동등 선상에서 제시하는 편이 나을 것으로 생각된다. 예를 들어 '건강한 생활'과 '창의적 생활' 또는 '건강·심미적 생활'과 같이 교과 명을 구분·선정하는 편이 교과의 성격과 교과가 지향하는 바를 쉽게 전달할 수 있을 것이다.

앞서 살펴본 '즐거운 생활'의 교과 명칭에 대한 해석과는 별도로 교과 명의 본래 취지대로 '즐거운 생활'이 아동의 학교생활을 즐겁게 하도록 하는 데 기여하는지에 대해 생각해 볼 필요가 있다.

'즐거운 생활'교과는 도입당시 아동이 학교생활에 잘 적응하도록 하기 위한 생활중심 교육과정 철학에 기반을 둔 교과 도입의 취지가 분명하게 제시되어 있다. 특히, 초등학교에 입학한 시기의 아동은 신체 움직임의 욕구가 굉장히 강하다는 점을 인식할 때, 본능적으로 체득된 놀이 활동에 신체적·인지적·사회문화적·심리적·도덕적 가치를 가지고 있는 게임과 같은 활동이 체계적으로 제시되어져야 한다. 저학년 과정에서 이러한 역할을 해야 하는 교과가 바로 '즐거운 생활'이라고 볼 수 있다.

그러나, 아쉽게도 현실은 '즐거운 생활'교과 체제에서 대다수의 아동은 이러한 '신체적 즐거움'을 맛보지 못하고 저학년 시기를 마치고 있는 실정이다. 조미혜(2001)는 신체 활동이 활발하고 처음 학교에 입문하는 시기인 초등학교 1,2학년 시기에 '체육'이라는 과목은 없고 '즐거운 생활'만이 존재할 뿐이며 이렇게 된 까닭은 통합 교육과정이 지닌 한계가 있기 때문에 통합에의 강조에 밀려 정작 신체 활동에서는 상당한 부분을 놓치는 경우가 있다고 주장하고 있다. 이는 또한 '즐거운 생활' 교육과정 구성에 있어서 아동들의 심리적 특성을 깊이 있게 고려하지 않고 한 단원에 신체적, 음악적, 조형적 요소를 모두 통합하고자 하는 의도에서 비롯되었다고 볼 수 있다. 꽃의 모양을 그린 후에 무리하게 아동들로 하여금 꽃의 모습을 몸으로 표현하게 하거나 혹은 동물이나 사물의 모습을 무리하게 흉내내도록 하는 등 자연스럽지 않은 교과 내용의 구성은 '즐거운 생활'을 즐겁지 않은 교과로 인식하게 한 요인이라고 볼 수 있다.

교과 내용 요소와 더불어 지적하고자 하는 또 다른 문제점은 '교육과정 시수 확보'에서 찾을 수 있다. 요컨대 저학년 아동이 좋아하는 '신체적 활동'에 대한 시간만이라도 충분히 확보 되었더라면 '즐거운 생활'이 그리 즐겁지 않은 교과가 되지는 않았을 것이다. 일반적인 초등학교의 연간 학교운영계획에 비추어 볼 때 정상적인 교육과정 운영을 침해하는 학교내외의 많은 행사 탓에 계획된 수업 시수에 비해 부족한 수업시수가 발생하게 되고, 이를 끼워 맞추기 위해 과목 간 무리한 시수 조정이 감행될 때 최우선적으로 피해를 보는 과목이 바로 체육이다. 특히 '즐거운 생활'과 같은 경우는 '신체적 활동'의 내용을 소홀히 해도 겉으로 노출되지 않는다는 장점(?)이 있어 이러한 현상이 쉽게 벌어지고 있는 실정이다.

결국 현행 '즐거운 생활'의 교과가 내용 구성 체제나 음악, 미술에 비해 체육이 소홀히 지도되어지는 상황에서 아동은 '즐거운 생활'이 본래 의도한 즐거움을 맛본다는 것은 사실상 불가능하다고 볼 수 있다.

제4차 교육과정에서부터 시작된 '즐거운 생활'은 제7차 교육과정에 이르기까지 교육과정을 개정할 때마다 체육, 음악, 미술 교과 간 통합의 취지를 본격적으로 살리고자 하는 노력이 지속되어 왔다. 그러나 매번 형식적으로 통합이 이루어져 실질적으로는 교과 병합 형태의 교육과정 및 교과서 개발이 이루어져 왔다는 비판을 받고 있다. 그리고 '즐거운 생활'에 비해 '바른 생활'과 '슬기로운 생활'은 교과 대상이 바뀌었음에도 불구하고 '즐거운 생활'은 체육, 음악, 미술 체제가 한 번도 변하지 않고 꾸준히 일관된 통합 방식을 유지해 오고 있다.

그간 제기된 문제점등을 고려할 때, 사실 '바른 생활'과 '슬기로운 생활'에 비해 '즐거운 생활'에 관한 통합교과체제에 논란이 있었음에도 불구하고 지금까지 명목을 이어온 데는 분명 체육, 음악, 미술의 통합체제가 분과 형태의 지도보다 효과가 있음을 주장한 통합 찬성주의자들의 목소리가 보다 강조되었기 때문일 것이다. 따라서 그러한 통합 찬성주의자들의 주장을 검토하여 타당성 문제를 제기해 볼 필요가 있다.

먼저 '즐거운 생활' 통합교과체제가 저학년 시기에 있어 미분화된 아동의 심신 발달 단계에 적합한 방식이라고 주장하고 있는 점이다. 그러나 초등학교 저학년인 1,2학년은 미분화되었고 3학년부터는 분화되었다고 구분하여 볼 수는 없다(박소영 등, 2004). 이는 미분화된 사고가 도대체 아동의 어는 시점에 해당하는 것인지 정확히 알 수 없으며 아동에게 그런 시기가 명확하게 존재한다는 것을 인정한다손 치더라도, 그들의 주장에 따르면 통합교과는 그러한 시기에 국한하여 의미를 가지는 것이기 때문에 초등학교 저학년(1,2학년)이 지나면 통합교과의 필요성은 당연히 소멸해야 할 것이다. 그런데 현재 고등학교 교육과정 중 일부 통합교과체제를 운영하고 있는 점을 볼 때, 통합 교과가 미분화된 단계에 적합하다는 주장은 논리적으로 맞지 않음을 알 수 있다.

둘째로, '즐거운 생활'이 3학년 이후의 관련교과와 잘 연계되어 있으며, 통합 교과 내용이 학습자 수준에 적합하다는 주장이 있다. 그러나 '즐거운 생활'은 유치원과 '우리들은 1학년' 그리고 초등학교 3학년 교육과정과의 위계성을 충분히 고려하지 못한 채 교육과정이 개발되었다. 이러한 이유로 1학년 '즐거운 생활'의 내용은 유치원과 비교할 때 1학년으로서는 너무 낮은 수준의 내용이거나 '우리들은 1학년'과 중복되는 경우가 있다. 마찬가지로 '즐거운 생활'의 내용이 초등학교 3학년 체육, 음악, 미술과 상당한 괴리감을 가지고 있는 것으로 나타났다.

셋째로 현장 교육자들이 차기 교육과정에서 '즐거운 생활'의 통합구조를 유지할 것을 바라고 있다는 점이다. 물론, 이러한 주장은 박순경 등(2004)이 교사를 비롯한 초등 전문가들의 의견을 수집해 본 결과, 현행을 그대로 유지하자는 의견이 교과로 분리하자는 의견(세 교과로 분리 18.5%와 두 교과로 분리 19.1%)에 비해 매우 높은 62%로 나타난 결과가 이를 뒷받침 할 수는 있다고 본다. 그러나 여기서 주목하고자 하는 점은 현장의 '즐거운 생활'을 담당하고 있는 많은 교사들이 '신체적 활동'에 대한 교육이 정상적으로 이루어지지 않고 있음을 인식하고 있으면서도 '즐거운 생활'체제에 만족하고 있는 모순적인 면이 있음을 알 수 있다. 이러한 까닭은 모든 교사들의 경우라고 볼 수는 없지만 특히, 동일한 시간을 기준으로 초등학교 저학년을 대상으로 하는 운동장 수업이 고학년을 대상으로 할 때보다 많은 어려움이 있음을 느끼고 있는 현장 교사들의 인식을 고려할 때 '신체적 활동'을 따로 분리해서 지도하는 것보다 '즐거운 생활'에 편입되어 있을 때 '체육'지도에 대한 부담(?)을 덜 갖게 되는 것으로 추측할 수 있다.

이와 같이 통합교과로서 '즐거운 생활'교과체제를 찬성하는 몇 가지 이유를 살펴보더라도 '즐거운 생활'이 통합교과로서 정당성이 있음을 타당하게 제시하지 못하고 있다. 다시 말하면 통합교과 운영이 체육, 음악, 미술의 분과체제를 운영했을 때 보다 교육적인 목적을 효과적으로 달성했다고 말 할 수 없을 것이다. 오히려 '신체적 활동' 같은 경우는 분과 형태인 '체육'으로 제시되었더라면 저학년에서 지금과 같이 체육이 파행적으로 운영되지는 않았을 것이다.

즐거운 생활교과의 이론적·실천적 문제점

'즐거운 생활'교육과정의 내용은 내용체계와 학년별 내용으로 구성하고 있다. 이 교과는 신체적·음악적·조형적 활동들과 관련된 요인들을 내용으로 하면서, '놀이와 표현', '감상', '이해'의 영역으로 나누고, 이를 다시 학년별로 세부적인 내용체계를 만들어 제시하고 있다. 다음 쪽(389) 상단부의 표는 신체적·음악적·조형적 활동과 관련된 영역별 내용요소의 수를 나타낸 것이다.

'즐거운 생활'은 표에 제시된 것과 같이 1,2학년 영역별 내용요소에 큰 차이가 없으며 동일한 시간배당이 되어있다. 특히 '놀이와 표현'에서 '여러 가지 놀이하기'영역은 체육관련 요소가 대부분을 차지하고 있음을 보여주고 있다. 류제순(2004)에 의하면 소 영역을 보다 자세히 분류한 활동내용의 분석에서 음악, 미술의 내용 요소에 비해 체육 관련 내용요소는 전체 62%인 16개가 놀이와 표현 영역에 집중적으로 배당되어 있음을 보고하고 있는데 그 중 소영역이 2개 밖에 되지 않은 '놀이와 표현'에서 '여러 가지 놀이하기' 소 영역은 그 성격상 체육과적인 영역으로 볼 수 있다고 했다.

표. 1학년 즐거운 생활 교육과정의 영역별 내용요소 수(류제순, 2004)

대 영역	소 영역	내용요소	관련교과			
			체육	음악	미술	종합
놀이와 표현	· 여러 가지 놀이하기	8	6	1		1
	· 여러 가지 주제 표현하기	8		3	1	4
감상	· 서로의 활동과 작품 감상하기	2				2
	· 문화 및 체육활동 관람하기	2	1			1
이해	· 신체의 움직임 요소 이해하기	2	2			
	· 음악적 요소 이해하기	2		2		
	· 조형적 요소 이해하기	2			2	
계(비율)		26 (100)	9 (34)	6 (23)	3 (12)	8 (31)

이와 같이 '여러 가지 놀이하기'에 신체적 활동 시간을 집중적으로 배당하게 된 것은 "놀이와 표현활동은 신체적, 음악적, 조형적 활동이 통합적으로 이루어질 수 있도록 하되, 내용의 성격상 통합 운영이 어려운 것은 각각의 특징적인 내용과 방법을 고려하여 신체적, 음악적, 조형적 활동 중 한 활동의 내용만으로 효과적인 학습이 될 수 있다고 판단되는 경우에는 무리하게 통합하지 않도록 한다(교육부, 1997)"라고 명시한 교육부의 고시가 있었기 때문이라고 볼 수 있다.

그러나, 이와 같은 논리는 '즐거운 생활'교과를 통합교과로서 정당화 시키는데 있어서 스스로 모순점을 드러낸다고 볼 수 있다. 우선 "성격상 통합 운영이 어려운 것은……"이라는 진술에서 통합 운영이 어렵다는 것을 전제하고 있고 둘째로, 체육과 관련된 '신체활동' 대부분의 요소가 음악, 미술적 요소에 비해 '놀이와 표현'의 영역에 집중되어 있는 것 자체가 적절한 통합 교과 운영에 무리가 있음을 보여주고 있다. 다시 말하면 체육은 원래 독립적인 성격이 강하므로 따로 지도하는 것이 원칙이지만, '즐거운 생활'교과 안에 포함되어 있으므로 교과 운영에 있어 융통성을 발휘하여 적절한 시간안배를 통해 영역별 지도를 하는 것과 같은 의미로 받아들여도 무방할 것이다. 다음 쪽 (390) 상단부에 이어지는 표는 '놀이와 표현'에서 '신체적 활동'이 주를 이루고 있는 '여러 가지 놀이하기' 영역을 구체적으로 제시한 것이다.

표. '놀이와 표현' 영역의 내용요소

영역	1학년 내용요소	2학년 내용요소
여러 가지 놀이하기	· 걷기, 달리기 등의 놀이하기 · 매트, 공 등의 시설물과 기구를 이용하여 놀이하기 · 게임하기 · 여러 가지 흉내내기 · 계절 놀이하기 · 간단한 민속 놀이하기 · 악기 놀이하기 · 간단한 아동극 놀이하기	· 걷기, 달리기, 뜀뛰기 등의 놀이하기 · 정글짐, 후프 등의 시설물과 기구를 이용하여 놀이하기 · 재미있는 게임하기 · 여러 가지 흉내내기 · 여럿이 어울려 계절 놀이하기 · 재미있는 민속 놀이하기 · 여럿이 어울려 악기 놀이하기 · 아동극 놀이하기

'즐거운 생활'교과는 유치원의 통합 교육과 3학년에서부터 체육, 음악, 미술로 분과수업이 이루어지는 단계를 이어주는 중요한 역할을 한다는 것은 분명한 사실이다. 그러나 '즐거운 생활'교과는 교육과정의 위계성을 충분히 고려하지 못한 채 교육과정이 개발되었다. 단적으로 1학년에서의 걷기, 달리기 지도와 2학년에서 한 가지를 더 추가하여 뜀뛰기를 지

도하도록 하는 것이 보다 높은 수준을 요구한다고 볼 수 없으며, 위의 표에 제시한 게임하기, 계절놀이, 민속놀이 등은 3~6학년 체육교육과정에서 또 다시 다뤄지고 있는 부분이다. 즉, '즐거운 생활'교과에서 다루고 있는 내용을 3~6학년에서 다시 복습하게 되는 중복의 문제점이 있다. 이러한 문제점은 '즐거운 생활' 뿐만 아니라 이어지는 3~6학년 체육지도에 있어서도 문제의 소지가 있다. 이는 우선 이어지는 체육교육과정과의 내용 및 난이도를 조절하는 노력과, '즐거운 생활'교과 자체적으로 1~2학년의 계열성을 확보하기 위한 노력이 부족했기 때문이다. 통합의 의미라면 오히려 최의창(2005)의 주장처럼 게임중심적인 통합적 접근의 방법을 시도해 보는 것도 좋은 방안이 될 것이다.

이해중심게임은 Bunker 와 Thorpe(1982)에 의해 만들어져 이미 세계적으로 보편화되고 있는 추세이며, 우리나라도 7차 교육과정에 도입하여 게임 활동 영역에 절대적인 영향을 미치고 있고 또한 전통적인 기술 중심 게임지도를 벗어나 앞으로도 지향되어야 할 것으로 여겨지고 있다. 아동의 발달단계 및 수준을 고려하여 저학년인 1~2학년 수준에서는 비교적 단순한 '목표물 맞히기형' 게임으로부터 시작하여 서서히 수준을 높여 필드형, 영역침범형, 네트형 게임의 지도가 이루어지도록 구성하는 것은 지금의 체육 활동내용의 비위계성과 단위시간 지도량 과다의 문제점을 해결할 수 있는 하나의 개선방안이 될 수 있을 것으로 본다.

또한 '즐거운 생활'교과의 차시별 활동내용은 체육, 음악, 미술에 관련된 내용이 1:1:1의 비율로 이루어져 있음을 알 수 있다. 이는 각 교과의 특성을 적절히 안배하여 구성한 노력의 결과로 볼 수 있거나, 바꾸어 생각하면 체육, 음악, 미술의 시간을 각각 먼저 안배하고 그 다음 차시별 활동 내용을 구성한 두 가지 방법의 가능성을 엿볼 수 있다.

표. '즐거운 생활'교과서의 차시별 활동내용 분석(류제순, 2004)

시기	제재명	차시	차 시 별 활 동 내 용	관련교과			
				체육	음악	미술	종합
1학년 1학기	2. 안전하게 지내요	1	· '학교 가는 길' 노래 부르기		○		
		2	· 안전하게 길 건너기				○
		3	· 여러 가지 소리 알아보기		○		
		4~5	· 교통안전 표지판 만들기			○	
		6	· 네거리 놀이하기	○			
		7	· 안전하게 놀이 시설 이용하기	○			
		8	· 놀이하기에 알맞은 장소 알아보기	○			
2학년 1학기	2. 즐거운 우리 교실	1	· '즐거운 하루' 노래하며 합주하기		○		
		2	· 노래 말 바꾸어 학급 노래 만들기		○		
		3~6	· 우리 교실 꾸미기			○	
		7	· 노래에 맞추어 응원하기	○			
		8	· 모둠 대항 이어달리기하기	○			

그렇지만 '즐거운 생활'교과가 내용 구성 및 실제 적용상 합과적인 성격이 강하며 현장에서 분리 지도가 주를 이루는 것만을 보더라도 후자의 주장이 보다 설득력이 있음을 추측할 수 있다.

위의 표는 차시별 운동 내용의 일부를 나타낸 것으로, 표의 배열에 의하면 신체적 활동 내용이 단원의 마지막 부분에 다루도록 되어 있다. 단순히 앞·뒤 배열만 가지고 언급한다면 아무런 무리가 없어 보이지만, 문제는 실제 교육활동에서 음악, 미술교과 활동을 선행한 후 마무리하는 과정으로 체육 활동이 이루어지며, '즐거운 생활'에서 체육 활동의 지도의 문제점으로 음악, 미술에 시간을 많이 할애하게 되어 체육 지도의 여력이 없어지게 되는 것과 의미가 통한다고 볼 수 있다.

이는 교육과정을 충실히 수행함에 있어서 미술과 같은 조작활동을 하는 데 실제로 많은 시간이 소요되어 체육 활동의 시간이 부족할 가능성을 암시해 주고 있다. 따라서 교육과정 개선 이전이라도 저학년에서 체육교육의 정상화를 위해서라면 교과지도의 순서를 교사의 재량에 의해 재구성하여 체육, 음악, 미술 활동이 골고루 지도되도록 고려하는 방안이 시급히 강구되어야 할 것이다.

한편, 즐거운 생활이 지니고 있는 현장 실천적인 면에서의 문제점은 다음과 같다.

초등학교 저학년의 단계는 평생 교육의 기틀을 마련하는 중요한 시기로, 교과에 대한 지속적인 관심을 갖게 하는 동기유발이 매우 중요한 시기라고 볼 수 있다. 그러나 5학년 아동이 '즐거운 생활'을 공부한 1~2학년 시기의 활동 내용을 상기해 내기는 그리 쉽지 않은 일이었다. 따라서 그들의 머릿속에 각인된 특정한 내용을 중심으로 어린시절 참여한 '즐거운 생활' 중 체육활동의 경험은 아래에 제시한 내용과 같다.

> 체육활동의 기억으로는 주로 운동회 연습 때 체육을 많이 했던 것으로 기억해요. 평소에는 잘 하지 않았고요. 9월 달에 집중적으로 했는데 많이 힘들었어요. 우리가 하고 싶은 활동은 하지 않고, 체육시간은 운동회 준비로 다 보냈던 것 같아요. (김수인, 여)

> 즐거운 생활에서 배웠던 체육활동은 3학년부터 지금까지 체육을 하는데 별 도움이 되지 못했어요. 1,2학년 시기에서 뜀틀 같은 것은 한 번도 안 했고, 그냥 우리끼리 자유롭게 놀았어요. 막대기 같은 것에 리본을 달아서 흔들어보기도 했고요. 그렇지만 내가 생각하는 체육하고는 조금 달랐던 것 같아요. (박수근, 남)

위의 면담 내용을 통해 아동은 초등학교 저학년시기에 체육에 대한 욕구가 굉장히 강했던 점과 그들의 욕구와는 달리 체육 교과에 대한 지도에 대해 만족하지 않았음을 알 수 있다. 특히 과거 학교의 축제라고 볼 수 있는 '운동회' 행사 진행을 체육시간을 할애하여 집중지도 하게 된 결과 정상적인 체육교육과정 운영이 어려울 수밖에 없었던 문제점이 드러나고 있다.

여기에서 아동의 체육에 대한 불만은 두 가지 측면으로 생각해 볼 수 있는데, 첫째로는 '즐거운 생활' 교육과정에 제시된 체육 활동 요소를 접해볼 기회가 부족했다는 것이고, 둘째로 '체육활동'의 경험은 있으나 그러한 체육활동이 그들의 욕구를 충분히 충족시켜주지 못했다는 것이다. 이러한 문제점은 후에 제시될 교사와의 면담을 통해 전자의 내용이 보다 설득력이 있음을 알 수 있다.

> 저는 즐거운 생활시간에 공을 가지고 친구 뒤로 넘겨주는 게임을 했던 기억이 많이 나요. 그리고 미술시간에 만든 작품을 날려보고, 던져보고 했었어요. 그렇지만 달리기와 같은 운동을 많이 하고 싶었는데 그러한 것은 했던 기억이 별로 없어요. (이수로, 여)

> 1,2학년 때 즐거운 생활에서 체육을 별로 하지 않았어요. 주로 만들기, 노래 부르기 활동을 많이 했고, 체육은 교실에서 만든 작품을 가지고 나와서 가면놀이, 연날리기와 같은 활동을 주로 했었어요. 그런거 말고 운동장에 나가서 우리가 원하는 체육을 하고 싶었는데 많이 하지 못했어요. 3학년이 되니까 교과서에 나오는 체조, 매트 같은 활동을 배웠던 것으로 기억해요. (김영호, 남)

위 면담 내용을 통해 '즐거운 생활'의 체육활동 경험이 교실에서의 조작활동과 연관된 수업의 연장으로 이루어진 것을 알 수 있다. 또한 이 시기의 아동은 신체능력이 활발해져 그들의 욕구를 충족시키기 위한 체육활동의 기대가 상당했다는 것을 추측할 수 있다. 그러나 그들이 인식하고 있는 '즐거운 생활'에서의 체육은 3학년에서 경험한 체육과는 성격이 다른 것이었으며 이는 곧 연계성의 문제점을 생각하지 않을 수 없다. 박소영 등(2004)은 7차 '즐거운 생활' 교육과정이 결과적으로 '즐거운 생활' 교육과정 개발에 전력을 투자한 나머지 인접 학년간의 연계성을 면밀히 검토하지 못한 흔적을 남기고 있음을 지적하고 있다.

또한 즐거운 생활을 직접 지도하는 교사들의 입장을 살펴보자면, 제 7차 '즐거운 생활' 교과는 1주일에 6시간 지도를 원칙으로 하고 있으며 교육과정은 탈교과적인 '주제 중심의 통합'을 표방하고 있으나, 활동내용은 차시별로 볼 때 체육, 음악, 미술에 관련된 활동이 균등하게 안배되어 지도하도록 되어있다. 이러한 연유로 '교과 통합'과 '교과 병합'의 문제점이 제기될 수도 있으나, 여기서는 그러한 문제점은 생략하고 '즐거운 생활'교과에서 체육활동 내용요소에 대한 지도가 어떻게 이루어지는지와 교사들의 체육활동에 대한 인식에 대해 살펴보도록 한다.

> 음악, 미술, 체육을 각각 2시간씩 지도해야 된다는 것을 알고 있는데, 실제로 저학년 아이들을 지도해보면 미술 작품 만드는 데 2시간만 가지고는 지도가 되지 않아요. 그러다 보면 작품을 완성해서 운동장에서 실습하는 시간이 부족할 수밖에 없어요. (K교사)

> 아이들은 운동장에 나가서 체육을 하는 것을 좋아하지만 고학년하고 달리 저학년을 데리고 운동장 수업을 하는 것이 여간 힘들지 않아요. 한 번 데리고 나가면 줄서는 것부터 해서 손이 가는 부분이 너무나 많기 때문에 선생님들이 운동장에 나가는 것을 좋아하지는 않지요. (J교사)

면담 결과 '즐거운 생활'교과의 지도에서 저학년 체육활동 지도가 현실적으로 많은 문제점이 있음을 알 수 있었다. 특히 교육과정의 내용을 단위 시간에 맞추어 지도하는 데에 어려움이 있었고, 이는 결국 음악, 미술에 비해 체육활동을 기피하게 만드는 요인이 되었다. 즉, 교사의 입장에서 어린아이들을 데리고 운동장에서 실시하는 동적인 체육활동보다는 정적으로 이루어지는 교실수업이 수월하므로 음악, 미술과 같은 수업을 선호하는 것은 당연하다고 볼 수 있다.

그러나, 앞서 분석한 교과서의 차시별 내용구성을 살펴보면 이러한 문제점을 교사의 체육 활동 기피로 몰아붙일 수만은 없다. '즐거운 생활'의 많은 부분을 자세히 살펴보면 음악, 미술의 활동이 먼저 제시되고, 체육 활동이 주로 뒤에 제시되기 때문에 체육 활동 지도가 종속적으로 이루어질 수 있으므로 실제 지도상황에서 체육지도가 불리한 입장(?)에 놓일 수밖에 없는 것이다.

다음의 면담 내용은 현행 '즐거운 생활' 통합교과서 체제에 대한 교사의 만족도와 '체육 교과 분리'에 대한 교사들의 생각을 보여주고 있다.

> 교과서가 통합되어 있으니까 체육 활동은 조금 소홀한 경향이 있어요. 그렇지만 대부분의 선생님들은 교과서가 명확하게 구분되어 있지 않아 체육을 조금 덜해도 되니까 현행의 통합방법이 좋다고 생각을 하고 있어요. 하지만, 체육 활동을 제대로 하기 위해서는 교과서가 분리되어야 그나마, 저학년에서 체육활동 지도가 잘 이루어질 것이라 생각해요. (H교사)

> 아이들의 책가방 무게를 줄이기 위해 교과서는 통합해서 지도하는 편이 나은 것 같아요. 그렇지만 체육은 분리해서 지도해야지, 지금처럼 그대로 하면 잘 되지 않을 거예요. 힘들더라도 저학년 체육교육을 제대로 하기 위해서는 '즐거운 생활'로부터 분리해야 할 거예요. (L교사)

위의 면담내용은 저학년에서의 체육 교과 지도에 대해 '즐거운 생활'교과의 통합방식을 찬성하고 있으나, 그 속에서 실제로 체육활동은 소홀히 지도되고 있는 것을 알 수 있다. 이는 모든 교사들이 그와 같은 생각을 하고 있는 것은 아니겠지만 많은 교사들이 현행 '즐거운 생활'교과의 체제에 대해서 만족하고 있다고 응답을 하면서도, 교육과정이 요구하는 지도를 실제로 하고 있지 않은 모순적인 면이 있음을 밝힌 이종화(2005)의 연구와도 일치함을 알 수 있다.

그러한 가운데서도 체육 활동의 정상화를 위해서는 '즐거운 생활'교과체제로부터 분리하여 지도해야 함의 필요성에 대해 교사들이 인식하고 있음은 상당히 고무적이라고 할 수 있으며, 추후 교육과정 개정에 있어서 현장 저학년 교사들의 체육활동 지도에 있어서 수월성을 추구할 수 있는 방안이 먼저 제시되어야 정상적인 체육활동 운영이 순조롭게 이루어질 것으로 기대된다.

즐거운 생활교과의 개선방안

지금까지 여러 각도에서 살펴본 현행 '즐거운 생활'교과는 많은 문제점을 노출하고 있다. 따라서 본 절에서는 '체육'의 정상화를 위한 '즐거운 생활'교과의 개선을 위해 첫째, 1학년에서부터 체육, 음악, 미술의 분리, 둘째, 음악과 미술은 통합하고 체육만 1학년에서부터 분리, 마지막으로 1학년은 현행 '즐거운 생활'교과체제를 유지하고 2학년에서부터 체육, 음악, 미술을 분리하는 방안을 제시하고자 한다.

** 1학년에서부터 분과체제 유지 **

체육 교과는 그 자체로서 다른 교과와 마찬가지로 교과로서 독립적인 위치에 있으며 다른 교과가 명제적 지식을 강조하는 반면, 실천적 지식을 강조하는 유일한 교과이므로 이러한 점을 부각시켜 초등학교 1학년에서부터 체육, 음악, 미술을 분리하여 지도하는 방안을 제시하고자 한다. 이는 현행 통합의 지도방법이 분과하여 지도할 때 보다 이점이 있다고 볼 수 없고, 지금까지 많은 문제점이 드러났기 때문에 더 이상의 시행착오를 막자는 의미이기도 하다, 또한 학습자를 위하는 진정한 의미의 교육은 통합적 운영보다는 분과 체제의 운영을 통해 기존의 교과에 내재된 가치를 올바르게 이해하도록 하는 것이라고 볼 수 있다.

현재 일반적인 초등학교의 상황은 전천후 체육 수업이 가능한 실내 체육관 시설이 거의 마련되어 있지 않고, 이상기후인 황사문제, 국가 정보화 시책에 맞추어 정보화 센터 건립 등으로 인한 운동장 축소 문제 등이 심각하여 갈수록 정상적인 체육 수업을 위한 체육 수업 시수 확보조차도 어려워지고 있는 것이 현실이다. 다시 말하면 체육 교육과정에서 제시하고 있는 필수적 내용요소의 지도만도 상당히 힘겨울 수밖에 없다.

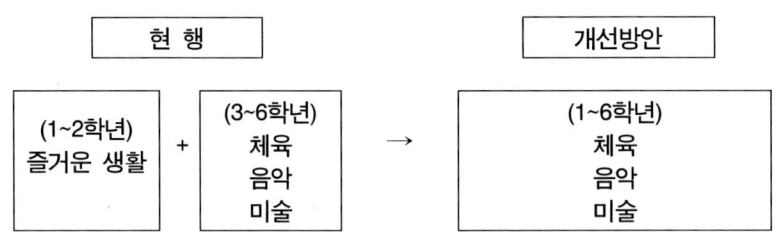

그림. '즐거운 생활'교과로부터 체육 교과의 분리 방안 1

따라서 이러한 시급한 문제점을 해결할 수 있는 현실적인 방안으로 현행 3~6학년의 체육을 1학년부터 분산시켜 지도할 필요성이 그 어느 때보다도 절실히 요구된다. 일부 시각에서는 분과가 되면 저학년에서 교과 부담이 늘어날 것으로 보는데, 유정애(2004b)는 실질적으로 세 교과의 분과로 인한 초등 교사의 수업 부담이 증가되기 보다는 오히려 체계적인 교과 교육과정 내용 구성으로 인해 수업의 효율성이 높아지고 그로 인한 교육과정 운영 부담이 줄어들 수 있을 가능성을 있음을 강조하고 있다.

또한, 이와 같은 개선 방안은 '즐거운 생활'교과와 3~6학년 체육 활동의 전체적인 재구성을 통해 중복된 내용을 피하여 교육량의 적정화를 유지하고 발달단계에 맞추어 계열적으로 제시할 수 있는 장점이 있다. 일부 시각에서는 이와 같은 방안을 적용하는 데 있어서는 유치원 통합교육 방식과 초등학교의 낯선 분과 시스템에 대한 적응의 문제점을 지적할 수도 있으나, 이러한 적응의 문제는 입학 초 '우리들은 1학년' 교과의 충실한 지도를 통해 충분히 극복할 수 있을 것이라 본다.

더욱이 초등교육에 입문하는 시기는 아동에게 있어서 인지능력 및 신체능력에 대한 발달의 가속화가 이루어지는 중요한 시기이므로 이 때 체육교과에 대한 올바른 접근을 통해 평생체육의 기틀이 마련되도록 하는 것에 초점을 맞추도록 해야 할 것이다.

** '즐거운 생활'교과로부터 '체육'만 분리 **

두 번째 방안으로는 현행 '즐거운 생활'교과체제에서 '체육'만을 분리하여 지도하는 방안을 들 수 있다. 이와 같은 개선 방안은 초등학교 저학년에서 통합교육을 추구하는 것과, 교육과정의 충실화라는 두 가지 목적을 달성하도록 하는 비교적 절충의 방안으로 볼 수 있다. 또한 음악과 미술에 관한 내용은 주제 중심의 통합으로 교실에서 비교적 잘 이루어지고 있는 반면, 운동장에서 이루어지는 체육지도가 소홀히 되고 있다는 현장 교사들의 지적사항을 반영한 것이기도 하다.

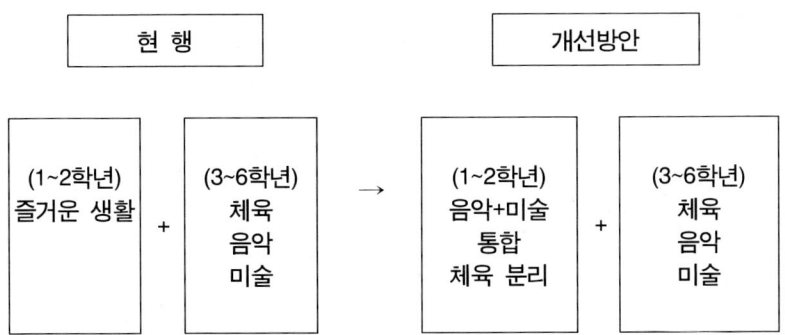

그림. '즐거운 생활'교과로부터 체육 교과의 분리 방안 2

　보다 구체적으로 살펴보면 체육은 앞서 제시한 첫 번째 방안과 마찬가지로 3~6학년 내용을 재구성하여 독립교과로 구성하면 될 것이고, 음악과 미술을 통합한 교과는 현행 '즐거운 생활'교과 방식 또는 음악과 미술관련 전문가의 협의를 통해 지금보다 개선된 통합교과 체제로 재구성하여 두 교과의 장점이 잘 반영된 통합교과서를 보급하는 방식을 들 수 있다. 물론, 이와 같은 주장에 대해 음악 또는 미술 전문가들의 반발도 예상할 수 있지만, '즐거운 생활'의 현장 지도에서 드러나고 있는 문제점을 해결하고 교육과정이 정상적으로 운영되길 바라는 간절한 마음에서 대안적으로 제시하는 방안 중에 하나임을 강조하고자 한다.

　특히, 이와 같은 방안은 키위스포츠로 유명한 뉴질랜드의 통합교육과정에서 좋은 예를 찾을 수 있다. 뉴질랜드는 초등학교 1학년에서부터 고등학교에 이르기까지 통합교육과정을 실시하고 있으며 Arts라는 통합교과에서 음악, 미술, 드라마 그리고 댄스를 다루고 있으며 체육과 보건교과는 따로 통합하여 지도하고 있다. 이와 같은 분류체계는 무리한 통합을 시도하지 않고 '예술'과 '체육'의 고유한 특성을 인정하는 바람직한 체제로 추후 교육과정 개정에서 좋은 본보기로 삼아야 할 것이다.

　또한, 이와 같은 개선방안의 장점이라고 볼 수 있는 것은 우선 1학년에서부터 아동이 '체육'이라는 정식 교과를 접하게 될 수 있고, 교과 시간표 배당에 있어서 1주일에 2시간씩 체육시간이 배당이 되기 때문에 현장의 교사들도 소홀히 할 수 없도록 제도화 할 수 있는 것이다. 또한, 지금의 '즐거운 생활' 교육과정 내용이 음악, 미술을 지도한 후 체육활동 전개로 마무리가 이루어지고 있는데 아동의 능력상 미술 활동에 많은 시간이 소요되기 때문에 체육 활동의 시간이 부족하다는 문제점도 음악과 미술의 통합과정에서 내용량 조절을 통해 해결할 수 있는 문제로 본다.

** 1학년 : '즐거운 생활', 2학년~ : 분과체제 **

마지막으로 초등학교 1학년에서는 음악+미술+체육의 현행 통합운영방식으로 하고, 2학년에서부터 본격적으로 분리하는 방안이다. 이는 앞서 주지한 1학년부터의 분과 방식으로 제안한 것과 다소 혼란이 있을 수도 있지만, '즐거운 생활' 분과의 원칙에는 주장에는 변함이 없으나, 초등학교 1학년에서부터 음악, 미술, 체육을 분리하여 양적으로 교과가 늘어나는 갑작스런 혼란을 최소화한다는 의미에서 제안할 수 있는 방안이다.

보다 구체적으로 설명하면 지금까지 '즐거운 생활'의 교육과정 자체에만 관심을 기울여 왔지 인접하는 학년과의 연계를 이루기 위한 노력은 매우 부족했으며 이러한 문제점은 실제로 유치원 교육과정과 초등학교 3학년에 이르는 연계에 많은 문제점을 낳고 있다. 그럼에도 불구하고 기존 20여 년간 운영해온 통합교과체제를 당장 분리할 때 갑작스런 혼란이 올 수 있다는 점을 간과할 수는 없다. 이러한 점을 고려할 때 통합교육과정을 운영하는 유치원 교육과의 연계를 고려하여 활동중심의 교과인 통합교과를 가르침으로써 공식교육 이전의 아동의 경험과 교과의 경험사이에 존재하는 간극을 좁힌다는 취지로 초등학교에 입학한 후 1년간은 현행 '즐거운 생활'교과체제를 유지하고, 2학년 때부터 분과하여 교육을 실시하는 것도 하나의 대안이 될 수 있을 것이다.

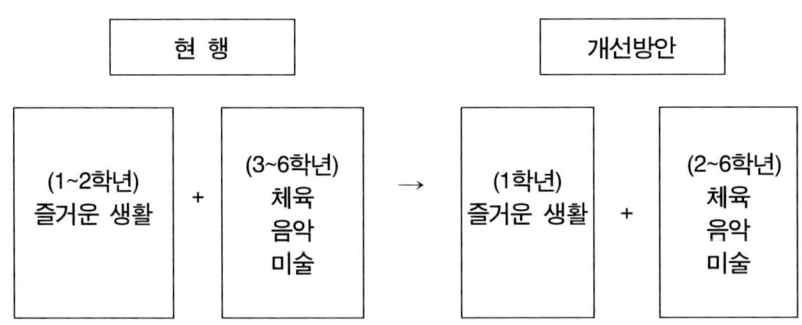

그림. '즐거운 생활'교과로부터 체육 교과의 분리 방안 3

이를 위해서는 우선 '즐거운 생활'교과와 3~6학년의 체육, 음악, 미술 교과서의 내용을 분석하여 통합적 성격이 강한 내용 요소는 1학년의 '즐거운 생활'교과에 포함하고, 그 밖의 교과내용들은 재구성하여 2학년에서부터 체육, 음악, 미술의 분과체제가 편성되도록 해야 할 것이다. 또한 '즐거운 생활'교과의 내용체계가 인접학년과의 위계성이 부족한 것에 대한 대안으로 학년별 차별화된 통합방식을 제시한 박소영 등(2004)의 주장한 같이 '즐거운 생활'의 1학기는 유치원에서의 통합적 교육과정과 연계하여 주제중심의 통합방식을 2학기는 개념 중심의 통합 방식을 제시하고자 한다. 이는 2학년부터 분과되어지며 교과의 전문성이 있는 체육, 음악, 미술교과에 대한 기초적 개념지식 습득을 위해 적합한 통합 방식이라고 볼 수 있다.

그러나, 본 세 번째 개선방안은 통합교과의 분과로 인해 발생될 문제점을 최소화하기 위한 대안적 접근 방식이지 체육을 1학년에서부터 분리·지도의 대원칙에는 변함이 없다는 것을 다시 한 번 강조하고자 한다.

> **요점 확인**
> 즐거운 생활교과가 진정한 통합교과로서 지니고 있지 못한 문제점에 대해 설명하시오

3. 초·중등 체육수업의 연계통합의 의미

초등체육의 위상 정립을 위한 노력은 초등체육의 특수성, 전문성을 뚜렷하게 드러내는 것으로 이어졌다. '초등체육교육론'을 비롯하여 '초등게임수업탐구', '초등스포츠과학론' 등의 연구와 집필 작업은 그와 같은 의식과 노력의 소산이었다. 이러한 초등체육 위상 정립을 위한 노력은 결국 중등체육과 초등체육 사이의 차별화 또는 거리두기를 통하여 가시화시키고자 하였으며 이는 인간의 형상에는 도달하지 못하였다고 자평하여 온 초등체육의 틀을 극복하고자 하는 의식의 발로였다.

그러나 요즈음 초등체육 위상 정립을 통하여 반인반수와 같았던 초등체육 이론 및 실천의 형상을 온전한 인간의 모습으로 변양시키고자 하였던 지난 교육대학교 재직 18년을 돌이켜 보면서 그간의 노력이 허황된 것은 아니었지만 그렇다고 전적으로 올바른 것 역시 아니었다는 생각이 점차 의식을 채우고 있다. 그와 같은 생각의 바탕에는 초등체육의 전문성 추구를 위하여 견지하여 온 초등체육과 중등체육의 차별화 또는 거리두기가 심화되면 될수록 글쓴이의 초등체육의 틀이 체육교육의 보편성에서 멀어지는 한계에 봉착할 가능성이 있다는 문제의식이 강하게 작용하고 있는 것이다.

초등체육과 중등체육의 차별화를 통한 초등체육의 위상 정립 또는 전문성 추구가 안고 있는 한계에 대한 반성은 자연스럽게 초등체육과 중등체육을 연계하여 하나의 보편적 틀 속에 위치시켜 생각하는 통합적 사고의 필요성을 의식 전면에 떠오르게 하였다. 이에 더하여 근래 몇 년간 글쓴이의 인터넷 홈페이지에 접속한 다수의 중등체육교사로부터 초등체육에서 폭넓게 적용되고 있는 '이해중심 게임수업'이 중등체육에 있어서 어떻게 현장화 될 수 있는지에 대한 질문들을 접하게 되면서 초등체육과 중등체육의 관계, 그리고 양자를 포괄하는 하나의 틀에 대한 관심이 더욱 구체화되었다.

이렇듯 최근 몇 년간의 경험은 초등체육과 중등체육의 차별화를 통하여 초등체육의 전문성을 확보함으로써 반인반수와 같은 글쓴이의 초등체육 연구와 실천을 인간의 형상으로 변양하고자 하였던 당초의 시도는 여전히 반인반수의 모습에서 벗어날 수 없으며, 이는 근본적으로 초등체육과 중등체육을 하나로 연계하여 전체로 보고자 하는 관심과 노력이 부족하였기 때문이라는 반성을 촉발하였던 것이다. 지난 오랜 동안의 연구와 가르침이 부분에 집착하고 닫힌 마음속에서 초등체육이라는 익숙한 반신(半身)만을 사용하는 자승자박(自繩自縛)의 한계를 안고 있다는 결론에 이르게 되었다. 더 나아가 체육교육을 관여함에 있어 반인반수에 가까운 의식과 실천이 비단 글쓴이만의 문제는 아니며 오히려 우리의 체육교육 담당자 다수가 안고 있는 문제로서 이러한 문제가 지속될수록 초등체육과 중등체육의 전체를 제대로 이해하고 올곧게 실천하는 공동 과제의 해결 역시 지연될 가능성이 높다는 생각이 더욱 확대 심화되었다.

분할의 원리와 체육교육

초등체육과 중등체육 공동의 기반 및 지향을 이해하기 위해서는 초등체육에서 체육일반으로, 체육일반에서 교육일반으로, 교육일반에서 사회일반으로 시야를 넓히는 노력이 선행되어야 한다. 그래야 초등체육의 특수성, 체육의 특수성, 교육의 특수성과 같이 다름과 차이에 가려진 보편적 흐름을 파악할 수 있을 것이다. 이러한 태도는 일종의 긴장 상태를 발생시키게 되는데 그것은 바로 작고 구체적인 것에 대한 관심과 크고 추상적인 것에 대한 관심을 동시에 견지하면서 적절히 조화를 시키는 것이다. 다시 말해서 초등체육을 비롯하여 체육 전반을 생각함에 있어 개별적이고 특수한 양상과 일반적이고 보편적 양상을 동시에 염두에 두어야 한다. 이러한 맥락에서 문제의 전면에 떠오른 것으로 '통합의 원리'와 '분할의 원리'를 꼽을 수 있다.

제반의 교육활동이 그러하듯이 체육교육에 있어서도 '통합의 원리'와 '분할의 원리'가 양립하고 있다고 할 수 있다. 전자는 체육교육의 목적과 연관된 원리로서 제반의 체육교육 활동은 체육교육의 목적에 따라 그 존재 이유와 성격이 규정되며 낱낱의 체육교육 활동은 체육교육의 목적으로 수렴 통합된다. 만일 체육교육의 목적으로 수렴 통합되지 않거나 또는 수렴 통합을 거부하는 활동은 기본적으로 체육교육의 범주에서 벗어나는 것이며, 따라서 체육교육으로 인정받을 수 없다. 후자는 체육교육의 수단과 연관된 원리로서 제반의 체육교육은 이념적인 체육교육의 목적을 현실화함에 있어 구체적인 낱낱의 활동으로 재구성하는 것을 의미한다. 이러한 분할의 원리는 기본적으로 체육교육의 목적을 효과적으로 달성하기 위한 수단의 확보와 불가분의 관련이 있다. 만일 체육교육의 목적을 효과적으로 구현할 수 없는 활동이라고 한다면 체육교육활동으로서의 자격을 갖추지 못한 것으로 구체적인 체육교육의 수단으로서 채택될 수 없는 것이다.

　통합의 원리와 분할의 원리는 헤르바르트(Herbart, 1776~1841)의 교육학 이념과 맥을 같이 한다고 할 수 있다. 즉 교육학은 윤리학과 심리학에 기초하여야 한다는 그의 교육학 이념은 결국 교육활동은 윤리학을 통하여 교육의 목적을 뚜렷이 세우고 심리학을 통하여 교육의 방법을 효과적으로 전개해야 한다는 교육원리의 다른 표현이라고 할 수 있다. 이러한 맥락에서 체육교육은 통합의 원리와 연관된 목적성(finality)과 분할의 원리와 연관된 효과성(effectiveness)을 동시에 고려하여야 하는 것이다. 위의 두 가지 원리는 불가분의 관련이 있지만 하나의 원리가 다른 원리를 일방적으로 지배하지는 않는다. 오히려 체육교육이 과도하게 하나의 원리에 편향될 경우 체육교육은 그 작용을 제대로 할 수 없으며 어떤 경우에는 심각한 문제가 발생할 수도 있다. 따라서 제대로 된 체육교육을 위해서는 목적성과 효과성, 또는 통합의 원리와 분할의 원리를 균형 있게 구현하고자 하는 노력이 필수적이라고 하겠다.

　통합의 원리, 목적 설정에 편중된 태도는 명료한 실천의 방향을 제시하는 데에는 기여하지만 구체적인 실천의 수단 개발을 소홀히 함으로써 관념화될 위험이 있다. 반면, 분할의 원리, 수단 모색에 편중된 태도는 구체적인 실천의 방편을 마련하는데 기여하지만 목적의식의 모호함으로 인하여 맹목적인 시행착오를 일으킬 가능성이 높다. 따라서 어떠한 것이던 그것이 교육활동인 이상 방향 설정의 명료성과 실천 방편의 구체성을 동시에 담보할 수 있어야 하는 것이다. 이러한 맥락에서 체육교육 역시 통합의 원리와 분할의 원리 사이의 긴장과 조화가 요구된다고 하겠다. 따라서 체육교육의 담당자는 늘 통합의 원리와 분할의 원리 사이의 관계를 염두에 두고 자신의 사고와 실천이 지나치게 통합의 원리에 편향되어 관념화되어 있는지, 반대로 지나치게 분할의 원리에 편향되어 맹목화 되어 있는지를 반성해야 하는 것이다.

사실 분할의 원리는 인간 이성(ratio)의 본성적 측면으로서 이성의 현실적 원리이기도 하다. 이성의 작용은 한편으로는 목적이성 즉 목적을 뚜렷이 하는 작용과 다른 한편으로는 수단이성 즉 수단을 궁구하는 작용으로 이루어진다. 그러나 인간 이성의 현실적 원리인 분할의 원리가 전면으로 부각된 것은 매우 역사적이다. 즉 분할의 원리가 우리 삶의 전반을 이끄는 지도이념으로 자리 잡은 것은 13~14세기의 북부 이탈리아의 르네상스인으로부터 시작되어 18세기 프랑스에서 꽃을 피운 계몽주의(Enlightenment)와 밀접한 연관이 있다. 그 이후 인간의 관심은 목적을 달성하기 위한 수단을 어떻게 하면 극대화할 수 있을 것인가 하는 문제에 집중되었다. 다시 말해서 우리는 어떤 일을 함에 있어 '목적—수단'의 틀 속에서 일단 목적이 설정되었다면 그 목적을 달성할 수 있는 수단을 최대한 작은 조각으로 나누어 재구조화하고 그에 따라 순차적으로 그 조각들을 현실화시켜 나가는데 관심을 쏟는 태도를 당연하게 생각하게 된 것이다.

이와 같이 계몽주의가 합리주의(rationalism)와 호환하여 사용되고 있으며, 그러한 태도가 지배하여 온 시대를 근대(modern)로 이름붙이는 것에서 그 성격을 이해할 수 있는 것이다. 분할의 원리가 수단이성을 강조하는 계몽주의 또는 합리주의 태도의 요체를 이루고 있는 양상은 20세기 전반의 포디즘(fordism)에서 대표적인 사례를 찾을 수 있다. 포드(Ford, 1863~1947)는 1917년에 조립식 이동 생산방식(conveyor system)을 도입하여 생산성을 극대화시켰는데 이것이 바로 근대적 생산방식으로 정착되었다. 이러한 포드의 생산방식은 당시까지만 하더라도 지배적이었던 생산방식과 매우 다른 것이었다. 즉 고정된 공간에서 몇몇이 하나의 자동차를 조립하여 완성하던 후자에 비하여 전자는 이동하는 조립라인에 도열한 다수가 각자에게 할당된 낱낱의 부품을 조립하여 완성하는 방식인데 이러한 생산방식은 자동차의 생산성을 혁신적으로 제고할 수 있었던 것이다. 결국 포드식 생산방식이 산업 전반으로 확대 정착됨으로써 공장근로자 개인은 단지 자신이 담당해야 하는 부품에만 관심을 제한시켜도 제품이 완성할 수 있게 되었으며, 그러한 면에서 각자의 전문성을 높이는 길이 된 것이다.

근대적 사고방식, 또는 근대적 생산방식은 분할을 통하여 전문성과 생산성을 높이는 혁신을 가져왔지만, 동시에 인간 개인의 의식을 부분 즉 수단에 집중시키도록 함으로써 결과적으로 목적의식의 약화를 초래하였다. 이러한 근대화의 산물인 인간 개인의 부품화 또는 목적의식의 약화는 비단 산업 영역에 한정되지 않는다. 수단의식의 확대와 목적의식의 약화는 교육의 현실이기도 한 것이다. 교육이 목적―수단의 틀에 따라 재구성되고 분할의 원리에 충실한 현실은 교과라는 횡적 분업과 초등과 중등 그리고 고등이라는 종적 분업에서 쉽게 확인할 수 있다. 전인양성이라는 교육의 궁극적 목적은 전인의 속성을 덕, 체, 지 또는 인지적 영역, 정의적 영역, 심동적 영역으로 나누고 그에 따라 교과는 전인양성의 수단으로서 각기 가능한 영역과 연관시키고 있다. 그 결과가 바로 흔히 말하는 주지, 비주지라는 교과의 구분이기도 한 것이다. 또한 교육은 피교육자의 성장과정에 따라 초등, 중등, 고등으로 나누어진 학교급별 교육 목표 및 내용을 연관시키고 있는 것이다.

분할의 원리에 충실한 교육의 구조 속에서 체육교육은 횡적 분업과 종적 분업을 내용과 교사의 측면에서 현실화시키고 있다. 이러한 복합적 분업은 전문성 제고를 위한 당연하고 필수적인 조치로 받아들여지고 있다. 초등체육과 중등체육은 각자에 적합한 교육내용을 담당하고, 해당 교사 역시 그에 따라 역할의 전문화를 추구하여 왔다. 즉 초등체육은 담임교사에 의하여 놀이 또는 게임을 주요 내용으로 삼고, 중등체육은 전담교사에 의하여 스포츠를 주요 내용으로 하는 것이다. 이와 같은 접근 방식은 매우 합리적이다. 체육교육이라는 제도화된 틀 속에서 초등체육과 중등체육은 각자의 임무에 충실하기만 하면 되는 것이다. 이것이 체육교육의 목적을 합리적으로 구현하는 것이며, 더 나아가 교육의 궁극적 목적 실현에도 부합한다. 초등교사가 중등체육을 생각하고, 중등교사가 초등체육을 염두에 두는 것은 오히려 시간 낭비요, 불필요한 정력 낭비일 뿐이다.

그러나 분할의 원리, 수단의 극대화를 지향하는 합리주의적 근대화의 이념은 성립 시기부터 비판의 대상이 되어야 했다. 루터(Luther, 1483~1546)는 수단의 극대화로 상징되는 합리주의적 태도의 팽배는 인간을 개체화함으로써 보편적인 인간상(C.H.P. : common human pattern)의 상실을 가져올 것이라고 비판하였던 것이다. 그는 수단이성의 강조는 모든 인간이 추구해야 하는 삶의 목적에 대한 관심의 약화를 가져올 것이며, 이는 곧 공동선(common good)에 대한 몰이해, 무관심을 확대시킴으로서 종국적으로는 맹목적인 인간, 목적을 상실한 사회를 결과할 것이라고 경고하였던 것이다. 그의 우려의 목소리는 오늘까지도 사회 전반에서 메아리치고 있으며, 교육 전반 그리고 체육교육 전반에서 통합의 원리와 분할의 원리의 관계와 관련하여 다각적인 반성을 촉구하고 있다. 이러한 맥락에서 오늘의 체육교육, 초등과 중등으로 분업화된 체육교육은 그것이 전문화라는 측면에서 부정할 수 없는 의미를 담고 있기는 하지만, 다른 측면에서 보편적 목적의식, 공동선에 대한 무관심을 초래하고 있지 않은지에 대한 반성이 요구되고 있는 것이다.

연계의 이념적 기반

초등체육과 중등체육은 이념적으로 학교체육의 목적 실현을 위한 과정으로서 연속성을 가지고 있다. 즉 한 인간의 성장에 따라 아동기와 청소년기에 합당한 체육교육의 목표 및 내용을 선명하게 함으로써 궁극적으로는 체육교육의 실제적 효과성을 극대화하고자 하는 의미를 담고 있다. 그렇다면 이제 초등체육과 중등체육에서 무엇을 다루어야 할 것인가 하는 문제가 대두되는데 그에 대한 결론은 '초등체육=게임', '중등체육=스포츠'와 같은 등식으로의 분화 또는 전문화이다. 즉 초등체육은 아동의 성장발달을 고려하여 게임 활동을 체육교육의 주된 내용으로 삼고, 중등교육은 청소년의 발달 및 욕구를 고려하여 스포츠 활동을 주된 내용으로 삼은 것이다. 이는 기본적으로 스포츠는 게임에서 진보된 것이며, 게임은 놀이가 좀더 고차원화된 것이기 때문에 놀이, 게임, 스포츠는 '놀이→게임→스포츠'라는 연속적 발전의 관계에 있다는 사고방식을 전제로 하고 있다.

놀이, 게임, 스포츠가 연속적 발전의 관계 그리고 아동기와 청소년기의 성장발달 단계를 고려한 초등체육과 중등체육의 목표 설정 및 내용 구성은 매우 타당하며, 그와 같은 학교체육의 틀은 비판할 만한 구석이 그리 많지 않다. 그것이 분할이라고 하더라도 체육교육의 전문성을 제고하는 매우 합리적인 길일 뿐 아니라 공동의 목적을 추구하는 연속적 성격이 뚜렷하기 때문이다. 그렇다고 문제가 없는 것은 아닌데 그 문제의 핵심은 바로 그와 같은 분할과 전문화가 체육교육의 현장에서 어떻게 실제화 되고 있는가 하는 점에 있다. 한 걸음 더 나아가 이야기하면 우리의 체육교육 현실은 체육교육의 효과성을 강화하기 위한 전문화, 분화가 원래의 취지와는 달리 초등체육과 중등체육의 단절로 나타나고 있다는 진단이다. 이는 초등체육과 중등체육이 분할을 통하여 전문화함으로써 궁극적으로는 체육교육의 본질을 구현하고 그 효과성을 제고하고자 하였던 기본적 틀이 학교체육 일선 또는 체육교사 개인의 실천을 통하여 현장화 되는 과정에서 공동의 목적의식을 간과하고 차이의 수단의식이 증폭됨으로써 결과적으로 초등체육과 중등체육, 초등체육의 담당자와 중등체육의 담당자 사이의 단절이 고착화될 가능성이 높다는 우려이다.

초등체육과 중등체육의 분화를 통한 체육교육의 전문성 제고에서 출발한 '초등체육=게임', '중등체육=스포츠'의 등식은 그 실천의 과정에서 왜곡의 양태를 드러내고 있다. 체육

교육 현장의 왜곡 사례는 초등체육에서 잘 드러난다. 당초 초등체육=게임의 등식은 전술한 바와 같이, 중등체육에서의 스포츠 활동을 전제로 한 것이며, 따라서 초등체육에서의 게임 활동은 중등체육에서의 스포츠 활동과 분리해서 다루어서는 안 된다. 그럼에도 불구하고 초등체육에서의 게임 활동은 스포츠 활동과의 연관성이 모호한 경우가 빈번하다. 스포츠는 역사성과 문화적 맥락을 기반으로 제도화된 것으로, 따라서 스포츠와의 연관성을 바탕으로 하는 게임 활동 역시 어느 정도의 문화적 맥락을 가시화할 수 있어야 한다. 그러나 초등체육 현장에서 전개되고 있는 게임 활동의 대부분에서 어떠한 문화적 맥락을 읽어내기란 그리 쉬운 일이 아니다.

이는 근본적으로 초등체육에서의 게임 활동이 중등체육에서의 스포츠 활동과 연속성을 가지고 있다는 공동의 통합의식을 간과하고 차이의 분화의식에 사로잡혀 어떤 구체적인 스포츠 활동을 연상시키기 어려운, 말 그대로의 게임 활동을 추구하고 있기 때문이다. 즉 초등체육에서의 게임 활동은 아동의 움직임 욕구와 유희 욕구를 충족시키는 신체활동이면 무방하다는 것이다. 물론 제7차 초등학교 체육과교육과정의 경우 게임 활동 중 구기 활동 영역은 피하기형, 표적맞히기, 축구형, 농구형, 네트형, 야구형 등으로 구성된다. 즉 중등체육에서의 스포츠 활동과의 연관성을 고려한 것이다. 그러나 초등체육 현장에서의 구기 활동은 구체적인 스포츠종목의 맥락에서 이탈한 경쟁적 신체활동인 경우가 대부분이다. 즉 공을 가지고 팀을 나누어 승패를 겨루는 활동이면 게임이라는 식의 사고방식이 상식처럼 고착화되어 있는 실정이다.

중등체육에 있어서도 초등체육과의 연관성은 다수의 중등체육 담당자의 관심거리는 아닌 듯하다. 중등체육은 초등체육에서 무엇을 어떻게 다루었는가에 대한 관심은 접어둔 채 스포츠 가르치기를 시작한다. 개별 종목의 습득을 위하여 세분화된 기능을 기초의 것에서부터 순차적으로 익히도록 하는 것이다. 축구수업은 공을 다루는 것에서부터, 배구는 패스에서부터 시작한다. 이때의 학생들은 스포츠에 대하여 경험이 거의 없는 백지 상태에 다름이 없다고 여겨진다. 이러한 진단에 대하여 어떤 중등체육교사는 그와 같은 중등체육의 현실은 초등체육이 제대로 역할을 하지 못하고 있기 때문이라고 반박할 것이다. 그의 반박은 전혀 근거 없는 것은 아니며 상당 부분 초등체육의 담당자들이 인정해야 할지도 모른다. 초등체육에 대한 중등체육담당자로부터의 반박은 교사의 자질에 관한 문제제기로 이어진다. 즉 초등교사는 기본적으로 체육을 담당할 만한 기능을 갖추지 못했다는 것이다. 중등의 스포츠 활동의 기초가 되는 초등의 게임 활동에서 요구되는 여타의 기초 기능조차도 적절하게 수행하기 버거운 초등교사가 아무리 그것이 초등이라 하더라도 체육수업을 담당하는 것은 불합리하다는 것이다.

그러나 좀 더 정성을 들여 현실을 보면 초등체육과 초등교사에서 나타나는 문제의 이면에는 지금의 체육교육이 지나치게 기능을 중심으로 분화되고 개별 기능의 수월성을 강조하는 경향이 자리하고 있음을 어렵지 않게 발견할 수 있다. 예를 들어, 테니스를 잘하기 위해서는 테니스에서 사용되는 기능들, 즉 스트로크, 발리, 스매시, 서브를 잘해야 하고, 스트로크는 다시 포핸드 스트로크, 백핸드 스트로크를 잘해야 하며, 포핸드 스트로크를 잘하기 위해서는 드라이브, 플랫, 슬라이스를 터득해야 한다. 이러한 가정은 체육수업을 세분화된 개별 기능의 반복으로 채우도록 한다. 학생들은 기초 기능에 대한 최소한의 습득이 이루어졌다고 판단되어서야 경기에 참여할 수 있는 기회가 주어진다. 이와 같은 기능중심의 체육수업은 교사와 학생 모두에게 유쾌하지 못한 경험을 제공하는 원인이 된다. 체육교사는 체육교과에서 다루는 모든 종목의 기능을 일정 수준 숙련시켜야 하는 과제를 안게 되며, 학생들은 기초 기능 습득을 위하여 즐거울 것이라고 생각한 체육수업시간에도 상당한 인내심을 발휘해야 하는 것이다.

기능중심의 체육수업을 긍정하는 관점에서 보면 기능수준이 낮은 초등교사가 체육수업의 담당자로서 부적합하다는 평가는 정당하다고 할 수 있다. 그러나 담임교사제를 근간으로 하여 거의 모든 교과를 담당해야 하는 초등교사에게 중등체육교사의 기능을 요구하는 것은 애당초 어불성설이며, 어쩌면 평가의 잣대가 부적절한 것이라고 할 수도 있다. 더욱이 기능중심의 체육수업을 긍정하는 관점에 따르면 초등교사가 안고 있는 문제로부터 중등체육교사 역시 자유롭지 못하다. 과연 중등체육교사는 체육교과에서 다루어야 하는 모든 스포츠 종목에 있어 체육수업을 원활하게 진행할 수 있을 정도의 기능수준을 갖추었는가 하는 문제제기가 가능한 것이다. 이러한 기능중심의 체육수업으로 인하여 초등교사와 중등체육교사가 경험하는 괴로움은 학생에게 있어서는 더욱 극명하다. 즉 탁월한 운동수행능력을 발휘하기 어려운 학생들에게 있어 기능중심의 체육수업은 스포츠의 맛을 느끼는 즐거운 시간이기보다는 오히려 회피하고 싶은 괴로운 시간이 되어 버리는 것이다.

중등체육의 일각에서 체육수업이 기능을 중심으로 진행되고 기능의 탁월함을 강조함으로 인하여 즐거운 시간이 아닌 괴로운 시간으로 왜곡되고 있다는 진단과 함께 다시금 체육수업을 즐거운 시간으로 다시 되돌리고자 하는 노력이 없는 것은 아니다. 즉 뉴 스포츠와 같은 새로운 게임 활동을 전개함으로써 다수의 학생들로 하여금 즐거움을 만끽할 수 있도록 하는 시도가 이루어지고 있다. 그러나 그와 같은 시도가 긍정적인 것만은 아니다. 왜냐하면 뉴 스포츠와 같은 새로운 시도는 엄격하게 말하면 스포츠와 같은 문화적 맥락을 크게 염두에 두고 있지 않기 때문이다. 그와 같은 활동이 체육교과의 중심 내용인 스포츠 활동과 어떠한 연관을 맺고 있는지는 불분명한 것 같다. 이와 같은 중등체육에서의 뉴 스포츠 활동의 탈맥락적 성격은 전술한 바 있는 초등체육에서 오직 아동의 움직임 욕구와 유희 욕구를 충족시키는데 제한된 게임 활동과 그 성격에 있어 크게 다르지 않은 듯하다.

이렇듯 기능중심 또는 기능강조의 체육수업은 초등체육은 물론이거니와 중등체육에 있어서도 심각하게 검토해야 하는 문제가 아닐 수 없다. 또한 이와 같은 체육수업의 현실과 문제는 초등체육과 중등체육을 연계된 틀 속에서 이해할 때 더욱 확연해지고, 그 핵심을 드러낼 수 있을 것이다. 그럼에도 불구하고 언제부턴가 초등체육과 중등체육 사이에는 경쟁과 긴장의 분위기가 확대되고 있다. 초등체육은 중등체육 부실의 원천을 제공하고 있으며, 따라서 무능력한 초등교사의 체육수업은 전문화된 사범대학 출신의 체육교사로 대체되어야 한다는 움직임이 확산되고 있다. 사실 중등체육의 담당자를 중심으로 하는 초등체육에 대한 문제제기는 일면 중등의 예비체육교사의 과잉을 초등체육을 통하여 해소하고자 하는 다소의 정치적 의도가 전혀 없는 것도 아니다. 이에 대한 반작용으로서 초등체육의 담당자는 혼신을 다하여 자신의 본거지를 지키고자 하는 의식이 확대되고 있는 것이다.

그러나 이러한 움직임 속에서도 정작 선행되고 바탕을 이루어야 하는 문제는 간과되고 있다. 즉 초등에서의 움직임이던지 또는 중등에서의 움직임이던지 그것이 과연 체육교과의 본질을 추구하는 것인지, 더 나아가 초등체육과 중등체육이 공통으로 안고 있는 근본 문제는 무엇이고, 이 문제를 해결하기 위한 공동의 과제는 무엇인지에 대한 고민은 찾아보기 어려운 것이다. 정작 문제의 핵심은 외면한 채 그저 밥그릇 싸움으로 비칠 만한 일들이 벌어지고 있으니, 이와 같은 현실의 뿌리에는 바로 분할의 원리에 따른 전문화와 그것의 가시적 양상인 초등체육과 중등체육의 단절이 자리하고 있는 것이다. 이와 같이 초등체육과 중등체육은 상호 연계가 미흡하고, 그 결과 체육의 밥상을 제대로 차리지 못하고 있는 것이다.

> **요점 확인**
> 초·중등 체육수업의 연계 통합교육의 필요성 및 실천 가능성에 대해 설명하시오

생각해 볼 문제 〈제 4부 2장〉

1. 현재 초등학교 현장에서 실시되고 있는 통합교육과정의 운영실태를 보다 구체적으로 조사하고 '진정한 의미'의 통합교육과정에로의 구현여부를 비판적으로 기술하시오.

2. 즐거운 생활 교과가 실질적인 통합교과로서의 역할을 수행하기 위해서 필요한 사항들에 대한 나름대로의 생각을 기술하시오.

3. 만약, 초등학교 전 학년에 통합교육과정이 적용된다면, 그 내용 및 운영방식은 어떠한 형태로 진행되어야 할 것인지에 대한 자신의 의견을 제시하시오.

4. 초등체육과 중등체육과의 연계교육을 위해 먼저 준비되어야 할 사항들을 자유롭게 토론하여 기술해 보시오.

5. 초중등 체육교과의 구체적인 연계 프로그램을 5차시 정도의 수업분량으로 구성해 보시오.

3장. 초등 체육의 역할과 사명

> **공 부 할 문 제**
> 1. 초등체육과 학력신장에 대한 전경과 배경을 이해할 수 있다
> 2. 우리나라의 체육교육의 궁극적 방향성을 이해한다.
> 3. 우리나라의 체육교육에서 차지하는 초등체육의 위치와 역할 책무성을 이해한다.

1. 초등체육의 知 와 行

"초등체육과 학력신장"을 한자로 표기하면 "初等體育과 學力伸張" 또는 "初等體育科 學力伸張"이 된다. 먼저 후자와 관련된 의미를 살펴보면, 말 그대로 "초등학생의 체육과 학력을 신장"하는 것이 것이다. 좀 더 풀어보면, 지금의 초등학생이 체육과 학업에 있어 부족한 점이 무엇이고, 그 부족함을 해소할 수 있는 방책은 무엇인가와 관련이 있게 된다. 이와 관련해서 많은 논의가 가능하다고 본다. 우리의 아이들이 심동적, 정의적, 인지적 성장 발달이라는 초등체육은 물론 체육일반의 목표에 부합하고 있는지에 대한 평가가 있을 수 있을 것이며 또한 그 평가 결과 각각에 대한 대안을 모색할 수 있을 수 있을 것이다. 예를 들어, 우리의 아이들이 과거에 비하여 현저하게 비만한 사례가 증가하고 있으며, 따라서 초등체육에서 효과적으로 적용할 수 있는 비만 예방 또는 비만 해소의 프로그램을 개발, 적용하는 문제를 논의할 수 있다. 이렇듯 초등체육과의 학력이라 함은 초등체육교과와 관련된 학업 능력, 또는 학업 성취에 대한 문제가 된다. 여기에서 우리가 주목해야 하는 바는 초등체육과 학력을 따로 두지 않고 있다는 점이라 볼 수 있다. 다시 말해서 초등체육에서 뛰어나다는 것과 초등학력이 뛰어나는 것을 같이 본다는 것이다. 우리 아이들의

체육 실력을 신장시킬수록 학업 실력을 신장시키는 것이 된다는 것을 뜻하는 것이다. 이러한 맥락에서 보면, 우리 아이들의 학력 신장을 위한 초등체육전문가의 과제는 체육 실력 신장에 더욱 매진하는 것이 될 것으로 보인다.

어찌보면 이와 같이 「초등체육과 학력신장」을 "初等體育科 學力伸張"으로 해석하는 것에 대하여 별 다른 흥취를 느낄 수 없을 수도 있다. 왜냐하면 "초등체육과의 (학업) 성취의 신장"이라는 문제는 시쳇말로 뻔한 것이기 때문이다. 더욱이 그와 같은 고민과 논의가 우리들의 일상이고 보면, 오늘의 만남에서 우리의 아이들이 초등체육의 목표와 관련하여 어떠한 현실 속에서 어떠한 문제를 안고 있으며, 그에 대한 해결 방안은 무엇인가를 논하는 것은 衆口難防의 方策으로 자리를 뜨면 신년 벽두의 추억 속으로 消滅될 彷策이 될 수 있는 것이다.

*** 초등체육과 학력신장 관련짓기, 어떤 문제인가? ***

그렇다면, 이제 「초등체육과 학력신장」을 앞선 해석과는 다른 방식으로 다루는 것에 대한 이야기가 있어야 할 것 같다. 즉 "初等體育과 學力伸張"으로 해석하는 것이다. 여기에는 "초등체육과 학력신장"의 방안을 모색하는 데 있지 않다. 그보다는 "초등체육과 학력신장"을 문제 삼은 이유, 바탕에 깔린 배경에 관심을 두고 있다고 봐야할 것이다. 그래서 초등체육이 학력신장에 기여할 수 있는 바와 길을 모색하기 보다는 "初等體育과 學力伸張"이라는 관심거리는 어떠한 문제의식의 반영이며, 그 문제의식은 근본적으로 어떠한 自家撞着, 自己否定의 가능성이 있는지를 문제 삼고자 하는 것이다. 달리 말하여, 「초등체육과 학력신장」을 "初等體育과 學力伸張"으로 이해하는 시각은 자가당착, 자기부정의 위험이 있음을 드러내 보이고자 하는 것이기도 하다.

誤 · 謬

앞서 잠깐 언급했듯이 「초등체육과 학력신장」을 "初等體育과 學力伸張"으로 이해하는 시각은 그 전제로 말미암아 심각한 자가당착, 자기부정의 위험을 안고 있는 듯 하다. "初等體育과 學力伸張"이라는 표현은 다음과 같은 두 가지의 관계를 함축하고 있다. 즉, 1) 초등체육과 학력신장의 '관계'와 2) 초등교육과 학력신장의 '관계'이다. "初等體育과 學力伸張"에 담겨진 의미를 좀더 철저하게 이해하기 위해서는 이 두 가지의 관계에 대한 파악이 선행되어야 한다. 왜냐하면, "初等體育과 學力伸張"에는 이 두 가지의 관계가 함축되어 있기 때문이다. 문제 1) 초등체육과 학력신장의 관계는 무엇이며, 초등체육은 학력신장에 있어 어떤 기여가 있고, 학력신장에 있어 초등체육은 어떤 의미가 있는지에 대한 해명이 요구될 것이며 문제 2) 체육교과를 비롯한 초등교육과 학력신장의 관계는 무엇이며, 초등교육은 학력신장에 있어 어떤 기여가 있고, 학력신장에 있어 초등교육은 어떤 의미가 있는지에 대한 해명이 요구될 것이다.

문제 1)과 관련하여,

우선 체육수업에서의 활동과 학력신장, 양자의 관계는 肯定的이라고 할 수 있을 것이다. 다시 말해서 체육(수업에서의)활동은 학력의 신장에 기여한다고 할 수 있다는 것이다. 이러한 양자의 肯定的 關聯은 다음과 같은 근거로 정당화할 수 있다. 적절한 체육활동은 腦의 作動을 활성화함으로써 결과적으로 뇌의 작동을 기반으로 하는 학력의 신장에 기여한다고 말할 수 있다. 따라서 만일 초등체육을 통한 학력신장에 관심을 둔다고 한다면, 뇌의 작동을 더욱 촉진할 수 있는 프로그램을 강조해야 할 것이다. 그리고 그와 같은 '좋은' 프로그램, 즉 뇌의 작동을 활성화할 수 있는 적절한 체육활동은 무엇인지에 대하여 고민해야 한다. 한 발자국 벗어나서 생각하면, 위와 같은 문제에 대한 답은 매우 간단하다. 과연 뇌의 작동과 무관한 체육활동이 있을 수 있을까. 체육활동이 뇌의 작동을 자극하는 것이라고 한다면, 체육활동을 강화하면 할수록 뇌의 작동은 더욱 자극받을 것이고, 뇌의 작동 능력과 불가분의 관련이 있는 학력은 더욱 신장될 것이다. 결국, 체육활동을 하면 할수록 학력은 신장될 것이다.

이러한 체육활동과 학력신장 사이의 긍정적 관련에 대한 정당화에 대하여 불만이 있는 사람은 다음과 같이 좀 더 달리 말할 수 있을 것이다. 다양한 체육활동 중에서 뇌의 작동 활성화에 좀 더 직결된다고 여기는 것을 강조하는 것이다. 예를 들어, 치매는 대뇌신경세포의 작동이 제대로 이루어지지 않는 것이다. 최근 노인성 치매가 사회적 관심거리로 대두됨에 따라 체육계에서도 그에 대한 대안 모색의 노력이 이루어지고 있다. 그러한 노력의 일환으로서 대뇌신경세포 작동의 퇴보를 예방 또는 지연시킬 수 있는 체육활동프로그램이 곳곳에서 실시되고 있다. 손가락을 순서에 따라 접고 펴기가 그러한 실례가 된다고 볼 수 있다. 이와 같은 접근 방식으로 체육활동과 학력신장 사이의 연관을 강조하기 위하여 다양한 체육활동프로그램을 제안할 수 있을 것이다. 그러한 체육활동프로그램의 실증적 근거를 생리학적으로 해명하는 일 역시 그리 어려운 일은 아닐 것이므로 만일 초등체육과 학력신장의 연관을 강조하고자 한다면, 그와 같은 체육활동을 전면에 내세우는 체육수업을 具案하면 될 것이다.

그러나 체육활동과 학력신장 사이의 긍정적 관련을 정당화하는 것이, 그러한 정당화 의도의 내면에 존재하는 문제 즉 학교체육, 특히 초등체육의 존재 이유를 더욱 뚜렷하게 하는 길인지는 확신하기 어렵다. 왜냐하면 그와 같은 초등체육의 정당화 방식은 자칫 자가당착, 자기부정의 오류에 빠질 위험이 있다고 보기 때문이다. 초등체육과 학력신장의 관계를 문제 삼는 것은 그 문제에 앞서 '초등체육'과 '학력신장'을 因果 또는 別個로 보는 시각을 전제로 하고 있다. 즉 초등체육이 학력신장이라는 결과의 원인이 된다는 것이다. 따라서 이는 곧 초등체육과 학력신장이 따로 존재하는 것으로 생각하게 한다. 이러한 시각이 허용된다면, 초등체육은 학력신장의 수단(a tool)이 되는 것이다. 초등체육에서 다루고, 그 수업에서 벌어지는 일련의 사태는 학력신장 그 자체는 아니며, 오직 학력신장을 위한 수단이다. 달리 말하여, 초등에서의 학력은 체육과는 별도의 곳에 존재하는 것이 되며, 초등에서의 학력은 체육과는 별도의 곳, 즉 체육교과 이외의 교과와 관련되는 것이 된다는 것이다.

이와 같은 문제의 맥락에서 초등체육과 학력신장의 관계는 간단히 부정될 수도 있다. 즉, '초등체육과 학력신장이 무관한 것은 아니다. 그러나 여타의 교과에 비하여 더욱 유관한 것은 아니다. 더욱이 여타의 교과에 비하여 학력신장에 더욱 기여한다고 말할 수는 없다'고 말이다. 이렇듯 학력신장이라고 하는 문제를 중심에 두고 초등체육의 존재이유를 정당화하는데 관심을 두고 있는 사람은 체육교과 이외의 교과가 학력신장과 더욱 밀접한 연관을 맺고 있으며, 더 나아가 학력신장에 더욱 기여하는 교과활동이 체육교과 밖에 있다고 한다면 당연히 체육교과를 버리고 다른 교과를 취하는 것이 합당할 것이다. 결국 초등체육의 존재 이유를 초등체육과 학력신장 사이의 관련을 통하여 정당화하고자 하는 시도는 자가당착, 자기부정의 오류를 범할 가능성이 크다고 본다. 학력신장을 강조하여 체육활동 중에서도 뇌의 작동과 더욱 긴밀한 듯한 것을 초등체육수업의 중심에 두고자 하는 시도는 체육활동과 분리된 학력(소위, '國算社自音美體' 또는 '主知와 非主知'라는 식의 學力 패러다임)이라는 것을 척도로 하여 체육교과와 다른 교과 사이의 相對的 愚劣, 또는 卽刻的 成果와 遲刻的 成果를 따지는 논리 앞에서 沙上樓閣이 되어 버릴 수 있는 것이다.

문제 2)와 관련하여,

초등체육과 학력신장 사이의 연관을 문제 삼는 것을 좀더 확장하면 초등교육과 학력신장 사이의 연관을 문제 삼는 것이라고 할 수 있다. 초등체육과 학력신장 사이의 연관을 문제 삼는 의식의 바탕에는 이미 초등교육과 학력신장 사이의 연관을 바탕에 두고 있기 때문이다. 즉 그러한 연관에 관심을 두는 사람의 의식 속에는 초등교육은 중등교육, 고등교육과 마찬가지로, 또는 그 이상으로 학력신장과 긴밀한 연관이 있다고 주장하고, 그러한 주장을 초등체육으로 연장하고자 하는 의도가 깔려 있는 듯 하다. 그렇다면 과연 초등체육을 포함하는 초등교육과 학력신장의 관계를 통하여 초등교육은 의도대로 정당화될 수 있을까. 그 의도는 基礎學力, 基幹學力이라는 상식적인 개념을 통하여 정당화될 수 있는 듯 하다. 흔히 초등교육은 중등교육, 고등교육은 물론 평생교육의 기틀을 마련하는 과정이라고 여긴다. 초등교육의 부실은 이후의 모든 교육의 부실로 이어진다는 것을 부정하는 사람은 없을 것이다. 초등교육이 부실한 상태에서 이후 교육의 충실을 기대하는 것은 語不成說과 같음은 明若觀火하기 때문이다.

知, 또는 학력이라는 틀 속에서 초등교육의 담당자들은 많은 중압감을 느끼고 있는 듯 하다. 그 이름대로 초등교육은 초등의 지를 다루고 중등교육은 중등의 지를 다루며 고등교육은 고등의 지를 다루고 있다고 본다면, 고등교육—중등교육—초등교육이라는 序列은 지극히 당연할 것이다. 초등, 중등, 고등에서의 '等'이라는 표현은 등급(level), 또는 서열(ranking)의 축약 바로 그것이다. 그렇다면 무엇을 척도로 하여 교육활동의 등급을 매기고 서열을 정하는 것일까. 그것은 다름 아닌 '國算社自音美體' 또는 '主知와 非主知'라고 방식으로 구별하여 표현되는 知 또는 학력일 것이다. 이러한 지 또는 학력의 관점에서 보면, 초등교육은 가장 低級, 下級의 지 또는 학력을 다루는 셈이다. 마찬가지로 초등교육의 담당자, 전문가는 교육 담당자, 전문가 중에서도 가장 저급, 하급에 위치하게 되는 것이다. 그리고 이것이 바로 초등교육의 담당자, 전문가를 괴롭히는 胎生的 劣等感의 實體라고 볼 수 있다.

초등교육의 담당자, 전문가는 그러한 태생적 열등감을 떨치기 위하여 어떠한 노력을 하여왔는가. 그것은 바로 기초지식(또는 학력), 기간지식(또는 학력)이라는 개념의 강조이다. 초등교육은 지식 또는 학력 중에서도 기초에 있는 것, 또는 기간을 이루는 것을 다루기 때문에 중등교육, 고등교육에 비하여 막중한 존재 이유가 있다는 것이다. 이러한 주장은 앞에서 언급한 바와 같이 多數共感의 근거를 가지고 있다고 본다. 초등교육의 존재 정당화에 있어 기초지식, 기간지식이라는 개념은 매우 매력적이지 않을 수 없다. 초등교육 담당자, 전문가 사이에서의 기초지식, 기간지식에 대한 매료는 근래 그와 같은 개념을 愛用하는 것에서 확인할 수 있다. 초등교육 담당자, 전문가의 기초지식, 기간지식 애용은 초등교육의 내용은 기초지식, 기간지식을 중심으로 再編, 强化하고자 하는 시도로 이어지고 있다. 더욱이 知識 情報化 社會로 일컬어지는 21세기의 개막과 함께 초등교육의 지향을 모색하는 목소리는 예외 없이 기초지식, 기간지식을 강조하고 있다.

본인은 지식의 틀을 유지하면서 초등교육의 존재 이유를 정당화하는데 있어 기초지식, 기간지식이라는 개념이 매력적이라는 점에 대하여 부정할 생각은 없다. 정작 본인이 염려하는 것은 기초지식, 기간지식이라는 개념이 지식의 틀 속에서 초등교육의 존립 근거를 뚜렷하게 한다고 하더라도 그것이 지식의 틀인 이상, 지식 이외의 교육적 맥락을 간과하게 하고, 더 나아가 초등교육의 존재 이유를 더욱 확고하게 할 수 있는 지식 이외의 교육적 맥락을 소홀히 하는 오류의 근원이 되어서는 안 된다는 것이다. 과연 교육은 지식 일변의 것인지, 혹여 지식 이외의 변이 존재하는 것은 아닌지, 자칫 지식 일변의 초등교육 정당화가 지식 이외의 변을 간과하는 것은 아닌지, 그리고 그러한 간과가 초등교육의 정체성을 간과하는 것에 머물지 않고 훼손을 결과하는 것은 아닌지, 이것이 바로 초등체육을 포함하는 초등교육과 학력신장의 관계를 확장 강조하고자 하는 의도에 대한 염려이다.

知・行

교육은 크게 보면 知와 行의 總體라고 할 수 있다. 지는 행을 위한 것이며, 행은 지를 바탕으로 한다. 지와 행은 언어적으로 분리될 따름이지, 실재로는 하나이다. 교육은 궁극적으로 知行合一을 추구한다고 할 것이다. 물론 이러한 본인의 시각이 지식이 그 자체로 추구할 만한 것이고, 따라서 교육의 중심이 된다는 교육관을 부정하는 의도는 아니다. 지식과 교육을 一體로 보는 교육관은 다음과 같은 논리로 단순화할 수 있을 것 같다. 1) 지식은 세계를 보는 것과 연관되고, 2) 교육은 세계로의 입문과 연관되며, 3) 따라서 교육은 지식을 그 내용으로 삼아야 한다. 그러나 행함은 곧 그것이 가시적으로 드러나지 않는다 하더라도 그 행하는 주체의 삶 전반을 의미하는 것이며, 그 주체가 세계를 보는 시각의 총화인 지식은 삶 전반과 한 치의 빈틈없이 맞물려 있기 때문에, 한 주체의 행함은 곧 그 주체의 삶이며 지식이라고 할 수 있을 것이다. 이러한 맥락에서 지와 행은 수단과 목적, 과정과 결과로 나누어질 수 있는 것이 아니라, 그것은 오직 언어적으로 구분될 뿐 실재로는 불가분의 총체라고 할 것이다. 본인은 이러한 지와 행의 관계를 바탕으로 하여 초등교육의 존재 이유, 초등체육의 존재 이유를 살필 수 있다고 보겠다.

가르치는 사람의 눈에 있어, 지와 행의 관계는 比例的이다. 교육은 지가 充實할수록 행은 聖實할 수 있음을 전제로 한다고 하겠다. 세계를 보는 시각의 총화인 지식의 深底가 깊어지고 外延이 확장될수록 행함 또는 삶의 세계 역시 그러하리라는 것이다. 만일 이와 같은 전제가 거부된다면 교육의 토대와 체계는 흔들릴 가능성이 크다. 위와 같은 전제를 긍정하기에 교육은 지식의 추구를 토대로 할 수 있으며, 초등교육―중등교육―고등교육으로 체계화할 수 있을 것이다. 교육이 지식, 즉 세계를 보는 시각의 형성, 더 나아가 확장함으로써 삶을 윤택하게 하지 않는다면 그 토대를 정당화하기 어려울 것이다. 초등교육―중등교육―고등교육의 과정을 통하여 지식, 즉 세계를 보는 시각이 精緻하게 확장되지 않는다면 그 체계는 교육의 체계로서 정당화하기 어려울 것이다. 그래서 교육은 세계를 보는 시각, 인간의 세계 이해의 성과인 人文學的 知識과 自然學的 知識을 내용으로 삼고 있다. 그리고 교육은 초등교육에서 고등교육이 될 수록 지식은 細分되고 加重되는 것이다.

그런데 지와 행의 관계와 관련하여, 초등교육과 고등교육에서 相互 對比의 양상을 발견할 수 있다. 고등교육의 대상자, 즉 대학생의 경우 細分多量의 지식을 접한다. 만일 지와 행이 양적으로 비례적이라고 한다면 대학생의 행은 力動的이어야 할 것이다. 그러나 그와는 반대로 대학생의 행은 靜態的이다. 그들은 많은 지를 축적함에도 불구하고 행의 변화를 卽刻的이지 않고있지 않은가. 그들에게 있어 지는 행으로 바로바로 가시화되지 않는다. 모두 경험했겠지만, 대학생의 행을 변화시키는 것은 결코 쉽지 않다. 그래서 어떤 경우에는 답답하고 안타깝기도 하다. 그토록 많고 뚜렷한 지(식)를 근거로 행의 길을 보였다고 생각하는데 그들의 行化는 여의치 않다. 지와 행이 비례적이라고 한다면 대학생에 있어 지의 축적은 행의 活性으로 이어질 법도 한데 사정은 그와 거리가 먼 듯하다. 이와 같이 고등교육에서의 지와 행의 관계는 비례적이라고 속단하기 어렵다. 고등교육 대상자인 대학생의 행은 거의 고정된 듯 한 양상을 보여주는 것이다. 그들에 있어 지를 통한 행의 실천과 변화는 쉽게 豫斷하기 어려운 것이다.

그러나 대학생에 있어 지의 蓄積量에 비례하여 행의 실천과 변화는 時時刻刻 일어나지 않는 반면에, 그것이 일어날 경우 그 속도와 넓이는 매우 急激하다. 하루아침에 出家 또는 改宗하기도 하고, 폭력적이라 하여 가두시위를 비판하던 사람이 갑자기 화염병을 들기도 한다. 愛酒愛煙家에서 禁酒禁煙家로 탈바꿈하거나 국가적 정치지도자로 甲을 맹신하던 사람이 다음 날 乙을 쫓는다. 이렇듯 고등교육의 대상자인 대학생의 경우 행의 태도 및 방향의 변화는 빈번하지 않지만, 변화가 나타날 때에는 그 속도와 넓이를 짐작하기 어려울 정도로 빠르고 폭넓은 경우가 많다. 결국 고등교육이 성과를 거두기 위해서는 무엇보다도 우선하여 많은 지를 제공해야 하고, 그 성과의 행화는 매우 더딘 반면 매우 급격하다. 따라서 고등교육의 담당자는 지의 양적 요구를 충족시킬 수 있어야 한다. 그러면서도 시시각각의 行化를 척도삼아 학습의 성과를 평가하기를 유보해야 하는 것이다. 고등교육은 行的 模範보다는 知的 說服이 중심이 된다. 이것이 바로 고등교육을 담당하는 사람이 경험하는 어려움과 즐거움의 起源이 아닌가 생각한다.

초등교육의 경우는 어떠한가. 초등교육에서 다루는 지의 양은 고등교육의 그것에 비하여 미약하기 그지없다. 그러나 지와 행의 관계는 매우 민감하다. 초등교육에서의 지식은 크고(大) 적은(少) 반면, 고등교육에서의 지식은 작고(小) 많(多)다. 초등교육에서의 지식은 原理라고 할 수 있는 것으로의 좁힘인 반면, 고등에서의 지식은 應用이라고 할 수 있는 것으로의 확장이다. 초등교육의 대상인 아동의 경우, 선생님이 '이것이 맞다'고 하면 그렇게 생각하려고, 선생님이 '저것이 옳다'고 하면 그렇게 행동하려고 한다. 환경보호를 위하여 쓰레기 분리수거를 열심히 해야 한다는 선생님의 말이 떨어지기가 무섭게 아동은 철저한 분리수거주의자, 환경보호론자가 된다. 그에 더하여 우연히 휴지 한 장 벌리는 부모님이나 선생님의 행에 대하여 따가운 질타를 보내게 된다. 아동은 선생님의 말을 듣기보다는 행을 보려한다. 그리고 선생님의 행을 쫓아 모방하려고 하는 것이다.

아동에 있어 행의 실천과 변화는 매우 적은 양의 지를 통해서 가능한 경우가 많다. 이렇듯 초등교육의 경우 적은 양의 지로 시시각각의 행을 기대할 수 있는 것이다. 그러나 아동에 있어 행의 실천과 변화가 늘 적은 양의 지를 바탕으로 가능한 것은 아니다. 매일 매일 반복하여, "불량식품을 사지 마라, 유해한 오락 기구를 가지고 다니지 마라, "여러 사람이 있는 곳에서는 장난하지 말고 떠들지 마라"고 말하고 그 이유를 조목조목 밝히지만, 아동의 행은 바뀌지 않는다. 초등교육의 경우 아무리 많은 지를 동원하고 반복한다 하더라도 행의 실천과 변화를 기대하기 어려운 것들이 많다. 초등교육에 있어 '百知不如一行'인 경우가 빈번하다.

이상의 논의를 통하여 우리는 고등교육이나 초등교육 모두 지와 행의 합일을 전제로 하되, 고등교육은 說服을 통한 行化에 초점이 있는데 비해 초등교육이 感化를 통한 行化에 초점이 있음을 확인할 수 있다. 고등교육은 지의 양적 충족이 행화로 이어질 가능성이 높은데 비해 초등교육은 꼭 그렇지 않을 수 있다는 것이다. 대학생은 지적 이유가 충분한 연후에 행화를 보이는데 비해, 아동은 행화 이후에 그 이유를 채워나간다. 이러한 맥락에서 고등교육의 양상은 '先知後行'인데 비해 초등교육의 양상은 '先行後知'이라고 하겠다. 대학생은 자신의 행에 대한 지적 근거의 충실을 기대한다. 그들의 경우 지적 근거의 부족 상태에서 행화를 추구하는 경우는 그리 많지 않다. 아동은 행하고, 중등교육, 고등교육과 같이 초등교육 이후의 지적 보충을 통하여 그 행의 지적 근거를 확인한다.

이렇듯 초등교육과 고등교육의 양상 차이는 초등교육과 고등교육의 초점이 달라야 함을 의미한다고 하겠다. 초등교육과 고등교육이 모두 지행합일을 추구하는 것이기는 하지만, 초등교육은 감화와 행을 앞세우고 고등교육은 설복과 지를 앞세우는 것이어야 한다는 것이다. 다시 말해서 초등교육과 고등교육이 지행합일이라는 동일한 이념을 구현하는 것이기는 하지만, 그 접근에 있어서는 방식과 강조가 달라야 한다는 것이다. 초등 아동의 행과 고등 대학생의 행을 같은 맥락으로 다루어지고 지적 설복에 근거하는 것은 脈絡 誤謬일 수 있다는 것이다. 초등교육의 초점이 세분 다량의 지적 확장을 추구하는 고등교육과 같은 맥락에서의 학력일 수는 없다. 사정이 그러함에도 불구하고 고등교육과 같은 맥락의 지와 학력 개념을 척도 삼아서 초등체육은 물론 초등교육을 재단하는 것이 과연 합당한 것인지 다시금 생각해보지 않을 수 없는 것이다.

그리고 初·等 / 体·育

사실 고등교육과 초등교육에서의 지와 행은 실재로는 합일이라는 점에서 동일한 맥락으로 이해할 수 있기는 하지만, 고등교육에서의 지와 행이 초등교육에서의 지와 행과 동일한 맥락에 놓여 있다고 말하기는 거북하다. 고등교육에서의 지는 주체의 세계를 보는 시각 또는 세계관 더 나아가 삶과 밀접한 관련이 있다. 대학생은 지를 바탕으로 하여 자신의 세계, 삶을 구성한다. 이에 비하여 초등교육에서의 지는 주체의 세계관과 밀접한 관련을 찾기 어렵다. 왜냐하면 아동은 세계관이라 할 수 있는 그림을 형성하지 못하고 있기 때문이다. 그럼에도 초등교육에서 지를 다루는 것은 이후의 세계관 형성과 불가분의 관련이 있는 지의 축적을 가능하게 하는 준비, 즉 토대 또는 기간을 마련해야 하기에 그러하다.

아동은 삶을 구성하고 나름의 세계에 살고 있다. 그리고 그 삶과 세계는 초등교육에서 다루는 지와 무관하지는 않지만 상당부분 行의 反復과 體化를 통하여 형성된다. 그래서 초등교육에서 아동의 삶과 세계를 구성하는 행의 반복과 체화를 강조하지 않을 수 없는 것이다. 더욱이 아동의 삶과 세계를 구성하는 행은 이후 삶의 근간이 되는 것이기도 하다. 아동이 행의 길을 체감하고 그것을 체화하는 길은 반복적인 鍛鍊을 통해서 이루어진다.

초등교육에서의 행이 이후 삶의 근간을 이루는 것일 뿐 아니라, 그 근간은 바로 아동의 시기에 마련되어야 한다는 요구는 當爲的이다. 그래서 초등교육은 다양한 교과를 내용으로 하고 있기는 하지만, 그 바탕에는 단련이라는 교육적 의도가 깔려있는 것이다. 결국, 초등교육은 여타의 교육과정에 비하여 행의 체감과 체화를 전제로 하는 단련을 강조한다고 하겠다. 이러한 맥락에서 초등체육 역시 행의 체감과 체득에 기여할 수 있는 단련의 교육적 의미를 재확인할 필요가 있는 것이다.

체육교과의 상당 부분을 차지하는 스포츠 활동은 자연스러운 인간의 유희 본능과의 밀접한 연관 속에서 잉태된 것이지만 그것의 단련 효과는 매우 풍부하다. 하나의 스포츠 종목을 익히고 행하기 위해서는 지난하다고 표현할 만큼의 시간과 노력이 요구된다. 생리적 작용 능력을 향상시키고 기능적 조절 능력을 세련시키는 '신체적 단련'과 함께 인내하고 협동하는 '정신적 단련'이 수반될 때 스포츠를 익히고 행할 수 있게 되는 것이다. 그러한 단련이 거듭될수록 실패는 성취로, 고통은 기쁨으로 승화된다. 말 그대로 苦盡甘來의 진수를 경험하게 되는 것이다. 이것이 바로 스포츠 활동의 교육적 가능성이며, 그 가능성을 인식하고 구현하고자 하는 것이 바로 스포츠 교육이라고 하겠다. 다시 말해서 체육수업으로서의 스포츠 활동은 신체적 단련과 정신적 단련을 통하여, 활동 각각에서 움직임 욕구를 충족하고 활동 축적에서 성취의 희열을 담보할 수 있을 때 본연의 의미를 찾을 수 있게 되는 것이다.

'단련'을 전제로 하지 않은 스포츠 교육, 체육은 핵심을 놓치게 될 가능성이 높다. 전통적인 체조 활동 중심의 체육은 물론이거니와 스포츠 활동 중심의 체육 역시 그것이 교육의 맥락에 놓일 수 있는 근저에는 바로 위와 같은 '단련'의 교육적 가능성이 놓여있기 때문이다. 여기서 말하는 단련은 그저 생리적 작용과 기능적 조절을 연상하는 신체적 단련이 제한될 수 없으며, 오히려 인내와 협동과 같이 자연적 인간이 사회적 인간으로 다시 태어나는데 있어 필수적으로 갖추어야 하는 덕목을 體得하게 하는 정신적 단련이 포함하고 있다. 이러한 신체적 단련과 정신적 단련을 구현할 수 있을 때 '몸을 풍성하게 하는 익힘'이라는 의미의 體育은 '인간의 근본을 세우는 익힘'이라는 의미의 体育이 된다.

우리는 여기서 체육은 신체를 풍성하게 하는 '體(骨+豊)育'이 아니라 인간을 바로 세우는 '体(人+本)育'으로 이해할 때 그것의 참된 의미에 다가갈 수 있으며, 체육이 교육의 장에 자리할 수 있는 근거를 뚜렷하게 할 수 있다는 말의 뜻을 초등교육과 연관하여 찬찬히 살펴볼 필요가 있다. 체육의 교육적 위치, 초등교육의 교육적 위치를 習慣〔=慣習─智

慧〕과 知識의 틀 속에서 이해할 수 있다. 체육이 습관의 體化와 지식의 습득 중에서 강조해야 하는 것, 초등교육이 습관의 체화와 지식의 습득 중에서 강조해야 하는 것을 생각해 보자는 것이다. 달리 표현하면, '체육은 다른 여타의 교과와 비교하여 양자 중 어디에 강조를 두어야 하고, 초등교육은 중등 또는 고등의 교육에 비교하여 양자 중 어디에 강조를 두어야 하는 가'의 문제를 '단련'의 교육적 맥락을 바탕으로 하는 '体育'의 의미와 연관하여 생각해 보자는 것이다.

'습관의 체화'는 역사의 흐름 속에서 면면히 그 생명을 유지하고 있다. 이는 인간의 삶이 (抽象的) 知와 (具體的) 行의 합일이라는 점에서 그러하다. 인간의 오직 추상적 지만으로 살아가지 않으며, 거기에 구체적 행이 더해져 살아가고 있는 것이다. 일면, 교육은 지로서 행을 이룰 수 있는 즉, 지식을 통하여 습관을 통제할 수 있는 능력을 기르는 것이라고 할 수 있다. 그렇다고 지식으로서 습관을 완전히 제압할 수 있는 것은 아니다. 아무리 많은 지식, 아무리 강력한 이성의 힘이라 하더라도 습관을 能手 能爛하게 다룰 수는 없다. 이러한 의미에서 습관을 통제할 수 있는 지식의 힘을 기르고자 하는 교육은 제한적일 수밖에 없다고 하겠다. 오히려 습관을 습관의 방식으로 체화시킬 수 있는 노력을 補完 또는 竝行 하는 것이 그와 같은 제한을 다소간 해소할 수 있다. 게다가 교육이 지식의 방식만으로는 여의치 않은 아동의 경우 체화를 통한 습관 형성은 중요한 의미를 담고 있다. 체화를 통한 습관의 형성, 이것이 바로 아동의 교육 즉 초등교육의 강조점이 있다고 하겠다. 바른 생활에 관한 원리(지식)의 습득이 아무런 漏水나 歪曲 없이 바른 생활의 습관의 체화로 직결되기는 어렵다. (원리)지식이 습득이 성인, 최소한 청소년과는 다른 아동에 있어 그 어려움은 더욱 가중되게 된다. 그래서 아동의 교육, 즉 초등교육은 체화를 바탕으로 하는 실제교육, 생활교육과 뗄 수 없는 연관을 맺고 있는 것이다. 초등교육은 습관의 체화에 강조점을 두고, 중등교육·고등교육으로 갈수록 지식의 습득에 강조점을 두는 이유가 바로 여기에 있다고 하겠다.

습관의 형성은 바른 자세의 체화에서 시작한다. 바른 자세로 책을 읽고, 글씨를 쓰며, 밥을 먹음으로써 바른 습관의 형성이 시작되는 것이다. 바른 말을 쓰고, 바른 행동을 함으로써 바른 습관의 형성은 이어진다. 바르게 생각하고 바르게 주장함으로써 바른 습관의 형성은 깊이를 더해가는 것이다. 물론 앞에서 뒤로 갈수록 이성과 지식의 영향력은 강조될 것이다. 습관 형성의 의미와 과정이 이러하기에 초등교육은 습관의 체화를 강조하고, 습관의 형성을 추상적 지식보다는 실제적 행위를 통하여 구현하고자 하는 것이다. 이러한 맥락에서 초등교사의 삶은 참된 지식의 전달보다는 바른 습관의 모범과 연관되어 있다. 그래서 초등교사는 아동과 생활을 함께 하는 것을 피할 수 없다. 아동과 생활을 함께 하지 않는 초등교사는 진정한 의미의 초등교사이기 어렵다고 하겠다. 이것이 바로 초등교육이 '학급담임교사제'를 根幹으로 삼아야 하는 확고부동한 이유이며, '교사전담교사제'가 안고 있는 근본적인 난점이라고 할 것이다.

위와 같은 습관의 체화에 강조점이 있는 초등교육의 맥락에서 体育의 위치와 역할은 더욱 뚜렷해진다. 습관 형성의 요체는 몸이며, 체육은 역시 몸을 요체하고 있다는 점에서 습관의 형성과 체육은 뗄 수 없는 연관을 맺고 있다고 하겠다. 이 같은 관점에 대하여 지나친 형식 논리적 과장이며, 초등교육에서 강조하는 습관의 체화에 있어 체육은 기껏해야 바른 몸의 자세와 연관될 뿐이라고 냉소할지 모르겠다. 그러나 본인이 보기에 그와 같은 냉소는 앞에서 이야기한 '단련'과 '体育'의 의미가 학교체육에서 제대로 구현되고 있지 못한 현실의 소산이라고 본다. 오히려 体育의 의미를 신체적 단련과 정신적 단련을 근간으로 하는 몸 바로 세우기를 이해한다면 습관의 형성에 강조점이 있는 초등교육에 있어 体育교과의 역할을 간단히 폄하할 수는 없을 것이다. 초등교육에서의 행과 단련의 의미를 바로 본다고 한다면, 体育은 물론이거니와 초등교육 역시 그 존재 이유는 지금과 사뭇 달라질 것이다.

2. 한국체육의 지향과 초등체육의 역할

왜곡(歪曲)된 무관심

근래 우리의 체육5)계는 크고 작은 도전과 응전으로 요동치고 있다. 도전과 응전은 모든 사회 영역이 늘 경험하는 양상이며 발전을 위한 역동이라고도 할 수 있지만, 근래 체육계의 상황은 그렇게 간단하지 않으며, 더욱이 낙관적이지도 않다. 행정영역은 과거에 비할 수 없이 초라하고, 재정영역은 힘 있는 체육 밖 세력들의 쟁취 도발로 인하여 시련을 겪고

---

5) 여기서 '체육'의 의미는 교육적 맥락으로 제한하지 않으며 오히려 인류의 경험을 통하여 그 좋음(good, value)이 확인되고 추구되어 제도화된 제반의 '인간 움직임(human movement)'을 포괄한다. 이것을 교육적 맥락으로 제한시킬 경우에 한하여 학교체육으로 표기함으로써 그 존립의 맥락을 구별할 것이다.

있다. 특히 학교체육 영역은 가지가 잘리고 뿌리가 뽑힐 수 있는 累卵의 위기에 놓여 있다. 수족처럼 한 몸으로 여기고 아끼며 키웠던, 무용분야는 外華內貧·小貪大失이 예견되는 분할 독립을 요구하고, 보건분야는 자신이 몸통이며 체육은 수족이 되어야 한다고 我田引水·牽强附會의 억지를 부리고 있다. 그러나 체육계가 학교체육의 위기를 체육계 밖의 蠢動 所産으로 탓할 정도로 떳떳한 입장은 아닌 듯하다. 그간 체육계에서 학교체육의 기여와 위기는 몇 마디의 칭송과 우려로 표현되었을 뿐이다. 요즘 학교체육이 겪고 있는 어려움은 일면 체육계가 자초하였다는 지적은 그리 잘못된 것은 아니다.

학교체육 중에서도 초등체육의 현실은 언뜻 평온해 보인다. 초등체육이 잘 되고 있기 때문인지, 아니면 체육계의 중심에서 멀리 떨어진 주변 말단에 놓여 있기 때문인지 초등체육의 영역에서 체육계 요동의 파장 현상을 확인하기 어렵다. 그러나 초등체육의 평온함은 잘 되고 있기 때문도 아니며, 체육계의 주변 말단이기 때문은 더욱 아니다. 그 평온함은 초등체육을 둘러싸고 있는 교육계와 체육계의 초등체육에 대한 무관심의 外現일 뿐이다. 초등체육에 대한 무관심은 교육계와 체육계 내부와 사이에 얽혀 있는 通念的 歪曲의 그림자이다. 교육계에서의 무관심은 뿌리 깊은 主知敎育 中心의 學校級間 位階 意識에서 기인한다. 주지교육 중심의 의식은 '國>算>社>自>音>美>體'식의 교과 서열화를 부추기면서 체육교과의 위치와 역할을 왜곡시킨다. 교육은 지식교육, 특히 명제적 지식(knowing THAT)의 교육이라는 사고가 지배하는 교육 풍토로 인하여 방법적 지식(knowing HOW), 실천적 지식(practical knowledge)과 연관되고, 거부할 수 없는 인간 실존적 의미(existential meanings)를 가지고 있는 체육교과의 존재 이유는 외면당하고 있다. 또한, 학교급간 위계 의식은 주지, 즉 지식 중심의 사고방식과의 연관 속에서 '初等<中等<高等'식으로 초등교육의 위치와 역할을 격하시킨다. 초등교육이 교육의 바탕(基礎), 기둥(基幹)이라는 의미는 제대로 인식되고 못하고 오히려 낮고(下學) 적은(小學) 지식을 다루는 과정으로 오인되고 있는 것이다. 이렇듯 교육계 전반이 주지·지식 중심의 의식이 지배함으로써 교과 서열화와 학교급간 위계화를 경향을 심화시키고, 이 두 가지 경향은 상호 결합은 초등체육을 교육계 관심 밖으로 밀어내고 있는 것이다.

체육계에서의 초등체육에 대한 무관심 또한 논증과 실증으로 치장된 통념의 산물이다. 한국체육의 선진화라는 목표 의식은, 선진 외국의 사례를 실증 근거로 삼아 생활체육 활성화를 最善의 과제라는 논리를 구성한다. 이 실증적 근거와 논리적 구성은 이치에 맞다. 그러나 그 실천은 이상한 쪽으로 흐르고 있다. 잘못된 흐름은 체육을 생활체육영역과 학교체육영역으로 나누는 것에서 시작된다. 체육이 두 개의 영역으로 나누어진다고 한다면 생활체육 활성화를 학교체육영역이 아닌 생활체육영역을 활성화로 귀결시키는 것은 매우 자연스럽게 보인다. 그러나 사실적으로 말하면 생활체육 활성화에서의 생활체육과 학교체육과 구별되는 생활체육은 다르다. 전자의 생활체육은 'sports for all'로 달리 표현되듯이 '모든 사람의 체육'인 반면에, 후자의 생활체육은 흔히 '학교 이외의 영역에서 벌어지는 체육'으로서, 정확하게 표현하면 '사회(인의)체육'이다. 이렇듯 한국체육의 선진화에서 시작되는 생활체육 활성화의 의미는 실천에 있어서 왜곡되고 있음에도 불구하고 언어적 동일성으로 인하여 제대로 인식되고 있지 못하고 있다. 그 결과, '사회체육=생활체육'의 등식으로 왜곡된 생활체육 활성화 논리는 학교체육을 次善의 과제로 여기게 하는 의식이 확산되면서 학교체육은 한국체육의 주변에 놓이게 된 것이다. 더군다나 학교체육영역에 있어서 초등체육은, 학교체육 뿐 아니라 체육 일반의 존립 근거를 손상시키고 있는 교육계의 학교급간 위계화 논리를 借用하는 태도와 결부되면서 한국체육의 주변 말단으로 전락해 버렸다.

초등교육 그리고 인간과 습관

전통적으로 학교체육, 특히 초등체육의 존재 이유에 관한 논의는 흔히 상호 연관된 두 가지의 관점으로 집약된다. '체육(체조·스포츠)을 통한(through) 교육'과 '체육((체조·)스포츠)에로의(into) 교육'이 그것이다. 전자는 인간의 교육적 성장에 있어 체육이 기여하는 바가 뚜렷하기 때문에 학교에서의 체육활동은 존재 이유가 있다는 관점이다. 체육활동에서 기대할 수 있는 교육적 성장은 대략 신체적 측면에서의 효과(hygienic effects)와 심리사회적 측면에서의 효과(social developments)로 요약된다. 후자는 학교체육이 인류의 共時的, 通時的 경험을 통하여 하나의 문화(a culture)로 자리 잡은 체육으로의 입문 계기를 마련하기 때문에 존재 이유가 있다는 관점이다. 이 두 가지 관점은 스포츠사회학에서의 '스포츠를 통한 사회화'와 '스포츠로의 사회화'에 관한 논의에서도 확인된다. 이렇듯 학교체육은 여러 방면에서 뒷받침할 수 있는 존재 이유를 가지고 있는데, 특히 초등체육은 체육을 통한 교육과 체육으로의 교육이 始發하는 지점/시점에 있다는 점에서 학교체육 뿐 아니라 체육 일반의 주춧돌로 여길 만 하다. 체육 또는 스포츠로의 사회화에 있어 초등체육이 중요하다는 견해는 신체적 측면에서 체력(fitness)과 기능(skills)의 기초가 잘 갖추어져야 지속적인 발전의 가능성이 높으며, 심리사회적 측면에서 유소년기의 체육 또는 스포츠 활동 참가에서 성공의 경험을 통한 자아 효능감(self efficacy)의 형성은 성인 이후의 참여에 강한 동인이 된다는 다수의 연구 결과들이 뒷받침하고 있다.

초등체육의 존재 이유인 위의 두 가지 맥락은 '入門'이라는 단어로 집약할 수 있을 것이다. 즉 초등체육은 교육적 삶으로의 입문이며 동시에 체육적 삶으로의 입문이다. 아동은 초등체육이라는 제도화된 장을 통하여 유년의 껍질을 깨고 교육적 삶, 체육적 삶에 들어서는 것이다. 여기서 우리는 초등체육을 靜態的 通過儀禮로 보아서는 안 된다. 오히려 力動的 基盤形成이라고 보아야 한다. 즉 초등체육은 아동기 이후 생의 기반을 마련하는 매우 가변적인 생동적 활동의 장이라고 할 수 있다. 초등체육에서의 경험은 이후 생에 깊고 넓은 영향을 미친다고 하겠다. 초등체육은 생활체육과 구분되는 학교체육의 하위 단계라는 의례적 활동으로 주어져 있지 않다. 초등체육이 교육적 삶, 체육적 삶의 입문으로서 의미는 '습관'의 형성과의 관련하여 그 의미를 확인할 수 있다. 초등체육이 정태적 통과의례가 아니라 역동적 기반형성이라는 의미 맥락은 습관의 형성이라는 맥락과 맞닿아 있다. 초등체육이라는 입문은 습관을 형성하는 중요한 계기로서 교육적, 체육적으로 좋은 습관 또는 나쁜 습관을 이끄는 역동적 과정이라고 하겠다. 아리스토텔레스는 일찍이 '습관은 제2의 천성'임을 간파하였다. 습관은 천성에 비견할 정도로 강력한 생의 推動으로서 좋은 습관은 좋은 삶을 만드는 원천인 것이다. 따라서 초등체육이라는 입문이 어떠한 경험을 제공하느냐에 따라 좋은 습관, 또는 나쁜 습관을 형성할 수 있으며, 더 나아가 좋은 삶, 또는 나쁜 삶을 귀결할 수 있다고 하겠다. 이러한 맥락에서 초등체육은 생활체육과 구분되는 학교체육, 그 중에서도 하급·소량의 체육일 수 없으며 오히려 참된 의미의 생활 체육을 이끄는 입문이며 좋은 생의 체육을 가능하게 하는 습관 형성의 장이어야 하는 것이다.

초등체육이 교육적 삶, 체육적 삶으로의 입문으로서 좋은 습관, 좋은 삶을 형성하는 토대적 과정이라는 것은 이론의 여지없이 자명한 것이다. 반면 우리의 초등체육은 본연의 위치와 역할을 구현하기보다는 심히 왜곡되고 제한되어 왔다. 그렇다면 이미 초등체육은 요동을 넘어 격동 속에 있어야 했다. 그럼에도 불구하고 교육계 뿐 아니라 체육계에서 초등체육과 관련된 움직임은 한 여름 포만을 느끼며 늘어진 牛公처럼 閑暇 寂寞하기 그지없다. 그러나 초등체육의 현실을 늘어진 우공에 비유하는 사람은 거의 없을 것이다. 오히려 삭풍 속에서 困窮으로 시달리는 皮骨相接의 飢牛로 비유하는 것이 합당한 듯하다. 앞서 말한 바와 같이 초등체육의 고요함은, 교육계는 물론이거니와 체육계 전반에서 일상화된 초등체육에 대한 무관심, 더 나아가 '입문'과 '습관'의 의미를 제대로 드러내지 못하는 초등체육에 대한 접근 방식 그리고 사고 논리를 근거로 하는 왜곡된 무관심에서 기인하고 있는 것이다. 따라서 초등체육이 한국 체육의 지향과 관련하여 올바른 위상을 찾고 실질적 역할을 담당하기 위해서는 무엇보다도 초등체육에 대한 올바른 관심을 회복하는 것이 급선무라고 하겠다.

위와 같은 맥락에서 본 논의는 한국체육의 지향과 관련하여 초등체육의 역할을 논함에 있어 좀 더 근본적인 문제 제기를 하고자 한다. 1) 한국체육의 지향에 따른 초등체육의 역할을 논하기에 앞서 그와 같은 논의의 방식, 다시 말해서 한국체육의 지향과 초등체육의 역할을 해명하기 위한 '접근 방식'을 문제 삼는다. 그리고 2) 우리의 체육계에서 더 이상의 논의가 불필요한 상식처럼 여겨지는 '피라미드 모형'을 검토하면서 기존의 논리가 어떻게 초등체육에 대한 왜곡된 무관심을 배태하였는가를 드러내고 수정된 피라미드 모형을 제안한다. 마지막으로 3) 수정된 피라미드 모형의 논리를 바탕으로 하여 '하나의 초등체육 정책 기조'를 제시한다.

두 가지의 접근방식 : 연역적 하향과 귀납적 상향

'한국체육의 지향과 초등체육의 역할'이라는 오늘 세미나의 주제는 한국체육의 지향과 연관 지어 초등체육의 역할을 논의하는 것이다. 일견 이런 주제를 다룸에 있어, 먼저 한국체육의 지향을 드러내고, 그 다음에 초등체육을 한국체육의 지향과 연관시켜서 초등체육의 역할을 설정해야 할 것으로 보인다. 그러나 주제를 다루는 방식, 즉 주제에 대한 접근 방식이 일정한 결론을 귀결한다는 점에 있어서는 심각하게 고려하지 않는 경향이 있다. 따라서 접근 방식과 논의 결론 사이의 관계를 검토할 필요가 있다고 본다.

오늘의 주제와 같은 논의에 있어 그 간의 '통상적' 접근 방식은 演繹的 下向式 접근이다. 이러한 접근 방식의 논의는 먼저 체육계 안팎의 시대·사회적 정황과 요구를 살피고 한국체육의 지향을 설정한다. 그리고 그 지향을 기준과 근거로 삼아 초등체육의 역할을 규정한다. 다시 말해서 한국체육의 지향에 맞추어 초등체육이 해야 할 것, 할 수 있는 것 등을 정하는 것이다. 이렇듯 그 간의 통상적 접근 방식은 한국체육의 지향을 대전제로 삼고 초등체육의 역할을 이끌어낸다는 점에서 '연역적'이라고 할 수 있으며, 한국체육이라는 포괄범주에서 초등체육이라는 포함범주로 논의 범위를 좁혀 내려간다는 점에서 '하향식'이라고 할 수 있는 것이다. 그러나 오늘 본인은 가능한 기존의 '통상적' 접근 방식을 회피하고 대비할 수 있는 방식을 택하고자 한다. 이는 기존의 통상적 접근 방식이 자칫 초등체육에 대한 관심의 집중을 방해하고 초등체육에 관한 논점을 한국체육의 지배적 논점으로 싸잡아 버릴 가능성이 있다고 보기 때문이다.

본인의 접근 방식은 기존의 통상적 접근 방식과 대비하여 歸納的 上向式 접근으로 표현할 수 있다. 한국체육의 지향을 설정하고 그에 따라 초등체육의 역할을 이끌어내지 않고, 반대로 초등체육의 통하여 한국체육의 지향을 조망하고 검토한다. 이에 대하여 한계 가능성을 제기할 수 있다. 한국체육의 지향은 초등체육에 제한되지 않으며, 따라서 초등체육을 통하여 한국체육의 지향을 역으로 접근하는 것은 설득력이 떨어진다는 것이다. 한국체육의 지향은 초등체육에 대한 논의를 통하여 제대로 또는 모두 드러나지 않는다는 것이다. 그러나 초등체육을 비롯하여 제반의 체육영역으로 이루어지는 한국체육의 외연은 한국체육의 지향이라는 내포를 그 위상과 역할의 기준과 근거로 삼고 있다. 초등체육의 위상과 역할의 밑그림에는 한국체육의 지향이 자리한다. 예를 들어 초등체육을 한정된 초등의 체육으로 여기는 사고와 논리는 한국체육의 지향과 관련된 사고와 논리의 연장 또는 파생이다. 분할할 수 있는 한국체육 개별 영역에 관한 사고와 논리, 그림의 밑을 들추면 한국체육 일반의 지향이 모습을 드러낼 것이며, 그것은 달리 말하여 한국체육 전반을 포괄하는 사고와 논리일 것이다. 이것이 바로 본인이 택한 접근 방식이다. 본인은 앞의 통상적 방식과 같이 한국체육의 지향을 전제하고 초등체육으로 좁히는 않는다. 오히려 시야를 초등체육에 집중한다. 지금의 초등체육은 어떠하고 그 같은 양태의 기원적 사고와 논리, 즉 한국체육의 지향이 무엇인지를 조망, 검토하고자 한다.

한편, 이러한 접근은 斷絶보다는 連繫를 추구한다. 한국체육을 체육활동을 공간·영역에 따라 학교체육, 생활체육, 전문체육이라는 식으로 종적으로 단절시키거나, 대상·연령에 따라 아동체육, 유년체육, 청년체육, 장년체육, 노년체육이라는 식으로 횡적으로 단절시키는 것은 소득만큼 손실도 발생한다. 또한 이러한 단절의 방식은 부분에 관심을 집중시키게 함으로써 당초의 밑그림인 한국체육의 지향에 대한 숙고를 소홀히 하게 하기도 한다. 단절을 통한 전문화는 개별 영역에 관심을 집중시키는 효과를 발생시킨다. 즉 그와 같은 접근 방식은 개별 영역 간의 관계를 가볍게 보고 연계를 소홀히 하는 한계를 안고 있다고 하겠다. 따라서 한국체육의 지향과 초등체육의 역할을 논함에 있어서도, 초등체육의 좌우에 유아체육·청년체육·장년체육·노년체육과 연계시키고, 아울러 상하로는 생활체육·전문체육과 연계시켜서 보는 접근 방식을 고려할 이유가 있는 것이다. 이에 본인은 초등체육을 통하여 한국체육의 지향을 검토함에 있어 가능한 개별 영역의 단절을 피하고 연계를 강조하여 보고자 노력할 것이다(뒤의 그림 1과 그림 2 참조).

두 가지의 피라미드 모형 : 평면과 입체

앞서 초등체육에 대한 왜곡된 무관심은 교육계의 主知敎育 中心의 學校級間 位階 意識과 체육계의 생활체육 활성화 논리와 밀접한 관련이 있음을 간략하게 지적하였다. 다시 말하거니와 초등체육과 관련된 실천의 장은 그럴 듯 하게 치장된 모종의 사고방식 또는 논리를 밑그림으로 삼고 있다. 그렇다면 실체적으로 어떠한 사고방식 또는 논리가 초등체육을 제한하고 왜곡시키고 있는지를 살펴볼 필요가 있다. 본인이 주목하는 체육계의 통념적 논리는 바로 '피라미드 모형'으로 일컬어지는 한국체육의 밑그림이다. 본인이 피라미드 모형에 주목하는 이유는 이 모형이 한국체육의 지향을 현실화하는 한국체육 정책의 바탕 논리로 적용되고 있다고 보기 때문이다.

우리는 초등체육을 비롯한 학교체육이 국가정책의 관심 밖으로 놓이게 되는 과정을 생활체육 활성화의 논리, 특히 '피라미드식의 체육정책 논리'에서 확인할 수 있다. 일반적으로 생활체육 활성화(또는 체육활동의 생활화)는 체육정책의 궁극적 목적이며, 그 목적은 피라미드식의 접근 방법을 통하여 실현할 수 있다고 생각한다. 그 논리에 따르면, 삼각형으로 형상화할 수 있는 체육활동은 3단계 영역으로 구성되며 하위 단계 영역은 학교체육, 중위 단계 영역은 생활체육, 상위 단계 영역은 전문체육이 된다. 이는 영역별 대상의 활동 범위를 반영하면서 동시에 영역 단계 사이의 연관을 반영한 것이다. 즉 하위의 학교체육은 중위의 생활체육을 떠받치고 중위의 생활체육은 상위의 전문체육을 토대가 된다. 따라서 전문체육이 향상되고 위해서는 생활체육이 향상되어야 하며, 생활체육이 향상되기 위해서는 학교체육이 향상되어야 한다.

위와 같은 피라미드식의 논리는 매우 상식적이며 따라서 異論의 여지가 없다고 하겠다. 그러나 피라미드식의 논리에 근거한 체육정책이 설득력을 가지고 현실화되기 위한 실천적 노력은 매우 제한적이다. 왜냐하면 피라미드가 올바르게 지지될 수 있는 하위의 학교체육이 교육인적자원부와 문화관광부의 책임 방기 속에서 부실화되고 있기 때문이다. 피라미드의 하위 영역이 그 상위의 영역에 비하여 부실하고 빈약하다면 그것은 이미 피라미드 일 수는 없다. 그것이 이미 피라미드가 아니라고 한다면 피라미드식의 논리에 근거한 체육정책은 설득력을 가질 수 없으며 현실적인 정책으로 평가받는 것 역시 어려울 것이다. 그간의 피라미드 형식의 체육정책이 안고 있는 한계는 지나치게 단순하고 도식적이라는 것이다. 단지 평면적인 차원에서 학교체육→생활체육→전문체육으로 도식화시키고 있는 것이다.

피라미드식 체육정책 논리의 도식적 성격은 아래의 평면적 피라미드 모형과 입체적 피라미드 모형이라는 두 가지의 피라미드 모형의 비교를 통하여 뚜렷하게 드러난다. 왼편의 평면적 피라미드 모형은 그간의 논의에서 흔하게 사용되어온 것이다. 위에서 언급한 바와 같이 학교체육, 생활체육, 전문체육은 하위에서 상위로 이어지면서 상위영역은 하위영역을 토대로 삼고 있다는 논리이다. 이 모형은 학교체육, 생활체육, 전문체육 3자의 관계를 간편하게 도식화시키고 있는데 간단한 만큼 지나치게 관념적이다. 성장기의 유소년이 학교체육을 통하여 체육 및 스포츠 활동에 참여하고 긍정적인 태도를 형성하면 생활체육은 활성화 될 것이고 생활체육의 기반의 확고해지면 전문체육은 따라서 뚜렷한 성과를 보일 것이라는 식이다.

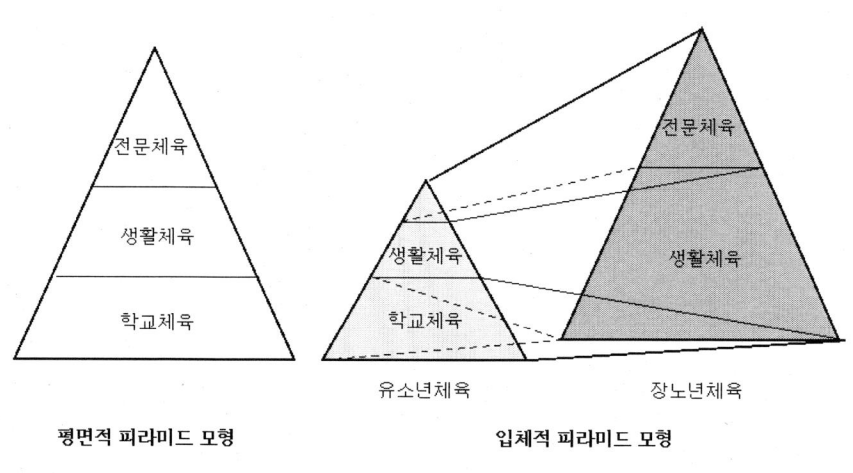

그림1. 두 가지의 피라미드 모형

그러나 이 모형은 정작 체육정책의 대상과 그 대상에 따른 접근 방식을 적극적으로 고려하고 있지 못하다. 유소년에서 장노년으로 이어지는 체육활동 참여 대상 연령의 스펙트럼을 고려하는 실질적 정책 방향을 드러내고 있지 못하고 있다. 이러한 점에서 그간의 피라미드 모형은 평면적이며 관념적이라고 하겠다. 이에 비하여 오른편의 입체적 피라미드 모형은 평면적 피라미드 모형에서 담아내고 있지 못하는 연령 대상별 스펙트럼을 반영하여 체육정책이 대상 연령과 피라미드식 논리를 복합적으로 담아내고 있다. 즉 체육정책은 피라미드식의 논리를 기조로 삼되 대상 연령에 따라 차별화된 연관 속에 위치시켜야 한다는 것이다. 이러한 입체적 피라미드 모형은 그림을 통하여 드러나듯이 유소년을 대상으로 하는 체육정책과 장노년을 대상으로 하는 체육정책이 차별화되어야 함을 보여준다.

위와 같이 평면적 피라미드 모형은 구체적인 정책 방향 및 실천 과제를 모색하는데 크게 도움이 되지 못하다는 지적은 최소한 학교체육으로 시야를 좁혀보면 더욱 뚜렷해진다. 그 모형에 따르면 학교체육은 초등, 중등의 연계성과 차별성을 세심하게 고려하기보다는 둘을 아울러서 생활체육의 기반 마련을 위하여 노력해야 한다는 식의 막연한 관념만 떠오른다. 구체적으로 초등체육과 중등체육은 정과체육, 과외체육 등을 어떠한 모습으로 구조화해야 하는가에 대해서 실질적인 방략 모색이 여의치 않은 것이다. 이렇듯 평면적 피라미드 모형은 초등체육을 비롯하여 학교체육 그리고 체육 일반을 포괄하면서 대상별, 영역별 정책 방향을 함의해야 하는 체육 정책에 관한 사고·논리의 밑그림 역할을 제대로 하고 있다고 보기 어렵다.

기존의 평면적 피라미드 모형이 안고 있는 문제점은 체육 정책에 대한 사고·논리의 밑그림 차원을 넘어 초등체육을 비롯한 학교체육 전반에 대한 부정적 산물을 결과하고 있다는 점에서 더욱 뚜렷해진다. 평면적 피라미드 모형은 학교체육이 생활체육의 바탕에 위치한다는 논리 속에서 학교체육을 생활체육의 맥락으로 흡수·통합시킴으로써 결과적으로는 학교체육 본래의 목적성을 희석시켜 버린다. 이 논리는 학교체육이 생활체육의 맥락만으로 규정할 수 없는 별도의 교육적 맥락을 근간으로 하고 있다는 점을 간과하게 한다. 생활체육 맥락을 핵심으로 하는 평면적 피라미드 모형은 생활체육의 밑그림으로 학교체육의 밖을 감쌀 뿐 아니라 안 역시도 그와 같은 맥락으로 개조해 버린다. 이 논리는 학교체육의 내용을 생활체육의 축소판이 되도록 강하게 끌어당긴다. 즉 체육과교육과정의 편성에 있어서 생활체육의 주요 활동이 차지하는 범위를 점진적으로 확장함으로써 체조와 같은 수련중심의 전통적인 학교체육의 성격을 약화시켜 버리는 것이다. 이 같은 학교체육의 성격 변화를 달리 말하면 체조활동과 스포츠활동, 인위 창작적 신체활동(문화)과 자연 발생적 신체활동(문화)을 두 개의 핵심 축으로 하는 교육적 목적성의 약화이다.

따라서 체육정책에 관한 새로운 모형, 논리가 요구되는데 앞 그림의 오른 편과 같이 기존의 평면적 피라미드 모형을 현실에 맞도록 변형한 입체적 피라미드 모형을 상정할 수 있을 것이다. 학교체육—생활체육—전문체육의 기조는 유지하면서 유소년기에는 학교체육 본래의 목적성을 강조하고 장노년기에는 생활체육의 다양성을 강조하는 형태로 그 밑그림을 '바꾸는' 방식이다. 이는 평면적 피라미드 모형에서 뚜렷하게 드러나지 않는 연령 대상의 축을 적극적으로 고려한 것이다. 유소년기의 경우 학교체육과 함께 생활체육과 전문체육이 병존하지만 전통적인 학교체육의 존재 이유를 훼손하지 않는 범위 안에 위치시킨다. 반면 장노년기에는 생활체육을 중심으로 전문체육을 병치시킨다. 유소년기에서 장노년기로 갈수록 점진적으로 학교체육의 영역은 축소되고 생활체육의 영역은 확대된다. 기존의 평면적 피라미드 모형을 변형한 입체적 모형은 연령 대상을 고려한 횡축의 맥락을 반영함으로써 앞선 모형의 막연함을 다소간 해소할 수 있는 가능성을 보여준다.

또한, 입체적 피라미드 모형은 초등체육을 비롯한 학교체육의 지향 및 구조에 대한 구체적 시사를 제공한다. 앞서 언급한 바와 같이 기존의 평면적 피라미드 모형은 초등체육이 학교체육, 생활체육, 전문체육과 관련하여 지향해야 하는 바를 구체적으로 밝히지 못하고 있다. 단지 생활체육, 전문체육으로 이어지는 하위(기반) 영역으로서 생활체육, 전문체육이 바로 서기 위해서는 학교체육을 제대로 해야 한다는 식의 막연한 교훈을 떠올 수 있을 뿐이다. 그러나 입체적 피라미드 모형에 따르면 초등체육은 학교체육, 생활체육 그리고 전문체육의 맥락이 공존하면서도 어쨌든 학교체육의 맥락이 중심에 놓여야 한다는 점을 쉽게 파악할 수 있다. 아울러 학교체육의 맥락이 생활체육의 맥락에 획일적으로 흡수 통합되어서는 안 되며, 오히려 뚜렷한 나름의 존재 이유를 추구해야 함도 살필 수 있는 것이다. 학교체육 나름의 존재 이유는 체조로 표현되는 전통적인 체육활동의 목적성과 불가분의 연관이 있다. 결국 학교체육, 특히 초등체육은 '체육에로의(into)' 맥락 속에서 그 존재 이유가 있기는 하지만 '체육을 통한(through)'의 맥락과 관련된 존재 이유를 앞지를 수 없음이 강조되어야 하는 것이다. 그럴 때 초등체육을 비롯한 학교체육이 두 가지의 맥락이 공존하면서 생활체육의 논리에 흡수 통합됨으로 인하여 발생하는 학교체육의 탈목적성을 회피하고, 결과적으로는 학교체육의 존재 이유를 더욱 공고히 할 수 있게 된다. 이러한 초등체육의 성격과 지향을 입체적 피라미드 모형에서 확인할 수 있는 것이다.

결국, 입체적 피라미드 모형은 학교체육, 생활체육, 전문체육이라는 평면적 피라미드가 학교체육 내부의 역동적 입체성을 덮어버림으로써 학교채육, 특히 체육으로의 입문이며, 좋은 체육적 삶을 보장하는 좋은 체육적 습관 형성의 토대인 초등체육의 위치와 역할에 대한 무관심을 조장하고 있음을 잘 드러내고 있는 것이다. 입체적 피라미드 모형에 따르면, 학교체육의 정상화를 전제하지 않는 한국체육의 발전은 성립할 수 없다. 학교체육과 생활체육을 분리하여 생활체육 활성화를 한국체육의 선진화의 최선 과제라고 주장하는 것은 '생활체육'이라는 언어적 幻覺을 이용한 왜곡이다. 초등체육과 연관된 '입문'과 '습관'의 맥락을 정직하게 인정하지 않는 한국체육 정책은 語不成說, 緣木求魚의 근본적 한계를 안고 있다고 말하지 않을 수 없는 것이다. 더욱이 한국체육 정책은 초등체육이 교육적 맥락과 체육적 맥락을 기둥으로 삼고 있으며, 따라서 이 두 가지 맥락을 동시에 추구하지 않는 초등체육 정책은 초등체육을 정상화시키고 더 나아가 한국체육의 총체적으로 발전시키고자 하는 당초의 의도를 담보할 수 없는 잘못된 출발이라고 하지 않을 수 없다.

하나의 초등교육 정책 기조

앞에서 밝힌 바와 같이 초등체육의 문제는 초등학교나 초등학교로 공간과 대상을 제한하거나 학교체육, 생활체육, 전문체육 등과 같이 활동의 목적과 양태를 준거로 하는 영역으로 분리하여 다루어서는 안 되며 총체적이고 통합적으로 접근해야 한다. 이 같은 맥락에서 초등체육을 비롯한 학교체육 안팎의 실천에서 발생하고 있는 문제점을 살피고 그와 같은 실천의 밑바탕에 놓여 있는 체육 정책의 논리를 살펴보았다. 그리고 학교체육 실천의 바탕에는 평면적 피라미드 모형이 자리하고 있으며 그 모형 논리는 학교체육은 생활체육, 전문체육의 토대라는 막연한 관념과 학교체육을 생활체육의 맥락으로 흡수 통합하는 양태의 실질적 계기가 되고 있음을 확인할 수 있었다. 이제 초등체육을 비롯한 학교체육의 실천에 있어 밑그림이 되고 있는 체육 정책 논리의 마련에 있어 평면적 피라미드 모형의 한계를 다소간 해소할 수 있다고 여겨지는 입체적 피라미드 모형을 토대로 하여 초등체육 정책의 기조를 구체화시킬 수 있을 듯싶다. 여기서 그려보는 초등체육 정책의 기조는 학교체육과 생활체육의 맥락을 연계적으로 고려한다는 점에서 '하나(unified)'이고, 다수의 기존 논의와 견주어 볼 수 있다는 점에서 '하나(a)'가 될 것이다. 입체적 피라미드 모형의 논리를 반영한 초등체육 정책의 기조는, 초등체육을 비롯한 학교체육의 지향을 修練과 遊戲의 두 의미 맥락과 관련하여 살피는 예비적 고찰을 바탕으로 하여, 초등체육의 개선을 위한 접근 체계로 구조화된다.

전통적인 체조활동 중심 학교체육은 물론이거니와 요즘의 스포츠활동 중심 학교체육 역시 그것이 교육의 맥락에 놓일 수 있는 근저에는 바로 위와 같은 '수련'의 교육적 가능성이 놓여있기 때문이다. 여기서 말하는 수련은 그저 생리적 작용과 기능적 조절을 연상하는 신체적 수련으로 제한될 수 없으며, 오히려 인내와 협동과 같이 자연적 인간이 사회적 인간으로 다시 태어나는데 있어 필수적으로 갖추어야 하는 덕목을 體得하게 하는 정신적 수련을 포함하고 있는 것이다. 이러한 맥락에서 학교체육은 궁극적으로 아동으로 하여금 전인이라고 하는 바람직한 인간으로 다가가게 하는 '變化'의 연속 또는 과정이라고 하겠다. 한편 '유희'라는 맥락은 스트레스의 해소, 움직임 욕구의 충족 등과 연관되는 학교체육의 지향 또는 성격으로서 인간의 본능을 표출 또는 '發散'하는 의미를 담고 있다. 수련과 유희 그리고 변화와 발산의 의미를 기준으로 삼으면 학교체육은 수련과 변화의 성격이 중심을 이루고 생활체육은 유희와 발산의 성격이 중심을 이룬다고 할 수 있겠다. 좀 더 세부적으로는 학교체육 중에서도 정과체육활동은 수련과 변화의 성격을 강조하는 반면에 과외체육활동은 유희와 발산의 성격을 강조한다고 각각의 성격을 규정할 수 있을 것이다.

초등체육은 말 그대로 학교체육의 근본 목적을 견고히 유지하면서 '체육을 통한 교육'과 '체육에로의 교육'의 의미를 균형 있게 실현할 수 있어야 한다. 또한 '수련'의 맥락과 '유희'의 맥락을 합당하게 조화시켜야 한다. 평면적 피라미드 모형과 같이 막연하게 학교체육의 생활체육의 토대이며, 더군다나 초등체육은 학교체육의 토대이기 때문에 초등체육은 학교체육의 토대이며, 동시에 생활체육의 토대라는 도식적 논리를 앞세워 '잘 해야 한다'는 식의 막연한 논의를 벗어나야 한다. 구체적으로 '어떻게 하는 것'이 잘 된 초등체육인지를 논해야 하는 것이다. 이렇게 보면 하나의 논점이 성립하는데, 그것은 바로 초등체육은 어쨌든 '생활체육의 맥락'보다는 '학교체육의 맥락'을 강조해야 하며, '발산의 유희 측면'보다는 '변화의 수련 측면'이 중시되어야 한다는 것이다. 이 같은 초등체육의 실천을 이끄는 정책은 형식으로는 정과체육과 과외체육, 내용으로는 학교체육과 생활체육(또는 수련 맥락과 유희맥락), 제도로는 체육행정과 교육행정이 입체적으로 통합되도록 구조화되어야 할 것이다. 따라서 몇 가지의 쟁점에 따라 논의하고 종합할 필요가 있다.

첫째, 정과체육은 전통적인 '변화의 수련 측면'을 구현하는 장이 되어야 한다. 정과체육의 내용은 그와 같은 교육적 측면을 기준으로 삼아 엄선하여야 한다. 정과체육은 체육(체조·스포츠)을 통한 교육을 효율적으로 실현할 수 있는 활동을 중심으로 이루어져야 하는 것이다. 따라서 체조활동의 비중을 단단히 해야 한다. 물론 여기서 체조는 흔히 생각하는 기계체조(artistic gymnastics)를 지칭하는 것이 아니다. 체조종목은 물론 육상종목을 포함하여 '몸 바로 세우기(体操)'를 구현하고자 하는 제반의 조작적, 창의적 운동을 포괄한다는 점에 유의해야 한다. 이 같은 체조활동을 중심에 놓고 교육적 효과가 뚜렷한 스포츠활동(특히 단체종목)을 적절히 조화시킨다. 정과체육은 전통적 목적성을 확고하게 재확립해야 하며, 특히 초등의 체육이라는 점에서 이후의 중등체육보다도 전통적인 '변화의 수련 측면'이 담고 있는 의미를 제대로 구현할 수 있어야 하는 것이다.

둘째, 과외체육은 단체스포츠활동이나 개인스포츠활동이 전개되는 장으로 다양화되어야 한다. 과외체육은 학교체육에게 요청되는 '발산의 유희 측면'을 보장하는 역할을 담당해야 한다. 발산의 유희 측면을 동기로 하는 스포츠활동은 다양성을 또 하나의 성격으로 한다. 따라서 과외체육은 다양한 활동이 전개되어야 한다. 과외체육은 클럽스포츠활동과 운동부 활동을 통하여 개인의 욕구를 충족시킴으로써 청장년기의 개별화된 생활체육의 기반을 조성하는 장이 되어야 할 것이다. 특히 과외체육은 개인의 동기와 선호를 기반으로 하여 다수의 아동들이 참여하는 클럽스포츠활동을 구심점으로 전개될 수 있어야 하며, 이것이 바로 '체육(스포츠)에로의 사회화'를 추구하는 생활체육, 평생체육의 구현이라고 하겠다.

셋째, 체육행정영역과 교육행정영역의 協力과 能動이 요구된다. 지금과 같이 책임 떠넘기기식의 不協과 受動은 더 이상 묵인할 수 없다. 문화관광부와 시군구청 및 지역체육단체, 그리고 국민생활체육협의회와 대한체육회로 이루어지는 체육행정영역은 과외체육, 특히 클럽스포츠활동[학교 밖(out)보다는 안(in)의 클럽스포츠활동]의 활성화에 관심과 지원을 아끼지 말아야 한다. 동시에 교육인적자원부와 시군구 교육청으로 이루어지는 교육행정영역은 정과체육을 정상화할 수 있는 실질적인 방안수립과 실천노력을 보여야 할 것이다. 이러한 정과체육의 정상화와 과외체육의 활성화에 있어 교육행정영역과 체육행정영역의 적극적 협력(예 : 서울시 서초구청의 초등학교운동장우레탄트랙 및 잔디포설공사지원과 시군구청들의 스포츠클럽 경기대회창설 등)은 필수요건이다. 양 영역의 협력과 조율이 전제되지 않는 정과체육의 정상화와 과외체육의 활성화는 허울 좋은 空論이 될 가능성이 크다고 하겠다. 특히, 클럽스포츠 활동과 운동부 활동으로 이루어지는 과외체육의 활성화에 있어 문화관광부 및 시군구청의 지원과 더불어 국민생활체육협의회와 대한체육회와 같은 체육단체의 적극적 협력이 필수적이다. 국민생활체육협의회와 대한체육회의 주도적 노력이 전제되지 않는다면, 과외체육의 활성화는 물론이거니와 현재 학교체육과의 관련성 결여 속에서 여러 가지 폐해를 낳고 있는 학교운동부와 본래 다수의 학생이 자발적으로 참여하여야 하는 클럽스포츠활동이 변질되어 門戶가 극소수 아동으로 제한되어 특권화되고 있는 사설 클럽스포츠로 인한 한국체육의 왜곡을 해소하기 어려울 것이다.

결국, 한국체육의 지향은 초등체육에서의 정과체육 정상화와 과외체육의 활성화를 말하는 것이며, 그것의 현실화를 이끌지 못하는 한국체육의 지향은 허구적 수사에 지나지 않을 것이다. 초등체육의 진정한 의미는 초등학생만의 체육으로 보아서는 드러나지 않으며, 초등체육의 밑그림은 한국체육의 지향이 자리하고 있기 때문이다. 한국체육의 밑그림, 또는 지향을 함축하는 초등체육의 정상화, 활성화를 위해서는 교과과정을 비롯하여 학교체육, 특히 초등체육의 내용을 고쳐 잡는 노력과 행정체제를 중심으로 하는 조건을 고쳐 잡는 노력이 수반되어야 하는 것이다. 이렇듯 한국체육의 지향을 밑그림으로 하는 초등체육의 정상화, 활성화를 위한 정책의 구조는 다음의 그림으로 정리된다.

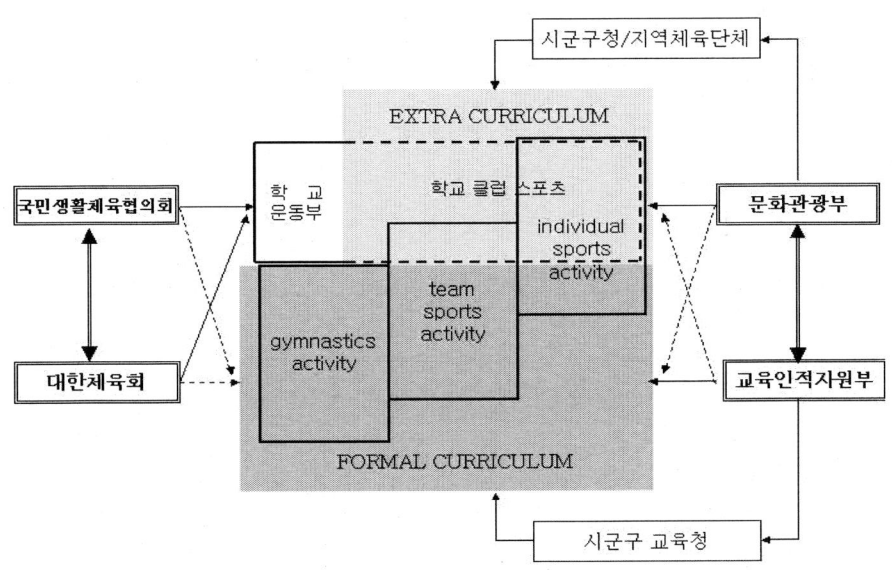

그림. 초등체육 정책의 기본구조

관심과 실천

앞의 논의에서 밝혔듯이 우리의 초등체육이 안고 있는 문제의 內因은 학교체육으로 연장시킬 수 있으며 外因은 한국체육 전반으로 확장시킬 수 있다. 우리의 현실은 학교체육 정책의 논리와 한국체육 정책의 논리가 竝合의 推動을 발생시키면서 한국체육, 학교체육, 초등체육이 연쇄적으로 평생스포츠 또는 생활체육의 논리로 매워지고 결과적으로 학교체육, 초등체육의 목적성이 본래의 위치에서 밀려나는 형국이라고 하겠다. 위와 같은 본인의 주장은 오늘 이 자리에 함께한 여러분들의 시선이 초등체육, 또는 학교체육으로 제한되지 않기를 바라는 마음을 심저에 깔고 있다. 우리 초등체육의 정상화를 위한 논의와 실천은, 그 범위를 초등체육에 제한시켜서는 안 되며, 오히려 한국체육 전반과 연관시켜야 실질적인 의미를 보장받을 수 있을 뿐 아니라 지금의 우리 체육이 직면하고 있는 어려움을 해결하기 위한 노력에 있어 체육의 정당성을 대외에 널리 알리는 노력과 함께 내적 역량을 강화하기 위한 노력도 함께 있어야 함을 강조하고자 하였다.

위와 같은 관점에서 볼 때 우리는 간혹 새로운 시도를 지나치게 강조한 나머지 계승해야 하는 전통을 쉽게 놓아버리는 경향이 있는 듯하다. 그 대표적 사례로서 최근 10여년 사이에 체육이라는 주제가 스포츠라는 주제로 전환되면서 체육(교육)학이 스포츠과학으로, 체육사회학이 스포츠사회학으로, 체육심리학이 스포츠심리학으로, 체육관리학이 스포츠경영학으로 탈이 바뀐 것을 들 수 있다. 이러한 탈바꿈의 결과는 스포츠를 주제로 하는 분과학문분야의 학적 성숙을 가져왔다. 그러나 동시에 전통적으로 학교체육을 중심으로 하는 관심은 시대의 뒤떨어진 舊態 錯誤로 치부하는 경향을 확산시켰다. 전통적으로 역사학, 철학, 사회학, 심리학 등 제 학문분과의 접근이 입체적으로 이루어져 왔던 학교체육에 대한 논의는 스포츠교육학이라고 하는 새로운 이름의 학문분야를 통하여 재편되는 과정에서 교과과정이나 교사교육 등을 주제로 삼는 논의로 제한되어 버렸다. 스포츠사학, 스포츠철학, 스포츠사회학, 스포츠심리학, 스포츠경영학 등의 전문가에 있어 학교체육은 관심 밖의 일이거나 스포츠교육학이라고 하는 학문분과에서 다루어야 하는 일쯤으로 여겨지는 듯 하다. 이와 같은 한국 체육학 또는 스포츠과학 전반의 경향은 결국 학교체육, 특히 초등체육에 관한 고민과 논의의 공백으로 이어질 개연성이 높다.

또 하나의 포괄적 예로서, 최근까지 체육계 전반의 관심이 체육에서 스포츠로, 학교체육에서 생활체육으로 빠르게 바뀌어 온 것을 살필 수 있다. 체육이라는 槪念言語에서 스포츠라는 指示言語로의 개명은 단순한 表情을 바꾸기 이상의 심각한 의미를 담고 있다. 즉 체육에서 스포츠로의 개명은, 체육에 관한 논의를 체육이라는 개념언어가 가지고 있는 규범적 측면을 사장시키고 스포츠라는 지시언어와 관련된 기술적 측면에 제한시킬 가능성을 내포하고 있는 것이다. 이는 곧 체육계의 실천이 전통적으로 담보하고 인정받아 왔던 체육과 인간 사이의 도덕적, 교육적 연관성 약화를 의미하며, 근래에 나타나고 있는 학교체육 영역의 관심 약화와 정체 혼선이 바로 그 산물이라고 하겠다. 소위 'sports for all'이라는 표현으로 상징되는 생활체육(앞에서 논했지만, 엄밀하게 말하면 사회체육, 또는 여가체육이라고 말하는 것이 좀 더 사실에 가깝다)이 학교체육을 능가할 뿐 아니라 전통적인 학교체육의 존재 이유와 존재 방식조차도 생활체육의 지향과 논리로 변질시키고 있는 것이다. 이러한 일련의 양상은 체육계의 전통적 위상과 역할을 급격하게 사장시키고 있는 것이다. 물론 전통은 고정불변이 것이 아니며 오히려 시대와 사회의 변화에 따라 거듭 나아 한다.

그러나 새로운 전통의 수립이 정당하지만 그렇다고 오래된 전통을 쉽게 놓여버려서도 안 된다는 점을 간과할 수 없다는 것이다. 오래된 전통은 그것이 오래된 이유를 분명이 가지고 있음을 염두에 두어야 할 것이다.

여러 정황이 위와 같음에도 체육계, 특히 체육행정영역의 관심이 생활체육에 편중된 속에서 그나마 명맥을 유지하고 있는 학교체육에서조차도 초등체육은 절명의 위기에 놓여있음은 학교체육을 넘어 한국체육 전반에 대한 검토는 물론이거니와 관심 그 자체에 대한 반성이 절실하다 아니할 수 없다. 초등체육이 체육행정영역을 비롯한 체육계 전반의 관심 주변에 놓이게 된 원인을 진술하게 살펴야 하는 것이다. 그 원인은 바로 체육계 전반의 관심이 즉시적으로 확인할 수 있는 결과를 쫓는 과시적 성과주의이다. 학교체육, 그 중에서도 초등체육은 거부할 수 없는 전통적 존립 근거를 가지고 있음에도, 그 결과는 즉시적으로 드러나기 보다는 묵시적으로 간직되기에 과시적 성과주의를 추종하는 체육계, 특히 체육행정영역의 관심 범위에 들어올 수 없는 것이다. 이제 우리에게 요구되는 것은 전통에 대한 관심과 관점을 복원하여 새로이 하는 것이다. 달리 말하여, 고대 그리스의 교육이 신체의 교육(gymnastikē)과 정신의 교육(musikē)이었고, 우리의 근대교육은 德育·體育·智育을 강령으로 삼아 시작되었으며, 모든 교육(체육)은 초등교육(체육)에서의 입문과 습관의 형성으로부터 파생한다는 평범한 진리를 정직하게 바라보고자 하는 관심과 이에 합당한 실천이 요구되고 있는 것이다.

이러한 맥락에서 오늘 이 자리는 매우 심대한 의미를 함축하고 있는 것이다. 오늘 이 자리를 출발점 삼아 앞으로 우리의 초등체육, 학교체육의 지배적 양태는 무엇이고, 그 양태의 배경에는 어떠한 한국체육의 지배적 흐름이 자리하고 있으며, 그 지배적 흐름이 어떻게 초등체육을 비롯한 학교체육을 휘감고 있고, 그 결과 초등체육을 비롯한 학교체육이 전통적인 목적성을 상실하였는가를 검토하고, 이를 바탕으로 하여 초등체육 본래의 목적성을 회복할 수 있는 방안에 대한 다각적이고 체계적인 논의가 체육학계 뿐 아니라 행정영역을 포함한 제반의 실천 현장에서 지속적으로 확대되기를 간절히 소망하여 본다.

> **요점 확인**
>
> 한국체육에서 초등체육이 차지하고 있는 위치와 역할 정체성을 설명하라

생각해 볼 문제 〈제 4부 3장〉

1. '스포츠의 입문기'로서 초등체육이 지니는 역할 및 중요성에 대한 자신의 입장과 의견을 피력하시오.

2. 학교체육과 생활체육의 현재 위상을 점검 하고 차후, 바람직한 스포츠발전을 위한 관계 정립을 모색하시오.

3. 체육정책을 통해 학교체육, 즉 일반적인 교육과정을 위주로 하는 정과체육이 바르게 성장할 수 있는 방안은 무엇이겠는가?

✻ 연 구 문 제 ✻

♧ 기능중심게임수업모형의 단점을 보완하기 위해 등장한 이해중심게임수업모형이 모든 문제점을 해결해 주리라고 기대하는 것은 또 다른 문제를 낳을 뿐이다. 따라서 교사의 충분한 고려와, 세심한 적용이 필요하다고 볼 수 있다. 위와 같이 학교 현장에 적용된 이해중심게임수업모형이 가져올 수 있는 문제점을 생각해 보고, 해결방안에 대해 자유롭게 이야기 해 봅시다

◎ 사례 1

이모교사는 아침에 옆반 교사인 김교사에게 다급한 전화를 받았다. "갑자기 집안에 사정이 생겨서 그런데, 오늘 우리반 체육 수업 좀 맡아주시겠어요? 다른 선생님들보다, 선생님께서 많이 봐 오셨고, 학년도 같으니까 더 좋을 듯 해서요.." 잠시 멈칫 했으나, 우리반 아이들과 다르게 뭐있겠냐는 생각에 흔쾌히 그러겠노라고 대답을 했다.

문제의 수업시간..

"오늘은, 야구형 게임을 해 보겠어요. 팀을 짜고, 어떤 특정 구역안에 공을 떨어뜨리면 득점하는 거예요."

그런데 알고보니, 이 반 학생들은 거기까지 진도를 나가지 못했다. 준비한 것들을 뒤로한채, 이모교사는 아이들과 진도이야기에 빠져들었다.

"음.. 그래? 거기까지 했니? 아냐? 거기까진 했지?"

겨우 게임을 시작하려는데, 아이들의 반응이 시원치 않았다. 이유를 알고보니, 이반 아이들은 움직이는 것을 그리 즐기지 않았다. 열심히 참여하지 않는 것은 아닌데, 단순한 활동에서 재미를 찾지 못하는 아이들이 많았던 것이다. 체육시간이면, 이리저리 뛰어다니려고 하는 자신의 반 아이들과는 사뭇 달랐다. 이럴 줄 알았다면, 미리 아이들의 진도와 상태를 파악하고, 아이들 취향에 맞는 좀 더 전략적인 게임을 구상해 올 것을 하는 후회가 되었다. 자신의 반 아이들과 흡사할 것이라는 자신의 생각이 얼마나 순진한 생각이었는지를 느끼게 되었다.

◎ 사례2

박모교사는 체육시간마다 가슴이 조마조마하다. 아이들이 좋아할 만한 이해중심게임모형을 도입한 이후로, 체육시간을 기다리는 경우가 많아진 것은 사실이다. 하지만 어느 순간 체육수업이 과도한 경쟁으로 인해 단순한 '게임'으로 전락하는 경우가 발생하기 때문이다. 학생들의 적극적인 참여는 칭찬할 만 하지만, 점점 흥분해가는 아이들을 보면서 어떻게 지도해야 할지 고민이 되는 것이다. 게임이기 때문에 어느 정도의 경쟁적인 요소가 가미되야 더욱 능률이 오르는 것은 사실이지만, 승리를 위한 경쟁에만 목숨을 거는 듯한 상황 속에서 박모교사는 어떻게 아이들을 통제하면서 이해중심게임모형의 효과를 극대화 할 수 있을지 고민이 된다.

◎ 사례3

김모교사는 아이들의 성적을 산출해야 할 시간이 다가오자 은근한 압박감에 스트레스를 받기 시작했다. 지금 김모교사의 지도 방법은 전형적인 이해 중심 게임 모형으로, 수업을 해오는 내내 완성도가 증가했고 스스로도 만족할 만하다고 평가하고 있었다. 문제는 이렇게 잘 해 나가고 있는 수업의 평가가 이루어져야 한다는 사실이다. 이 수업의 평가는 기능중심게임모형과는 달리, 어떤 특정 기능만을 평가할 수 없기 때문에 평가하기 어려운 난점이 있는 것이다. 자유롭고 활발하게 진행되고 있는 게임에 평가지를 들고 나타난 교사는 학생들의 수업을 방해하기 마련이다. 이러한 평가 자체도 어려운 경우가 많다. 김모교사는 평가의 용이성을 위해 수업모형을 바꾸고 싶다는 유혹에 시달리기 시작했다.

◎ 사례4

최모 교사는 이부실 이라는 학생 때문에 고민이 많다. 부실이는 거의 모든 수업에서 따라가기 힘들어 하는 경우가 많은데, 다른 수업에서는 그런 부실이의 모습이 크게 부각되진 않아서, 최 교사의 따뜻한 지도하에 조금씩 발전되는 모습을 보였다. 문제는 체육시간 이었다. 이해중심게임모형은 팀으로 경기를 하는 경우가 많은데, 아이들은 부실이가 자기 팀에 끼는 것을 극도로 싫어했다. 이해하기 어려운 것은 아니지만, 이를 지켜봐야 하는 최교사의 마음은 찢어졌다. 힘들게 살려논 자신감이 또 줄어드는 것은 아닌지 걱정이 되고, 게임 수업에서도 이렇게 부진아가 나오기 마련이라는 생각이 자꾸만 들었다.

참고문헌

*** 국내서적 ***

강동원·곽은창(1995). 예비교사의 교수학습경험 분석을 통한 대학 체육교사 교육 프로그램의 질적 제고, **한국 스포츠교육 학회지**, 2(1), 13-26.

강신복·최의창(1991). 체육의 학문화 운동과 체육교과의 성격, **서울대학교 사범 대학 체육연구소논집**, 12(2), 1-12.

김정란(2000). **초등학교 교사의 교직사회화에 관한 연구,** 한국교원대학교 석사학위 논문.

김기철(2002). **초등학교 초임교사의 체육교과 전문지식 형성과정 분석.** 서울 교육대학교 교육대학원 석사학위논문.

김기철(2008). **체육과 교육과정 개발과 적용과정 탐색.** 한국교원대학교 대학원 박사학위논문.

민경일(1999). 학습양식의 차이가 협동학습에 미치는 영향. **교육과정연구,** 17권, 1호, 265-301.

박명기·오세진(1993). 체육교사의 전공 선택에 영향을 미치는 주요원인, **한국체육학회, 31회 하계학술 발표회 발표논문집.** 207-210.

백운학 역(1993). **아동발달의 제이론.** 교육과학사.

안양옥(1995). **체육교과 내용지식의 수준과 수업지식의 관련성.** 서울대학교 대학원 박사학위 논문

안양옥(1996). 초등체육교육과정의 평가. **한국스포츠교육학회지** 제3권 제1호.

안양옥(1996b). 초등체육교육의 정당화 논의. **한국체육학회지** 제65호.

안양옥(1997). 초등교사의 전문수준에 따른 체육교과내용지식과 수업지식의 차이 분석. **한국체육학회지** 제36권1호.

안양옥(1997b). 제7차 초등학교 체육교육과정의 개정방안 연구. **한국스포츠 교육학회 춘계세미나 자료집.**

안양옥(1997c). **초등학교 체육 교육과정 시안 개발배경과 특징.** 1997년 제7차 체육교육과정시안공청회 자료집.

안양옥(1998). 초등학교 게임수업의 두 가지 접근: 기능중심모형과 이해중심 모형. **한국초등교육** 제9권 제2권.

안양옥(1998b). 게임수업의 질적 제고를 위한 대안적 접근. **한국스포츠교육학회지** 제5권 제1호.

안양옥(1998c). 초등학교 게임수업의 효율성 제고를 위한 이해중심모형의 현장적용 가능성 탐색 연구. **한국교원대 교과교육공동연구소** RR-97-Ⅵ-5.

안양옥(1998d). 제7차 초등학교 체육과 교육과정의 개발배경과 그 특징. **서울초등체육** 제13호.
안양옥(1998e). 초등학교 게임 수업의 질적 제고를 위한 기능 중심모형과 이해중심모형의 효과성 분석. **한국초등체육학회지** 제4호.
안양옥(1999). 초등학교 아동의 발달 단계에 따른 이해중심 게임수업 모형의 인식차이 분석. **한국초등교육** 제10권 제1호.
안양옥(1999b). 중등 현직 교사 체육 부전공 자격부여 연수의 허상과 실상. **한국체육학회보** 제74호.
안양옥(1999c). 초등학교 초임교사와 경력교사의 체육수업 지식 차이 분석연구. **서울교대 초등교육연구소 논집.**
안양옥(1999d). 초·중등학생의 체육수업에 대한 「학습된 무기력」 매개요인 분석을 위한 이론적 고찰. **한국 학교체육 학회지** 제9권.
안양옥(1999e). 초등학교 직전교사의 체육수업지식 차이 분석. 1999년11월 **한국 스포츠교육학회지** 제6권 제2호.
안양옥(2001). 초등학교 초임교사의 수업반성을 통한 게임교수 가치관변화. **한국초등체육학회 세미나 논문집 별책.**
안양옥(2001b). 제7차 교육과정에 따른 초등학교 체육과 성위기준과 평가기준 예시평가도구 개발 연구. **한국교육과정평가원.**
안양옥(2001c). 초등학교 체육수업에서의 학생소외 현상 분석. **한국 교과교육학회지** 5권1호.
안양옥(2001d). 제7차 체육과 교육과정 시행에 따른 이해중심 게임수업의 현장 적용 방안. **서울초등체육** 제16호.
안양옥(2002). **초등학교 게임수업 탐구,** 무지개사.
안양옥(2002b). 국민체육 진흥을 위한 초등체육교육의 과제. **한국체육학회 춘계세미나.**
안양옥(2002c). 교육대학에서의 초등교사 양성의 타당성. **서울 교대 초등교육연구원 춘계세미나.**
안양옥·김기철(2002). 초등학교 초임교사의 체육교과 전문지식 형성과정분석. **83회 전국 체전기념 40회 한국체육학회 학술대회 자료집,** 345-352.
안양옥(2003). 초등학교 교사와 학생의 체육교육의 가치정황 분석. **스포츠교육 학회지.**
안양옥(2003b). 수업반성을 통한 체육교수 가치관 변화. **한국교과 교육학회지.**
안양옥(2003c). 또래의 신체활동 게임에서의 권력관계. 2003년 10월 **전국체전기념 한국체육학회 학술대회.**
안양옥(2003d). 통합적 재검토를 통한 초등 체육과 교육과정의 발전방향 모색. **전국초등체육연구회 추계 세미나.**
안양옥(2003e). 우수선수 육성을 위한 「청소년 클럽스포츠의 육성방안」: 전문성 갖춘 선진국형 클럽 스포츠제 도입해야. **대한체육회 세미나자료,** 14-18.
안양옥(2004). 학교체육 위기의 역사적 조망과 극복가능성 탐색. 2004년 **한국 스포츠교육학회 동계학술대회 자료집.**

안양옥(2004b). 초등체육과 교수-학습 자료 개발과 활용실태 및 개선방안. **한국교원대학교 교과교육공동연구 학술세미나 자료집**, 443-457.

안양옥외(2004c). 초등교사 교육을 위한 체육교과교육 프로그램 개발. **교육인적자원부 교사교육프로그램개발과제** 2004-9-8.

안양옥·김기철(2004). 초등체육 정책의 요인별 현황분석 및 개선방안 **한국체육정책학회지** 제3호, 29-42.

안양옥·김홍식(2005). **초등체육의 현실과 이상.** 도서출판 무지개사.

안양옥(2005). 한국체육의 지향과 초등체육의 역할. **한국체육정책학회 춘계학술세미나 자료집** 1-17.

안양옥(2005b). 학교체육의 정체성 재확립과 학교 클럽스포츠의 활성화. **제4회 학교체육진흥 논문발표회 자료집**, 3-21.

안양옥(2005c). 즐거운 생활 교과의 교육과정 정당성 재검토와 개정방안 탐색. **한국스포츠교육학회지**, 12(3), 33-51.

안양옥(2005d). 초등학교 체육교육과정의 개정방안. **2005학년도 초등교육학술대회 자료집.** 서울교육대학교 초등교육연구원.

안양옥(2006). 체육과 교과서의 현실과 이상. **교과서연구,** 49호, 29-34.

오수학(2001e). 타당도 개념의 변천과 수행평가에의 적용. **한국체육측정평가 학회지,** 3(2), 43-54.

안양옥·신기철·김기철(2005). 초등교사의 게임에 관한 개념적지식 분석. **한국스포츠교육학회지,** 12(2), 23-22.

이재용(1993). 초임체육교사의 교수가치관 형성. **서울대학교 사범대학 체육연구소 논집**, 제 14권 제 1호, pp. 35-42.

이재용(2000). 초등체육 교과 전문성과 교사지식, **한국체육교육 학회지,** 5(2),1-14.

이홍우 외(1994). **서양교육사,** 교육과학사.

이효진(1996). **초등학교 초임 체육지도 교사의 교직사회회 연구,** 서울대학교석사 학위 논문.

임미경 외(2003). 교과교육 전담교사 양성 프로그램 개발. **교육인적자원부 교사교육 프로그램 개발과제** 2003-7.

유근직·김재우(1999). 초등학교 체육수업과정의 변천에 관한 역사적 고찰. **한국체육학회지** 38(4), 33-42.

유병희(1988). 학교체육과 사회체육의 연계방안. **대한체육회.**

유승희 외(2001). 학교체육 실태 조사 및 개선 방안. **국민체육진흥공단 체육과학연구원.**

유정애(2001). 초등학교 사례 연구보고서. **한국교육내실화방안연구(Ⅰ).** 연구보고서.

유정애(2004). **체육수업비평,** 무지개사.

유정애(2004b). **체육과 교육과정 운영실태.** 『제7차 교육과정 운영실태 세미나-초·중등학교 국민공통기본 교과 교육과정의 운영실태』. **한국교육과정평가원 연구자료** ORM 2004-23.

유정애(2004c). **체육과 교육과정 실태분석 및 개선 방향 연구**. 한국교육과정평가원 연구보고 CRC 2004-4-9.

유정애(2005). 국가수준 체육과 교육과정 목표와 내용의 반성과 발전방향. **한국스포츠교육학회 2005 춘계정기세미나 자료집.**

장용규·김홍식(1998). 기능중심 스포츠교육의 한계와 대안모색, **체육연구소논집,** 19(1), 75-90.

정계숙·이성애(2001). 협동학습 모형을 적용한 신체표현활동 프로그램의 유아 자아 존중감 증진 효과 연구. **유아교육논총,** 10권, 89-109.

조난심 외(1999). 국가수준 교육과정 개발 및 적용 체제 개선을 위한 기초연구. **한국교육과정평가원 연구보고** RRC 99-8.

조미혜 외(1997). 제7차 체육과 교육과정 개정에 따른 체육교육과정 변천의 탐색. **한국스포츠교육학회지,** 4(1), 1-16.

조미혜(1999). 현행 초등학교 체육교과서의 개선방안 연구. **한국스포츠교육학회지,** 6(1), 89-104.

조미혜(2003). 체육과 교육과정 개정방식의 개선방안 탐색. **교육과정연구,** 21(3), 179-191.

조한무(1998). 수행평가를 위한 포트폴리오 평가. 교육과학사.

최의창(2002). 읽는 스포츠의 매혹 : 서사적 글읽기를 통한 스포츠의 이해. **체육과학연구,** 12(3), 1-15.

최의창(2002b). **인문적 체육교육**. 서울 : 도서출판 무지개사.

최희진(2002). **중학교 초임교사의 교직사회화,** 서울대학교 박사학위 논문.

한국교육과정평가원(2005). **체육과 교육과정 시안.** (2005. 10. 20)

하남길·오동섭(1996). **영국 엘리트 교육과 애틀레티시즘,** 21세기교육사.

허경철(2003). 국가수준 교육과정 개정방식의 개선방안 탐색. **2003년도 학술 세미나 자료집.** 한국교육 과정평가원 ORM 2003-3, 3-33.

홍후조(1999). 국가수준 교육과정 개발 패러다임의 전환 (1)-전면 개정형에서 점진 개선형으로. **교육과정연구,** 17(2), 209-234.

* 국외서적 *

Adler, M. J. (1987). Critical thinking programs: Why they don't work, *Education Digest,* 52(7), p. 9.

Ahn, Y. O. & Kim, K. C. (2003). A phenomenological study on the student alienation in elementary physical education class.*The 6th International sports pedagogy seminar Proceeding* 110-117.

Avery, M. & Angela, L. (1987). Students' perceptions of physical education objectives. *Journal of Teaching in Physical Education,* 7(1): 5-11.

Ayres, A. J. (1979). *Sensory Integration and the Child.* LA: Western Psychological Services.

Bain, L. L. (1988). "Curriculum for Critical Reflection in Physical Education." In Content of the Curriculum, edited by Ronald S. Brandt, 133-147. Alexandria, VA: Association for Supervision and Curriculum Development.

Bain, L. L. (1990). "Physical Education Teacher Education." In Handbook for Research on Teacher Education, edited by W. Robert Houston, 758-781. New York: Macmillan

Ball, D, L., & McDiarmid, G. (1988). Research on teacher learning : *Studying how teachers' knowledge changes. Action in Teacher Education,* 10(2), 17-23. Ball, D, L., & McDiarmid, G. (1990). The subject-matter reparation of teachers. In R. Houston(Ed.), Handbook of Research on Teacher Education(pp.437-449), New York: Macmillan.

Barrett, K. R. (1988). A teaching center for children's physical education: "The dream and the reality." *Journal of Teaching in Physical Education,* 7(3): 190-106.

Barrett, K. R. (1988b). Two views. The subject matter of children's physical education. *Journal of Physical Education, Recreation and Dance,* 59(2): 42-46.

Bloom, B. S. (1956). *Taxonomy of educational objectives.* Handbook I: The cognitive domain. New York: David.

Bonnie. P (1999). *Physical education methods for classroom teachers.* Human Kinetics Inc.

Callois, R. (1961). *Man, play and games.* Translated by Meyer Barash. New York: The free Press of Glencoe.

Carter, K. (1990). *Teachers' knowledge and learning to teach.* In R.Houston(Ed.), Handbook of Research on Teacher Education(pp.291-310), NewYork: Macmillan

Connelly, F. M., & Clandinin, D. J. (1986). On narrative method, personal philosophy, and narrative unities in the study of teaching. *Journal of Research in Science Teaching,* 23(4), 283-310.

Cratty, B. J. (1979). *Perceptual and motor development in infants and children*(2 nd ed.). Englewood Cliffs, N.J. : Prentice-Hall.

Elbaz, F. (1981). *The teachers' practical knowledge.* Curriculum Inquiry 11, 43-71.

Elbaz, F. (1983). *Teacher thinking* : A study of practical knowledge. New York : Nichols.

Elbaz, F. (1987). *Teachers' knowledge of teaching* : Strategies for reflection. In J. Smyth(Ed.), Educating teachers : Changing the nature of pedagogical knowledge(pp. 45-53). London : Falmer.

Ennis, C. D. (1985). Purpose concepts in an existing physical education curriculum. *Research Quarterly for Exercise and sport,* 56(4): 323-333.

Flanders, N. A. (1970). *Analyzing Teaching Behavior*. Reading, MASS: Addition-Wesley.

Getman, G. N. (1952). *How to develop your child's intelligence: Aresearch publication*. Lucerne, NM: Author.

Graham, G. (1988). Collaboration in physical education: A lot like marriage? *Journal of Physical Education,* 7(3): 165-174.

Graham, G. (2001). *Teaching children Physical Education.* : Becoming a master teacher. Human Kinetics second edition.

Griffey, D. (1991). The value and future agenda of research in teaching physical education. *Research Quarterly for Exercise and Sport,* 62(4), 380-283.

Grossman, P. (1990). *The making of a teacher* : Teacher knowledge and teacher education. New York: Teachers College Press.

Gudmundsdottir, S., & Shulman, L. (1987). Pedagogical content knowledge in social studies. Scandinavian *Journal of Educational Research,* 31(2), 59-70.

Harrison, J. (1987). A review of research on teacher effectiveness and its implications for current practice. *Quest,* 39(1), p. 36.

Haywood, K. M., & Getchell, N. (2001). *Life Span Motor Development(3rd ed.)*. Human Kinetics.

Hendry, L. B. (1975). The role of the physical education teacher. *Educational Research,* 17(2): 115-121.

Housner, L. D., & Griffey, K. C.(1985). Teacher cognition: Differences in planning and interactive decision-making between experienced teachers. *Research Quarterly for Exercise and Sport,* 56, 45-53.

Jewett, A. E. & M. R. Mullan. (1977). *Curriculum design*: Purposes and in physical education teaching-learning. Washington, DC: AAHPER.

Jewett, A. E., & Bain, L. L. (eds). (1987). The purpose process curriculum framework: A personal meaning model for physical education, special monograph. *Journal of Teaching in Physical Education,* 6(3): 195-366.

Jewett, A. E., Bain, L. L., & Ennis, C. D. (1995). *The curriculum process in physical education*. Dubuque, IA: Wm. C. Brown & Benchmark

Kephart, N. C. (1964). Perceptual-motor aspects of learning disabilities. *Exceptional Children, 31,* 201-206.

Kollen, P. (1983). *"Fragmentation and Integration in Movement."* In Teaching in Physical Education, edited by Thomas J. Templin and Janice K. Olson, 86-93. Champaign, IL: Human Kinetics.

Laban, R. (1963). *Modern educational dance,* 2d ed. Rev. by L. Ullman, New York: Frederick

A. Praeger.

Lee, J. Y. (1993). *The socialization of beginning physical education teachers.* Unpublished Doctoral Dissertation, Eugent, OR: University of Oregon.

Logsdon, B. J., K. R. Barrett, M. Ammons, M. R. Broer, L. E. Halverson, R. McGee, & M. A. Roberton. (1984). *Physical Edcucation for children.* Philadelphia : Lee and Febiger.

Martinek, T., & Karper, W. (1981). A teacher's expectations on handicapped and non-handicapped children in mainstreamed physical education classes. *Perceptual and Motor Skills,* 52, 327-330.

Melville, D. Scott, & Maddalozzo, J. (1988). The effects of a physical educator's appearance of body fatness on communicating exercise concepts to high school students. *Journal of Teaching in Physical Education,* 7(4): 343-352.

Metzler, M. (1979). *The measurement of academic learning time in physical education.* Unpublished doctoral dissertation, The Ohio State University, Columbus.

Metzler, M. (1999). *Instructional models for physical Education.* 유정애 외 인 공역. 체육수업모형, 서울 : 대한미디어

Norton, C. J. (1982). *"Student Purposes for Engaging in Fitness Activities."* Unpublished doctoral dissertation, University of Georgia, Athens.

Norton, C. J. (1987). Meaningfulness for adult participants. *Journal of Teaching in Physical Education,* 6(3): 243-251.

Park, M. G. (1993). *The occupational socialization of Korean secondary school physical education teachers.* unpublished Doctoral Dissertation, Greensboro, NC: University of North Carolina.

Roberton. (1977). *Physical Education for children.* Philadelphia : Lee and Febiger.

Rosenshine, B. & Furst, N. (1973). *The use of direct observation to study teaching. In R.* Travers (Ed.), Second Handbook of Research on Teaching. Chicago : Rand McNally.

Sage, G. H. (1984). *Motor learning and control.* Dubuque, IA, Wm C Brown.

Sandra A. S. (2000). *Case studies in Physical education* : Real world Preparation for teaching : Holcomb Hathaway, Publishers.

Schmidt, R. (1988). *Motor control and learning*: A behavioral emphasis. Champaign, IL: Human Kinetics Publishers, Inc.

Schurr, E. L. (1980). *Movement Experiences for Children.* New Jersey: Prentice-Hall Inc. Englewood Cliffs.

Sherman, M.(1983). *Pedagogical conginition in physical education:* Differences between expert and novice teachers. In T. Templin & J. Olson(Eds.), Teaching in physical education (pp.19-34). Champaign, IL: Human Kinetics.

Shulman, L (1986). Those who understand: Knowledge growth in teaching. *Educational Researcher*, 15(2), 4-14.

Shulman, L (1987). Knowledge and teaching: Foundations of the new reform. *Harvard Educational Review,* 57(1), 1-21.

Siedentop, D, Charler M, & Andrew T. (1986). Physical Education: *Teaching and Curriculum Strategies for Grades 5 to 12. Columbus,* OH: Mayfield.

Siedentop, D. (1980). Physical education : *Introductory analysis. Dubuque,* IA: Wm.C.Brown.

Siedentop, D. (1986). "*The Modification of Teacher Behavior."*. In Sport Pedagogy, edited by Maurice Pieron and George Graham, 3-18. Champaign, IL: Human Kinetics.

Siedentop, D., Tousignant, M., & Parker, M. (1982). *Academic learning time physical education coding manual. Columbus,* OH: School of Health, Physical Education and Recreation.

Silverman, S. (1991). Research on teaching in physical education. *Research Quarterly for Exercise and Sport,* 62(4), 352-371.

Simpson, E. J. (1966). *The classification of educational objectives: Psychomotor domain.* Vocational and Technical Education Grant Contract No. OE-85-104. Washington, DC: U.S. Department HEW.

Son, C. T. (1989). *Descriptive analysis of task congruence in Korean middle school physical education classes.* Unpublished doctoral dissertation, The Ohio State University.

Tan S. K. S. et al. (1994). *Differences in novice and competent teachers' knowledge.* Paper presented at the American Educational Research Association annual meeting. New Qrleans, LA.

Thomas, J. R., & French, K. E. (1985). *Gender Differences across age in motor performance:* A ,meta-analysis. Psychological Bulletin, 98, 260-282.

Tinning, R., & Siedentop, D.(1985). The characteristics of tasks and accountability in student teaching. *Journal of Teaching in Physical Education.* 4(4). 286-299.

Tousignant, M, & Siedentop, D. (1983). A qualitative analysis of task structures in required secondary physical education classes. *Journal of Teaching in Physical Education,* 3(1): 47-57.

Vogel, P. G. (1986). *"Effects of Physical Education Programs on Children."* In Physical Activity and Well-Being, edited by Vern Seefeldt, pp. 456-501. Reston, VA: AAHPERD.

찾아보기

가

개념적 지식 ···75
개념적 지식(conceptual knowledge) ·······76
개별화 수업모형 ·······································205
개인의미 모형 ···147
과외체육 ···46
관찰견습(Apprenticeship of Observation) ····69
교과전담교사 ···61
교사교육(Teacher Education) ···················72
교사사회화(Teacher Socialization) ··········69
규율 ···221
기능중심교과 ···33
김나지움(Gymnasium) ·································5

다

대교(對校)경기활동 ····································41
동기유발 ···223
동료 교수모형 ···203
동료장학 ···80
디비전 시스템 ···46
또래 갈등 ···101

마

몸 바로 세우기(體操) ································44

바

반성(Reflextion, 反省) ································78
반성적 체육수업 ·······································197
발달교육 모형 ···145
변용(變容) ··232
비과제 행동 ···217

사

상향식 접근(bottom-up approach) ········34
생활체육 ···11
수업분위기 형성 ·······································215
수준별 수업 ···350
수행중심교과 ···33
스포츠강사 ···63
스포츠교육 모형 ·······································140
스포츠 포 올(sports for all) ·····················11
시범 ···227
신체활동가치 ···184

아

- 아나공 수업 …………………………20
- 운동발달 ………………………………87
- 움직임교육 모형 ……………………136
- 이해중심 게임수업 모형 ……………206
- 인간중심 모형 ………………………150

자

- 전문적 사회화(Occupational Socialization) ·73
- 좋은 수업 ……………………………207
- 주지주의 교육풍토 …………………33
- 직접 교수모형 ………………………201

차

- 체력 모형 ……………………………143
- 체육 수업지식 ………………………75
- 체육교육과정 …………………………125
- 체육교육과정 모형 …………………135
- 초등교사의 양성과 전문성 …………57
- 초등체육교육과정의 가치정향 ………129
- 초등체육의 교육적 가치 ……………36
- 초등체육의 정체성 …………………127

카

- 클럽스포츠 ……………………………46

타

- 탐구 중심 수업모형 …………………202
- 통합 교육과정 ………………………359

파

- 팔레스트라(Palestra) …………………5
- 퍼블릭스쿨(public school) ……………9
- 평가기준 ……………………………252
- 평가도구 ……………………………256
- 평생스포츠 ……………………………16

하

- 하향식 접근(top-down approach) ………34
- 학교체육의 위기 …………………11, 13
- 학급담임교사 …………………………61
- 학문중심 모형 ………………………153
- 학생소외(Alienation) …………………104
- 학습된 무기력(learned helplessness) …107
- 현실충격(Reality shock) ………………73
- 현장연구 ………………………………84
- 협동학습 ……………………………342
- 협동학습 수업모형 …………………205
- 효율적 체육수업 ……………………197

에필로그

한 학기동안 이 책을 읽으면서
여러분이 '초등교사로서 현장에서
어떻게 성장하며 발전할 것인가'에 대한
나름대로의 깊이 있는 성찰과 고민이
누구에게나 있었기를 희망합니다.

다음에 이어지는 내용은 본 저자가
20여년 동안 교대에서 체육을
지도하면서 느꼈던 '반성적 체육교과
수학(修學)'의 과정을 '골프'라는
운동의 입문기에 빗대어 쓴 글입니다.

앞으로 초등학교 현장에서 발휘될
여러분들의 '반성적 교수활동'에
유용한 지침이 될 수 있기를 바랍니다.

반성적 골프 입문기

늦깎이 골퍼의 도전과 성장 이야기

否定

얼마 전, 대략 두 해 전까지만 하더라도 나에게 있어 골프는 관심 밖이었다. 좀 더 솔직하게 말하면 골프에 대한 나의 감정은 그리 좋은 것은 아니었다. 이 감정의 뿌리는 예리하고 비판적으로 세상을 보고자 하였던 나의 습성이었다고 할 수 있다. 나의 눈에 골프는 지극히 有閑한 族屬의 階級的 特權의 상징이며 그 확산은 資本主義 再生産의 단면일 뿐이었다. 더군다나 근래 環境倫理의 견지에서 골프를 환경오염의 주범으로 지목하는 목소리도 심심치 않게 들을 수 있었으니 골프에 대한 나의 관점은 確固不動한 것이었다.

그렇다고 그 당시 골프에 대한 나의 부정적 관점이 단순히 위와 같은 이유 때문만은 아니었다. 그 관점의 바탕에는 나름의 심각한 運動論 또는 스포츠론이 자리하고 있었다. 운동 또는 스포츠는 身體的 卓越性을 드러내고 겨루는 장으로서 激烈한 力動이 결여한 활동은 그 울타리 안에 있을 수 없다고 보았으며, 이는 그 때까지 나의 운동 경험이 핸드볼, 테니스 등에 집중된 것과 一脈相通하였다. 나의 見地와 經驗이 그러하니 골프를 참된 운동으로 생각하는 것은 애당초 射魚指天에 가까웠다고 할 것이다. 운동이나 스포츠 속에서 動作과 感興의 充滿을 수반하는 意味深長함을 추구하였던 나의 눈에 골프는 지극히 遊戱的이고 些少한 것으로 보일 뿐이었다.

이러한 골프에 대한 부정적 관점에는 또 하나의 요인이 뿌리를 이루고 있었는데 그것은 바로 自己合理의 緊張意識이었다. 많은 골프 애호가 사이에서 회자되고 있던 골프 입문

연령에 따른 타수 결정론은 나의 골프에 대한 거부 의식 고착에 있어 또 하나의 요인이 되었다. 타인의 인정을 받을 만한 성취를 보이기에는 시작이 지나치게 늦었다는 世評을 가벼이 떨쳐버리고 골프라는 새로운 도전을 시도하기에는 교육대학교에서 체육을 가르치고 있다는 職業的 召命意識과 운동을 시작하면 제대로 해야 한다는 專門的 自尊心이 또 하나의 결정적 걸림돌이었던 것이다.

挑戰

골프는 피할 수 없는 막다른 길목에서 나의 도전을 기다리고 있었다. 자그마한 일상들을 삶 전체의 틀 속에 위치시키고 그 의미를 구하고자 하는 습성이 膏肓처럼 심각한데다, 그토록 첨예한 골프 부정 의식을 가지고 있던 나로서 골프에 대한 도전은 우회의 방편을 찾기 난망한 지경에 이르러서야 가능한 것이었다. 당시 몇몇 안팎의 사건들은 理想과 革新을 향하여 苛烈하게 살아왔다는 나의 自負心을 瓦解시키고 삶에 대한 절대적 懷疑와 喪失을 야기하였다. 나는 茫茫大海에서 방향을 잃은 片舟와도 같이 그저 바람과 파도 속에서 사르트르가 先言하였던 嘔吐를 느낄 뿐이었다. 그러나 萬事는 塞翁之馬라 하였듯이 와해와 회의, 상실 그리고 구토는 절망의 씨앗만은 아니었으며, 實存의 渴望을 자극하여 새로운 활로를 향한 오디세이의 닻을 올리게 하였다. 그 오디세이는 다름 아닌 골프를 향한 것이었으며 동시에 새로운 운동론과 새로운 인생의 항구를 향한 것이었다.

거부와 부정의 대상이었던 골프에 대한 도전은 골프에 대한 관점을 아우르는 나의 운동론의 변화, 더 나아가 反轉이라는 의미심장한 사건이었다. 나의 골프에 대한 도전은 운동의 세계에서 골프의 존재 위치와 그 가치를 정당화 할 수 있는 운동론의 재정립을 필요로 하였다. 그리고 운동론의 재정립에 있어 핵심 과제는 운동 또는 스포츠의 본질 양상으로 규정하였던 '動'의 개념을 골프의 본질 양상이라고 보았던 '靜'의 개념으로 置換하거나 최소한 竝置시키는 것이었다. 이를 위해서는 다소간의 作爲的 努力이 요구되었는데, 그것은 바로 '부정적 접근(negative approach)', '반대로 생각하기'였다. 골프에 대한 관점을 부정에서 긍정으로 180도 바꾸어야 했으니, 그 접근이 일면 작위적이거나 부조리하다고 하더라도 최소한 나에게 있어서는 불가피한 현실이었다.

그러고 보니 운동의 세계를 보는 눈은 조금씩 변화의 조짐을 보이기 시작하였다. 나의 운동론이 '정'을 운동의 익힘과 가르침의 핵심으로 인정하는 방향으로 전환되는 데에는 그리 많은 시간이 필요하지 않았다. 相極은 相通이라 하였던가. 나의 경우 '動極'에서 '靜極'으로의 전환은 오히려 숨 가쁘게 가속화되었다. 얼마 후 나는 이러한 일련의 과정을 반추하면서 '動⇔靜의 對立 構圖'와 '動 一方 肯定'이라는 나의 운동론은 '動⇌靜의 相補 構圖'와 '靜 肯定'이라는 패러다임 전환의 길에 깊숙이 들어와 있음을 切感하고 있었다.

시나브로 골프라는 운동은 새롭고도 중요한 의미로 나의 곁에 가까이 자리하고 있었던 것이다. 운동의 세계에서 '정' 개념의 중요함을 깨달으면서 가장 정적인 운동으로서 골프의 존재 위치를 다시금 인식하게 된다. 운동의 세계가 동과 정의 상보 구도로 이루어졌다고 한다면, 가장 정적인 운동이라고 할 수 있는 골프의 세계와 그 의미는 운동을 익히고 가르침을 하는 사람에게 있어 결코 가벼울 수 없으며 오히려 아무리 강조해도 지나치지 않다는 확신에 도달하게 된 것이다.

이러한 나의 골프에 대한 의미 부여와 확신은 점차 골격을 세우고 살을 붙여갔다. 골프가 서양 운동문화의 상징으로서 현대사회의 유희적 대중 운동문화와 자본주의 논리의 확대 재생산 가능성을 농후하게 간직하고 있으면서 '정'의 양상을 그 본질로 담보하고 있다는 점에서 매우 아이러니하다. 더욱이 동양의 운동이 '靜'의 맥락을 요체로 하고, 서양의 운동이 '動'의 맥락을 요체로 한다는 일반적 운동론에 비추어 볼 때 골프는 매우 특이한 사례라고 하지 않을 수 없다.

나의 골프에 대한 觀想은 이를 넘어 골프를 통하여 동서양 운동론의 조화 가능성을 기대하고 엿보는 식으로 일대 전환이 이루어지게 된다. 이렇듯 골프라는 운동의 의미가 한낱 유희적 차원에 제한되지 않고 매우 深大하다는 나의 인식은 운동의 익힘과 가르침을 인생의 중심에 두고 살고자 하였던 나의 膏肓을 자극하면서 새로운 운동론과 인생을 향한 도전의 오디세이의 始動이 되었다. 이렇듯 골프를 향한 나의 첫걸음은 다른 사람들이 만들어 놓은 문을 가벼운 걸음으로 걸어 들어가는 의미에서의 입문이 아니라 스스로 문을 만들어 마음을 가다듬고(操心) 몸을 세우면서(体操) 시작하였다는 의미에서 감히 挑戰이라고 말하고 싶다.

障碍

골프를 향한 나의 입문은 障碍의 連續이었다. 골프를 받아들이는 과정에서 겪었던 운동 및 인생을 보는 의식의 장애를 넘어서자마자 '왼손잡이'라고 하는 거스를 수 없는 현실의 장애를 넘어야 했다. 제반의 골프 여건이 오른손잡이 위주로 전개되고 있는 현실을 극복하는 문제는 골프에 대한 부정론에서 긍정론으로 전환하는데 겪었던 어려움에 못지않은 난관이었다. 골프 입문서는 대부분 오른손잡이를 위한 지침으로 채워져 있고, 시중에서 나에게 적합한 왼손잡이용 골프채를 구하는 일 자체가 쉽지 않은 난제였다. 이렇듯 왼손잡이의 골프 도전은 도처에 구조적 난관이 놓여 있었다.

그러나 새로운 운동과 인생의 항구를 향한 오디세이의 열정에 휩싸여 있던 나의 가슴은 오른손잡이 위주의 골프 여건을 왼손잡이의 現實的 悲劇라는 식의 哀愁가 스며들 여지가 없었다. 오히려 그와 같은 현실적 장애에 부딪치면서 膽大한 오디세이의 열정은 더욱 銳敏하게 확장되어 갔다. 오른손잡이 위주의 골프 여건의 구조적 현실은 골프 도전에 있어 출발점으로 삼은 '부정적 접근', '반대로 생각하기'의 실제적 당위성을 한층 자극하였다. 오른손잡이 위주의 골프 여건 속에서 왼손잡이라는 나의 태생적 한계는 정과 동, 오른손과 왼손의 대립 구조를 염두에 두면서 골프에 관한 기존의 전통적 논점과는 반대로 바라보고 생각하기를 요구받게 되면서 나의 도전 의식은 더욱 선명해졌다.

이러한 異端兒的 氣質은 또 한 번의 계기를 통하여 심화되었는데 그 계기는 바로 소위 골프 코치라는 지도자들과의 만남이었다. 시중의 골프 지도자들은 내가 왼손잡이라는 점을 전혀 고려하지 않았다. 이는 골프의 메커니즘이 오른손잡이냐, 왼손잡이냐 하는 것과 무관한 과학적 원리이기 때문에 그 지도자들의 접근 방식은 당연하다고 할 수 있을 것이나 나의 생각은 꽤를 달리하였다. 지도자에 대한 불만과 불신의 뿌리는 바로 가르치는 사람의 기본 덕목이라고 할 수 있는 배우는 사람에 대한 관심과 배려를 그들에게는 발견하기 어려웠다는 것이었다. 그들은 습성처럼 굳어진 무미건조한 시선과 방식으로 나를 대하고 있었다. 운동을 가르치는 일을 심각하게 반성하고 남다른 진지함을 견지하고 있던 나로서 골프 코치를 받아들이는 것 자체가 그리 내키지 않았던 터에 가르치는 사람의 기본 덕목을 갖추지 못한 시중의 골프 지도자를 인정하는 것은 솔직히 거의 고통에 가까웠다.

그러나 골프 지도자에 대한 나의 불신과 불만을 해소하는데 걸린 시간은 그리 길지 않았다. 왜냐하면 나는 시중의 골프 지도자와의 불편한 관계를 피하는 방편으로서 '홀로서기'를 시도하였기 때문이다. 돌이켜 보건 데 운동을 배우고 가르침에 있어서 섬세하고 집요한 自己 觀察 및 反省의 태도가 습성화된 나로서 홀로서기는 상당한 고통을 수반하기는 하였지만 오히려 골프 배우기와 가르치기를 동시에 연구할 수 있는 과감하고 실속 있는 결단이었다. 그리고 나의 일상은 골프에 관한 입문, 전문 서적과 비디오 등을 하나 둘 讀破하고 實習하는 일로 채워져 갔다. 이때부터 나는 반성적 골프 교수-학습 방법론을 고민하면서 그저 기존을 긍정하는 방식이 아니라 부정하는 즉 반대로 생각하는 '反-正-合'의 접근을 구상하게 된다. 이렇듯 나의 골프 도전은 운동과 인생을 향한 도전 의지라는 씨앗이 구조적 장애라는 비를 맞으며 성장한 부정과 반성의 홀로서기였다. 그 홀로서기는 지금도 愛藏하고 있는 색 바랜 세 권의 反省記에 그 흔적을 뚜렷이 하고 있다.

成長

나의 골프 도전은 부정과 반성의 홀로서기를 통하여 시간이 갈수록 성장의 면모를 갖추게 된다. 그리고 '론'으로 정립하기 위해서는 더욱 精緻한 硏磨의 노력이 절실하기는 하지만 골프에 대한 나름의 논점을 세울 수 있었다. 나의 논점은 한마디로 골프와 인생의 類比를 뿌리로 하고 儒佛仙의 東洋 古典을 기둥으로 하여 골프함의 心法과 技法이 어우러진 行法을 열매로 하는 한 그루의 나무와 같다고 할 수 있다. 그리고 그 나무는 철저한 實踐的 檢證을 자양분으로 하여 생기를 더해갔다.

나의 골프 성장 역시 '스윙' 기법에 대한 이해와 해석에서 시작되었다. [어드레스(address)→테이크 백(take back)→탑(top)→다운 스윙(down swing)→임팩트(impact)→팔로우 스루(follow through)→피니쉬(finish)]로 이어지는 스윙 기법과 그 기법을 익히기 위한 행법은 人生論 특히 공자의 《論語》〈爲政篇〉과의 유비를 통하여 나의 것이 되었다. 즉 나는 [어드레스=志學→테이크 백=而立→탑=不惑→다운 스윙=知天命→임팩트=耳順→팔로우 스루=不踰矩]라는 식으로 공자의 인생론을 援用하여 스윙의 일생을 整頓할 수 있었다.

'그 마음을 비게 하여 그 배를 채우고(虛其心, 實其腹), 그 뜻을 약하게 하여 그 뼈를 튼튼하게 한다(弱其志, 强其骨)'는 노자의 《道德經》 구절 역시 골프에 대한 나의 논점을 세우는데 있어 金科玉條가 되었다. '虛其心, 實其腹'을 통하여 스윙에서의 '마음비우기'와 '호흡정지' 그리고 '중심잡기'의 이치를 깨달았다. 또한 '弱其志, 强其骨'을 되뇌면서 스윙에서 '유연성'이 차지하는 무게를 실감하였다.

선불교에서의 '點眼' 개념 또한 골프에 대한 일반의 합리주의적 관점이 안고 있는 한계를 넘어 새로운 開眼의 계기를 제공하였다. 점안의 참 의미를 修行하면서 '主動視'와 '補助視'라는 運動制御理論에 입각한 합리주의적 골프 이론에서 감지하지 못하였던 시선처리의 기법을 體得할 수 있었다. 임팩트에서 호흡 정지의 이치를 실감하고 微風에 나부끼는 비단결과 같이 奇妙한 스윙의 力動性의 要諦는 動이 아니라 靜에 있음을 直覺하게 된 것이다.

나의 골프 성장은 유불선을 비롯한 동양 고전의 원용과 함께 勇猛精進의 수행 속에서 더욱 종횡으로 그 폭과 깊이를 더해 갔다. 이러한 나의 골프 수행과 동양 고전 원용에 있어 동양의 鍼術마저도 예외 일 수 없었다. 폭넓게 일반화된 어드레스 동작의 열여섯 요점은 동양 침술의 經穴과 연관되면서 무예를 비롯한 동양 운동론의 기본 개념인 호흡 정지를 통한 氣合과 일맥상통함을 깨닫게 되었다.

이렇듯 나의 골프 修行은 이론과 실제의 양면에서 골격을 세우고 살을 붙여가면서 새로운 운동론을 모색하는 방향으로 飛躍하기에 이른다. 나의 운동론은 신체적 탁월함에 대한 관점과 체력이라는 운동의 기본 개념에 관한 재정립으로 구체화되었다. 서양 운동의 動 志向은 外向的 파워를 강조하는 반면 동양 운동의 靜 志向은 內向的 유연성을 강조하는 것이었다. 서양 운동과 동양 운동의 근저를 흐르는 대조적 지향과 함께 心肺(持久)力과 不可分 하는 호흡(정지)법이 양자의 相通 終着임을 통찰하게 되었다.

이와 같이 파워(근력), 유연성, (심폐)지구력이라는 세 가지 체력의 요소를 동양과 서양의 운동이 지향하는 바와 연관하여 이해하면서 그 세 가지 요소, 더 나아가 동양과 서양의 운동이 합일하는 지점에 골프라는 운동의 세계가 자리하고 있음을 切感하였던 것이다. 나의 골프론, 운동론은 타이거 우즈가 파워히터(power hitter)를 상징할 수 있는 바탕에 그의 탁월한 '靜-柔-動' 理致의 體現 능력이 관련되어 있음을 해명하는 데에도 적용되었다.

나의 골프 도전은 새로운 운동론의 정립을 지나 자연스럽게 인생관의 변화로 이어졌다. 不惑에서 知天命으로 넘어가면서 경험한 絶對絶命의 挫折 그리고 골프 도전을 통하여 발견한 希望은 인생을 보는 나의 시선을 强(動)에서 柔(靜)로, 더 나아가 양자의 조화로 전환시키는 발판이 되었다. 골프를 통하여 30년 가까이 始終如一하였던 운동과 삶의 연관을 견지하면서 유연함을 추구하는 삶과 힘을 추구하는 삶의 조화에 담긴 참 의미를 다시금 진지하게 생각할 수 있었던 것이다.

골프 도전 및 성장의 과정은 한 편으로 체육 이론 및 실천 전문가의 태도를 돌이켜 볼 수 있는 계기도 되었다. 운동에서 心法의 역할, 그리고 운동과 인생의 매개를 통한 양자의 동반 성장 등에 대한 관점을 정리하고 나니 그저 운동 기법의 개발 및 전수에 매몰되어 있는 체육 전문가에 대한 아쉬움은 더욱 뚜렷해졌다. 아울러 일반 대중 역시 인생과 골프의 연관 속에서 골프에 접근할 때 그 의미가 풍부해질 것이라는 신념도 가질 수 있었다.

골프와 운동, 그리고 인생을 하나의 틀 속에 위치시키고자 하였던 나의 의지는 一場春夢처럼 한낱 관념의 그림자만은 아니었다. 실제로 얼마 전까지만 하더라도 나의 골프 도전을 가로막고 있었던 골프 타수와 입문 연령에 대한 시중의 결정론에서 자유로워질 수 있었다. 30대의 도전은 70타, 40대 도전은 80타, 50대 도전은 90타라는 식의 결정론은 萬古不變, 克復不可의 진리는 아니었다. 40대 후반에 시작한 나의 골프 도전은 1년 만에 70대 타수에 도달할 수 있었다. 그리고 반년이 더 지난 후 티칭 프로(teaching professional)의 자격을 획득할 수 있었던 것이다.

지금 그리고 來日

이렇듯 나의 골프 도전 및 성장은 최소한 나의 운동과 인생에 있어 실로 의미심장한 것이었다. 늦깎이로 시작한 골프라는 새로운 운동 세계에의 도전은 골프 지도론에서 시작하여 운동론 또는 스포츠론 그리고 인생론 전반의 전환으로 이어지고 있다.

기존의 전통적 골프 지도론은 합리주의적 사고를 바탕에 둔 '효율' 강조의 접근으로서 대부분 이론을 실천에 적용하는 방식으로 이루어진다. 효율 강조의 접근 방식은 일면 타당성을 가지고 있으나 이는 일정한 신체적 수행 능력을 요구한다. 따라서 신체적 수행 능력이 결여하거나 감소되는 대상 연령에 있어서는 부적절할 가능성이 높다. 이러한 측면에서 효율 강조의 접근을 하기에 신체적 수행 능력이 미흡한 경우에는 새로운 접근 방식이 요구되는데 나는 이를 '반성' 강조의 자연주의적 접근이라고 확신한다.

신체적 수행 능력이 급격하게 저하되는 40대 이후에는 효율 강조의 과학이론을 앞세우는 합리주의적 접근보다 인생과 운동 경험을 연관시키는 精神的 反省 力量을 바탕에 두는 자연주의적 접근이 타당할 것이다. 이러한 골프 지도론은 그간의 나의 체육학 연구와 골프 수행에 입각한 실제적 결론이기도 하다. 결국 골프 지도에 있어 30~40대를 기준으로 하여 이전에는 '效率' 강조의 合理主義的 接近을 중심에 두고, 이후에는 '反省' 강조의 自然主義的 接近을 중심에 두는 것이 합당하다는 것이 나의 지론이다.

골프 입문은 젊을수록 좋지만, 40대 이후의 골프 입문이라 하더라도 그 가능성과 의미는 결코 가벼이 할 수 없다. 더 나아가 골프를 비롯한 운동의 가르침에 있어 전통적 방식에서 탈피한 새로운 방식이 필요하며, 그 실제적 적용에 있어서도 연령별로 접근 방식을 차별화, 최적화해야 할 필요가 있는 것이다.

이 같은 골프 지도론의 재정립은 동시에 기존 체육학의 지향에 대한 반성을 자극하였다. 기존의 체육학은 經典 重視의 '敎宗的 體育學'으로서 이론과 실천의 관련 속에서 (과학)이론을 先解하고 실천에 後用하는 패러다임을 견지하고 있다. 이는 운동 수행에서의 '효율' 강조와 불가분의 관련이 있다. 그러나 기존의 교종적 체육학 패러다임은 '체육 학문화 운동'의 산물로서 운동 수행에 담겨진 풍부한 의미를 간과하게 하고 연령 및 신체의 변화에 따른 적정한 운동 지도론의 모색을 어렵게 하고 있는 것이다.

이에 내가 구상하고 앞으로 정립하고자 하는 새로운 체육학 패러다임은 한 마디로 實踐 重視의 '禪宗的 體育學'이 된다. 즉 이론보다는 실천을 앞세우고 단순히 운동 수행의 효율 또는 향상을 목적으로 하기보다는 삶과의 연관 속에서 운동 수행에 담겨진 의미를 體

得하는 체육학 패러다임이다. 나는 이 길이 체육학의 존립 근거를 공고히 하는 것은 물론 체육의 실천 그리고 삶의 의미를 더욱더 풍부하게 하는 것임을 확신하고 있으며, 이의 具顯을 위하여 邁進할 생각이다.

나의 골프 도전 및 성장은 또 한편으로 운동 또는 스포츠 세계에 대한 지평을 확장시키는 자양분이었다. 골프 수행을 통하여 땅(地)과 하늘(空) 그리고 물(水)을 아우르는 운동 또는 스포츠 세계를 구상하게 되었다. 골프는 필드(地)와 해저드(水) 그리고 공의 비행(空)이 공존하는 小宇宙이며 운동 또는 스포츠 세계의 존재 양상이 어우러지는 세계이다.

이와 같은 골프 세계에 대한 경험은 전통적으로 땅 위에서 이루어지는 종목은 물론 항공스포츠와 수상스포츠와 같이 하늘과 물에서 이루어지는 종목의 존재 이유를 통찰할 수 있는 바탕을 제공하였다. 여기서 한 걸음 더 나아가 모름지기 체육전문가는 새로운 운동, 스포츠에 대한 개발(습득)과 전수(교육)에 매진해야 하는 이유를 재음미하고 나를 고쳐 세울 수 있는 토대가 되었다.

더욱이 20세기의 테크노(techno) 스포츠, 에코(eco) 스포츠를 넘어 21세기의 익스트림(extreme) 스포츠에 이르기까지 급속하게 등장하고 있는 신종 스포츠에 대한 열풍을 목도하면서 체육전문가의 역할 역시 새로운 스포츠 문화의 급속한 변화 양상을 직시하고 능동적으로 대처, 선도할 수 있어야 함을 절감하게 되었다. 이러한 맥락에서 나는 최근 학내·외의 자율체육활동에서 인라인 스케이팅, 번지점프 등과 같은 신종 스포츠의 수용을 위한 이론적, 실천적 노력에 관심을 기울이고 있다. 이러한 노력은 소위 포스트모더니즘 시대로 別稱 되기도 하는 새로운 시대에 부합하는 새로운 체육의 방향 모색과 맞닿아 있다는 나의 신념의 반영이기도 하다.

위와 같은 새로운 스포츠, 체육에 대한 관점의 정립 못지않게 인생을 보는 나의 시각의 변화는 골프 도전이 나에게 안긴 귀중한 선물이었다. 골프에서의 '아래 보기', '힘 빼기'를 통하여 謙讓과 無心의 美德을 바로 볼 수 있었던 것이다. 그 결과 서양(교육) 이념의 제한에서 벗어나 寬容, 修身과 같은 동양(교육) 정신에 담긴 의미를 찾고 실천하는 삶을 추구할 수 있게 되었다.

30~40대 사회적 삶에서의 외적 성취를 추구하였던 나의 삶은 한 마디로 '힘쓰기'에 제한된 것이었다. 이는 서구의 성취 지향적 삶의 방식을 집착한 '스타의식'의 發露이기도 하였다. 그러나 40대를 지나 50대에 이르면서, 더욱이 골프를 향한 도전과 성장 중 '힘빼기'의 의미를 체감하면서 앞으로 나의 삶을 통하여 지향해야 하는 바를 뚜렷하게 할 수 있었다. 30~40대에서 절감한 힘쓰기식 삶의 공허함을 극복하고 내적 성취, 즉 학문적 삶을 지향할 수 있게 된 것이다.

앞으로도 골프 수행은 나의 운동, 인생의 原子爐가 될 듯싶다. 지금 이 순간에도 골프 수행의 生動 그리고 그 생동에서 분출되는 의미들이 나의 뇌리를 스친다. 필드의 광대함과 개방성을 反芻하면서 겸양과 무심의 미덕을 떠올리고 운동과 인생에서의 도전을 다시 생각한다. 골프라는 우주 속에서 한 인간의 한계성과 가능성을 생각한다. 그리고 골프로의 魅了는 깊이를 더해 간다.